京　都　府

〈収録内容〉

2024 年度 …………… 前期選抜　数・英・国
中期選抜　数・英・理・社・国

2023 年度 …………… 前期選抜　数・英・国
中期選抜　数・英・理・社・国

2022 年度 …………… 前期選抜　数・英・国
中期選抜　数・英・理・社・国

2021 年度 …………… 前期選抜　数・英・国
中期選抜　数・英・理・社・国

2020 年度 …………… 前期選抜　数・英・国
中期選抜　数・英・理・社・国

DL 2019 年度 …………… 前期選抜　数・英
中期選抜　数・英・理・社

便利な DL コンテンツは右の QR コードから

解答用紙　過去年度　リスニング

※データのダウンロードは 2025 年 3 月末日まで。
※データへのアクセスには、右記のパスワードの入力が必要となります。 ⇒ 547518

本書の特長

POINT 1　解答は全問を掲載、解説は全問に対応！

POINT 2　英語の長文は全訳を掲載！

POINT 3　リスニング音声の台本、英文の和訳を完全掲載！

POINT 4　出題傾向が一目でわかる「年度別出題分類表」は、約 10 年分を掲載！

実戦力がつく入試過去問題集

▶ 問題 …………… 実際の入試問題を見やすく再編集。
▶ 解答用紙 …… 実戦対応仕様で収録。
▶ 解答解説 …… 重要事項が太字で示された、詳しくわかりやすい解説。
※採点に便利な配点も掲載。

合格への対策、実力錬成のための内容が充実

▶ 各科目の出題傾向の分析、最新年度の出題状況の確認で、入試対策を強化！
▶ その他、志願状況、公立高校難易度一覧など、学習意欲を高める要素が満載！

解答用紙ダウンロード	解答用紙はプリントアウトしてご利用いただけます。弊社ＨＰの商品詳細ページよりダウンロードしてください。トビラのＱＲコードからアクセス可。
リスニング音声ダウンロード	英語のリスニング問題については、弊社オリジナル作成により音声を再現。弊社ＨＰの商品詳細ページで全収録年度分を配信対応しております。トビラのＱＲコードからアクセス可。
famima PRINT	原本とほぼ同じサイズの解答用紙は、全国のファミリーマートに設置しているマルチコピー機のファミマプリントで購入いただけます。※一部の店舗で取り扱いがない場合がございます。詳細はファミマプリント（http://fp.famima.com/）をご確認ください。
UD FONT	見やすく読みまちがえにくいユニバーサルデザインフォントを採用しています。

2024年度/京都府公立高校入学者選抜　前期選抜合格状況(全日制)

地域	校名(分校名)	学科等名	方式	募集人員	受検者数	合格者数	倍率	昨年度倍率
京都市・乙訓	山城	普通[単位制]	A1	48	259	48	5.40	4.96
			A2	48	53	48	1.10	1.08
		文理総合[単位制]	A	40	120	40	3.00	2.60
	鴨沂	普通	A1	48	280	48	5.83	5.54
			A2	24	48	24	2.00	1.21
	洛北	普通[単位制]	A1	24	124	24	5.17	4.00
			A2	24	32	24	1.33	1.25
		〈スポーツ総合専攻〉[単位制]	C	40	40	40	1.00	1.03
	北稜	普通	A	48	199	49	4.06	3.92
			B	24	23	23	1.00	1.08
	朱雀	普通	A	40	112	40	2.80	3.10
			B	20	20	20	1.00	1.10
	洛東	普通	A	36	155	36	4.31	4.19
			B	36	38	36	1.06	1.11
	鳥羽	普通[単位制]	A1	24	103	24	4.29	3.88
			A2	24	40	24	1.67	1.13
		〈スポーツ総合専攻〉[単位制]	C	40	41	40	1.03	1.03
		グローバル[単位制]	A	80	100	80	1.25	1.00
	嵯峨野	普通	A	36	88	36	2.44	1.86
		自然科学	A	80	141	80	1.76	1.42
		人間科学・自然科学(共修)	A	120	204	120	1.70	1.55
	北嵯峨	普通	A	42	224	42	5.33	4.24
			B	42	44	42	1.05	1.05
	桂	普通	A	42	215	42	5.12	6.00
			B	42	47	42	1.12	1.14
		植物クリエイト	A	28	50	28	1.79	2.18
		園芸ビジネス	A	28	39	28	1.39	2.04
	洛西	普通	A	84	192	84	2.29	2.40
	桃山	普通	A	84	256	84	3.05	2.71
		自然科学	A	80	163	80	2.04	2.45
	東稜	普通	A	45	157	45	3.49	3.07
			B	27	30	27	1.11	1.04
	洛水	普通	A	16	84	16	5.25	3.58
			B	32	34	32	1.06	1.13
	京都すばる	起業創造	A	47	87	48	1.81	1.02
			B	9	8	8	1.00	1.00
		企画	A	71	100	71	1.41	1.32
			B	13	13	13	1.00	1.00
		情報科学	A	50	85	52	1.63	1.56
			B	6	4	4	1.00	1.00
	向陽	普通	A	30	131	30	4.37	3.63
			B	30	34	30	1.13	1.17
	乙訓	普通	A1	36	160	36	4.44	3.64
			A2	24	29	24	1.21	1.33
		スポーツ健康科学	C	40	37	37	1.00	1.05
	西乙訓	普通	A	48	95	48	1.98	2.04
	西京	エンタープライジング	A1	144	224	151	1.48	1.95
			A2	16	13	13	1.00	1.31

地域	校名(分校名)	学科等名	方式	募集人員	受検者数	合格者数	倍率	昨年度倍率
京都市・乙訓	美術工芸	美術工芸	C	90	156	92	1.70	1.71
	京都堀川音楽	音楽	C	40	38	38	1.00	1.13
	京都工学院	ものづくり分野	A1	64	113	64	1.77	1.55
			A2	11	11	11	1.00	1.00
		まちづくり分野	A1	43	73	43	1.70	1.88
			A2	7	7	7	1.00	1.00
		フロンティア理数	A	60	55	52	1.06	1.04
	堀川	普通	A	24	36	24	1.50	1.50
		探究学科群	A	160	265	165	1.61	1.53
	日吉ケ丘	普通[単位制]	A	52	170	52	3.27	5.11
			B	20	22	20	1.10	1.00
	紫野	普通	A1	45	210	45	4.67	4.48
			A2	15	16	15	1.07	1.00
		アカデミア	A	80	145	80	1.81	1.63
	開建	ルミノベーション	A1	96	299	96	3.11	2.90
			A2	24	34	24	1.42	1.21
山城	東宇治	(英語探究)	A1	28	33	28	1.18	1.14
		(文理)	A2	56	226	56	4.04	3.63
	莵道	普通	A	84	219	84	2.61	2.92
	城南菱創	普通[単位制]	A	80	206	80	2.58	2.39
		人文・社会科学[単位制] 自然科学[単位制]	A	80	100	80	1.25	1.74
	城陽	普通	A	56	172	56	3.07	3.29
			B	28	30	28	1.07	1.07
	西城陽	普通	A1	48	212	48	4.42	5.15
			A2	24	38	24	1.58	1.75
		〈スポーツ総合専攻〉	C	40	41	40	1.03	1.08
	京都八幡	普通(総合選択制)	A	92	76	76	1.00	1.00
			B	20	12	12	1.00	1.00
	京都八幡(南)	介護福祉	A	21	11	11	1.00	1.10
		人間科学	A	21	20	20	1.00	1.00
	久御山	普通	A	60	172	60	2.87	2.83
		〈スポーツ総合専攻〉	C	40	39	39	1.00	1.13
	田辺	普通	A	28	137	34	4.03	5.46
			B	20	14	14	1.00	1.10
		工学探究	A	28	21	21	1.00	1.00
		機械技術	A	21	28	21	1.33	1.14
		電気技術	A	21	24	21	1.14	1.00
		自動車	A	21	24	21	1.14	1.76
	木津	普通	A	32	92	33	2.79	2.31
			B	16	15	15	1.00	1.00
		システム園芸	A	28	38	28	1.36	1.07
		情報企画	A	28	33	28	1.18	1.00
	南陽	普通	A	48	111	48	2.31	2.31
		サイエンスリサーチ	A	80	117	80	1.46	1.05

地域	校名（分校名）	学科等名	方式	募集人員	受検者数	合格者数	倍率	昨年度倍率
口丹	北桑田	普通	A1	18	22	18	1.22	1.06
			A2	12	0	0	－	1.00
		京都フォレスト	A	21	11	11	1.00	1.00
	亀岡	普通[単位制]	A1	40	99	40	2.48	2.45
			A2	20	23	20	1.15	1.00
		〈美術・工芸専攻〉[単位制]	C	30	40	30	1.33	1.57
		探究文理[単位制]	A	40	35	35	1.00	1.00
	南丹	総合[単位制]	A1	72	90	72	1.25	1.00
			A2	17	10	10	1.00	1.00
			B	30	31	30	1.03	1.00
	園部	普通	A	36	54	36	1.50	1.19
	農芸	農業学科群	A	70	53	53	1.00	1.00
	須知	普通	A	9	14	14	1.00	1.00
			B	9	2	2	1.00	1.00
		食品科学	A	21	9	9	1.00	1.38
中丹	綾部	普通	A	54	113	54	2.09	2.39
		〈スポーツ総合専攻〉	C	40	40	40	1.00	1.00
	綾部（東）	農業	B	21	19	12	1.58	2.00
		園芸			10	9	1.11	1.20
		農芸化学	B	21	36	21	1.71	1.62
	福知山	普通	A	48	112	48	2.33	2.46
		文理科学	A	40	27	26	1.04	1.00
	工業	機械テクノロジー	A	25	39	25	1.56	1.60
		ロボット技術	A	25	28	25	1.12	1.52
		電気テクノロジー	A	25	37	25	1.48	1.32
		環境デザイン	A	25	28	25	1.12	1.16
		情報テクノロジー	A	25	42	25	1.68	1.64
	大江	地域創生[単位制]	A	63	43	43	1.00	1.00
	東舞鶴	普通	A	24	41	24	1.71	1.33
			B	12	14	12	1.17	－
	西舞鶴	普通	A	48	106	48	2.21	2.29
		理数探究	A	40	35	34	1.03	1.00

地域	校名（分校名）	学科等名	方式	募集人員	受検者数	合格者数	倍率	昨年度倍率
丹後	海洋	海洋学科群	A	66	72	66	1.09	1.24
	宮津天橋（宮津学舎）	普通[単位制]	A	36	53	36	1.47	1.67
		建築[単位制]	A	21	31	21	1.48	1.24
	宮津天橋（加悦谷学舎）	普通[単位制]	A	10	6	6	1.00	1.31
			B	14	21	18	1.17	1.00
	峰山	普通	A	48	58	48	1.21	1.56
		機械創造	A	21	31	21	1.48	1.62
	丹後緑風（網野学舎）	普通[単位制]	A	19	30	19	1.58	1.37
		企画経営[単位制]	A	16	14	14	1.00	1.44
	丹後緑風（久美浜学舎）	アグリサイエンス[単位制]	A	21	21	21	1.00	1.00
		みらいクリエイト[単位制]	A	14	9	9	1.00	1.14

（注）「募集人員」は前期選抜募集人員。

2024年度/京都府公立高校入学者選抜　中期選抜合格状況（全日制）

地域	校名（分校名）	学科等名	募集人員	受検者数	合格者数	倍率	昨年度倍率
京都市・乙訓	山城	普通[単位制]	224	301	224	1.34	1.12
	鴨沂	普通	168	265	168	1.58	1.37
	洛北	普通[単位制]	112	155	112	1.38	1.06
	北稜	普通	168	184	168	1.10	1.03
	朱雀	普通	130	112	130	0.86	0.99
	洛東	普通	168	161	168	0.96	0.91
	鳥羽	普通[単位制]	112	118	112	1.05	0.81
	嵯峨野	普通	84	111	84	1.32	0.99
	北嵯峨	普通	196	215	196	1.10	0.97
	桂	普通	196	219	196	1.12	1.35
		植物クリエイト	12	17	12	1.42	2.17
		園芸ビジネス	12	8	11	0.73	2.08
	洛西	普通	196	153	179	0.85	0.94
	桃山	普通	196	240	196	1.22	1.20
	東稜	普通	168	155	168	0.92	0.76
	洛水	普通	112	100	112	0.89	0.89
	京都すばる	起業創造	24	38	24	1.58	0.38
		企画	36	33	36	0.92	0.91
		情報科学	24	29	24	1.21	1.00
	向陽	普通	140	132	140	0.94	0.85
	乙訓	普通	137	159	137	1.16	0.99
	西乙訓	普通	112	73	94	0.78	0.78
	京都工学院	ものづくり分野	33	40	33	1.21	0.94
		まちづくり分野	22	26	22	1.18	1.27
	堀川	普通	56	62	56	1.11	1.18
	日吉ケ丘	普通[単位制]	168	149	168	0.89	1.51
	紫野	普通	140	219	140	1.56	1.48
	開建	ルミノベーション	120	191	120	1.59	1.43
山城	東宇治	普通	196	203	196	1.04	0.99
	莵道	普通	196	165	178	0.93	0.97
	城南菱創	普通[単位制]	80	122	80	1.53	1.56
	城陽	普通	186	166	184	0.90	1.01
	西城陽	普通	168	194	168	1.15	1.35
	京都八幡	普通(総合選択制)	72	8	12	0.67	0.44
	京都八幡(南)	介護福祉	19	1	2	0.50	1.00
		人間科学	10	3	3	1.00	1.00
	久御山	普通	140	127	140	0.91	0.94
	田辺	普通	112	113	112	1.01	1.34
		工学探究	19	1	2	0.50	0.00
		機械技術	9	4	4	1.00	0.43
		電気技術	9	5	7	0.71	0.33
		自動車	9	4	5	0.80	1.67
	木津	普通	112	79	94	0.84	0.57
		システム園芸	12	11	11	1.00	0.75
		情報企画	12	3	3	1.00	0.50
	南陽	普通	112	139	112	1.24	1.18
口丹	北桑田	普通	41	9	9	1.00	1.00
		京都フォレスト	16	2	2	1.00	0.00
	亀岡	普通[単位制]	140	180	140	1.29	1.28
	南丹	総合[単位制]	51	13	33	0.39	0.16
	園部	普通	84	53	64	0.83	0.77
	農芸	農業学科群	47	3	3	1.00	0.67
	須知	普通	43	5	5	1.00	1.00
		食品科学	20	0	0	-	1.00
中丹	綾部	普通	126	122	123	0.99	0.98
	綾部(東)	農業	9	6	6	1.00	1.00
		園芸		2	2	1.00	0.00
		農芸化学	9	7	7	1.00	1.11
	福知山	普通	112	95	95	1.00	1.00
	工業	機械テクノロジー	11	12	11	1.09	1.45
		ロボット技術	11	6	8	0.75	1.09
		電気テクノロジー	11	10	10	1.00	0.88
		環境デザイン	11	6	10	0.60	0.50
		情報テクノロジー	11	16	11	1.45	1.00
	大江	地域創生[単位制]	47	8	8	1.00	1.00
	東舞鶴	普通	84	58	58	1.00	0.95
	西舞鶴	普通	111	113	111	1.02	1.06
丹後	海洋	海洋学科群	29	7	7	1.00	1.00
	宮津天橋(宮津学舎)	普通[単位制]	84	79	79	1.00	1.00
		建築[単位制]	9	9	9	1.00	1.00
	宮津天橋(加悦谷学舎)	普通[単位制]	56	39	39	1.00	0.97
	峰山	普通	112	96	96	1.00	1.00
		機械創造	9	8	8	1.00	1.22
	丹後緑風(網野学舎)	普通[単位制]	45	35	35	1.00	1.00
		企画経営[単位制]	10	2	2	1.00	1.50
	丹後緑風(久美浜学舎)	アグリサイエンス[単位制]	9	3	3	1.00	-
		みらいクリエイト[単位制]	11	1	1	1.00	0.67

（注）　1．「募集人員」は中期選抜募集人員。

　　　　2．「受検者数」は追検査受検者数を加えた人数を記載。

数学 ●●●● 出題傾向の分析と合格への対策 ●●●●

出題傾向とその内容

〈最新年度の出題状況〉

本年度の問題構成は，前期が大問数で6題，小問数で22問，中期が大問数で6題，小問数で20問であった。

出題内容は，大問1が基本的な数学能力を問う問題で，数・式の計算，平方根，方程式，関数，確率，資料の散らばり・代表値等から出題され，大問2は前期が確率の問題，中期が資料の散らばり・代表値，大問3は前期が図形と関数・グラフの融合問題，中期が関数とグラフの問題，大問4は前期が合同の記述式証明と線分の長さを計量する平面図形の問題，中期が円錐を題材としてひもの最短の長さ等を計量する空間図形の問題，大問5は前期が相似の性質や三平方の定理を利用して線分の長さ，体積を計量する空間図形の問題，中期が相似の性質や三平方の定理を利用して線分の長さ，面積を計量する平面図形の問題，大問6は前期・中期とも規則性の問題であった。

範囲は中学数学全般から，標準レベルの問題が出題されているが，図形と関数・グラフの融合問題は毎年出題され，規則性の問題などその他の分野からの出題も多い。とにかく，基礎を固めることが最大のテーマとなっている。

〈出題傾向〉

大問1は例年，基本的な数学能力を問う小問群であり，数・式の計算，因数分解，平方根，方程式，関数，確率，資料の散らばり・代表値等から出題されている。教科書を中心とした学校の教材をしっかり学習すれば十分解ける問題である。大問2以降は応用力を問う問題で，方程式の応用，図形と関数・グラフ，動点，平面図形や空間図形の計量，規則性等から出題されている。特に，規則性の問題は例年出題されている。

来年度の予想と対策

来年度も出題の量，レベル，範囲については大きな変化はないだろう。

計算問題などで正解することが合格への必須の条件となるため，それらを速く正確にこなし，その他の応用問題にじっくり取り組めるよう，時間配分には注意したい。そこで，まず教科書で全分野の基礎をしっかり身につけたい。苦手分野を残さないことが大切である。次に，問題集などで，様々な問題にあたり，問題に対する着眼点や，解法の手順を把握しよう。関数や図形の問題は特に集中的に解き，パターンを身につけるようにしよう。規則性を利用する問題は，類似問題を数多く解いておきたい。確実に問題が解けるようになったら，応用問題にも挑戦し，数学的な思考力・判断力を養おう。

特に難問，奇問はないため，スピードと正確さが最も重要である。また，本年度の中期は図形の証明問題の出題はなかったが，いつ出されても十分対応できるようにしておこう。

⇨学習のポイント

- 授業や学校の教材を中心に全分野の基礎力をしっかり身につけよう。
- 過去問や問題集を使って図形の計量問題や図形と関数・グラフの融合問題への対策を立てよう。

年度別出題内容の分析表　数学

※Aは前期，Bは中期／▒▒は出題範囲縮小の影響がみられた内容

出題内容			27年	28年	29年	30年	2019年	2020年	2021年	2022年	2023年	2024年
数と式		数の性質	A		A	A		A		AB	B	A
		数・式の計算	AB	AB	AB	AB	AB	AB	AB	AB	AB	AB
		因数分解	A	B	B	B	B			A		B
		平方根	AB	AB	AB	AB	AB	AB	AB	AB	AB	AB
方程式・不等式		一次方程式	AB	A	AB	AB	B	AB	A	AB	AB	B
		二次方程式	AB	AB	AB	AB	AB	AB	AB	AB	AB	AB
		不等式		B				B				
		方程式の応用	B		AB	AB	B	AB	AB	AB	B	AB
関数		一次関数	AB	AB	AB	AB	AB	A	AB	AB	AB	AB
		関数 $y = ax^2$	AB	AB	B	AB	AB	AB	AB	AB	AB	AB
		比例関数			A		A	A	A		AB	AB
		関数とグラフ	AB	A	AB	AB	A	A	AB	B	AB	AB
		グラフの作成	AB	B	B			B		B		
図形	平面図形	角度	B	A	AB	AB	AB	AB	AB	B	A	
		合同・相似	B	AB	AB	AB	AB	AB	AB	AB	AB	AB
		三平方の定理	AB	AB	AB	AB	AB	AB	▒▒	AB	AB	AB
		円の性質	AB	AB	AB	AB	AB	AB		B	AB	
	空間図形	合同・相似	A	AB			A		A			
		三平方の定理	A			A		A	▒▒	A		
		切断	A	A						A		
	計量	長さ	AB	AB	AB	AB	AB	A	AB	AB	AB	AB
		面積	AB	AB	AB	AB	AB	AB	AB	AB	AB	AB
		体積	AB	AB	AB	AB	AB	AB	AB	AB	AB	A
		証明		A	A	A	A	A	A	A	A	A
		作図				B			B			B
		動点						B			B	
データの活用		場合の数										B
		確率	AB	AB	A	AB	AB	AB	AB	AB	A	AB
		資料の散らばり・代表値(箱ひげ図を含む)	A	B	AB	AB	AB	A	AB	A	AB	A
		標本調査	B		B			B	▒▒	B		
融合問題		図形と関数・グラフ	B	B		A	A	A	B	A	A	A
		図形と確率										
		関数・グラフと確率				B						
		その他										
その他			AB	AB	AB	AB	AB	A	AB	AB	AB	AB

英語 出題傾向の分析と合格への対策

出題傾向とその内容

〈最新年度の出題状況〉

前期の大問構成は，条件英作文1題，会話文問題が1題，長文読解問題が1題，リスニングテストが3題の計6題が出題され，50点満点だった。中期は長文読解問題が1題，会話文問題が1題，リスニングテストが3題の計5題，満点は40点だった。

以下に共通の傾向を述べる。長文問題の小問は，文法問題・内容理解の双方が要求された。文法問題としては並べ換え・語句補充・語形変化が，内容に関する問題として語句の解釈，語句や文の補充，英問英答，内容真偽などが出題された。

会話文問題の小問は，すべて内容理解に関するものであった。図と表の資料が提示され，資料と密接に関連した出題となっていた点は例年と同様であった。内容に関する，かなり複雑な小問もあった。長文読解問題は前期に作文が出題された。内容的には比較的読みやすいが，英文の量は多かった。

リスニング問題は，質問の答えとして適切な英文を選択するものと日本語を選択するもの，対話の最後に適する英文を選択するものの3題だった。配点は前期では50点満点中12点(24%)，中期では40点満点中12点(30%)で，特に中期においては割合が高い。

〈出題傾向〉

昨年度と比べ出題傾向に大きな変化はない。

会話文問題は問題数こそ少ないが，会話文と資料の双方を正しく読み取ることが要求される。小問によっては，かなり広範囲を読まないと答えが出せないものもある。長文読解は，配点が高い。また，英文の分量は比較的多いと言える。

リスニングテストは一般的な形式・難易度である。ただし配点が大きいため，事前の練習は必須だ。

大問数は少ないが，解答に時間のかかる小問もいくつかあるので，時間配分にも注意してほしい。

加えて，会話の中に，物事の数，時間や日付・曜日が出てくるので，混乱しないように気をつけたい。

来年度の予想と対策

英文そのものは基本的なものが主であるが，やや難しい英文も含まれる。文法面では，動詞の運用や，基本的文法事項を理解しておこう。英文を書く練習もするとよい。読解問題対策としては，やや長めの文章を読みとる練習をしよう。その際，「どこの部分に何が書かれていたか」を整理しておく習慣をつけること。読解問題では多種多様な小問が出題されるので，さまざまな出題形式に慣れておくこと。リスニング対策として，音声を利用した学習も入試対策に加えておく必要があろう。

⇨学習のポイント

・長めの英文に多く触れ，内容を整理して理解する練習をしよう。
・英文の内容をふまえ，きちんと根拠をチェックした上で答えを出すことを心がけよう。

年度別出題内容の分析表　英語

※Aは前期，Bは中期／（網掛け）は出題範囲縮小の影響がみられた内容

出題内容			27年	28年	29年	30年	2019年	2020年	2021年	2022年	2023年	2024年
設問形式	リスニング	絵・図・表・グラフなどを用いた問題										
		適文の挿入	AB	AB	AB	AB	AB	AB	AB	AB	AB	AB
		英語の質問に答える問題	AB	AB	AB	AB	AB	AB	AB	AB	AB	AB
		英語によるメモ・要約文の完成										
		日本語で答える問題										
		書き取り										
	語い	単語の発音										
		文の区切り・強勢										
		語句の問題										
	読解	語句補充・選択（読解）	AB	AB	AB	AB	AB	AB	AB	AB	AB	AB
		文の挿入・文の並べ換え	AB	AB	AB	AB	AB	AB	AB	AB	AB	AB
		語句の解釈・指示語	AB	AB	AB	AB	AB	AB	AB	AB	AB	AB
		英問英答（選択・記述）	A	AB	AB	AB	A	AB	AB	AB	AB	AB
		日本語で答える問題			B							
		内容真偽	AB	AB	AB	AB	AB	AB	AB	AB	AB	AB
		絵・図・表・グラフなどを用いた問題	B	AB	AB	AB	AB	AB	AB	AB	AB	AB
		広告・メール・メモ・手紙・要約文などを用いた問題	AB	AB	AB	AB	A					
	文法	語句補充・選択（文法）		AB	AB	AB	AB	AB	AB	AB	AB	AB
		語形変化	AB	AB	AB	AB	AB	AB	AB	AB	AB	AB
		語句の並べ換え	A	AB	AB	AB	AB	AB	AB	AB	AB	AB
		言い換え・書き換え	B	AB	A							
		英文和訳										
		和文英訳	B									
		自由・条件英作文	A	A	A	A	A	A	A	A	A	A
文法事項		現在・過去・未来と進行形	A	AB	AB	AB	AB	AB	AB	AB	AB	AB
		助動詞		AB		A		A	AB	AB	AB	AB
		名詞・冠詞・代名詞		AB	AB	B	AB	AB	AB	AB	AB	A
		形容詞・副詞		AB	AB	AB	AB	AB	AB	AB	AB	AB
		不定詞	AB	AB	AB	AB	AB	AB	AB	AB	AB	AB
		動名詞		AB	AB	A		AB	AB	AB	AB	AB
		文の構造（目的語と補語）		AB	AB	AB	AB	AB	AB	AB	AB	AB
		比較	AB	AB	A	AB	AB	A	AB	AB	A	AB
		受け身		AB		B		B	AB	AB	AB	AB
		現在完了		AB	AB	A	AB	AB	AB	AB	AB	AB
		付加疑問文										
		間接疑問文			A	B			AB	AB	B	AB
		前置詞		AB	AB	A	AB	AB	AB	A	AB	AB
		接続詞	B	AB	AB		AB	AB	AB	AB	AB	AB
		分詞の形容詞的用法		AB	AB	AB	AB	B	AB	AB	AB	AB
		関係代名詞	AB	AB	AB	AB	AB	AB		AB	AB	AB
		感嘆文										
		仮定法										

理科 ●●●● 出題傾向の分析と合格への対策 ●●●●

出題傾向とその内容

〈最新年度の出題状況〉

生物・化学・物理から各2題ずつ，地学は2単元の複合問題が1題出題され，小問の数は本年度も20問と適量だった。また，基本的な問題をバランスよく出題する形式は変わっていない。

〈出題傾向〉

記号選択問題が多いが，小問1題で2つの要素を問うパターンが多い。用語を答えさせるもの，字数制限のある記述問題や，作図問題が出題された。また，実験や観察・観測に関する出題が多い。基礎的な知識や原理の理解度を見るものが多く，図から考察させる問題も出題されている。

全体的に，教科書の内容を正確に理解しているかどうかが問われる。

一覧表を見るとわかるが，中学校で履修した理科の内容が単元をできるだけ広くなるように工夫して出題されている。このような出題形式は，全体的に重要項目をきちんとおさえておかねばならないと考えた方がよいであろう。毎年出る単元が決まっているわけではなく，年ごとに単元の変化があるため，過去4年間の出題傾向を見ても，全範囲から順番にまんべんなく出題されている。そのため，部分的な学習にならないようにしたい。

物理的領域　確実な知識をつけた上で，実験結果を考察する出題となっていた。幅広い事前練習をしておくと有利であったと考えられる。条件を見落とすことなくデータの判断を正確に行うことが要求された。

化学的領域　実験とその結果をもとに，物質の性質や計算，しくみ等を問う内容で知識の確かさを見るためには有効な出題であった。いずれも，正確なデータの分析力が要求された。

生物的領域　基本的に，教科書の内容をもとにして出されているが，資料は見逃しのないようにしっかりと読む必要がある。データの正しい処理力が試される出題であった。

地学的領域　1つの資料をもとに，2単元の内容が展開されていた。正しい考え方で適切な処理ができるかどうかを見るのには最適な問題であり，いずれの問いも確かな知識があれば，難なく解ける問題であった。普段から，基礎を確実に身につける取り組みをしていれば，しっかりと解答できたであろう。

来年度の予想と対策

来年度も，従来どおり，物理・化学・生物・地学からほぼ10点ずつの配点で出題されると予想される。内容は基礎的なものだろうと考えられるので，1問ずつ確実に解いていくとよい。実験や観察の問題は，問題文が長文となる場合が多いので、時間をかけすぎないよう素早く読みながら内容を把握する練習をすること。

実験・観察に対する考察力を深めるために，原理を十分に理解するようにしたい。あまり難しい問題よりも，基本問題を数多く正確に解くように心がける方が，高得点に結びつきやすくなるだろう。

毎年，さまざまな単元から出題されているため，来年度の出題が予測される単元をしぼりこむことはできない。全範囲をまんべんなく学習しておく必要がある。

⇨学習のポイント

・実験・観察に対する考察力を深めるために，原理を十分に理解しておこう。
・公式については，自由自在に使えるように練習をしておこう。

年度別出題内容の分析表　理科

※★印は大問の中心となった単元／　　は出題範囲縮小の影響がみられた内容

分野	学年	出題内容	27年	28年	29年	30年	2019年	2020年	2021年	2022年	2023年	2024年
第一分野	第1学年	身のまわりの物質とその性質		○			○					○
		気体の発生とその性質	○								★	
		水溶液	★				○		★			
		状態変化		○		★		★				★
		力のはたらき（2力のつり合いを含む）	○						○			
		光と音		★				★		★		★
	第2学年	物質の成り立ち		○	★	○	○	○	○			
		化学変化，酸化と還元，発熱・吸熱反応		○		○		○		○		★
		化学変化と物質の質量		○	○	○	○	○	★	★		
		電流（電力，熱量，静電気，放電，放射線を含む）	★		★		★				★	
		電流と磁界		○		★						
	第3学年	水溶液とイオン，原子の成り立ちとイオン	○				○					
		酸・アルカリとイオン，中和と塩	★		★							
		化学変化と電池，金属イオン					○			★	★	
		力のつり合いと合成・分解（水圧，浮力を含む）			○	○		○	○		○	○
		力と物体の運動（慣性の法則を含む）		○	○		○	★			○	★
		力学的エネルギー，仕事とエネルギー	★	○		★	★			★		
		エネルギーとその変換，エネルギー資源		○								
第二分野	第1学年	生物の観察と分類のしかた				○						
		植物の特徴と分類	○				○		○	★		
		動物の特徴と分類				○			○			★
		身近な地形や地層，岩石の観察	○				○				○	
		火山活動と火成岩	○									
		地震と地球内部のはたらき				★						
		地層の重なりと過去の様子	○				★				★	
	第2学年	生物と細胞（顕微鏡観察のしかたを含む）		○	○							○
		植物の体のつくりとはたらき	★	○	★		★		○	○		
		動物の体のつくりとはたらき		○	★	★	★	★		★	★	★
		気象要素の観測，大気圧と圧力	○	★			○	○	○	★	★	○
		天気の変化	○					★				○
		日本の気象			★				★			
	第3学年	生物の成長と生殖		○					○		★	
		遺伝の規則性と遺伝子						★				
		生物の種類の多様性と進化							○			
		天体の動きと地球の自転・公転		★				○				○
		太陽系と恒星，月や金星の運動と見え方		○	★	★	★	○	★	★		○
		自然界のつり合い	★	○								
自然の環境調査と環境保全，自然災害												
科学技術の発展，様々な物質とその利用												
探究の過程を重視した出題			○	○	○	○	○	○	○	○	○	○

— 京都府公立高校 —

社会 出題傾向の分析と合格への対策

出題傾向とその内容

〈最新年度の出題状況〉

本年度の出題数は，大問4題，小問は20問であった。小問のうち11問は，枝問に分かれている。出題内容は，例年と同様，基本的事項の理解を問うものが中心である。解答形式は，記号式が14問，語句の記入式は5問であるが，文章をもとに地図を完成させて解答を示す問題も出されている。大問は分野ごとに分かれているのではなく，あるテーマに対して，それぞれ3分野の内容を問うという，総合問題の形で構成されている。また，毎年，ひらがなで答えさせる出題がある。大問4題中3問は，生徒の調べ学習等を題材としている。

地理的分野では，各種の地図や表・グラフ・雨温図などの統計資料や写真が用いられ，世界の地理，日本各地域の特色について出題されている。

歴史的分野では，略年表・写真等が用いられ，弥生時代から現代まで，幅広く問う出題となっている。世界史との関連問題も複数出題されている。

公民的分野では，図や需給曲線等のグラフ・模式図などを使い，政治・経済両分野から幅広く出題され，地方自治や国際社会についても出題されている。基礎的な知識のほか，資料を読み取る力をみるものもある。

〈出題傾向〉

地理的分野では，略地図や表・グラフなどの統計資料を読み取らせることで，基礎知識の定着度を確認している。

歴史的分野では，テーマに関する選択肢や語句を選ばせるという形で出題することにより，歴史的な出来事の内容をきちんと把握しているかを確認している。

公民的分野では，今日の日本社会に対する理解の程度を問うている。さらに，地方自治や国際社会との関わりに関する出題もあり，基礎知識を幅広く問う内容となっている。

来年度の予想と対策

来年度も例年通りの出題が予想される。出題数にも大きな変動はないと思われ，内容も教科書中心の基本的なものだと思われる。ただし，完全解答形式の出題も多いので，解答には注意が必要である。

地理的分野では，教科書の内容を確実に把握しておくことが大切である。学習には，地図帳や統計資料を十分に活用するとともに，それらを読み取る力を養っておこう。

歴史的分野では，教科書に書かれている基礎的事項を理解するだけでなく，年表と図版資料を使って，歴史の流れを把握することが大切である。また，世界史との関連も確認しておこう。

公民的分野では，憲法の主な条文を記憶し，政治・経済を中心に基礎的事項を習得することが大切である。日頃から新聞・ニュースなどに目を配り，現代社会で起きている諸問題と，自分の知識を結び付けるようにしておこう。

出題・解答形式が，京都府独特のものなので，入試過去問題集にくり返し取り組み，慣れておこう。

⇨学習のポイント

- 地理では，地形図や略地図に慣れ，また，統計資料の読み取り力をつけよう！
- 歴史では，教科書の基礎的事項をテーマ別に整理し，歴史の流れを大きくつかもう！
- 公民では，政治・経済の基礎的用語を確実に押さえ，ニュースとも関連づけよう！

年度別出題内容の分析表　社会

※　は出題範囲縮小の影響がみられた内容

出題内容			27年	28年	29年	30年	2019年	2020年	2021年	2022年	2023年	2024年
地理的分野	日本	地形図の見方	○	○	○	○	○	○	○		○	
		日本の国土・地形・気候	○	○	○	○	○	○	○	○		○
		人口・都市	○	○	○	○	○				○	
		農林水産業	○	○	○		○	○	○	○		○
		工業	○					○	○	○		
		交通・通信								○	○	○
		資源・エネルギー								○		
		貿易	○							○	○	
	世界	人々のくらし・宗教			○		○			○	○	○
		地形・気候	○	○	○	○	○	○	○	○	○	○
		人口・都市	○					○	○			
		産業				○		○		○		○
		交通・貿易					○	○	○	○		
		資源・エネルギー						○	○			
	地理総合											
歴史的分野	日本史―時代別	旧石器時代から弥生時代									○	○
		古墳時代から平安時代	○	○	○	○	○	○	○	○	○	○
		鎌倉・室町時代	○	○	○	○	○	○	○	○		○
		安土桃山・江戸時代	○	○	○	○	○	○	○	○	○	○
		明治時代から現代	○	○	○	○	○	○	○	○	○	○
	日本史―テーマ別	政治・法律	○	○	○	○	○	○	○	○	○	○
		経済・社会・技術	○		○			○			○	○
		文化・宗教・教育	○	○	○	○	○	○	○	○	○	○
		外交	○	○	○		○	○	○	○	○	○
	世界史	政治・社会・経済史	○	○	○	○	○	○	○	○	○	○
		文化史	○	○			○		○		○	○
		世界史総合										
	歴史総合											
公民的分野	憲法・基本的人権		○	○			○	○			○	○
	国の政治の仕組み・裁判			○	○	○	○	○	○	○	○	○
	民主主義											
	地方自治		○						○			○
	国民生活・社会保障				○	○		○	○	○		○
	経済一般		○	○	○	○	○	○	○	○	○	○
	財政・消費生活		○	○	○	○	○	○	○	○	○	○
	公害・環境問題			○			○			○		
	国際社会との関わり			○	○	○	○	○	○	○	○	○
時事問題												
その他												

―京都府公立高校―

国語　出題傾向の分析と合格への対策

出題傾向とその内容

〈最新年度の出題状況〉

前期は大問3題，中期は大問2題の出題である。どちらも古文が1題含まれる。全体的に現代文と古文の読解問題で大問は構成されているが，小問にさまざまな知識問題が含まれている。

現代文は，前期・中期ともに説明的文章が出題された。小問が多く，内容吟味，文脈把握，文章段落構成などの読解問題や，漢字の読み書き，文法・熟語などの知識問題が，幅広く出題されている。また，生徒同士の話し合いの形式の小問が含まれ，本文の読解とともに話し合いの際の注意点を答えさせている。

古文は，前期・中期とも説話から，口語訳など内容理解を中心に出題された。また，小問にも，生徒同士の話し合いの形式で本文の内容理解を深めさせるものがあった。本文からの脱文・脱語補充という出題が主である。歴史的仮名遣いに関する問題も，前期・中期ともに出題されている。

〈出題傾向〉

全体的に基礎に重点をおいた出題で，設問も標準的なものであると言える。現代文も古文も，難しい文章ではないが，小問に会話文がある点に注意したい。

現代文は，前期と中期では大問数が異なっている。前期では文学的文章が出ることもあるので気をつけよう。説明的文章は，接続語，指示語などの基本事項から，細部の読み取り，文章全体の要旨や大意などの内容理解に関するものなど幅広い出題がある。また，漢字の読みや書き取り，語句，文法などの知識問題の小問も複数含まれる。熟語は組み立てについて問われる傾向が強い。文法は，文節相互の関係，品詞の役割，用法の違いなど，あらゆる分野の知識が必要とされる。

古文は，歴史的仮名遣いが必ず1問ある。それ以外は，内容について問われることが多い。文章内容についての話し合いの脱文・脱語補充などで，読解能力が試される。漢文の知識を問うものが出題されることもある。

解答形式は，記号選択式が主であるが，前期で複数の3～25字程度の記述問題が出題された。

来年度の予想と対策

来年度も，これまでの傾向に大きな変化はなく，現代文と古文の読解問題が出題されるものと予想される。

現代文は，説明的文章からの出題の比率が高いので，説明的文章の読解に重点をおいた学習をしておくとよい。教科書を中心に丁寧な読解の訓練をし，併せて新聞の社説などを読むように心がけたい。前期試験に備えて，短めの記述問題にも慣れておく必要がある。段落関係をつかむ練習や要旨を正しくとらえてまとめる練習をしよう。

古文は，歴史的仮名遣い，基本古語の意味を身につけるとともに，さまざまな作品に触れることで，全訳がなくても，注などを手がかりに大まかな内容把握ができるようにしたい。

漢字や語句などの基本知識も確実に身につけておくこと。漢字は，部首や筆順の学習もするとよい。行書で書かれた漢字にも慣れておくとよいだろう。語句に関しては，わからない語句は必ず辞書で調べる習慣をつける。熟語は意味だけでなく，組み立てに気をつけて学習しよう。また，文法についても，文節相互の関係，品詞，用法など幅広くおさえておこう。

⇨学習のポイント

- 現代文読解は，説明的文章を中心に。
- 多くの古文作品を読んで，古文に慣れよう。
- 教科書を使って，漢字，熟語，文法の基礎を身につけよう。

年度別出題内容の分析表　国語

※Aは前期，Bは中期／　　は出題範囲縮小の影響がみられた内容

出題内容			27年	28年	29年	30年	2019年	2020年	2021年	2022年	2023年	2024年
内容の分類	読解	主題・表題										
		大意・要旨	B	B	A	A	AB	AB	A	A	AB	A
		情景・心情	A	B								
		内容吟味	AB	AB	AB	AB	AB	AB	AB	AB	AB	AB
		文脈把握	AB	AB	AB	AB	AB	AB	AB	AB	AB	AB
		段落・文章構成	AB	A	AB	A	A	A	AB	AB	AB	AB
		指示語の問題	A	A				B	B	B	AB	B
		接続語の問題	AB	A	A	AB	AB	AB	B	B		A
		脱文・脱語補充	AB	B	AB	AB	AB	AB	AB	AB	AB	AB
	漢字・語句	漢字の読み書き	AB	AB	AB	AB	AB	AB	AB	AB	AB	AB
		筆順・画数・部首						B				B
		語句の意味	AB	B	AB	B	AB	B	AB	AB	AB	B
		同義語・対義語		A								
		熟語	A	AB	A		B	AB	A	A	AB	A
		ことわざ・慣用句・四字熟語					A	A	AB			
		仮名遣い	AB	AB	AB	AB	AB	AB	AB	AB	AB	AB
	表現	短文作成										
		作文(自由・課題)										
		その他										
	文法	文と文節		A	B				A	A	AB	AB
		品詞・用法	AB	AB	AB	AB	AB	A	AB	AB	AB	AB
		敬語・その他			B	B	AB	A				AB
	古文の口語訳		AB	AB	B	AB	AB		B	AB	A	AB
	表現技法・形式		A	A					A			
	文学史											
	書写			B	B							
問題文の種類	散文	論説文・説明文	AB	AB	AB	AB	AB	AB	AB	AB	AB	AB
		記録文・実用文										
		小説・物語・伝記										
		随筆・紀行・日記	A	A	A	A	A	A	A			
	韻文	詩										
		和歌(短歌)	A									
		俳句・川柳										
	古文		AB	B	AB	AB	AB	AB	AB	AB	AB	AB
	漢文・漢詩		B									B
	会話・議論・発表		AB									
	聞き取り											

京都府公立高校難易度一覧

目安となる偏差値	公立高校名
75 ~ 73	
72 ~ 70	市堀川(探究) 市西京(エンタープライジング)，嵯峨野(京都こすもす専修)
69 ~ 67	嵯峨野(京都こすもす共修) 福知山(文理科学)，桃山(自然科学) 南陽(サイエンスリサーチ)，市堀川
66 ~ 64	市紫野(アカデミア) 嵯峨野，山城(文理総合)
63 ~ 61	南陽 城南菱創(教養科学) 西舞鶴(理数探究)，山城，洛北
60 ~ 58	市紫野，桃山 亀岡(探究文理)，城南菱創，鳥羽
57 ~ 55	市京都堀川音楽(音楽)，福知山 莵道
54 ~ 51	桂，西城陽，洛西 宮津天橋[宮津学舎] 乙訓(スポーツ健康科学)，亀岡，東宇治(英語探究／文理) 市開建(ルミノベーション)，市美術工芸(美術工芸)，峰山
50 ~ 47	鴨沂，北嵯峨，市日吉ヶ丘 乙訓，久御山，西乙訓 市京都工学院(フロンティア理数)，久御山(スポーツ総合)，鳥羽(グローバル)，西舞鶴，北稜，洛北(スポーツ総合) 綾部，市京都工学院(ものづくり)，京都すばる(起業創造／企画／情報科学)，工業(情報テクノロジー)，朱雀，西城陽(スポーツ総合)
46 ~ 43	市京都工学院(まちづくり)，工業(機械テクノロジー／ロボット技術／環境デザイン／電気テクノロジー)，向陽，丹後緑風[網野学舎](普／企画経営)，東稜，南丹(総合)，峰山(機械創造)，洛東 綾部(スポーツ総合)，田辺，鳥羽(スポーツ総合)，宮津天橋[宮津学舎](建築)，宮津天橋[加悦谷学舎] 大江(地域創生)，海洋(海洋)，桂(植物クリエイト／園芸ビジネス)，城陽，園部 亀岡(美術・工芸)，北桑田，木津(情報企画)，田辺(自動車)，東舞鶴，洛水
42 ~ 38	木津(普／システム園芸)，京都八幡[北キャンパス]，田辺(工学探究／機械技術／電気技術)，丹後緑風[久美浜学舎](アグリサイエンス) 京都八幡[南キャンパス](介護福祉／人間科学)，須知，丹後緑風[久美浜学舎](みらいクリエイト)，農芸(農芸) 北桑田(京都フォレスト)，須知(食品科学) 綾部[東分校](農業／園芸／農芸化学)
37 ~	

＊(　)内は学科・コースを示します。特に示していないものは普通科(普通・一般コース)，または全学科(全コース)を表します。
＊市は市立，〈前〉は前期試験，〈中〉は中期試験をそれぞれ表します。
＊データが不足している高校，または学科・コースなどにつきましては掲載していない場合があります。
＊公立高校の入学者は，「学力検査の得点」のほかに，「調査書点」や「面接点」などが大きく加味されて選抜されます。上記の内容は想定した目安ですので，ご注意ください。
＊公立高校入学者の選抜方法や制度は変更される場合があります。また，統廃合による閉校や学校名の変更，学科の変更などが行われる場合もあります。教育委員会などの関係機関が発表する最新の情報を確認してください。

京都府公立高等学校（前期選抜）

2024年度

入　試　問　題

2024年度

●くわしい解説……23ページ

＜数学＞

時間　50分　　満点　50点

【注意】 1　円周率はπとしなさい。
2　答えの分数が約分できるときは，約分しなさい。
3　答えが$\sqrt{\ }$ を含む数になるときは，$\sqrt{\ }$ の中の数を最も小さい正の整数にしなさい。
4　答えの分母が$\sqrt{\ }$ を含む数になるときは，分母を有理化しなさい。

1　次の問い⑴～⑼に答えよ。(18点)

⑴　$(-3)^3+4^2\times\frac{9}{8}$ を計算せよ。　…………………………答の番号【1】

⑵　$2x-6-\frac{x-7}{2}$ を計算せよ。　…………………………答の番号【2】

⑶　$\frac{2}{5}x^3y^3\div(-2y)\div\left(-\frac{1}{25}xy^2\right)$ を計算せよ。　…………………………答の番号【3】

⑷　関数 $y=\frac{16}{x}$ について，x の値が 2 から 4 まで増加するときの変化の割合を求めよ。
…………………………答の番号【4】

⑸　等式 $a-6c=8b$ を c について解け。　…………………………答の番号【5】

⑹　$\sqrt{125}$　を小数で表したとき，整数部分の値を求めよ。　…………………………答の番号【6】

⑺　2 次方程式 $2x^2-18x+12=0$ を解け。　…………………………答の番号【7】

⑻　右の図のような，半径が 4 cmの半球の表面積を求めよ。
…………………………答の番号【8】

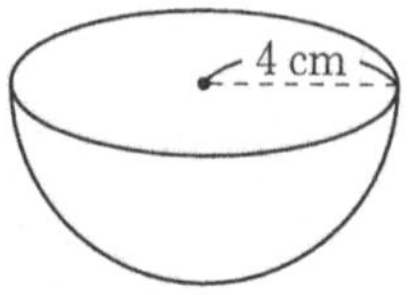

⑼　右の表は，ある中学校の 2 年生25人の上体起こしの記録について，度数および累積相対度数をまとめたものである。表中の X ～ Z に当てはまる数をそれぞれ求めよ。
…………………………答の番号【9】

記録（回）	度数（人）	累積相対度数
以上　未満		
10 ～ 13	1	0.04
13 ～ 16	X	0.04
16 ～ 19	2	0.12
19 ～ 22	4	0.28
22 ～ 25	3	0.40
25 ～ 28	5	0.60
28 ～ 31	Y	Z
31 ～ 34	2	0.96
34 ～ 37	1	1.00
計	25	

2　100円硬貨と50円硬貨がそれぞれ２枚ずつある。この４枚の硬貨を同時に投げる。

このとき，次の問い(1)・(2)に答えよ。ただし，それぞれの硬貨の表裏の出方は，同様に確からしいものとする。（４点）

(1)　100円硬貨が２枚とも表で，５0円硬貨が少なくとも１枚は表となる確率を求めよ。

……………………………答の番号【10】

(2)　表が出た硬貨の合計金額が100円以上250円未満になる確率を求めよ。…………答の番号【11】

3　右の図のように，関数 $y = ax^2$ のグラフ上に２点A，Bがあり，２点A，Bの x 座標はそれぞれ－６，８である。また，２点O，Aを通る直線の傾きは $-\frac{3}{2}$ である。

このとき，次の問い(1)～(3)に答えよ。（７点）

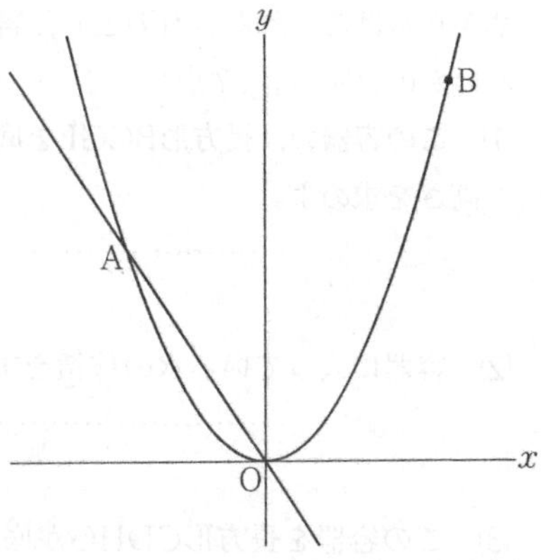

(1)　a の値を求めよ。

……………………………答の番号【12】

(2)　２点A，Bを通る直線の式を求めよ。

……………………………答の番号【13】

(3)　点Aを通り，傾きが $-\frac{5}{6}$ である直線上に x 座標が正である点Cを，△AOBと△ACBの面積が等しくなるようにとるとき，点Cの座標を求めよ。　……………………………答の番号【14】

4　下の図のように，△ABCがありAB＝５㎝，BC＝７㎝，∠ACB＝45°である。点Aから辺BCにひいた垂線と辺BCとの交点をDとすると，BD＜CDであった。線分AD上に点Eを，AB＝CEとなるようにとる。また，辺AC上に点Aと異なる点Fを，AB＝BFとなるようにとり，線分ADと線分BFとの交点をGとする。

このとき，次の問い(1)・(2)に答えよ。（７点）

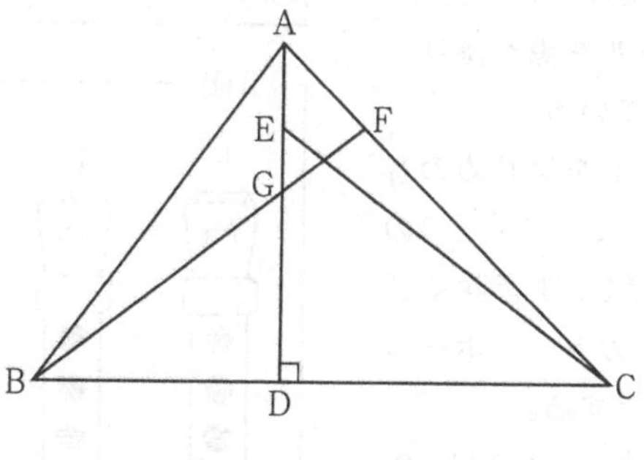

(1)　△ABD≡△CEDであることを証明せよ。　……………………………答の番号【15】

(2)　線分BDの長さを求めよ。また，線分EGの長さを求めよ。　…………………………答の番号【16】

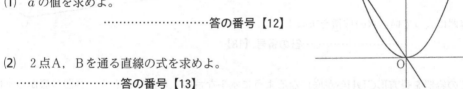

5　右のⅠ図のように，底面が台形で，側面がすべて長方形である四角柱ABCD－EFGHの形をした透明な容器があり，AD // BC，AB＝AD＝CD＝8 ㎝，BC＝16㎝，AE＝4 ㎝である。この容器を右のⅡ図のように，長方形BCGFが底になるように水平な台の上に置き，容器の底から高さ $3\sqrt{3}$ ㎝のところまで水を入れる。

このとき，次の問い(1)～(3)に答えよ。ただし，容器から水はこぼれないものとし，容器の厚さは考えないものとする。（7点）

Ⅰ図

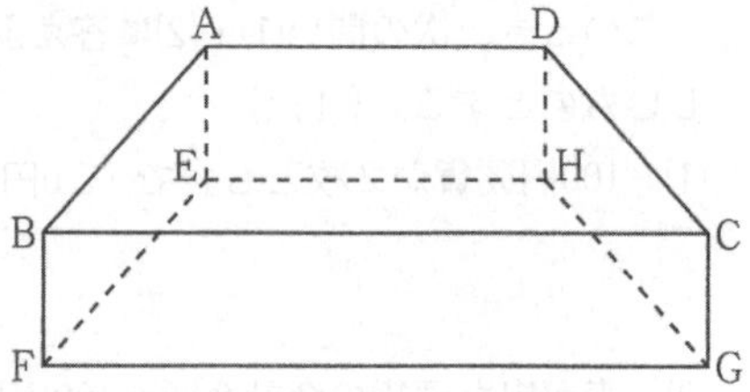

Ⅱ図

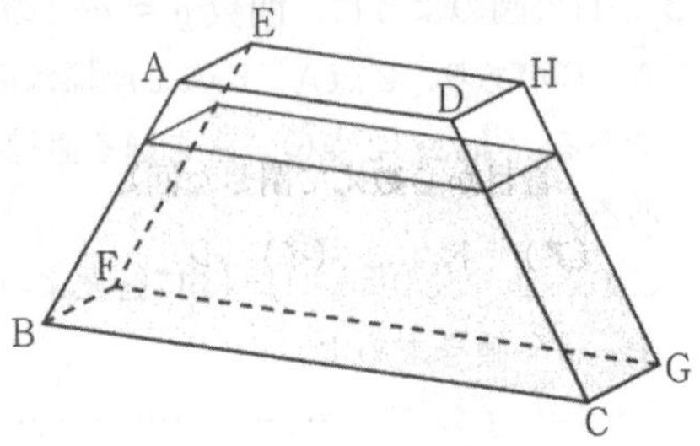

(1)　この容器の，長方形BCGFを底面としたときの高さを求めよ。

……………………答の番号【17】

(2)　容器に入っている水の体積を求めよ。

……………………答の番号【18】

(3)　この容器を長方形CDHGが底になるように水平な台の上に置いたとき，容器の底から水面までの高さは何㎝になるか求めよ。

……………………答の番号【19】

6　右のⅠ図は，アルトリコーダーの一部を模式的に表したものであり，Ⅰ図中の点線の丸（◌）と実線の丸（○）は，いずれも開いた状態のトーンホールを表している。それぞれのトーンホールは，吹き口に近い順にA，B，C，Dとする。また，右のⅡ図は，アルトリコーダーでド，レ，ミ，ファ，ソの各音を吹いたときの，閉じた状態のトーンホールを黒く塗りつぶされた丸（●）で表している。

アルトリコーダーで，ドをはじめの音として，1音ずつド，レ，ミ，ファ，ソの順にくり返し吹く。ただし，1音吹くごとに，吹いた後はすべてのトーンホールを開いた状態にするものとする。

はじめに吹いた音から順に，1音目，2音目，3音目，…とし，吹いた音およびそれぞれのトーンホールを1音目から数えて閉じた回数を考える。

Ⅰ図

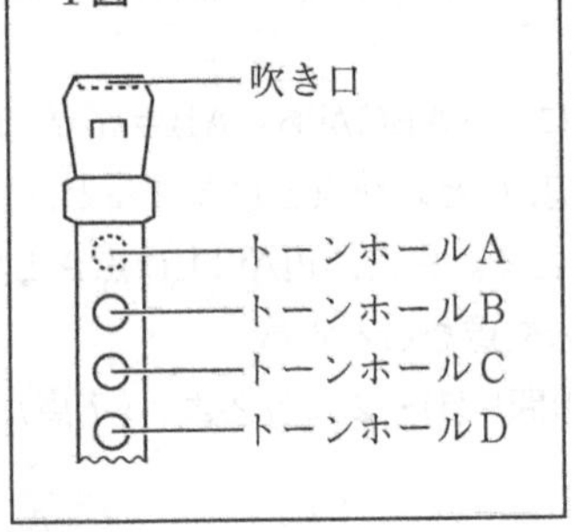

Ⅱ図

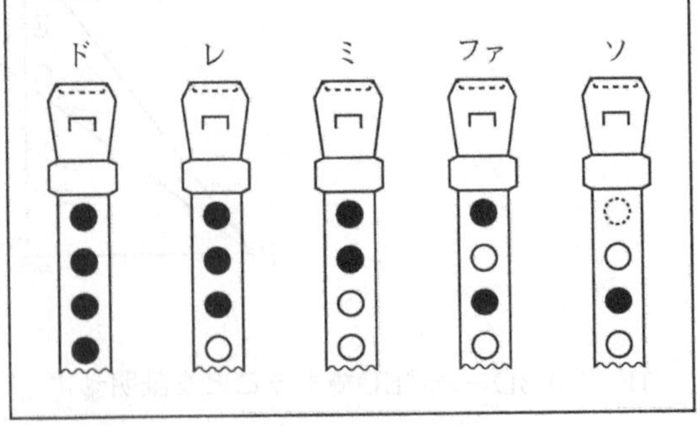

次の表は，1音目から7音目までについて，吹いた音およびそれぞれのトーンホールを1音目から数えて閉じた回数をまとめたものである。

		1音目	2音目	3音目	4音目	5音目	6音目	7音目
吹いた音		ド	レ	ミ	ファ	ソ	ド	レ
1音目から数えて閉じた回数（回）	トーンホールA	1	2	3	4	4	5	6
	トーンホールB	1	2	3	3	3	4	5
	トーンホールC	1	2	2	3	4	5	6
	トーンホールD	1	1	1	1	1	2	2

このとき，次の問い(1)～(3)に答えよ。(7点)

(1)　20音目を吹いたとき，吹いた音を，次の(ア)～(オ)から1つ選べ。また，そのときのトーンホールCを1音目から数えて閉じた回数を求めよ。　…………………………答の番号【20】

(ア)　ド　　(イ)　レ　　(ウ)　ミ　　(エ)　ファ　　(オ)　ソ

(2)　113音目を吹いたとき，トーンホールAを1音目から数えて閉じた回数と，トーンホールDを1音目から数えて閉じた回数をそれぞれ求めよ。　…………………………答の番号【21】

(3)　nを自然数とする。$(5n^2+5n-7)$音目を吹いたとき，トーンホールAを1音目から数えて閉じた回数とトーンホールBを1音目から数えて閉じた回数の差が1258回であった。このときのnの値を求めよ。　…………………………答の番号【22】

＜英語＞

時間　50分　　満点　50点

【注意】 1　英語で書くときは，大文字，小文字に注意しなさい。筆記体で書いてもよろしい。
2　語数制限がある場合は，短縮形（I'm など）と数字（100や2024など）は１語として数え，符号（ , / . / ? / ! / “ ” など）は語数に含めないものとします。

1　次の問い⑴・⑵に答えよ。（６点）

⑴　次の絵の中の①～④の順に会話が成り立つように，［　　］に入る適切な英語を，４語または５語で書け。…………………………答の番号【１】

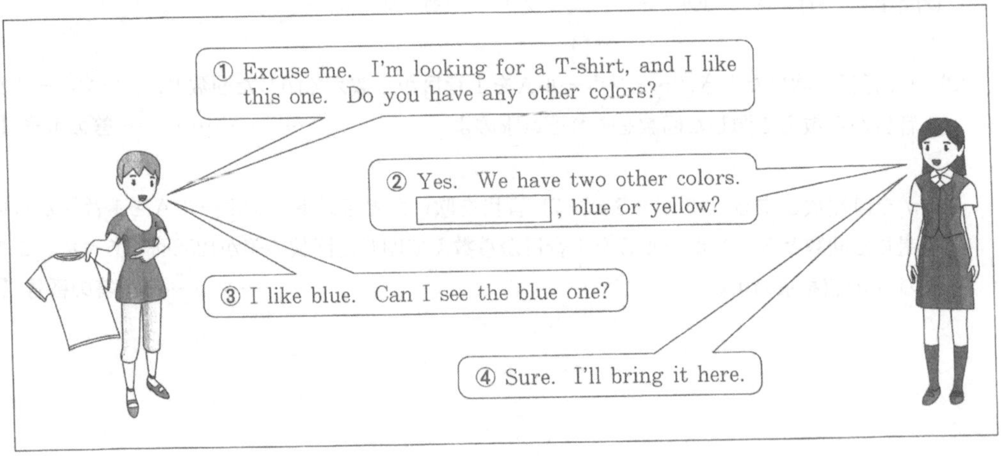
① Excuse me. I'm looking for a T-shirt, and I like this one. Do you have any other colors?
② Yes. We have two other colors. [　　　　], blue or yellow?
③ I like blue. Can I see the blue one?
④ Sure. I'll bring it here.

⑵　次の絵は，和樹《かずき》（Kazuki）が友人のアリス（Alice）と次の会話をしている一場面を表している。この絵をもとに，あとの問い(a)・(b)に答えよ。

Kazuki : Hi, Alice. Are you free tomorrow?
Alice　: I have to ［　①　］ in the morning, but I'm free in the afternoon.

Kazuki : OK.　I'll go to Minami Zoo.　Why don't we go there together?

Alice　: That's a good idea.

Kazuki : Oh, I think [②] tomorrow, so we will need an umbrella.

Alice　: All right.　Thank you.

(a)　会話が成り立つように，[①] に入る適切な英語を，3 語で書け。

…………………………答の番号【2】

(b)　会話が成り立つように，[②] に入る適切な英語を，3 語または 4 語で書け。

…………………………答の番号【3】

2　次の英文は，高校生の真紀(Maki)と留学生のリリー(Lily)が交わしている会話である。外国人が道や駅で迷っていた場合の日本人の行動に関する次のページのグラフ(graph)を参考にして英文を読み，あとの問い(1)～(4)に答えよ。(８点)

Maki : Did you enjoy Sakura Museum yesterday?

Lily　: Yes.　I was happy to go there with you.　The museum was near Sakura Station, so it was easy to go there.

Maki : You're right.　Oh, before I went to Sakura Museum, a woman talked to me in Chinese at Sakura Station.　I think she came to Japan alone [①] a tourist.　She asked me something, but I couldn't say anything because I couldn't understand Chinese well.

Lily　: I see.　If we don't know the language, it may be difficult for us to help.

Maki : That's true.　I found some graphs on a website last night.　Look at Graph 1.　The graph shows what Japanese people do when they meet foreign people who *are lost.

Lily　: Let me see.　*In total, more than sixty-five *percent of the people say that they want to help foreign people.　Also, about [②] percent of the people say that they always want to do so.　However, in total, about twenty percent of the people say that they *are unwilling to help or don't want to help foreign people.　Why did about twenty percent of the people answer like that?

Maki : We can see the reasons in Graph 2.　Look at it.

Lily　: Well, I can agree with this reason.　It is the highest percent in Graph 2.

Maki : I felt the same thing when a woman talked to me at Sakura Station.　Also, I can agree with another reason.　I have met foreign people who needed help on the street.　However, I couldn't help because [③].

Lily　: Do you mean about twenty-eight percent in Graph 2?

Maki : That's right.　What should we do in that situation?

Lily　: Well, I have an idea.　On my first day in Japan, I was lost on the street, and a Japanese man said something to me.　I didn't understand what he was saying in Japanese, but I knew that he tried to help me.

That made me *feel relieved. So, I think saying easy words such ④ "Hello." or "Are you OK?" is one way to help foreign people.

Maki : I see. I think saying something to foreign people may be difficult for us, but I'm sure they feel relieved if other people talk to them. I want to be a person who *gives other people a hand.

グラフ（graph）

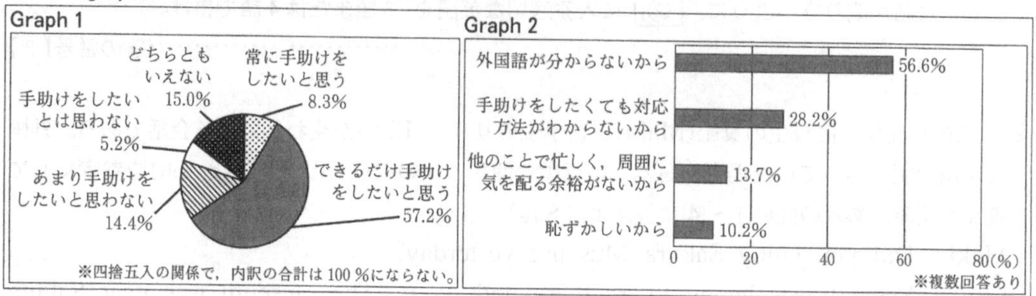

内閣府「令和４年度バリアフリー・ユニバーサルデザインに関する意識調査報告書」より作成

（注） be lost 道に迷っている in total 合計で percent パーセント
are unwilling to ～ ～するのを好まない feel relieved 安心する
give ～ a hand ～に手を差しのべる

(1) ①・④ に共通して入る最も適当な１語を書け。………………………答の番号【４】

(2) 本文の内容とグラフ(graph)から考えて，② に入る語として最も適当なものを，次の(ア)～(エ)から１つ選べ。………………………答の番号【５】

(ア) five (イ) eight (ウ) fourteen (エ) twenty

(3) 本文の内容とグラフ（graph）から考えて，③ に入る表現として最も適当なものを，次の(ア)～(エ)から１つ選べ。………………………答の番号【６】

(ア) I didn't know what I should do (イ) I was busy then
(ウ) I couldn't understand foreign languages (エ) I was sad at that time

(4) 本文の内容と一致する英文として最も適当なものを，次の(ア)～(エ)から１つ選べ。………………………答の番号【７】

(ア) Lily thinks that Sakura Museum is far from Sakura Station.
(イ) Maki met a woman who spoke Chinese at Sakura Museum.
(ウ) Lily felt relieved because a man talked to her on the street on her first day in Japan.
(エ) Maki wants foreign people to use easy words when they talk to Japanese people.

3 次の英文は，中学３年生の実花（Mika）が英語の授業で書いた作文である。これを読んで，問い(1)～(10)に答えよ。（24点）

When I was a first year student in junior high school, we had a school chorus contest in October. In July, my class chose a song ①<u>(sing)</u> by a famous singer. I became the *accompanist for my class because I practiced the piano when I was an elementary school student. After I *entered a junior high school, I didn't play the piano much. But I thought I could play the song when I saw the *musical score.

During the summer vacation, I practiced the piano every day. I also thought ②[(ア) someone / (イ) I / (ウ) teach / (エ) to / (オ) me / (カ) needed], so I decided to visit Ms. Oki. She was my piano teacher when I was an elementary school student. I visited her every Wednesday and Saturday during the vacation. After the vacation, I visited her only on Saturdays, but I thought I could play the song well. 【 A 】

One Friday in September, we had the first *rehearsal. Many students who were going to have a rehearsal after my class were waiting and watching my class. After realizing that, I couldn't *concentrate on playing the piano and made many *mistakes.

③The next day, I visited Ms. Oki and said, "I made a lot of mistakes at the rehearsal." She said, "I'm sorry to hear that. Have you thought about the reasons for your mistakes?" I said, "No. I don't want to think about them." She said, "Well, if you don't think about the reasons, you'll make the same mistakes again. Let me help you understand what to do." I said, "I could usually play well when I practiced alone. 【 B 】 However, I couldn't play the song in the same way at the rehearsal." She said, "You got nervous, right?" I answered, "Yes." She said, "When we become nervous, we are in a different *state and we sometimes cannot do the things we can usually do. But there are some ways to relax. Imagining that you are *successful is one example. Practicing a lot is another important way. 【 C 】 If you do so, you'll be sure that you can play well. Having [④] that helps you relax is also a good way. For example, you can bring your favorite thing with you. You can also bring a message that helps you relax." Then, she *took out a small message card from her desk and wrote, "You have practiced hard. You can do it." She gave the message card to me, and I found ⑤one thing when I read her message. I realized that when I try hard, people around me understand that.

After I visited Ms. Oki that day, I tried the ways I learned from Ms. Oki. Before I ⑥(sleep), I always imagined that I was playing well at the chorus contest. I always took the message card with me and looked at it before I played the song. I also thought about my mistakes again. Then, I realized that there were a few difficult parts I couldn't play well in the song. 【 D 】 One week later, I was sure that I could play the song better.

One Friday in October, we had the second rehearsal. It was four days before the chorus contest. On the morning of the rehearsal, I remembered Ms. Oki's face and read the message card at home. After that, I put it into my *pocket and went to school. I remembered her message some times before playing the song. I was nervous at the second rehearsal too, but I [⑦] that I could do well. Then, I played well at the second rehearsal. I learned a lot from the first rehearsal, and that helped me play well at the second rehearsal. I learned how to improve *myself, and I was successful at the chorus contest, too. The day after the chorus contest, I visited Ms. Oki and talked about it. She said, "You really tried hard to do better. I'm glad to see your happy face now."

At first, the first rehearsal was just a bad experience for me, but I learned a lot from that experience. I learned that thinking about the reasons for mistakes is important. Doing that is sometimes not easy because when we make mistakes, we become sad and don't want to think about them. However, now I understand that doing so is important to improve myself.

（注） accompanist 伴奏者　enter ～ ～に入学する　musical score 楽譜
rehearsal リハーサル　concentrate on ～ ing ～することに集中する
mistake 間違い　state 状態　successful 成功した
take out ～ ～を取り出す　pocket ポケット　myself 私自身を

(1) 下線部①(sing)・⑥(sleep)を，文意から考えて，それぞれ正しい形にかえて１語で書け。
……………………答の番号【8】

(2) 下線部②の［ ］内の(ア)～(カ)を，文意が通じるように正しく並べかえ，記号で書け。
……………………答の番号【9】

(3) 次の英文を本文中に入れるとすればどこが最も適当か，本文中の【A】～【D】から１つ選べ。
……………………答の番号【10】

I practiced them a lot.

(4) 次の英文は，下線部③について説明したものである。本文の内容から考えて，[i]・[ii]に入る最も適当なものを，[i]は下のⅠ群(ア)～(エ)から，[ii]はⅡ群(カ)～(ケ)からそれぞれ１つずつ選べ。
……………………答の番号【11】

> Mika visited Ms. Oki and talked about the first rehearsal. Ms. Oki felt sorry that [i] at the rehearsal. Ms. Oki found Mika's problem and told Mika [ii].

Ⅰ群 (ア) Mika couldn't play the song well
(イ) Mika played the song without mistakes
(ウ) Mika didn't want to play the piano
(エ) Mika had to play the piano for her classmates

Ⅱ群 (カ) how our body will be when we relax
(キ) what happens to us when we get nervous
(ク) what we should not do after getting nervous
(ケ) why we get nervous and when we should relax

(5)　④ ・ ⑦ に入る語句の組み合わせとして最も適当なものを，次の(ア)～(エ)から１つ選べ。
…………………………答の番号【12】

(ア)　④ someone　⑦ believed　(イ)　④ someone　⑦ wasn't sure
(ウ)　④ something　⑦ believed　(エ)　④ something　⑦ wasn't sure

(6)　下線部⑤が表す内容として最も適当なものを，次の(ア)～(エ)から１つ選べ。
…………………………答の番号【13】

(ア)　私のことを理解する人が周りにいれば，私はがんばれるということ。
(イ)　私ががんばっているときは，周りの人はそのことをわかってくれるということ。
(ウ)　私のことを理解するために，周りの人もがんばっているということ。
(エ)　私ががんばっているときは，周りにもそのようにしている人がいるということ。
…………………………答の番号【14】

(7)　次のできごとがあった曜日を英語１語で書け。
Mika's class had the chorus contest.

(8)　本文の内容に合うように，次の質問(a)・(b)に対する適当な答えを，下の〈条件〉にしたがい，それぞれ英語で書け。
(a)　Were there many students who were watching Mika's class at the first rehearsal?
…………………………答の番号【15】
(b)　On the day of the second rehearsal, where did Mika read the message card?
…………………………答の番号【16】

〈条件〉　・(a)は３語で書くこと。
　　　　・(b)は５語で書くこと。

(9)　本文の内容と一致する英文として適当なものを，次の(ア)～(オ)からすべて選べ。
…………………………答の番号【17】

(ア)　Mika visited her piano teacher Ms. Oki once a week during the summer vacation.
(イ)　The day after the first rehearsal, Ms. Oki said Mika was nervous at the rehearsal, but Mika didn't agree.
(ウ)　After Mika was given the message card from Ms. Oki, Mika always brought it with her.
(エ)　Mika played well at the second rehearsal because of the things she learned from the first rehearsal.
(オ)　On the day of the chorus contest, Ms. Oki said that she was glad to see Mika's happy face.

(10)　次の英文は，この作文（essay）を読んだ中学生の陸（Riku）と留学生のマーク（Mark）が交わしている会話の一部である。これを読んで，あとの問い(a)・(b)に答えよ。

Riku：How was my speech at today's English lesson?
Mark：I think it was good. You spoke English well.
Riku：Thank you. But I made many mistakes. I hope I can speak ｉ

than this time when I make another speech in the future.

Mark : Well, in Mika's essay, she told you how to make yourself [ii] at something.

Riku : That's right. I learned a lot from her essay. She said that it is [iii] when we make mistakes. I'll do so to improve myself.

(a) [i] ・ [ii] に共通して入る最も適当な語を，本文中から１語で抜き出して書け。

……………………答の番号【18】

(b) [iii] に入る適当な英語を，本文の内容にそって５語以上８語以内で書け。

……………………答の番号【19】

【リスニングの問題について】

放送中にメモをとってもよい。

4 それぞれの質問に対する答えとして最も適当なものを，次の(ア)～(エ)から１つずつ選べ。(４点)

(1) (ア) Two cakes.　(イ) Three cakes.　(ウ) Four cakes.　(エ) Five cakes.

……………………答の番号【20】

(2) (ア) Go to Momiji Station by subway, and then take another subway.
(イ) Go to Momiji Station by subway, and then take a bus.
(ウ) Go to Momiji Station by bus, and then take another bus.
(エ) Go to Momiji Station by bus, and then take the subway.

……………………答の番号【21】

5 それぞれの質問に対する答えとして最も適当なものを，次の(ア)～(エ)から１つずつ選べ。(４点)

(1) (ア) 午前８時　(イ) 午前８時30分　(ウ) 午前９時　(エ) 午前９時30分

……………………答の番号【22】

(2) (ア) スギノ選手がイベントに来るのは，今回が初めてである。
(イ) 子どものチケットの料金は，大人の料金の半額である。
(ウ) かつてスギノ選手が使っていたサッカーボールを，手に入れることができる。
(エ) イベントの参加者は，イベント中に写真を撮ることはできない。

……………………答の番号【23】

6 それぞれの会話のチャイム音のところに入る表現として最も適当なものを，あとの(ア)～(エ)から１つずつ選べ。(４点)

(例題) A : Hi, I'm Hana.
B : Hi, I'm Jane.
A : Nice to meet you.
B : 〈チャイム音〉

(ア) I'm Yamada Hana.　(イ) Nice to meet you, too.
(ウ) Hello, Jane.　(エ) Goodbye, everyone.

（解答例）

ア	㋑	ウ	エ

(1)　(ア)　He is a science teacher.　(イ)　He isn't in any clubs.
　(ウ)　He knows volleyball well.　(エ)　He wants to be a math teacher.

……………………答の番号【24】

(2)　(ア)　Sure, let's find a book written in Japanese.
　(イ)　Sure, it is interesting to choose a book in a library.
　(ウ)　Sure, I'll look for a good book for other students.
　(エ)　Sure, you can also take it home to try it.

……………………答の番号【25】

㈠ 会話文中の［A］に入る最も適当な表現を、次の(ア)～(エ)から一つ選べ。……答の番号【22】

(ア) 高祖に対して命令を受け入れないという意志を伝えた

(イ) 高祖に対して心を迷わせるような問いかけをした

(ウ) 人々に対して高祖を惑わせることを言ってはいけないと忠告した

(エ) 人々に対して高祖が皆の意見を受け入れる気がないことを知らせた

㈡ 会話文中の［B］・［C］に入る適当な表現を、本文の内容を踏まえて、それぞれ**三字以内**で書け。……答の番号【23】

下書き用　B □□□ 3　　C □□□ 3

㈢ 会話文中の［D］に入る最も適当な表現を、次の(ア)～(エ)から一つ選べ。……答の番号【24】

(ア) 周勃の態度　　(イ) 人々の発言

(ウ) 高祖の態度　　(エ) 人々の態度

のみことのりをばうけじ」といひし一言にて、さばかりの御＊心まどひもはれ給ひしとか。されば詞《ことば》のはなをさかせたりとも、誠のつらぬくにあらざれば、＊えうなき事なり。まこともつらぬきて、詞の色もそなはりなば、＊いとど人の心をもうごかし、やはらぎつべければ、一やうに実だにあらば、花はなくてもありなんとはいはじ。

（「新譯《しんやく》花月草紙關《せき》の秋風《あきかぜ》」による……一部表記の変更がある）

注
＊感ぜしむる…感動させる。　＊漢の高祖…中国の漢の初代皇帝。
＊太子うごかすべき…世継ぎを替えようとする。
＊わたくしの…自分勝手な。　＊うけがひ給はず…承知なさらなかった。
＊周勃…高祖の臣下。　＊心まどひ…心が迷うこと。
＊えうなき…役に立たない。　＊いとど…いっそう。

(1) 本文中の a いふは をすべて現代仮名遣いに直して、平仮名で書け。また、次の(ア)〜(エ)のうち、波線部（〰）が現代仮名遣いで書いた場合と同じ書き表し方であるものを、一つ選べ。……………答の番号【19】

(ア) 祈りけるこそをかしけれ　　(イ) 奥へぞ入りにける
(ウ) わが身ものぐるほしや　　(エ) のたまひ明かす

(2) 本文中の b 大ぞらをもうごかしつべけれ の解釈として最も適当なものを、次の(ア)〜(エ)から一つ選べ。……………答の番号【20】

(ア) 大空をも動かそうとは思わない
(イ) 大空をも動かすことができるのだろうか
(ウ) 大空をも動かさないといけない
(エ) 大空をも動かすことができるだろう

(3) 本文中の c よからぬ事 とは、どのようなことを指しているのか、最も適当なものを、次の(ア)〜(エ)から一つ選べ。……………答の番号【21】

(ア) 高祖を諫めるような発言を人々がしたこと。
(イ) 高祖の世継ぎを人々が受け入れなかったこと。
(ウ) 高祖が世継ぎを変更しようとしていること。
(エ) 高祖を納得させる話を人々ができなかったこと。

(4) 次の会話文は、真由さんと啓太さんが本文を学習した後、本文について話し合ったものの一部である。これを読み、後の問い㊀〜㊂に答えよ。

真由　本文では、和歌以外のことにおいても通じる、感動をもたらすものについて述べられていたね。
啓太　それが本文全体の大きなテーマになっているんだね。
真由　筆者は、中国の古典が引用されている部分を踏まえて、実と花の話につなげているよ。中国の古典が引用されている部分において、周勃は［A］ことが読み取れるね。
啓太　そうだね。「実だにあらば、花はなくてもありなんとはいはじ」という表現で本文はまとめられているけれど、「実さえあれば花はなくてもよいとはいえない」という意味だったね。実と花はそれぞれ順に［B］のことを指していることがわかるね。
真由　実と花を［B］の［C］として用いて、他の事物を引き合いに出して表現することで本文をまとめているんだね。
啓太　そう考えると、中国の古典が引用されている部分において、［D］は実に対応していると解釈できるね。

の経験を踏まえて補足し、5・6段落で再度主張を述べるという構成になっている。

(7) 桜さんのクラスでは、本文を学習した後、本文に関する発表を班ごとに行うことになった。次の会話文は、桜さんの班で話し合ったものの一部である。これを読み、後の問い(一)～(三)に答えよ。

> **桜**　本文では、相似と相異について述べられていたね。
>
> **真治**　相異は［A］ものだと本文から読み取れるね。
>
> **佳奈**　そうだね。本文中では「もともとからの関係」という言葉が複数回出てくるけれど、これは一つのものから分化発展したものの間に備わった、ある関係のことを指しているんだよね。
>
> **桜**　うん。6段落の「われわれに備わった一つの本能」とは、「もともとからの関係」、つまり、一つのものから分化発展したものの間に備わった［B］することが容易にできる力だといえると本文から読み取れるよ。
>
> **佳奈**　うん。その力が私たちに生まれつき備わっているのは、私たちも分化発展を経験してきたからだよね。
>
> **真治**　なるほど。本文の理解をさらに深めるため、本やインターネットで情報を探すことにしようよ。

(一) 会話文中の［A］に入る最も適当な表現を、次の(ア)～(エ)から一つ選べ。……………答の番号【16】

(ア) 相似の中に含まれる
(イ) 相似の不足部分を埋める
(ウ) 相似があってこそ成立する
(エ) 相似と同時には存在できない

(二) 会話文中の［B］に入る適当な表現を、本文の内容を踏まえて、**十字以上、十五字以内**で書け。……………答の番号【17】

下書き用

(三) 本やインターネットで情報を探すときの一般的な注意点として**適当でないもの**を、次の(ア)～(エ)から一つ選べ。……………答の番号【18】

(ア) 本の中の情報を探すときは、目次や索引を利用して目的の情報が書かれている部分の見当をつけるとよい。
(イ) 本を用いて年度ごとの統計を調べるときは、国語辞典と歳時記の両方を利用するとよい。
(ウ) インターネットで目的の情報のキーワードを入力して検索する際、検索の結果が多すぎるときは、キーワードを増やして絞り込むとよい。
(エ) ウェブサイトから情報を得る際、目的の情報に関する複数の情報源を確認して正しいかどうかを判断するとよい。

三　次の文章は、「花月草紙《かげつそうし》」の一節である。**注**を参考にしてこれを読み、問い(1)～(4)に答えよ。（12点）

やまと歌は、人の心よりあめつち鬼神をも*感ぜしむるなど aいふは、和歌の道にかぎることにはあらず。ただ一の誠もてこそ、b大ぞらをもうごかしつべけれ。*漢《かん》の高祖《かうそ》の*太子うごかすべき*わたくしの御心《みこころ》を、さまざまことわり尽《つく》して、人々諫《いさ》むれども*うけがひ給《たま》はず。さるに*周勃《しうぼつ》といふ人が、「口にはいひ得ねども、cよからぬ事としれればそ

選べ。

(ア) この世界がいろいろなもので構成されていることは、この世界のものがそれぞれ偶然の結果発生したという過程をもつこと。……答の番号【11】

(イ) この世界がいろいろなもので構成されていることは、単数的存在と複数的存在がなんらかの関係で結びついていたこと。

(ウ) この世界のものが複数的存在で構成されていることは、この世界のものはもとは一つのものから分かれていったこと。

(エ) この世界のものが複数的存在で構成されていることは、一つのものに占有されたある空間を他のものが占有できないこと。

(3) 本文中の c に の品詞として最も適当なものを、次のⅠ群(ア)～(エ)から一つ選べ。また、c に と同じ意味・用法で に が用いられているものを、後のⅡ群(カ)～(ケ)から一つ選べ。……答の番号【12】

Ⅰ群
(ア) 副詞　(イ) 形容動詞　(ウ) 助動詞　(エ) 助詞

Ⅱ群
(カ) 向かい風が吹いていたのに、走り幅跳びで新記録が出た。
(キ) 着替えが終わったら、運動場に集合しよう。
(ク) 寒い日が続いているけれど、元気に過ごしている。
(ケ) ゆっくり作業を進めているので、まだ完成しそうにない。

(4) 本文中の［　］には、［　］の前に述べられていることと、後に述べられていることとの間で、どのような働きをする語が入るか。最も適当なものを、次のⅠ群(ア)～(エ)から一つ選べ。また、本文中の［　］に入る語として最も適当なものを、後のⅡ群(カ)～(ケ)から一つ選べ。……答の番号【13】

Ⅰ群
(ア) 後に述べられていることが、前に述べられていることとの付け加えであることを表す働きをする語。
(イ) 後に述べられていることが、前に述べられていることとは逆の内容であることを表す働きをする語。
(ウ) 後に述べられていることが、前に述べられていることとの対比であることを表す働きをする語。
(エ) 後に述べられていることが、前に述べられていることとは別の話題であることを表す働きをする語。

Ⅱ群
(カ) または　(キ) そして　(ク) ところで　(ケ) ところが

(5) 本文中の d 根テイ の片仮名の部分を漢字に直し、楷書で書け。……答の番号【14】

(6) 本文の構成を説明した文として最も適当なものを、次の(ア)～(エ)から一つ選べ。……答の番号【15】

(ア) 1段落で筆者の考えを示し、2段落で別の角度から考えを述べ、3・4段落で考察を加え、5・6段落で主張を述べるという構成になっている。

(イ) 1段落で問題提起し、2段落で新たな展望を示し、3・4段落で主張を述べ、5・6段落で具体例を挙げて補足するという構成になっている。

(ウ) 1段落で話題を提示し、2段落で述べた一般論を3・4段落で批判し、5・6段落で筆者の考えを述べるという構成になっている。

(エ) 1段落で主張を述べ、2段落で根拠を示し、3・4段落で筆者

ばわれわれはつねに、相似たところも相異なるところも、同時に認めているのである。

6 私は哲学者でもないくせに、*認識論に立ち入るつもりはないのだから、われわれがものを認めるというこの子供にでも可能なことに対して、ここで私が認識という言葉を使ったからといって、深く咎《とが》めないでほしいのである。何故《なぜ》それなら知覚というような言葉を用いずにあえて認識という言葉を用いるのかといえば、それは私の気持ちの問題である。世界観はいかに素朴であっても、それは認識という言葉をもって一貫されるべきものと考えるからである。［　］私のここで意味するような素朴な認識というのがかくのごとく、ものとものとを比較し、その上で判断するというような過程を踏まなくても、いわば直観的にものをその関係において把握するということであるとすれば、ものが互いに似ているとか異なっているとかいうことのわかるのは、われわれの認識そのものに本来備わった一種の*先験的な性質である、といいたいのである。そして、それというのもこの世界を成り立たせているいろいろなものが、もとは一つのものから分化発展したものであるというところに、深い d根テイがあるのであって、それはすなわちこのわれわれさえが、けっして今日のわれわれとして突発したものでもなく、また他の世界からやって来た、その意味でこの世界とは異質な存在でもなくて、われわれ自身もまた身をもってこの世界の分化発展を経験してきたものであればこそ、こうした性質がいつのまにかわれわれにまで備わるようになった。世界を成り立たせているいろいろなものが、われわれにとって異質なものでないというばかりでなくて、それらのものの生成とともに、われわれもまた生成していった。そう考えればそれらのものの間に備わったもともとからの関係を、われわれがなんの造作もなく認識しうるということは、むしろわれわれ自身に備わった遺伝的な素質であり、むずかしいことをいいたくなければ、われわれに備わった一つの本能であるといっても、まちがってはいないであろうと思う。

（今西錦司《いまにしきんじ》「今西錦司　生物レベルでの思考」による）

注

*さきに…本文より前の部分。本文は文章の途中から引用している。

*しからば…そうであるならば。

*どうせどこかもっと適切なところで…本文より後の文章で、本文で論じた内容について再び言及し、考察を深めている箇所がある。

*認識論…認識の起源・構造・妥当性・限界などを論じる学問。

*先験的…経験に先立ち、経験から得られたのではない生まれつきのものであるさま。

⑴ 本文中の a愉快なこと について、本文では、どのようなことが愉快だと述べられているか。最も適当なものを、次の(ア)～(エ)から一つ選べ。……………………答の番号【10】

(ア) 他と異なったものが生じる原因が、世界じゅうのものを見れば判明すること。

(イ) 他と切り離された特異なものばかりが、世界じゅうで見つかること。

(ウ) 他とどこか似た部分をもつものが、この世界のどこにも見当たらないこと。

(エ) あるものに似た他のものが、この世界のどこかにかならず存在していること。

⑵ 本文中の b起因し について、本文では、なにはなにに起因していると述べられているか。最も適当なものを、次の(ア)～(エ)から一つ

といえども絶対に占有できないものである以上、空間の分割はものの存在を規定するとともに、またもってそれがものの相異を生ぜしめている根本的原因であるともいえるであろう。

2　このように相異ということばかりを見て行けば、世界じゅうのものはついにみな、異なったものばかりということになるが、それにもかかわらずこの世界には、それに似たものがどこにも見当たらない、すなわちそれ一つだけが全然他とは切り離された、特異な存在であるというようなものが、けっして存在していないということは、たいへんa愉快なことでなかろうか。もしも世界を成り立たせているものが、どれもこれも似ても似つかぬ特異なものばかりであったならば、世界は構造を持たなかったかもしれぬ。あるいは構造はあってもわれわれの理解しえないものであったかもしれない。それよりもそんなにすべてのものが異なっていたら、もはや異なるという意味さえなくなってしまっただろう。異なるということは似ているということがあってはじめてその意味を持つものと考えられるからである。似ているものがあってこそ異なるものが区別されるのであり、似ているところがあってこそ異なるところが明らかにされるのである。

3　*しからばこの世界はいろいろなものから成り立っているといっても、そのいろいろなものというのが、お互いに絶対孤立の単数的存在でなくて、この広い世界のどこかには、かならずそれに似たものが見いだされるという複数的存在であることは、いったいなにｂ起因し、またなにを意味しているであろうか。この問題については*どうせどこかもっと適切なところで詳しく論ずるつもりであるが、ただわれわれはこのような事実、すなわち世界を構成しているものの複数的存在という事実を前にして、この複数的存在の内容となっているところの似たもの同士が、お互いに全然無関係に発生した、偶然の結果であるというようにはどうしても考えられないのであるからして、この点から見ればわれわれは、世界がその生成発展の過程において、お互いになんらかの関係で結ばれた相異なるものに分かれていったといいうるのと同じように、世界はその生成発展の過程において、お互いになんらかの関係で結ばれた相似たものに分かれていったともいいうるのである。

4　すると相似と相異ということは、もとは一つのものから分かれたものの間に、もともとから備わった一つの関係であって、子は親に似ているといえばどこまでも似ているけれども、また異なっているといえばどこまでも異なっているといえるように、そういったものの間の関係は、似ているのも当然だし、異なっているのもまた当然だということになる。そしてこの世界を構成しているすべてのものが、もとは一つのものから分化発展したものであるというのであれば、それらのものの間には、当然またこの関係が成り立っていなければならないと思う。

5　だからはじめにもどって、われわれの世界がいろいろなものから成り立っているというのは、われわれがいろいろなものを識別しうるからだといったが、識別というような言葉を用いるから、なんだかわれわれが相異ばかりに注意しているような印象を与えるけれども、未だ識別という結果の現《あら》われぬ、識別以前の状態にさかのぼって、われわれが直接ものを認めるという立場を考えてみると、それはc鏡にものの映るような無意味な、機械的なものではなくて、われわれがものを認めるということは、つまりわれわれが、この世界を構成しているものの間に備わった、このもともとからの関係において、それらのものを認めていることだと私は思う。いい換えるなら

Ⅱ群

(カ) 辛勝　(キ) 抜群　(ク) 郷里　(ケ) 出没

(6) 本文に書かれている内容と一致している文として適当なものを、後の(ア)〜(オ)から**二つ**選べ。……答の番号【6】

(ア) 科学は有用な知識を蓄積してきたため、すべての問題は解決できるようになったと現在の科学者たちは考えている。

(イ) 科学といわれるものは、人間の多様な活動の中のある部分が、ある方向に発展してきたことによって成立した。

(ウ) 科学に対する明確な定義づけが難しいのは、大多数の人が漠然とした科学の限界を予想しているからである。

(エ) 事実を抽象化していく過程で抜け落ちてしまうものが、科学的知識を豊富にさせ、科学の正確さを生み出した。

(オ) 科学が哲学や宗教に置き換わることはできないが、それらに大きな影響を与えることはあると考えられる。

(7) 次の会話文は、亜実さんと修一さんが本文を学習した後、本文について話し合ったものの一部である。これを読み、後の問い㈠〜㈢に答えよ。

亜実　本文では、「科学には限界があるかどうか」ということについて言及されていたね。

修一　そうだね。[A]についてはどこまでも拡大していくことが予測され、限界を見出すことができない可能性があると述べられていたね。

亜実　うん。でも科学にはできないこともあるんだよね。できないこともあるけれど、「多くの大切なもの」と本文で表現されている、個人的体験に内包されている[B]ことを反省することで、人類の進歩に科学はますます寄与することができるとも述べられていたね。

修一　だからこそ科学の限界と呼ぶべきその宿命が、[C]になる可能性があるんだね。

㈠ 会話文中の[A]に入る最も適当な表現を、本文中から**十字**で抜き出して書け。……答の番号【7】

㈡ 会話文中の[B]に入る適当な表現を、本文の内容を踏まえて、**二十五字以上、三十五字以内**で書け。……答の番号【8】

下書き用

㈢ 会話文中の[C]に入る最も適当な表現を、本文中から**十六字**で抜き出し、**初めと終わりの三字**を書け。……答の番号【9】

二 次の文章を読み、問い(1)〜(7)に答えよ。（19点）

（[1]〜[6]は、各段落の番号を示したものである。）

[1] *さきにわれわれの世界はじつにいろいろなものから成り立っているといったが、それはわれわれがいろいろなものを識別しえているからこそいえることなのである。しかしいろいろなものといったが、この世界には結局厳密に同じものは二つとはないはずである。一つのものによって占有されたその同じ空間を、他のいかなるもの

いであろう。

一言にしていえば、私どもの体験には必ず他と比較したり、客観化したりすることのできないある絶対的なものが含まれている。人間の自覚ということ自体がその最も著しい例である。哲学や宗教の根がここにある以上、*上記のごとき意味における科学が完全にそれらに取って代《かわ》ることは不可能であろう。科学の適用される領域はいくらでも広がってゆくであろう。このいわば*遠心的な方面には恐らく限界を見出し得ないかも知れない。それは哲学や宗教にも著しい影響を及ぼすでもあろう。しかし、科学が自己発展を続けてゆくためには、その出発点において、またその途中において、故意に、もしくは気がつかずに、多くの大切なものを見のがすほかなかったのである。このような科学の宿命をその限界と呼ぶべきであるならば、それは科学の弱点であるよりもむしろ長所でもあるかも知れない。なぜかといえば、この点を反省することによって、科学は人間の他の諸活動と相補いつつ、人類の全面的な進歩向上に、より一層大きな e 貢献をなし得ることになるからである。

（湯川秀樹《ゆかわひでき》「湯川秀樹自選集　第一巻　学問と人生」による）

注　*厖大…広がって大きくなるさま。　*背馳…背き離れること。
*定立…ある判断や主張を法則として定めること。
*如何とも…どうにも。　*上記…前に記してあること。
*遠心的…中心から遠ざかるさま。

(1) 本文中の a しばしば受ける は、二つの文節に区切ることができる。この文節どうしの関係として最も適当なものを、次の(ア)～(エ)から一つ選べ。……答の番号【1】

(ア) 修飾・被修飾の関係　(イ) 補助の関係
(ウ) 主・述の関係　(エ) 並立の関係

(2) 本文中の b 見る の活用の種類として最も適当なものを、次のⅠ群(ア)～(ウ)から一つ選べ。また、b 見る と同じ活用の種類である動詞を、後のⅡ群(カ)～(サ)から**すべて**選べ。……答の番号【2】

Ⅰ群　(ア) 五段活用　(イ) 上一段活用　(ウ) 下一段活用

Ⅱ群　(カ) 座る　(キ) 詰める　(ク) 借りる
(ケ) 徹する　(コ) 報いる　(サ) 結わえる

(3) 本文中の □ に入る最も適当な表現を、次の(ア)～(エ)から一つ選べ。……答の番号【3】

(ア) 具体性を帯びた内容へと焦点化される
(イ) 一人の人の個人的体験であると確認される
(ウ) 自己の体験が自分の中だけで忠実に再現される
(エ) 広い意味での事実にまで客観化される

(4) 本文中の c 伴って と e 貢献 の漢字の部分の読みをそれぞれ**平仮名**で書け。……答の番号【4】

(5) 本文中の d 貴重 の熟語の構成を説明したものとして最も適当なものを、次のⅠ群(ア)～(エ)から一つ選べ。また、d 貴重 と同じ構成の熟語を、後のⅡ群(カ)～(ケ)から一つ選べ。……答の番号【5】

Ⅰ群
(ア) 上の漢字と下の漢字が似た意味を持っている。
(イ) 上の漢字と下の漢字の意味が対になっている。
(ウ) 上の漢字が下の漢字を修飾している。
(エ) 下の漢字が上の漢字の目的や対象を表している。

＜国語＞

時間　五〇分　　満点　五〇点

【注意】字数制限がある場合は、句読点や符号なども一字に数えなさい。

一　次の文章を読み、問い⑴〜⑺に答えよ。（19点）

「科学には限界があるかどうか」という質問をしばしば受ける。科学が自分自身の方法にしたがって確実なそして有用な知識を絶え間なく増加し、人類のために*厖大《ぼうだい》かつ永続的な共有財産を蓄積しつつあるのを見ると、科学によってすべての問題が解決される可能性を、将来に期待してもよさそうに思われる。しかしまたその反面において人間のさまざまな活動の中のある部分が、ある方向に発展していった結果として、今日科学といわれるものができ上がったこと、したがってつねに科学と多かれ少なかれ独立する他の種類の他の方向に向《む》かっての人間活動が存在し、それらと科学とがある場合には提携し、ある場合には*背馳《はいち》しつつ発展するものであること、現在の科学者にとってまだ多くの未知の領域が残っていることなどを考慮すると、素朴な科学万能論を信ずることはできないのである。

大多数の人は、恐《おそ》らく何等《なんら》かの意味において漠然とした科学の限界を予想しているに違いないのであるが、この問題に多少なりとも具体的な解答を与えようとすると、まず科学に対するはっきりした定義を与えることが必要になってくる。ところがそれは決して容易でなく、どんな定義に対してもいろいろな異論が起《おこ》り得るのである。しかし科学の本質的な部分が事実の確認と、諸事実の間の関連を表《あら》わす法則の*定立にあることだけは何人《なんぴと》も認めるであろう。事実とは何か、法則とは何かという段になると、また意見の違いを生ずるであろう。しかしいずれにしても、とにかく事実という以上は一人の人の個人的体験であるに止《とど》まらず、同時に他の人々の感覚によっても捕《とら》え得るという意味における客観性を持たねばならぬ。したがって自分だけにしか見えない夢や幻覚などは、一応「事実」でないとして除外されるであろう。もっとも心理学などにとっては、夢や幻覚でも研究対象となり得るが、その場合にもやはり、体験内容が言葉その他の方法で表現ないし記録されることによって、［　　］ことが必要であろう。この辺まで来ると、科学と文学との境目は、もはやはっきりとはきめられない。自己の体験の忠実な表現は、むしろ文学の本領だともいえるであろう。

それが科学の対象として価値を持ち得るためには、体験の中から引《ひき》出《だ》され客観化された多くの事実を相互に比較することによって、共通性ないし差違が見出《みいだ》され、法則の定立にまで発展する可能性がなければならぬ。赤とか青とかいう私の感じは、そのままでは他の人の感じと比較のしようがない。物理学の発達に伴って、色の感じの違いが、光の波長の違いにまで抽象化され客観化されることによって、はじめて色や光に関する一般的な法則が把握されることになるのである。その反面においてしかし、私自身にとって最も生き生きした体験の内容であった赤とか青とかいう色の感じそのものは、この抽象化の過程の途中で脱落してしまうことを免《まぬか》れないのである。科学的知識がますます豊富となり、正確となってゆく代償として、私どもにとって別の意味で極めて貴重なものが、随分たくさん科学の網目からもれてゆくのを*如何《いかん》ともできないのである。科学が進歩するにしたがって、芸術の種類や形態にも著しい変化が起るであろう。しかし芸術的価値の本質は、つねに科学の網によって捕えられないところにしか見出されな

2024年度

解答と解説

《2024年度の配点は解答用紙集に掲載してあります。》

<数学解答>

1 (1) -9　(2) $\frac{3x-5}{2}$　(3) $5x^2$　(4) -2　(5) $c=\frac{a-8b}{6}$　(6) 11
(7) $x=\frac{9\pm\sqrt{57}}{2}$　(8) $48\pi\,\mathrm{cm}^2$　(9) X＝0, Y＝7, Z＝0.88

2 (1) $\frac{3}{16}$　(2) $\frac{5}{8}$　**3** (1) $a=\frac{1}{4}$　(2) $y=\frac{1}{2}x+12$　(3) $C\left(3,\ \frac{3}{2}\right)$

4 (1) 解説参照　(2) BD＝3cm, EG＝$\frac{3}{4}$cm

5 (1) $4\sqrt{3}$ cm　(2) $156\sqrt{3}\,\mathrm{cm}^3$　(3) $5\sqrt{3}$ cm

6 (1) ㋔, 16回　(2) (トーンホールA)91回, (トーンホールD)23回　(3) $n=35$

<数学解説>

1 (数・式の計算, 比例関数, 等式の変形, 平方根, 二次方程式, 表面積, 資料の散らばり・代表値)

(1) 四則をふくむ式の計算の順序は, 指数→かっこの中→乗法・除法→加法・減法となる。$(-3)^3=(-3)\times(-3)\times(-3)=-27$, $4^2=4\times4=16$だから, $(-3)^3+4^2\times\frac{9}{8}=-27+16\times\frac{9}{8}=-27+18=-9$

(2) $2x-6-\frac{x-7}{2}=\frac{2(2x-6)}{2}-\frac{x-7}{2}=\frac{2(2x-6)-(x-7)}{2}=\frac{4x-12-x+7}{2}=\frac{3x-5}{2}$

(3) $\frac{2}{5}x^3y^3\div(-2y)\div\left(-\frac{1}{25}xy^2\right)=\frac{2x^3y^3}{5}\div(-2y)\div\left(-\frac{xy^2}{25}\right)=\frac{2x^3y^3}{5}\times\left(-\frac{1}{2y}\right)\times\left(-\frac{25}{xy^2}\right)=\frac{2x^3y^3}{5}\times\frac{1}{2y}\times\frac{25}{xy^2}=\frac{2x^3y^3\times1\times25}{5\times2y\times xy^2}=5x^2$

(4) $y=\frac{16}{x}$について, $x=2$のとき$y=\frac{16}{2}=8$, $x=4$のとき$y=\frac{16}{4}=4$。よって, xの値が2から4まで増加するときの変化の割合は$\frac{4-8}{4-2}=-2$

(5) 等式$a-6c=8b$　左辺の項aを右辺に移項して, $-6c=8b-a$　両辺をcの係数の-6で割って, $-6c\div(-6)=(8b-a)\div(-6)$　$c=\frac{8b-a}{-6}=\frac{a-8b}{6}$

(6) $11=\sqrt{121}$, $12=\sqrt{144}$で, $\sqrt{121}<\sqrt{125}<\sqrt{144}$より, $11<\sqrt{125}<12$だから, $\sqrt{125}$を小数で表したとき, 整数部分の値は11である。

(7) 2次方程式$2x^2-18x+12=0$の両辺を2で割って, $x^2-9x+6=0$　解の公式を用いて, $x=\frac{-(-9)\pm\sqrt{(-9)^2-4\times1\times6}}{2\times1}=\frac{9\pm\sqrt{81-24}}{2}=\frac{9\pm\sqrt{57}}{2}$

(8) 求める半球の表面積は, 平面部分と曲面部分の和だから, $\pi\times4^2+4\pi\times4^2\times\frac{1}{2}=16\pi+32\pi=48\pi\,(\mathrm{cm}^2)$

(9) (13回以上16回未満の階級の相対度数)＝(13回以上16回未満の階級の累積相対度数)－(10回以上13回未満の階級の累積相対度数)＝0.04－0.04＝0.00だから, X＝(13回以上16回未満の階級の度数)＝(度数の合計)×(13回以上16回未満の階級の相対度数)＝25×0.00＝0　これより, Y＝

25−(1+0+2+4+3+5+2+1)=7　Z=(28回以上31回未満の階級の累積相対度数)=(25回以上28回未満の階級の累積相対度数)+(28回以上31回未満の階級の相対度数)=$0.60+\frac{7}{25}=0.60+0.28=0.88$

2 (確率)

(1)　100円硬貨と50円硬貨がそれぞれ2枚ずつ，合計4枚の硬貨を同時に投げるとき，それぞれの硬貨の表裏の出方は，全部で右図に示す16通り。このうち，100円硬貨が2枚とも表で，50円硬貨が少なくとも1枚は表となるのは，◎印を付けた3通り。よって，求める確率は$\frac{3}{16}$

(2)　右表より，表が出た硬貨の合計金額が100円以上250円未満になるのは，△印を付けた10通りだから，求める確率は$\frac{10}{16}=\frac{5}{8}$

100円	100円	50円	50円	表が出た硬貨の合計金額(円)	
表	表	表	表	300	◎
表	表	表	裏	250	◎
表	表	裏	表	250	◎
表	表	裏	裏	200	△
表	裏	表	表	200	△
表	裏	表	裏	150	△
表	裏	裏	表	150	△
表	裏	裏	裏	100	△
裏	表	表	表	200	△
裏	表	表	裏	150	△
裏	表	裏	表	150	△
裏	表	裏	裏	100	△
裏	裏	表	表	100	△
裏	裏	表	裏	50	
裏	裏	裏	表	50	
裏	裏	裏	裏	0	

3 (図形と関数・グラフ)

(1)　直線OAは原点を通り，傾きが$-\frac{3}{2}$の直線だから，$y=-\frac{3}{2}x$と表される。点Aは$y=-\frac{3}{2}x$上にあるから，そのy座標は$y=-\frac{3}{2}\times(-6)=9$　よって，A(−6, 9)　$y=ax^2$は点Aを通るから，$9=a\times(-6)^2=36a$　$a=\frac{1}{4}$

(2)　点Bは$y=\frac{1}{4}x^2$上にあるから，そのy座標は$y=\frac{1}{4}\times8^2=16$　よって，B(8, 16)　2点A，Bを通る直線の傾きは$\frac{16-9}{8-(-6)}=\frac{1}{2}$だから，直線ABの式を$y=\frac{1}{2}x+b$とおくと，点Aを通るから，$9=\frac{1}{2}\times(-6)+b$　$b=12$　よって，直線ABの式は$y=\frac{1}{2}x+12$

(3)　点Aを通り，傾きが$-\frac{5}{6}$である直線上に点Cがあるから，直線ACの式を$y=-\frac{5}{6}x+c$とおくと，点Aを通るから，$9=-\frac{5}{6}\times(-6)+c$　$c=4$　よって，直線ACの式は$y=-\frac{5}{6}x+4$…①　また，△AOBと△ACBの底辺を，共通な辺のABとすると，△AOBと△ACBの面積が等しくなるとき，**平行線と面積の関係**より，AB//OCとなる。これより，点Cは原点を通り，傾きが直線ABの傾きと等しい$\frac{1}{2}$の直線上にあるから，直線OCの式は$y=\frac{1}{2}x$…②　点Cは直線ACとOCの交点だから，その座標は①と②の連立方程式の解。②を①に代入して，$\frac{1}{2}x=-\frac{5}{6}x+4$　これを解いて，$x=3$　これを②に代入して，$y=\frac{1}{2}\times3=\frac{3}{2}$　よって，点Cの座標は$\left(3,\ \frac{3}{2}\right)$であり，これは問題の条件に合っている。

4 (合同の証明，線分の長さ)

(1)　(証明)　(例)△ABDと△CEDで，仮定より，∠ADB=∠CDE=90°…①　AB=CE…②　また，∠ADC=90°，∠ACB=45°だから，∠DAC=180°−(∠ADC+∠ACB)=45°　∠DAC=∠DCAより，△DCAは二等辺三角形であるから，AD=CD…③　①，②，③から，直角三角形の斜辺と他の1辺がそれぞれ等しいので，△ABD≡△CED

(2)　BD＝$x$cmとすると，AD＝CD＝BC－BD＝$(7-x)$cm　△ABDに**三平方の定理**を用いると，$BD^2+AD^2=AB^2$より，$x^2+(7-x)^2=5^2$　$x^2+49-14x+x^2=25$　$x^2-7x+12=0$　$(x-3)(x-4)=0$　BD＜CDよりBD＜$\frac{BC}{2}=\frac{7}{2}$(cm)だから，$x=3$　よって，BD＝3cm　また，△ABD≡△CEDより，ED＝BD＝3cm　点Fから辺BCへ垂線FHを引き，BH＝$y$cmとすると，FH＝CH＝BC－BH＝$(7-y)$cm　△FBHに三平方の定理を用いると，$BH^2+FH^2=BF^2=AB^2$より，$y^2+(7-y)^2=5^2$　$y^2+49-14y+y^2=25$　$y^2-7y+12=0$　$(y-3)(y-4)=0$　BH＞BD＝3cmだから，$y=4$　よって，BH＝4cm，FH＝7－4＝3cm　AD//FHより，**平行線と線分の比についての定理**を用いると，GD：FH＝BD：BH＝3：4　GD＝FH×$\frac{3}{4}=3\times\frac{3}{4}=\frac{9}{4}$(cm)　以上より，EG＝ED－GD＝$3-\frac{9}{4}=\frac{3}{4}$(cm)

5 (空間図形，線分の長さ，体積)

(1)　点Aから辺BCへ垂線APを引くと，線分APは，問題の容器の，長方形BCGFを底面としたときの高さに相当する。台形ABCDの**線対称**性より，BP＝$\frac{BC-AD}{2}=\frac{16-8}{2}=4$(cm)　△ABPに三平方の定理を用いて，AP＝$\sqrt{AB^2-BP^2}=\sqrt{8^2-4^2}=4\sqrt{3}$(cm)

(2)　前問(1)より，△ABPは3辺の比がAB：BP：AP＝8：4：$4\sqrt{3}$＝2：1：$\sqrt{3}$の直角三角形だから，∠ABP＝60°の直角三角形である。問題のⅡ図において，水面と辺AB，DCとの交点をそれぞれR，Sとして，点Rから辺BCへ垂線RQを引くと，問題の条件より，RQ＝$3\sqrt{3}$cm　よって，BQ＝$\frac{RQ}{\sqrt{3}}=\frac{3\sqrt{3}}{\sqrt{3}}=3$(cm)　RS＝BC－2BQ＝16－2×3＝10(cm)　以上より，容器に入っている水の体積は，(台形RBCSの面積)×AE＝$\frac{1}{2}$×(RS＋BC)×RQ×AE＝$\frac{1}{2}\times(10+16)\times3\sqrt{3}\times4=156\sqrt{3}$(cm³)

(3)　問題の容器を長方形CDHGが底になるように水平な台の上に置いたとき，正面から台形ABCDを見た図を右図に示す。ここで，線分UVは水面を表す。台形ABCDの面積は$\frac{1}{2}$×(AD＋BC)×AP＝$\frac{1}{2}\times(8+16)\times4\sqrt{3}=48\sqrt{3}$(cm²)で，合同な3つの正三角形△BTA，△ATD，△TCDを合わせた形であり，それぞれの正三角形の高さはAP＝$4\sqrt{3}$cmに等しいこと，△BUV∽△BTAであること，右図の五角形UCDAVの面積は台形RBCSの面積に等しく，前問(2)より$39\sqrt{3}$cm²であること，以上を考慮すると，△BUV：△BTA＝(台形ABCDの面積－五角形UCDAVの面積)：(台形ABCDの面積÷3)＝$(48\sqrt{3}-39\sqrt{3})$：$(48\sqrt{3}\div3)$＝9：16＝3^2：4^2　これより，△BUVと△BTAの**相似比**は3：4であり，よって，高さの比も3：4である。以上より，右図の容器の底から水面までの高さは2AP－$\frac{3}{4}$AP＝$\frac{5}{4}$AP＝$\frac{5}{4}\times4\sqrt{3}=5\sqrt{3}$(cm)である。

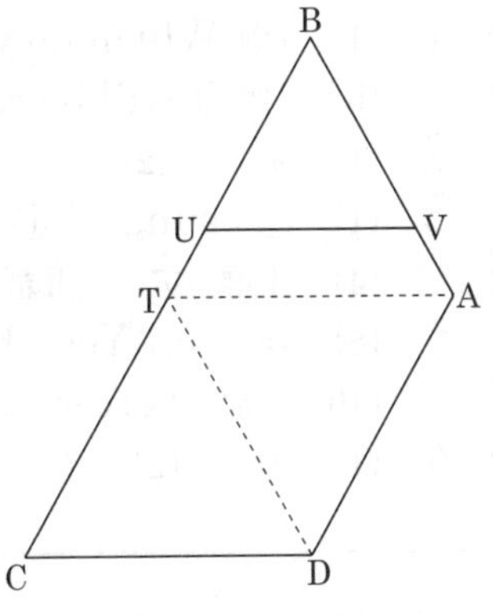

6 (規則性，方程式の応用)

(1)　吹いた音およびそれぞれのトーンホールを1音目から数えて閉じた回数は，1音目～5音目の変わり方の規則を繰り返すから，1音目～5音目を1巡目，6音目～10音目を2巡目，…と呼ぶことにする。これより，20音目は，20÷5＝4から，4巡目の5音目に相当し，20音目を吹いたとき，吹いた音は1巡目の5音目と同じソである。また，トーンホールCを1音目から数えて閉じた回数は，1つ前の巡目の同じ音に対して4回ずつ増えるから，20音目のソの音を吹いたとき，トーンホールCを1音目から数えて閉じた回数は，1巡目の4回から4回が4巡目－1巡目＝3巡分増えて，$4+4\times(4-1)=16$(回)である。

(2)　113音目は，$113\div5=22$あまり3から，23巡目の3音目に相当する。これより，トーンホールAを1音目から数えて閉じた回数は，1つ前の巡目の同じ音に対して4回ずつ増えるから，113音目のミの音を吹いたとき，トーンホールAを1音目から数えて閉じた回数は，1巡目の3回から4回が23巡目－1巡目＝22巡分増えて，$3+4\times(23-1)=91$(回)である。また，トーンホールDを1音目から数えて閉じた回数は，1つ前の巡目の同じ音に対して1回ずつ増えるから，113音目のミの音を吹いたとき，トーンホールDを1音目から数えて閉じた回数は，1巡目の1回から1回が23巡目－1巡目＝22巡分増えて，$1+1\times(23-1)=23$(回)である。

(3)　$(5n^2+5n-7)$音目は，$5n^2+5n-7=(5n^2+5n-10)+3=5(n^2+n-2)+3$から，$(n^2+n-2)+1=(n^2+n-1)$巡目の3音目に相当する。これより，$(5n^2+5n-7)$音目のミの音を吹いたとき，トーンホールAを1音目から数えて閉じた回数は，$3+4\times\{(n^2+n-1)-1\}=(4n^2+4n-5)$回…①である。また，トーンホールBを1音目から数えて閉じた回数は，1つ前の巡目の同じ音に対して3回ずつ増えるから，$(5n^2+5n-7)$音目のミの音を吹いたとき，トーンホールBを1音目から数えて閉じた回数は，$3+3\times\{(n^2+n-1)-1\}=(3n^2+3n-3)$回…②　である。明らかに，増え方が大きいトーンホールAを1音目から数えて閉じた回数の方がトーンホールBを1音目から数えて閉じた回数より多いから，①と②の差が1258回であったとき，$(4n^2+4n-5)-(3n^2+3n-3)=1258$　$n^2+n-1260=0$　$(n-35)(n+36)=0$　$n\geqq1$より$n=35$である。

＜英語解答＞

1　(1)　(例)Which do you like　　(2)　(a)　(例)clean my room
(b)　(例)it will be rainy

2　(1)　as　　(2)　イ　　(3)　ア　　(4)　ウ

3　(1)　①　sung　　⑥　slept　　(2)　(イ)→(カ)→(ア)→(エ)→(ウ)→(オ)　　(3)　D
(4)　Ⅰ群　ア　　Ⅱ群　キ　　(5)　ウ　　(6)　イ　　(7)　Tuesday
(8)　(a)　(例)Yes, there were.　　(b)　(例)She read it at home.　　(9)　ウ，エ
(10)　(a)　better　　(b)　(例)important to think about the reasons

4　(1)　エ　　(2)　イ　　**5**　(1)　ウ　　(2)　イ　　**6**　(1)　ア　　(2)　エ

＜英語解説＞

1　(会話問題：語句補充・選択，助動詞，現在・過去・未来と進行形)

(1)　(会話文訳)　①　すみません。Tシャツを探していて，これが気に入りました。何か他の色はありますか？／②　はい。他に2つの色があります。青と黄色，どちらが好きですか？／③　青が好きです。青のものを見ることはできますか？／④　もちろんです。こちらにそれを持ってきます。　(解答例)Which do you like, blue or yellow?　空欄の前の文では「2つの色がある」とあり，空欄のあとでは「青が好き」と言っていることから，解答例では空欄のある文を「どちらが好きか？」という疑問文にしている。

(2)　和樹：こんにちは，アリス。明日は時間ある？／アリス：午前中は①自分の部屋を掃除しなければならないけれども，午後には時間がある。／和樹：わかった。ミナミ動物園に行くんだ。

一緒に行かない？／アリス：それはいいアイデアね。／和樹：ああ，明日は②雨降りだと思うから，傘が必要だろうね。／アリス：わかった。ありがとう。　① (解答例)I have to ①clean my room in the morning　問題の絵にはアリスが部屋を掃除している様子が描かれているので，解答例では clean my room としている。空欄の前のhave to～(～する必要がある)の～には動詞の原形を置く。　② (解答例)I think it will be rainy tomorrow　問題の絵には和樹が雨が降っている様子を思い浮かべているので，解答例では it will be rainy としている。空欄のあとには tomorrow があるので，空欄の文は未来形にする。

2 (会話文：絵・図・表・グラフなどを用いた問題，語句補充・選択，内容真偽，不定詞，接続詞，現在完了，文の構造，関係代名詞，前置詞，助動詞，間接疑問文，関係代名詞)

(全訳) 真紀　：昨日のサクラ博物館は楽しかった？

リリー：ええ。あなたと一緒にそこへ行って楽しかった。博物館はサクラ駅の近くにあったので，そこには行きやすかったね。

真紀　：そうだね。ああ，サクラ博物館に行く前に，サクラ駅で女性が私に中国語で話しかけてきた。彼女は一人で観光客①として日本に来たのだと思う。彼女は私に何かを尋ねたけれども，私は中国語がよく理解できなかったから何も言えなかった。

リリー：なるほど。もし私たちは言葉を知らないと，助けることは難しいね。

真紀　：その通りだね。昨日の晩，ウェブサイトでいくつかのグラフを見つけたの。グラフ1を見て。このグラフは，道に迷っている外国人にあった時，日本人がどのように対応するかを示しているの。

リリー：見せて。合計で65パーセントより多い人が，外国人を助けたいと言っているね。それに，約②8パーセントの人が常にそうしたいと言っている。けれども，合計で約20パーセントの人が，外国人を助けることを好まない，または助けたくないと言っている。なぜ約20パーセントの人がそのように答えたのかな？

真紀　：私たちはグラフ2でその理由を見ることができる。これを見て。

リリー：うーん，この理由には同意できる。グラフ2で最も高い割合だね。

真紀　：サクラ駅で私に女性が話しかけてきた時，私は同じようなことを感じた。また，別の理由にも同意できる。道で助けを必要としている外国人に出会ったことがある。けれども，③私はどうすれば良いのか分からなかったから，助けることができなかった。

リリー：グラフ2の約28パーセントのことを言っているの？

真紀　：そう。そのような状況では，私たちは何をすればいいのかな？

リリー：そうだね，私にはアイデアがある。日本での最初の日，私は街で道に迷って，そして日本人の男性が私に何かを言ってくれたの。私は彼が日本語で何を言っているのかは分からなかったけれども，私を助けようとしてくれていることはわかった。それで私は安心した。だから，「こんにちは」や「大丈夫ですか？」④のような簡単な言葉を言うことは，外国人を助ける一つの方法だと思う。

真紀　：なるほど。外国人に何かを言うことは，私たちにとって難しいかもしれないと思うけれども，彼らに他の人が話しかければ，彼らはきっと安心するでしょう。私は他の人へ手を差しのべる人になりたい。

(1)　as　空欄④の前には such があり，文脈から文の意味は「『こんにちは』や『大丈夫ですか？』のような簡単な言葉を言うこと」と考えられ，such as～(～のような)が適当だとわかる。また，空欄①に as を入れると as a tourist (旅行者として)となって空欄①にも as(～として) が適当だとわかる。

(2) (ア) 5 (イ) 8(○) (ウ) 14 (エ) 20 空欄②の前の文 In total, more～と次の空欄の文 Also, about～から考えると，空欄の文は「常に外国人を手助けしたいと思う人々の割合」だと考えられる。問題のグラフ1を見ると，常に外国人を手助けしたいと思う人の割合は8.3パーセントなので，選択肢ではイが適当。

(3) ア 私は何をすべきか分からなかった。(○) イ 私はその時は忙しかった。 ウ 私は外国語が理解できなかった。 エ 私はその時は悲しかった。 空欄③のあとのリリーの発話 Do you mean～では「グラフ2の約28パーセントの人のこと？」と聞いていて，その次の真紀の発話 That's right.～では「そうだ」と言っている。グラフ2では「手助けをしたくても対応方法がわからないから」が28.2パーセントなので，これに相当する選択肢はアが適当。選択肢アの I didn't know what I should do. は間接疑問の文で＜疑問詞＋主語＋(助動詞)＋動詞＞という語順になる。

(4) ア リリーは，サクラ博物館がサクラ駅から遠いと思っています。 イ 真紀は，さくら博物館で中国語を話す女性に出会いました。 ウ リリーは，日本での最初の日に，道で男性が彼女に話しかけてくれたので安心しました。(○) エ 真紀は，外国人が日本人と話す時，彼らに簡単な言葉を使ってほしい。 問題本文第12番目リリーの発話第2文 On my first～，第3文 I didn't understand～と第4文 That made me～には「日本での最初の日に町で迷い，日本人の男性が何かを言ってきた。日本語なので何を言っているのかは分からなかったが，自分を助けようとしてくれたとわかって安心した」とあるので，選択肢ウが適当。選択肢イの a woman who spoke Chinese の who は関係代名詞で，who～がa woman を説明し「中国語を話した女性」という意味になる。

3 **(長文読解：語形変化，文の挿入・文の並べ換え，語句補充・選択，語句の並べ換え，内容真偽，英問英答，自由・条件英作文，語句の解釈・指示語，分詞の形容詞用法，比較，現在・過去・未来と進行形，形容詞・副詞，不定詞，間接疑問，関係代名詞，受け身，動名詞，名詞・冠詞・代名詞，文の構造)**

(全訳) 私が中学1年生のとき，10月に学校の合唱コンテストがありました。7月に，私のクラスは有名な歌手によって①うたわれた歌を選びました。私は小学生のときにピアノの練習をしていたので，私のクラスの伴奏者になりました。中学校に入学してからは，私はあまりピアノを弾きませんでした。けれども，楽譜を見たときにその歌が弾けると思いました。

夏休みの間，私は毎日ピアノを練習しました。また，私は②[私に教えてくれる誰かが必要]だと思い，オキ先生を訪ねることにしました。彼女は，私が小学生のときのピアノの先生でした。私は休みの間，毎週水曜日と土曜日に彼女のところを訪れました。休みの後，土曜日にだけ彼女のところを訪れましたが，私はその歌をうまく弾けると思いました。【A】

9月のある金曜日，私たちは初めてのリハーサルを行いました。私のクラスの後にリハーサルをする多くの生徒が待っていて，そして私のクラスを見ていました。それに気づいてから，私はピアノを弾くことに集中できず，たくさんの間違いをしました。

③翌日，私はオキ先生を訪ねて，「リハーサルでたくさんの間違いをしてしまいました」と言いました。彼女は「それを聞いて残念ですね。あなたは自分の間違いの理由について考えたことはありますか？」と言いました。私は「いいえ。それらについて考えたくありません」と言いました。彼女は「そうですね，もし理由について考えなければ，また同じ間違いを繰り返すことになりますよ。何をするべきか理解するために手伝ってあげましょう」と言いました。私は「一人で練習して

いるとき，たいていうまく弾けます。【B】けれども，リハーサルでは同じようにその歌を弾けませんでした」と言いました。彼女は「緊張したのですね？」と言いました。私は「はい」と答えました。彼女は「緊張すると，私たちは特別な状態になり，普段できることが時々できなくなります。けれども，リラックスするためのいくつかの方法があります。成功するとイメージすることがその一つの例です。たくさん練習することも，もう一つの重要な方法です。【C】そうすれば，あなたはうまく弾けることを確信できるでしょう。あなたがリラックスすることの助けになる④何かを持つことも良い方法です。例えば，お気に入りのものを持って行くこともいいでしょう。また，リラックスすることの助けとなるメッセージを持って行くこともいいでしょう」と言いました。それから，彼女は机から小さなメッセージカードを取り出し，「あなたは一生懸命練習した。あなたはそれができる」と書きました。彼女はそのメッセージカードを私に渡して，そして私は彼女のメッセージを読んだときに⑤ひとつのことに気づきました。私ががんばると，周りの人たちはそれを理解してくれるということがわかったのです。

その日オキ先生のところを訪れた後，私はオキ先生から学んだ方法を試しました。⑥(寝る)前には，私が合唱コンテストで上手に演奏していることを，いつもイメージしました。私はいつもメッセージカードを持ち歩き，歌を演奏する前にそれを見ました。また，自分の間違いについてもう一度考えました。それから，その歌の中で上手に弾けなかったいくつかの難しい部分があることに気づきました。D【私はそれらをたくさん練習しました。】 1週間後，私はその歌をもっと上手に弾くことができると確信しました。

10月のある金曜日，私たちは2回目のリハーサルをしました。それは合唱コンテストの4日前でした。リハーサルの朝，私はオキ先生の顔を思い出し，家でメッセージカードを読みました。その後，それをポケットに入れて学校に行きました。歌を演奏する前に何度か彼女のメッセージを思い出しました。2回目のリハーサルでも緊張しましたが，私は上手にできると⑦信じていました。そして，2回目のリハーサルで上手に演奏しました。私は最初のリハーサルからたくさん学び，それが2回目のリハーサルで私が上手に演奏するのに役立ちました。私は私自身をどのように向上させるか学び，合唱コンテストでも成功しました。合唱コンテストの翌日，私はオキ先生のところを訪れ，それについて話しました。彼女は「あなたはよりうまくするために本当に一生懸命努力しましたね。今，あなたの幸せな顔を見てうれしいです」と言いました。

初めは，私にとって最初のリハーサルはただの悪い経験でしたが，私はその経験からたくさん学びました。間違いの理由について考えることは大切なのだと，私は学びました。それをすることは，時には簡単ではありません，なぜなら，私たちは間違いをすると悲しくなり，それらについて考えたくないからです。けれども，今はそうすることが自分自身を向上させるために重要だと理解しています。

(1)　①　sung　カッコは sing の過去分詞形 sung を使い，my class chose a song sung by a famous singer.(私のクラスは有名な歌手によってうたわれた歌を選んだ)とする。sung~はその前の語 a song を説明する分詞の形容詞用法。　⑥　slept　カッコのある文は，文脈から過去の事を説明しているので，動詞 sleep は過去形 slept とする。

(2)　(正答)I also thought [イI カneeded アsomeone エto ウteach オme]，(私は[私に教えてくれる誰かが必要]だと思い，)　カッコのある文は過去の出来事について述べてるので，カッコ内の動詞は過去形にすると needed となり，目的語は文脈から someone だとわかる。teach は to teach としてここでは「教えるために」という不定詞の副詞用法にすると，正答 I needed someone to teach me が導ける。

(3)　正答D　(問題文訳)私はそれらをたくさん練習しました。　各空欄の前後の文と問題文の意味を検討して適当な空欄に文章を入れたい。

(4)　(問題文と正答訳)実花はオキ先生を訪ねて，初めてのリハーサルについて話しました。オキ先生は，リハーサルで i ア実花が歌をうまく演奏できなかったことを残念に思いました。オキ先生は実花の問題を見つけ，そして ii キ私たちが緊張すると私たちに何が起こるかを実花に伝えました。　i　Ⅰ群　(ア)　実花は歌をうまく演奏できませんでした。(○)　(イ)　実花は間違えずに歌を演奏しました。　(ウ)　実花はピアノを弾きたくありませんでした。　(エ)　実花は彼女のクラスメートのためにピアノを弾かなければなりませんでした。　実花がピアノのオキ先生を訪れる場面は問題本文の第4段落にあり，最初の文 The next day,～と第2文 She said, "I'm～には「オキ先生のところに行って，『リハーサルでたくさんの間違いをした』と言うと，オキ先生は『それは残念ですね』と言った」とあるので，選択肢アが適当。選択肢ウの want to play the piano の to play は不定詞の名詞用法で「ピアノを弾くことをしたい」という意味になる。　ii　Ⅱ群　(カ)　私たちがリラックスすると，私たちの体はどのようになるか。　(キ)　私たちが緊張するとき私たちに何が起こるのか。(○)　(ク)　私たちは緊張した後には，何をするべきではないのか。　(ケ)　なぜ私たちは緊張するのか，そしていつ私たちはリラックスすべきなのか。　問題本文の第4段落の会話を追うと，第4文 She said, " Well,～にはオキ先生が「何をするべきか理解するために手伝う」とあり，次の第5文 I said, " I～では実花が「リハーサルでは練習のようにピアノを弾けない」と言っている。そして第6文 She said, " You～ではオキ先生が「緊張しているのか？」と聞いて，第8文 She said, " When～では緊張するとどうなるかを説明しているので，この文脈から問題の空欄 ii には選択肢キが適当。選択肢ケの why we get～は間接疑問の文で＜疑問詞＋主語＋動詞＞の形になる。これにつづく when we should～も同様。

(5)　(ア)　④　誰か　⑦　信じた　(イ)　④　誰か　⑦　確かではなかった　(ウ)　④　何か　⑦　信じた　(○)　(エ)　④　何か　⑦　確かではなかった　各空欄の前後の文の意味と各選択肢の単語の意味を考え，適当な選択肢を選びたい。

(6)　(正答)イ　下線部⑤のある文 She gave the～には「メッセージを読んだときに1つわかった」とあって，そのわかったこと(one thing)は次の文 I realized that～の「私ががんばると，周りの人たちはそれを理解してくれる」だと考えられるので選択肢イが適当。

(7)　(正答)Tuesday　(問題文訳)実花のクラスが合唱コンテストに参加した。　問題本文の第6段落最初の文 One Friday in～と次の文 It was four～から「2回目のリハーサルをした10月のある金曜日は合唱コンクール4日前」だとわかるので，合唱コンクールは金曜日の4日後の Tuesday(火曜日)が適当。

(8)　(a)　(正答例)Yes, there were.(はい，そうです)　(問題文訳)初めてのリハーサルでは，実花のクラスを見ていたのは多くの生徒ですか？　問題本文第3段落第2文 Many students who～には，「私のクラスの後にリハーサルをする多くの生徒が私のクラスを見ていた」とあるので正答例の文が適当。問題文は Were there many～? という疑問文なので，それに対しては Yes/No～で答える。　(b)　(正答例)She read it at home.(彼女はそれを家で読んだ)　(問題文訳)2回目のリハーサルの日，実花はメッセージカードをどこで読みましたか？　問題本文第6段落第3文 On the morning～には「リハーサルの朝に家でメッセージカードを読んだ」とあるので，正答例の文が適当。文は過去形にする。

(9)　(ア)　実花は夏休みの間，週に一度自分のピアノのオキ先生を訪ねました。　(イ)　初めてのリハーサルの翌日，オキ先生は実花がリハーサルで緊張していたと言いましたが，実花は同意しませんでした。　(ウ)　実花はオキ先生からメッセージカードをもらった後，彼女はいつもそれを持ち歩きました。(○)　(エ) 最初のリハーサルで実花が学んだことのおかげで，彼女は2回目のリハーサルでうまく演奏しました，(○)　(オ) 合唱コンテストの当日，オキ先生は実花の幸せそうな顔を見てうれしいと言いました。 問題本文の第5段落第3文 I always took～には,「私はいつも(オキ先生からもらった)メッセージカードを持ち歩き…」とあるので選択肢ウが適当。また，問題本文の第6段落第8文 I learned a～には,「最初のリハーサルからたくさん学び，それが2回目に上手に演奏するために役立った」とあるので選択肢エが適当。選択肢ウの Mika was given the message card は受け身の表現で「実花はメッセージカードを渡された」となる。また，選択肢エの the things she learned の things と she の間には**関係代名詞** which が省略されていて，which～が things を説明して「彼女が学んだこと」という意味になる。

(10) (問題文訳)陸：今日の英語の授業でのぼくのスピーチ，どうだったかな？／マーク：よかったと思うよ。君は英語を上手に話したよ。／陸：ありがとう。でも，たくさんの間違いをしたんだ。将来，別のスピーチをするときには，今回$_{i}$よりも上手に話せるといいな。／マーク：そうだね。実花の作文には，彼女は何かにおいてどのように自分自身を$_{ii}$よりよくするのかを，君に伝えていたよ。／陸：そうだね。彼女の作文からたくさん学んだんだ。彼女は，私たちが間違いをした時に$_{iii}$その理由について考えることが大切だと言っていたよ。自分を向上させるためにそうするよ。 (a) (正答)better　空欄 i のあとには than があることから，比較の表現を使った文だと考えられる。文の意味は「たくさん間違えたが，将来の別のスピーチでは…話したい」なので，better(よりよく)と考えられる。また空欄 ii に better を入れると make yourself better「あなた自身をよりよくする」と意味になり文脈に合う。これは make A B<AをBにする>という形。問題本文では第5段落最後の文 One week later,～や第6段落最後の文 She said, "You～に better が使われている。 (b) (正答例)important to think about the reasons　空欄の文は,「彼女(実花)は何か間違えた時にどうするのか」という意味になる。問題本文の最後の段落第2文 I learned that～には,「間違いの理由について考えることは大切だ」とあるので，この英文を参考の解答文を作成したい。同文の thinking～は動名詞形で「～を考えること」

4・5・6 (リスニング)

放送台本の和訳は，31ページに掲載。

2024年度英語　聞き取り検査

〔放送台本〕

これから，問題4・5・6を放送によって行います。それでは，問題4の説明をします。問題4は(1)・(2)の2つがあります。それぞれ短い会話を放送します。次に，Questionと言ってから英語で質問をします。それぞれの質問に対する答えは，問題用紙に書いてあります。最も適当なものを，(ア)・(イ)・(ウ)・(エ)から1つずつ選びなさい。会話と質問は2回放送します。それでは，問題4を始めます。

(1) A: Look, Meg. This small cake looks delicious. I'll buy one cake. How about you?
B: It looks good, Nami. I'll buy one cake, too.

A: Oh, my family likes cake, so I'll buy two more cakes for them.
B: That's a good idea. I'll also buy four more cakes for my family.
Question: How many cakes will Meg buy?

(2) A: Excuse me. Could you tell me how to get to Wakaba Temple from this station?
B: Sure. First, take the subway and go to Momiji Station. From that station, take Bus Number 7(seven). That bus goes to Wakaba Temple.
A: Thank you. Can I find the bus easily?
B: Yes, look for the green one.
Question: What should people do to go to Wakaba Temple from this station?

〔英文の訳〕

(1) A：見て，メグ。この小さなケーキ，おいしそうだよ。私はケーキを１つ買う。あなたはどうする？／B：よさそうだね，ナミ。私もケーキを１つ買う。／A：ああ，私の家族はケーキが好きだから，家族のためにケーキをもう２つ買おうかな。／B：それはいいアイデアだね。私も家族のためにケーキをもう４つ買う。
質問：メグは何個のケーキを買いますか？
答え：(ア)　2個のケーキ。　(イ)　3個のケーキ。
(ウ)　4個のケーキ。　(エ)　5個のケーキ。(○)

(2) A：すみません。この駅からワカバ寺への行き方を教えていただけますか？／B：もちろんです。最初に，地下鉄に乗ってモミジ駅まで行ってください。その駅から，7番のバスに乗ります。そのバスはワカバ寺に行きます。／A：ありがとうございます。バスは簡単に見つけられますか？／B：はい，緑色のバスを探してください。
質問：この駅からワカバ寺に行くために，人々は何をするべきですか？
答え：(ア)　地下鉄でモミジ駅へ行き，それから別の地下鉄に乗ります。／(イ)　地下鉄でモミジ駅へ行き，それからバスに乗ります。(○)　(ウ)　バスでモミジ駅まで行き，それから別のバスに乗ります。　(エ)　バスでモミジ駅まで行き，それから地下鉄に乗ります。

〔放送台本〕

次に，問題5の説明をします。これから，ガイドによるスポーツイベントの案内を放送します。つづいて，英語で2つの質問をします。それぞれの質問に対する答えは，問題用紙に日本語で書いてあります。最も適当なものを，(ア)・(イ)・(ウ)・(エ)から1つずつ選びなさい。案内と質問は2回放送します。それでは，問題5を始めます。

Guide: Good morning, everyone. Welcome to Nagisa Park. Thank you for coming here today. We have a sport event for you. We will tell you the information about it. You can meet a soccer player. His name is Mr. Sugino. He has come to the event twice before. At the event, you can enjoy playing soccer with him. The event starts at nine a.m. It's eight a.m. now. You can buy a ticket from eight-thirty a.m. If you want to join the event, you have to buy a ticket. It is eight hundred yen for adults and four hundred yen for children. When you buy a ticket, you can get a new soccer ball as a present. Then, you can ask Mr. Sugino to write his name on the ball. Also, during the event, you can take pictures with him. If you have any questions, please ask our staff members. Thank you.

Question(1): What time does the event start?

Question(2): Which one is true about the event?

〔英文の訳〕

ガイド：皆さん，おはようございます。ナギサパークへようこそ。今日はこちらに来てくれてありがとうございます。私たちは皆さんのためにスポーツイベントを用意しています。それについての情報をお伝えします。皆さんはサッカー選手と会うことができます。彼の名前はスギノさんです。彼は以前に 2 回このイベントに来てくれました。イベントでは，彼と一緒にサッカーをして楽しむことができます。イベントは午前9時に始まります。現在は午前8時です。チケットは午前8時30分から購入できます。皆さんがイベントに参加したい場合，チケットを購入する必要があります。大人は800円，子供は400円です。チケットを購入すると，プレゼントとして新しいサッカーボールがもらえます。そして，ボールに彼の名前を書いてもらうようにスギノさんへお願いできます。また，イベント中は，彼と一緒に写真を撮ることもできます。質問があれば，スタッフメンバーにお尋ねください。ありがとうございます。

質問(1)　イベントは何時に始まりますか？

回答：(ウ)　午前9時

質問(2)　イベントに関して正しいのはどれですか？

回答：(イ)　子どものチケットの料金は，大人の料金の半額である。

〔放送台本〕

次に，問題6の説明をします。問題6は(1)・(2)の2つがあります。それぞれ短い会話を放送します。それぞれの会話の，最後の応答の部分にあたるところで，次のチャイム音を鳴らします。このチャイム音のところに入る表現は，問題用紙に書いてあります。最も適当なものを，(ア)・(イ)・(ウ)・(エ)から1つずつ選びなさい。問題用紙の例題を見なさい。例題をやってみましょう。

(例題)　A: Hi, I'm Hana.
B: Hi, I'm Jane.
A: Nice to meet you.
B: ＜チャイム音＞

正しい答えは(イ)のNice to meet you, too.となります。ただし，これから行う問題の会話の部分は印刷されていません。それでは，問題6を始めます。会話は2回放送します。

(1)　A: Aya, what club are you in?
B; I'm in the volleyball club. Mr. Wada teaches us.
A: I see. Do you know what subject he teaches?
B: ＜チャイム音＞

(2)　A: Hello, Ms. Brown. I want to read an English book. Do you know a good one?
B: Yes. How about this book? Many students like it.
A: I want to read it if I can understand the English in the book. May I see it for a few minutes?
B: ＜チャイム音＞

〔英文の訳〕

(例題)　A：こんにちは。私はハナです。
B：こんにちは。私はジェーンです。
A：はじめまして。
B：(イ)こちらこそ，はじめまして。

(1)　A：アヤ，あなたはどのクラブに入っているの？
B：私はバレーボールクラブに入っているよ。ワダ先生が私たちに教えてくれる。
A：わかった。先生はどの科目を教えているのか知っている？
B：(ア)彼は理科の先生だよ。

(2)　A：こんにちは，ブラウン先生。私は英語の本を読みたいです。良い本を知っていますか？
B：はい。この本はどうですか？　多くの生徒がこれを気に入っていますよ。
A：本の英語を私が理解できるなら，読んでみたいです。少しだけ見てもいいですか？
B：(エ)もちろんです。見るために家へ持って帰ってもいいですよ。

＜国語解答＞

一　(1)　㋐　(2)　Ⅰ　㋑　Ⅱ　㋗・㋙　(3)　㋓　(4)　c　ともな(って)　e　こうけん　(5)　Ⅰ　㋐　Ⅱ　㋗　(6)　㋑・㋔　(7)　㊀　科学の適用される領域　㊁　(例)他と比較したり，客観化したりできないある絶対的なものを見のがしてきた　㊂　科学の～ろ長所

二　(1)　㋓　(2)　㋒　(3)　Ⅰ　㋓　Ⅱ　㋖　(4)　Ⅰ　㋐　Ⅱ　㋖　(5)　(根)底　(6)　㋐　(7)　㊀　㋒　㊁　(例)相似と相異ということを認識　㊂　㋑

三　(1)　いうは　㋑　(2)　㋓　(3)　㋒　(4)　㊀　㋐　㊁　B　(例)誠と詞　C　(例)たとえ　㊂　㋐

＜国語解説＞

一　(論説文－大意，脱文補充，漢字の読み取り，熟語，文と文節)

(1)　「しばしば」とは，同じ事が何度も重なって行われるさまを表す副詞であり，「受ける」という動詞を修飾している。

(2)　Ⅰ　「見る」は，マ行上一段活用動詞。　Ⅱ　「借りる」はラ行上一段活用動詞，また「報いる」はア行上一段活用動詞。

(3)　「大多数の人は」から始まる段落に，事実というものは「客観性」を持つ必要があり，心理学という学問領域でも，体験内容を言葉や他の方法で表現するにあたり，事実を「客観化」する必要があると述べている。

(4)　c　「伴う」とは，ここではある物事に付随して別の物事が起こるという意味。　e　「貢献」とは，ある物事や社会のために役立つように尽力すること。

(5)　Ⅰ　「貴重」とは，非常に大切にすることで，各字の訓読みは「貴ぶ」「重んじる」となり，どちらも似た意味を持っている。　Ⅱ　「郷里」とは，生まれ育った土地という意味で，「郷」「里」どちらも似た意味を持っている。

(6)　「『科学には限界があるかどうか』」から始まる段落に，「人間のさまざまな活動の中のある部分が，ある方向に発展していった結果として，今日科学といわれるものができ上がった」と科学

の成り立ちについて説明しているので，(イ)は正しい。また，「一言にしていえば」から始まる段落に，人の体験には比較したり，客観化できない絶対的な部分があり，それは哲学や宗教が根本にあるので，「科学が完全にそれらに取って代わることは不可能であろう」としているので，(オ)も正しい。

(7)　㊀「一言にしていえば」から始まる段落に，「科学の適用される領域はいくらでも広がってゆくだろう」と，**科学の可能性**について言及している。　㊁「一言にしていえば」から始まる段落に，「科学が自己発展を続けてゆくためには，その出発点において，またその途中において，故意に，もしくは気がつかずに，多くの大切なものを見のがすほかなかった」とある。その「大切なもの」とは，私たちの体験の中に存在する「他と比較したり，客観化したりすることのできないある絶対的なもの」であり，これらを**科学の発展の際に見逃してきたと筆者は反省**している。　㊂「一言にしていえば」から始まる段落に，「科学の宿命をその限界と呼ぶべきであるならば，それは科学の弱点であるよりもむしろ長所でもあるかも知れない」と科学が今まで触れてこなかった部分にまで領域が広がることで，より一層，人類に貢献することができるとする。

二　(論説文－内容吟味，文脈把握，段落構成，接続語の問題，脱文補充，漢字の書き取り，その他，品詞・用法)

(1)　「このように」から始まる段落に，「世界じゅうのものはついにみな，異なったものばかりということになるが，それにもかかわらずこの世界には，それに似たものがどこにも見当たらない，すなわちそれ一つだけが全然他とは切り離された，特異な存在であるというようなものが，けっして存在していない」とあり，**一つの単体で存在しているということはなく，世界のどこかに相似しているものが必ずあると筆者は主張**している。

(2)　「しからば」から始まる段落に，「世界を構成しているものの複数的存在という事実を前にして，この複数的存在の内容となっているところの似たもの同士が，お互いに全然無関係に発生した，偶然の結果であるというようにはどうしても考えられない」と意見を述べた後，「すると」から始まる段落に，「この世界を構成しているすべてのものが，もとは一つのものから分化発展したものであるというのであれば，それらのものの間には，当然またこの関係が成り立っていなければならないと思う」として，**世界が似た複数的存在で成り立っている以上，元々は一つのものであり，それが分かれていったのではないかと筆者は推測**している。

(3)　Ⅰ　鏡「に対して」ものが映るとあるので，**対象の用法で使われる格助詞**である。　Ⅱ　運動場という「場所に」集合とあるので，**場所の用法で使われる格助詞**である。

(4)　Ⅰ　空欄の前に，「認識という言葉をもって一貫されるべきものと考える」とあり，また空欄の後に「私のここで意味するような素朴な認識というのが(中略)ものが互いに似ているとか異なっているとかいうことのわかるのは，われわれの認識そのものに本来備わった一種の先験的な性質」とあることから，「認識」という言葉について空欄の前から後にかけて説明している。
Ⅱ　前述の事柄を受け，後でも継続して説明しているので，「そして」を入れるのが適当。

(5)　「根底」とは，物事や考え方の大元となるところ。

(6)　①段落では，「この世界には結局厳密に同じものは二つとないはずである」と筆者の考えを示しながらも，②段落では，「一つだけが全然他とは切り離された，特異な存在であるというようなものが，けっして存在していない」として，①段落とは異なる考えを述べた後③・④段落で「複数的存在の内容となっているところの似たもの同士が，お互いに全然無関係に発生した，偶然の結果であるというようにはどうしても考えられない」「この世界を構成しているすべてのものが，もとは一つのものから分化発展したものであるというのであれば，それらのものの間には，当然またこの関係が成り立っていなければならないと思う」と相似するものが元々は一つの存在であったと述べている。そして5・6段落で,「われわれはつねに,相似たところも相異なるところも,同時に認めている」「世界を成り立たせているいろいろなものが,われわれにとって異質なものばかりでないというばかりでなくて,それらのものの生成とともに,われわれもまた生成していった」と,似た部分と異なる部分の両面性を認識しているにすぎないとする。

(7)　㊀「このように」から始まる段落に,「異なるということは似ているということがあってはじめてその意味を持つものと考えられるからである。似ているものがあってこそ異なるものが区別されるのであり,似ているところがあってこそ異なるところが明らかにされるのである」と,相異と相似は不離であると述べている。　㊁「私は哲学でもない」から始まる段落に,「ものが互いに似ているとか異なっているとかいうことのわかるのは,われわれの認識そのものに本来備わった一種の先験的な性質」であるとして,この性質は世界の分化発展によってわれわれに備わったものであるとしている。　㊂ 歳時記は,四季の事物や年中行事などをまとめた書物。年度ごとの統計には,統計年鑑や統計調査に基づく表を見るとよい。

三 (古文－要旨,内容吟味,脱文・脱語補充,仮名遣い,古文の口語訳)

〈口語訳〉　やまと歌は,人の心によって天地や鬼神をも感動させると言うが,(それは)和歌の道に限ったことではない。ただ一つの誠をもってこそ,大空をも動かすことができるだろう。中国の漢の初代皇帝が世継ぎを替えようとする自分勝手な心を,様々な論理を尽くして,人々が諫めたが承知なさらなかった。そこで周勃という人が「口には言わないが,良くない事と知ればその詔を受けないだろう」と言ったことで,そのような(皇帝の)心が迷うこともお晴れになったとか。そうすれば良い詞の華を咲かせたとしても,誠を貫かないのであれば,役に立たない。誠も貫き,詞の色も備われば,いっそう人の心も動かし,和らぐので,一様に実さえあれば,花はなくても良いとは言わないだろう。

(1)　語頭以外の「は・ひ・ふ・へ・ほ」は,「ワ・イ・ウ・エ・オ」となる。但し,(イ)は,方向の用法で使う格助詞で,現代仮名遣いと同じ書き表し方である。

(2)　「つべけれ」は,強意の意味を表す助動詞「つ」の終止形と,推量の意味を表す助動詞「べし」已然形である。

(3)　中国の漢の初代皇帝が世継ぎを替えようとすることを,周勃は口には出さないが,良くない事だと思っていた。

(4)　㊀「良くない事と知ればその詔を受けないだろう」とあるので,周勃は皇帝の命令を拒否した事が伺える。　㊁ B「良い詞の華」とあるので,「詞」を「華」とし,「誠」を「華」に伴う「実」であるとしている。　C「詞」「誠」を「華」「実」にそれぞれ喩えている。　㊂ 周勃は「詞」で示すのではなく,「誠」を伴った態度を見せることによって,皇帝の意志を変えることができたのである。

京都府公立高等学校（中期選抜）

2024年度

★★★★★★★★★★★★★★★★★★★★★★★

入　試　問　題

2024年度

●くわしい解説……35ページ

＜数学＞

時間　40分　　満点　40点

【注意】 1　円周率はπとしなさい。
2　答えの分数が約分できるときは，約分しなさい。
3　答えが$\sqrt{\ }$を含む数になるときは，$\sqrt{\ }$の中の数を最も小さい正の整数にしなさい。
4　答えの分母が$\sqrt{\ }$を含む数になるときは，分母を有理化しなさい。

1　次の問い⑴～⑻に答えよ。（16点）

⑴　$6-2\times(-5^2)$ を計算せよ。　…………………………答の番号【1】

⑵　$\frac{2}{3}(6x+3y)-\frac{1}{4}(8x-2y)$ を計算せよ。　…………………………答の番号【2】

⑶　$\sqrt{32}-\frac{16}{\sqrt{2}}+\sqrt{18}$ を計算せよ。　…………………………答の番号【3】

⑷　$x=7$，$y=-6$のとき，$(x-y)^2-10(x-y)+25$ の値を求めよ。
…………………………答の番号【4】

⑸　2次方程式　$8x^2=22x$　を解け。　…………………………答の番号【5】

⑹　yはxの2乗に比例し，$x=3$のとき$y=-54$である。このとき，yをxの式で表せ。
…………………………答の番号【6】

⑺　右の図のように，方眼紙上に△ABCと点Oがあり，4点A，B，C，Oは方眼紙の縦線と横線の交点上にある。△ABCを，点Oを回転の中心として，時計回りに270°だけ回転移動させた図形を，答案用紙の方眼紙上にかけ。
…………………………答の番号【7】

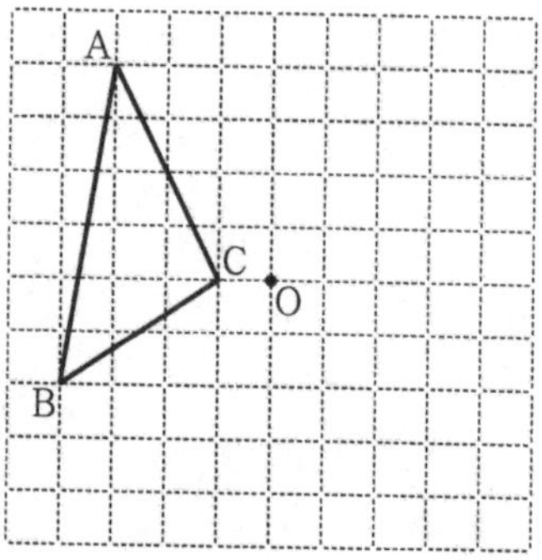

⑻　赤玉が2個，白玉が2個，黒玉が1個の合計5個の玉が入っている袋がある。この袋から玉を1個取り出し，取り出した玉を袋にもどさずに，玉をもう1個取り出す。このとき，取り出した2個の玉の色が異なる確率を求めよ。ただし，袋に入っているどの玉が取り出されることも同様に確からしいものとする。　…………………………答の番号【8】

2　ある中学校の２年生は，Ａ組，Ｂ組，Ｃ組，Ｄ組の４学級で編制されており，各学級の人数は30人である。この中学校では，家庭でのタブレット端末を活用した学習時間を調査しており，その結果から得られた学習時間のデータをさまざまな方法で分析している。右のⅠ図は，２年生の120人全員のある日の学習時間を調査した結果を，ヒストグラムに表したものである。たとえば，Ⅰ図から，２年生の120人のうち，学習時間が０分以上10分未満の生徒は７人いることがわかる。
このとき，次の問い(1)・(2)に答えよ。（４点）

Ⅰ図

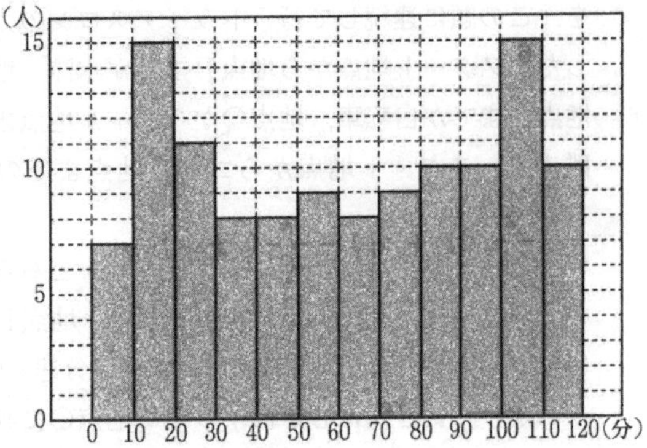

(1)　Ⅰ図において，学習時間が30分以上90分未満の生徒は何人いるか求めよ。また，右の(ア)～(エ)の箱ひげ図のいずれかは，Ⅰ図のヒストグラムに対応している。Ⅰ図のヒストグラムに対応している箱ひげ図を，(ア)～(エ)から１つ選べ。
…………………………答の番号【9】

(ア)

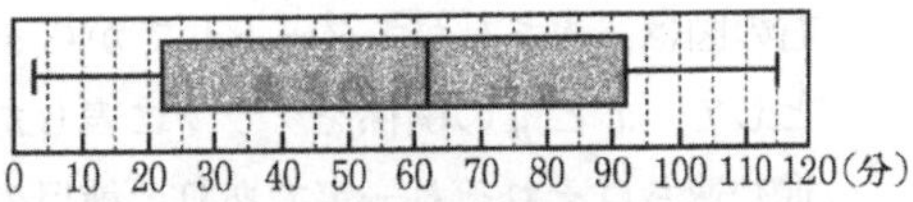

(イ)

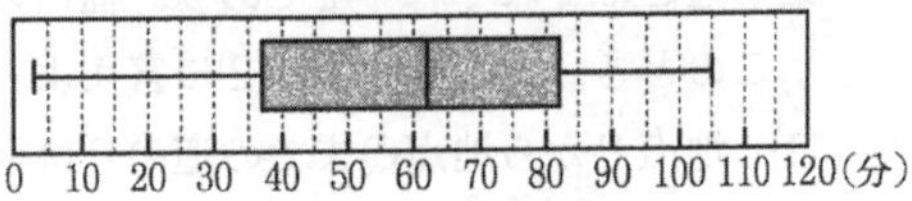

(ウ)

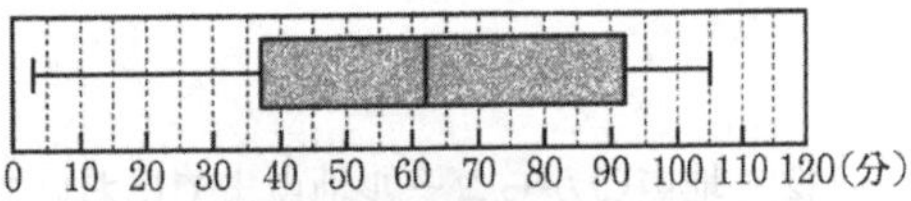

(エ)

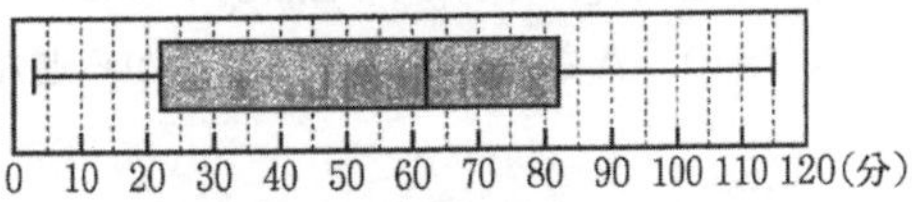

(2)　右のⅡ図は，Ⅰ図のもととなった学習時間の調査結果を，学級ごとに箱ひげ図に表したものである。Ⅱ図から必ずいえるものを，次の(ア)～(オ)から２つ選べ。
…………………………答の番号【10】

Ⅱ図

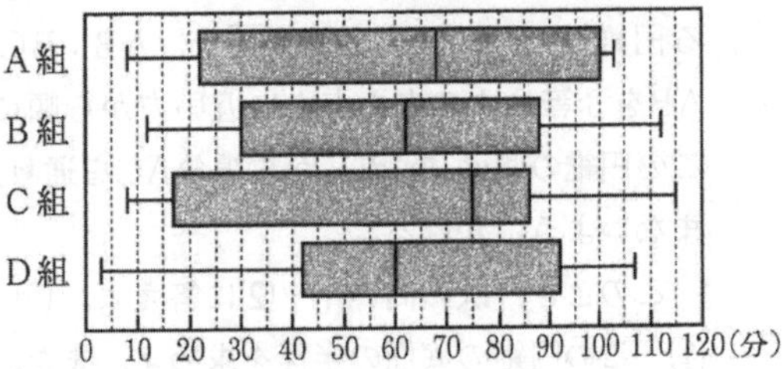

(ア)　Ａ組は，学習時間が60分以上70分未満の生徒が１人以上いる。
(イ)　Ｂ組は，学習時間が80分以上の生徒が８人以上いる。
(ウ)　Ｃ組は，学習時間が115分の生徒が１人だけいる。
(エ)　４学級のうち，Ｄ組は，学習時間が０分以上40分未満の生徒の人数が最も多い。
(オ)　４学級のうち，学習時間のデータの四分位範囲が最も大きい学級は，学習時間のデータの範囲が最も小さい。

3　AさんとBさんは，水泳，自転車，長距離走の３種目を，この順に連続して行うトライアスロンの大会に参加した。スタート地点から地点Pまでが水泳，地点Pから地点Qまでが自転車，地点Qからゴール地点までが長距離走で，スタート地点からゴール地点までの道のりは14300mであった。

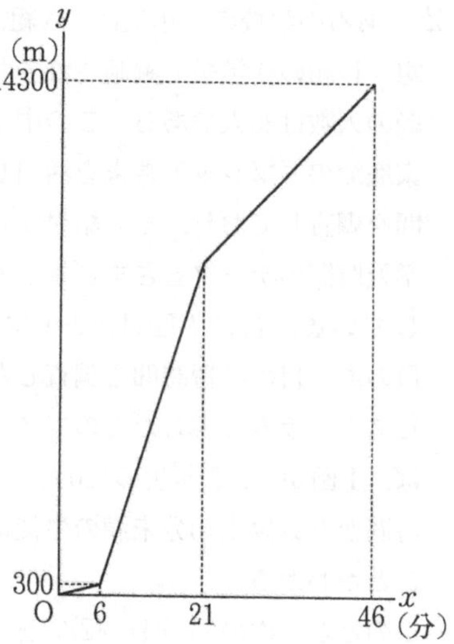

AさんとBさんは同時にスタートし，どちらも同じ速さで泳ぎ，６分後に地点Pに到着した。地点Pから地点Qまで，Aさんは分速600m，Bさんは分速500mでそれぞれ走り，AさんはBさんより早く地点Qに到着した。Aさんは，地点Qからゴール地点まで走っている途中で，Bさんに追いつかれ，その後，Bさんより遅れてゴールした。地点Qからゴール地点までにおいて，Aさんが走る速さは，Bさんが走る速さの$\frac{4}{5}$倍であった。右の図は，Aさんがスタートしてからx分後の，Aさんがスタート地点から進んだ道のりをy mとして，xとyの関係をグラフに表したものである。ただし，Aさん，Bさんともに，各種目で進む速さはそれぞれ一定であり，種目の切り替えにかかる時間は考えないものとする。

このとき，次の問い⑴・⑵に答えよ。（５点）

⑴　地点Pから地点Qまでの道のりは何mか求めよ。また，$21 \leqq x \leqq 46$のときのyをxの式で表せ。

…………………………答の番号【11】

⑵　地点Qからゴール地点までにおいて，Aさんが走っている途中で，Bさんに追いつかれたときの，Aさんがスタート地点から進んだ道のりは何mか求めよ。

…………………………答の番号【12】

4　右の図のような，頂点をA，線分BCを直径とする円を底面とする円錐《すい》があり，高さは$4\sqrt{6}$㎝，AB：BC＝３：２である。線分ABを３等分する点を点Aに近い方から順にD，Eとする。また，この円錐の側面に，点Eから線分ACを通り，点Dまで，ひもをゆるまないようにかける。

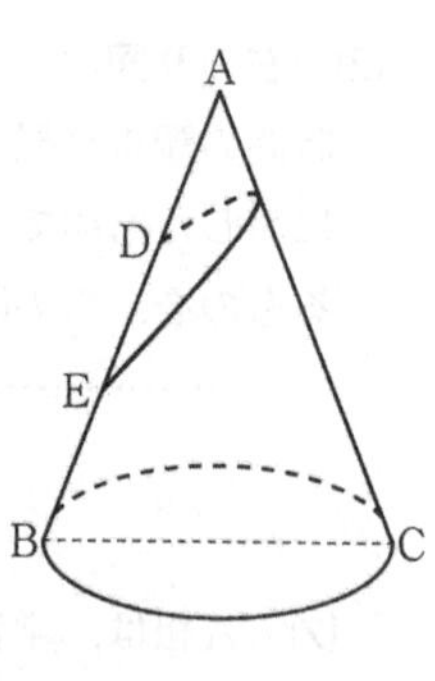

このとき，次の問い⑴・⑵に答えよ。（４点）

⑴　この円錐の底面の半径を求めよ。また，線分ＡＥの長さを求めよ。

…………………………答の番号【13】

⑵　かけたひもの長さが最短となるときの，ひもの長さを求めよ。ただし，ひもの太さは考えないものとする。

…………………………答の番号【14】

5　右の図のような，AB＝８㎝，AD＝６㎝の長方形ABCDがある。点Ｅを，辺AB上にAE＝２㎝となるようにとり，線分CEの垂直二等分線と辺CD，線分CEとの交点をそれぞれＦ，Ｇとする。またDH＝４㎝となるような点Ｈを，辺ADを延長した直線上にとり，２点Ｂ，Ｈを通る直線と辺CD，線分CEとの交点をそれぞれＩ，Ｊとする。

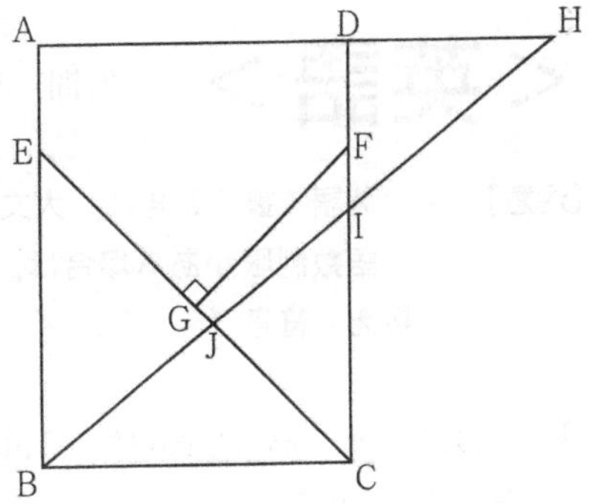

このとき，次の問い(1)～(3)に答えよ。（６点）

(1)　△CFGの面積を求めよ。　……………………答の番号【15】

(2)　線分CIの長さを求めよ。　……………………答の番号【16】

(3)　四角形FGJIの面積を求めよ。　……………………答の番号【17】

6　円の周上に，n 個の点をそれぞれ異なる位置にとり，これらのすべての点を互いに結ぶ線分をひき，弦の本数を考える。

次の表は，n =2，３，４のときの，図と弦の本数をまとめたものである。

	$n=2$	$n=3$	$n=4$
図	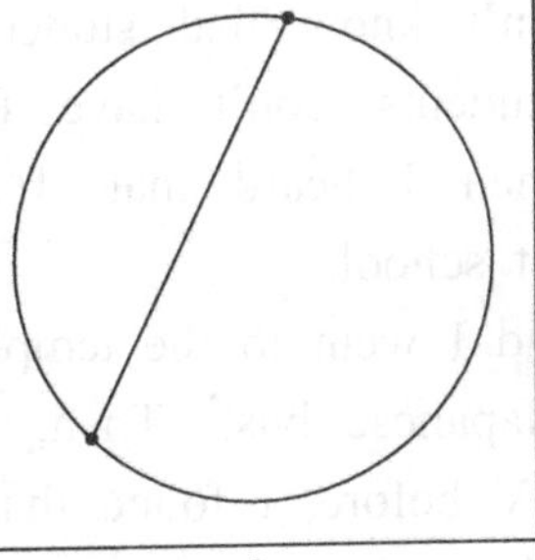	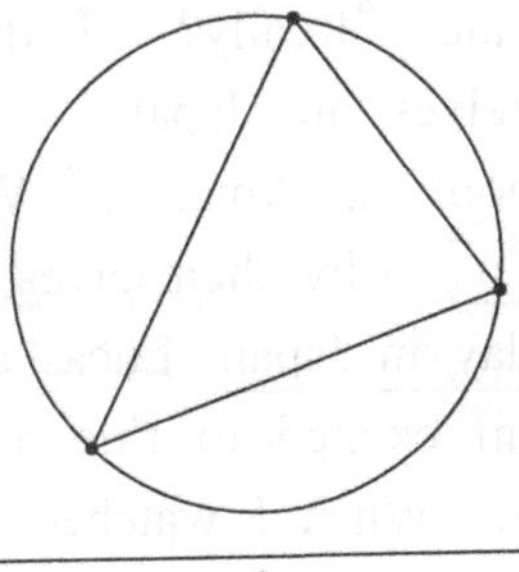	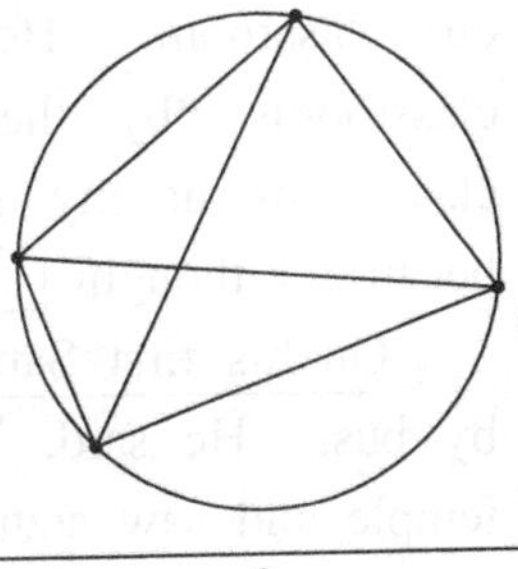
弦の本数（本）	1	3	6

このとき，次の問い(1)～(3)に答えよ。ただし，n は２以上の自然数とする。（５点）

(1)　n ＝５のとき，弦の本数を求めよ。　……………………答の番号【18】

(2)　n =41のとき，弦の本数を求めよ。　……………………答の番号【19】

(3)　弦の本数が1953本であるときの n の値を求めよ。　……………………答の番号【20】

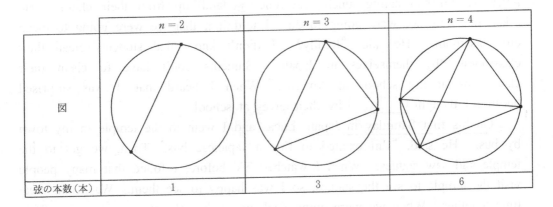

＜英語＞

時間　40分　　満点　40点

【注意】 1　英語で書くときは，大文字，小文字に注意しなさい。筆記体で書いてもよろしい。
2　語数制限がある場合は，短縮形（I'm など）と数字（100や2024など）は１語として数え，符号（，／．／？／！／“ ”など）は語数に含めないものとします。

1　次の英文は，高校生の卓矢（Takuya）が行ったスピーチである。これを読んで，問い(1)～(8)に答えよ。(20点)

One day in June, a student from America came to my junior high school. His name was *Lucas, and he came to Japan with his family. When he introduced himself in my class, he said, “I want to have a great time in this class. I like Japan. Especially, I like Japanese temples. Please tell me if you are interested in them.” I also like them, so ①I wanted to talk with him.

After Lucas introduced himself, he sat next to me. When I saw him, he looked nervous because he sometimes couldn't understand Japanese. I *was not confident in speaking English, but I tried to support him in English. When I helped him, he said, “Thank you for helping me.” We soon became friends. After we finished eating lunch, everyone ②(stand) up from their chairs. He asked me what we were going to do. I told him that we were going to clean our classroom. He said, “Really? I didn't know that students clean their classrooms *by themselves in Japan. Students don't have to clean their classrooms at my school in America.” When I heard that, I was surprised because I thought [　③　] by themselves at school.

④On his first Saturday in Japan, Lucas and I went to the temple in my town by bus. He said, “I'm excited to ride a Japanese bus.” Then, we got to the temple and saw statues. When I watched TV before, I found that many people visit the temple to see the statues, so I was happy to see them. We had a great time together. When we were going back home, he told me an interesting thing about buses. He said, “In my *hometown, people can travel with their bikes by bus.” I asked, “You mean you can put bikes inside, right?” He answered, “No. You can put bikes outside.” I couldn't imagine that. Then, he showed me a picture of the bus on his phone. I said, “How interesting! I want to ride a bus like that in America.” I became interested in American buses and wanted to know more about the *differences between Japanese and American *vehicles.

The next day, I went to the library and *borrowed a book about American vehicles. After I ⑤(enjoy) reading the book at home, my sister asked what it was. I showed her the American buses in the book. Then, I told her that Lucas talked to me about them. She said, “When I was in America, I talked with students from different countries. I found many differences between Japan and other countries, and that was interesting to me. If you talk with Lucas more, you can learn many things. I think *conversations with people from other countries help you understand about their countries *deeply. I'm sure talking with Lucas will be a great *opportunity for *both of you." Then, I wanted to talk with him more.

The next day, I talked to Lucas about the conversation with my sister. He said, "I can understand what she said. When I talk with you, I can learn about Japan, and that makes me become more interested in your country." I said, "I also want to know more about your country. I have found that talking with people from other countries is a great opportunity to learn about their countries. I'm happy to spend a good time with you."

One day in September, Lucas left Japan. When we said "goodbye" to each other at the *airport, he told me about some of his memories in Japan. He said it was exciting to talk with me. Also, he said he was happy to visit ⑥[(ア) for / (イ) the temple / (ウ) famous / (エ) which / (オ) statues / (カ) was] with me.

Through the conversations with Lucas, I found differences between Japan and America, and that made me interested in America. Before I met him, I didn't know a lot about America, but now I *feel close to that country. *Even if you are not confident in speaking foreign languages, I want you to create an opportunity to talk with people from other countries. If you do so, I'm sure you can learn a lot of things you didn't know about those countries before.

（注）Lucas　ルーカス（男性の名）　be confident in ～ ing　～することに自信がある
by themselves　彼ら自身で　hometown　故郷　difference　違い　vehicle　乗り物
borrow ～　～を借りる　conversation　会話　deeply　深く　opportunity　機会
both of ～　～の両方　airport　空港　feel close to ～　～に親しみを感じる
even if ～　たとえ～だとしても

(1) 下線部①の理由として最も適当なものを，次の(ア)～(エ)から１つ選べ。
……………………………答の番号【1】

(ア) ルーカスが，クラスメイトと楽しく過ごしたいと話していたから。
(イ) ルーカスが，自己紹介で彼の家族について話していたから。
(ウ) 卓矢は日本の寺が好きで，ルーカスもそれが好きだと話していたから。
(エ) 卓矢の席の隣が，ルーカスの席だということがわかったから。

(2) 下線部②(stand)・⑤(enjoy)を，文意から考えて，それぞれ正しい形にかえて１語で書け。
……………………………答の番号【2】

(3) ③ に入る表現として最も適当なものを，次の(ア)～(エ)から１つ選べ。
……………………………答の番号【3】

(ア) students in America also clean their classrooms
(イ) students in America also don't have to clean their classrooms

(ウ)　students in Japan also clean their classrooms
(エ)　students in Japan also don't have to clean their classrooms

(4)　次の英文は，下線部④について説明したものである。これを読んで，下の問い(a)・(b)に答えよ。

Lucas went to the temple with Takuya. After visiting the temple, Lucas talked about the buses in his hometown. When people ride buses there, people can [i]. However, Takuya couldn't imagine the bus. Then, Lucas showed Takuya a picture of it. Takuya was surprised to see it and wanted to [ii].

(a)　本文の内容から考えて，[i] に入る表現として最も適当な部分を，本文中から３語で抜き出して書け。…………………………答の番号【4】

(b)　本文の内容から考えて，[ii] に入る表現として最も適当なものを，次の(ア)～(エ)から１つ選べ。…………………………答の番号【5】

(ア)　see a lot of buses in Japan
(イ)　use the American buses Lucas talked about
(ウ)　ride buses with Lucas again
(エ)　take pictures of American buses with his phone

(5)　下線部⑥の［　］内の(ア)～(カ)を，文意が通じるように正しく並べかえ，記号で書け。
…………………………答の番号【6】

(6)　本文の内容から考えて，次の〈質問〉に対して下の〈答え〉が成り立つように，[　] に入る最も適当なものを，下の(ア)～(エ)から１つ選べ。…………………………答の番号【7】

〈質問〉 What did Takuya tell his sister after he showed her a book about American vehicles?
〈答え〉 He told her that [　　　　].

(ア)　he met Lucas before Lucas came to Japan
(イ)　he rode a Japanese bus when he went to the temple in his town
(ウ)　he had an interesting experience in America
(エ)　he got some information about American buses from Lucas

(7)　本文の内容と一致する英文として最も適当なものを，次の(ア)～(エ)から１つ選べ。
…………………………答の番号【8】

(ア)　Lucas came to Japan and studied in Takuya's class for a few days.
(イ)　Takuya wanted to know about American vehicles after he went to the library.
(ウ)　Lucas realized that learning about his own country made him interested in Japan.
(エ)　Lucas told Takuya how Lucas felt about his life in Japan at the airport.

(8)　次の英文は，このスピーチを聞いた高校生の良太(Ryota)とALTのライアン先生(Mr. Ryan)が交わしている会話の一部である。これを読んで。あとの問い(a)・(b)に答えよ。

Ryota : Takuya's speech was very interesting to me.
Mr. Ryan : I see. What did he talk about?
Ryota : Takuya and Lucas had a lot of conversations. Takuya said that he was [i] to have a good time with Lucas.
Mr. Ryan : That's true. I know that we will become interested in foreign countries when we meet foreign people.
Ryota : Also, Takuya said that it is great to [ii]. By doing so, we can learn something new about other countries.
Mr. Ryan : I see. You found a good point.

(a) 本文の内容から考えて，[i] に入る最も適当な語を，次の(ア)～(エ)から１つ選べ。
……………………答の番号【9】

(ア) careful　(イ) glad　(ウ) kind　(エ) nervous

(b) 本文の内容から考えて，[ii] に入る表現として最も適当な部分を，本文中から６語で抜き出して書け。……………………答の番号【10】

2 次の英文は，高校生のあや（Aya）と留学生のリズ（Liz）がレストランで交わしている会話である。次のページのメニューを参考にして英文を読み，あとの問い(1)～(4)に答えよ。（８点）

Liz : Thank you for taking me to this restaurant.
Aya : You're welcome. This restaurant has a menu written in English, and many people who speak English enjoy eating here. The cake *set is very popular, so let's *order it.
Liz : Sure, do you know how [①] it is?
Aya : Let's check the menu. Set A is 600 yen, and Set B is 650 yen. When I came here with my brother last month, I ordered Set A, and I'll order it again. Which set will you order, Set A or Set B?
Liz : Let me think. Oh, look at the picture on the menu. The ice cream looks delicious. I'd like to try it, so I'll order Set B.
Aya : Well, how about cake? When we order the cake set, we can choose one kind of cake on the menu. Have you already decided which kind of cake you'll eat?
Liz : Yes, I'll have the special cake.
Aya : I want to eat the special cake, too. I chose it last month, and the banana cake was delicious. I want to eat it again.
Liz : Wait, Aya. You can't enjoy it now. From this month, we'll have *pumpkin cake if we choose the special cake. I want to try the pumpkin cake, but how about you?
Aya : Oh, let me think. I'll choose another kind of cake instead.
Liz : Well, I think you should try the apple cake. The menu says your favorite

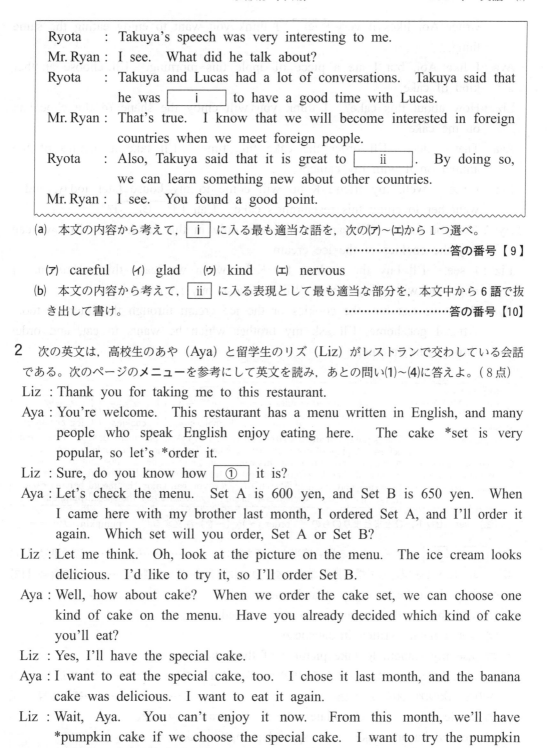

writer Aoi likes it very [②]. I think you want to enjoy eating the same thing.

Aya : I like Aoi, but I ate a piece of apple this morning. I'll choose another kind of cake.

Liz : How about this cake? I think you will enjoy the shape of the chocolate on the cake.

Aya : That's nice. I'll order the cake this time. I'll take a picture of the animal on it with my camera.

Liz : I see. Well, my friend Kaho will come to my house later today, and I want her to enjoy this restaurant's cake. Can I [③]?

Aya : No, you can't. We can eat the cake only in this restaurant. But we can buy the cookies or the ice cream.

Liz : I see. I'll buy the cookies for Kaho when we leave this restaurant. I hope she will enjoy them. Will you also buy something later?

Aya : Well, we can buy the cookies or the ice cream through the Internet, too. After I get home, I'll ask my brother which he wants to eat, and order through the Internet.

メニュー

＜cake set＞

○ Set A（¥600）…… a piece of cake and cookies

○ Set B（¥650）…… a piece of cake and ice cream

＜cake＞

○ apple cake ……… The popular Japanese writer Aoi loves this cake. She introduced it in her book before. A piece of apple is on this cake. The shape of the apple is a rabbit.

○ chocolate cake …… A piece of chocolate is on this cake, and the shape of the chocolate is a flower.

○ strawberry cake … A piece of chocolate is on this cake, and the shape of the chocolate is a cat.

○ special cake ……… In spring and summer (March-August), you can enjoy the special banana cake. In fall and winter (September-February), you can enjoy the special pumpkin cake.

（注） set セット，ひとまとまりのもの order（～）（～を）注文する pumpkin カボチャ

(1) [①]・[②] に共通して入る最も適当な１語を書け。 …………………………答の番号【11】

(2) [③] に入る表現として最も適当なものを，次の(ア)～(エ)から１つ選べ。………答の番号【12】

(ア) buy the cake to enjoy it at home

(イ) take her to this restaurant to eat it together

(ウ) get a menu written in Japanese

(エ) use my camera to take pictures of the cake

(3) 本文とメニューの内容から考えて，あやが今回注文することにしたケーキとして最も適当なものを，次の(ア)～(オ)から１つ選べ。 …………………………答の番号【13】

(ア) apple cake (イ) chocolate cake (ウ) strawberry cake

(エ) special banana cake (オ) special pumpkin cake

(4) 本文の内容と一致する英文として最も適当なものを，次の(ア)～(エ)から１つ選べ。

…………………………答の番号【14】

(ア) Aya visited the restaurant last month with her brother, and the season was fall then.

(イ) Liz wants Kaho to enjoy the cookies Liz will buy at the restaurant later.

(ウ) After Aya gets home, she will ask her brother which cake he wants to eat.

(エ) One kind of cake on the menu was introduced in a book written by Liz's favorite writer.

【リスニングの問題について】

放送中にメモをとってもよい。

3　それぞれの質問に対する答えとして最も適当なものを，次の(ア)〜(エ)から１つずつ選べ。（４点）

(1) (ア) She will help her mother use the computer.

(イ) She will carry the table with her mother.

(ウ) She will use the computer without the help of her mother.

(エ) She will tell her mother where to take the table.

…………………………答の番号【15】

(2) (ア) Because she won her tennis match.

(イ) Because it was hard for her to practice tennis.

(ウ) Because she will see Nancy's tennis match next weekend.

(エ) Because it will be her first time to join a tennis match.

…………………………答の番号【16】

4　それぞれの質問に対する答えとして最も適当なものを，次の(ア)〜(エ)から１つずつ選べ。（４点）

(1) (ア) サツキ小学校の小学生　(イ) フタバ小学校の小学生

(ウ) ホワイト先生　(エ) 英語クラブの他のメンバー

…………………………答の番号【17】

(2) (ア) 英語クラブでときどき歌う歌　(イ) ホワイト先生が先月紹介した歌

(ウ) 有名な映画で使われている歌　(エ) アメリカではあまり知られていない歌

…………………………答の番号【18】

5　それぞれの会話のチャイム音のところに入る表現として最も適当なものを，あとの(ア)〜(エ)から１つずつ選べ。（４点）

（例題）　A：Hi, I'm Hana.

B：Hi, I'm Jane.

A：Nice to meet you.

B：〈チャイム音〉

(ア) I'm Yamada Hana.　(イ) Nice to meet you, too.

(ウ) Hello, Jane.　(エ) Goodbye, everyone.

（解答例）

ア	㋑	ウ	エ

(1)　(ア)　I can finish it before lunch.　　(イ)　It's my favorite watch.
　　(ウ)　I have already finished it.　　(エ)　It's three p.m. now.

…………………………答の番号【19】

(2)　(ア)　Sure, I'll call you again when I arrive there.
　　(イ)　Sure, I'll show you a map I have in my bag.
　　(ウ)　Sorry, I didn't get a ticket on the Internet last night.
　　(エ)　Sorry, I didn't know where to meet you yesterday.

…………………………答の番号【20】

＜理科＞

時間　40分　　満点　40点

【注意】　字数制限がある場合は，句読点や符号なども１字に数えなさい。

1　次のノートは，舞さんが呼吸に関してまとめたものの一部である。これについて，下の問い(1)～(3)に答えよ。（６点）

> **ノート**
>
> 生物の体は①細胞でできており，細胞は生きていくために必要なエネルギーを細胞呼吸（細胞の呼吸）によって得ている。ヒトの場合，細胞呼吸（細胞の呼吸）でできた二酸化炭素は，血液にとけこんで肺まで運ばれ，気管支の先端のうすい膜でできた［　　］という袋の中に出され，②息をはくときに体外に排出される。

(1)　下線部①細胞について，次の(ア)～(エ)のうち，植物の細胞と動物の細胞に共通して見られるものとして適当なものを**すべて**選べ。　……………………………答の番号【1】

(ア)　核　　(イ)　葉緑体　　(ウ)　細胞膜　　(エ)　細胞壁

(2)　ノート中の［　　］に入る最も適当な語句を，**ひらがな４字**で書け。また，下線部②息について，右の表は舞さんが，ヒトの吸う息とはく息にふくまれる気体の体積の割合をまとめたものであり，Ａ～Ｃはそれぞれ，二酸化炭素，酸素，窒素のいずれかである。表中のＡ～Ｃにあたるものの組み合わせとして最も適当なものを，次の(ア)～(カ)から１つ選べ。　……………………………答の番号【2】

	吸う息	はく息
Ａ	78.34 %	74.31 %
Ｂ	20.80 %	15.23 %
Ｃ	0.04 %	4.24 %
その他	0.82 %	6.22 %

(ア)　Ａ　二酸化炭素　　Ｂ　酸素　　Ｃ　窒素
(イ)　Ａ　二酸化炭素　　Ｂ　窒素　　Ｃ　酸素
(ウ)　Ａ　酸素　　Ｂ　二酸化炭素　　Ｃ　窒素
(エ)　Ａ　酸素　　Ｂ　窒素　　Ｃ　二酸化炭素
(オ)　Ａ　窒素　　Ｂ　二酸化炭素　　Ｃ　酸素
(カ)　Ａ　窒素　　Ｂ　酸素　　Ｃ　二酸化炭素

(3)　右の文は，ヒトが息を吸うしくみについて舞さんがまとめたものである。文中の［Ｘ］・［Ｙ］に入る表現の組み合わせとして最も適当なものを，次の(ア)～(エ)から１つ選べ。　……………………………答の番号【3】

> 横隔膜が［Ｘ］とともに，胸の筋肉のはたらきでろっ骨が［Ｙ］ことで，肺が広がって息が吸いこまれる。

(ア)　Ｘ　上がる　Ｙ　上がる　　(イ)　Ｘ　上がる　Ｙ　下がる
(ウ)　Ｘ　下がる　Ｙ　上がる　　(エ)　Ｘ　下がる　Ｙ　下がる

2　右の表は，太郎さんが，水とエタノールの密度をまとめたものである。また，太郎さんは，水とエタノールの混合物を用いて，次の〈**実験**〉を行った。これについて，あと

	密度〔g/cm^3〕 20 ℃のときの値
水	1.00
エタノール	0.79

の問い⑴・⑵に答えよ。ただし，体積と質量の測定は，室温，物質の温度ともに20℃ の状態で行ったものとする。（４点）

〈実験〉

操作①　水とエタノールの混合物30cm^{3}を枝つきフラスコに入れる。

操作②　試験管を３本用意する。右の図のような装置で，水とエタノールの混合物を弱火で加熱し，ガラス管から出てくる気体を氷水で冷やし，液体にして１本目の試験管に集める。

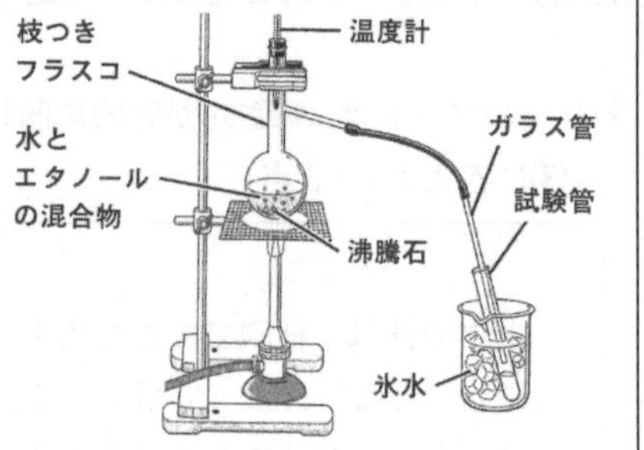

操作③　液体が約３cm^{3}たまったら，次の試験管にとりかえる。この操作を３本目の試験管に液体がたまるまで続け，液体を集めた順に試験管Ａ，Ｂ，Ｃとする。

操作④　メスシリンダーを電子てんびんにのせ，表示の数字を０にする。

操作⑤　操作④のメスシリンダーに，試験管Ａに集めた液体を2.0cm^{3}入れ，質量を測定する。

操作⑥　試験管Ｂ・Ｃについても，それぞれ別のメスシリンダーを用いて，操作④・⑤と同様の操作を行う。

【結果】　操作④～⑥の結果，集めた液体2.0cm^{3}の質量は，試験管Ａでは1.62ｇ，試験管Ｂでは1.68ｇ，試験管Ｃでは1.86ｇであった。

⑴　次の文は，太郎さんが〈実験〉の試験管Ａと試験管Ｃについて書いたものである。表を参考にして，文中の □ に入る適当な表現を，６字以内で書け。……………………答の番号【４】

集めた液体2.0cm^{3}の質量が，試験管Ｃより試験管Ａの方が小さいのは，試験管Ａの液体は試験管Ｃの液体と比べてエタノールの □ ためであると考えられる。

下書き用

⑵　次の文章は，太郎さんが，水とエタノールの混合物の密度についてまとめたものである。表を参考にして，文章中の X に共通して入る密度は何ｇ/cm^{3}か，小数第３位を四捨五入し，小数第２位まで求めよ。……………………答の番号【５】

水17.0cm^{3}とエタノール3.0cm^{3}を混合した液体の体積が，20.0cm^{3}であるとすると，混合物の密度は X であると考えられる。実際には，水とエタノールを混合すると混合物の体積は，混合前のそれぞれの体積の合計より小さくなる。このため，実際の混合物の密度は X より大きいと考えられる。

3　脊椎動物は，魚類，鳥類，は虫類，哺乳類，両生類の５つのグループに分類することができる。次の表は，優さんが脊椎動物の５つのグループについて，子の生まれ方と，体の表面のようすをまとめたものであり，Ａ～Ｄはそれぞれ，鳥類，は虫類，哺乳類，両生類のいずれかである。こ

れについて，下の問い(1)・(2)に答えよ。（４点）

	魚類	A	B	C	D
子の生まれ方	卵生	胎生	卵生	卵生	卵生
体の表面のようす	うろこでおおわれている。	体毛（やわらかい毛）でおおわれている。	湿った皮ふでおおわれている。	うろこでおおわれている。	羽毛でおおわれている。

(1)　表中のA・Bにあたるものとして最も適当なものを，次のⅰ群(ア)～(エ)からそれぞれ１つずつ選べ。また，表中のCにあたるものの特徴について述べた文として最も適当なものを，下のⅱ群(カ)・(キ)から１つ選べ。…………………………答の番号【６】

ⅰ群　(ア)　鳥類　　(イ)　は虫類　　(ウ)　哺乳類　　(エ)　両生類

ⅱ群　(カ)　一生を通して肺で呼吸する。

(キ)　子はえらと皮ふで呼吸し，親（おとな）は肺と皮ふで呼吸する。

(2)　優さんは，動物の体が生活に応じたつくりになっていることを知り，草食動物の体のつくりについて調べた。草食動物であるシマウマの目のつき方や歯の特徴に関して述べた文として最も適当なものを，目のつき方の特徴については次のⅰ群(ア)・(イ)から，歯の特徴については下のⅱ群(カ)～(ク)からそれぞれ１つずつ選べ。…………………………答の番号【７】

ⅰ群　(ア)　目が顔の側面についており，広い範囲を見はるのに適している。

(イ)　目が顔の正面についており，他の動物との距離をはかるのに適している。

ⅱ群　(カ)　臼歯と犬歯が発達している。

(キ)　犬歯と門歯が発達している。

(ク)　門歯と臼歯が発達している。

4　次のノートは，鉄と硫黄を用いて行った実験についてまとめたものの一部である。これについて，あとの問い(1)～(3)に答えよ。（６点）

ノート

試験管A・Bを用意した。鉄粉2.1ｇと硫黄の粉末1.2ｇをよく混ぜ，この混合物の約４分の１を試験管Aに入れ，残りを試験管Bに入れた。次に，右の図のように，試験管B中の混合物の上部を加熱した。混合物の上部が赤くなり，化学変化が始まったところで加熱をやめたが，加熱をやめても化学変化が続き，①<u>黒い物質</u>ができた。加熱後も化学変化が続いたのは，鉄と硫黄が結びつく化学変化にともなって熱が発生したためである。試験管Bの温度が十分に下がってから，試験管A・Bのそれぞれに磁石を近づけると，□中の物質は磁石に引きつけられたが，もう一方の試験管中の物質は磁石に引きつけられなかった。また，試験管A・Bから物質をそれぞれ少量とり出し，うすい塩酸をそれぞれ数滴加えると，試験管Bからとり出した物質から②<u>においのある気体</u>が発生した。

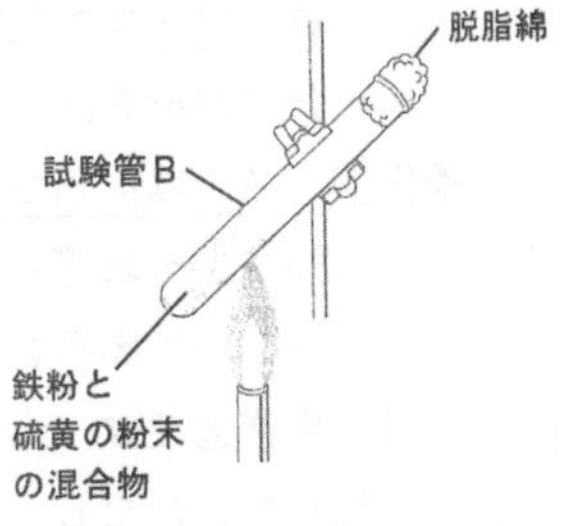

(1)　下線部①<u>黒い物質</u>について，鉄と硫黄の化学変化によってできた黒い物質を化学式で表した

ものとして最も適当なものを，次の(ア)～(エ)から１つ選べ。……………………答の番号【８】

(ア)　CuS　(イ)　FeS　(ウ)　$CuSO_4$　(エ)　$FeSO_4$

(2)　ノート中の□に入る語句として最も適当なものを，次のｉ群(ア)・(イ)から１つ選べ。また，下線部②においのある気体について，試験管Ｂからとり出した加熱後の黒い物質に塩酸を加えたときに発生した気体として最も適当なものを，下のⅱ群(カ)～(ク)から１つ選べ。ただし，試験管Ｂ中の鉄と硫黄はすべて反応したものとする。……………………答の番号【９】

ｉ群　(ア)　試験管Ａ　(イ)　試験管Ｂ

ⅱ群　(カ)　アンモニア　(キ)　硫化水素　(ク)　水素

(3)　右の文章は，化学変化にともなう熱の出入りについてまとめたものの一部である。文章中の X に入る表現として最も適当なものを，次の(ア)～(ウ)から１つ選べ。また，Y に入る最も適当な語句を，**ひらがな５字**で書け。……………………答の番号【10】

(ア)　酸化カルシウムに水を加える

(イ)　塩化アンモニウムと水酸化バリウムを混ぜる

(ウ)　炭酸水素ナトリウム水溶液にクエン酸を加える

> 一般に，化学変化が進むと熱が出入りする。化学変化にともなって熱を発生したために，まわりの温度が上がる反応を発熱反応という。 X ことで起こる反応も発熱反応の一つである。
> 一方，化学変化にともなって周囲から熱を奪ったために，まわりの温度が下がる反応を Y 反応という。

5

モノコードとオシロスコープを用いて，次の〈実験〉を行った。これについて，あとの問い(1)・(2)に答えよ。（４点）

〈実験〉

操作①　右のⅠ図のように，モノコードに弦をはる。また，オシロスコープの画面を横軸が時間，縦軸が振幅を表すように設定する。

Ⅰ図

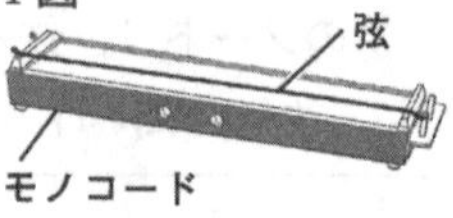

操作②　弦をはじいて出る音をオシロスコープで観察し，表示された波形を記録する。

Ⅱ図

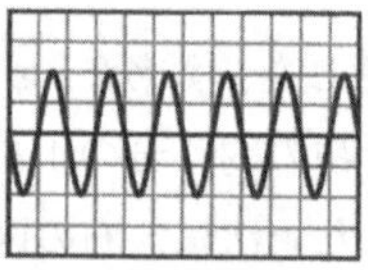

Ⅲ図

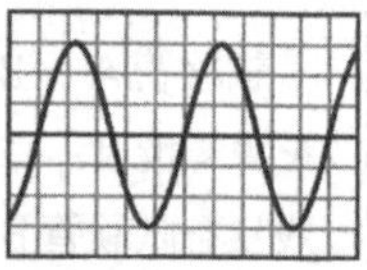

操作③　弦をはる強さと弦をはじく強さをそれぞれ変えて，弦をはじいて出る音をオシロスコープで観察し，表示された波形を記録する。

【結果】　操作②では，上のⅡ図の波形を記録した。また，操作③では，上のⅢ図の波形を記録した。ただし，Ⅱ図とⅢ図の横軸の１目盛りが表す大きさは等しいものとし，Ⅱ図とⅢ図の縦軸の１目盛りが表す大きさは等しいものとする。

(1)　下線部弦をはる強さと弦をはじく強さについて，【結果】から考えて，操作③では操作②と比べて弦をはる強さと弦をはじく強さをそれぞれどのように変えたと考えられるか，最も適当なものを，次の(ア)～(エ)から１つ選べ。……………………答の番号【11】

(ア)　弦のはりを弱くし，弦を弱くはじいた。　(イ)　弦のはりを弱くし，弦を強くはじいた。

(ウ)　弦のはりを強くし，弦を弱くはじいた。　(エ)　弦のはりを強くし，弦を強くはじいた。

⑵　操作②で観察した音の振動は１秒間に500回であった。このことと，Ⅱ図から考えて，Ⅱ図の横軸の１目盛りが表す時間の長さは何秒であるか，最も適当なものを，次の(ア)～(エ)から１つ選べ。また，【結果】から考えて，操作③で観察した音の振動数は何Hzか求めよ。
…………………………答の番号【12】

(ア)　0.0004秒　　(イ)　0.001秒　　(ウ)　0.002秒　　(エ)　0.004秒

6　まっすぐなレール上を動く，球の運動のようすを調べた。これについて，次の問い⑴～⑶に答えよ。ただし，球にはたらく摩擦力や空気の抵抗は考えないものとし，球がレールから離れることはないものとする。また，レールは十分な長さがあるものとする。（６点）

⑴　水平に置いたレール上を球が一方向に動いているようすの0.2秒間隔のストロボ写真を撮影した。右のⅠ表は，撮影を始めてからの時間と，撮影を始めたときの球の位置から球がレール上を動いた距離を，撮影した写真から読みとってまとめたものの一部である。Ⅰ表から考えて，撮影を始めたときの球の位置から球がレール上を動いた距離が84.0cmになったのは，撮影を始めてからの時間が何秒のときか求めよ。
…………………………答の番号【13】

Ⅰ表

撮影を始めてからの時間〔s〕	0.2	0.4	0.6	0.8
撮影を始めたときの球の位置から球がレール上を動いた距離〔cm〕	5.6	11.2	16.8	22.4

⑵　レールの下に木片を置いて斜面の角度を一定にし，レール上に球を置いて手で支え，静止させた。右の図は，手を静かに離し，球がレール上を動き始めたのと同時に，0.1秒間隔のストロボ写真を撮影したものを，模式的に表したものである。右のⅡ表は，球が動き始めてからの時間と，球が静止していた位置からレール上を動いた距離を，撮影した写真から読みとってまとめたものの一部である。また，次の文章は，Ⅱ表からわかることをまとめたものの一部である。文章中の X ・ Y に入る距離はそれぞれ何cmか求めよ。
…………………………答の番号【14】

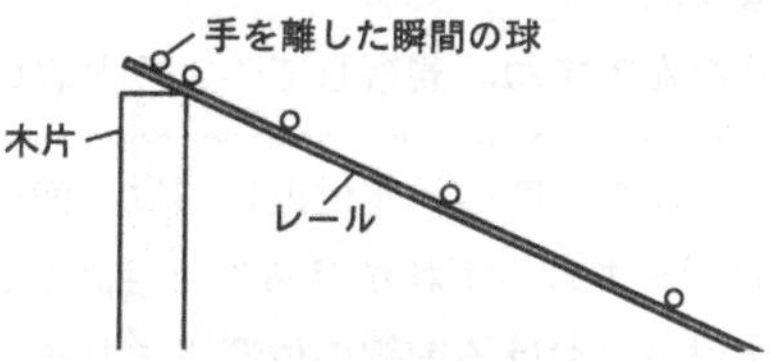

Ⅱ表

球が動き始めてからの時間〔s〕	0.1	0.2	0.3	0.4
球が静止していた位置からレール上を動いた距離〔cm〕	2.0	8.0	18.0	32.0

0.1秒ごとの球の移動距離は，一定の割合で増えていることが読みとれる。球が動き始めてからの時間が0.2秒から0.3秒の間での球の移動距離は，球が動き始めてからの時間が0.1秒から0.2秒の間での球の移動距離より X 大きい。また，球が動き始めてからの時間が0.5秒における，球が静正していた位置からレール上を動いた距離は Y であると考えられる。

⑶　斜面の角度を変えて，同じ球がレール上を下る運動のようすを考える。斜面の角度が20°のレール上を球が下る運動と比べて，斜面の角度を25°にしたレール上を球が下る運動がどのようになるかについて述べた文として**適当でないもの**を，次の(ア)～(エ)から１つ選べ。
…………………………答の番号【15】

(ア)　球にはたらく斜面からの垂直抗力は大きくなる。

(イ)　球にはたらく重力の斜面に平行な分力は大きくなる。

(ウ)　球が動き始めてからの時間が0.1秒における球の瞬間の速さは大きくなる。

(エ)　球が動き始めてから1.0秒後から2.0秒後までの1.0秒間における球の平均の速さは大きくなる。

7　次の会話は，ある年の３月６日に，京都市にすむ花子さんが先生と交わしたものの一部である。これについて，あとの問い(1)～(5)に答えよ。(10点)

花子　昨日は，昼前に降り始めた雨が15時ごろにやんでから，急に気温が下がりましたね。

先生　昨日の京都市の気温は表のようでした。表では，15時と18時の気温差が最も大きいですね。①風向は南よりから北よりに変わりました。

花子　前線の動きが関係していそうですね。今日は，昨日とちがって晴れていますね。

先生　そうですね。今日は，②太陽が沈んだばかりの空に，③よいの明星が見えると考えられます。

花子　そうなんですね。観察してみようと思います。

時刻〔時〕	気温〔℃〕
9	13.8
12	14.9
15	15.6
18	10.1
21	9.3

(1)　３月５日の９時と18時の日本付近における前線の位置をそれぞれ模式的に表した図の組み合わせは，次の(ア)～(エ)のいずれかである。会話と表から考えて，(ア)～(エ)のうち，３月５日の９時と18時の日本付近における前線の位置をそれぞれ模式的に表した図の組み合わせとして，最も適当なものを１つ選べ。　……………………答の番号【16】

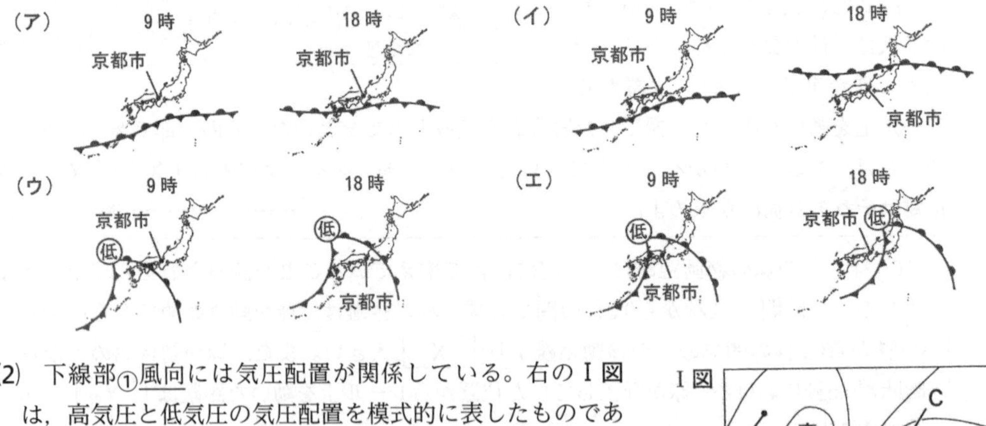

(2)　下線部①風向には気圧配置が関係している。右のⅠ図は，高気圧と低気圧の気圧配置を模式的に表したものであり，曲線は等圧線を表している。Ⅰ図のような気圧配置のとき，地点Ａ～Ｄのうち，風が最も強くふくと考えられる地点として適当なものを１つ選べ。また，次の文は，花子さんが北半球における高気圧の地表付近の風向についてまとめたものである。文中の □ に入る表現として最も適当なものを，次のページの(ア)～(エ)か

Ⅰ図

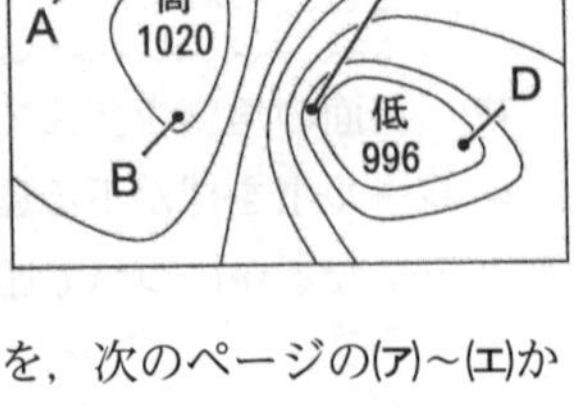

ら１つ選べ。　　　…………………………答の番号【17】

北半球では，高気圧の［　　］ように風がふく。

(ア)　中心に向かって時計回りにふきこむ　　(イ)　中心に向かって反時計回りにふきこむ
(ウ)　中心から時計回りにふき出す　　(エ)　中心から反時計回りにふき出す

(3)　右のⅡ図は，天気は晴れ，風向は西南西，風力は２を，天気図に用いる記号で表そうとした途中のものであり，風向・風力をかきこむと完成する。答案用紙の図中に，風向は西南西，風力は２であることを表す天気図に用いる記号を**実線**（──）でかいて示せ。ただし，図中の**点線**（………）は16方位を表している。…………………………答の番号【18】

Ⅱ図
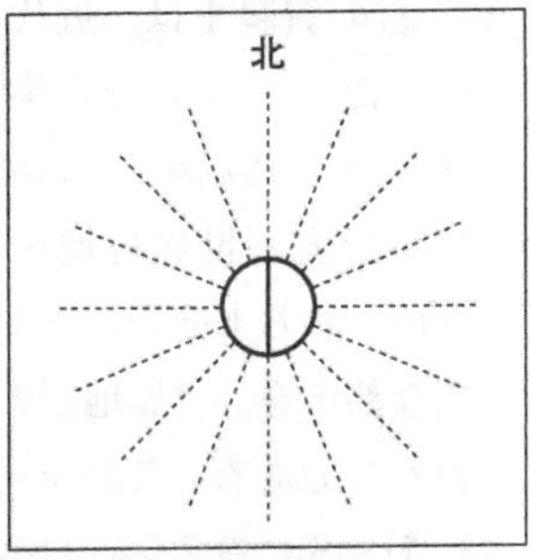

(4)　下線部②太陽について，次の文章は，花子さんが地球の動きと太陽の動きについてまとめたものである。文章中の［X］に共通して入る最も適当な語句を，**ひらがな３字**で書け。また，太陽が真東からのぼり，真西に沈む日において，太陽の南中高度が90°である地点として最も適当なものを，下の(ア)～(エ)から１つ選べ。　　　…………………………答の番号【19】

地球は［X］を中心に自転しながら太陽のまわりを公転している。太陽の南中高度が季節によって変化するのは，公転面に立てた垂線に対して地球の［X］が23.4°傾いているためである。

(ア)　赤道上の地点　　(イ)　北緯23.4°の地点　　(ウ)　北緯35.0°の地点　　(エ)　北緯66.6°の地点

(5)　下線部③よいの明星について，花子さんは３月６日の夕方に天体望遠鏡で金星を観察した。右のⅢ図は，花子さんが天体望遠鏡で観察した像の上下左右を，肉眼で観察したときの向きに直した金星の見え方を示したものである。また，右のⅣ図は，地球の北極側から見たときの太陽，地球および金星の位置関係を模式的に表したものである。３月６日の夕方に地球がⅣ図中で示された位置にあるとき，Ⅲ図から考えて，花子さんが観察した金星の位置として最も適当なものを，Ⅳ図中のＰ～Ｒから１つ選べ。　　　…………………………答の番号【20】

Ⅲ図
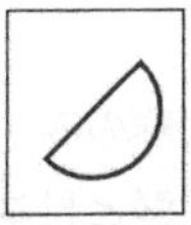

Ⅳ図
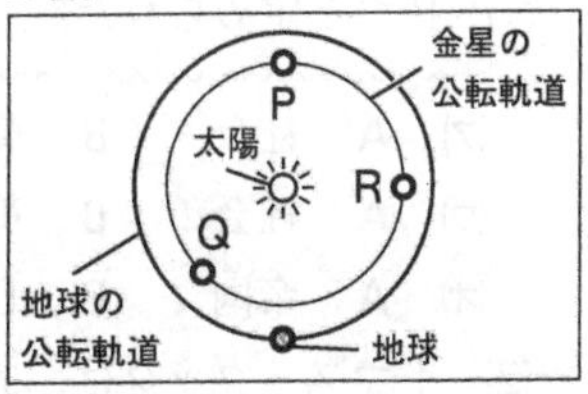

＜社会＞

時間　40分　　満点　40点

【注意】　字数制限がある場合は，句読点や符号なども１字に数えなさい。

1　右の**資料Ⅰ**は，近代に旅行業を始めたイギリスの実業家トマス・クックが1872年から1873年にかけて旅行客と世界各地をめぐったときの，おおよそのルートと経由した主な都市を，世界地図の一部に示したものである。これを見て，次の問い(1)～(5)に答えよ。(10点)

資料Ⅰ

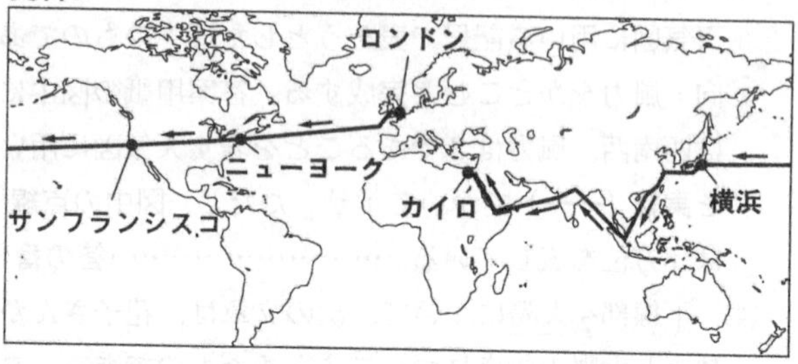

(1)　トマス・クックは，**資料Ⅰ**中で示したように，ロンドンを出発してニューヨークにわたった。こうした大陸間の移動が盛んになった背景の一つに，列強の積極的な海外進出があった。次の文章は，トマス・クックが旅行した1870年代頃における列強の海外進出とその影響について書かれたものの一部である。文章中の［A］・［B］に入るものの組み合わせとして最も適当なものを，下の(ア)～(カ)から１つ選べ。　…………………………答の番号【１】

> 1870年代に資本主義が急速に発達してくると，列強が市場を求めて海外に植民地をつくる［A］主義の動きが激しくなり始めた。列強がアジアにも進出する中で，日本も海外への進出を試み，朝鮮と日朝修好条規を結んだ。この条約では，［B］が領事裁判権を持つと定められた。

(ア)　A　社会　　B　朝鮮のみ　　　　(イ)　A　社会　　B　日本のみ
(ウ)　A　社会　　B　朝鮮と日本の双方　(エ)　A　帝国　　B　朝鮮のみ
(オ)　A　帝国　　B　日本のみ　　　　(カ)　A　帝国　　B　朝鮮と日本の双方

(2)　トマス・クックは，アメリカ大陸を横断して**資料Ⅰ**中のサンフランシスコで船に乗り，太平洋を通って日本に向かった。太平洋について述べた文として最も適当なものを，次の(ア)～(エ)から１つ選べ。また，トマス・クックが日本に向かったとき，日本では明治政府がさまざまな改革を進めていた。明治政府が行った，地券を発行して土地の所有者に現金で税を納めさせる改革を何というか，**ひらがな６字**で書け。　…………………………答の番号【２】

(ア)　大西洋より面積が小さい。　(イ)　インダス川が流れ込む海洋である。
(ウ)　日付《ひづけ》変更線が通っている。　(エ)　面している国の一つにガーナがある。

(3)　トマス・クックは**資料Ⅰ**中の横浜に，冬に到着した。右の**資料Ⅱ**は，日本地図の一部に，現在の関東地方の冬の気候に影響を与えるもののうち，内陸部が乾燥する要因となる季節風の向きと，海沿いの地域が比較的暖かくなる要因となる黒潮の向きを，それぞれ模式的に表そうとしているものである。答案用紙の図中の白い矢印（⇨）のうち，関東地方の内陸部が冬に乾燥する要因と

資料Ⅱ

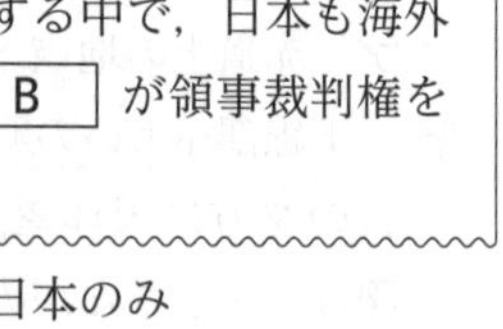

なる季節風の向きを表すものを**黒く塗り**（➡），答案用紙の図中の点線の矢印（⇢）のうち，関東地方の海沿いの地域が冬に比較的暖かくなる要因となる黒潮の向きを表すものを**実線でなぞり**（⟶），図を完成させよ。　…………………………**答の番号【3】**

(4)　トマス・クックはアジア各地をめぐった後，エジプトに到着し，**資料Ⅰ**中のカイロで旅行客と別れた。下の**資料Ⅲ**中の(ア)～(ウ)はそれぞれ，**資料Ⅰ**中で示したロンドン，ニューヨーク，カイロのいずれかの都市の，現在の雨温図である。**資料Ⅲ**中の(ア)～(ウ)の雨温図を，トマス・クックが旅行したルートに沿って，ロンドン，ニューヨーク，カイロの順に並べかえ，**記号**で書け。また，エジプトは，初めて国際連合の平和維持活動が行われた場所の一つである。国際連合の平和維持活動について書かれた下の文中の［A］・［B］に入るものの組み合わせとして最も適当なものを，次の(カ)～(ケ)から１つ選べ。　…………………………**答の番号【4】**

資料Ⅲ

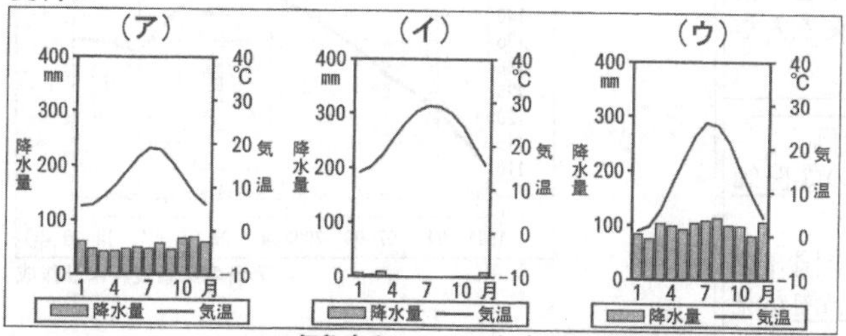

気象庁ホームページ（1991～2020年統計）より作成

平和維持活動の略称は［A］であり，日本は［B］に，平和維持活動のために自衛隊を海外へ派遣するようになった。

(カ)　A　NGO　　B　1980年代　　(キ)　A　NGO　　B　1990年代
(ク)　A　PKO　　B　1980年代　　(ケ)　A　PKO　　B　1990年代

(5)　トマス・クックの事業を継承した株式会社は，1929年に**資料Ⅰ**中で示したいずれかの都市の株式市場で株価が大暴落したことをきっかけに始まった世界的な不況の影響を受けた。その都市はどこか，最も適当なものを，次の**ⅰ群**(ア)～(オ)から１つ選べ。また，株式会社や株主について述べた文として最も適当なものを，下の**ⅱ群**(カ)～(ケ)から１つ選べ。
…………………………**答の番号【5】**

ⅰ群　(ア)　ロンドン　(イ)　ニューヨーク　(ウ)　サンフランシスコ　(エ)　横浜　(オ)　カイロ

ⅱ群　(カ)　株式会社は，公企業に分類される。
(キ)　株式会社は，株式を購入した株主から配当を受け取る。
(ク)　株主は，株主総会に出席して経営方針の決定に関わることができる。
(ケ)　株主は，株式会社が倒産すると出資（投資）額を失い，さらに倒産に関わる費用も負担する。

2　次の**資料Ⅰ**は，礼奈さんが，自分の住んでいる徳島県の課題について考察してまとめたものの一部である。これを見て，次の問い(1)～(5)に答えよ。(10点)

(1)　礼奈さんは，下線部①徳島県内における経済について調べる中で，小売業の売場面積に注目した。次の**資料Ⅱ**は，1991年から2016年にかけての，徳島県と全国における小売業の売場面積の推移をそれぞれまとめたものである。**資料Ⅱ**から読み取れることとして適当なものを，次の(ア)～(オ)から**すべて選べ**。　…………………………**答の番号【6】**

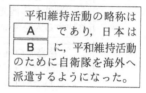

資料Ⅰ

発見した課題

①徳島県内における経済の落ち込み

課題の背景

②交通網の発達により，大阪市などの大都市へ買い物に行く人が増えた

進学や就職をきっかけに，多くの人が県内から東京都や大阪府などの県外に出る

課題の解決に向けて

県内の経済活動を盛んにするために，徳島県の魅力を発信し，県外から観光に来る人や移住する人を増やす

徳島県の魅力の例

- 人口10万人あたりの③医師の数が全国１位
- ④銅鐸《どうたく》の出土数が全国３位
- 世界最大規模の⑤渦潮が見られる

資料Ⅱ

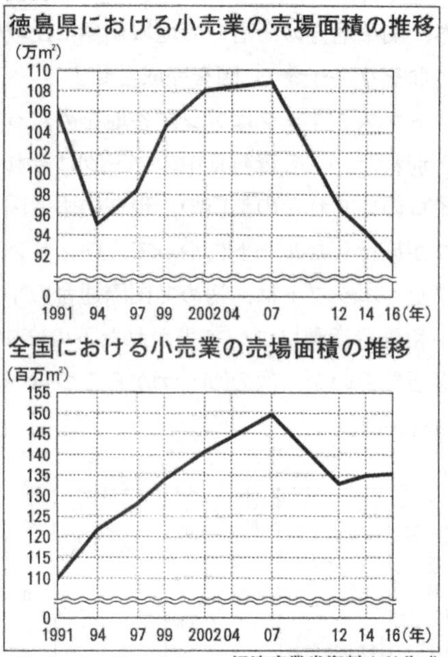

経済産業省資料より作成

(ア) 徳島県における小売業の売場面積は，1991年から2007年にかけて，常に100万m²以上である。

(イ) 2004年の徳島県における小売業の売場面積と2014年の徳島県における小売業の売場面積の差は，10万m²以上である。

(ウ) 1994年の全国における小売業の売場面積は，1991年の全国における小売業の売場面積と比べて増加している。

(エ) 徳島県における小売業の売場面積と全国における小売業の売場面積はいずれも，1997年，2002年，2007年のうち，2007年が最も大きい。

(オ) 徳島県における小売業の売場面積と全国における小売業の売場面積はいずれも，2016年の方が2012年よりも小さい。

(2) 礼奈さんは，下線部②交通網の発達に興味を持ち，徳島県と周辺の都道府県を結ぶ交通網について調べた。右の**資料Ⅲ**は，徳島県とその周辺の都道府県の一部を表した略地図である。**資料Ⅲ**中の◯で囲まれた(ア)～(ウ)の地域のうち，現在，高速道路が通る橋がかかっている地域として適当なものを**すべて**選べ。また，**資料Ⅲ**中の◯で囲まれた(ア)～(ウ)の地域のうち，徳島県と兵庫県の県境がある地域として最も適当なものを１つ選べ。……………………………**答の番号【7】**

資料Ⅲ

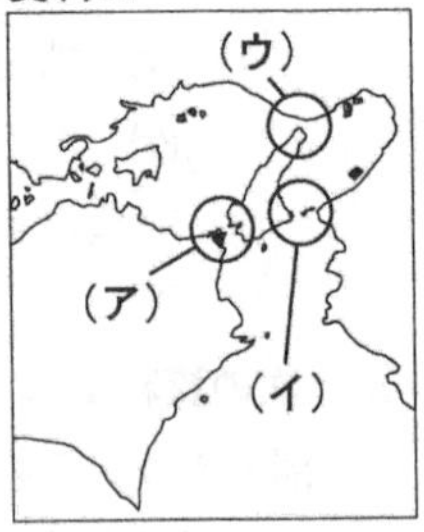

(3) 礼奈さんは，下線部③医師の確保について，徳島県議会において議論されていたことを知り，地方議会の仕事に興味を持った。地方議会が行う仕事として最も適当なものを，次の(ア)～(エ)から１つ選べ。また，礼奈さんは，厚生労働省が医師確保対策を進めていることを知った。内閣のもとで，厚生労働省などの各省庁が分担して国の仕事をする権力は，三権分立の考え方のうち何権にあたるか，**漢字２字**で書け。……………………**答の番号【8】**

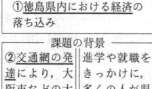

(ア)　条約を締結する。　(イ)　条例を制定する。

(ウ)　政令を制定する。　(エ)　裁判官を任命する。

(4)　礼奈さんは，下線部④銅鐸の出土数が上位の５つの都道府県を調べ，右の**資料Ⅳ**を作成した。また，次の文章は，礼奈さんが**資料Ⅳ**を参考にして，銅鐸についてまとめたものの一部である。文章中の［A］・［B］に入るものの組み合わせとして最も適当なものを，下の**ⅰ群**(ア)～(エ)から１つ選べ。また，文章中の［C］に入る銅鐸の出土数として最も適当なものを，下の**ⅱ群**(カ)～(コ)から１つ選べ。

資料Ⅳ

	出土数（単位：点）
兵庫県	56
島根県	54
徳島県	42
滋賀県	41
和歌山県	41

兵庫県教育委員会資料（平成15年度）より作成

……………………**答の番号【9】**

銅鐸は，日本で［A］に，主に［B］として使われた青銅器の一つであるが，出土する地域には偏りが見られる。**資料Ⅳ**中の５つの県のうち，７地方区分における近畿地方の県だけで［C］点の銅鐸が出土している。

ⅰ群　(ア)　A　縄文時代　B　武器や工具　(イ)　A　縄文時代　B　祭りの道具

(ウ)　A　弥生時代　B　武器や工具　(エ)　A　弥生時代　B　祭りの道具

ⅱ群　(カ)　82　(キ)　97　(ク)　110　(ケ)　138　(コ)　192

(5)　礼奈さんは，下線部⑤渦潮が右の**資料Ⅴ**のように，江戸時代に浮世絵《うきよえ》で描かれていたことを知り，江戸時代の文化に興味を持った。江戸時代の文化について述べた文として適当なものを，次の(ア)～(オ)から**２つ**選べ。

資料Ⅴ

……………………**答の番号【10】**

(ア)　京都の北山《きたやま》に金閣《きんかく》が建てられた。

(イ)　近松門左衛門《ちかまつもんざえもん》が人形浄瑠璃《じょうるり》の台本を書いた。

(ウ)　太陽暦が採用され，１日が24時間，１週間が７日に定められた。

(エ)　狩野永徳《かのうえいとく》によって，華やかな色彩の絵がふすまや屏風《びょうぶ》に描かれた。

(オ)　仏教などが伝わる前の日本人のものの考え方を明らかにしようとする国学が大成された。

3　右の**資料Ⅰ**は，正広さんが，フビライ・ハンの生涯における主なできごとについて調べて作成した略年表である。これを見て，次の問い(1)～(5)に答えよ。(10点)

資料Ⅰ

年	主なできごと
1215	①遊牧民の勢力を統一したチンギス・ハンの孫として生まれる
1254	チベットを征服する
1260	モンゴル帝国の皇帝として即位する 朝鮮半島の［X］を従える ②通貨の発行により経済統一を進める
1264	都を移す
1271	支配した中国北部地域に中国風の国名をつける
1272	都の名前を③大都《だいと》と改称する
1274	日本への１度目の遠征を行う
1276	中国の［Y］をほろぼす
1281	日本への２度目の遠征を行う
1287	東南アジア方面への遠征を行う
1294	日本への３度目の遠征を計画している途中で生涯を終える

(1)　**資料Ⅰ**中の［X］・［Y］に入る語句の組み合わせとして最も適当なものを，次の(ア)～(カ)から１つ選べ。　……………………**答の番号【11】**

(ア)　X　百済《くだら》　Y　元《げん》

(イ)　X　百済《ペクチェ》　Y　宋《そう》

(ウ)　X　百済　Y　明《みん》

(エ)　X　高麗《こうらい》　Y　元

(オ)　X　高麗《コリョ》　Y　宋

(カ)　X　高麗　Y　明

(2) 正広さんは，下線部①遊牧民について，現在もモンゴルで右の写真のようなゲルと呼ばれる住居に暮らして遊牧をしている人がいることを知った。遊牧について述べた文として最も適当なものを，次のⅰ群(ア)～(エ)から１つ選べ。また，正広さんは，戦乱の続いた春秋・戦国時代の末にも遊牧民が中国に進出していたことを知った。この頃に中国を統一し，遊牧民の侵入を防ぐために万里の長城を築いた人物として最も適当なものを，下のⅱ群(カ)～(ケ)から１つ選べ。……………………答の番号【12】

写真

ⅰ群 (ア) 草や水を求めて移動しながら，家畜を飼育している。
(イ) 牧草などの飼料を栽培し，乳牛の飼育を行っている。
(ウ) 土地の養分のバランスを保つために，年ごとに異なる作物を育てている。
(エ) 数年ごとに移動しながら，森林などを燃やした灰を肥料として利用し，作物を育てている。

ⅱ群 (カ) 袁世凱《えんせいがい》 (キ) 孔子《こうし》 (ク) 始皇帝《しこうてい》 (ケ) 溥儀《ふぎ》

(3) 正広さんは，下線部②通貨の発行が，現在の日本では日本銀行によって行われていることを知り，日本銀行について調べた。右の資料Ⅱは，日本銀行が行う金融政策を，正広さんが模式的に表したものである。また，次の文章は，正広さんが資料Ⅱを参考にして，不景気のときの金融政策についてまとめたものであり，文章中の ☐ に，下の(ア)～(シ)の語句から４つ選び，それらを並べかえてできた表現を入れると文章が完成する。☐ に適切な表現が入るように，(ア)～(シ)の語句から４つ選び，それらを並べかえ，記号で書け。なお，☐ に入る適切な表現は複数あるが，答案用紙には一通りだけ書くこと。……………………答の番号【13】

資料Ⅱ

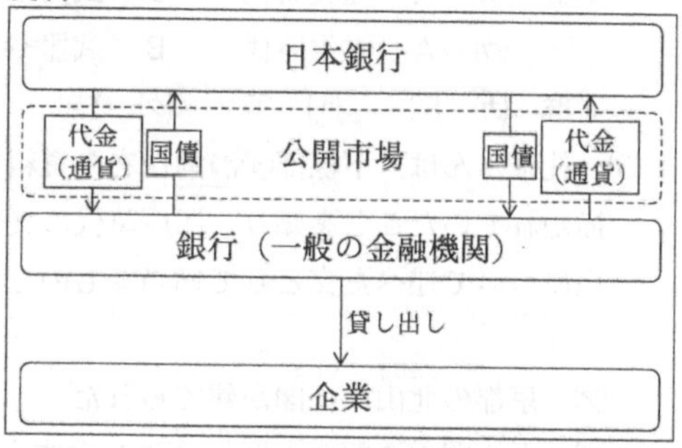

> 不景気のときは，日本銀行が ☐ ，企業にとってお金が借りやすい状況になる。このため，企業の生産活動が活発になり，景気の安定化がはかられると考えられる。

(ア) 企業は　(イ) 企業から　(ウ) 公開市場で
(エ) 公開市場に　(オ) 支払いを受けた　(カ) 貸し出しを受けた
(キ) 国債を売ることで　(ク) 国債を買うことで
(ケ) 保有する資金の量が増えて　(コ) 保有する資金の量が減って
(サ) 銀行（一般の金融機関）は　(シ) 銀行（一般の金融機関）から

(4) 正広さんは，下線部③大都が現在の中国における首都の北京《ペキン》であり，北京では経済が発展してきたことを知った。右の文は，正広さんが，現在の中国における経済発展についてまとめたものの一部である。文中の ☐ に入るものとして最も適当なものを，次のⅰ群(ア)～(エ)から１つ選べ。また，正広さんは，日本において中国の都を手本に平城京がつくられたことを知った。平城京に

> 中国では経済が発展していく中で，沿岸部と内陸部の格差が拡大し，深《シェン》圳《チェン》のような ☐ へと出かせぎに行く人が多くなっていった。

ついて述べた文として最も適当なものを，次のⅱ群(カ)～(ケ)から１つ選べ。

……………………答の番号【14】

ⅰ群　(ア)　沿岸部の都市　(イ)　沿岸部の農村　(ウ)　内陸部の都市　(エ)　内陸部の農村

ⅱ群　(カ)　金剛《こんごう》峯《ぶ》寺《じ》が建てられた。　(キ)　日本で初めての本格的な都であった。

(ク)　住人は約100万人であった。　(ケ)　市が設けられて各地の産物が売買された。

(5)　右の文章は，正広さんが，フビライ・ハンの生きていた時代についてまとめたものの一部である。**資料Ⅰ**を参考にして，文章中の［A］に入る**数字**を書け。また，文章中の［B］・［C］に入るものの組み合わせとして最も適当なものを，次の(ア)～(エ)から１つ選べ。

> フビライ・ハンが生きていたのは［A］世紀にあたる。この世紀にモンゴル帝国はアジアから［B］まで領土を広げ，支配した。モンゴル帝国のもとでは，地域間の文化の交流が［C］。

……………………答の番号【15】

(ア)　B　北アフリカ　C　閉ざされた　(イ)　B　北アフリカ　C　盛んに行われた

(ウ)　B　東ヨーロッパ　C　閉ざされた　(エ)　B　東ヨーロッパ　C　盛んに行われた

4　右の会話は，社会科の授業で「起業プランを発表しよう」というテーマのペアワークに取り組んでいる際に，健さんと剛さんが交わしたものの一部である。これを見て，次の問い(1)～(5)に答えよ。（10点）

> 健　地元の①農作物のおいしさを知ってもらうために，レストランを開くという起業プランを発表するのはどうかな。
>
> 剛　いいね。今は国の②経済政策の一つとして，起業を支援する制度があるらしいよ。
>
> 健　それを利用できないかな。起業後はさまざまな③税金を納める必要があるみたいだね。起業すると多額のお金を扱うから，リスクもあるね。
>
> 剛　だからこそ，支援のしくみがあるんだね。起業することは，④日本国憲法が保障する経済活動の自由にあてはまり，中学生でも起業ができるんだって。できる限り現実的なプランを発表しよう。

(1)　健さんは，下線部①農作物の価格の変動について調べた。右の**資料Ⅰ**は，自由な競争が行われている市場において，ある農作物の価格と需要・供給の関係を模式的に表したものである。**資料Ⅰ**について説明した次の文中の［A］・［B］に入るものの組み合わせとして最も適当なものを，下の(ア)～(エ)から１つ選べ。また，農作物の栽培について，例えば，夏が旬の農作物を，時期を早めて冬から春のうちに出荷できるように栽培することがある。このような，出荷時期を早める工夫をした栽培方法を何栽培というか，**ひらがな４字**で書け。

資料Ⅰ

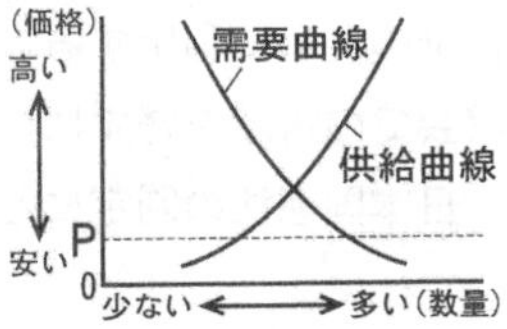

……………………答の番号【16】

> 需要・供給の関係から，価格がPのとき，この農作物は希少性が高く，価格が［A］いき，市場における［B］が増えていくと考えられる。

(ア)　A　上がって　B　供給量　(イ)　A　上がって　B　需要量

(ウ)　A　下がって　B　供給量　(エ)　A　下がって　B　需要量

(2)　剛さんは，下線部②経済政策について，これまで日本でさまざまな経済政策が行われてきたことに興味を持った。次の(ア)～(エ)は，日本で行われた経済政策について述べた文である。(ア)～(エ)を古いものから順に並べかえ，記号で書け。……………………答の番号【17】

(ア) 御家人を救うために，幕府が永仁《えいにん》の徳政令を出した。

(イ) 財政を立て直すために，田沼意次《たぬまおきつぐ》が銅や俵物の輸出を盛んにした。

(ウ) 大名や豪商に海外への渡航を許す朱印状を幕府が与え，朱印船貿易が行われた。

(エ) 商工業者に自由な活動を行わせるために，織田信長《おだのぶなが》が安土《あづち》において市場での税を免除した。

(3) 健さんは，下線部③税金のうち，所得税について調べた。現在の日本では，所得税は，所得が高い人ほど，所得に占める税金の割合（税率）が高くなる。このようなしくみで課税されることを何課税というか，**ひらがな4字**で書け。また，税金は貿易における輸入品にも課せられるが，EU（ヨーロッパ連合）は，加盟国間の貿易において輸入品に課せられる税金をなくし，経済活動を活発にしている。右の**資料Ⅱ**は，2019年におけるEU，日本，アメリカの国内総生産を示したものであり，(ア)～(ウ)はそれぞれ，EU，日本，アメリカのいずれかである。このうち，EUにあたるものを，(ア)～(ウ)から1つ選べ。ただし，EUの国内総生産は，2019年時点の，イギリスを除く加盟国の合計を示したものである。 ……………………………**答の番号【18】**

資料Ⅱ
国内総生産（2019年）

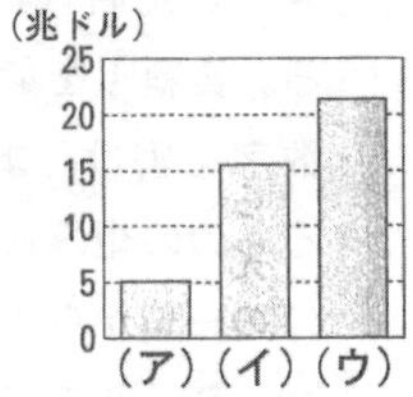

「世界国勢図会2021/22」より作成

(4) 剛さんは，下線部④日本国憲法について調べた。日本国憲法について述べた文として適当なものを，次の(ア)～(オ)から**2つ**選べ。 ……………………………**答の番号【19】**

(ア) 君主権の強いドイツの憲法をもとにつくられた。

(イ) 裁判を受ける権利を含む社会権を保障している。

(ウ) 国民は自由や権利を公共の福祉のために利用する責任があると定められている。

(エ) 日本政府が作成した案が，議会での審議を経ずに日本国憲法として公布された。

(オ) 法の下の平等を定めており，日本国憲法の制定にともない，民法が改正されて新たな家族制度ができた。

(5) 健さんと剛さんは，起業について調べ，右の**資料Ⅲ**を作成した。**資料Ⅲ**は，起業と起業意識に関する2022年度の調査結果をまとめたものであり，**資料Ⅲ**中の「起業家」は起業した人を指し，「起業関心層」，「起業無関心層」は，起業していない人のうち，起業に関心がある人とない人をそれぞれ指している。**資料Ⅲ**から読み取れることとして最も適当なものを，次の(ア)～(エ)から1つ選べ。

……………………………**答の番号【20】**

資料Ⅲ

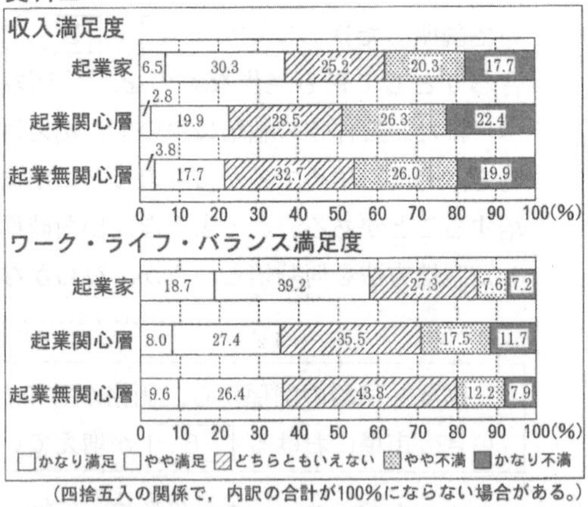

（四捨五入の関係で，内訳の合計が100％にならない場合がある。）
日本政策金融公庫「2022年度起業と起業意識に関する調査」より作成

(ア) 収入満足度において，「起業家」は，「やや不満」，「かなり不満」と回答した人の割合の合計が30％以下である。

(イ) ワーク・ライフ・バランス満足度において，「起業関心層」は，「かなり満足」，「やや満足」と回答した人の割合の合計よりも，「やや不満」，「かなり不満」と回答した人の割合の合計の方が高い。

(ウ)　「起業家」は，収入満足度よりもワーク・ライフ・バランス満足度の方が，「かなり満足」，「やや満足」と回答した人の割合の合計が高い。

(エ)　収入満足度とワーク・ライフ・バランス満足度のいずれにおいても，「起業関心層」よりも「起業無関心層」の方が，「かなり満足」，「やや満足」と回答した人の割合の合計が高い。

は、敬一さんが書いたメモの一部である。図中の視点の「視」を楷書にしたときの総画数として最も適当なものを、後のⅡ群(サ)～(セ)から一つ選べ。……………答の番号【20】

> 新聞を編集するときは、伝える内容に適した文章の種類を選択することが大切である。実際に起こった出来事を伝えるときは [X] で、見聞きしたことや体験を通して自分が感じたことを伝えるときは [Y] で、自分の考えを適切な根拠で支えて伝えるときは [Z] で表現するとよい。

Ⅰ群

(ア) X 意見文　Y 随筆　Z 報道文
(イ) X 意見文　Y 報道文　Z 随筆
(ウ) X 随筆　Y 意見文　Z 報道文
(エ) X 随筆　Y 報道文　Z 意見文
(オ) X 報道文　Y 意見文　Z 随筆
(カ) X 報道文　Y 随筆　Z 意見文

図

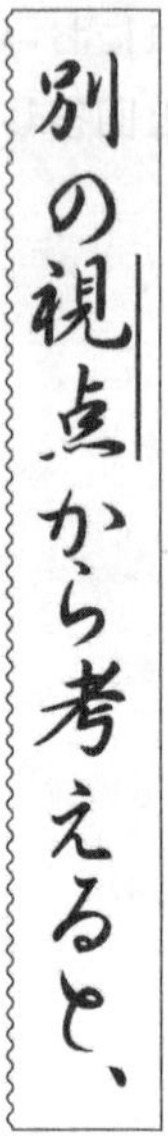

Ⅱ群

(サ) 九画　(シ) 十画　(ス) 十一画　(セ) 十二画

⑽ 本文における段落どうしの関係を説明した文として**適当でないもの**を、次の(ア)～(エ)から一つ選べ。……**答の番号【16】**

(ア) 2段落では、1段落で示した内容について、具体例を挙げて要因を考察している。

(イ) 4段落では、3段落で述べた主張の根拠を示した後、これまでの論をまとめている。

(ウ) 5段落では、4段落で述べた内容について、比喩を用いながら説明を補足している。

(エ) 7段落では、6段落で提起した問題について、考察を述べ、論を展開している。

⑾ 敬一さんと由香さんのクラスでは、本文を学習した後、各班で本文に関連する新聞を編集することになった。次の会話文は、敬一さんと由香さんが話し合ったものの一部である。これを読み、後の問い(一)～(四)に答えよ。

敬一　2段落に「言語の能力によって人間ははじめて人間になりえたとさえいえるだろう」とあるけれど、言語が私たちにもたらしたものは大きいんだね。

由香　うん。言語によって意味の支配が生じるんだよね。

敬一　そうして生じた意味の支配は［A］と本文で述べられているね。この一連の流れによって日常性は支えられているんだね。

由香　そうだね。筆者は日常世界を意味の衣に覆われた世界とし、意味の衣に覆われる以前の先意味的世界と区別しているよ。意味の衣に覆われた世界では、［B］と本文から読み取れるね。

敬一　意味の衣に世界が覆われたため、私たちは美を喪失したけれど、それがかえって［C］強い思いをこらえられなくなることへとつながっていくんだね。本文をよく理解できたし、つぎは新聞のテーマについて話し合おうか。

(一) 会話文中の［A］に入る最も適当な表現を、本文中から**十二字**で抜き出し、**初めと終わりの三字**を書け。……**答の番号【17】**

(二) 会話文中の［B］に入る最も適当な表現を、次の(ア)～(エ)から一つ選べ。……**答の番号【18】**

(ア) さまざまなものが意味的に認識され、多様な感覚の体験に意識を向ける必要がない

(イ) いつもの通りという自明性が支配していて、惰性に陥っていた感覚がざわめく

(ウ) 意味的理解を打ち破った美しいものによって、私たちは満足をあたえられる

(エ) 意味的同一化以前の感覚的情感的な現れがさまざまに生じ、認識されたものが他者へ効率的に伝達される

(三) 会話文中の［C］に入る最も適当な表現を、本文中から**十二字**で抜き出し、**初めと終わりの三字**を書け。……**答の番号【19】**

(四) 新聞を編集するときの一般的な注意点について説明した次の文章中の［X］～［Z］に入る語の組み合わせとして最も適当なものを、後の**Ⅰ群**(ア)～(カ)から一つ選べ。また、敬一さんは、新聞のテーマについて話し合った際、メモを行書で書いた。後の**図**

関して述べたものである。文章中の X ・ Y に入る最も適当な語を、X は後のⅠ群(ア)～(エ)から、Y はⅡ群(カ)～(ケ)から、それぞれ一つずつ選べ。……答の番号【9】

> 形のない事柄を、記号やその組み合わせで表すことによって作られた漢字は X 文字に分類される。「上」という漢字は、「 Y 」と同じく、一般的にこの X 文字に分類される。

Ⅰ群　(ア) 象形　(イ) 指事　(ウ) 会意　(エ) 形声

Ⅱ群　(カ) 本　(キ) 林　(ク) 馬　(ケ) 詞

(4) 本文中の dハイ色 の片仮名の部分を漢字に直し、楷書で書け。……答の番号【10】

(5) 本文からは次の一文が抜けている。この一文は本文中の〈1〉～〈4〉のどこに入るか、最も適当な箇所を示す番号を一つ選べ。……答の番号【11】

> それだからこそ、意味にとらえられている。

(6) 本文中の e澄んだ の漢字の部分の読みを平仮名で書け。……答の番号【12】

(7) 本文中の fそのような平板な認識 についての説明として最も適当なものを、次の(ア)～(エ)から一つ選べ。……答の番号【13】

(ア) 美しいと感じたあらゆるものを、意味によって同一的なものとして認識すること。

(イ) その都度感覚にたいして多様な現れ方をするものごとを、意味によって同一的なものとして認識すること。

(ウ) 慣れ親しんだものを、言葉では表現しきれないほど美しいものだと認識すること。

(エ) 感覚を魅了するものごとを、言葉では表現しきれないほど美しいものだと認識すること。

(8) 本文中の g先立つ の活用形として最も適当なものを、次のⅠ群(ア)～(エ)から一つ選べ。また、波線部（〰）が g先立つ と同じ活用形であるものを、後のⅡ群(カ)～(ケ)から一つ選べ。……答の番号【14】

Ⅰ群　(ア) 未然形　(イ) 連用形　(ウ) 終止形　(エ) 連体形

Ⅱ群
(カ) 入学してから一年が過ぎた。
(キ) 冬場は湯がすぐに冷める。
(ク) 朝食の前に花に水をやろう。
(ケ) 大切なのは挑戦をすることだ。

(9) 本文中の hいざなう の意味として最も適当なものを、次のⅠ群(ア)～(エ)から一つ選べ。また、本文中の i安易な の意味として最も適当なものを、後のⅡ群(カ)～(ケ)から一つ選べ。……答の番号【15】

Ⅰ群　(ア) 導く　(イ) 流れ出る　(ウ) 変える　(エ) 現れる

Ⅱ群　(カ) 押しつけがましい　(キ) 深く考えない　(ク) 感情的な　(ケ) 迅速な

ある、と。

5 日常世界とは意味の衣に覆われた表層の世界である。美は日常世界という世界の表層を打ち破り、意味の衣で覆われる以前の世界つまり「先意味的世界」へといざなう。美しいものとは、意味の衣を脱ぎ捨て先意味的次元の「裸身」で現れ出たものである。美の力すなわち日常世界離脱性とは、日常世界の「彼方《かなた》」へ飛び出してしまうことではなく、意味の衣による覆い隠しをのがれ、日常世界の「手前」すなわち先意味的世界へと連れ戻すことである。〈3〉繰り返すようであるが、ここで先意味的世界というのは、言語に支配された世界の手前の世界様態、すなわち意味的同一化以前の感覚的情感的な現れが多様に生じる世界次元を意味する。

6 しかしながら、そうすると奇妙なことにならないか。人間以外の動物たちは言語をもたず先意味的世界に生きているのだから、彼らこそ美の世界に生きていることにならないか。〈4〉その通りである。しかし、それにもかかわらず動物たちは美を知らない。人間のみが美を美として体験できるようなのだ。

7 これはどういうことか。安易な断定は危険であるが、美と先意味的世界の関係から考えると、とりあえずつぎのような解釈の可能性が開かれるのではないか。人間は言語を獲得したために世界は意味の衣に覆われ、結果として美の喪失を引き起こした。そしてこの美の喪失において、逆に、人間は美に気づき美に飢えることになった。そして、美を求め創出しようとする衝動を抑えることができなくなった。こう理解することができるのではないか。そうだとすれば、人間は言語を持つゆえに美を喪失し、美を喪失したゆえに美に気づき美を求めることになったことになる。だからこそ、人間はいわば「芸術的存在」になったのではないか。人間は、一方において言語を意味的に最大限に使用する「意味的存在」であり、他方で先意味的世界へと＊回帰しようと欲する「美的存在」なのである。

（宮内勝《みやうちまさる》「音楽の美の戦いと音楽世界」による）

注
＊ヴィヴィッド…いきいきしたさま。
＊現象する…ものごとがある形をとって現れる。
＊豊穣さ…ものごとが豊かなこと。　＊映発…光や色彩が映り合うこと。
＊定式化…一定の方式で表すこと。　＊回帰…ひと回りして元に戻ること。

(1) 本文中の a それが感覚的にどのようかをあらためて体験する とは、どのようなことを指しているのか、最も適当なものを、次の(ア)〜(エ)から一つ選べ。……答の番号【7】
(ア) 自分の茶碗がどういった色や模様であるかをあらためて見ること。
(イ) 使っている茶碗が誰のものであるかをあらためて知ること。
(ウ) 自分の茶碗の細部がどうなっているかをあらためて言語化すること。
(エ) 茶碗がいつも通りの状態であることをあらためて実感すること。

(2) 本文中の b それに深くかかわるのが を単語に分け、次の〈例〉にならって自立語と付属語に分類して示したものとして最も適当なものを、後の(ア)〜(エ)から一つ選べ。……答の番号【8】
〈例〉 日は昇る ・・・ (答) 自立語＋付属語＋自立語
(ア) 自立語＋自立語＋自立語＋付属語＋付属語
(イ) 自立語＋付属語＋自立語＋自立語＋付属語
(ウ) 自立語＋付属語＋自立語＋自立語＋付属語＋付属語
(エ) 付属語＋付属語＋自立語＋自立語＋付属語＋付属語

(3) 次の文章は、本文中の c 頭上 の「上」という漢字の成り立ちに

うとしても、細部まではっきり思い出すことができない。日常の事物は熟知されているはずなのに、である。それらを使っているときでさえはっきりとは見ていない。たとえば食事をするとき、ひとたび「これは私の茶碗である」ということが認識されればよいのであって、それが感覚的にどのようかをあらためて体験する必要はない。「これは私の茶碗である」という意味的認識で十分であり、その感覚的なヴィヴィッドな現れは通り過ごされている。日常世界にはいつもの通りという自明性が支配しているが、この自明性の支配をもたらすのが「これは……である」という意味的理解であり、それがさらに感覚の惰性化をもたらすのである。

2 それでは、この日常の自明性を支える意味の支配と感覚の惰性化は、いったいどのようにして生じるのか。それに深くかかわるのが、実は言語なのである。人間は、太古の昔にそして各自的には幼児期に言語を習得した。言語によって人間は世界を認識・理解し、それを他者に効率的に伝達することができるようになった。言語は人間の偉大な「発明」であり、言語の能力によって人間ははじめて人間になりえたとさえいえるだろう。人間は言語をもつゆえに、世界は意味として理解できるようになった。人間の世界は言語あるいは意味でできているとさえいえるだろう。その都度感覚にたいして多様な現れ方をするものごとは、その多様さにまどわされることなく、意味のおかげで不変の同一的なものとして認識される。たとえば頭上の広がりは、晴れて青く見えようと、曇ってハイ色であろうと、星が出ていようと、「空である」。同様に、日常の一切のものはその都度多様に現象するのであるが、意味によって同一的に認識される。こうして意味的に認識された慣れ親しんだものに囲まれて、私たちは日常の生活を営んでいる。しかし、この偉大な言語にもネガティヴな面があるのだ。さまざまなものを意味的に認識できるなら、つまり「何であるか」が同一的に明確に認識できるなら、もはや揺れ動く多様な感覚の体験に注意をはらう必要はなくなるからだ。こうして感覚は惰性化してしまう。言語が意味の支配をもたらし、それが感覚の惰性化を引き起こすのである。

3 この事態が日常性を支えている。日常世界とは意味の支配する世界であり、私たちは意味の恩恵を被っている。〈1〉日常世界はいわば「意味の衣」に覆われた世界なのである。意味の衣によって、感覚のざわめく豊穣《ほうじょう》さが抑えられ覆い隠される。

4 このような日常性のなかで、ときとして美しいものが現れる。そのとき私たちはふと足を止める。頭上の青空はいつもの空ではなく、その澄んだ青さに染まりそうにあるいは吸い込まれそうに感じるかもしれない。いつもの梅の木ももはや「ただの梅」と認識されるのではなく、その花びらのふくよかさや何とも言えない香りに感覚は魅了される。美しいものとして感じられるとき、もはや「あれは空である」とか「これは梅である」というような意味的同一的認識で済まされることはない。そのような平板な認識は打ち破られ、感覚にたいする言い表すことのできない現れ方に魅了されるのだ。美しいものは意味的理解を打ち破り、感覚の豊かな映発をもたらし満足をあたえる。〈2〉美の力は意味の衣をはぎ取るのだ。美の作動において、日常世界における意味の支配は打破され、惰性に陥っていた感覚のヴィヴィッドなざわめきと豊かな情感がよみがえる。感覚と情感の出来事は意味の衣に先立つ出来事、すなわち「先意味的」な出来事なのである。したがってつぎのように定式化することができるだろう。あるものが美しいものとして現象するのは、それが日常世界を離脱し世界の先意味的次元において体験されるときで

に答えよ。

末波　本文にある「大相国」や「丞相」という言葉は唐名といって、日本の役職を中国風に言い換えた名称のようだよ。

幸治　それぞれ「太政大臣《だいじょうだいじん》」と「大臣」の唐名なんだね。当時の日本の貴族は、中国の古典を教養として学んでいたんだよね。本文に登場する九条の大相国と宇治の大臣も学んでいたようだよ。

末波　そうだね。私たちが使っている教科書に、「韓非子《かんぴし》」の一節として、「之《これ》を誉《ほ》めて曰《い》はく、『吾《わ》が盾の堅きこと、能《よ》く陥《とほ》すもの莫《な》きなり。』と。」が載っていたね。現代の私たちも、古代中国の高名な思想家の言葉や故事成語からさまざまなことを学んでいるよね。

幸治　そうだね。ところで、本文から、九条の大相国はどのような人物だったことが読み取れるかな。

末波　本文から、九条の大相国は、［X］だったことが読み取れるね。

幸治　うん。九条の大相国の予想通り、「［Y］」大臣になったことから、筆者が九条の大相国を「ゆゆしき相人」だと表現しているのも納得だね。

(一) 会話文中の「之を誉めて曰はく、『吾が盾の堅きこと、能く陥すもの莫きなり。』と。」は、漢文では「誉之曰吾盾之堅莫能陥也」のように記す。これに句読点、返り点、送り仮名などをつけたものとして最も適当なものを、次の(ア)～(エ)から一つ選べ。……答の番号【4】

(ア) 誉メテレ之ヲ曰ハク、「吾ガ盾之《の》堅キコト、莫キレ能クレ陥スモノ也《なり》ト。」

(イ) 誉メテレ之ヲ曰ハク、「吾ガ盾之《の》堅キコト、莫キ二能ク陥スモノ一也《なり》ト。」

(ウ) 誉メテ二之ヲ曰ハク一、「吾ガ盾之《の》堅キコト、莫キレ能クレ陥スモノ也《なり》ト。」

(エ) 誉メテ二之ヲ曰ハク一、「吾ガ盾之《の》堅キコト、莫キ二能ク陥スモノ一也《なり》ト。」

(二) 会話文中の［X］に入る最も適当な表現を、次の(ア)～(エ)から一つ選べ。……答の番号【5】

(ア) 宇治の大臣にまでわざわざ自分の人相を見てもらう、探究心の強い人物

(イ) 位の低かった頃をなつかしんで井戸に立ちよる、思い出を大切にする人物

(ウ) 大臣の人相が見えることをいくつかの井戸に確認しに行く、慎重な人物

(エ) 大臣の人相が見える条件を冷静に考えて物事を見通す、分析力のある人物

(三) 会話文中の［Y］に入る最も適当な表現を、本文中から**七字**で抜き出して書け。……答の番号【6】

二

次の文章を読み、問い(1)～(11)に答えよ。(28点)

(1～7は、各段落の番号を示したものである。)

1 言うまでもなく日常世界とは、いつも通りの日常が支配する身の回りのこの世界のことである。いつも生活している自分の部屋や家、そしてそのなかのさまざまな事物や近所の風景などは日常的なものであり、すべて見慣れたものであり熟知されたものである。そこには、たとえば毎日使っている茶碗《ちゃわん》や布団《ふとん》がある。ところが、それらが何色でどのような模様が描かれていたかあらためて思い出そ

＜国語＞

時間　四〇分　　満点　四〇点

【注意】字数制限がある場合は、句読点や符号なども一字に数えなさい。

一　次の文章は、「古今著聞集《ここんちょもんじゅう》」の一節である。注を参考にしてこれを読み、問い(1)〜(4)に答えよ。（12点）

＊九条《くでう》の大相国＊浅位の時、なにとなく＊后町《きさきまち》の井を、立ちよりて底をのぞき給《たま》ひけるほどに、＊丞相《しやうじやう》の相見えける。うれしく＊おぼして帰り給ひて、鏡をとりて見給ひければ、その相なし。いかなる事にかとおぼつかなくて、また＊大内に参りて、かの井をのぞき給ふに、さきのごとくこの相見えけり。その後しづかに案じ給ふに、 Ａ 見るにはその相なし。 Ｂ 見るにはその相あり。この事、＊大臣《おとど》にならんずる事遠かるべし。＊つひにはむなしからじ、と思ひ給ひけり。はたしてはるかに程へてなり給ひにけり。この大臣は、＊ゆゆしき＊相人にておはしましけり。＊宇治《うぢ》の大臣も、＊わざと相せられさせ給ひけるとかや。

（「新潮日本古典集成」による）

注

＊九条の大相国…藤原伊通《ふじわらのこれみち》。　＊浅位の時…位の低かった頃。

＊后町の井…内裏にある、皇后の宮殿へ渡る通路のかたわらにある井戸。

＊丞相の相…大臣の人相。　＊おぼして…お思いになって。

＊大内…内裏。　＊大臣にならんずる事…大臣になるということ。

＊つひにはむなしからじ…いずれは必ず大臣になれるのであろう。

＊ゆゆしき…すばらしい。

＊相人…人相を見てその人の将来の運勢を占う人。

＊宇治の大臣…藤原頼長《ふじわらのよりなが》。　＊わざと…特に依頼して。

(1)　本文中の a いかなる事にかとおぼつかなくて の解釈として最も適当なものを、次の(ア)〜(エ)から一つ選べ。…………答の番号【1】

(ア)　大臣の人相がもう一度見えたとはどういうことかと不審に思って

(イ)　うれしくなると大臣の人相が見えるとはどういうことかと不審に思って

(ウ)　大臣の人相が一度も見えたことがないとはどういうことかと不審に思って

(エ)　見えたはずの大臣の人相が見えなくなったとはどういうことかと不審に思って

(2)　本文中の Ａ ・ Ｂ に入る表現の組み合わせとして最も適当なものを、次の(ア)〜(エ)から一つ選べ。…………答の番号【2】

(ア)　Ａ　井にて近く　　Ｂ　鏡にて遠く

(イ)　Ａ　井にて遠く　　Ｂ　鏡にて近く

(ウ)　Ａ　鏡にて近く　　Ｂ　井にて遠く

(エ)　Ａ　鏡にて遠く　　Ｂ　井にて近く

(3)　本文中の b おはしましけり をすべて現代仮名遣いに直して、平仮名で書け。また、次の(ア)〜(エ)のうち、波線部（〰〰）が現代仮名遣いで書いた場合と同じ書き表し方であるものを一つ選べ。…………答の番号【3】

(ア)　舟ども行きちがひて　　(イ)　なほ聞こえけり

(ウ)　我をば見知りたりや　　(エ)　隠しすゑたりける

(4)　次の会話文は、未波さんと幸治さんが本文を学習した後、本文について話し合ったものの一部である。これを読み、後の問い㈠〜㈢

2024年度

解 答 と 解 説

《2024年度の配点は解答用紙集に掲載してあります。》

＜数学解答＞

1　(1)　56　(2)　$2x+\frac{5}{2}y$　(3)　$-\sqrt{2}$　(4)　64

(5)　$x=0,\ \frac{11}{4}$　(6)　$y=-6x^2$　(7)　右図　(8)　$\frac{4}{5}$

2　(1)　52人，㋐　(2)　㋑，㋔

3　(1)　9000m，$y=200x+5100$　(2)　12300m

4　(1)　半径$2\sqrt{3}$ cm，AE＝$4\sqrt{3}$ cm　(2)　$2\sqrt{21}$cm

5　(1)　9cm^2　(2)　$\frac{24}{5}$cm　(3)　$\frac{13}{5}$cm^2

6　(1)　10本　(2)　820本　(3)　$n=63$

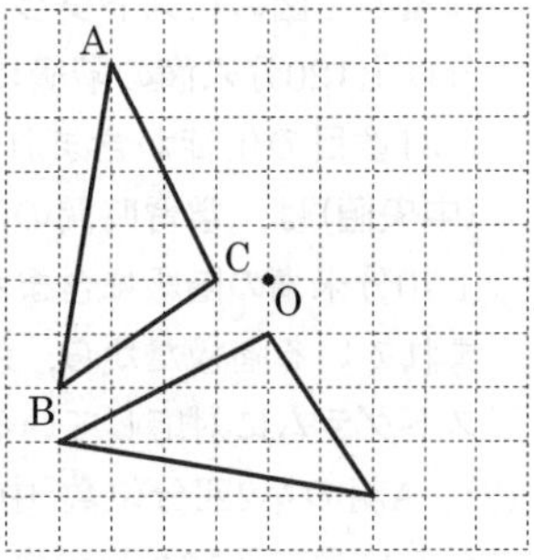

＜数学解説＞

1　**(数・式の計算，平方根，式の値，二次方程式，関数$y=ax^2$，作図，確率)**

(1)　**四則をふくむ式の計算の順序は，指数→かっこの中→乗法・除法→加法・減法**となる。$-5^2=-(5\times5)=-25$だから，$6-2\times(-5^2)=6-2\times(-25)=6-(-50)=6+50=56$

(2)　**分配法則**を用いて，$\frac{2}{3}(6x+3y)-\frac{1}{4}(8x-2y)=\left(\frac{2}{3}\times6x+\frac{2}{3}\times3y\right)-\left(\frac{1}{4}\times8x-\frac{1}{4}\times2y\right)=(4x+2y)-\left(2x-\frac{1}{2}y\right)=4x+2y-2x+\frac{1}{2}y=4x-2x+2y+\frac{1}{2}y=2x+\frac{5}{2}y$

(3)　$\sqrt{32}=\sqrt{2^4\times2}=\sqrt{2^2\times2^2\times2}=4\sqrt{2}$，$\frac{16}{\sqrt{2}}=\frac{16\times\sqrt{2}}{\sqrt{2}\times\sqrt{2}}=\frac{16\sqrt{2}}{2}=8\sqrt{2}$，$\sqrt{18}=\sqrt{2\times3^2}=3\sqrt{2}$だから，$\sqrt{32}-\frac{16}{\sqrt{2}}+\sqrt{18}=4\sqrt{2}-8\sqrt{2}+3\sqrt{2}=(4-8+3)\sqrt{2}=-\sqrt{2}$

(4)　$(x-y)^2-10(x-y)+25$　$x-y=\mathrm{M}$とおくと，$(x-y)^2-10(x-y)+25=\mathrm{M}^2-10\mathrm{M}+25=\mathrm{M}^2-2\times5\times\mathrm{M}+5^2=(\mathrm{M}-5)^2=(x-y-5)^2$　これより，$x=7$，$y=-6$のとき，$(x-y)^2-10(x-y)+25=(x-y-5)^2=\{7-(-6)-5\}^2=(7+6-5)^2=8^2=64$

(5)　2次方程式$8x^2=22x$の両辺を2で割って，$4x^2=11x$　$4x^2-11x=0$　$x(4x-11)=0$　$x=0,\ \frac{11}{4}$

(6)　**yはxの2乗に比例する**から，$y=ax^2$と表せる。$x=3$のとき$y=-54$だから，$-54=a\times3^2=9a$　$a=-6$　よって，$y=-6x^2$

(7)　△ABCを，点Oを回転の中心として，時計回りに270°だけ**回転移動**させるということは，反時計回りに360°－270°＝90°だけ回転移動させることと同じである。△ABCを，点Oを回転の中心として，反時計回りに90°だけ回転移動させると，右図のように，頂点A，B，Cはそれぞれ点A′，B′，C′に移動する。

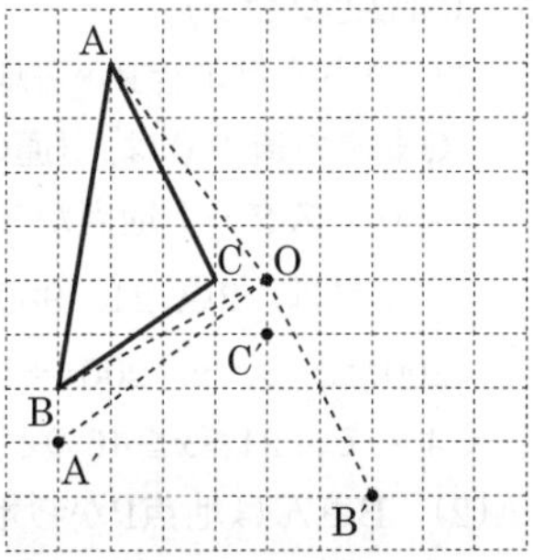

(8)　2個の赤玉を赤1，赤2，2個の白玉を白1，白2と区別すると，この袋から玉を1個の取り出し，取り出した玉を袋にもどさずに，玉をもう1個取り出すとき，取り出し方は全部で，(赤1，赤2)，(赤1，白1)，(赤1，白2)，(赤1，黒)，(赤2，赤1)，(赤2，白1)，(赤2，白2)，(赤2，黒)，(白1，赤1)，(白1，赤2)，(白1，

白2)，(白1，黒)，(白2，赤1)，(白2，赤2)，(白2，白1)，(白2，黒)，(黒，赤1)，(黒，赤2)，(黒，白1)，(黒，白2)の20通り。このうち，取り出した2個の玉の色が同じなのは〰〰を付けた4通りだから，取り出した2個の玉の色が異なる確率は$\frac{20-4}{20}=\frac{4}{5}$

2 (資料の散らばり・代表値)

(1)　学習時間が30分以上90分未満の生徒の人数は，30分以上40分未満の**階級**の**度数**から，80分以上90分未満の階級の度数まで加えた値だから，8＋8＋9＋8＋9＋10＝52(人)である。また，問題のⅠ図の**ヒストグラム**に関して，**最小値**と**最大値**はそれぞれ0分以上10分未満の階級と110分以上120分未満の階級に含まれている。また，**第1四分位数**は，学習時間の短い方から30番目と31番目の生徒が含まれている階級だから，20分以上30分未満の階級に含まれ，**第2四分位数(中央値)**は，学習時間の短い方から60番目と61番目の生徒が含まれている階級だから，60分以上70分未満の階級に含まれ，**第3四分位数**は，学習時間の長い方から30番目と31番目の生徒が含まれている階級だから，90分以上100分未満の階級に含まれている。以上より，問題のⅠ図のヒストグラムに対応している**箱ひげ図**は(ア)である。

(2)　A組の第2四分位数(中央値)は60分以上70分未満の階級に含まれ，これは学習時間の短い方から15番目と16番目の生徒の**平均値**である。例えば，15番目の生徒の学習時間が55分で16番目の生徒が75分の場合でも，第2四分位数＝$\frac{55+75}{2}$＝65(分)となり，60分以上70分未満の階級に含まれる。(ア)は必ずしもいえない。第3四分位数は学習時間の長い方から8番目の生徒の学習時間である。B組の第3四分位数は80分以上90分未満の階級に含まれるから，B組は，学習時間が80分以上の生徒が8人以上いることがわかる。(イ)は必ずいえる。C組の学習時間の最大値は115分だから，学習時間が115分の生徒が1人以上いることはわかるが，1人だけかどうかはわからない。(ウ)は必ずしもいえない。各組の第1四分位数(学習時間の短い方から8番目の生徒の学習時間)に着目すると，A組，B組，C組の第1四分位数は，それぞれ40分未満の階級に含まれるから，A組，B組，C組では学習時間が0分以上40分未満の生徒の人数がそれぞれ8人以下であることがわかる。これに対して，D組の第1四分位数は，40分以上50分未満の階級に含まれるから，学習時間が0分以上40分未満の生徒の人数は7人以下であることがわかり，4学級のうち最も少ない。(エ)は正しくない。箱ひげ図では，**四分位範囲**は箱の横の長さで表され，**データの範囲**はひげの端から端までの長さで表される。4学級のうち，箱の横の長さが最も長い学級，すなわち，学習時間のデータの四分位範囲が最も大きい学級はA組であり，同時にA組のひげの端から端までの長さも最も短いから，学習時間のデータの範囲が最も小さい。(オ)は必ずいえる。

3 (関数とグラフ)

(1)　Aさんは地点Pから地点Qまで，分速600mで，21－6＝15(分)かかったから，地点Pから地点Qまでの道のりは，**(道のり)＝(速さ)×(時間)**より，分速600m×15分＝9000(m)である。これより，スタート地点から地点Qまでの道のりは300＋9000＝9300(m)だから，$21\leqq x\leqq 46$のときのグラフは，2点(21，9300)，(46，14300)を通る直線である。この直線の傾きは$\frac{14300-9300}{46-21}$＝200だから，$y=200x+b$とおくと，点(21，9300)を通るから，$9300=200\times 21+b$　$b=5100$　よって，$21\leqq x\leqq 46$のときのxとyの関係は$y=200x+5100$…①　と表せる。

(2)　Bさんは地点Pから地点Qまで，9000m÷分速500m＝18(分)かかったから，Bさんはスタートしてから6＋18＝24(分)後に地点Qに到着した。また，**横軸が時間，縦軸が道のりのグラフでは，速さが一定の場合の時間と道のりの関係のグラフは直線になり，その直線の傾きは速さに等**

しいから，$21 \leqq x \leqq 46$のときのAさんの速さは，①より分速200mである。地点Qからゴール地点までにおいて，Aさんが走る速さは，Bさんが走る速さの$\frac{4}{5}$倍であったから，Bさんの走る速さは，分速200m$\div\frac{4}{5}$倍$=200\times\frac{5}{4}=$分速250(m)である。これより，Bさんが地点Qからゴール地点まで走るときのxとyの関係は，点(24，9300)を通り，傾きが250の直線だから，$y=250x+c$とおいて点(24，9300)の座標を代入すると，$9300=250\times24+c$　$c=3300$　よって，$y=250x+3300$ …②　と表せる。地点Qからゴール地点までにおいて，Aさんが走っている途中で，Bさんに追いつかれた地点をRとすると，地点Rは，①のグラフと②のグラフの交点であり，その座標は①と②の連立方程式の解である。②を①に代入して，$250x+3300=200x+5100$　$x=36$　これを①に代入して，$y=200\times36+5100=12300$　以上より，スタート地点から地点Rまでの道のりは12300mである。

4 (空間図形，線分の長さ，かけたひもの最短の長さ)

(1)　線分BCの中点をOとすると，問題の条件より$AO=4\sqrt{6}$ cm　AB：BC＝3：2より，$AB=3r$cmとすると，$BC=2r$cm　△ABOに**三平方の定理**を用いると，$AO^2+BO^2=AB^2$より，$(4\sqrt{6})^2+\left(\frac{2r}{2}\right)^2=(3r)^2$　$r^2=12$　$r>0$より$r=\sqrt{12}=2\sqrt{3}$　よって，この円錐の底面の円の半径は$BO=\frac{2r}{2}=r=2\sqrt{3}$(cm)である。また，$AE=AB\times\frac{2}{3}=3r\times\frac{2}{3}=2r=2\times2\sqrt{3}=4\sqrt{3}$(cm)である。

(2)　問題の円錐を展開したときの側面の展開図を右図に示す。このおうぎ形の中心角をa°とすると，**おうぎ形の弧の長さと底面の円周の長さは等しい**から，$2\pi\times AB\times\frac{a^\circ}{360^\circ}=\pi\times BC$より，$a^\circ=\frac{\pi\times BC\times360^\circ}{2\pi\times AB}=180^\circ\times\frac{BC}{AB}=180^\circ\times\frac{2}{3}=120^\circ$

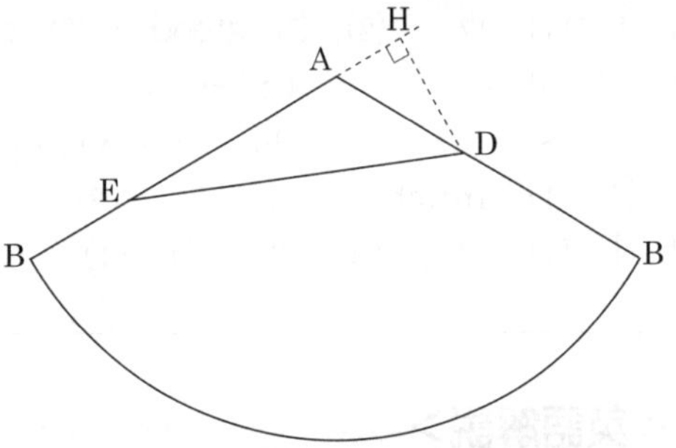

かけたひもの長さが最短となるのは，展開図上でひもが直線になるときで，そのときのひもの最短の長さは線分EDの長さに等しい。点Dから直線ABへ垂線DHを引くと，$\angle DAH=180^\circ-a^\circ=180^\circ-120^\circ=60^\circ$　よって，**△ADHは30°，60°，90°の直角三角形で，3辺の比は2：1：$\sqrt{3}$**だから，$AH=\frac{1}{2}AD=\frac{1}{2}\times\frac{AE}{2}=\frac{1}{2}\times\frac{4\sqrt{3}}{2}=\sqrt{3}$(cm)，$DH=\sqrt{3}AH=\sqrt{3}\times\sqrt{3}=3$(cm)　以上より，ひもの最短の長さは，△DEHに三平方の定理を用いて，$ED=\sqrt{EH^2+DH^2}=\sqrt{(AE+AH)^2+DH^2}=\sqrt{(4\sqrt{3}+\sqrt{3})^2+3^2}=2\sqrt{21}$(cm)である。

5 (平面図形，相似の性質，三平方の定理，面積，線分の長さ)

(1)　$BE=AB-AE=8-2=6=BC$より，**△BCEは直角二等辺三角形で，3辺の比は1：1：$\sqrt{2}$**だから，$CE=BC\times\sqrt{2}=6\sqrt{2}$(cm)　また，$\angle FGC=90^\circ$，$\angle FCG=\angle BCF-\angle BCE=90^\circ-45^\circ=45^\circ$より，△CFGも$FG=CG=\frac{CE}{2}=\frac{6\sqrt{2}}{2}=3\sqrt{2}$(cm)の直角二等辺三角形だから，その面積は$\triangle CFG=\frac{1}{2}\times(3\sqrt{2})^2=9$(cm^2)

(2)　DH//BCより，**平行線と線分の比についての定理**を用いると，DI：CI＝DH：BC＝4：6＝2：3
$CI=CD\times\frac{CI}{CD}=CD\times\frac{CI}{DI+CI}=8\times\frac{3}{2+3}=\frac{24}{5}$(cm)

(3)　$\triangle BCI=\frac{1}{2}\times BC\times CI=\frac{1}{2}\times6\times\frac{24}{5}=\frac{72}{5}$(cm^2)　線分CJは∠BCIの二等分線だから，**角の二等分線と線分の比の定理**より，BJ：IJ＝BC：CI＝6：$\frac{24}{5}$＝5：4　△JCIと△BCIで，**高さが等し**

い三角形の面積比は，底辺の長さの比に等しいから，$\triangle JCI=\triangle BCI\times\frac{IJ}{BI}=\triangle BCI\times\frac{IJ}{BJ+IJ}=\frac{72}{5}\times\frac{4}{5+4}=\frac{32}{5}(cm^2)$　以上より，(四角形FGJIの面積)＝$\triangle CFG-\triangle JCI=9-\frac{32}{5}=\frac{13}{5}(cm^2)$

6　(規則性，方程式の応用)

(1)　例えば，$n=4$のとき，円の周上の4個の点をA，B，C，Dとすると，この4個の点から2個の点を選ぶと1本の弦がひける。点AからはAB，AC，ADの4－1＝3(本)の弦がひける。点B，C，Dからもそれぞれ4－1＝3(本)の弦がひける。しかし，これらの中にはABとBAのように同じ弦を2重にひいているから，$n=4$のときの弦の本数は(4－1)本×4(点)÷2＝6(本)となる。同様に考えると，$n=5$のときの弦の本数は(5－1)本×5(点)÷2＝10(本)である。

(2)　同様に考えて，$n=41$のときの弦の本数は(41－1)本×41(点)÷2＝820(本)である。

(3)　同様に考えて，円の周上に，n個の点をそれぞれ異なる位置にとるとき，弦の本数は$(n-1)$本×n(点)÷2＝$\frac{n(n-1)}{2}$(本)　これが1953本であるとき，$\frac{n(n-1)}{2}=1953$　$n(n-1)=3906$　$n^2-n-3906=0$　$(n+62)(n-63)=0$　$n\geqq2$より，$n=63$

＜英語解答＞

1　(1)　ウ　(2)　②　stood　⑤　enjoyed　(3)　ア　(4)　(a)　put bikes outside　(b)　イ　(5)　(イ)→(エ)→(カ)→(ウ)→(ア)→(オ)　(6)　エ　(7)　エ　(8)　(a)　イ　(b)　talk with people from other countries

2　(1)　much　(2)　ア　(3)　ウ　(4)　イ　**3**　(1)　イ　(2)　エ

4　(1)　ウ　(2)　ウ　**5**　(1)　ア　(2)　イ

＜英語解説＞

1　(長文読解：語句の解釈・指示語，語形変化，文の挿入，語句の並べ換え，内容真偽，不定詞，現在・過去・未来と進行形，関係代名詞，文の構造，動名詞，形容詞・副詞，前置詞)

6月のある日，アメリカからの生徒が私の中学校にやってきました。彼の名前はルーカスで，彼は家族と一緒に日本に来ました。彼が私のクラスで自己紹介をしたとき，彼は「このクラスで楽しい時間を過ごしたいです。私は日本が好きです。特に，日本のお寺が好きです。もし皆さんがお寺に興味があれば教えてください」と言いました。私もそれらが好きなので，①私は彼と話したかったのです。

ルーカスは自己紹介した後，私の隣に座りました。彼を見ると，時々日本語が理解できないため，緊張しているように見えました。私は英語を話すことに自信がありませんでしたが，英語で彼を手助けしようとしました。私が彼を助けると，「私を助けてくれてありがとう」と彼は言いました。私たちはすぐに友達になりました。昼食を食べ終えた後，みんなが椅子から②(立ち上がりました)。彼は私に，私たちが何をするのかを尋ねました。私は自分たちの教室を掃除すると彼に話しました。彼は「本当？　日本では生徒が自分たち自身で教室を掃除することを，ぼくは知らなかった。アメリカのぼくの学校では，生徒は自分たちの教室を掃除する必要はないから」と言いました。私はそれを聞いて驚きました，なぜなら，私は③アメリカの生徒も学校では自分たちで③自分たちの教室を掃除すると思っていたからです。

④日本でのルーカスの最初の土曜日，彼と私はバスで私の町のお寺に行きました。彼は「日本のバスに乗るのはワクワクする」と言いました。そして，私たちはお寺に着いて像を見ました。以前私がテレビを見た時，多くの人々が像を見るためにお寺を訪れていることがわかったので，私はそれらを見て楽しかった。私たちは一緒に素晴らしい時間を過ごしました。私たちが家へ帰っている時，彼はバスに関する面白いことを教えてくれました。彼は「ぼくの故郷では，人々は自転車と一緒にバスで旅行することができる」と言いました。私は「自転車を中に入れられるということでしょう？」と尋ねました。彼は「いいや。自転車は外に置くことができるんだ」と答えました。私はそれを想像できませんでした。それから，彼は自分の電話機で，私にバスの写真を見せてくれました。私は「なんて面白い！ぼくはアメリカでそんなバスに乗りたい」と言いました。私はアメリカのバスに興味を持ち，日本とアメリカの乗り物の違いについてもっと知りたくなりました。

次の日，私は図書館に行ってアメリカの乗り物についての本を借りました。家で本を読み⑤(楽しんだ)後，私の姉妹はそれが何か尋ねてきました。私は本にあるアメリカのバスを彼女に見せました。そして，ルーカスがそれらについて私に話したことを，彼女に話しました。彼女は「私がアメリカにいた時，さまざまな国からの学生と話をした。私は日本と他の国との間の違いをたくさん見つけ，そしてそれは私にとって興味深いものだった。もしルーカスともっと話をするなら，あなたはたくさんのことを学ぶことができる。他の国からの人々との会話は，彼らの国についてあなたが深く理解するのに役立つと思う。ルーカスと話すことは，あなたたちの両方にとって素晴らしい機会になるはずです」と言いました。それから，私は彼ともっと話をしたいと思いました。

次の日，私はルーカスに私の姉妹との会話について話しました。彼は「彼女が何を言ったのか理解できる。きみと話す時，ぼくは日本について学ぶことができて，それがきみの国についてぼくにますます興味を持たせる」と言いました。私は「ぼくもきみの国についてもっと知りたい。ぼくは他の国からの人々と話すことが，彼らの国について学ぶすばらしい機会だとわかった。きみと楽しい時間を過ごせてうれしい」と言いました。

9月のある日，ルーカスは日本を離れました。空港でお互いに「さよなら」と言ったとき，彼は私に日本でのいくつかの思い出について話しました。彼は，私と話すことはワクワクする経験だったと言いました。また，彼は私と一緒に⑥[像で有名なお寺]を訪れたことも楽しかったと言いました。

ルーカスとの会話を通じて，私は日本とアメリカの違いを見つけ，それがアメリカについて私に興味を持たせました。私が彼に会う前，アメリカについてあまり知りませんでしたが，今ではその国に親しみを感じます。皆さんが外国語を話す自信がなくても，私は皆さんに他の国からの人々と話す機会を作ってほしいです。そうすれば，それらの国について以前は知らなかった多くのことを，きっと学ぶことができます。

(1)　(正答)　ウ　下線の文の前の文 When he introduced～には，「ルーカスは日本のお寺が好きだ」とあって，これに下線の文「私もそれらが好きだから①彼と話したい」が続くので，下線部①の理由としては選択肢ウの内容が適当。

(2)　②　(正答)　stood　カッコのある文After we finished～は「昼食を食べた後…だった」という過去の事柄を示しているので stand も過去形 stood にする。カッコの文にある eating lunch の eating は動名詞形で「昼食を食べること」という意味になる。　⑤　(正答)　enjoyed　カッコのある文のカンマ以降は my sister asked と過去形であり過去の事柄を示しているので，enjoy も過去形 enjoyed とするのが適当。

(3)　(ア)　アメリカの生徒も自分たちの教室を掃除する。(○)　(イ)　アメリカの生徒も自分たちの教室を掃除する必要がない。　(ウ)　日本の生徒も自分たちの教室を掃除する。　(エ)　日本の生徒も自分たちの教室を掃除する必要はない。　空欄③の前の文 He said, "Really?～には「(ルーカスは)日本では生徒が自分たちで教室を掃除することを知らなかった。アメリカの学校では生徒は教室を掃除しない」とあり，これに空欄の文が続いているので，文脈から選択肢アが適当。

(4)　(問題文と正答訳)ルーカスは卓矢と一緒にお寺に行きました。お寺を訪れた後，ルーカスは自分の故郷のバスについて話しました。そこでは人々はバスに乗る時 i 自転車を外に置くことができます。しかし，卓矢はバスを想像できませんでした。そこで，ルーカスは卓矢にその写真を見せました。卓矢はそれを見て驚き，ii ルーカスが話したアメリカのバスを使いたくなりました。

(a)　空欄 i　put bikes outside　卓矢とルーカスがお寺を訪れる場面は問題本文第3段落にあり，バスについての話しは第6文 When we were～以降にあって，第7文 He said, "In～，第8文 I asked, “You～と第9文 He answered, “No～によると「ルーカスの故郷では，人々は自転車をバスの外に置いて旅行ができる」とあるので，空欄には第9文にある put bikes outside が適当。　(b)　(ア)　日本でたくさんのバスを見る。　(イ)　ルーカスが話したアメリカのバスを使う。(○)　(ウ)　再びルーカスと一緒にバスに乗る。　(エ)　彼の電話でアメリカのバスの写真を撮る。　問題本文第3段落最後の文 I became interested～には，「卓矢はアメリカのバスに興味を持ち，日本とアメリカの乗り物の違いについてもっと知りたくなった」とあり，これはルーカスの写真を見た後なので，文脈から空欄には選択肢イが適当。選択肢イの buses Lucas talked about の buses と Lucas の間には**関係代名詞** which が省略されていて，「ルーカスが話をしたバス」という意味になる。

(5)　(正答)　(イ)→(エ)→(カ)→(ウ)→(ア)→(オ)　(正答文)he was happy to visit [イthe temple エwhich カwas ウfamous アfor オstatues] with me.(彼は私と一緒に[像で有名なお寺]を訪れたことが楽しかった)　カッコの中の単語に which があり，これは関係代名詞だと考える。which は temple を説明するように temple which～にすると「～というお寺」という意味になる。カッコの前は visit(訪れる) なので，それに続けるのは場所を指す単語 temple が適当。また famous for～は「～が有名な」となる。これらをヒントに正答を導き出したい。

(6)　(ア)　彼はルーカスが日本に来る前にルーカスに会いました。　(イ)　彼の町のお寺に行った時，彼は日本のバスに乗りました。　(ウ)　彼はアメリカで興味深い経験をしました。

(エ)　彼はルーカスからアメリカのバスについて，いくつかの情報を得ました。(○)　<質問> アメリカの乗り物についての本を姉妹に見せた後，卓矢は彼女に何を話しましたか？　<答え> 彼は彼女に，エ彼はルーカスからアメリカのバスについていくつかの情報を得たことを伝えました。　問題本文第4段落第3文 I showed her～と次の第4文 Then, I told～には「卓矢は本にあるアメリカのバスを彼女(姉妹)に見せた。そして，ルーカスがそれについて話したことを彼女に伝えた」とあるので，空欄には選択肢エの文が適当。問題の質問文の he showed her a book は show A B(AにBを見せる)の形で A = her　B = a book であり「彼は彼女に本を見せた」となる。

(7)　(ア)　ルーカスは日本に来て，数日間卓矢のクラスで勉強しました。　(イ)　図書館に行った後，卓矢はアメリカの乗り物について知りたいと思いました。　(ウ)　ルーカスは，自分自身の国について学ぶことが，彼を日本に興味を持たせるのだと理解しました。　(エ)　ルーカスは，日本での彼の生活についてどのように感じたのかを，空港で卓矢に話しました。(○)　問題本文第6段落 One day in～は，ルーカスと卓矢が空港で会話している場面で，同段落第2文 When we said～には，「ルーカスが日本を離れるとき，彼は卓矢に日本でのいくつかの思い出を話した」とあるので，選択肢エが適当。選択肢ウの learning~は learn の ing 形で動名詞の働きがあり「～を学ぶこと」という意味がある。

(8)　(問題文と正答訳)　良太：卓矢のスピーチは私にはとても興味深かったです。／ライアン先生：なるほど。彼は何について話したのですか？／良太：卓矢とルーカスはたくさん会話しました。卓矢はルーカスと楽しい時間を過ごせて i うれしかったと言っていました。／ライアン先生：それは本当ですね。私たちが外国人と出会うと，私たちは外国に興味を持つようになることは知っています。／良太：それに，卓矢は ii 他の国の人と話すことはすばらしいとも言っていました。そうすることで，私たちは他の国について何か新しいことを学ぶことができます。／ライアン先生：そうですね。いい点を見つけましたね。　(a)　(ア)　慎重な　(イ)　うれしい　(○)　(ウ)　親切な　(エ)　緊張した　空欄 i の文の意味は，「卓矢はルーカスと楽しい時間を過ごせて□だった」であり，問題本文の文脈からイの内容が適当。　(b)　(正答)　talk with people from other countries.　空欄の文と次の文 By doing so,～では「卓矢は□はすばらしいとも言っていた。そうすることで，他の国の新しいことを学べる」とある。問題本文の最後の段落第3文 Even if you～と次の第4文 If you do～には，「外国語を話す自信がなくても，他の国の人々と話す機会を作ってほしい。そうすれば，それらの国について以前は知らなかった多くのことを学べる」とあるので，正答では第3文のtalk with people from other countries を空欄に入れている。

2　**(会話文：絵・図・表・グラフなどを用いた問題，語句補充・選択，文の挿入，内容真偽，英問英答，動名詞，形容詞・副詞，分詞の形容詞用法，接続詞，現在完了，関節疑問文，不定詞，比較，受け身，関係代名詞，助動詞)**

リズ：このレストランに連れてきてくれてありがとう。

あや：どういたしまして。このレストランは英語で書かれたメニューがあって，英語を話すたくさんの人たちがここで食事を楽しんでいるんだよ。ケーキのセットがとても人気で，それを注文しよう。

リズ：もちろん，それは①いくらか知ってる？

あや：メニューを見ようか。セットAは600円で，セットBは650円だよ。先月，兄弟とここに来た時に私はセットAを注文して，それをもう一度注文する。セットAとセットB，あなたはどちらのセットを注文する？

リズ：考えてみるね。あ，メニューの写真を見て。アイスクリームがおいしそう。それを食べたいから，セットBを注文しようかな。

あや：じゃあ，ケーキはどうする？　ケーキのセットを注文すると，メニューにある1種類のケーキを選べるの。どの種類のケーキを食べるかもう決めた？

リズ：うん，特製ケーキにするよ。

あや：私も特製ケーキが食べたいな。先月もそれを選んで，バナナケーキがおいしかった。もう一度食べたい。

リズ：ちょっと待って，あや。今はそれを楽しめないよ。今月から特製ケーキを選ぶと，カボチャケーキだね。私はカボチャケーキを食べたいけれども，あなたはどうする？

あや：うーん，どうしよう。私は代わりに別の種類のケーキにする。

リズ：そうね，アップルケーキを食べてみてはどうかな。メニューには，あなたのお気に入りの作家のアオイさんは，それが②とても好きだと書いてある。あなたは同じものを食べて楽しみたいのだと思う。

あや：アオイさんは好きだけれども，今朝りんごを一切れ食べたの。別の種類のケーキを選ぼうかな。

リズ：このケーキはどう？ ケーキの上のチョコレートの形が楽しめると思うよ。

あや：それはいいね。今回はこのケーキを注文するよ。その上に描かれている動物を私のカメラで撮るね。

リズ：なるほど。ええと，今日私の友達のカホがあとで私の家に来るから，このレストランのケーキを彼女に楽しんでもらいたい。③家で楽しむためにケーキを買えるかな？

あや：いや，それはできないよ。ケーキはこのレストランでのみ食べられる。でも，クッキーやアイスクリームは買えるよ。

リズ：わかった。このレストランを出る時に，カホのためにクッキーを買うよ。喜んでもらえると思う。あなたも後で何か買う？

あや：うーん，クッキーやアイスクリームはインターネットでも買えるんだ。家に帰ってから，兄弟にどっちが食べたいか聞いて，そしてインターネットで注文するよ。

メニュー

<ケーキセット>

○ セットA(600円) ……ケーキが1個とクッキー

○ セットB(650円) ……ケーキが1個とアイスクリーム

<ケーキ>

○ アップルケーキ ……人気のある日本の作家，アオイさんはこのケーキが大好きです。彼女は以前，自分の本でこのケーキを紹介しました。このケーキの上にはリンゴが一切れ乗っています。リンゴの形はウサギです。

○ チョコレートケーキ ……このケーキの上にはチョコレートが一切れ乗っていて，そのチョコレートの形は花です。

○ ストロベリーケーキ ……このケーキの上にはチョコレートが一切れ乗っていて，そのチョコレートの形は猫です。

○ 特製ケーキ ……春と夏(3月—8月)には特製バナナケーキを楽しむことができます。秋と冬(9月—2月)には特製かぼちゃケーキを楽しむことができます。

(1) (正答) much 問題本文空欄①のあとの Aya の発話 Let's check the～でメニューを見て「Aは600円で，Bは650円」と言っているので空欄の疑問文では値段を聞いていると考えて how much～? (～はいくら？)とする。空欄②に much を入れると Aoi likes it very much (アオイさんはそれがとても好きです)となって意味が通ることから，空欄①，②には much が適当。

(2) (ア) 家で楽しむためにケーキを買う(○) (イ) それを一緒に食べるために彼女をこのレストランに連れてくる (ウ) 日本語で書かれたメニューを手に入れる (エ) ケーキの写真を撮るために，私のカメラを使う 問題本文の空欄③のあと Aya の発話 No you can't ～では「それはできない。ケーキはこのレストランでのみ食べられる。でも，クッキーかアイスクリームは買える」と言っていることから，空欄③の文は「ケーキは買えるか？」という疑問文と考えられるので，文脈から選択肢ではアの内容が適当。選択肢ウの a menu written in Japanese の written は write(書く)の過去分詞で，written～は menu を説明する形容詞用法となって「日本語で書かれたメニュー」という意味になる。

(3) (ア) アップルケーキ (イ) チョコレートケーキ (ウ) ストロベリーケーキ(○) (エ) 特製バナナケーキ (オ) 特製かぼちゃケーキ あやがケーキを選ぶ場面は，問題本文第 13 番目のリズの発話 How about this~で「このケーキはどう？　ケーキの上のチョコレートの形が楽しめる」とあり，次の第14番目のあやの発話 That's nice.~では「このケーキにするよ。その上に描かれている動物の形をカメラで撮る」とある。これらの会話をメニューで確かめると，「ストロベリーケーキ…ケーキの上のチョコレートは猫の形」とあるので，あやが注文したケーキは選択肢ウ(ストロベリーケーキ)が適当。

(4)　(ア)　先月あやは兄弟と一緒にそのレストランを訪れ，その時季節は秋でした。　(イ)　リズは後でレストランで買うクッキーをカホに楽しんでもらいたい。(○)　(ウ)　あやが家に帰った後，彼女は兄弟にどのケーキを食べたいか尋ねます。　(エ)　メニューにある1つの種類のケーキは，リズのお気に入りの作家が書いた本で紹介されたました。　本題本文第17番目のリズの発話 I see~には，「このレストランを出る時に，カホのためにクッキーを買う。喜んでもらえると思う」とあるので，選択肢イが適当。選択肢イの to enjoy は to 不定詞の用法で「楽しむこと」という意味がある。

3・4・5　(リスニング)

放送台本の和訳は，43ページに掲載。

2024年度英語　聞き取り検査

〔放送台本〕

これから，問題3・4・5を放送によって行います。それでは，問題3の説明をします。

問題3は(1)・(2)の2つがあります。それぞれ短い会話を放送します。次に，Questionと言ってから英語で質問をします。それぞれの質問に対する答えは，問題用紙に書いてあります。最も適当なものを，(ア)・(イ)・(ウ)・(エ)から1つずつ選びなさい。会話と質問は2回放送します。それでは，問題3を始めます。

(1)　A: Mom, can you help me use this computer?
B: Sure, Kate. But can you wait a minute? I want to take this table to my room.
A: OK. I'll help you, so let's do that first.
B: Thank you. I want to put it by the window.
Question: What will Kate do first?

(2)　A: Hi, Olivia. You look tired.
B: Hi, Nancy. I practiced tennis for two hours. It was really hard.
A: I see. You are going to join the tennis match next weekend, right? I want to see your match.
B: Yes. I have never joined a tennis match before, so I'm really excited. I hope I will win the match next weekend.
Question: Why is Olivia excited?

〔英文の訳〕

(1)　A：お母さん，このコンピューターを使うのを助けてくれる？
B：もちろん，ケイト。でもちょっと待ってくれる？　このテーブルを自分の部屋に持っていきたい。

A：わかった。手伝うから，それを先にしよう。
B：ありがとう。それを窓のそばに置きたいの。
質問：ケイトは最初に何をしますか？
答え：(イ)　彼女は母と一緒にテーブルを運ぶ。

(2) A：こんにちは，オリビア。疲れているみたいね。
B：こんにちは，ナンシー。テニスを2時間練習したの。本当に大変だったよ。
A：なるほど。来週の週末にテニスの試合に出るんでしょう？　私はあなたの試合を見たいな。
B：そう。前に一度もテニスの試合に出たことがないから，本当にワクワクしている。来週末の試合に勝ちたいな。
質問：オリビアはなぜワクワクしているのですか？
答え：(エ)　なぜなら彼女はテニスの試合に参加するのが初めてだから。

〔放送台本〕

次に，問題4の説明をします。これから，リナとアンの会話を放送します。つづいて，英語で2つの質問をします。それぞれの質問に対する答えは，問題用紙に日本語で書いてあります。最も適当なものを，(ア)・(イ)・(ウ)・(エ)から1つずつ選びなさい。会話と質問は2回放送します。それでは，問題4を始めます。

Rina: Ann, have you already heard that our English club will visit Satsuki Elementary School? We will do some activities and enjoy using English with the elementary school students.
Ann: Hi, Rina. I think our teacher Mr. White said that we will visit Futaba Elementary School.
Rina: Really? We will meet him after school today, so let's ask him later.
Ann: OK. Well, he also said that he wants us to make a plan for that day.
Rina: Yes, I'm thinking about it now. I want to introduce an English song and sing it together.
Ann: I agree. I want to introduce the song "Flowers."
Rina: Is that the song we sometimes sing at our club?
Ann: No. I mean the song Mr. White introduced at our club about two months ago.
Rina: Oh, now I understand which song you mean. It is used in a famous movie, so I think many elementary school students know it.
Ann: Many people in America like the song too, and it is one of my favorite songs.
Rina: I see. Let's talk about our plan with the other members tomorrow.
Ann: Sure.
Question (1): Who will Rina and Ann visit after school today?
Question (2): Which song do Rina and Ann want to sing at the elementary school?

〔英文の訳〕

リナ：アン，私たちの英語クラブがさつき小学校を訪れることをもう聞いた？　私たちはいくつかの活動を行い，小学生と一緒に英語を使って楽しむの。

アン：こんにちは，リナ。ホワイト先生は，私たちはふたば小学校を訪れると言っていたと思う。
リナ：本当に？　私たちは今日の放課後に先生に会うから，後で先生に聞いてみよう。
アン：わかった。ええと，先生はその日のための計画を私たちに作ってほしいとも言っていた。
リナ：ええ，私は今それについて考えているの。英語の歌を紹介して，それを一緒に歌いたい。
アン：それがいいね。私は "Flowers" という歌を紹介したい。
リナ：それは私たちがクラブで時々歌っている歌でしょ？
アン：いいえ。ホワイト先生が約2カ月前に私たちのクラブで紹介した歌のこと。
リナ：ああ，今，どの歌を言っているのかわかった。それは有名な映画で使われているから，多くの小学生それを知っていると思う。
アン：アメリカの多くの人もその歌が好きで，私のお気に入りの歌のひとつなの。
リナ：わかった。明日他のメンバーと私たちの計画について話そうか。
アン：もちろん。
質問(1)：今日の放課後にリナとアンは誰を訪れますか？
答え　：(ウ)ホワイト先生
質問(2)：リナとアンは小学校でどの歌を歌いたいですか？
答え　：(ウ)有名な映画で使われている歌

〔放送台本〕

次に，問題5の説明をします。問題5は(1)・(2)の2つがあります。それぞれ短い会話を放送します。それぞれの会話の，最後の応答の部分にあたるところで，次のチャイム音を鳴らします。このチャイム音のところに入る表現は，問題用紙に書いてあります。最も適当なものを，(ア)・(イ)・(ウ)・(エ)から1つずつ選びなさい。問題用紙の例題を見なさい。例題をやってみましょう。

(例題)　A: Hi, I'm Hana.
B: Hi, I'm Jane.
A: Nice to meet you.
B: <チャイム音>

正しい答えは(イ)の Nice to meet you, too. となります。ただし，これから行う問題の会話の部分は印刷されていません。それでは，問題5を始めます。会話は2回放送します。

(1)　A: Sophia, I'll clean the house, but I need your help. Can you come here?
B: Sorry, I can't, Mom. I have to do my homework now.
A: All right. What time will you finish it?
B: <チャイム音>

(2)　A: Excuse me. Do you know this town well?
B: Yes, I have lived here for many years.
A: Could you tell me the way to Kaede Museum?
B: <チャイム音>

〔英文の訳〕

(例題)　A：こんにちは，私はハナです。
B：こんにちは，私はジェーンです。
A：はじめまして。
B：(イ)こちらこそ，はじめまして。

(1)　A：ソフィア，家の掃除をするけど，あなたの手助けが必要なの。ここに来てくれる？

B：ごめんね，できないの，お母さん。今宿題をしなきゃいけないから。
A：わかった。何時にそれが終わるの？
B：(ア)昼食の前に終わる。

(2)　A：すみません。この町をよく知っていますか？
B：はい，ここには長い間住んでいます。
A：カエデ博物館への道を私に教えていただけますか？
B：(イ)はい，かばんの中に持っている地図をあなたに見せます。

<理科解答>

1　(1)　ア，ウ　(2)　はいほう，カ　(3)　ウ
2　(1)　(例)割合が高い　(2)　0.97[g/cm^3]
3　(1)　A　ウ　B　エ，カ　(2)　i群　ア　ii群　ク
4　(1)　イ　(2)　i群　ア　ii群　キ　(3)　ア，きゅうねつ[反応]
5　(1)　イ　(2)　イ，200Hz
6　(1)　3[秒]　(2)　X　4[cm]　Y　50[cm]　(3)　ア
7　(1)　エ　(2)　C，ウ　(3)　右図　(4)　ちじく，ア
(5)　Q

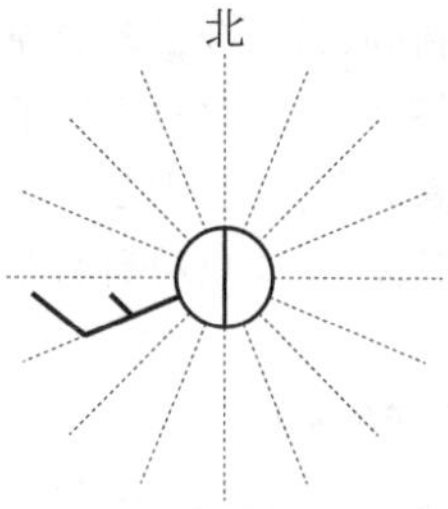

<理科解説>

1　(細胞のつくり，動物のからだのつくりとはたらき)

(1)　植物と動物の細胞のつくりのうち，共通しているものは，細胞膜と核である。

(2)　気管支の先は，うすい膜でできた無数の肺胞が見られる。吸う息とはく息を比べると，窒素の割合は大きく変化しないが，酸素は呼吸で使われるためはく息では減少する。二酸化炭素は呼吸で放出するためはく息で増加する。

(3)　息を吸い込むとき，胸の空間の体積が大きくなる。これは，横隔膜が下がり，ろっ骨が上がるからである。

2　(蒸留)

(1)　水とエタノールの密度を比べると，エタノールのほうが小さい。よって，液体中にエタノールを多く含むほど，液体の質量は小さくなる。

(2)　水とエタノールのそれぞれの質量は，水が1.00[g/cm^3]×17.0[cm^3]＝17.00[g]　エタノールの質量が0.79[g/cm^3]×3.0[cm^3]＝2.37[g]　よって，これらの混合物20.0cm^3の質量は，17.00＋2.37＝19.37[g]となる。よって，密度[g/cm^3]＝$\frac{\text{物質の質量[g]}}{\text{物質の体積[cm}^3\text{]}}$より，19.37[g]÷20.0[$cm^3$]＝0.9685→0.97[$g/cm^3$]

3　(動物の分類)

(1)　Aは哺乳類，Bは両生類，Cはは虫類，Dは鳥類である。は虫類は一生肺で呼吸をする。

(2)　シマウマは草食動物であるため，敵を発見しやすくするために目が顔の側面についており，視野が広くなっている。また，草をかみ切るための門歯と草をすりつぶすための臼歯が発達して

いる。

4 （化学変化）

(1)　硫化鉄は，鉄(Fe)と硫黄(S)の原子が1：1の数の割合で反応してできる。

(2)　加熱する前(試験管A)の混合物の中の鉄は，磁石に引きつけられる。試験管Bに入っている加熱後の物質(硫化鉄)にうすい塩酸を注ぐと，腐卵臭をもつ硫化水素が発生する。

(3)　アは**発熱反応**，イとウは，**吸熱反応**である。

5 （音の性質）

(1)　操作②で出た音に比べて操作③で出た音は，**振幅が大きくなり，振動数は減少している**。よって，音は大きく，低くなった。音を大きくするためには弦を強くはじけばよい。また，低くするためには弦のはりを弱くすればよい。

(2)　Ⅱ図の1回の振動が$\frac{1}{500}$秒となる。1回の振動は2目盛り分なので，1目盛りは$\frac{1}{500}$〔秒〕÷2＝$\frac{1}{1000}$〔秒〕→0.001秒　また，操作③での1回の振動にかかる時間は，0.001〔秒〕×5＝0.005〔秒〕であることから，振動数は1÷0.005〔s〕＝200〔Hz〕

6 （運動とエネルギー）

(1)　0.2秒たつごとに，移動した距離が5.6cmずつ一定の割合で増加している。したがって，移動距離が84.0cmになるのにかかる時間をx秒とすると，0.2秒：5.6cm＝x秒：84.0cm　x＝3〔s〕

(2)　0.1～0.2秒の間に移動した距離は8.0－2.0＝6.0〔cm〕，0.2～0.3秒の間に移動した距離は18.0－8.0＝10.0〔cm〕　よって，Xに入る値は，10.0－6.0＝4.0〔cm〕　また，この運動で0.1秒ごとの区間で移動した距離は上の表のようになり，4.0cmずつ一定の割合で増加している。したがって，0.4～0.5秒の間に移動する距離は14.0＋4.0＝18.0〔cm〕となるため，スタートから移動した長さは，32.0＋18.0＝50.0〔cm〕となる。

区間〔秒〕	0.1～0.2	0.2～0.3	0.3～0.4
移動距離〔cm〕	6.0	10.0	14.0

(3)　斜面の角度が大きくなるので，重力の斜面に沿った分力が大きくなり，重力の斜面に垂直な分力が小さくなる。**斜面からの垂直抗力の大きさ＝重力の斜面に垂直な分力の大きさ**なので，斜面からの垂直抗力は小さくなる。

7 （気象，天体）

(1)　表から，15～18時にかけて気温が急激に低下し，この時間帯に風向も南よりから北よりに変化しているので，このころ**寒冷前線**が通過していると考えられる。よって，9時は寒冷前線が通過する前で，18時は寒冷前線が通過したあとになる。

(2)　等圧線の間隔が最も狭いCでの風力が最も強い。北半球では，高気圧の中心から時計回りに風がふき出す。

(3)　風向は西南西の方向に矢を立てて表す。

(4)　自転は，地軸を軸にして行われる。春分・秋分の日の南中高度は，春分・秋分の南中高度〔°〕＝90°－緯度〔°〕で求められる。南中高度が90°ということは，緯度は0°になるため，赤道上が適切である。

(5)　よいの明星が見えることから，Ⅳ図での金星は，地球から見て太陽よりも左側にある。

＜社会解答＞

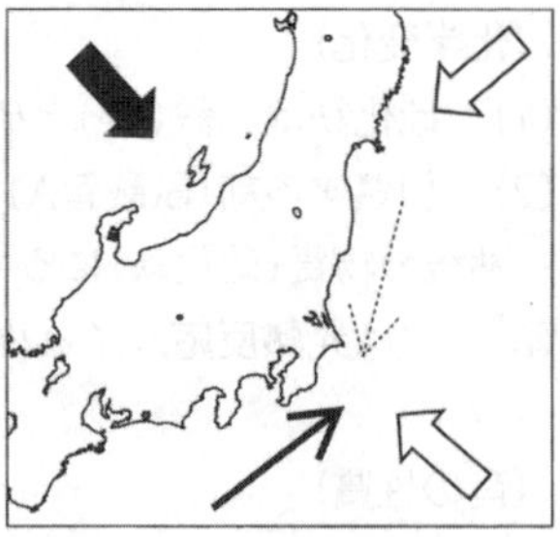

1　(1)　オ　(2)　ウ，ちそかいせい
(3)　右図　(4)　(ア)→(ウ)→(イ)，ケ
(5)　ⅰ群　イ　ⅱ群　ク

2　(1)　イ，ウ，エ　(2)　(橋がかかっている地域)　ア，ウ
(県境がある地域)　ア　(3)　イ，行政(権)
(4)　ⅰ群　エ　ⅱ群　ケ　(5)　イ，オ

3　(1)　オ　(2)　ⅰ群　ア　ⅱ群　ク
(3)　(例)(シ)→(ク)→(サ)→(ケ)［(ウ)→(ク)→(サ)→(ケ)
または(ク)→(オ)→(サ)→(ケ)］　(4)　ⅰ群　ア　ⅱ群　ケ　(5)　13，エ

4　(1)　ア，そくせい(栽培)　(2)　(ア)→(エ)→(ウ)→(イ)　(3)　るいしん(課税)，イ
(4)　ウ，オ　(5)　ウ

＜社会解説＞

1　(地理的分野―世界地理－地形・気候，―日本地理－気候，歴史的分野―日本史時代別－明治時代から現代，―日本史テーマ別－経済史・政治史，―世界史－経済史，公民的分野―国際社会との関わり・経済一般)

(1)　19世紀後半から，**資本主義**を発展させた**欧米列強**は，資源や市場を求めてアジアやアフリカなどへ進出する**帝国主義**の段階に入り，軍事力によって**植民地**を獲得していった。日本は，1875年の**江華島事件**において，強大な軍事力で**朝鮮**を圧倒した。翌1876年に，日本に有利な不平等条約である**日朝修好条規**を結んだ。正しい組み合わせは，オである。

(2)　ア　**太平洋**も**大西洋**も**三大洋**の一つであるが，太平洋は大西洋より面積が大きい。　イ　インダス川が流れ込む海洋は，**インド洋**である。　エ　ガーナはアフリカ大陸西岸の国であり，大西洋に面している。ア・イ・エのどれも誤りであり，ウが正しい。　ウ　**日付変更線**は，日本から見て東にあたる**東経180度・西経180度**の経線に沿うような形で存在する。日付変更線が直線でないのは，国を横切るのをさけるためである。　明治政府は，**地券**を発行し，土地の**所有者**と**地価**を確定し，土地の所有者に地価の**3%を毎年金納**させる政策を行うことになった。これを**地租改正**という。地租改正条例は1873年に出された。なお，地租改正の読みは「ちそかいせい」である。

(3)　冬に北西から吹く風は，日本海側には雪を降らせ，山脈を越えた関東地方の内陸部には乾いた状態で吹きおろし，降雪は少なく晴れの日が多くなる。この風を**季節風**という。地図では，黒く塗られた太い矢印である。東シナ海を北上して，九州と奄美大島の間のトカラ海峡から太平洋に入り，日本の南岸に沿って流れ，房総半島沖に流れる**暖流**を，**黒潮**という。黒潮は，**日本海流**ともいう。この暖流によって関東地方の海沿いの地域は冬に比較的暖かくなる。地図では，黒く塗られた細い矢印である。

(4)　アは，ロンドンである。ロンドンは一年を通して降水量が少なく，平均気温も20℃を上回る月がない。**雨温図**のBである。イは，カイロである。11月から4月までの温暖な冬と，5月から10月までの暑い夏である。雨は一年を通してほとんど降らない。カイロは北半球にあることに注意が必要である。ウは，ニューヨークである。夏は暑く湿度も高く，6月から8月までの間は平均気温が25℃から30℃に達する。冬は寒く，12月から2月までの間は平均気温が－5℃から5℃

程度となる。トマス・クックが旅行した順に並べ直すと，(ア)→(ウ)→(イ)となる。地域紛争で停戦を維持したり，紛争拡大を防止したり，公正な選挙を確保するなどのための活動が，国連のPKO(平和維持活動)である。日本は，1992年に国際平和協力法が成立し，以来この活動に参加している。正しい組み合わせは，ケである。

(5)　i　1929年10月に，**ニューヨーク市場**で**株価**が**大暴落**したのをきっかけに，世界的に深刻な長期不況に陥ったことを**世界恐慌**という。米国の景気後退は1933年まで続き，30年代を通じて経済は沈滞した。正答は，イである。　ii　カ　**株式会社**は**私企業**である。国や地方公共団体が出資し，公共の利益を優先して経営しているのが，**公企業**である。国立病院・国立大学・研究機関・博物館・印刷局・造幣局などがその例である。　キ　**配当金**は，株式会社から**株主**に，**株式**の数に応じて，分配されるものである。　ケ　株式会社が事業に失敗するなどして倒産した場合も，株主は出資した金額以上の責任は負わないことになっている。カ・キ・ケのどれも誤りであり，クが正しい。　ク　株主は**株主総会**に出席する。株主総会は，経営方針・決算・役員賞与や役員人事・配当金などについて議決する，最高意思決定機関である。なお，株主は，一株でも保有していれば，株主総会に参加することができる。

2　**(地理的分野―日本地理－交通，歴史的分野―日本史時代別－旧石器時代から弥生時代・古墳時代から平安時代・鎌倉時代から室町時代・安土桃山時代から江戸時代・明治時代から現代，―日本史テーマ別－社会史・文化史，公民的分野―経済一般・地方自治・国の政治の仕組み)**

(1)　ア　徳島県における**小売業**の売場面積は，1994年から1997年にかけて，100万m^2を下回っている。　オ　全国の小売業の売場面積は，2016年の方が2012年よりも大きい。アとオが誤りであり，イ・ウ・エが正しい。

(2)　**「本州四国連絡橋」**には，三つのルートがある。そのうちの一つがここで問題になっている**「神戸・鳴門ルート」**であり，兵庫県神戸市と徳島県鳴門市を結んでいる。このルートは，地図上のウの，神戸と淡路島を結ぶ「明石海峡大橋」と，地図上のアの，淡路島と徳島県鳴門市を結ぶ「大鳴門橋」から成っている。なお，他のルートは**「児島・坂出ルート」**と**「尾道・今治ルート」**である。

(3)　ア　**条約**を締結するのは**内閣**の仕事である。　ウ　**政令**を制定するのも内閣の仕事である。　エ　**裁判官**を任命するのも内閣の役割である。ア・ウ・エはどれも誤りであり，**地方公共団体**の仕事としては，イが正しい。　イ　日本国憲法第94条に「地方公共団体は，その財産を管理し，事務を処理し，及び行政を執行する権能を有し，法律の範囲内で**条例**を制定することができる。」とあり，その地方公共団体にだけ適用される法令を条例という。なお，条例の制定や改廃については，地方自治法第74条で，有権者の50分の1の署名をもって，首長に直接請求することができることになっている。これを**直接請求**という。日本の政治体制は，**立法・司法・行政の三権分立**である。内閣のもとで各省庁が分担するのは，**「行政権」**である。

(4)　i　**銅鐸**は**弥生時代**につくられたものである。弥生時代には大陸から**金属器**が伝わり，青銅器製の銅鐸は，**祭祀**の道具として使われたと考えられている。正しい組み合わせは，エである。　ii　資料Ⅳ表の5県のうち，**近畿地方**は，滋賀県・兵庫県・和歌山県であり，この3県の銅鐸出土数を合計すると，138点となる。正答はケである。

(5)　ア　京都の北山に室町幕府の三代将軍**足利義満**が**金閣**を建立したのは，室町時代の1397年のことである。　ウ　日本で**太陽暦**が採用されたのは，明治初期の1872年のことである。　エ　**狩野永徳**は，安土桃山時代に活躍した絵師である。代表的作品として**「唐獅子図屏風」**がある。ア・ウ・エのどれも，江戸時代の文化についての説明ではない。江戸時代の文化の説明として正しいのは，イとオである。　イ　**近松門左衛門**は，江戸時代の**元禄期**に庶民に熱狂的に支持された「**人形浄瑠璃**」や「**歌舞伎**」の脚本を書いた演出家である。近松が活躍したのは上方である。
オ　**本居宣長**が18世紀後半に大成させた学問とは，「**国学**」である。「国学」は，江戸時代から明治時代にかけて，日本独自の精神文化を研究した学問である。本居宣長の著書としては，古事記の注釈書『**古事記伝**』や政治意見書の『**秘本玉くしげ**』が有名である。

3　**(歴史的分野―日本史時代別－古墳時代から平安時代，―日本史テーマ別－宗教史・経済史，―世界史－政治史・文化史，地理的分野―世界地理－産業・人々のくらし，公民的分野―経済一般)**

(1)　13世紀に**モンゴル民族**が築き上げた大帝国は，**チンギス＝ハン**の孫の**フビライ=ハン**の時代に都を**大都**(現在の北京)に定め，国名を**元**とし，東アジアの国を服属させようとした。1273年には，朝鮮半島の国である**高麗**を服属させ，1279年には**宋**を滅ぼして中国全土を支配するに至った。正しい組み合わせは，オである。

(2)　i　イ　**遊牧民**は，耕作や栽培はしない。また，乳牛の飼育もしない。　ウ　遊牧民は，作物を育てることはない。　エ　遊牧民は，森林を燃やすことはしないし，作物を育てることもない。イ・ウ・エのどれも誤りであり，アが正しい。　ア　遊牧民は，決まった地域の中で，その年の草の生育状態などに応じ，季節に適した牧草地を巡り，羊・ヤギなどの**家畜**を育て，その肉から毛皮まで全部を利用する生活をしている。　ii　カの，**袁世凱**は，李鴻章の後継者として軍を率い，清朝に仕えた軍人である。**辛亥革命**では皇帝を退位させ，**孫文**に代わって臨時大総統となり，独裁権を握った。キの，**孔子**は，紀元前6世紀～紀元前5世紀の中国の思想家で，それまでの様々な知識・伝統を，一つの道徳・思想にまで大成させ，**儒教**を創始した人物である。孔子の教えをまとめ，弟子達が編纂したのが『**論語**』である。ケの，**溥儀**(ふぎ)は清朝皇帝の血を引き，日本が**満州国**の皇帝にまつりあげた人物である。カ・キ・ケのどれも別の人物についての説明であり，クが正しい。　ク　紀元前221年に，中国を統一して秦を建国したのが**始皇帝**である。始皇帝は，初めて皇帝の称号を名乗り，郡県制を定め，行政・軍事・監察を行う各役人を中央から派遣した。始皇帝が騎馬民族の侵入を防ぐために**万里の長城**を修復し，完成させたのは，紀元前3世紀のことである。

(3)　**日本銀行**は，**不景気**の時には，**一般の銀行**から**国債**などを買い上げ，一般の銀行が保有する資金量を増やす。これを**買いオペレーション**という。一般の銀行は，**貸し出し金利**を引き下げ，企業に通貨が出回りやすくする。これによって，景気を刺激することができる。これが日本銀行の**金融政策**の一例である。(シ)→(ク)→(サ)→(ケ)が正答である。なお，(ウ)→(ク)→(サ)→(ケ)や(ク)→(オ)→(サ)→(ケ)でも正答とされる。

(4)　i　中国では，1970年代末から，**経済開放政策**により，華南の沿岸部に**経済特区**を設け，法的・行政的に特別な地位を与え，**重点的に開発**した。**広東省**の深圳・珠海・汕頭，**福建省**の厦門等が代表的な経済特区である。そのため，沿岸部の都市と，内陸部の都市や農村との間に大きな**経済格差**が生じている。　ii　カ　**金剛峯寺**(こんごうぶじ)が建てられたのは，高野山である。
キ　**平城京**の住人は5万人～10万人程度と考えられている。　ク　日本で最初の本格的な都は，694年に**持統天皇**によって造営された**藤原京**である。カ・キ・クのどれも誤りであり，ケが正しい。　ケ　平城京には東西に**市**があり，物々交換によっても，取引がされていた。

(5)　A　**モンゴル民族**の**チンギス＝ハン**は，1162年に生まれ，1206年モンゴル帝国を樹立し，初代皇帝となった。孫の**フビライ＝ハン**は，1260年から第五代皇帝位にあった。フビライが生きていたのは，13世紀である。　B・C　フビライは，東ヨーロッパ等周囲の地域に領土を広げた。モンゴル帝国のもとでは，東西の文化の交流が盛んに行われた。

4　**(歴史的分野―日本史時代別－鎌倉時代から室町時代・安土桃山時代から江戸時代・明治時代から現代，―日本史テーマ別－経済史・政治史，公民的分野―経済一般・国際社会との関わり・財政・憲法・国民生活，地理的分野―日本地理－農林水産業)**

(1)　価格が高くなればなるほど，数量が少なくなるのが**需要曲線**である。価格が高くなればなるほど，数量が多くなるのが**供給曲線**である。この2本の曲線が交わるのが，**均衡点**であり，その時の価格が**均衡価格**である。価格が均衡価格を上回れば，供給量は増え，需要量は減る。正しい組み合わせは，アである。　高知県や宮崎県では，冬でも温暖な気候を利用して，きゅうり・なす・ピーマンなどをビニールハウスで育てる**そくせい(促成)栽培**を行い，他の都道府県からの出荷量が少なく，価格が高い冬から初夏に出荷量を増やすことが行われている。

(2)　ア　**鎌倉幕府**が，分割相続や**元寇**によって困窮した**御家人**たちを救うために，1297年に発した法令が**徳政令**である。徳政令はその後もたびたび出されたため，1297年のものを，特に**永仁の徳政令**という。　イ　江戸中期に**老中田沼意次**によって，長崎貿易において清国に輸出された「いりなまこ」「乾あわび」「ふかのひれ」を総称して**俵物**(たわらもの)という。対清貿易は大きな赤字であり，銀の流出が顕著だったが，俵物の輸出により大幅に改善された。　ウ　**朱印船貿易**は，16世紀末に**豊臣秀吉**によって始められた。17世紀初期には，**徳川家康**は大名や商人に**朱印状**を与えて，正式な貿易船であることを認め，**貿易を奨励**した。朱印船貿易では，鉄砲・**中国産の生糸**・絹織物などが輸入され，日本からはおもに**銀**が輸出された。この時代は生糸が輸入品であることに注意が必要である。朱印船貿易は**鎖国**によって幕を閉じた。　エ　**織田信長**は関所の廃止を進め，市での商人の特権や独占を否定し，自由営業・課税免除を保証した。織田信長のこの政策は，**楽市・楽座**といわれる。時代の古い順に並べると，(ア)→(エ)→(ウ)→(イ)となる。

(3)　**所得税**は，国税で**直接税**である。所得税は，所得が多くなるほど高い税率が適用される，**るいしん(累進)課税**であり，それによって所得の格差を是正するという意味で，公平な税であるといえる。　2019年段階で，世界の国・地域の**GDP(国内総生産)**を比較すると，アメリカ合衆国が第1位，中国が第2位，**EU(ヨーロッパ連合)**が第3位，日本が第4位である。資料Ⅱのグラフでは中国が入っていない。したがって，アはアメリカ合衆国，イはEU，ウが日本である。なお，EUには，現在27か国が加盟しているが，西欧の国と東欧の国では，大きな経済格差がある。また，日本は2023年にドイツに4位の座を奪われ，世界第5位となった。

(4)　ア　君主権の強いドイツの憲法を手本に作成されたのは，**第二次世界大戦**前の**大日本帝国憲法**である。　イ　裁判を受ける権利は，生存権等を含む**社会権**ではなく，**請求権**であり，日本国憲法第32条に定められている。　エ　政府が作成した憲法案が，**帝国議会**において審議された。ア・イ・エのどれも誤りであり，ウとオが正しい。　ウ　**公共の福祉**については，日本国憲法第12条に定められている。　オ　1947年に日本国憲法の基本原理に基づいて，民主的な**民法**に改正された。

(5)　ア　収入満足度において，「**起業家**」では「やや不満」「かなり不満」の合計が，37%以上あり，30%以下ではない。　イ　**ワーク・ライフ・バランス**満足度において，「起業関心層」では，「かなり満足」「やや満足」と回答した人の割合の合計は，「やや不満」「かなり不満」と回答した人の割合の合計よりも低い。　エ　収入満足度においては，「起業関心層」よりも「起業無関心層」の方が，「かなり満足」「やや満足」と回答した人の割合の合計が低い。しかし，ワーク・ライフ・バランス満足度においては，「起業無関心層」の方が，「かなり満足」「やや満足」と回答した人の割合の合計が高い。ア・イ・エのどれも資料Ⅲの読み取りに誤りがあり，ウが正しい。
ウ　「起業家」では，ワーク・ライフ・バランスの満足度が，60%弱と高くなっている。

＜国語解答＞

一　(1)　㋓　(2)　㋒　(3)　おわしましけり，㋒　(4)　㊀　㋑　㊁　㋓
㊂　はるかに程へて

二　(1)　㋐　(2)　㋒　(3)　Ⅰ　㋑　Ⅱ　㋕　(4)　灰(色)　(5)　①
(6)　す(んだ)　(7)　㋑　(8)　Ⅰ　㋓　Ⅱ　㋘　(9)　Ⅰ　㋐　Ⅱ　㋖
(10)　㋑　(11)　㊀　感覚の～起こす　㊁　㋐　㊂　美を求～とする
㊃　Ⅰ　㋕　Ⅱ　㋜

＜国語解説＞

一　(古文－文脈把握，脱文補充，仮名遣い，古文の口語訳，漢文)

〈口語訳〉　藤原伊通が位の低かった頃，后町の井戸に，立ち寄って底をおのぞきになったところ，大臣の人相が見えた。うれしくお思いになって(邸に)お帰りになって，鏡をとって(ご自分の顔を)ご覧になると，その(大臣の)人相は見えない。どういう事かと不審に思って，また内裏に参上して，例の井戸をおのぞきになると，先ほどのようにこの(大臣の)人相が見えた。その後落ち着いてお考えになったところ，鏡で近く見るとその人相は見えない。井戸で遠くに見るとその人相がある。この事は，大臣になるということは遠い先のことであろう。いずれは必ず大臣になれるのであろう，とお思いになった。ついにずっと時がたってから(大臣に)おなりになった。この大臣は，すばらしい人相見でいらっしゃった。藤原頼長も，特に依頼して人相を見ておもらいになったとか。

(1)　「おぼつかなし」とは，ぼんやりしている，様子がはっきりしない，気がかりだ，不審だ，会いたく思っているという意味。ここでは，藤原伊道が井戸を覗くと自分が大臣の人相になっていたにもかかわらず，自宅の鏡に写してみても，その人相には見えず不審に思っている。

(2)　藤原伊道が井戸を覗いた時と，鏡に写した時の違いを区別する。

(3)　語頭以外の「は・ひ・ふ・へ・ほ」は，「ワ・イ・ウ・エ・オ」となる。また，「ゐ・ゑ・を」は，「イ・エ・オ」となるが，(ウ)「を」は格助詞のため現代仮名遣いでも「を」となる。

(4)　㊀　「誉」の前に「之」を読んでいるので，「誉」の下にレ点をつける。また，「莫」の前に「能」「陥」を読んでいるので，「陥」の下に一点，「莫」の下に二点をつける。　㊁　大臣の人相が井戸では見えて，鏡では見えない理由は何かと藤原伊道は考えた。それは，井戸と鏡の遠近の差であったと分析したことから，大臣になるのは遠い先のことではあるが，いずれは必ず大臣になれるだろう，と判断したのである。　㊂　結果的に，かなり時間がかかったものの，藤原伊道は大臣になることができた。

二　(論説文－内容吟味，文脈把握，段落・文章構成，指示語の問題，脱文・脱語補充，漢字の読み書き，筆順・画数・部首，語句の意味，文と文節，品詞・用法，その他)

(1)　傍線部の「それ」とは，「私の茶碗」のことである。「言うまでもなく」から始まる段落，傍線部の後に，「『これは私の茶碗である』という意味的認識で十分であり，その感覚的なヴィヴィッドな現れは通り過ごされている。(中略)日常世界にはいつもの通りという自明性が支配しているが，この自明性の支配をもたらすのが『これは……である』という意味的理解であり，それがさらに感覚の惰性化をもたらす」とあり，自分の使っている茶碗がどのような色で模様がはいっているのかなど，視覚的情報は度外視されてしまうと述べられている。

(2)　「それ」(自立語)，「に」(付属語)，「深く」(自立語)，「かかわる」(自立語)，「の」(付属語)，

「が」(付属語)に分けることができる。

(3)　Ⅰ　「指事文字」とは，数・ものの名・性質など，形に表すことのできないものを点や線の組み合わせで表した漢字。　Ⅱ　「上」や「下」，「本」などは指事文字である。

(4)　「灰色」とは，灰のように薄黒い色。

(5)　脱文には，「意味」という言葉があるので，それに関する内容が書かれている箇所を探す。「それでは」から始まる段落に，「言語によって人間は世界を認識・理解し，それを他者に効率的に伝達することができるようにな」り，また言語から表現された「意味によって同一的に認識され」るようになった。また言語と意味の関係性は，「言語が意味の支配をもたらし」ているとする。そして，「この事態が」から始まる段落に，**言語に支配された意味が，日常性・日常生活を支配し，私たちに影響を与えている**と筆者は主張している。

(6)　「澄んだ」とは，光や色などに曇りがなく，はっきり見えること。

(7)　「このような」から始まる段落に，日常の中で美しいものが現れてそれを感じる時，「『あれは空である』とか『これは梅である』というような意味的同一的認識で済まされることはない」とある。つまり，通り一辺倒のものではなく，感覚を刺激するものに対しては多様な見方をすることになる。

(8)　Ⅰ　下線部の下に「出来事」と名詞があることから，体言に接続しているので連体形。
Ⅱ　(ケ)の波線部の下に「こと」と名詞があることから「する」は連体形。

(9)　Ⅰ　「いざなう」とはさそう，勧めること。　Ⅱ　「安易な」とはたやすいと考えられること，わけなくできること。

(10)　③段落では，言語に支配された意味が，日常性・日常生活を支配し，私たちの感覚を抑えているとする一方，④段落では，美しいものに出会った場合は，「意味的理解を打ち破り，感覚の豊かな映発をもたらし満足をあたえる」とあり，前の論をまとめているわけではないので，(イ)が誤り。

(11)　㈠　「それでは」から始まる段落に，「言語が意味の支配をもたらし，それが感覚の惰性化を引き起こす」と，意味の支配によって生ずる事柄を示している。　㈡　「この事態が」から始まる段落に，「日常世界はいわば『意味の衣』に覆われた世界なのである。意味の衣によって，感覚のざわめく豊穣さが抑えられ覆い隠される」とあり，意味に支配された世界では，感覚が不必要なものであるとする。　㈢　「これはどういうことか」から始まる段落に，「美の喪失において，逆に，人間は美に気づき美に餓えることになった。そして，美を求め創出しようとする衝動を抑えることができなくなった」とあり，人間が美を求めることになった原因を述べている。
㈣　Ⅰ　新聞は起こった出来事を報道するという立場，大多数の人々に伝えるという役割を持っている。　Ⅱ　「視」の総画数は十一画である。

MEMO

大切なことはメモしておこうネ！

京都府公立高等学校（前期選抜）

2023年度

★★★★★★★★★★★★★★★★★★★★★★★

入　試　問　題

2023
年
度

●くわしい解説……23ページ

＜数学＞

時間　50分　　満点　50点

【注意】
1　円周率はπとしなさい。
2　答えの分数が約分できるときは，約分しなさい。
3　答えが$\sqrt{}$を含む数になるときは，$\sqrt{}$の中の数を最も小さい正の整数にしなさい。
4　答えの分母が$\sqrt{}$を含む数になるときは，分母を有理化しなさい。

1　次の問い(1)～(9)に答えよ。(18点)

(1)　$-3^2\times\{7-(-4)^2\}$　を計算せよ。　……………………………答の番号【1】

(2)　$\dfrac{3x-2y}{6}-\dfrac{4x-y}{8}$　を計算せよ。　……………………………答の番号【2】

(3)　$3\sqrt{50}-\sqrt{2}-\sqrt{54}\div\sqrt{3}$　を計算せよ。　……………………………答の番号【3】

(4)　次の連立方程式を解け。　……………………………答の番号【4】

$$\begin{cases}2x-3y=5\\3x-(4x-6y)=-1\end{cases}$$

(5)　関数　$y=-2x^2$について，xの値がaから$a+2$まで増加するときの変化の割合が-40である。このとき，aの値を求めよ。　……………………………答の番号【5】

(6)　$(2x+y+5)(2x+y-5)$　を展開せよ。　……………………………答の番号【6】

(7)　2次方程式　$6x^2+2x-1=0$　を解け。　……………………………答の番号【7】

(8)　右の図のように，正三角形ABCと正五角形DEFGHがあり，頂点Eは辺AB上に，頂点Gは辺BC上に，頂点Hは辺CA上にある。このとき，$\angle x$の大きさを求めよ。
……………………………答の番号【8】

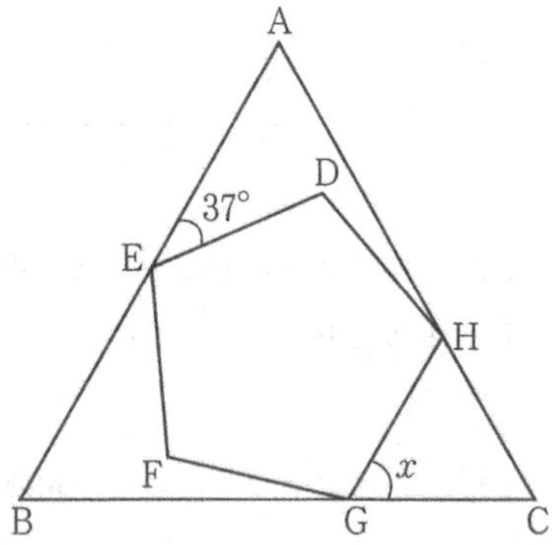

(9)　あたりくじが2本，はずれくじが2本の合計4本のくじが入った箱がある。この箱から，太郎さん，次郎さん，花子さんが，この順に1本ずつくじをひく。このとき，花子さんだけがあたりくじをひく確率を求めよ。ただし，ひいたくじは箱にもどさず，どのくじがひかれることも同様に確からしいものとする。　……………………………答の番号【9】

2　ある中学校のボランティア部に所属する生徒9人と，先生1人の合計10人がごみ拾いのボランティア活動に参加した。次の**資料**は，生徒9人がそれぞれ拾ったペットボトルの本数を示したものである。**資料**中の a，b は $0 < a < b$ であり，生徒9人がそれぞれ拾ったペットボトルの本数はすべて異なっていた。また，生徒9人がそれぞれ拾ったペットボトルの本数の平均値はちょうど8本であった。

資料　生徒9人がそれぞれ拾ったペットボトルの本数（本）

3，　9，　15，　6，　11，　8，　4，　a，　b

このとき，次の問い(1)・(2)に答えよ。（4点）

(1)　a，b の値をそれぞれ求めよ。　……………………………**答の番号【10】**

(2)　**資料**に，先生が拾ったペットボトルの本数を追加すると，生徒と先生の合計10人がそれぞれ拾ったペットボトルの本数の四分位範囲はちょうど9本であった。このとき，先生が拾ったペットボトルの本数を求めよ。　……………………………**答の番号【11】**

3　右の図のように，正八面体ABCDEFがある。また，AF＝4㎝である。

このとき，次の問い(1)～(3)に答えよ。（7点）

(1)　この正八面体の1辺の長さを求めよ。
……………………………**答の番号【12】**

(2)　線分BDの中点をHとするとき，三角錐《すい》HBFEの体積を求めよ。
……………………………**答の番号【13】**

(3)　点Aと平面BFCとの距離を求めよ。
……………………………**答の番号【14】**

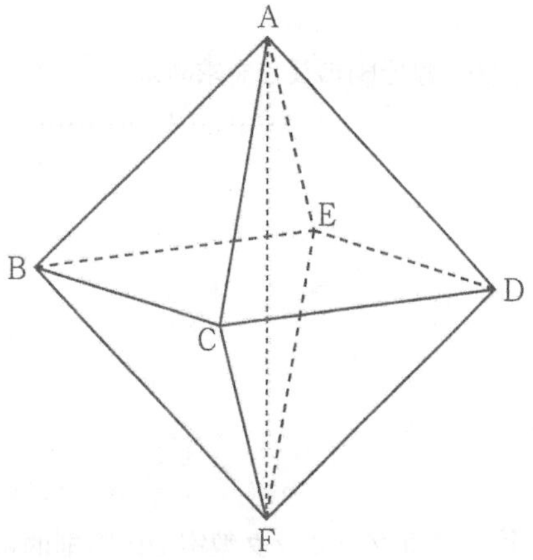

4　右の図のように，関数 $y=\dfrac{a}{x}$ のグラフ上に3点A，B，Cがあり，点Aの座標は（2，6），点Bの x 座標は4，点Cの x 座標は－4である。また，2点A，Bを通る直線と y 軸との交点をDとする。

このとき，後の問い(1)・(2)に答えよ。（6点）

(1)　a の値を求めよ。また，△BDCの面積を求めよ。　……………………………**答の番号【15】**

(2)　点Bを通り x 軸に平行な直線と2点C，Dを通る直線との交点をEとする。また，線分BE上に

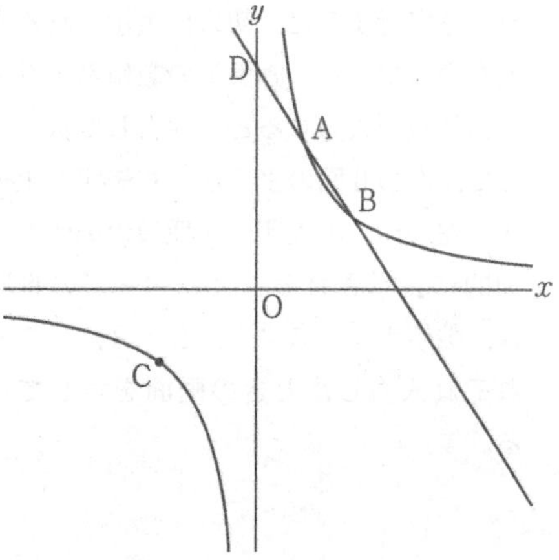

点Fを，四角形COFEの面積が△BDCの面積の$\frac{2}{5}$倍となるようにとる。このとき，点Fのx座標を求めよ。…………………………答の番号【16】

5　右のⅠ図のように，AB＝6㎝，AD＝8㎝の長方形ABCDを，対角線BDを折り目として折り返し，点Aが移った点をE，辺BCと線分DEとの交点をFとする。さらに，右のⅡ図のように，点Dが点Eと重なるように折り，折り目となる直線と線分BD，辺CDとの交点をそれぞれG，Hとする。また，辺BCと線分EGとの交点をⅠとする。

このとき，次の問い(1)～(3)に答えよ。（8点）

(1)　△IGB∽△IFEであることを証明せよ。
…………………………答の番号【17】

(2)　線分EFの長さを求めよ。
…………………………答の番号【18】

(3)　線分BIの長さを求めよ。
…………………………答の番号【19】

Ⅰ図

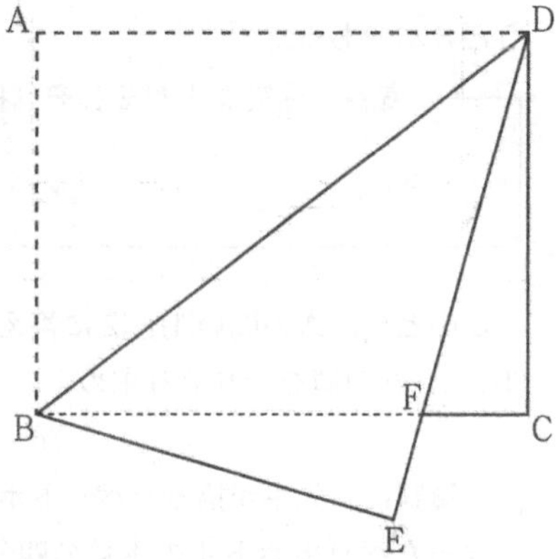

Ⅱ図

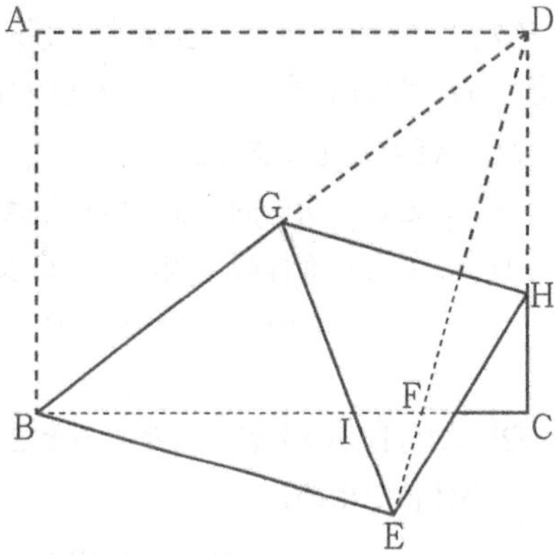

6　プログラミング教室で，規則的に図形を表示するプログラムをつくった。右のⅠ図は，タブレット端末でこのプログラムを実行すると，初めに表示される画面を表している。画面上の数値ボックスに自然数を入力すると，入力した数に応じて，右のⅡ図のような，右矢印，上矢印，左矢印，下矢印の4種類の矢印が規則的に表示される。次のページのⅢ図は，数値ボックスに1，2，3，…をそれぞれ入力したときの画面を表している。

Ⅰ図

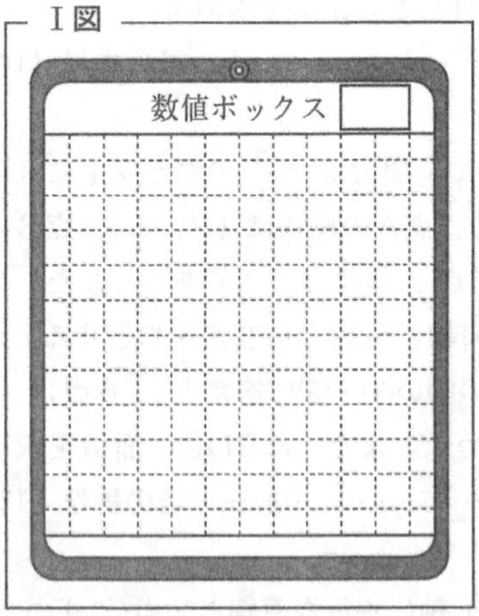

Ⅱ図

Ⅲ図

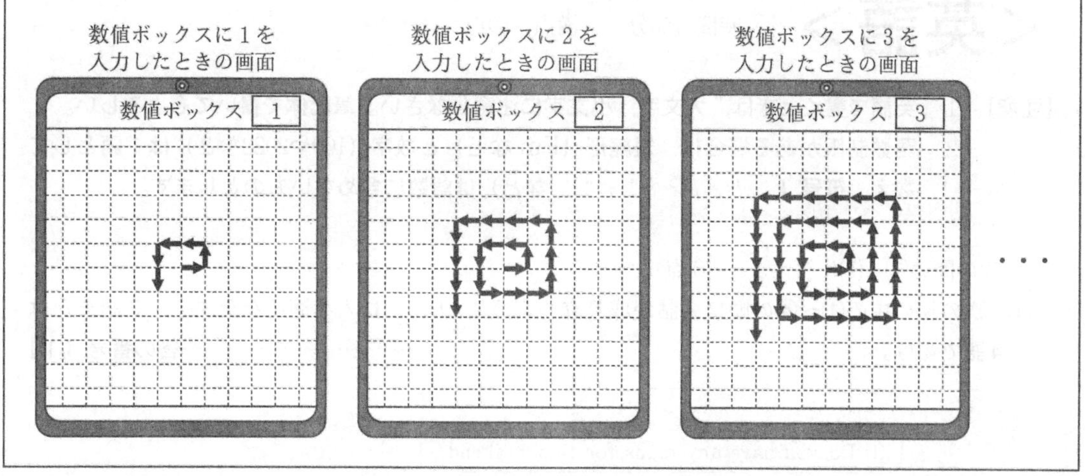

このとき，次の問い(1)～(3)に答えよ。ただし，数値ボックスにどのような自然数を入力しても，すべての矢印は表示されるものとする。(７点)

(1)　数値ボックスに４を入力したとき，表示される４種類の矢印の個数の合計を求めよ。

……………………………答の番号【20】

(2)　数値ボックスに20を入力したとき，表示される左矢印の個数を求めよ。

……………………………答の番号【21】

(3)　表示されている４種類の矢印のうち，上矢印，左矢印，下矢印の個数の合計と右矢印の個数の差が6160個となるとき，数値ボックスに入力した自然数を求めよ。

……………………………答の番号【22】

＜英語＞

時間　50分　　満点　50点

【注意】 1　英語で書くときは，大文字，小文字に注意しなさい。筆記体で書いてもよろしい。

2　語数制限がある場合は，短縮形（I'm など）と数字（100や2023など）は１語として数え，符号（，/．/？/！/“ ” など）は語数に含めないものとします。

1　次の問い(1)・(2)に答えよ。（６点）

(1)　次の絵の中の①～④の順に会話が成り立つように，［　　］に入る適切な英語を，３語または４語で書け。 ……………………………答の番号【１】

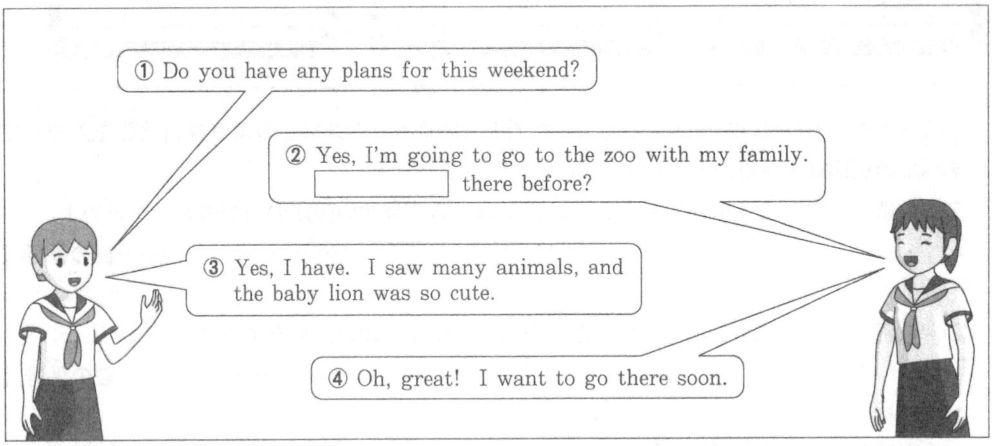
① Do you have any plans for this weekend?
② Yes, I'm going to go to the zoo with my family.
［　　　　］ there before?
③ Yes, I have. I saw many animals, and the baby lion was so cute.
④ Oh, great! I want to go there soon.

(2)　次の絵は，大騎（Daiki）が留学生のケイト（Kate）と下の会話をしている一場面を表している。この絵をもとに，あとの問い(a)・(b)に答えよ。

Kate　: How was your winter vacation?

Daiki : It was nice.　I had a music event and I enjoyed it.

Kate　: Sounds good.　［　①　］ it?

Daiki : I had it in our school.　Look.　This is the picture of it.

Kate : Wow! You are singing! Who is the boy [②] next to you?

Daiki : He is Kenta. He is good at it and he also sings well.

(a) 会話が成り立つように，[①] に入る適切な英語を，４語で書け。

……………………………答の番号【２】

(b) 会話が成り立つように，[②] に入る適切な英語を，３語で書け。

……………………………答の番号【３】

2 次の英文は，中学生の広斗（Hiroto）と留学生のルーシー（Lucy）が交わしている会話である。次のアプリ（app）を参考にして英文を読み，あとの問い(1)～(4)に答えよ。（８点）

アプリ（app）

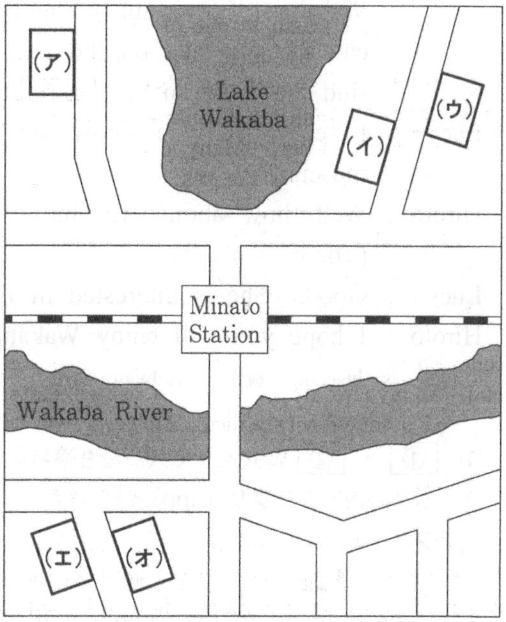

Lucy : Hi, Hiroto. What are you looking at?

Hiroto : Hi, Lucy. I'm looking at an app called "Wakaba" on my phone.

Lucy : What is it?

Hiroto : This is an app made by Wakaba City. This app introduces places for *sightseeing in this city.

Lucy : I see. Do you often use the app?

Hiroto : Yes, [①] example, I went to Lake Wakaba and Wakaba Temple last week after checking them on the app. That was fun.

Lucy : That's great. I also want to use the app, but I can't understand Japanese well.

Hiroto : You can get the information in English on the app. I'll choose English for you now.

Lucy : Thank you. I am happy that I can get the information in English on this app. My sister is going to come to Wakaba City from her country next month, but I don't know the places for sightseeing here. I have lived here [②] two months. So, I want to use the app and walk around the city with her.

Hiroto : What kind of place do you want to visit?

Lucy : Well, I heard there is a famous *railway in this city.

Hiroto : It is Wakaba Railway. It was built about forty years ago, and trains on this railway run from Sakura Station to Kaede Station. There are fifteen other stations between the two stations. The trains run along the Wakaba River, so you can enjoy the *scenery from the train.

Lucy : You know a lot about the railway.

Hiroto : I got the information about the railway on the app. We can listen to the *audio guide.

Lucy : I think it is a great app. My sister likes art, and I want to visit an art museum with her.

Hiroto : Well, how about ③ Wakaba Art Museum? It is near Minato Station.

Lucy : I see. How do we get there from the station?

Hiroto : Well, let's look at the app. From the station, walk *toward Lake Wakaba. Turn right at the first corner and walk along the street. You can see the lake on the left. Then, turn left at the corner. You will find the museum on the right.

Lucy : I see. Do you know any other places for sightseeing around the museum?

Hiroto : Well, how about Wakaba Temple? It is a popular place for foreign people.

Lucy : Good. She is interested in Japanese culture, so [④].

Hiroto : I hope you will enjoy Wakaba City by using the app.

（注） sightseeing 観光　railway 鉄道　scenery 景色　audio guide 音声案内
toward ～ ～の方へ

(1) [①]・[②] に共通して入る最も適当な1語を書け。…………………………答の番号【4】

(2) 本文の内容と**アプリ**（app）から考えて，下線部③にあたるものとして最も適当なものを，**アプリ**（app）中の(ア)～(オ)から1つ選べ。…………………………答の番号【5】

(3) [④] に入る表現として最も適当なものを，次の(ア)～(エ)から1つ選べ。……答の番号【6】

(ア) she may go to the temple with me and enjoy Japanese culture there
(イ) she may enjoy using the app when we are walking around other cities
(ウ) I am going to use the app and take her to the temple this month
(エ) I want you to go to the temple to learn about Japanese culture

(4) 本文の内容と一致する英文として最も適当なものを，次の(ア)～(エ)から1つ選べ。
…………………………答の番号【7】

(ア) Hiroto tells Lucy he went to two places last week and checked them on the app later.
(イ) Hiroto tells Lucy Wakaba Railway was built about forty years ago and has only fifteen stations.
(ウ) Lucy knows well the places to visit with her sister in Wakaba City because she has already got the app.
(エ) Lucy can't understand Japanese well, so she is glad to get the information in English on the app.

3　次の英文は，中学生の良（Ryo）が行ったスピーチである。これを読んで，問い(1)～(9)に答えよ。(24点)

I have an uncle, and he lives with his family near the sea. When I visit him with my family, I always swim with him and his son Ken. We have our favorite *spots in the sea and we can see many beautiful *corals there.

Last year, we swam in one of our favorite spots in summer. However, I was surprised that I didn't see corals. I said to my uncle, "I saw many beautiful corals at the spot two years ago, but I didn't see them today. Why? If you know, please ①[(ア) happened / (イ) what / (ウ) in / (エ) me / (オ) the sea / (カ) tell]." He said, "Well, many corals died last year. The sea became too hot during summer because of the *extreme weather. Many corals died in other places too, and now many people are ②(try) hard to *bring back corals to the sea." I said, "【 A 】 I want to know more." He said, "One thing is to *transplant corals after the sea *Temperature returns to *normal. Some people transplant corals on a *tour, and Ken and I sometimes work as a *guide on the tour during summer. We will do it again next week." I said, "If there is something I can do to bring back corals to the sea, I want to do it." "Then, let's join the tour together," he said, and I decided to join it.

It was sunny on the day of the tour. I visited a small *building near the sea with my uncle and Ken, and we met some other guides there. We also met other people who joined the tour there, and my uncle said, "Today, we are going to go to two spots. 【 B 】 At those spots, the sea became too hot five years ago and a lot of corals died. However, we transplanted corals three years ago at ③ the first spot on this tour, and now we can see beautiful corals there. At the second spot, we are going to transplant corals." He showed us some small corals and said, "These are the corals we will transplant."

At the first spot, we saw many beautiful corals. 【 C 】 There were many small fish around them. I realized that we can see beautiful corals again and we can also see many fish again if we transplant corals. I didn't imagine ④ that before the tour. At the second spot, we *dived into the sea and transplanted the corals. When I finished transplanting the corals and looked at them again, I thought about stars. The corals were like them. I wanted to transplant corals at our favorite spot too and see beautiful corals again in the future.

When I returned to the boat, I said to Ken, "Will the corals we transplanted today die if it becomes too hot in the sea again?" He said, "Yes. However, if we do nothing, we can't bring back corals. When we find problems, we should try to do something. Of course, the most important thing is to protect the environment for them." I said, "I see. 【 D 】 Is there anything I can do to save corals?" He said, "Yes. Today, extreme weather happens more often because of *global warming. Also, it is getting hot in the sea because of global warming. If we want to save corals, we have to think about global warming. What can we do to stop it?" I answered, "I think we should not use too much *electricity." I also said, "We should bring our own bags when we go shopping and we should not use too many plastic bags. Oh, now I understand that I can do many things in my daily life to save corals." Ken said, "I'm glad that you have realized that. We *emit *greenhouse gases when we make electricity and other things. So, it is important to think about our actions." I said, "⑤ I'll think more about my actions."

When I swam in our favorite spot last summer, I ⑥(feel) sad. I didn't think that corals were dying because of global warming. Now, I think that the same thing may happen to many beautiful things around us, and we may not see those things in the future. We all should realize that and take action. Since last summer, I've changed my actions a little, and I want you to do that too. I'm sure you can save a lot of things around you if you do that.

（注） spot 地点　coral サンゴ　extreme weather 異常気象
bring back ～(to…) (…に)～を取り戻す　transplant ～ ～を移植する
temperature 温度　normal 正常　tour ツアー　guide ガイド　building 建物
dive 潜る　global warming 地球温暖化　electricity 電気　emit ～ ～を排出する
greenhouse gas 温室効果ガス

(1) 下線部①の［ ］内の(ア)～(カ)を，文意が通じるように正しく並べかえ，記号で書け。
……………………………答の番号【8】

(2) 下線部②(try)・⑥(feel)を，文意から考えて，それぞれ正しい形にかえて1語で書け。
……………………………答の番号【9】

(3) 次の英文を本文中に入れるとすればどこが最も適当か，本文中の【A】～【D】から1つ選べ。 ……………………………答の番号【10】

What do they do?

(4) 次の(ア)～(オ)は，下線部③に関することについて述べたものである。(ア)～(オ)を時間の経過にそって古いものから順に並べかえ，記号で書け。 ……………………………答の番号【11】

(ア) Many corals died at the first spot.
(イ) Ryo heard about the first spot on the tour.
(ウ) Ryo saw beautiful corals at the first spot.
(エ) People transplanted corals at the first spot.
(オ) The sea became too hot at the first spot.

(5) 下線部④が表す内容として最も適当なものを，次の(ア)～(エ)から1つ選べ。……答の番号【12】

(ア) サンゴを移植するときには，他の場所から魚も連れてくる必要があるということ。
(イ) サンゴを移植すれば，サンゴだけでなく，魚も再び見られるようになるということ。
(ウ) 魚がいれば，人々がサンゴを移植しなくてもサンゴは自然とよみがえるということ。
(エ) たくさんの魚を見ることができるならば，その場所には移植されたサンゴがあるということ。

(6) 次の英文は，下線部⑤について説明したものである。本文の内容から考えて，[i]・[ii]に入る最も適当なものを，[i]は下のⅠ群(ア)～(エ)から，[ii]はⅡ群(カ)～(ケ)からそれぞれ１つずつ選べ。
……………………………答の番号【13】

> Ken told Ryo that it is [i] to think about global warming if they want to save corals. Ryo told Ken [ii], and then Ryo found that he can do many thing to save corals. So, he decided to think more about his actions.

Ⅰ群　(ア) difficult　(イ) impossible　(ウ) interesting　(エ) necessary

Ⅱ群　(カ) some facts about extreme weather
(キ) some examples to stop global warming
(ク) something special for Ryo and Ken
(ケ) something new about the environment

(7) 本文の内容に合うように，次の質問(a)・(b)に対する適当な答えを，下の〈条件〉にしたがい，それぞれ英語で書け。

(a) Do Ryo's uncle and Ken work as a guide on the tour in all seasons?
……………………………答の番号【14】

(b) What were the corals like to Ryo when he finished transplanting them?
……………………………答の番号【15】

> 〈条件〉　・(a)は３語で書くこと。
> 　　　　　・(b)は４語で書くこと。

(8) 本文の内容と一致する英文として適当なものを，次の(ア)～(オ)からすべて選べ。
……………………………答の番号【16】

(ア) Last summer, Ryo visited his uncle because he wanted to transplant corals with his uncle and Ken.

(イ) On the day of the tour, people who joined the tour transplanted large corals at the second spot.

(ウ) The corals Ryo transplanted on the tour will die if the sea becomes too hot again in the future.

(エ) Ken thinks the best way to save corals is to transplant them and believes it is important to do so.

(オ) Ryo found that he can do a lot of things in his daily life to save corals and that made Ken happy.

(9) 次のページの英文は，このスピーチを聞いた後，中学生の康太（Kota）と留学生のエミリー（Emily）が苔《こけ》（moss）を話題にして交わしている会話の一部である。これを読んで，あとの問い(a)～(c)に答えよ。

Kota : I watched TV yesterday and the news said that moss is dying in some temples in Kyoto because of global warming.

Emily : Really? I like visiting temples in Kyoto, and there are many gardens [i] look really nice because of moss. I didn't think global warming is a big problem for the beautiful gardens with moss. Now, I think global warming is really a problem for many things.

Kota : I think Ryo found the same thing. Ryo enjoys seeing corals, but he didn't think global warming is a big problem for corals. Now, he thinks we should take action, because we may lose [ii] in the future. You think moss or a beautiful garden with moss is one of them, right?

Emily : Yes. I think I need to take action.

Kota : Well I think you should [iii]. Ryo says if you do that, you can save many things. One thing you should do is to bring your own bags when you go shopping.

(a) [i] に入る語として最も適当なものを，次の(ア)～(エ)から１つ選べ。　……答の番号【17】

(ア) that　(イ) there　(ウ) they　(エ) to

(b) [ii] に入る最も適当な部分を，本文中から５語で抜き出して書け。　……答の番号【18】

(c) [iii] に入る適当な英語を，本文の内容にそって５語以上７語以内で書け。

……………………………答の番号【19】

【リスニングの問題について】

放送中にメモをとってもよい。

4　それぞれの質問に対する答えとして最も適当なものを，次の(ア)～(エ)から１つずつ選べ。（４点）

(1) (ア) For fifteen minutes.　(イ) For twenty minutes.

(ウ) For thirty five minutes.　(エ) For forty minutes.

……………………………答の番号【20】

(2) (ア) She will ask him to help her with her homework.

(イ) She will ask him to bring an umbrella to her mother.

(ウ) She will ask him to come home early with her mother.

(エ) She will ask him to take her to the post office.

……………………………答の番号【21】

5　それぞれの質問に対する答えとして最も適当なものを，次の(ア)～(エ)から１つずつ選べ。（４点）

(1) (ア) 自然や，科学の歴史を学ぶことができる。

(イ) 科学についての本を買うことができる。

(ウ)　科学の映画を見ることができる。

(エ)　食事をすることができる。

……………………………答の番号【22】

(2)　(ア)　１本　　(イ)　２本　　(ウ)　３本　　(エ)　４本

……………………………答の番号【23】

6　それぞれの会話のチャイム音のところに入る表現として最も適当なものを，下の(ア)～(エ)から１つずつ選べ。(４点)

（例題）　A: Hi, I'm Hana.

B: Hi, I'm Jane.

A: Nice to meet you.

B: 〈チャイム音〉

(ア)　I'm Yamada Hana.　　(イ)　Nice to meet you, too.

(ウ)　Hello, Jane.　　(エ)　Goodbye, everyone.

（解答例）

ア	㋑	ウ	エ

(1)　(ア)　I agree.　I'm sure she will be happy.

(イ)　Don't worry.　I think she likes Japan.

(ウ)　Thank you.　You're always kind to me.

(エ)　Really?　I miss you so much.

……………………………答の番号【24】

(2)　(ア)　I'll be happy to know where I can find her.

(イ)　I'll go shopping to buy a birthday present for you.

(ウ)　I'll introduce you to her when they finish talking.

(エ)　I'll talk with the teacher about you after school today.

……………………………答の番号【25】

に加え、[C]必要があるということを伝えているんだね。

誠司　うん。さらに、二つ目の「法愛の者にも、多く説くべからず」という言葉を用いて、[D]ということを伝えているね。私たちも、これらの二つの言葉を受けて、人前で話をするときは気をつけていきたいね。

(一)　会話文中の[A]に入る最も適当な表現を、次の(ア)～(エ)から一つ選べ。……答の番号【23】

(ア)　聖人は他者のことを気にかけるため、自分の感情を他者に伝えない

(イ)　聖人は他者の意見を自分の意見とするため、全ての意見に優劣をつけない

(ウ)　聖人は他者の判断を信頼しているため、自分の判断を押しつけない

(エ)　聖人は他者の考えを自分の考えとするため、固執した考えを持たない

(二)　会話文中の[B]・[C]に入る適当な表現を、本文の内容を踏まえて、[B]は**三字以上、五字以内**で、[C]は**五字以上、八字以内**で書け。……答の番号【24】

下書き用　B　C

(三)　会話文中の[D]に入る最も適当な表現を、次の(ア)～(エ)から一つ選べ。……答の番号【25】

(ア)　すばらしい話も、聞く人が満足すれば、普及しない

(イ)　すばらしい話も、聞く人が嫌気がさせば、ためにならない

(ウ)　すばらしい話も、人に話すことに満足すれば、役に立たない

(エ)　すばらしい話も、人に話すことに嫌気がさせば、価値がなくなる

三　次の文章は、「沙石集《しゃせきしゅう》」の一節である。**注**を参考にしてこれを読み、問い(1)～(4)に答えよ。（12点）

＊常州《じやうしう》に、＊観地房《くわんちばう》の阿闍梨《あじやり》と云《い》ふ真言師、＊説経なんども＊なびらかにせし、ありき。但し、機嫌も知らぬ程の長説法なり。＊堂供養《だうくやう》の導師にて、例のa長説法するに、＊舞楽の＊結構して、＊童舞《わらはまひ》なれば、殊に見物の男女多かりけり。説法の果つるを待つ程に、余りに長くして、b日景《ひかげ》かたぶきければ、見物の者共も、「いかにも、説法は果つるか」と問ひければ、「この災ひが、未《いま》だ高座にあるぞ」とぞ、人云ひ合ひける。さて日暮れければ、「cただ舞へ」とて、舞楽計《ばか》りしてけり。

「聖人に心無し。万物の心を以《も》て心とす」と云ひて、万事、人の心を守《まほ》り、時により、機に随《したが》ふべし。仏法の理《ことわり》を聞きたかる機に、心閑《しづ》かなる道場にては、丁寧にも説くべし。舞楽の供養には心あるべかりけり。

＊法華《ほつけ》には、「＊法愛の者にも、多く説くべからず」と見えたり。目出たき事も、人の心に飽く程になれば、益《やく》無し。ただ心に随はすべきにや。

（「新編日本古典文学全集」による）

注
＊常州…現在の茨城県の一部。
＊観地房の阿闍梨と云ふ真言師…観地房の阿闍梨という呼び名の、真言宗の作法によって祈祷《きとう》をする僧。
＊説経…仏の教えを説き聞かせること。　＊なびらかに…流ちょうに。
＊堂供養の導師…寺堂を建てて供養する際に、中心となる僧。
＊舞楽…舞を伴う雅楽。　＊結構…準備。
＊童舞…子どもが舞う舞。　＊法華…法華経《ほけきょう》。
＊法愛の者…仏法に対する深い思いがある者。

(1)　本文中のa長説法するの主語である人物と、同じ人物が主語であるものは、本文中の二重傍線部（‖）のうちどれか、最も適当なものを、次の（ア）～（エ）から一つ選べ。……………………答の番号【20】

（ア）　ありき　　（イ）　多かりけり
（ウ）　問ひければ　　（エ）　云ひ合ひける

(2)　本文中のb日景かたぶきければの解釈として最も適当なものを、次の（ア）～（エ）から一つ選べ。……………………答の番号【21】

（ア）　日が傾いたのは　　（イ）　日が傾いたとすれば
（ウ）　日が傾いたので　　（エ）　日が傾いたとしても

(3)　本文中のcただ舞への平仮名の部分をすべて**現代仮名遣い**に直して、**平仮名**で書け。また、次の（ア）～（エ）のうち、波線部（〰）が現代仮名遣いで書いた場合と同じ書き表し方であるものを一つ選べ。……………………答の番号【22】

（ア）　股引《ももひき》の破れをつづり　　（イ）　心に思ふことを
（ウ）　雨など降るもをかし　　（エ）　白波の上に漂ひ

(4)　次の会話文は、里絵さんと誠司さんが本文を学習した後、本文について話し合ったものの一部である。これを読み、後の問い㊀～㊂に答えよ。

里絵　本文では、二つの言葉を引用することによって話がまとめられていたね。
誠司　そうだね。一つ目の「聖人に心無し。万物の心を以て心とす」という言葉は、［A］と解釈できるから、本文に登場する観地房の阿闍梨の行動を受けて、教訓として示した言葉だと言えるね。
里絵　つまり、話をするときは、人の気持ちを［B］こと

の会話文は、冬馬さんの班で話し合ったものの一部である。これを読み、後の問い㈠～㈢に答えよ。

冬馬　「あらゆることばは社会的な存在である」とは、どういうことだったかな。

友香　本文から［A］ものだということだとわかるよ。

冬馬　なるほど。社会的な存在であることばは、意味の振幅が必然的だとも述べられていたね。

麻由　そうだね。意味の振幅が起こる理由は、言語場において人々がたとえ同じ形のことばを使っていても、言語の意味が［B］において実現するからだと本文から読み取れるね。人がそのように異なるから意味の振幅は必然的で、言語が共生性を持つんだね。

友香　うん。だからこそ、私たちは他者のことばを学びたくなるんだね。

拓弥　そうだね。本文をよく理解できたし、グループディスカッションのテーマは「ことばを学ぶことについて」にしようよ。

㈠ 会話文中の［A］に入る最も適当な表現を、次の（ア）～（エ）から一つ選べ。……答の番号【17】

（ア）意味を交換するために交わされるさまざまなことばは、その中に〈教える〉〈学ぶ〉といった契機を持っており、そのことばを用いることは人と人とが互いに異なることを感じ取らせる

（イ）異なる人たちがそれぞれに用いることばは、その基礎に人と人とが互いの存在を知覚する契機を持っており、互いのことばの形が異なることを認識することでことばの意味が異なることを教え＝学ぶことができる

（ウ）人と人とが言語場において意味を伝え合うことばは、本源的な共生性を持っており、相手のことばと自分のことばが同じ意味で実現することが〈教える〉〈学ぶ〉きっかけとなる

（エ）人が発し得るさまざまなことばは、世界のうちに存在する言語場において人ごとに異なる意味で実現され、言語場でことばが発されること自体に教え＝学ぶきっかけを含む

㈡ 会話文中の［B］に入る適当な表現を、本文の内容を踏まえて、**二十字以上、三十字以内**で書け。……答の番号【18】

下書き用

㈢ グループディスカッションをするときの一般的な注意点として**適当でないもの**を、次の（ア）～（エ）から一つ選べ。……答の番号【19】

（ア）話し合いの目的を理解したうえで発言するとよい。

（イ）疑問点があっても質問せずに他者の意見に同意するとよい。

（ウ）自分の意見との共通点を探しながら他者の意見を聞くとよい。

（エ）他者の発言を聞いて自分の考えを深めていくとよい。

語をいつどのように習得したかを自然と理解できるということ。

（イ）　幼い子どもがことばを教え＝学ぶ姿を見ることで、自分もまだことばを学ぶ必要があることを自然と理解できるということ。

（ウ）　幼い子どもが言語を習得していく姿を見ることで、幼い子どもにはことばを用いる遊びを生み出す力があることを自然と理解できるということ。

（エ）　幼い子どもが言語を習得していく姿を見ることで、幼い子どもの言語の習得がどれほど難しいかを自然と理解できるということ。

(2)　本文中のb創っている　は、二つの文節に区切ることができる。この文節どうしの関係として最も適当なものを、次の（ア）～（エ）から一つ選べ。……答の番号【12】

（ア）　修飾・被修飾の関係　（イ）　補助の関係

（ウ）　主・述の関係　（エ）　並立の関係

(3)　本文中のc教え＝学ぶという永き係わり　について述べた文として最も適当なものを、次の（ア）～（エ）から一つ選べ。……答の番号【13】

（ア）　言語場において、言語を遂行することによってもたらされるものである。

（イ）　言語場において、いま・ここでの言語の実践に基づいたものである。

（ウ）　言語場において、言語が反復されることによって成り立ったものである。

（エ）　言語場において、過去の経験をうちに蔵する言語を書き換えるものである。

(4)　本文中のd生物的　は漢字一字の接尾語が二字の熟語に付いて構成されている三字熟語である。d生物的　と同じ構成の三字熟語が波線部（～～）に用いられているものを、次の（ア）～（オ）からすべて選べ。……答の番号【14】

（ア）　社会の情報化が進んでいる。

（イ）　この作品は未完成だ。

（ウ）　季節感が伝わる表現だ。

（エ）　衣食住は生活の基本だ。

（オ）　今週は不安定な天気が続く。

(5)　本文中のe膨　という漢字を、「膨れる」と表記して訓で読むとする。このときの「膨れる」の漢字の部分の読みを平仮名で書け。……答の番号【15】

(6)　本文における段落どうしの関係を説明した文として最も適当なものを、次の（ア）～（エ）から一つ選べ。……答の番号【16】

（ア）　2段落では、1段落で述べた内容を具体例を使って示した後、1段落の内容を要約してわかりやすく説明している。

（イ）　4段落では、3段落で述べた内容を比喩を用いて言い換えた後、異なる立場から主張を提示している。

（ウ）　6段落では、5段落で述べた主張を簡潔に言い直したうえで、5段落の問題提起に対する答えを導き出している。

（エ）　8段落では、7段落までの主張を踏まえつつ、7段落で繰り返し述べた内容をもとに話題を広げている。

(7)　冬馬さんのクラスでは、本文を学習した後、各班でテーマを決めてからグループディスカッションをすることになった。次のページ

とばを発する営み自体もまた、社会的である。それも単なる価値の交換のような社会性ではなく、〈教える〉〈学ぶ〉といった契機を内包する、いかにも人間的な社会性である。言語の＊間主観性といったものを語り得るとしたら、その基礎はここにある。

6　言語は社会的なものだと人は言う。社会的なものとは、集団的なものであることだけを意味しない。社会的とは、たとえいかに画一的な性質を要求される集団であろうと、個が互いに同じではないことの＊謂《い》いである。人が互いに異なり、その言語が異なる。ことばが人ごとに異なって、そして意味もまた、人ごとに異なって実現する。繰り返そう。私とあなたが異なる——これが全ての始まりである。それが言語の本源的な共生性の根拠である。

7　言語の能力。ことば自体が、他者との係わりという e膨大な変数に満ちたありようの中に、培われたものである。言語の実践。さらにそうした変数に溢《あふ》れた言語の可能性を用いて、ことばによって語ること、ことばを形にして発すること自体が、意識的にせよ、無意識的にせよ、未《いま》だ実現していない、またしても他者との、膨大な変数に満ちた新たなる係わりへと、触手を延ばす営みである。言語能力と言語実践の変数の海にあって、言語的意味は振幅せざるを得ない。自らが用い得ることばの形は同じでも、その使用の経験の蓄積は人ごとに皆異なっている。ことばの形自体はたとえ同じであっても、ことばが係わりのうちに実現する以上、意味は常に係わりの向こうにある。言うまでもなく、係わりとは、対他的なありようであって、予《あらかじ》め形の定まらぬものである。そのことばがいかに教えられ、学ばれるかは、いつも即興的で、未知のもの、その時々に揺れ動くものである。私たちはことばによって〈既に在る意味〉をやりとりしているのでは、決してない。意味とは〈いま・ここに・新たに・実現する意味〉のことである。〈既に在る意味〉が受け渡されるのではなく、意味は常に〈係わり〉という不定の形の向こうにあって、意味にとっての振幅はいよいよ本源的な性質である。この点で、ことばを＊結節環として築かれる係わりの向こうに、大いなる幸運と共にあるいは実現するかもしれないもの、それが〈意味〉である。〈意味〉——それはいつも可能性の方に立ち現れる。

8　さらに言えば、母語と非母語を問わず、私たちが他者のことばを学ぶ根拠、学びたい根拠といったものも、まさにこうした〈言語がいかに在るか〉という問いから照らし出される、言語の本源的な共生性といったありようのなかに、存する。

（野間秀樹《のまひでき》「言語存在論」による……一部表記の変更がある）

注　＊反覆…本文より前の部分で、ことばが、受け手・発し手の間で表される場ごとに異なった意味となることだと述べられており、本文では「反復」と区別して使用されている。

＊而して…そうして。

＊点景…風景画や風景写真で、趣を出すために加えられるもの。

＊言語場…本文より前の部分で、受け手・発し手の間で音や文字を用いてことばが表される場だと述べられている。

＊間主観性…自己の認識のみならず、他者の認識も含めた共同的な作用によって成り立つ主観の在り方。

＊の謂い…という意味。

＊結節環…ある物と他の物とを結び付ける手がかり。

(1)　本文中の a それは知れる についての説明として最も適当なものを、後の（ア）～（エ）から一つ選べ。……………………答の番号【11】

（ア）　幼い子どもがことばを教え＝学ぶ姿を見ることで、自分は言

(二) 会話文中の B に入る最も適当な表現を、本文中から十二字で抜き出し、**初めと終わりの三字**を書け。……………………答の番号【10】

二 次の文章を読み、問い(1)～(7)に答えよ。（18点）

（1～8は、各段落の番号を示したものである。）

1 いつでも、そしてどこにあっても、あらゆることばは、幼き自らが当該の時間までに他者から学び、他者に教えてきたことばである。発することば自身が、常に、既に数多《あまた》の＊反覆を経てきたものである。言語の起源はかり知ることができない。＊而《しか》して自らの言語の起源は誰もがうっすらと思い描き得る。他者としての乳飲み子を見遣《みや》ることで、aそれは知れる。遠き日に、乳飲み子であった自らの歴史、幼き日に遊んだ自らの歴史には、教え＝学ぶものとしてのことばが＊点景として鏤《ちりば》められているであろう。

2 あらゆる＊言語場が世界のうちに在る限り、あらゆることばもまた、世界のうちに実現する。言語の起源に立ち会うことはできないが、言語の今は常に自らがb創っている。あらゆる〈話されたことば〉、ありとあらゆる〈書かれたことば〉は、他者との係《かか》わりのうちにのみ、位置を占める存在である。その係わりとは、常に二重の係わりである。一つは、言語を用い得るということ自体が、教え＝学ぶという永き係わりに培《つちか》われたものであるということ。いま一つは、言語場における言語の実践それ自体が、その言語場における他ならぬ教え＝学ぶという係わりであるということ：

　言語は他者との二重の係わりのうちに在る
　言語を発し得ること自体が、c教え＝学ぶという永き係わりに培われている
　言語を発すること自体が、教え＝学ぶという新たな係わりの実践である

3 教え＝学ぶという係わりをめぐるこの二重性は、言語にとって本質的なものである。言語場において実現されたことばは、たとえたった一つの単語からなることばであっても、二つの性質を本質的に持つ。第一に、ことばは、教え＝学んだ、形と意味と機能の経験という、過去の言語場における他者との係わりをうちに蔵しているという性質。第二に、ことばはまた新たな言語場における教え＝学ぶ係わりを自《おのずか》ら求めるという性質。第一の係わりは言語の能力を支え、第二の係わりは言語の遂行からもたらされる。個にあっては、第一の係わりは生まれてからこれまでの実践に基礎づけられ、第二の係わりはいま・ここでの実践に基礎づけられる。第一の係わりは反復に支えられ、第二の係わりは反覆を執行する。第二の係わりは言語の新たな書き換えである。

4 言語的な実践とは、単に人から人への一般的な係わりを意味しない。互いの知覚の圏内に入る、といったd生物的な係わりでもない。言語の実現、ことばが言語場に形として現れるということ、言語が言語場に行われる、即《すなわ》ちまさに言語がそこに〈在る〉ということ、そのこと自体が、原理的に、人と人とのこうした教え＝学ぶという人間的＝社会的な二重の係わりの果実であり、花であり、また同時に種子なのである。

5 あらゆることばは社会的な存在である。ことばは他者とことばを交わすことができるがゆえに社会的な存在なのではない。自らがことばを発し得るということ自体が、既に社会的なのである。そしてこ

(5) 本文中の e キャンバスの両義性 について説明したものとして最も適当なものを、次の（ア）～（エ）から一つ選べ。……答の番号【5】

（ア） キャンバス自体が物体性を持ちつつ、それを用いる人の心に作用する非物質性も持つということ。

（イ） キャンバス自体が空間を占めるものとして対象性を持ちつつ、周りの壁や空間と連動する可能性のある物体性も持つということ。

（ウ） キャンバス自体が物体性を持ちつつ、それを用いる人のイメージを受け取る非物質性も持つということ。

（エ） キャンバス自体が空間を占めるものとして対象性を持ちつつ、支持体であることを超えた物体性も持つということ。

(6) 本文中の f 広げる の活用の種類として最も適当なものを、次のⅠ群（ア）～（ウ）から一つ選べ。また、f 広げる と同じ活用の種類である動詞を、後のⅡ群（カ）～（サ）からすべて選べ。……答の番号【6】

Ⅰ群

（ア） 五段活用　（イ） 上一段活用　（ウ） 下一段活用

Ⅱ群

（カ） 射る　（キ） 発する　（ク） 詣でる

（ケ） 跳ねる　（コ） 消す　（サ） 省みる

(7) 本文中の g う と同じ意味・用法で う が用いられているものを、次の（ア）～（エ）から一つ選べ。……答の番号【7】

（ア） 午後からピアノの練習をしようかな。

（イ） きっとうまくいくだろうが気は抜けない。

（ウ） 君が歩くのなら私も駅まで歩こう。

（エ） 主体的に行動できる人になろうと思う。

(8) 本文中の h 一ソウ の片仮名の部分を漢字に直し、楷書で書け。……答の番号【8】

(9) 次の会話文は、春彦さんと華世さんが本文を学習した後、本文について話し合ったものの一部である。これを読み、後の問い㈠・㈡に答えよ。

春彦 「キャンバスの在りよう用い方はさまざま」とあるけれど、キャンバスの「在りよう」と「用い方」は、それぞれ A だと本文から読み取れるね。

華世 「在りよう」がさまざまな理由は、「人間の考えや感じることの展開性や伝達性に由来する」からだったよね。「用い方」は、その時々や人によって変わるんだね。

春彦 そうだね。それに、画家は、イメージを有形のキャンバスに表現していると述べられていたね。そうして表現されたものは、筆者にとって、人間がそうであるように、B だと言うことができるね。

㈠ 会話文中の A に入る適当な表現を、本文の内容を踏まえて、二十字以上、三十字以内で書け。……答の番号【9】

下書き用

20

30

質性と結び付きつつ、想像の羽を f 広げる、身体を持つ表現になった。こうしてキャンバス絵画は、物体性対象性を持ちつつ、非対象的超越的な広がりの現象としてあらわれる。人間が想像の羽を持つ身体的存在であるように、キャンバス絵画もまた想像の羽を持つ身体的存在ということになろ g う。

人は誰しも、有形無形のキャンバスを用意している。それは多分、人間の考えや感じることの展開性や伝達性に由来する。それを意識的に用いる者もいれば、ほとんど無意識のまま用いる者もいる。白いノートもキャンバスであれば、無形の想像の野もまたキャンバスである。キャンバスの在りよう用い方はさまざまであろう。思いつきや沸き立つイメージを、そのまま口でしゃべったり手振りで示すこともあるが、脳のキャンバスに映し直したり、白いノートに書き起こしたり、コンピューターに入力することもある。大抵、人は無形の想像の野から出発して、有形のキャンバスにイメージを表《あら》わす展開となる。画家の表現の手順がまさにそうであるが、一般の人もまた似た道を歩む。詩人、作曲家の表現はもちろん、一般の人も無形から有形のキャンバスに表現を行う。画家の経験から言うと、刺激的な有形のキャンバスの用意によって、表現が h 一ソウ鮮明になり、輝きが広がるわけである。

（李禹煥《りうふぁん》「両義の表現」による）

注　＊支持体…絵画を描く土台とする紙・板・布・金属板などの物質。
＊ミニマル・アート…あらゆる装飾を取り去った最小限の手段での制作を試みる造形芸術。
＊抽象絵画…事物の写実的再現ではなく、点・線・面・色彩による表現を目指した絵画。
＊二次的…それほど重要でないさま。

(1) 本文中の□に入る最も適当な表現を、本文中から**四字**で抜き出して書け。……………………答の番号【1】

(2) 本文中の a 素材 の読みを**平仮名**で書け。…………答の番号【2】

(3) 本文中の b 一律 の意味として最も適当なものを、次のⅠ群（ア）～（エ）から一つ選べ。また、本文中の d 浮き彫りにする の意味として最も適当なものを、後のⅡ群（カ）～（ケ）から一つ選べ。……………………答の番号【3】

Ⅰ群
（ア）例外なく全て同じ　（イ）はっきりしていて確か
（ウ）深みがなく単純　（エ）秩序立って厳格

Ⅱ群
（カ）新たにする　（キ）目立たせる
（ク）華やかにする　（ケ）ゆがませる

(4) 本文中の c 古い時代の絵 について、本文で述べられている原始時代から農耕時代の絵の特徴とはどのような特徴か。その説明として最も適当なものを、次の（ア）～（エ）から一つ選べ。……………………答の番号【4】

（ア）周りの空間とは関係を持たず、それ自体を見る対象として描かれる。
（イ）周りの空間との調和を保ち、移動性を重視した様式になっている。
（ウ）周りの空間と混ざりあうことで、だんだんと場所性を喪失する。
（エ）周りの空間と融合して場所性を持ち、その場所を際立たせる。

＜国語＞

時間　五〇分　　満点　五〇点

【注意】字数制限がある場合は、句読点や符号なども一字に数えなさい。

一　次の文章を読み、問い(1)～(9)に答えよ。（20点）

原始時代は洞窟壁画に見られるように、絵は自然の暗い岩壁に描かれた。そして農耕時代では神殿の壁、時が下ると教会の壁そして宮殿の壁になった。その後産業社会が興《おこ》り、住居の概念が変わりつつ移動する壁つまり板や布、紙などによるキャンバスが登場し、幾度の変化を経て今日のそれに至っている。絵画は、自然の洞窟や神殿、教会、宮殿までは空間と絵が一体化し特定な場所性を持つものであった。中世から近世にかけて移動性が重視されると、絵は徐々に場所性を失い、独自の存在様式に向かう。キャンバスのような移動可能な軽い＊支持体とさまざまなフレームの発明である。場所を引き立てる絵画であった時は、住居の空間構成そのものがフレームの役割を担《にな》っていたものだが、移動式の絵となるや、いわゆるフレームの囲いで内側を聖域視する仕組みができた。つまりキャンバスに描かれた絵はフレームに閉じ込められ、外部から遮断された独立空間として成立したというわけである。

そしてようやく現代美術になって、閉じた絵画様式が解体され、支持体が多様化し［　　］もはずれた。同時に絵は裸となり、それ自体を見る対象（object）になった。絵はキャンバスによるものであろうと他のａ素材によるものであろうと、＊ミニマル・アートが示すように、絵を持つ物体として新たな存在性を獲得した。とはいえ、現代美術においてフレームのない絵の意味は決してｂ一律的ではない。ｃ古い時代の絵のように、それが場所または観念として、周りの空間と連なったり溶けあうものである場合は少ない。むしろ作品が閉鎖的自立的でありながら、共存的刺激的な対象（object）として、空間や観客と直《じか》に結び付く。絵は元は非対象的な空間だったのが、＊抽象絵画の観念空間の時期を経て、見る対象（object）と化したと言うこと。絵はそれ自体として見るものとなると同時に、空間を占めるものとして仕組まれるや対象（object）性が強まり、平面性は＊二次的になった。この傾向は明らかに、キャンバスの物体性つまりその存在性をｄ浮き彫りにする性格を強めた。

描かれる対象（object）ということは、平面のキャンバスを用いたとしても、絵が三次元性の物体であることを意味する。キャンバスが支持体であることを超えて、独自な存在性を獲得する上で、この三次元の物体の性格は重要である。しかしそれは単なる物体ではない。奇妙な生きもののような物体でいわば矛盾的存在なのだ。キャンバスはれっきとした物体でありながら、その白い表面の広がりや緊張感のある張り具合などから、こちらの精神や感覚を刺激する不思議な非物質性を帯びる。私はそこに二次元的なフィールドとして捉え直すことのできるｅキャンバスの両義性、矛盾律を読み取る。こうしてキャンバスは、その物体性と非物質的性格の結合による新たな平面次元として蘇《よみがえ》った。だから私にとってキャンバスは、物体であると同時に非物質であり、三次元であると同時に二次元なのだ。私とキャンバスとの関わり次第で、周りの壁や空間と連動する可能性が開かれた。

キャンバスは、その二重性故に周りの空間との連動性と、非物質的なイメージを呼び起こす、特殊なフィールドの性格を持つに至った。この奇妙な存在性こそが、絵画を生きものにする。つまり絵画は、物

2023年度

解　答　と　解　説

《2023年度の配点は解答用紙集に掲載してあります。》

＜数学解答＞

1　(1)　81　(2)　$-\frac{5}{24}y$　(3)　$11\sqrt{2}$　(4)　$x=3$，$y=\frac{1}{3}$　(5)　$a=9$

(6)　$4x^2+4xy+y^2-25$　(7)　$x=\frac{-1\pm\sqrt{7}}{6}$　(8)　$\angle x=59°$　(9)　$\frac{1}{6}$

2　(1)　$a=2$，$b=14$　(2)　13本　**3**　(1)　$2\sqrt{2}$ cm　(2)　$\frac{4}{3}$cm^3　(3)　$\frac{4\sqrt{3}}{3}$cm

4　(1)　$a=12$，面積36　(2)　$\frac{8}{5}$　**5**　(1)　解説参照　(2)　$\frac{7}{4}$cm　(3)　$\frac{200}{39}$cm

6　(1)　72個　(2)　420個　(3)　55

＜数学解説＞

1　(数・式の計算，平方根，連立方程式，関数$y=ax^2$，式の展開，二次方程式，角度，確率)

(1)　四則をふくむ式の計算の順序は，指数→かっこの中→乗法・除法→加法・減法となる。$-3^2=-(3\times3)=-9$，$(-4)^2=(-4)\times(-4)=16$だから，$-3^2\times\{7-(-4)^2\}=-9\times(7-16)=-9\times(-9)=81$

(2)　分母を6と8の最小公倍数の24に通分して，$\frac{3x-2y}{6}-\frac{4x-y}{8}=\frac{4(3x-2y)}{24}-\frac{3(4x-y)}{24}=\frac{4(3x-2y)-3(4x-y)}{24}=\frac{12x-8y-12x+3y}{24}=\frac{12x-12x-8y+3y}{24}=-\frac{5}{24}y$

(3)　$3\sqrt{50}-\sqrt{2}-\sqrt{54}\div\sqrt{3}=3\sqrt{50}-\sqrt{2}-\frac{\sqrt{54}}{\sqrt{3}}=3\sqrt{50}-\sqrt{2}-\sqrt{\frac{54}{3}}=3\sqrt{50}-\sqrt{2}-\sqrt{18}=3\sqrt{2\times5^2}-\sqrt{2}-\sqrt{2\times3^2}=15\sqrt{2}-\sqrt{2}-3\sqrt{2}=(15-1-3)\sqrt{2}=11\sqrt{2}$

(4)　連立方程式$\begin{cases}2x-3y=5\cdots① \\ 3x-(4x-6y)=-1\cdots②\end{cases}$　②を整理して，$3x-4x+6y=-1$　$-x+6y=-1\cdots②'$　①×2+②′より，$(2x-3y)\times2+(-x+6y)=5\times2+(-1)$　$4x-6y-x+6y=10-1$　$3x=9$　$x=3$　これを②′に代入して，$-3+6y=-1$　$6y=2$　$y=\frac{1}{3}$　よって，連立方程式の解は，$x=3$，$y=\frac{1}{3}$

(5)　関数$y=-2x^2$について，$x=a$のとき$y=-2a^2$，$x=a+2$のとき$y=-2(a+2)^2$だから，xの値がaから$a+2$まで増加するときの変化の割合は$\frac{-2(a+2)^2-(-2a^2)}{(a+2)-a}=\frac{-2(a+2)^2+2a^2}{(a+2)-a}=\frac{-2\{(a+2)^2-a^2\}}{(a+2)-a}=\frac{-2\{(a+2)+a\}\{(a+2)-a\}}{(a+2)-a}=-2\{(a+2)+a\}$　これが-40に等しいから，$-2\{(a+2)+a\}=-40$　$2a+2=20$　$a=9$

(6)　$(2x+y+5)(2x+y-5)$について，$2x+y=\mathrm{A}$とおくと，$(2x+y+5)(2x+y-5)=(\mathrm{A}+5)(\mathrm{A}-5)=\mathrm{A}^2-5^2=\mathrm{A}^2-25$　ここで，Aを$2x+y$にもどして，$\mathrm{A}^2-25=(2x+y)^2-25=(2x)^2+2\times2x\times y+y^2-25=4x^2+4xy+y^2-25$

(7)　**2次方程式$ax^2+bx+c=0$の解は，$x=\frac{-b\pm\sqrt{b^2-4ac}}{2a}$**で求められる。問題の2次方程式は，$a=6$，$b=2$，$c=-1$の場合だから，$x=\frac{-2\pm\sqrt{2^2-4\times6\times(-1)}}{2\times6}=\frac{-2\pm\sqrt{4+24}}{12}=\frac{-2\pm\sqrt{28}}{12}=\frac{-2\pm2\sqrt{7}}{12}=\frac{-1\pm\sqrt{7}}{6}$

(8)　直線EFと辺BCとの交点をPとする。五角形の内角の和は$180^\circ\times(5-2)=540^\circ$だから，正五角形の1つの内角の大きさは$540^\circ\div5=108^\circ$　△BEPの**内角と外角の関係**から，∠EPB=∠AEF−∠EBP=(∠AED+∠DEF)−∠EBP=$(37^\circ+108^\circ)-60^\circ=85^\circ$　△GFPの内角と外角の関係から，∠FGP=∠EFG−∠FPG=∠EFG−$(180^\circ-$∠EPB$)=108^\circ-(180^\circ-85^\circ)=13^\circ$　よって，$\angle x=180^\circ-$(∠FGP+∠FGH)$=180^\circ-(13^\circ+108^\circ)=59^\circ$

(9)　2本のあたりくじを「あ1」,「あ2」, 2本のはずれくじを「は1」,「は2」と表すと，3人のくじのひき方は右図の樹形図のようになり，全部で24通りのひき方がある。このうち，花子さんだけがあたりくじをひくのは☆印を付けた4通りだから，求める確率は$\frac{4}{24}=\frac{1}{6}$

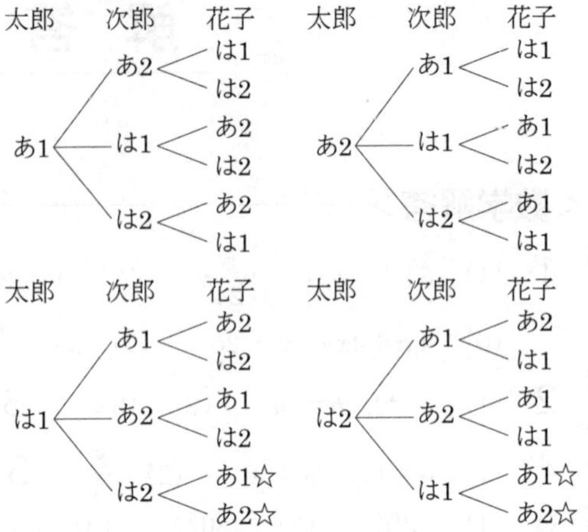

2 (資料の散らばり・代表値)

(1)　生徒9人がそれぞれ拾ったペットボトルの本数の**平均値**はちょうど8本であったから，$(3+9+15+6+11+8+4+a+b)\div9=8$　整理して，$a+b=16$　これを満足するa, bの値は，$0<a<b$であることを考慮すると，$(a,\ b)=(1,\ 15)$, $(2,\ 14)$, $(3,\ 13)$, $(4,\ 12)$, $(5,\ 11)$, $(6,\ 10)$, $(7,\ 9)$の7通り。このうち，生徒9人がそれぞれ拾ったペットボトルの本数がすべて異なるのは$(a,\ b)=(2,\ 14)$のとき。

(2)　(1)より，生徒9人がそれぞれ拾ったペットボトルの本数を少ない順に並べると2，3，4，6，8，9，11，14，15(本)である。これより，先生が拾ったペットボトルの本数をt本とするとき，$0\leqq t\leqq3$の場合，**第1四分位数**=3，**第3四分位数**=11，**四分位数範囲**=11−3=8となり，問題の条件に合わない。$4\leqq t\leqq11$の場合，第1四分位数=4，第3四分位数=11，四分位数範囲=11−4=7となり，問題の条件に合わない。$t=12$の場合，第1四分位数=4，第3四分位数=12，四分位数範囲=12−4=8となり，問題の条件に合わない。$t=13$の場合，第1四分位数=4，第3四分位数=13，四分位範囲=13−4=9となり，問題の条件に合っている。$14\leqq t$の場合，第1四分位数=4，第3四分位数=14，四分位範囲=14−4=10となり，問題の条件に合わない。以上より，先生が拾ったペットボトルの本数は13本である。

3 (正八面体，辺の長さ，体積，点と平面との距離)

(1)　右図のように，立方体の各面の対角線の交点を結ぶと，正八面体ができる。これより，△ABFは**直角二等辺三角形で，3辺の比が1：1：$\sqrt{2}$** であることを考慮すると，AF=4(cm)のとき，正八面体の1辺の長さABは，AB：AF$=1:\sqrt{2}$より，AB$=\frac{\mathrm{AF}}{\sqrt{2}}=\frac{4}{\sqrt{2}}=2\sqrt{2}$(cm)である。

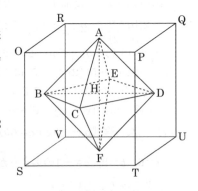

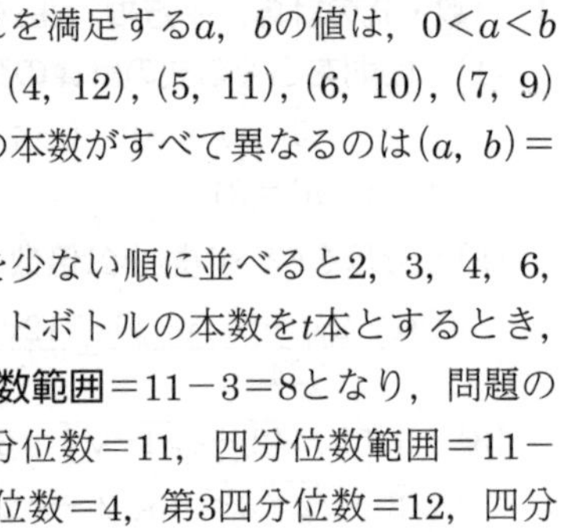

(2)　点Hは線分AFの中点でもあるから，HF$=\frac{\mathrm{AF}}{2}=\frac{4}{2}=2$(cm)　三角錐HBFEは正四角錐FBCDEを4等分したうちの1つだから，(三角錐HBFEの体積)=(正四角錐FBCDEの体積)$\times\frac{1}{4}=\frac{1}{3}\times$(正方形BCDE)×HF$\times\frac{1}{4}=\frac{1}{3}\times$BC$^2\times$HF$\times\frac{1}{4}=$

$\frac{1}{3}\times(2\sqrt{2})^2\times2\times\frac{1}{4}=\frac{4}{3}(\mathrm{cm}^3)$

(3)　(三角錐ABFCの体積)＝(三角錐HBFEの体積)×2＝$\frac{4}{3}\times2=\frac{8}{3}(\mathrm{cm}^3)$　点Aと平面BFCとの距離を$h$cmとすると，hは三角錐ABFCの底面を△BFCとしたときの高さに等しい。△BFC＝$\frac{1}{2}\times$BC$\times\left(\mathrm{BC}\times\frac{\sqrt{3}}{2}\right)=\frac{1}{2}\times2\sqrt{2}\times\left(2\sqrt{2}\times\frac{\sqrt{3}}{2}\right)=2\sqrt{3}(\mathrm{cm}^2)$より，(三角錐ABFCの体積)＝$\frac{1}{3}\times$△BFC$\times h=\frac{8}{3}$　$\frac{1}{3}\times2\sqrt{3}\times h=\frac{8}{3}$　$h=\frac{4\sqrt{3}}{3}$(cm)

4 （図形と関数・グラフ，面積，面積比）

(1)　関数$y=\frac{a}{x}$は点A(2, 6)を通るから，$6=\frac{a}{2}$　$a=6\times2=12$　よって，$y=\frac{12}{x}$　これより，B(4, 3)，C(−4, −3)　直線ABの傾き＝$\frac{3-6}{4-2}=-\frac{3}{2}$　直線ABの式を$y=-\frac{3}{2}x+b$とおくと，点Aを通るから，$6=-\frac{3}{2}\times2+b$　$b=9$　直線ABの式は$y=-\frac{3}{2}x+9$であり，D(0, 9)である。以上より，△BDC＝△BDO＋△CDO＝$\frac{1}{2}\times$OD×(点Bのx座標−0)＋$\frac{1}{2}\times$OD×(0−点Cのx座標)＝$\frac{1}{2}\times$OD×(点Bのx座標−点Cのx座標)＝$\frac{1}{2}\times9\times\{4-(-4)\}=36$

(2)　△BDEと△BCEの底辺をBEとすると，△BDEと△BCEの高さはそれぞれ，(点Dのy座標)−(点Bのy座標)＝9−3＝6，(点Bのy座標)−(点Cのy座標)＝3−(−3)＝6で等しいから，△BDE＝△BCE　これより，△BFO＝△BCE−四角形COFE＝△BDC$\times\frac{1}{2}-$△BDC$\times\frac{2}{5}=$△BDC$\times\left(\frac{1}{2}-\frac{2}{5}\right)=36\times\frac{1}{10}=\frac{18}{5}$　点Fのx座標をfとすると，△BFO＝$\frac{1}{2}\times$BF×(点Bのy座標)＝$\frac{18}{5}$より，$\frac{1}{2}\times(4-f)\times3=\frac{18}{5}$　$4-f=\frac{18}{5}\times\frac{2}{3}=\frac{12}{5}$　$f=4-\frac{12}{5}=\frac{8}{5}$

5 （相似の証明，線分の長さ）

(1)　(証明)　(例)△IGBと△IFEで，**対頂角は等しい**から，∠BIG＝∠EIF…①　長方形ABCDにおいて，AD//BCより，**平行線の錯角は等しい**から，∠ADB＝∠IBG…②　線分EDは，線分BDを**対称の軸**として，線分ADを**対称移動**させたものであるから，∠ADB＝∠GDF…③　線分EGは，線分GHを対称の軸として，線分DGを対称移動させたものであるから，∠GDF＝∠IEF…④　②，③，④から，∠IBG＝∠IEF…⑤　①，⑤から，2組の角がそれぞれ等しいので，△IGB∽△IFE

(2)　(1)②，③より，∠IBG＝∠GDFだから，△BDFはBF＝DFの二等辺三角形。EF＝$x$cmとすると，BF＝DF＝DE−EF＝$(8-x)$cm　△BEFに**三平方の定理**を用いると，$\mathrm{BF}^2=\mathrm{BE}^2+\mathrm{EF}^2$　$(8-x)^2=6^2+x^2$　$-16x=-28$　$x=\frac{7}{4}$

(3)　△ABDに三平方の定理を用いると，$\mathrm{BD}=\sqrt{\mathrm{AB}^2+\mathrm{AD}^2}=\sqrt{6^2+8^2}=10$(cm)　∠BED＝90°だから，**円周角の定理の逆**より，点Eは線分BDを直径とする円周上にある。また，(1)より，DG＝EGだから，点Gは線分BDの中点であり，BG＝EG＝$\frac{1}{2}$BD＝5(cm)　△IGB∽△IFEより，**相似比**はBG：EF＝5：$\frac{7}{4}$＝20：7　BI＝x(cm)とすると，BI：EI＝20：7より，EI＝BI$\times\frac{7}{20}=\frac{7}{20}x$　GI＝EG−EI＝$5-\frac{7}{20}x=\frac{100-7x}{20}$　GI：FI＝20：7より，FI＝GI$\times\frac{7}{20}=\frac{700-49x}{400}$　BF＝DF＝DE−EF＝$8-\frac{7}{4}=\frac{25}{4}$　以上より，BF＝BI＋FI＝$\frac{25}{4}$　$x+\frac{700-49x}{400}=\frac{25}{4}$　これを解いて，$x=\frac{200}{39}$

6　(規則性)

(1)　数値ボックスに1，2，3をそれぞれ入力したとき，表示される4種類の矢印の個数を整理すると右表のようになる。この規則性より，数値ボックスに4を入力したとき，表示される4種類の矢印の個数の合計は$4^2\times2+(4^2+4)\times2=72$(個)

数値ボックスに入力した自然数	1	2	3	…	n
右矢印(→)の個数	1	4	9	…	n^2
上矢印(↑)の個数	1	4	9	…	n^2
左矢印(←)の個数	2	6	12	…	n^2+n
下矢印(↓)の個数	2	6	12	…	n^2+n

(2)　右上表で$n=20$と考える。左矢印の個数はn^2+nなので，$20^2+20=420$(個)

(3)　右上表で$n^2+(n^2+n)+(n^2+n)-n^2=6160$の$n$の値を求める。$2n^2+2n=6160$　$2n(n+1)=6160$　$n(n+1)=3080$　$n^2+n-3080=0$　$(n-55)(n+56)=0$　nは自然数だから$n=55$

<英語解答>

1　(1)　(例)Have you ever been　(2)　(a)　(例)Where did you have
(b)　(例)playing the guitar

2　(1)　for　(2)　ウ　(3)　ア　(4)　エ

3　(1)　カ→エ→イ→ア→ウ→オ　(2)　②　trying　⑥　felt　(3)　A
(4)　オ→ア→エ→イ→ウ　(5)　イ　(6)　Ⅰ群　エ　Ⅱ群　キ
(7)　(a)　(例)No, they don't.　(b)　(例)They were like stars.　(8)　ウ，オ
(9)　(a)　ア　(b)　many beautiful things around us　(c)　(例)change your actions a little

4　(1)　イ　(2)　ア　**5**　(1)　エ　(2)　イ　**6**　(1)　ア　(2)　ウ

<英語解説>

1　(会話問題：語句補充・選択，助動詞，現在・過去・未来と進行形，現在完了，不定詞，分詞の形容詞的用法)

(1)　(会話文訳)　①　今週末に何か予定はあるの？／②　うん，家族と一緒に動物園に行くの。以前にそこへ行ったことがある？／③　うん，ある。たくさんの動物を見て，ライオンの赤ちゃんがとてもかわいかった。／④　わあ，すごい！　早く行きたい。　(解答例)　Have you ever been there before?　空欄の文は，「以前にそこ～？」で次の③では Yes, I have とあることから，完了形の疑問文と想定できる。解答例では，「そこへ行ったことがあるか？」と経験を聞く完了形の疑問文としている。

(2)　ケイト：冬休みはどうだった？／ダイキ：よかったよ。音楽のイベントがあって，楽しかった。／ケイト：いいね。それは①どこであったの？／ダイキ：ぼくたちの学校であった。見て。これがその写真。／ケイト：うわー！あなたが歌っているね！　あなたのとなりで②ギターを弾いている男の子は誰？／ダイキ：ケンタだよ。彼はギターが上手で，歌もうまい。
①　(解答例)Where did you have it?　①空欄のあとダイキは「学校であった」と言っ

ているので，これを問う疑問文を①に入れたい。解答例では「どこで？」と聞いている。 ② (解答例)Who is the boy playing the guitar next to you? ② 空欄の後の発話では「彼はそれが上手だ」と言っていて，問題の絵を見るとギターを弾いていることから，空欄には「ギターを弾く」が適当。解答例は the boy playing the guitar であり playing~は boy を説明する**現在分詞の形容詞用法**で「ギターを弾く男の子」という意味になる。

2 (会話文：図・絵・表・グラフなどを用いた問題，語句補充，文の挿入・文の並べ換え，内容真偽，現在・過去・未来と進行形，助動詞，前置詞，現在完了，不定詞，動名詞，比較，受け身)

(全訳) ルーシー：こんにちは，広斗。何を見ているの？

広斗　　：やあ，ルーシー。ぼくはスマホで「ワカバ」というアプリを見ているんだよ。

ルーシー：それは何？

広斗　　：ワカバ市が作ったアプリだよ。このアプリは，この町の観光の場所を紹介している。

ルーシー：なるほど。そのアプリをよく使うの？

広斗　　：うん，①例えば先週アプリで調べてからワカバ湖とワカバ寺に行った。それは楽しかった。

ルーシー：それはいいね。私もアプリを使いたいけれども，日本語がよくわからない。

広斗　　：アプリでは英語で情報を得ることができるよ。今，きみのために英語を選択してみる。

ルーシー：ありがとう。このアプリで，英語で情報が得られるのはうれしい。私の姉妹が来月，彼女の国からワカバ市に来る予定だけれども，ここで観光する場所がわからない。私はここに2か月②間住んでいる。だから，アプリを使って彼女と一緒に町を歩きたいの。

広斗　　：どんな場所に行きたい？

ルーシー：そうね，この町には有名な鉄道があると聞いた。

広斗　　：ワカバ鉄道だね。約40年前に作られて，この鉄道ではサクラ駅からカエデ駅まで電車が走っている。2つの駅の間には，他に15個の駅があるんだ。電車はワカバ川沿いを走るので，電車からの景色も楽しめるね。

ルーシー：あなたは鉄道に詳しいのね。

広斗　　：アプリで鉄道の情報を手に入れたんだ。音声案内を聞くことができるよ。

ルーシー：すばらしいアプリだと思う。私の姉妹は美術が好きで，彼女と一緒に美術館に行きたい。

広斗　　：では，③ワカバ美術館はどうかな？　ミナト駅近くだよ。

ルーシー：なるほど。駅からそこへはどうやって行くの？

広斗　　：じゃあ，アプリを見てみようか。駅からワカバ湖の方へ歩く。最初の角を右に曲がり，通りに沿って歩く。左手に湖が見える。そして，角を左に曲がる。右側に美術館が見えるよ。

ルーシー：なるほど。美術館の周辺で他に観光する場所を知っている？

広斗　　：そうだね，ワカバ寺はどう？　外国人にも人気の場所だね。

ルーシー：いいね。彼女は日本文化に興味があるので，④私と一緒にお寺に行って日本文化を楽しんでくれるかもしれない。

広斗　　：アプリを使ってワカバ市を楽しむことができればいいね。

(1) for ① exampleに続くので for example(たとえば)とすると前後の文と意味が通る。 ② 空欄を含む文は，「私はここに2か月間住んでいる」と考えられることから時間を表す for (~の間)とすると，空欄①の単語と共通するのでこれが適当。②のある文の I have lived~は現在完了の継続用法で,「2か月間続けて住んでいる」という表現になる。

(2)　下線③のワカバ美術館への行き方は，問題本文の第18番目の広斗の発話 Well, let's look ~にあり,「駅からワカバ湖へ歩く。最初の角を右に曲がり，道沿いを歩き，左手に湖が見えたら角を左に曲がる。右側に美術館が見える」あるので，選択肢ウが適当。

(3)　(ア)　彼女は私と一緒にお寺に行き，そこで日本の文化を楽しむかもしれません(○)
(イ)　私たちが他の町を歩いているとき，彼女はアプリを使って楽しんでいるかもしれません
(ウ)　今月，私はアプリを使って彼女をお寺に連れて行きます　(エ)　私はあなたにお寺に行って日本の文化を学んでほしい　空欄④の前では,「ルーシーの姉妹が日本へ来た時に訪れる場所はワカバ寺がいい，彼女は日本文化に興味があるから」とあるので，この文脈に続く文としてはアが適当。選択肢イの enjoy using the app の using は動名詞で「アプリを使うことを楽しむ」とusing~が enjoy の目的語になっている。

(4)　(ア)　広斗はルーシーに，先週2か所に行って，後でその場所をアプリで調べたと話した。
(イ)　広斗はルーシーに，ワカバ鉄道は約40年前に建設され，駅は15個しかないと話をした。
(ウ)　ルーシーはすでにアプリを持っているので，ワカバ市で姉妹と一緒に訪れるべき場所をよく知っている。　(エ)　ルーシーは日本語がよくわからないので，アプリで，英語で情報を得られるのはうれしい(○)。　問題本文第9番目のルーシーの発話第2文 I am happy~では,「(日本語がわからないので)このアプリで，英語で情報が得られるのはうれしい」と言っていることからエが適当。選択肢ウの places to visit は to 不定詞の形容詞用法で，places を後ろから説明して「訪れるべき場所」となる。

3 (長文読解：語句の並べ換え，文の挿入・文の並べ換え，英問英答，自由・条件英作文，語形変化，内容真偽，語句補充・選択，語句の解釈・指示語，不定詞，接続詞，助動詞，関係代名詞，現在・過去・未来と進行形，動名詞，形容詞・副詞，文の構造)

(全訳)　私には叔父がいて，叔父は家族と一緒に海の近くに住んでいます。私の家族と一緒に叔父を訪ねるとき，私はいつも叔父と叔父の息子のケンと一緒に泳ぎます。海には私たちのお気に入りの地点があり，そこではたくさんの美しいサンゴを見ることができます。

昨年，私たちは夏にお気に入りの地点の1つで泳ぎました。しかし，サンゴが見えなかったのには驚きました。私は叔父に,「あの地点で2年前には美しいサンゴをたくさん見たのに，今日は見なかった。どうして？　知っているならば，①海で何が起こったのかぼくに話してください」と言いました。「そうだね，去年はサンゴがたくさん滅んだんだ。夏の間の異常気象のために，海が高温になりすぎた。他の場所でもたくさんのサンゴが滅んだ，そして今，多くの人々がサンゴを海に取り戻そうと，懸命に②努力している」と叔父は言いました。私は「【A】　彼らは何をしているの？　もっと知りたい」と言いました。叔父は「ひとつは，海水の温度が正常に戻ってから，サンゴを移植すること。ツアーでサンゴを移植する人々がいて，そしてケンと私は夏の間，ツアーのガイドをすることもあるんだ。来週もやるよ」と言いました。私は,「サンゴを海に取り戻すために，何かぼくにできることがあればやりたい」と言いました。叔父は「では，一緒にツアーに参加しよう」と言い，私はそれに参加することを決めました。

ツアー当日は晴れでした。叔父とケンと一緒に海の近くの小さな建物を訪れ，そこで他の何人かのガイドに会いました。そこでツアーに参加する他の人たちにも会い，叔父は「今日は2つの地点に行く予定です。【B】　それらの地点では，5年前に海が高温になりすぎて，サンゴがたくさん滅んでしまいました。けれども，今回のツアーの③第一地点では，私たちは3年前にサンゴを移植し，今そこでは美しいサンゴを見ることができます。第二地点では，サンゴを移植する予定です」

と言いました。叔父は私たちにいくつかの小さなサンゴを見せて，「これが私たちが移植するサンゴです」と言いました。

第一地点では，私たちはたくさんの美しいサンゴを見ました。【C】 それらの周りには，たくさんの小さな魚がいました。サンゴを移植すれば，再び美しいサンゴが見られるし，再びたくさんの魚も見られることを実感しました。ツアーの前に④それは想像していませんでした。第二地点では，海に潜ってサンゴを移植しました。サンゴの移植を終えてそれらを再び見たとき，私は星のことを考えました。サンゴは星のようでした。私もお気に入りの場所にサンゴを移植して，将来再び美しいサンゴを見たいと思いました。

船に戻ると，私はケンに「今日移植したサンゴは，また海が高温になりすぎたら滅んでしまうのかな？」と言いました。彼は，「そうだね。でも，何もしなければ，サンゴは取り戻せない。問題を見つけたら，ぼくたちは何かをするべきだ。もちろん，サンゴのために環境を守ることが一番大切だね」と言いました。私は，「わかった。【D】 サンゴを救うために，何かできることはあるかな？」と言いました。彼は，「そうだね。今では，地球温暖化のために異常気象がより頻繁に起きている。また，地球温暖化のために海が高温になっている。私たちがサンゴを救いたいのであれば，地球温暖化について考えなければならない。それを止めるために，ぼくたちは何ができるのかな？」私は「あまり電気を使わないほうがいいと思う」と答えました。また，「買い物に行くときはマイバッグを持っていくべきで，ビニール袋を使いすぎてはいけない。ああ，サンゴを救うためには日常生活で，できることがたくさんあるのだと今わかった」とも言いました。ケンは「気が付いてよかった。ぼくたちは電気などを作るときに，温室効果ガスを排出している。だからぼくたちの行動について考えることが大切なんだ」と言いました。私は「⑤自分の行動についてもっと考えることにする」と言いました。

昨年の夏，私たちのお気に入りの場所で泳いだとき，私は悲しいと⑥感じました。地球温暖化のためにサンゴが滅んでいるとは思いませんでした。今，私たちの身の回りにある多くの美しいものに同じことが起こり，それらを将来見ることがなくなるかもしれないと考えています。私たちは皆，それを認識し，行動を起こすべきです。私は去年の夏から少し行動を変えたので，みなさんにもそうしてもらいたいです。そうすることで，みなさんはきっと多くの身の回りのものを救うことができると確信しています。

(1)　カ→エ→イ→ア→ウ→オ　If you know, please [(カ)tell (エ)me (イ)what (ア)happened (ウ)in (オ)the sea].（あなたがもし知っているならば，海で何が起こったのか私に話してください）　単語には happened と what があるが，問題の文は疑問文(～？)ではないので what happened で「何が起きた」としたい。tell A B で「AにBを話す」。

(2)　②　try の前には are と be 動詞があるので，try は現在進行形 trying か過去分詞 tried のどちらかと考えられる。try のある文の主語は many people であり，文脈からすると，受け身 are tried ではなく現在進行形 are trying が適当と考えられる。　⑥　feel のある文は，昨年の夏のことを表現しているので過去時制であり，動詞は過去形にして felt が適当。

(3)　（問題文訳）　彼らは何をしますか？　【A】～【D】の各空欄前後の意味を合わせて，文を入れる空欄を選びたい。選択肢では【A】が適当。

(4)　オ→ア→エ→イ→ウ　ア　多くのサンゴが第一地点で滅んだ。　イ　良はツアーの第一地点について聞いた。　ウ　良は第一地点で美しいサンゴを見た。　エ　人々は第一地点でサンゴを移植した。　オ　第一地点で海が高温になりすぎた。　本文で選択肢それぞれの時期を確認すると，アは5年前（問題本文第3段落第3文 We also met～の発話），イは昨年叔父を尋ねた時のツアーの前の説明（同），ウはツアーの最中（同第4段落最初の文 At the first,～），エは3年前の出来事(本文第3段落第3文 We also met～の発話)，オは5年前に起きてこれが原因でア(サンゴが滅びる)が発生した(問題本文第3段落第3文 We also met～の発話)となる。したがって，オ→ア→エ→イ→ウが適当。

(5) 下線部④thatの文は，「ツアーの前にそれは想像していなかった」であり，前の文を受けてのことだと考えられる。前の文 I realized that～では，「サンゴを移植すれば再び美しいサンゴが見られるし，たくさんの魚も再び見られることを実感した」とあるので，that はこの部分を指すことからイが適当。

(6) Ⅰ群 (ア)難しい (イ)不可能な (ウ)面白い (エ)必要な(○) Ⅱ群 (カ)異常気象に関するいくつかの事実 (キ)地球温暖化を止めるためのいくつかの例(○) (ク)良とケンにとって何か特別なこと (ケ)環境について何か新しいこと (正答訳) ケンは良に，サンゴを救いたいなら地球温暖化について考える i 必要があると言いました。良はケンに ii 地球温暖化を止めるためのいくつかの例を話し，良はサンゴを救うためにできることがたくさんあることがわかりました。だから，彼は自分の行動についてもっと考えることを決めました。 空欄 i の文では「サンゴを救いたいなら地球温暖化について考える」とあり，問題本文では第5段落第4文 He said, “Yes～が該当し，この文を参考に空欄を埋める単語を選びたい。この文で we have to think ～「考えなければならない」とある部分が空欄に相当するので「考える必要がある」と読み替えると necessary が適当。 空欄 ii の文では「良がケンへ何かを言って，良がサンゴを救うためにできることがたくさんあることに気が付いた」とわかる。良がサンゴを救うことができると気が付いたのは，問題本文では第5段落第6文の中の Oh, now I～にあたる。この文の前では，サンゴを救うための(地球温暖化を防止するための)具体的な行動(電気の節約，ビニール袋を使い過ぎない)が書かれているので，選択肢ではキが適当。選択肢キの to stop～は不定詞の副詞用法で「～を止めるために」という目的を表現している。

(7) (a) (解答例)No, they don’t. (問題文と解答例訳)良の叔父とケンは一年を通してツアーのガイドとして働いていますか？ いいえ，そうではありません。 問題文は Do～? という疑問文なので，yes/no で答える解答文とする。問題本文第2段落第6文 He said, “One～には，「ケンと私(叔父)は夏の間，ツアーのガイドをする」とあるので，No～が適当。 (b) (解答例)They were like stars. (問題文と解答例訳)サンゴの移植を終えた時，良にとってサンゴはどんな感じでしたか？ それらは星のようでした。 サンゴの移植は，問題本文第4段落第6文 When I finished～と次の文 The corals were～に「サンゴの移植を終えたとき，サンゴは星のように感じた」であり，これらの文を参考の解答文を作りたい。

(8) (ア) 去年の夏，良は叔父とケンと一緒にサンゴを移植したかったので，彼の叔父を訪ねた。 (イ) ツアー当日，ツアーに参加した人たちは，第二地点で大きなサンゴを移植した。 (ウ) 良がツアーで移植したサンゴは，将来また海が高温になりすぎると滅んでしまう。(○) (エ) ケンは，サンゴを救う最善の方法はサンゴを移植することだと考え，そうすることが重要であると信じている。 (オ) 良は，サンゴを救うために日常生活でできることがたくさんあることを見つけ出し，それがケンをうれしくさせた。(○) 問題本文第5段落の最初の文 When I returned～では「良が今日移植したサンゴは，また海が高温になりすぎると滅んでしまうのか」とケンに聞くと，その次の文 He said, “Yes～でケンは「そうだ」と答えていることから，選択肢ウが適当。また，問題本文第5段落第6文 I also said～では，良が「サンゴを救うために日常生活でできることがたくさんある」と言い，その次の文 Ken said, “I’m～でケンが「気が付いてよかった」と言っていることから，選択肢オが適当。選択肢イの people who joined the tour の who は主格の関係代名詞で，who～が people を説明して「ツアーに参加した人々」となる。

(9)　(問題文と正答訳)　康太: 昨日テレビを見ていたら，地球温暖化のために京都のいくつかのお寺で苔が枯れているというニュースをやってた。／エミリー：本当？　私は京都のお寺巡りが好きで，そこには苔のおかげでとてもきれいな i 庭園がたくさんあるね。苔がある美しい庭園にとって，地球温暖化が大きな問題だとは思わなかった。今，地球温暖化は本当に多くのことに対して問題だと思う。／康太：良も同じことがわかったのだと思う。良はサンゴを見ることが楽しいのだけれども，地球温暖化がサンゴにとって大きな問題だとは思っていなかった。今，ぼくたちは行動を起こすべきだと彼は考えている，なぜなら，将来 ii 身の回りにある多くの美しいものを失う可能性があるから。苔や苔のある美しい庭もその一つだと思うよね？
／エミリー：そうね。私は行動を起こす必要があると思っている。／康太：そうだね，iii ちょっと行動を変えるべきだと思う。そうすれば，多くのことを救うことができると良は言っている。きみがするべきことの一つは，買い物に行くときには，マイバッグを持っていくことだね。

(a)　空欄 i のあとは「苔があるので本当に美しく見える」とあり，これは直前の gardens を説明していると考えられるので，空欄には主格の関係代名詞が入る。選択肢ではthat が関係代名詞になりアが適当。　(b)　(正答)Now, he thinks we should take action, because we may lose many beautiful things around us in the future.　空欄 ii のある文の because 以降は，「将来[ii]を失うかもしれない」と考えられる。問題本文では最後の段落第3文 Now, I think～に，「私たちの身の回りにある多くの美しいものを，将来見ることがないかもしれない」とあるので，この文を参考に解答文を作成したい。　(c)　(解答例)Well, I think you should change your actions a little.　空欄 iii の発話は，その前のエミリーの発話 Yes. I think～「行動を起こす必要がある」を受けた内容と考えられる。これに関連する部分は，問題本文最後の段落第4文 We all should～と第5文 Since last summer～には「私たちは行動を起こすべきだ。私は去年の夏から少し行動を変えた」なので，この第5文を参考に解答を作成したい。解答例の change は助動詞 should に続くので原形とする。

4・5・6　(リスニング)

放送台本の和訳は，31ページに掲載。

2023年度英語　聞き取り検査

〔放送台本〕

これから，問題4・5・6を放送によって行います。それでは，問題4の説明をします。問題4は(1)・(2)の2つがあります。それぞれ短い会話を放送します。次に，Question と言ってから英語で質問をします。それぞれの質問に対する答えは，問題用紙に書いてあります。最も適当なものを，(ア)・(イ)・(ウ)・(エ)から1つずつ選びなさい。会話と質問は2回放送します。それでは，問題4を始めます。

(1)　A: Hi, Yuka. I have been waiting for you.

B: Hi, Emma. The movie we are going to see starts at ten thirty five. What time did you get to this theater?

A: I got here at nine forty. I thought the movie started at ten, but I was wrong.

B: You have been waiting for a long time. It's ten fifteen now. We have to wait a little.

Question: How long does Yuka have to wait for the movie with Emma?

(2) A: What's the matter, Emily?

B: Mom, I'm doing my homework, but it's difficult. Can you help me now?

A: Sorry, I can't. I want to go to the post office before it starts to rain. But your brother will come home soon, so you can ask him.

B: OK. I ll do that. I hope you will come home before it starts to rain.

Question: What will Emily ask her brother to do?

〔英文の訳〕

(1) A：こんにちは，ユカ。あなたのことを待っていた。／B：こんにちは，エマ。私たちが見ようとしている映画は10時35分に始まる。何時にこの映画館に着いたの？／A：9時40分にここに着いた。映画は10時に始まると思っていたけれども，間違っていた。／B：長い間待ったのね。今は10時15分。少し待たなければならないね。

質問：ユカは映画のために，エマと一緒にどれくらい待たなければなりませんか？

答え：(ア)　15分間。　(イ)　20分間。(○)　(ウ)　35分間。　(エ)　40分間。

(2) A：どうしたの，エミリー？／B：お母さん，宿題をやっているけれども，難しい。今手伝ってもらえる？／A：ごめんなさい，できないの。雨が降り出す前に郵便局に行きたいから。でも，あなたの兄弟がもうすぐ帰ってくるから，頼んでみて。／B：わかった。そうする。雨が降り始める前に，お母さんが家に帰ってこられるといいね。

質問：エミリーは兄弟に何をするように頼みますか？

答え：(ア)　彼女は彼に宿題を手伝ってくれるよう頼むつもりだ。(○)　(イ)　彼女は彼に，母親に傘を持ってくるように頼むつもりだ。　(ウ)　彼女は彼に母親と一緒に早く帰るように頼むつもりだ。　(エ)　彼女は彼に郵便局に連れて行ってくれるよう頼むつもりだ。

〔放送台本〕

次に，問題5の説明をします。これから，ガイドによる科学館の案内を放送します。 つづいて，英語で2つの質問をします。 それぞれの質問に対する答えは，問題用紙に日本語で書いてあります。 最も適当なものを，(ア)・(イ)・(ウ)・(エ) から1つずつ選びなさい。案内と質問は2回放送します。それでは，問題5を始めます。

Guide: Hello everyone. Welcome to Midori Science Museum. At this science museum, you can get a lot of information about science. Now, I'll tell you about each floor in this science museum. There is a restaurant on the first floor. And there are two rooms on the second floor. You can learn about nature and the history of science in each room. There is also a bookstore on that floor. You can buy books about science in the bookstore. There is one room on the third floor. You can watch three different science movies in that room. The first movie starts at ten a.m. and it is about twenty minutes. The second movie starts at eleven a.m., and the third one starts at one p.m. They are about forty minutes. But you can't watch the movie in the afternoon today because we will clean the room. You can't eat anything on the second and the third floor. If you want to eat something, please use the restaurant. Thank you.

Question (1): What can people do on the first floor in the science museum?
Question (2): How many movies will the science museum show today?

〔英文の訳〕

ガイド：皆さんこんにちは。ミドリ科学館へようこそ。この科学館では，科学に関する多くの情報を得ることができます。それでは，この科学館の各フロアについてご紹介します。1階にレストランがあります。そして2階に2部屋あります。各部屋で自然と科学の歴史について学ぶことができます。その階には書店もあります。書店では科学に関する本を買うことができます。3階に1部屋あります。その部屋では3本の違った科学映画を見ることができます。最初の映画は午前10時に始まり，それは約20分間です。2番目の映画は午前11時に始まり，3本目は午後1時に始まります。それらは約40分です。けれども，今日は部屋を掃除するので，午後から映画をみることができません。2階と3階では何も食べられません。何か食べたい場合，レストランをご利用ください。ありがとうございます。

質問(1)：この科学館の1階では何ができますか？

答え(1)：(エ)　食事ができる。

質問(2)：今日，科学館では何本の映画を上映しますか？

答え(2)：(イ)　2本

〔放送台本〕

次に，問題6の説明をします。問題6は(1)・(2)の2つがあります。それぞれ短い会話を放送します。それぞれの会話の，最後の応答の部分にあたるところで，次のチャイムを鳴らします。このチャイムのところに入る表現は，問題用紙に書いてあります。最も適当なものを，(ア)・(イ)・(ウ)・(エ)から1つずつ選びなさい。問題用紙の例題を見なさい。例題をやってみましょう。

(例題)　A: Hi, I'm Hana.
　B: Hi, I'm Jane.
　A: Nice to meet you.
　B: <チャイム音>

正しい答えは(イ)のNice to meet you, too. となります。ただし，これから行う問題の会話の部分は印刷されていません。それでは，問題6を始めます。会話は2回放送します。

(1)　A: Have you heard Kate will leave Japan this March?
　B: Yes. I think we should do something for her.
　A: Let's take a picture with her and write messages for her on it. What do you think?
　B: <チャイム音>

(2)　A: Who is the girl talking with our English teacher by the window? I see her at the park every weekend.
　B: She is Saki. I often study with her after school.
　A: She always wears cute clothes. I want to talk to her and ask her where she bought them.
　B: <チャイム音>

〔英文の訳〕

(例題)　A：こんにちは。私はハナです。
　B：こんにちは。私はジェーンです。
　A：はじめまして。

B：(イ)　こちらこそ，はじめまして。

(1)　A：ケイトがこの３月に日本を離れると聞いた？

B：うん。彼女のために何かをするべきだと私は思う。

A：彼女と一緒に写真を撮り，それに彼女へのメッセージを書こうか。どう思う？

B：(ア)　そうしよう。きっと彼女はよろこぶはず。

(2)　A：窓際で私たちの英語の先生と話している女の子は誰かな？　私は毎週末公園で彼女を見かける。

B：彼女はサキだよ。私は放課後よく彼女と一緒に勉強している。

A：彼女はいつもかわいい服を着ている。彼女と話して，どこで買ったのか聞きたい。

B：(ウ)　彼らの話が終わったら彼女へ紹介するよ。

＜国語解答＞

一　(1)　フレーム　(2)　そざい　(3)　Ⅰ　㋐　Ⅱ　㋖　(4)　㋓　(5)　㋐
(6)　Ⅰ　㋒　Ⅱ　㋗・㋘　(7)　㋑　(8)　(一)層
(9)　㊀　(例)有形や無形であることと，意識的または無意識に用いること　㊁　想像の～的存在

二　(1)　㋐　(2)　㋑　(3)　㋒　(4)　㋐・㋒　(5)　ふく(れる)　(6)　㋓
(7)　㊀　㋓　㊁　(例)ことばの使用経験の蓄積が異なる人どうしの係わりの先　㊂　㋑

三　(1)　㋐　(2)　㋒　(3)　ただ舞え・㋐　(4)　㊀　㋓　㊁　B　(例)尊重する　C　(例)時と場合を考える　㊂　㋑

＜国語解説＞

一　**(論説文－要旨，内容吟味，脱文・脱語補充，漢字の読み書き，語句の意味，用法)**

(1)　「原始時代」から始まる段落に，絵が壁画(空間と絵が一体化)から絵画(場所性の喪失)へと変化し，中世から近世にかけては**移動性の重視**によって，「キャンバスのような移動可能な軽い支持体とさまざまなフレームの発明」がされたとある。そして現代芸術では支持体の多様化，また「フレーム」に閉じ込められた閉じた絵画様式が解体された。

(2)　「素材」とはもとになる材料，まだ製材されてない材木，芸術作品の物的材料のこと。

(3)　Ⅰ　「一律」とは一つの音律，単一の調子。また，物事の調子が一様で変化がないこと，すべてが同じで例外がないこと。　Ⅱ　「浮き彫りにする」とは，平面に絵・模様・文字などを浮き上がるように彫ること。また，あるものがはっきりと見えるように目立たせること。

(4)　傍線部の直後では，古い時代の絵は「場所または観念として，周りの空間と連なったり溶けあうもの」であるとしている。「原始時代」から始まる段落に，「絵画は，自然の洞窟や神殿，教会，宮殿までは空間と絵が一体化し特定な場所性を持つもの」と具体的な場所を挙げ，**それらの場所と絵が融合するもの**であった事が述べられている。

(5)　「描かれる対象」から始まる段落に，「キャンバスはれっきとした物体でありながら，その白い表面の広がりや緊張感のある張り具合などから，こちらの精神や感覚を刺激する不思議な非物質性を帯びる」と述べ，これらが**キャンバスの両義性であり，また矛盾律**であるとしている。

(6)　Ⅰ　「広げる」は，ガ行下一段活用の動詞。　Ⅱ　「広げる」と活用が同じ動詞は，ダ行下一

段活用の「詣でる」とナ行下一段活用の「跳ねる」である。

(7)　傍線部の「う」は，推量の意味を表す助動詞。よって，同じ用法で用いられているのはイの「いくだろう」である。

(8)　「一層」とは，程度が一段と進むさま。また，むしろやかえってという意味がある。

(9)　㊀「キャンバスの在りよう用い方はさまざま」である事が述べられているのは，「人は誰しも」から始まる最後の段落だが，そこには「人は誰しも，有形無形のキャンバスを用意している。それは多分，人間の考えや感じることの展開性や伝達性に由来する。それを意識的に用いる者もいれば，ほとんど無意識のまま用いる者もいる。白いノートもキャンバスであれば，無形の想像の野もまたキャンバスである」と述べ，**キャンバスの在り方や用い方は，人によって異なるものである**としている。　㊁「キャンバスは」から始まる段落に，周りの空間との連動性，また非物質的なイメージを起こす性格を持ったキャンバスによって，絵画は生きものとなり，また「想像の羽を広げる，身体を持つ表現」「想像の羽を持つ身体的存在」としてあらわれると述べられている。

二　(論説文－要旨，内容吟味，段落構成，指示語の問題，脱文補充，漢字の読み取り，熟語，文と文節)

(1)　「いつでも」から始まる段落に，「あらゆることばは，幼き自らが当該の時間までに他者から学び，他者に教えてきたことばである。発することば自身が，常に，既に数多の反覆を経てきたものである。(中略)而して自らの言語の起源は誰もがうっすらと思い描き得る」とある。つまり，**幼い子どものことばの用い方を見る事によって，自分自身もどのようにして言語を習得してきたかが伺い知れる**のである。

(2)　「創って」「いる」と文節を分ける事ができ，また「いる」は意味を添える語として「創って」を補助する関係にある。

(3)　「教え＝学ぶ」から始まる段落に，**ことばは二つの性質を持っている事**が示されている。その一つは，「ことばは，教えて＝学んだ，形と意味と機能の経験という，過去の言語場における他者との係わりをうちに蔵しているという性質」があり，それは「言語の能力を支え」，また「生まれてきてからこれまでの実践に基礎づけられ」ており，反復によって成り立っているものであるというものだ。

(4)　「情報化」は「情報」と「化」に分ける事ができ，情報の活用度が増し，情報の価値が高まることや情報技術の進歩によって，社会が変容することを表す。また，「季節感」は「季節」と「感」に分ける事ができ，その季節らしい感じを表す。

(5)　「膨れる」とは，内側から外側に向かって大きく膨張するという意味。

(6)　[7]段落では，言語の実践において「私たちはことばによって＜既に在る意味＞をやりとりしているのでは，決してない。意味とは＜いま・ここに・新たに・実現する意味＞のことである。＜既に在る意味＞が受け渡されるのではなく，意味は常に＜係わり＞という不定の形の向こうにあって，意味にとっての振幅はいよいよ本源的な性質である」と述べ，**言語の実践から生じる意味の本質**を説いている。また[8]段落では，「さらに言えば」と[7]段落の内容を掘り下げ，「私たちが他者のことばを学ぶ根拠，学びたい根拠といったものも，(中略)言語の本源的な共生性といったありようのなかに，存する」と他者の言語を学びたいと求める事も，言語とともに人間が生きてきた事を示しているとする。

(7)　㊀「あらゆることばは社会的な存在である」から始まる[5]段落に，自らことばを発すること，またことばを発する営み自体も社会的なものであって，それらは「＜教える＞＜学ぶ＞といった契機を内包する，いかにも人間的な社会性である」と主張している。つまり，言語を話す機会において，各人が発する同じことばでも，異なる意味で発される事によって教え＝学ぶという機会を生むものであるとする。　㊁「言語の能力」から始まる段落に，「自らが用い得ることばの形は同じでも，その使用の経験の蓄積は人ごとに皆異なっている。ことばの形自体はたとえ同じであっても，ことばが係わりのうちに実現する以上，意味は常に係わりの向こうにある」とし，同じことばにしても，意味の振幅が起こる理由を説明している。　㊂ グループディスカッションにおいて，**疑問点が生じた際は，遠慮する事なく質問を行う**。そうする事によって，議論の活性化につながるのでイは誤り。

三 **(古文－要旨，内容吟味，文脈把握，脱語補充，仮名遣い，古文の口語訳)**

〈口語訳〉 常州に，観地房の阿闍梨という名の真言宗の作法によって祈祷をする僧がいて，説教なども流ちょうにこなす者が，いた。ただし，人の気持ちはお構いなしの長説法だった。堂供養の導師を務め，例の長説法をしたのだが，(その後に)雅楽が準備されており，それが童舞だったもので，特に見物の男女が多かった。説法が終わるのを待っているのだが，余りにもそれが長くて，日が傾いたので，見物の者たちも，「いやはや，説法は終わったか？」と問うたので，「この厄災(坊主)が，まだ高座にいるぞ」などと，人々は言い合っていた。そうして日が暮れたので，「とにかく舞ってしまえ」と言って，舞楽だけやってしまった。

「聖人に心はない，万物の心をもって自らの心とする」と言って，万事，人の心を守り，その時々により，状況に合わせなければならない。仏法の道理を聴きたいと思う人に対して，心静かな道場などでは，丁寧に説くべきだ。(しかし)舞楽を伴う供養では(それに見合う)心があるべきだった。

『法華経』には，「仏法に対する深い思いがある者に，口うるさく説いてはならない」という文言が見受けられる。どんなに素晴らしい内容でも，人が飽きる程になってしまえば，意味がない。(聴く者の)心に合わせるべきではなかろうか。

(1)　傍線部の主語は観地房の阿闍梨であり，それと主語が同じなのはアである。ちなみにイの主語は見物の男女，ウは見物の者共，エは人となる。

(2)　「けれ」は，「けり」の助動詞の已然形である。已然形＋ばの場合，次のような訳し方がある。①　原因・理由の「～ので」，②　偶然条件の「～と，～ところ」，③　恒時「～と，～といっても」。

(3)　語頭と助詞以外の「は・ひ・ふ・へ・ほ」は，「ワ・イ・ウ・エ・オ」と表す。また，「つづる」とはラ行四段活用の動詞であり，衣類や器物を修繕する事を意味する。

(4)　㊀　文章で述べられる「心」とは考えの事であるので，聖人は固執した考えを持たず，皆の考えを取り入れて，それを自らの考えとしている，となる。　㊁　B　童舞が見たい，見物の男女の気持ちを尊重し，早く説法を終えるべきだったと述べられている。　C　いつでも自らの調子で進めて良いというわけではなく，今回のように機(時と場合)を考えて行うべきである。　㊂　どれだけ仏法に対する深い思いがある者でも，時と場合を考えずに説法を行えば，人々は飽きて何の利益にもならないとしている。

京都府公立高等学校(中期選抜)

2023年度

入 試 問 題

2023年度

●くわしい解説……37ページ

＜数学＞

時間　40分　　満点　40点

【注意】 1　円周率はπとしなさい。
2　答えの分数が約分できるときは，約分しなさい。
3　答えが$\sqrt{\quad}$を含む数になるときは，$\sqrt{\quad}$の中の数を最も小さい正の整数にしなさい。
4　答えの分母が$\sqrt{\quad}$を含む数になるときは，分母を有理化しなさい。

1　次の問い(1)～(8)に答えよ。(16点)

(1)　$-6^2+4\div\left(-\frac{2}{3}\right)$ を計算せよ。　……………………………答の番号【1】

(2)　$4ab^2\div6a^2b\times3ab$ を計算せよ。　……………………………答の番号【2】

(3)　$\sqrt{48}-3\sqrt{2}\times\sqrt{24}$ を計算せよ。　……………………………答の番号【3】

(4)　次の連立方程式を解け。　……………………………答の番号【4】

$$\begin{cases} 4x+3y=-7 \\ 3x+4y=-14 \end{cases}$$

(5)　$x=\sqrt{5}+3$，$y=\sqrt{5}-3$のとき，xy^2-x^2y の値を求めよ。
……………………………答の番号【5】

(6)　関数 $y=\frac{16}{x}$のグラフ上にあり，x 座標，y 座標がともに整数となる点の個数を求めよ。
……………………………答の番号【6】

(7)　右の図において，AB∥EC，AC∥DB，DE∥BCである。また，線分DEと線分AB，ACとの交点をそれぞれF，Gとすると，AF：FB＝２：３であった。BC＝10㎝のとき，線分DEの長さを求めよ。
……………………………答の番号【7】

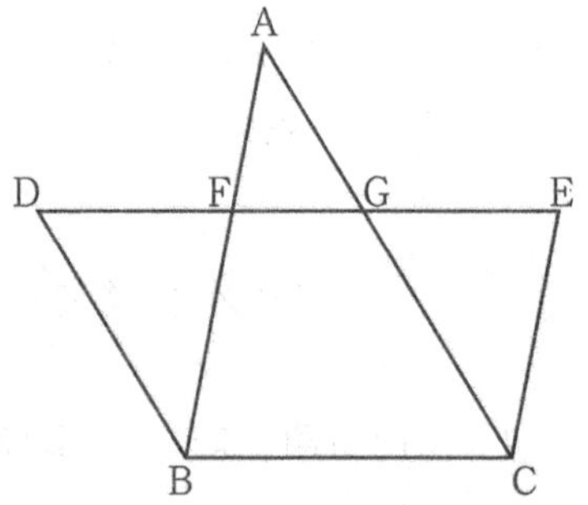

(8)　３学年がそれぞれ８クラスで編成された，ある中学校の体育の授業で，長なわ跳びを行った。次のページの図は，各クラスが連続で跳んだ回数の最高記録を，学年ごとに箱ひげ図で表そうとしている途中のものであり，１年生と２年生の箱ひげ図はすでにかき終えている。また，あとの資料は，３年生のクラスごとの最高記録をまとめたものである。図の１年生と２年生の箱

ひげ図を参考にし，答案用紙の図に３年生の箱ひげ図をかき入れて，図を完成させよ。

……………………………答の番号【８】

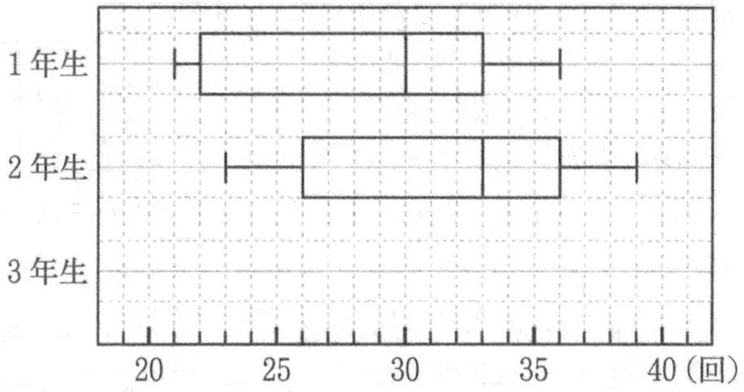

資料　３年生のクラスごとの最高記録（回）

28，　39，　28，　40，　33，　24，　35，　31

2　底面の半径が５cmの円柱と，底面の半径が４cmの円錐《すい》があり，いずれも高さは３cmである。この２つの立体の底面の中心を重ねてできた立体をXとすると，立体Xの投影図は右の図のように表される。

このとき，次の問い(1)・(2)に答えよ。（４点）

(1)　立体Xの体積を求めよ。

……………………………答の番号【９】

(2)　立体Xの表面積を求めよ。

……………………………答の番号【10】

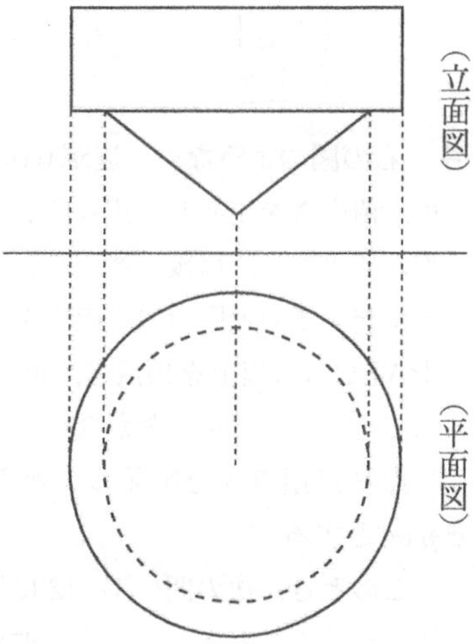

3　右のⅠ図のように，袋Xと袋Yには，数が１つ書かれたカードがそれぞれ３枚ずつ入っている。袋Xに入っているカードに書かれた数はそれぞれ１，９，12であり，袋Yに入っているカードに書かれた数はそれぞれ３，６，11である。

真人さんは袋Xの中から，有里さんは袋Yの中からそれぞれ１枚のカードを同時に取り出し，取り出したカードに書かれた数の大きい方を勝ちとするゲームを行う。

Ⅰ図

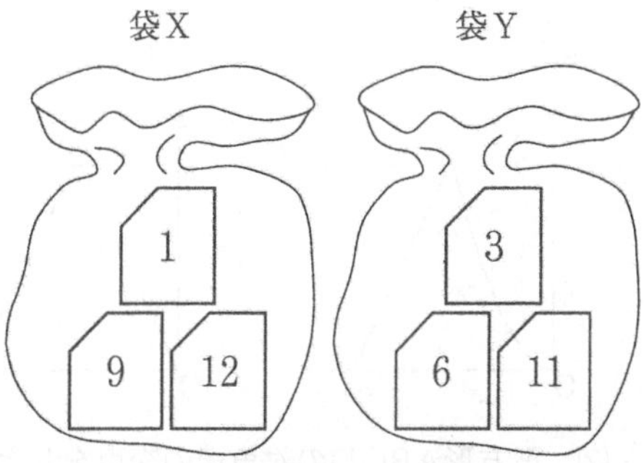

このとき，次のページの問い(1)・(2)に答えよ。ただし，それぞれの袋において，どのカードが取り出されることも同様に確からしいものとする。

（４点）

(1) 真人さんが勝つ確率を求めよ。 ……………………………答の番号【11】

(2) 右のⅡ図のように，新たに，数が１つ書かれたカードを７枚用意した。これらのカードに書かれた数はそれぞれ２，４，５，７，８，10，13である。４と書かれたカードを袋Xに，２，５，７，８，10，13と書かれたカードのうち，いずれか１枚を袋Yに追加してゲームを行う。

Ⅱ図

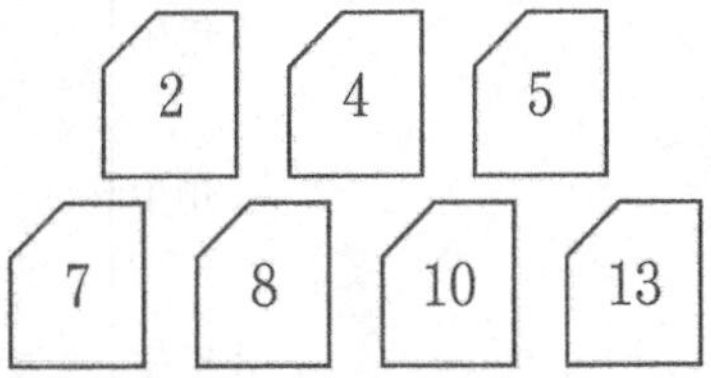

このとき，真人さんと有里さんのそれぞれの勝つ確率が等しくなるのは，袋Yにどのカードを追加したときか，次の(ア)～(カ)から**すべて**選べ。 ……………………………答の番号【12】

(ア) 2　(イ) 5　(ウ) 7　(エ) 8

(オ) 10　(カ) 13

4　右の図のような，１辺が６cmの正方形ABCDがある。点Pは，頂点Aを出発し，辺AD上を毎秒１cmの速さで頂点Dまで進んで止まり，以後，動かない。また，点Qは，点Pが頂点Aを出発するのと同時に頂点Dを出発し，毎秒１cmの速さで正方形ABCDの辺上を頂点C，頂点Bの順に通って頂点Aまで進んで止まり，以後，動かない。

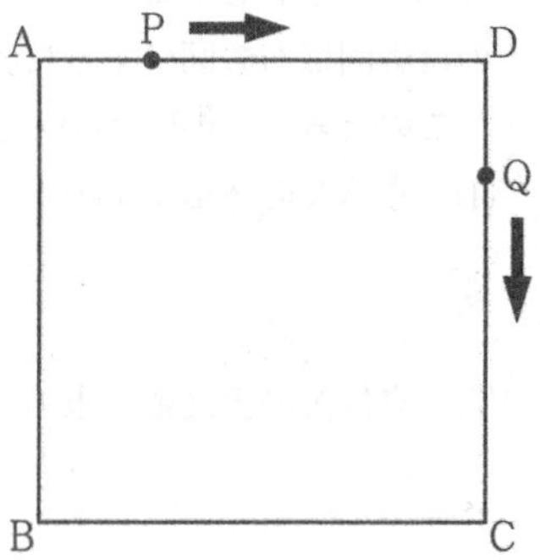

点Pが頂点Aを出発してから，x 秒後の△AQPの面積を y cm²とする。

このとき，次の問い(1)・(2)に答えよ。（５点）

(1) $x=1$ のとき，y の値を求めよ。また，点Qが頂点Dを出発してから，頂点Aに到着するまでの x と y の関係を表すグラフとして最も適当なものを，次の(ア)～(エ)から１つ選べ。 ……………………………答の番号【13】

(ア)

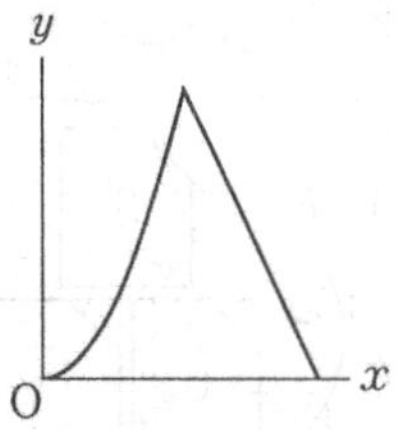

(イ)

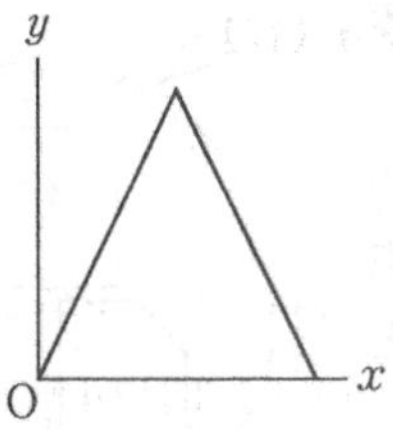

(ウ)

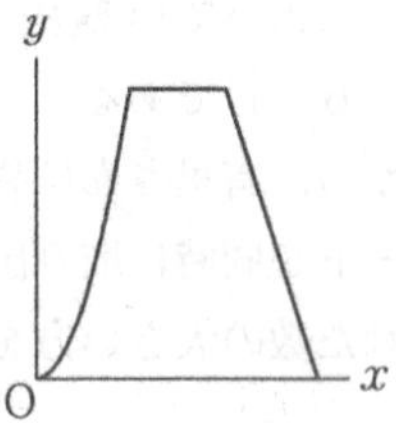

(エ)

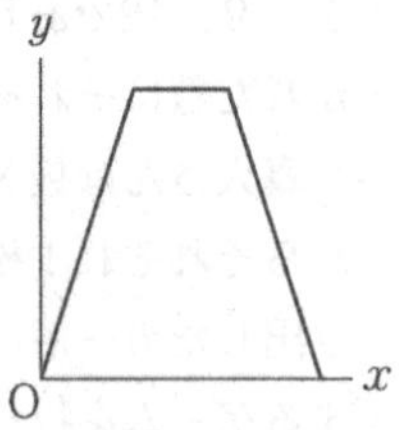

(2) 正方形ABCDの対角線の交点をRとする。$0 < x \leqq 18$ において，△RQDの面積が△AQPの面積と等しくなるような，x の値を**すべて**求めよ。 ……………………………答の番号【14】

5　右の図のように，円Oの周上に５点A，B，C，D，Eがこの順にあり，線分ACと線分BEは円Oの直径である。また，AE＝４㎝で，∠ABE＝30°，∠ACD＝45°である。線分ADと線分BEとの交点をFとする。

このとき，次の問い(1)～(3)に答えよ。（６点）

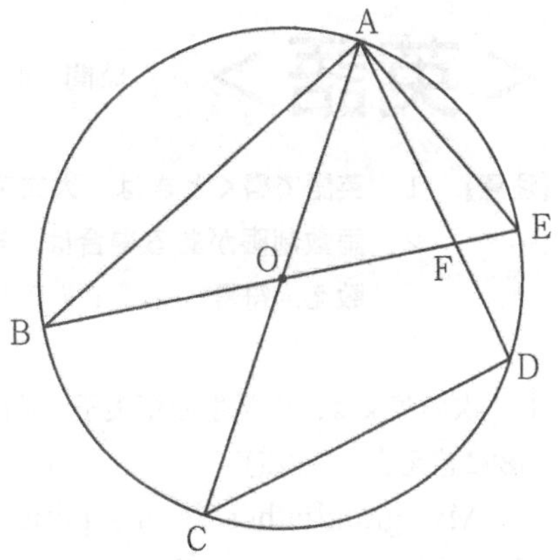

(1)　円Oの直径を求めよ。

……………………………答の番号【15】

(2)　線分EFの長さを求めよ。

……………………………答の番号【16】

(3)　線分ACと線分BDとの交点をGとするとき，△OBGの面積を求めよ。

……………………………答の番号【17】

6　右のⅠ図のような，タイルAとタイルBが，それぞれたくさんある。タイルAとタイルBを，次のⅡ図のように，すき間なく規則的に並べたものを，１番目の図形，２番目の図形，３番目の図形，…とする。

たとえば，２番目の図形において，タイルAは４枚，タイルBは12枚である。

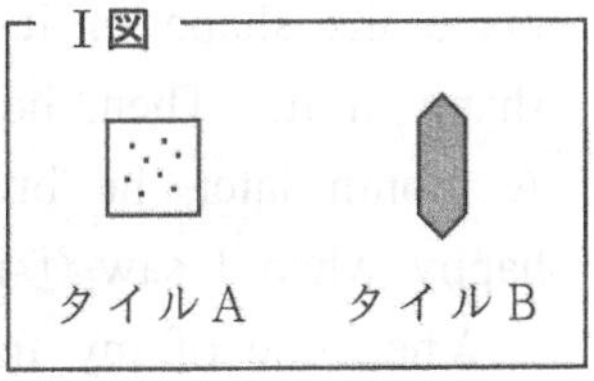

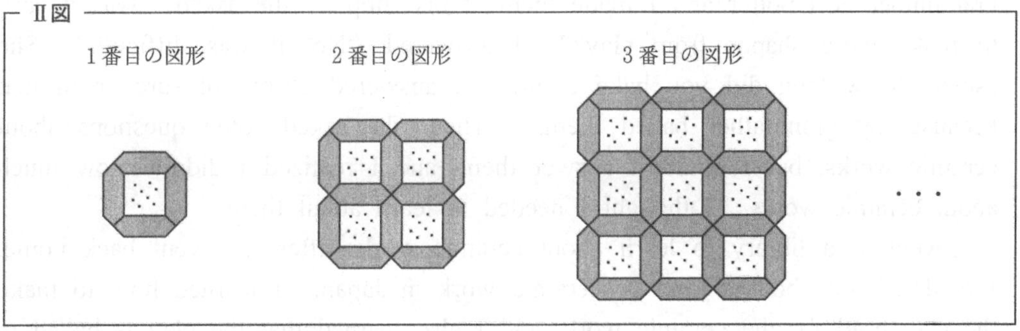

このとき，次の問い(1)～(3)に答えよ。（５点）

(1)　５番目の図形について，タイルAの枚数を求めよ。　……………………………答の番号【18】

(2)　12番目の図形について，タイルBの枚数を求めよ。　……………………………答の番号【19】

(3)　n 番目の図形のタイルAの枚数とタイルBの枚数の差が360枚であるとき，n の値を求めよ。

……………………………答の番号【20】

＜英語＞

時間 40分 満点 40点

【注意】 1 英語で書くときは，大文字，小文字に注意しなさい。筆記体で書いてもよろしい。
2 語数制限がある場合は，短縮形（I'm など）と数字（100や2023など）は１語として数え，符号（，/．/？/！/“ ” など）は語数に含めないものとします。

1 次の英文は，中学生の紀実子（Kimiko）が行ったスピーチである。これを読んで，問い(1)～(8)に答えよ。(20点)

My grandfather is a *potter. He makes *ceramic works from *clay, and I like his ceramic works.

When I went to his shop one day, I saw his ceramic works and I wanted to make ceramic works like him. He asked me, “Do you want to make cups?” I was happy to hear that. I first tried to make a cup from clay, but I couldn't make the shape of it well *by myself. He helped me, and I could make the shape of it. Then, he told me that he was going to *dry the cup and *bake it. A month later, he brought my cup to my house, and gave it to me. I was happy when I saw ① it. I made cups a few times at his shop after that.

When one of my friends ②(come) to my house, I showed her my cups. She said they were nice and asked, “Where did you make them?” I answered, “My grandfather is a potter and I made them at his shop.” She asked, “Was it easy to make these shapes from clay?” I answered, “No, it was difficult.” She asked, “How long did you bake them?” I answered, “I'm not sure about that because my grandfather baked them.” Then, she asked some questions about ceramic works, but I couldn't answer them, and I realized I didn't know much about ceramic works. I thought I needed to learn about them.

I went to a library to learn about ceramic works after she went back home. I read a book about a kind of ceramic work in Japan. I learned how to make the clay used for the ceramic work, and I also learned that the clay is baked in a *kiln for twenty hours after making a shape. I didn't know those things, and I wanted to make a ceramic work from the first *process. So, ③ I decided to visit my grandfather's shop to do that, and I told him that on the phone. He told me to visit his shop when I was free.

After a few days, I went to his shop. He took me to a mountain to get *soil and then we went back to his shop. We put the soil and some water in a box, and *mixed them well. He said, “I'm going to dry this. I need a few days to *change the soil into clay.” I went to his shop every day to see how it was changing. A few days later, he said, “The clay is ready, so [④].” I decided to make a *plate, and I began to *knead the clay. I tried to make the shape, but it was difficult to make it by myself. However, I tried to make it many times and finally made it. He said, "I will dry your clay plate to *take out the water. It will be ⑤(break) if I bake it in my kiln now." After one week, he put my clay plate in his kiln, and he said, "I'm going to bake your clay plate in this kiln for ten days. This is dangerous because it is very hot in the kiln. I need a lot of wood to bake your clay plate, so ⑥[(ア) want / (イ) bring / (ウ) I / (エ) to / (オ) you / (カ) the wood] to me." I carried the wood many times. After about ten days, he took out my plate from his kiln. When I got my plate from him, I looked at it and thought about the things I did to make my plate. I thought making my plate was not easy, but I had a good time because I could see every process with my own eyes. I also thought my grandfather did a lot of things to make his nice ceramic works and his job was really nice.

Before I read a book about a ceramic work and made my plate, I only knew how to make the shape of the cups and just enjoyed making them. I didn't know much about ceramic works. However, I learned a lot through the experience at my grandfather's shop, and I realized that the process to make ceramic works was hard but it was fun. I was happy to learn that. Since then, I have been learning more about them, and now I want to make nice ceramic works by myself in the future.

（注）potter　陶芸家　　ceramic　陶磁器の　　clay　粘土　　by myself　私自身で
dry ～　～を乾かす　　bake ～　～を焼く　　kiln　窯　　process　工程　　soil　土
mix ～　～を混ぜる　　change ～ into…　～を…に変える　　plate　皿
knead ～　～をこねる　　take out ～　～を取り出す

(1)　下線部①が指す内容として最も適当なものを，次の(ア)～(エ)から１つ選べ。

……………………………答の番号【1】

(ア) the day which Kimiko made at her grandfather's shop
(イ) the clay which Kimiko's grandfather used for his ceramic works
(ウ) the cup which Kimiko's grandfather helped her make
(エ) the cup which Kimiko dried and baked at her house

(2)　下線部②(come)・⑤(break)を，文意から考えて，それぞれ正しい形にかえて１語で書け。

……………………………答の番号【2】

(3)　次の英文は，下線部③について説明したものである。これを読んで，後の問い(a)・(b)に答えよ。

> To learn about ceramic works, Kimiko went to [i] and found some things about a kind of ceramic work by reading a book. Then, she decided to visit her grandfather's shop because she wanted to make a ceramic work [ii].

(a)　本文の内容から考えて，[i] に入る表現として最も適当な部分を，本文中から２語で抜

き出して書け。 ……………………………答の番号【3】

(b) 本文の内容から考えて， ii に入る表現として最も適当なものを，次の(ア)～(エ)から１つ選べ。 ……………………………答の番号【4】

(ア) with one of her friends (イ) from the first process

(ウ) after she went back home (エ) without his help

(4) ④ に入る表現として最も適当なものを，次の(ア)～(エ)から１つ選べ。 ……答の番号【5】

(ア) you can use it to make something

(イ) you should visit my shop to make it

(ウ) I will show you the way to make it

(エ) we have to go to the mountain again

(5) 下線部⑥の［ ］内の(ア)～(カ)を，文意が通じるように正しく並べかえ，記号で書け。 ……………………………答の番号【6】

(6) 本文の内容から考えて，次の〈質問〉に対する答えとして最も適当なものを，下の(ア)～(エ)から１つ選べ。 ……………………………答の番号【7】

〈質問〉 What did Kimiko's grandfather do when she first tried to make a cup?

(ア) He asked her to make the shape of it for him.

(イ) He supported her when she made the shape of it.

(ウ) He told her to be a potter like him in the future.

(エ) He showed his ceramic works to make her happy.

(7) 本文の内容と一致する英文として最も適当なものを，次の(ア)～(エ)から１つ選べ。 ……………………………答の番号【8】

(ア) The questions Kimiko's friend asked were difficult, but Kimiko could answer all of them.

(イ) Kimiko and one of her friends visited Kimiko's grandfather and went to a mountain to get soil.

(ウ) Kimiko kneaded the clay she made with her grandfather, and then she decided what to make.

(エ) After Kimiko's clay plate was dried for a week, her grandfather put it in his kiln and baked it there.

(8) 次の英文は，このスピーチを聞いた中学生の奈緒子(Naoko)と留学生のジョージ(George)が交わしている会話の一部である。これを読んで，後の問い(a)・(b)に答えよ。

Naoko : I have found something important in Kimiko's speech.

George : What is that?

Naoko : Well, Kimiko liked her grandfather's ceramic works, but she only knew the i to make the shape of the cups before she read a book about a ceramic work and made her plate at her grandfather's shop.

George : Do you mean she didn't know much about ceramic works?

Naoko : Yes, she said so. However, [ii] at her grandfather's shop, she leaned that making ceramic works was hard but it was fun, and she was happy to realize that. Since then, she has been learning about ceramic works.

George : I see.

Naoko : I understand how she feels. When I learn something by myself and know many things about it, I become happy and want to know more about it.

(a) 本文の内容から考えて，[i] に入る最も適当な語を，次の(ア)～(エ)から１つ選べ。

……………………………答の番号【9】

(ア) answer　(イ) goal　(ウ) topic　(エ) way

(b) 本文の内容から考えて，[ii] に入る表現として最も適当な部分を，本文中から３語で抜き出して書け。……………………………答の番号【10】

2 次の英文は，高校生のまみ（Mami）と留学生のジーナ（Gina）が交わしている会話である。次のページのリスト（list）を参考にして英文を読み，後の問い(1)～(4)に答えよ。（８点）

Gina : What are you looking at, Mami?

Mami: I'm looking at a list of English books. Our English teacher Ms. Smith gave this to me yesterday. I started reading English books last month and asked her to tell me good books. The *comments on the list are her comments about each book. I'll go shopping tomorrow and buy some of the books on the list.

Gina : Can I see it? Oh, I think you should read this book. I haven't read it, but look at the comment. You are interested in the U.S., right? You can learn about many famous places there if you read it.

Mami: Wow, that's nice. I'll buy it.

Gina : How about "The Blue Sky"? I first read it when I was little and it was very interesting. You should also buy it.

Mami: Then, I'll buy it, [①].

Gina : I heard the writer of the book is liked by a lot of people in Japan. Look at the comment. The same writer wrote "The White Sea". I like the writer, so I want to read it someday. Have you read it before?

Mami: No, but this story is in our English *textbook. We will read the story in the class, so I will not buy it. Well, I want to read "Our Memory", but I think it is difficult. Have you ever read it?

Gina : No, but if you want to read it, you should read it. I'll help you if you can't understand the book.

Mami: Thank you. I'll also buy it.

Gina : How about this book? I haven't read it, but I think you can learn a lot about English.

Mami: I have read it before, so I will not buy it. It tells us many interesting facts about English words and I learned about the *origin of the names of the months. For example, September means "the seventh month."

Gina : Wait. Today, September is the ninth month of the year, right?

Mami: Yes. Let me talk about the history ②. When people began to use a *calendar, there were only ten months in a year, and the year started in March. September was really the seventh month then. The book says that there are some *theories, but it introduces this theory.

Gina : I see.

Mami: Oh, I think I chose ③ many books. I don't think I have enough money.

Gina : Well, look at the list. I don't think you need to buy ④this book. I found it at the library in our school. I've liked it since I first read it, so I was happy when I found it there.

Mami: I see. So, I will not buy it tomorrow and I'll visit the library next week. Thank you.

リスト（list）

Name of Book	Comment
(ア) Lily	A girl called Lily visits many famous places in the U.S. You can learn a lot about them with pictures taken by the writer.
(イ) Our Memory	A girl goes abroad and studies about AI. There are some difficult words in this book.
(ウ) The Blue Sky	This is a story about a boy who goes to the future. The writer of this book is liked by many people in Japan and the writer also wrote "The White Sea".
(エ) The Past	A boy travels to the past and learns about the origin of English words.
(オ) The White Sea	A small cat visits a city in the sea. There are many pictures in this book. The writer drew them and they will help you understand the situations.

(注) comment コメント　textbook 教科書　origin 起源　calendar 暦　theory 説

(1) ①・③ に共通して入る最も適当な１語を書け。……………………………答の番号【11】

(2) ② に入る表現として最も適当なものを，次の(ア)～(エ)から１つ選べ。………答の番号【12】

(ア) to tell you the reason

(イ) to buy the book tomorrow

(ウ) to write a comment about each book

(エ) to learn about Japanese words

(3) 本文とリスト（list）の内容から考えて，下線部④にあたるものとして最も適当なものを，リスト（list）中の(ア)～(オ)から１つ選べ。 ……………………………答の番号【13】

(4) 本文とリスト（list）の内容と一致する英文として最も適当なものを，後の(ア)～(エ)から１つ選べ。 ……………………………答の番号【14】

(ア) Mami says that she decided to start reading English books because Ms. Smith gave her the list.

(イ) The writer of "The Blue Sky" is popular in Japan and Gina knew that before she talks with Mami.

(ウ) Through the comments, Ms. Smith tells Mami that there are some difficult words in "The Past".

(エ) Many pictures taken by the writer help people understand the situations in "The White Sea".

【リスニングの問題について】

放送中にメモをとってもよい。

3　それぞれの質問に対する答えとして最も適当なものを，次の(ア)～(エ)から１つずつ選べ。（４点）

(1) (ア) Because Mary will come to Japan next month.
(イ) Because Mary met her in Japan.
(ウ) Because she is writing a letter for Jenny.
(エ) Because she will visit America.

……………………………答の番号【15】

(2) (ア) The special chocolate cake and tea.
(イ) The special chocolate cake and coffee.
(ウ) The special strawberry cake and tea.
(エ) The special strawberry cake and coffee.

……………………………答の番号【16】

4　それぞれの質問に対する答えとして最も適当なものを，次の(ア)～(エ)から１つずつ選べ。（４点）

(1) (ア) 今月の14日　(イ) 今月の15日　(ウ) 来月の14日　(エ) 来月の15日

……………………………答の番号【17】

(2) (ア) 高校でバレーボールのチームに入っている。
(イ) サキと，週末にときどきバレーボールをしている。
(ウ) 友達と，よくバレーボールの試合をテレビで見る。
(エ) 小学生のときに，小さなトーナメントで最優秀選手に選ばれた。

……………………………答の番号【18】

5　それぞれの会話のチャイム音のところに入る表現として最も適当なものを，あとの(ア)～(エ)から１つずつ選べ。（４点）

(例題) A: Hi, I'm Hana.
B: Hi, I'm Jane.
A: Nice to meet you.
B: 〈チャイム音〉
(ア) I'm Yamada Hana.　(イ) Nice to meet you, too.
(ウ) Hello, Jane.　(エ) Goodbye, everyone.

（解答例）

ア	㋑	ウ	エ

(1) (ア) I want to use yours today.
(イ) Here you are. I have another one.
(ウ) I'm sorry. I don't think so.
(エ) I found many cute animals on yours.

…………………………答の番号【19】

(2) (ア) Yes, I needed some money to buy it.
(イ) Yes, my parents play it every day.
(ウ) No, my parents didn't have one.
(エ) No, actually I can't play it well.

…………………………答の番号【20】

＜理科＞

時間　40分　　満点　40点

【注意】 字数制限がある場合は，句読点や符号なども１字に数えなさい。

1　刺激に対するヒトの反応時間を調べるために，次の〈実験〉を行った。また，下のノートは〈実験〉についてまとめたものである。これについて，後の問い(1)～(3)に答えよ。(６点)

〈実験〉 右の図のように，Ａさんを含む７人が輪になって隣の人と手をつなぎ，Ａさんは右手にストップウォッチを持ち，全員が目を閉じる。Ａさんは，右手でストップウォッチをスタートさせ，時間の測定を始めると同時に，左手でＢさんの右手をにぎる。Ａさんはスタートさせたストップウォッチをすばやく右隣のＤさんに渡す。Ｂさんは右手をにぎられたら，すぐに左手でＣさんの右手をにぎる。このように，右手をにぎられたらすぐに左手で隣の人の右手をにぎるという動作を続けていく。Ｄさんは，自分の右手がにぎられたら，左手でストップウォッチをにぎって止め，かかった時間を記録する。ストップウォッチをスタートさせてから止めるまでを１回とし，これを３回行う。

【結果】 測定した時間はそれぞれ1.69秒，1.47秒，1.52秒であった。

ノート

〈実験〉で測定した時間の平均値を用いて，①右手をにぎられるという刺激を受けとってから左手でにぎるという反応をするまでの１人あたりの時間を求めた。このとき，Ａさんは，ストップウォッチをスタートさせると同時にＢさんの右手をにぎるため，計算する際の数には入れなかった。その結果，１人あたりの時間は［　X　］であった。この時間を，１人のヒトの右手から左手まで刺激や命令の信号が伝わる時間とし，１人のヒトの右手から左手まで刺激や命令の信号が伝わる経路の距離を1.5mとすると，右手から左手まで信号が伝わる平均の速さは，［　Y　］になった。一方，信号がヒトの②感覚神経や運動神経を伝わる速さはおよそ40～90m/ｓである。今回の〈実験〉で求めた平均の速さと，実際に信号が神経を伝わる速さにちがいがあるのは，脳で信号を受けとり，その信号に対して判断や命令を行う時間が影響するためである。

(1)　下線部①右手をにぎられるという刺激を受けとってから左手でにぎるという反応とは異なる反応で，刺激に対して無意識に起こる反射とよばれる反応がある。反射の例として最も適当なものを，次の(ア)～(エ)から１つ選べ。　……………………………答の番号【１】

(ア)　水をこぼしたので，ハンカチでふいた。

(イ)　スタートの合図が聞こえたので，走り出した。

(ウ)　寒くなったので，手に息を吹きかけた。

(エ)　食物を口の中に入れたので，だ液が出た。

(2)　ノート中の X に入るものとして最も適当なものを，次の(ア)～(エ)から１つ選べ。また，Y に入る平均の速さは何m／sか，小数第２位を四捨五入し，**小数第１位**まで求めよ。
……………………………答の番号【2】

(ア)　0.24秒　　(イ)　0.25秒　　(ウ)　0.26秒　　(エ)　0.27秒

(3)　〈実験〉では，手をにぎられるという刺激を皮ふで受けとっているが，ヒトには皮ふ以外にも刺激の種類に応じた感覚器官があり，耳では音の刺激を受けとっている。耳にある，音の刺激を受けとる感覚細胞が存在する部位として最も適当なものを，次の(ア)～(ウ)から１つ選べ。また，下線部②感覚神経や運動神経のように，脳や脊髄から枝分かれして全身に広がっている神経を何神経というか，**ひらがな５字**で書け。　……………………………答の番号【3】

(ア)　鼓膜　　(イ)　耳小骨　　(ウ)　うずまき管

2　次の表は，気体Ａ～Ｅおよび二酸化窒素について，におい，密度，気体の集め方，その他の特徴や用途をまとめたものであり，気体Ａ～Ｅはそれぞれ，アンモニア，二酸化炭素，塩化水素，酸素，水素のいずれかである。これについて，下の問い(1)・(2)に答えよ。ただし，密度は25℃での１cm^3あたりの質量〔g〕で表している。（４点）

	A	B	C	D	E	二酸化窒素
におい	刺激臭	なし	なし	刺激臭	なし	刺激臭
密度〔g/cm^3〕	0.00150	0.00008	0.00131	0.00071	0.00181	0.00187
気体の集め方	下方置換法	水上置換法	水上置換法	上方置換法	下方置換法 水上置換法	□
その他の特徴や用途	水溶液は酸性を示す。	すべての気体の中で最も密度が小さい。	ものを燃やすはたらきがある。	肥料の原料として利用される。	消火剤として利用される。	水に溶けやすい。

(1)　からのペットボトルに気体Ｅを十分に入れた後，すばやく少量の水を加え，すぐにふたをして振るという操作を行うと，ペットボトルがへこんだ。これはペットボトル内で，ある変化が起こったことが原因である。この操作を，気体Ｅのかわりに気体Ａ～Ｄをそれぞれ用いて行ったとき，気体Ｅを用いたときと同じ原因でペットボトルがへこむものを，気体Ａ～Ｄから**すべて**選べ。
……………………………答の番号【4】

(2)　表から考えて，25℃での空気の密度〔g/cm^3〕は次のⅰ群(ア)～(ウ)のうち，どの範囲にあると考えられるか，最も適当なものを１つ選べ。また，表中の □ に入る語句として最も適当なものを，下のⅱ群(カ)～(ク)から１つ選べ。　……………………………答の番号【5】

ⅰ群　(ア)　0.00008 g/cm^3より大きく，0.00071 g/cm^3より小さい。
　　　(イ)　0.00071 g/cm^3より大きく，0.00150 g/cm^3より小さい。
　　　(ウ)　0.00150 g/cm^3より大きく，0.00181 g/cm^3より小さい。

ⅱ群　(カ)　下方置換法
　　　(キ)　上方置換法
　　　(ク)　水上置換法

3　次の会話は，雄太さんと先生が，地層について交わしたものの一部である。これについて，下の問い(1)～(3)に答えよ。（６点）

雄太　先日，家の近くで地層を見つけ，さらにその周辺で①堆積岩を見つけました。
先生　どのような地層や堆積岩を見つけましたか。
雄太　はい。泥や砂などの層が見られ，泥岩や砂岩などの堆積岩を見つけることができました。地層や岩石について，さらに詳しく調べてみたいと思いました。
先生　具体的にどのようなことを調べてみたいですか。
雄太　そうですね。場所による地層のちがいや，今回，見つけられなかった②凝灰岩や石灰岩の特徴についても調べてみたいです。また，地層からさまざまな③化石が見つかることもあると聞いたので，化石についても調べてみたいです。

(1)　下線部①堆積岩に関して述べた文として最も適当なものを，次の(ア)～(エ)から１つ選べ。
……………………………答の番号【6】
(ア)　砂岩をつくる粒は，角ばったものが多い。
(イ)　堆積岩には，斑れい岩やせん緑岩などもある。
(ウ)　チャートにうすい塩酸をかけても，気体は発生しない。
(エ)　堆積岩をつくる粒の大きさで，２㎜以上のものはない。

(2)　下線部②凝灰岩や石灰岩について，凝灰岩と石灰岩はそれぞれ，主に何が堆積して固まってできた岩石か，最も適当なものを，次の(ア)～(ウ)からそれぞれ１つずつ選べ。……答の番号【7】
(ア)　火山灰や軽石など　(イ)　岩石などのかけら　(ウ)　生物の遺がい（死がい）など

(3)　下線部③化石について，次の(ア)～(エ)は化石として発見された生物である。(ア)～(エ)のうち，中生代に生息していた生物として最も適当なものを１つ選べ。　………………答の番号【8】
(ア)　アンモナイト　(イ)　サンヨウチュウ　(ウ)　デスモスチルス　(エ)　フズリナ

4　次の**ノート**は，右のＩ図のようなテーブルタップを使用する際の注意点について，みゆさんがまとめたものである。また，次のページの表はみゆさんが，さまざまな電気器具を，家庭のコンセントの電圧である100Ｖで使用したときの消費電力をまとめたものである。これについて，後の問い(1)～(3)に答えよ。ただし，それぞれの電気器具は，表に示した消費電力で使用するものとし，消費電力は常に一定であるものとする。（６点）

Ｉ図
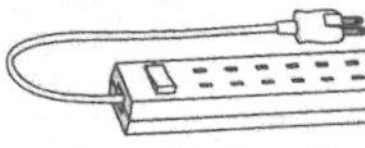
テーブルタップ

ノート

テーブルタップに電気器具を複数つなぐと，それらの電気器具は並列につながることになり，回路全体の消費電力が大きくなる。そのためテーブルタップには，電気を安全に使うために，電流や消費電力の上限が記載されている。テーブルタップに記載された電流や消費電力の上限を超えて電気器具を使用すると，テーブルタップが発熱し，発火するおそれがある。テーブルタップは，電流の上限が15Ａのものが多く，例えば，電圧が100Ｖのコンセントに，電流の上限が15Ａのテーブルタップをつなぎ，そのテーブルタップに表中の［　　　］をつないで同時に使用すると，テーブルタップに流れる電流は16Ａとなり，電流の上限である15Ａ

を超えてしまうので危険である。

電気器具	LED 電球	白熱電球	パソコン	テレビ	電子レンジ	電気ポット	トースター
消費電力〔W〕	8	60	80	200	600	800	1000

(1)　表から考えて，**ノート**中の □ に入る語句として最も適当なものを，次の(ア)～(カ)から１つ選べ。 ……………………………答の番号【9】

(ア)　パソコンとテレビ　　　　(イ)　パソコンと電子レンジ
(ウ)　テレビと電子レンジ　　　(エ)　テレビと電気ポット
(オ)　電子レンジとトースター　(カ)　電気ポットとトースター

(2)　みゆさんは，家庭で使用していた白熱電球の１つを，LED電球に交換した。表から考えてLED電球を１時間使用したときに消費する電力量は何kJか求めよ。また，白熱電球のかわりに，LED電球を50時間使用したときに削減できる電力量は，テレビを何時間使用したときに消費する電力量と等しいと考えられるか求めよ。 ……………………………答の番号【10】

(3)　電気器具を流れる電流の道すじは回路図で表すことができる。次のⅡ図は，電源，スイッチ，豆電球を用いてつくった回路を，回路図で表したものである。また，下のⅢ図は，電源，スイッチ，Ⅱ図と同じ豆電球を用いてつくった５つの回路を，それぞれ回路図で表したものである。Ⅱ図で表された回路のスイッチを入れると豆電球は点灯した。Ⅲ図で表されたそれぞれの回路のスイッチを入れたとき，Ⅱ図中の豆電球と同じ明るさで点灯する豆電球として適当なものを，Ⅲ図中のＡ～Ｆから**すべて**選べ。ただし，Ⅱ図・Ⅲ図中に書かれた電圧は電源の電圧を示しており，豆電球以外の電気抵抗は考えないものとする。 ……………………………答の番号【11】

Ⅱ図

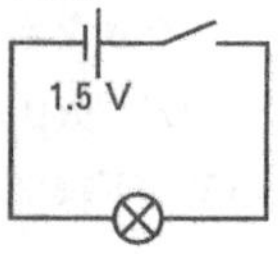

Ⅲ図

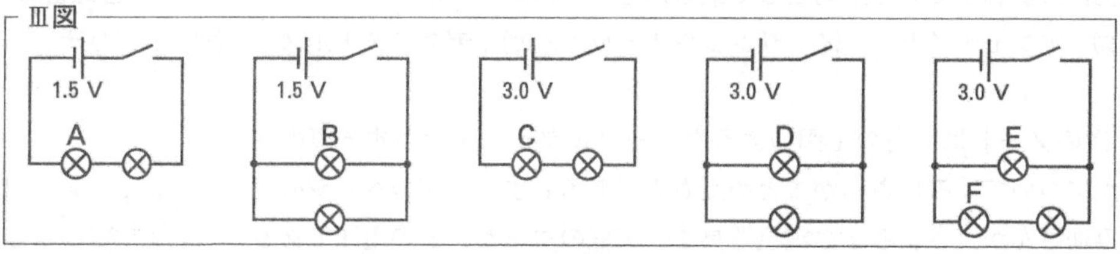

5　次の**プリント**は，細胞分裂のようすを観察する方法について書かれたものの一部である。太郎さんは，**プリント**を見ながら実験を行ったが，**プリント**中の操作の一部において，誤った操作で実験を行ってしまった。これについて，後の問い(1)・(2)に答えよ。（４点）

プリント

操作①　発芽して10㎜程度に成長したタマネギの根の先端を３㎜切りとる。

操作②　操作①で切りとったタマネギの根の先端をうすい塩酸に５分間ひたす。

操作③　操作②でうすい塩酸にひたしたタマネギの根を，スライドガラスの上にのせて，染色液を１滴落として５分間待つ。その後，カバーガラスをかけ，その上をろ紙でおおい，指でゆっくりと垂直にタマネギの根を押しつぶす。

操作④　操作③でつくったプレパラートを顕微鏡で低倍率から観察しはじめ，観察したい部分が視野の中央にくるようにしてから高倍率で観察する。

(1) 太郎さんは**操作④**で，プレパラートを顕微鏡で観察すると，細胞が多数重なり合っており，核や染色体のようすが十分に観察できなかった。これは太郎さんが，**プリント**中の操作の一部において，誤った操作で実験を行ってしまったことが原因であると考えられる。次の(ア)～(エ)のうち，細胞が多数重なり合って見えた原因と考えられる誤った操作として，最も適当なものを１つ選べ。 ……………………………答の番号【12】

(ア) **操作①**で，発芽して５㎜程度までしか成長していないタマネギの根を用いてしまった。

(イ) **操作②**で，タマネギの根の先端をうすい塩酸にひたさなかった。

(ウ) **操作③**で，タマネギの根に染色液を落とさなかった。

(エ) **操作④**で，顕微鏡の倍率を高倍率に変えなかった。

(2) 下線部タマネギの根について，タマネギの根でみられる体細胞分裂に関して述べた文として**適当でないもの**を，次の(ア)～(エ)から１つ選べ。 ……………………………答の番号【13】

(ア) 細胞が分裂して細胞の数がふえ，ふえた細胞が大きくなることで根はのびる。

(イ) 染色体が見られる細胞の数の割合は，根のどの部分を観察するかによって異なる。

(ウ) 細胞の中央部分に仕切りができはじめるときには，染色体の数は２倍にふえている。

(エ) 根の細胞の大きさは，先端に近い部分と比べて，根もとに近い部分の方が小さいものが多い。

6 あきらさんは，次の〈**実験**〉を行った。これについて，後の問い(1)～(3)に答えよ。(６点)

〈**実験**〉

操作① 試験管Ａ・Ｂを用意し，試験管Ａには５％硫酸亜鉛水溶液を，試験管Ｂには５％硫酸マグネシウム水溶液をそれぞれ5.0mLずつ入れる。

操作② 右の**Ⅰ図**のように，試験管Ａにはマグネシウム片を，試験管Ｂには亜鉛片を１つずつ入れ，それぞれの試験管内のようすを観察する。

Ⅰ図

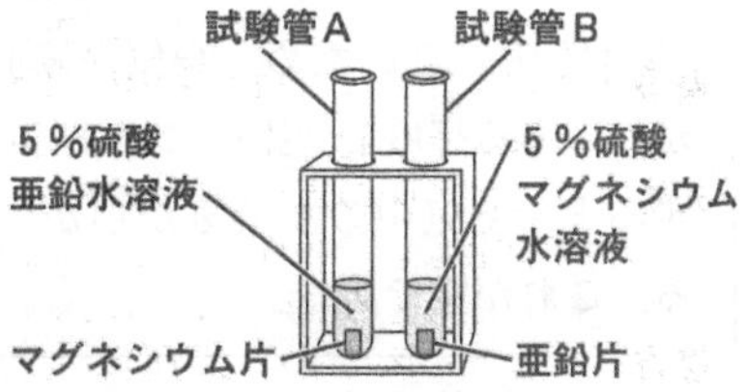

【結果】 **操作②**の結果，試験管Ａではマグネシウム片に色のついた物質が付着したが，試験管Ｂでは変化が見られなかった。

(1) 下線部５％硫酸亜鉛水溶液について，５％硫酸亜鉛水溶液の密度を1.04ｇ／㎤とすると，５％硫酸亜鉛水溶液5.0mL中の水の質量は何ｇか，小数第２位を四捨五入し，**小数第１位**まで求めよ。 ……………………………答の番号【14】

(2) 右の**Ⅱ図**はあきらさんが，試験管Ａ中で起こった，マグネシウム片に色のついた物質が付着する反応における電子(㊀)の移動を，原子やイオンのモデルを用いて模式的に表そうとしたものである。答案用紙の図中の点線で示された矢印

Ⅱ図

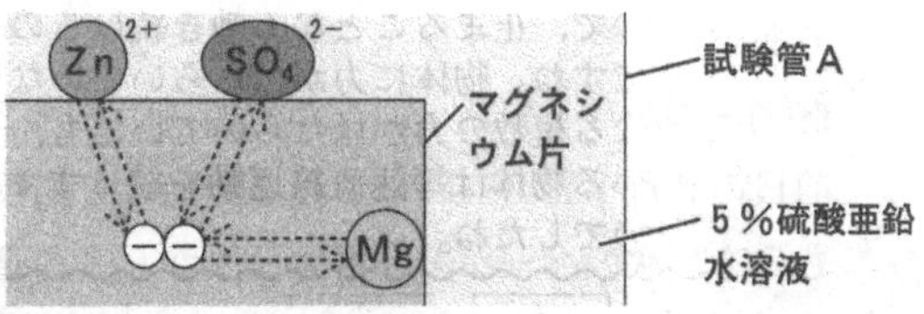

（⋯⋯➤）のうち，マグネシウム片に色のついた物質が付着する反応における電子の移動を表すために必要なものを２つ選び，**実線**（――）でなぞって図を完成させよ。
⋯⋯⋯⋯⋯⋯⋯⋯⋯⋯**答の番号【15】**

(3) 次の文は，あきらさんが**操作①・②**で用いる水溶液と金属片を変えて行った**〈実験〉**について書いたものの一部である。文中の X ～ Z に入る語句の組み合わせとして最も適当なものを，下の(ア)～(エ)から１つ選べ。⋯⋯⋯⋯⋯⋯⋯⋯⋯⋯**答の番号【16】**

> 硫酸銅水溶液を入れた試験管に亜鉛片を，硫酸亜鉛水溶液を入れた試験管に銅片をそれぞれ入れると， X 水溶液に Y 片を入れたときに Y 片に色のついた物質が付着したので， Z の方がイオンになりやすいとわかる。

(ア) X 硫酸銅　Y 亜鉛　Z 銅
(イ) X 硫酸銅　Y 亜鉛　Z 亜鉛
(ウ) X 硫酸亜鉛　Y 銅　Z 銅
(エ) X 硫酸亜鉛　Y 銅　Z 亜鉛

7 次の文章は，雲のでき方についてまとめたものである。また，右の図は気温と飽和水蒸気量の関係を表したグラフである。これについて，後の問い(1)・(2)に答えよ。（４点）

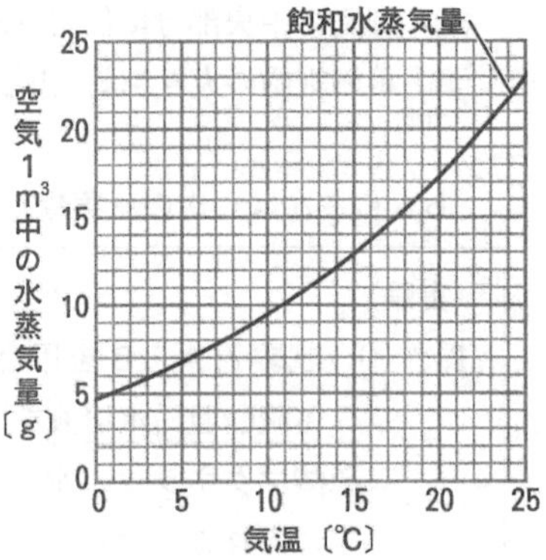

> 自然界において，雲は，①<u>前線付近</u>や，空気が山の斜面に沿って上昇したときなどにできやすい。空気が上昇すると，上空にいくほど空気のまわりの気圧が X なる。このため，空気が膨張して Y が下がり，ある高度で②<u>露点</u>に達する。さらに空気が上昇すると，空気中の水蒸気が細かい水滴や氷の粒となる。これが雲である。

(1) 下線部①<u>前線付近</u>に関して，寒冷前線付近で，強い上昇気流によって生じる，上方向に発達する雲として最も適当なものを，次の**ｉ群**(ア)～(エ)から１つ選べ。また，文章中の X ・ Y に入る表現として最も適当なものを， X は下の**ⅱ群**(カ)・(キ)から， Y は**ⅲ群**(サ)・(シ)からそれぞれ１つずつ選べ。⋯⋯⋯⋯⋯⋯⋯⋯⋯⋯**答の番号【17】**

ｉ群 (ア) 巻積雲　(イ) 高層雲　(ウ) 積乱雲　(エ) 乱層雲
ⅱ群 (カ) 高く　(キ) 低く
ⅲ群 (サ) 温度　(シ) 湿度

(2) 下線部②<u>露点</u>について，ある年の３月１日の14時における地点Ａの気温が15℃，湿度が40％であったとき，グラフから考えて，このときの地点Ａの露点として最も適当なものを，次の**ｉ群**(ア)～(エ)から１つ選べ。また，翌日の３月２日の14時における地点Ａの露点を調べたところ，前日の３月１日の14時における露点よりも高かった。露点が高くなった理由として最も適当なものを，次のページの**ⅱ群**(カ)～(ケ)から１つ選べ。⋯⋯⋯⋯⋯⋯⋯⋯⋯⋯**答の番号【18】**

ｉ群 (ア) 約１℃　(イ) 約６℃　(ウ) 約13℃　(エ) 約18℃

ii 群　(カ)　気温が下がったため。
　　　(キ)　気温が上がったため。
　　　(ク)　空気中の水蒸気量が減少したため。
　　　(ケ)　空気中の水蒸気量が増加したため。

8　次の会話は，優香さんと先生が，力と運動について交わしたものの一部である。これについて，後の問い(1)・(2)に答えよ。（４点）

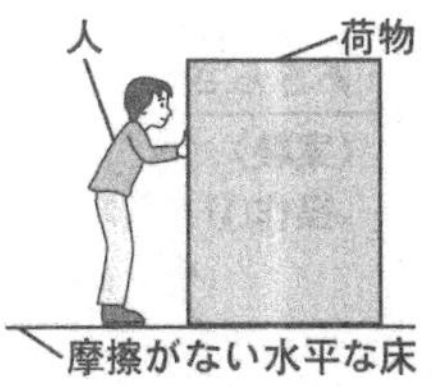

優香　水平な床の上に置かれた重い荷物を，床に平行な向きに押したとき，荷物が重すぎて動かすことができませんでした。もし，床に摩擦がなければ，私は荷物を簡単に動かすことができたのでしょうか。

先生　床に摩擦がなければ荷物は簡単に動きそうですが，その場合，荷物と床の間だけでなく，人と床の間にも摩擦がないことになってしまいますね。

優香　なるほど。荷物と床の間に摩擦がなく，人と床の間にも摩擦がない場合，どのようなことが起こるのでしょうか。

先生　では，図のように，摩擦がない水平な床の上で，人が自分よりも重い荷物を，床に平行な向きに押す状況を想定しましょう。そして，荷物と人にはたらく力を，床に平行な方向と垂直な方向に分けて，荷物と人がそれぞれどう動くのか考えましょう。

優香　はい。床に平行な方向の力を考えると，荷物は人から力を受け， A のので， B ことになります。

先生　そうですね。では，床に垂直な方向の力はどのようになっているかわかりますか。

優香　はい。荷物にも人にも重力がはたらいていますが，重力と，床からの垂直抗力は C と考えられます。

先生　その通りです。

優香　ちなみに，動いている物体は，摩擦や空気の抵抗などの力がはたらいていなければ， D の法則が成り立つので，止まることなく動き続けるのですよね。

先生　そうですね。物体に力がはたらいていないときはもちろん，重力や摩擦力，空気の抵抗など，大きさや向きが異なる複数の力がはたらいていても，それらの力が C ときは， D の法則が成り立つので，動いている物体は等速直線運動を続けます。また，物体がそれまでの運動を続けようとする性質を D というのでしたね。

(1)　会話中の A ・ B に入る表現として最も適当なものを， A は次の i 群(ア)～(エ)から， B は次のページの ii 群(カ)～(ク)からそれぞれ１つずつ選べ。ただし，荷物は変形しないものとする。　……………………………答の番号【19】

i 群　(ア)　人は荷物から力を受けない
　　　(イ)　人は荷物が受けた力と反対向きで，同じ大きさの力を受ける
　　　(ウ)　人は荷物が受けた力と反対向きの力を受けるが，人が受ける力の方が大きい
　　　(エ)　人は荷物が受けた力と反対向きの力を受けるが，荷物が受ける力の方が大きい

ii 群　(カ)　荷物だけが動く

(キ)　人だけが動く

(ク)　荷物と人の両方が動く

(2)　会話中の［C］に共通して入る適当な表現を，７字以内で書け。また，［D］に共通して入る語句を，漢字２字で書け。……………………………答の番号【20】

下書き用

7

＜社会＞

時間　40分　　満点　40点

【注意】 字数制限がある場合は，句読点や符号なども１字に数えなさい。

1　次の文章は，絵里さんが，イギリスのロンドンに留学している姉の由里さんから受け取った手紙の一部である。これを見て，後の問い(1)～(5)に答えよ。(10点)

> 絵里，元気にしていますか。ロンドンは①緯度が高いけれど，思っていたより寒くなく，私は快適に過ごしています。こちらにはたくさんの留学生が来ていて，英語以外にもさまざまな②言語を耳にすることがあり，毎日新しく学ぶことばかりです。先日，友人と③博物館に行ったら，教科書で見たことのある絵画が展示されていて，驚きました。こちらでは，友人と④ヨーロッパの歴史の話などで盛り上がり，これまで学んできたこともよく話題になります。絵里が今，学んでいることも，これからいろいろな場面につながっていくかもしれませんね。

(1) 絵里さんは，地球儀でヨーロッパ周辺の下線部①緯度を確認することにした。右の**資料Ⅰ**は，０度を基準に10度の間隔で緯線と経線が描かれた地球儀の一部を示したものであり，a～dの点線 (------) は緯線を示している。この４本の緯線のうち，日本の本州を通る北緯40度の緯線はどれか，a～dから１つ選べ。また，絵里さんは地球儀を眺める中で，地球の表面における，陸地と海洋の面積の割合に興味を持った。地球の表面における陸地の面積は，地球の表面の面積のおよそ何割にあたるか，最も適当なものを次の(ア)～(エ)から１つ選べ。

資料Ⅰ

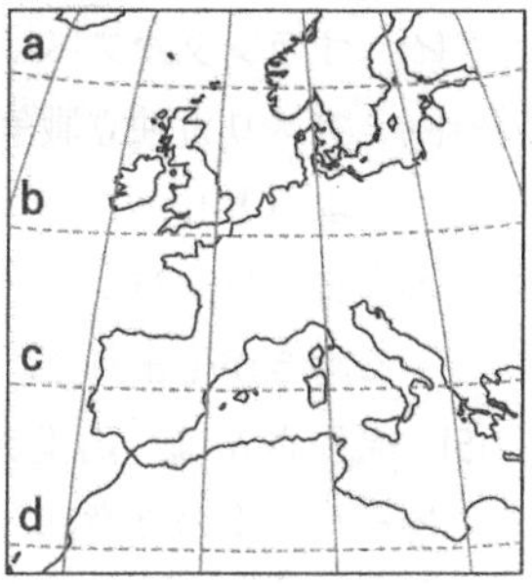

……………………………答の番号【1】

(ア) およそ３割　　(イ) およそ４割　　(ウ) およそ６割　　(エ) およそ７割

(2) 絵里さんは，下線部②言語に興味を持ち，ヨーロッパのさまざまな言語について調べた。次の文章は，絵里さんがヨーロッパのさまざまな言語についてまとめたものの一部である。文章中の A ～ C に入るものの組み合わせとして最も適当なものを，下の(ア)～(エ)から１つ選べ。

……………………………答の番号【2】

> ヨーロッパのさまざまな言語は大きく３つの系統に分けられ，例えば英語は A 系言語に分類され，イタリア語は B 系言語に分類される。また，イタリア語と同じ B 系言語に分類される C 語は，16世紀に C 人が進出した南アメリカ大陸において，現在，多くの国で公用語とされている。

(ア) A　ゲルマン　B　ラテン　C　スペイン
(イ) A　ゲルマン　B　ラテン　C　フランス
(ウ) A　ラテン　B　ゲルマン　C　スペイン
(エ) A　ラテン　B　ゲルマン　C　フランス

(3)　絵里さんは，イギリスの下線部③博物館に，1919年にベルサイユ条約が結ばれたときの様子を描いた右の**資料Ⅱ**が所蔵されていることを知った。ベルサイユ条約が結ばれた講和会議において決められた内容として最も適当なものを，次の(ア)～(エ)から１つ選べ。

……………………………**答の番号【３】**

資料Ⅱ

(ア)　日本に遼東《リアオトン》《りょうとう》半島を返還させること。

(イ)　ドイツの軍備を拡張し増強すること。

(ウ)　日本が山東《シャントン》《さんとう》省の権益を獲得すること。

(エ)　ドイツに東ドイツと西ドイツを成立させること。

(4)　絵里さんは，下線部④ヨーロッパの歴史について調べた。次の(ア)～(エ)は，ヨーロッパの歴史に関することについて述べた文である。(ア)～(エ)を古いものから順に並べかえ，**記号**で書け。また，絵里さんは，17世紀から18世紀のヨーロッパで人権思想の基礎となった考え方が生まれたことを知り，人権の歴史に興味を持った。各国が保障すべき人権の共通の基準として，1948年に国際連合で採択された宣言を何というか，**漢字６字**で書け。　…………………**答の番号【４】**

(ア)　ローマ帝国がキリスト教を国の宗教とした。

(イ)　オランダがスペインからの独立を宣言した。

(ウ)　アメリカ独立戦争を支援した戦費の支払いのために，フランスの国王が新たに貴族へ課税しようとした。

(エ)　ヨーロッパで，人間の個性や自由を表現しようとする，ルネサンス（文芸復興）と呼ばれる動きが生まれた。

(5)　絵里さんは，由里さんからの手紙を読んだ後，日本の歴史における留学生の派遣に興味を持った。次の文章は，絵里さんが日本の歴史における留学生の派遣についてまとめたものの一部である。文章中の［A］・［B］に入るものの組み合わせとして最も適当なものを，下の(ア)～(カ)から１つ選べ。

…………………………**答の番号【５】**

> 日本の歴史において，留学生の派遣は常に行われていたわけではなかった。外国と正式な国交を結ばなかった時代もあり，時代によっては日本人の海外渡航が禁止されることもあった。一方で，公地公民（公地・公民）の方針が打ち出された［A］の後半や，近代国家を建設しようとした［B］の初めには，外交使節や留学生の派遣が行われた。

(ア)　A　飛鳥《あすか》時代　　B　江戸時代

(イ)　A　飛鳥時代　　B　明治時代

(ウ)　A　平安時代　　B　江戸時代

(エ)　A　平安時代　　B　明治時代

(オ)　A　室町時代　　B　江戸時代

(カ)　A　室町時代　　B　明治時代

2　広史さんは，群馬県前橋市に住む祖父母を訪ねることになり，前橋市についてさまざまなことを調べた。次の**資料Ⅰ**は，前橋市の２万5000分の１地形図の一部である。これを見て，後の問い(1)～(5)に答えよ。（10点）

（編集の都合により80％に縮小してあります。）

資料Ⅰ（令和元年国土地理院発行２万5000分の１地形図「前橋」より作成）

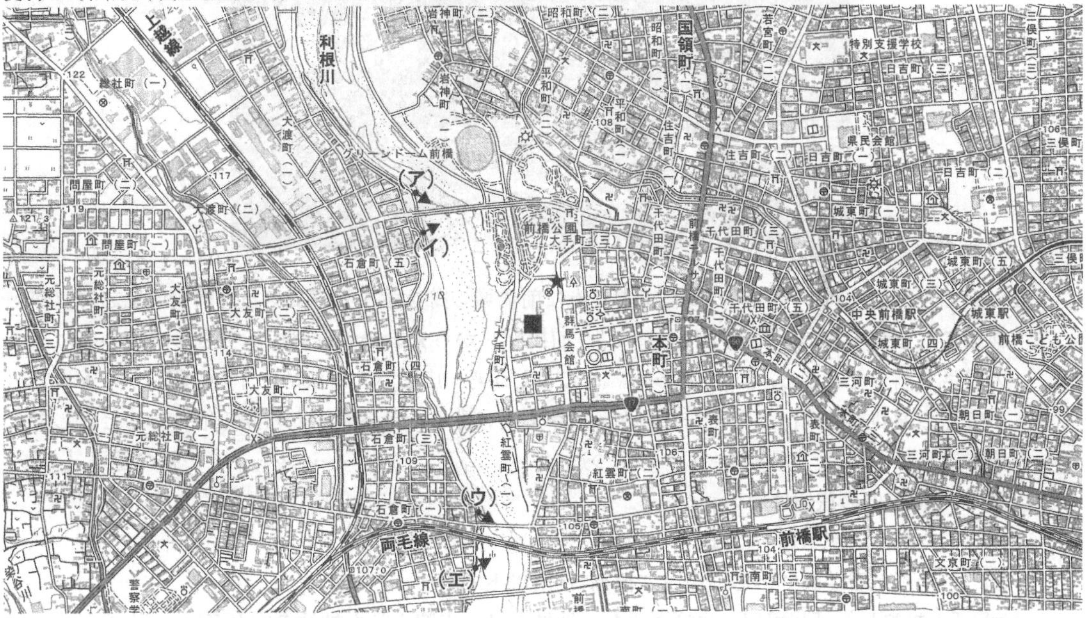

(1)　広史さんは，**資料Ⅰ**中の■にある「県庁」から前橋市の市街地を一望できることを知った。下の**写真A**は，「県庁」の展望ホールから広史さんが撮影したものである。**写真A**は「県庁」から東・西・南・北のどの方角を撮影したものと考えられるか，**東・西・南・北**のいずれかを**漢字１字**で書け。また，次のページの**写真B**は，**資料Ⅰ**中の(ア)～(エ)のいずれかの●の地点から➔の方向に向かって広史さんが撮影したものである。この**写真B**はどの地点で撮影したものと考えられるか，(ア)～(エ)から１つ選べ。…………………………**答の番号【6】**

写真A

写真B

(2) 広史さんは，前のページの**資料Ⅰ**中の★に前橋城址之碑の跡を示す石碑である「前橋城《まえばしじょう》址《し》之《の》碑《ひ》」があることを知った。**資料Ⅰ**中において，「前橋駅」から★までの経路を広史さんが決めて，その長さを測ったところ，8㎝であった。このことから，広史さんが決めた「前橋駅」から★までの実際の道のりは何ｍと考えられるか，数字で書け。また，**資料Ⅰ**から読み取れることとして最も適当なものを，次の(ア)～(エ)から１つ選べ。　…………………………**答の番号【7】**

(ア)　JR線以外の鉄道はない。

(イ)　田や畑が広がる場所はない。

(ウ)　三角点が置かれている地点は，標高110ｍ以下である。

(エ)　「上越《じょうえつ》線」と「利根《とね》川」にはさまれた地域では，寺院よりも神社の方が多い。

(3) 広史さんは，**資料Ⅰ**中の「国領町《こくりょうまち》」の地名が，国司が直接支配した土地であることに由来することを知った。国司は都から地方に派遣された役人であり，隋《ずい》や唐《とう》にならって整えられたさまざまな法や規定に基づいたものの一つである。隋や唐で国家体制の根本をなす基本法として定められた，当時の刑罰や政治のきまりを何というか，**漢字２字**で書け。また，広史さんは，隋や唐にならって整えられた奈良時代の制度の一つに税制度があることを知った。右の**資料Ⅱ**は，当時の，ある税の内容が記された木簡《もっかん》である。この木簡に記された「生蘇《なまそ》」（乳製品）のような，地方の特産物を納める税の名称を，**漢字１字**で書け。　…………………………**答の番号【8】**

資料Ⅱ

近江国《おうみのくに》生蘇三合

(4) **資料Ⅰ**中の「本町《ほんまち》」に国道50号線の起点があることに気づいた広史さんは，国道などの道路整備が公共事業の一つであることを知った。公共事業について調べる中で，公共事業と景気に関わりがあるのではないかと考えた広史さんは，日本の，「国の公共事業関係費」，「国の社会保障費」，「国の税収額」の推移を表す３つのグラフを作成し，それぞれの項目と景気との関係を調べることにした。３つのグラフはそれぞれ，次のページの**ⅰ群**のいずれかと**ⅱ群**のいずれかを組み合わせたものであり，**ⅱ群**の灰色で塗って示してある期間は景気の後退期を表している。「国の公共事業関係費」の推移を表すグラフは，**ⅰ群(ア)～(ウ)**と**ⅱ群(カ)～(ク)**のうち，どれとどれを組み合わせたものか。最も適当なものを，それぞれ１つずつ選べ。

…………………………**答の番号【9】**

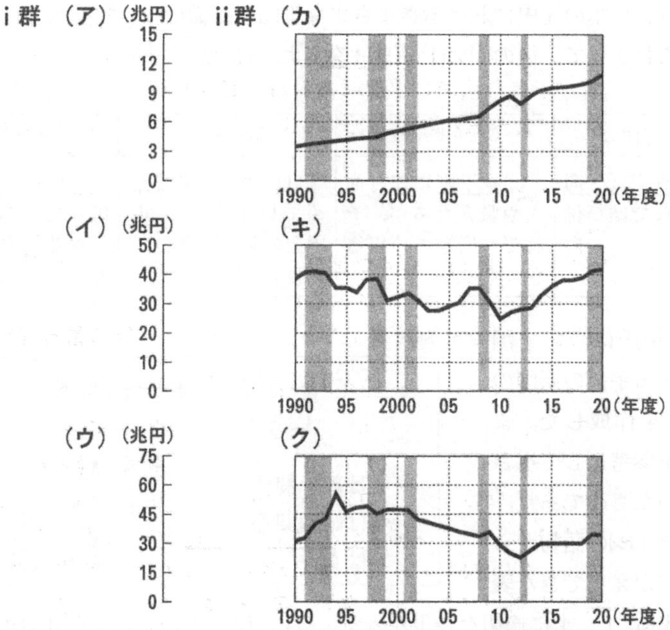

財務省資料より作成

(5) 広史さんは，群馬県が（22ページの）**資料Ⅰ**中の「上越線」や「両毛《りょうもう》線」などを通して，隣接する都道府県と結び付いていることを知った。群馬県と隣接する栃木県，長野県，新潟県，福島県のいずれかについて述べた次の**ⅰ群**(ア)～(エ)の文のうち，栃木県にあたるものを1つ選べ。また，広史さんは，「両毛線」を利用すると岩宿《いわじゅく》遺跡の最寄り駅まで行くことができることを知った。岩宿遺跡における発見について述べた文として最も適当なものを，下の**ⅱ群**(カ)～(ケ)から1つ選べ。……………………………**答の番号【10】**

ⅰ群
(ア) 四大公害裁判の一つが行われたこの県には，信濃《しなの》川が流れている。
(イ) 盆地での果樹栽培が盛んで日本有数のもも産地であるこの県には，猪苗代《いなわしろ》湖がある。
(ウ) ナウマンゾウのきばが発見された野尻《のじり》湖があるこの県には，フォッサマグナが通っている。
(エ) 高速道路沿いなどに機械工業の工場が集まっているこの県には，足尾《あしお》銅山がある。

ⅱ群
(カ) 打製石器が発見され，日本に旧石器時代があったことが証明された。
(キ) 水田やむら（集落）のあとなどが発見され，弥生時代の人々の生活が明らかになった。
(ク) 「漢委奴国王《かんのわのなのこくおう》」と刻まれた金印が発見され，倭《わ》の奴《な》の国王が中国に使いを送っていたことが証明された。
(ケ) ワカタケルの名が漢字で刻まれた鉄剣が発見され，ヤマト王権（大和《やまと》政権）が関東の豪族を従えていたことが明らかになった。

3 次の**資料Ⅰ**は，雪さんが，日本の歴史におけるさまざまな集団や組織について調べて作成したレポートの一部である。これを見て，後の問い(1)～(5)に答えよ。(10点)

資料Ⅰ

平安時代	室町時代	江戸時代	明治時代	大正時代
武士たちが，源氏《げんじ》と①平氏《へいし》を中心にそれぞれまとまり，大きな武士団となった。	②浄土真宗（一向宗）の信仰で結び付いた人たちが，一向《いっこう》一揆《いっき》を起こした。	③城下町に住む商人や職人たちが，それぞれ同業者の組織をつくった。	自由民権運動を進めていた人たちが，国会の開設に備えて，④政党を結成した。	労働者たちが，全国規模の⑤労働組合となる日本労働総同盟を結成した。

(1) 雪さんは，下線部①平氏について調べ，平 清盛《たいらのきよもり》を中心とする平氏の系図の一部である右の**資料Ⅱ**を作成した。また，次の文は，**資料Ⅱ**を参考にして雪さんが平清盛について書いたものであり，文中の □ に，下の(ア)～(シ)の語句から**4つ**選び，それらを並べかえてできた表現を入れると文が完成する。□ に適切な表現が入るように，(ア)～(シ)の語句から**4つ**選び，それらを並べかえ，**記号**で書け。なお，□ に入る適切な表現は複数あるが，答案用紙には一通りだけ書くこと。 …………………………答の番号【11】

資料Ⅱ

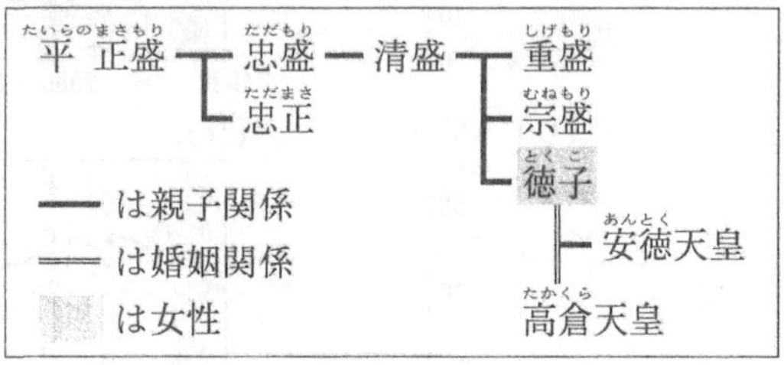

> 平清盛は □ 権力を強め，朝廷の政治を思うように動かすようになった。

(ア) 姉妹　(イ) 祖父　(ウ) 父の　(エ) 孫を
(オ) 娘を　(カ) きさき　(キ) 貴族の　(ク) 自分が
(ケ) 天皇の　(コ) 息子が　(サ) とすることで　(シ) となることで

(2) 雪さんは，下線部②浄土真宗（一向宗）が各地に広まり，いくつかの地域で一向一揆が起こったことを知った。一向一揆によって守護大名がたおされ，約100年にわたって武士や農民たちによる自治が行われた地域として最も適当なものを，次の(ア)～(エ)から1つ選べ。また，雪さんは，浄土真宗（一向宗）が鎌倉時代に広まったことを知り，鎌倉時代の文化に興味を持った。鎌倉時代に運慶《うんけい》らによって制作された金剛力士《こんごうりきし》像がある寺院を何というか，**ひらがな5字**で書け。 …………………………答の番号【12】

(ア) 加賀《かが》（石川県）　(イ) 紀伊《きい》（和歌山県）　(ウ) 駿河《するが》（静岡県）　(エ) 山城《やましろ》（京都府）

(3) 雪さんは，下線部③城下町について調べた。右の**資料Ⅲ**は，江戸時代に城下町であった都市で，2020年の人口が100万人を超える都市のうち，東京と大阪市を除く，仙台市，名古屋市，広島市，福岡市の4つの都市について，2000年と2020年における人口と面積をそれぞれまとめたものである。**資料Ⅲ**から読み取れることとして適当なものを，次のページの(ア)～(オ)から**すべて**選べ。

資料Ⅲ

	2000年		2020年	
	人口（千人）	面積（km^2）	人口（千人）	面積（km^2）
仙台市	1,008	784	1,097	786
名古屋市	2,172	326	2,332	327
広島市	1,126	742	1,201	907
福岡市	1,341	339	1,612	343

（注：面積の値は，市町村合併や埋め立てなどをしたものを含む。）

「データでみる県勢」2002年版，2022年版及び総務省資料より作成

…………………………答の番号【13】

(ア)　仙台市における，2000年の人口と2020年の人口の差は10万人以上である。

(イ)　2000年の名古屋市の人口密度は，2020年の名古屋市の人口密度より高い。

(ウ)　2020年の広島市の面積は，2000年の広島市の面積と比べて10％以上増加している。

(エ)　４つの都市はすべて，2020年の人口が2000年の人口より多い。

(オ)　2000年の人口と2020年の人口の差が４つの都市の中で最も大きい都市は，2000年の面積と2020年の面積の差も４つの都市の中で最も大きい。

(4)　雪さんは，下線部④政党について調べた。日本の政党に関して述べた文として適当なものを，次の(ア)～(オ)から**すべて**選べ。……………………………答の番号【14】

(ア)　政党が閣議を開いて，政府の方針を決定する。

(イ)　立憲改進党は，大隈重信《おおくましげのぶ》を党首として結成された。

(ウ)　政党が政権を担当したときに実施する政策のことを，政権公約という。

(エ)　憲政会（のちの立憲民政党）と立憲政友会が交互に政権を担当する時期があった。

(オ)　民主党を中心とする連立政権にかわって，自由民主党（自民党）が単独で政権を担《にな》った。

(5)　雪さんは，下線部⑤労働組合について調べた。日本国憲法において保障されている，労働組合をつくる権利を何権というか，**漢字２字**で書け。また，雪さんは，日本が連合国軍に占領されていた頃に，労働組合の結成が奨励されていたことを知った。当時の政策として最も適当なものを，次の(ア)～(エ)から１つ選べ。……………………………答の番号【15】

(ア)　勤労動員　(イ)　財閥解体　(ウ)　廃藩置県　(エ)　兵農分離

4　次の会話は，ある飲食店で商品を購入した智《さとし》さんと兄の航《わたる》さんがレシートを見ながら交わしたものである。これを見て，あとの問い(1)～(5)に答えよ。(10点)

智　あれ，いつもと同じものを買ったのに，金額がいつもより高いよ。①値上げしたのかな。

航　本当だ。最近，世界情勢の変化による②原油価格の上昇や原材料費の高騰，外国通貨に対する円の価値の変動など，さまざまな理由で多くの商品が値上げされているよね。

智　そういえば，ここ１年で１ドル＝100円から１ドル＝120円になって A が進んでいるとニュースで見たよ。たしか A は日本の B を中心とする企業にとっては有利だったよね。でも， A の進行などが自分に影響するとは思っていなかったな。

航　そうだね。でも，自分に関係ないことと思っていても，世界情勢の変化が僕たちの生活に影響することはたくさんあるんだよ。例えば，1970年代に中東で戦争が起こったとき，日本から遠い地域でのできごとにもかかわらず，当時の日本ではその影響で物価が上がり続ける C が発生したと学校で習ったよ。

智　それは僕も学校で習ったよ。たしか，それを受けて日本の D が終わったんだったよね。

航　そうそう。今は，その時より③グローバル化が進んで，世界情勢の変化が僕たちの生活に影響することが増えているのかもしれないね。だから，世界で起こったことでも，その内容を理解してどんな影響があるか自分なりに考えることは大切なことなんだよ。

智　　そうだね。僕も3年後には自分の意思でほとんどの④契約を結べるようになるし，今より自分で責任を持たないといけないことが増えるから，社会で起こっていることがどのような影響を及ぼすか，自分なりに考えたうえで，日常生活を送ることを心がけるよ。

(1)　会話中の A ～ D に入るものとして最も適当なものを，A は次のⅰ群(ア)・(イ)から，B はⅱ群(カ)・(キ)から，C はⅲ群(サ)・(シ)から，D はⅳ群(タ)～(テ)からそれぞれ1つずつ選べ。……………………………答の番号【16】

ⅰ群　(ア)　円高　　(イ)　円安
ⅱ群　(カ)　輸出　　(キ)　輸入
ⅲ群　(サ)　インフレーション　　(シ)　デフレーション
ⅳ群　(タ)　大戦景気　　(チ)　バブル経済　　(ツ)　高度経済成長　　(テ)　特需景気（朝鮮特需）

(2)　下線部①値上げに関して，江戸時代に物価の上昇をおさえるために株仲間を解散させた水野《みずの》忠邦《ただくに》による一連の改革を何の改革というか，**漢字2字**で書け。…………………答の番号【17】

(3)　智さんは，下線部②原油の輸入について調べた。次の**メモ**は，原油を，日本の最大の輸入相手国であるサウジアラビアから日本までタンカーで輸送するルートの一つを智さんが書いたものである。また，あとの**資料Ⅰ**は，世界地図の一部に，**メモ**に書かれた通りに進んだときのルートを示そうとしているものであり，**資料Ⅰ**中の点線（------）をなぞると完成する。答案用紙の地図中に，**メモ**に書かれた通りに進んだときの最短ルートを，点線をなぞって実線（——）で示せ。……………………………答の番号【18】

メモ

アラビア半島に位置するサウジアラビアを出港し，ペルシャ（ペルシア）湾を出た後，マレー半島の南端をまわって北上し，さらに台湾《たいわん》とフィリピンをへだてる海峡を通って，日本に入港する。

資料Ⅰ

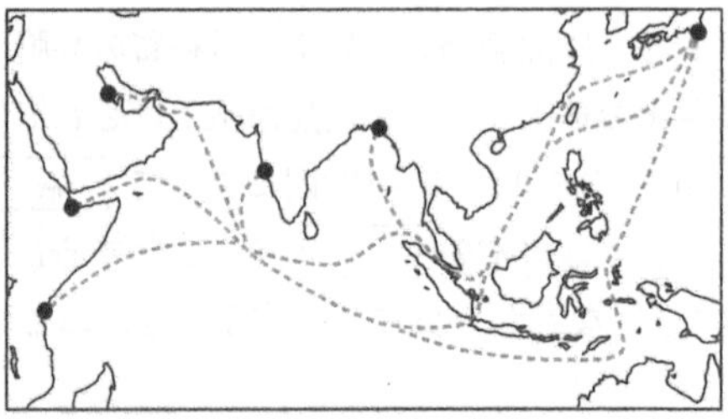

(4)　智さんは，下線部③グローバル化が進んだ結果，APEC《エイペック》のように，いくつかの国・地域がまとまり，経済や安全保障などの分野で協力関係を結ぶ枠組みが発足したことを知った。APECの参加国として**適当でないもの**を，次の(ア)～(エ)から1つ選べ。…………………答の番号【19】

(ア)　日本　　(イ)　アメリカ　　(ウ)　ブラジル　　(エ)　オーストラリア

(5)　智さんは，下線部④契約をめぐる裁判の事例があることを知り，民事裁判について調べた。現在の日本の民事裁判について述べた文として最も適当なものを，次のページのⅰ群(ア)～(エ)から1つ選べ。また，右の**資料Ⅱ**は，裁判所がもつ司法権を

資料Ⅱ

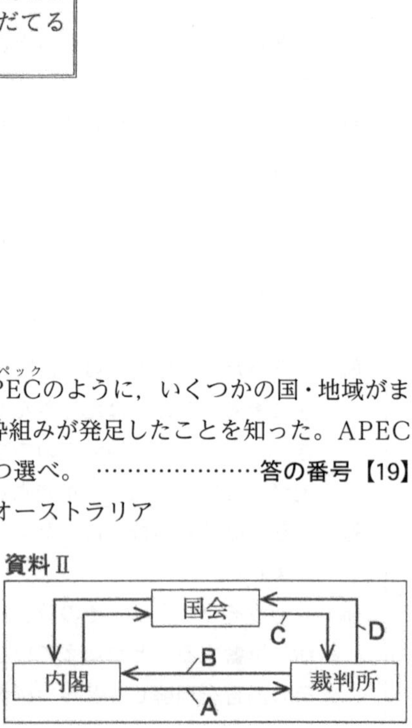

含む三権分立について智さんが模式的に表したものであり，**資料Ⅱ**中の矢印（⟶）は，それぞれの機関が互いに権力の濫用を抑制し，均衡を保つための行為を表している。**資料Ⅱ**中の矢印A～Dのうち，違憲審査にあたるものとして最も適当なものを，下の**ⅱ群**(カ)～(サ)から１つ選べ。
……………………答の番号【20】

ⅰ群　(ア)　起訴された人を被告人と呼ぶ。

(イ)　国民が裁判員として裁判に参加することはない。

(ウ)　被害者が質問したり意見を述べたりするために，裁判に参加することができるようになった。

(エ)　経済的事情などで弁護人を頼めないときは，国が費用を負担する国選弁護人を頼むことができる。

ⅱ群　(カ)　Aのみ　(キ)　Bのみ　(ク)　Cのみ　(ケ)　Dのみ

(コ)　AとC　(サ)　BとD

Ⅰ群

（ア）聞き手の関心よりも、具体的な体験や自分の関心を優先して

（イ）自分だけの関心に頼らず、話の目的や聞き手の関心にも合わせて

Ⅱ群

（カ）話の順序を工夫して、考えの根拠を提示してわかりやすい

（キ）豊富な話題を取り入れ、専門的な語を多用した複雑な

Ⅲ群

（サ）調子を変えずに、話す速さを一定にする

（シ）早口で話さずに、間の取り方を工夫する

（エ）　9段落では、7・8段落で述べた内容に言及しつつ、それとは反対の立場で主張をまとめている。

⑾　実沙さんと潤一さんのクラスでは、本文を学習した後、本文に関連するスピーチをすることになった。次の会話文は、実沙さんと潤一さんが話し合ったものの一部である。これを読み、あとの問い㈠～㈣に答えよ。

> **実沙**　本文では、日本人が「私小説」という個人史物語を書くようになった経緯が述べられていたね。
>
> **潤一**　そうだね。日本人が、近代という不安定な時代を生きていくうえで「ある種の勇気」を得ることができたのは、発達心理学の見解から考えると、個人史を語ることが、自己をゆるぎないものとし、他者との関わりのなかで自己の立ち位置を定め、 X を自覚するきっかけになったからだと言えるね。
>
> **実沙**　なるほど。それに、発達心理学の見解では、自己は、発達に伴いながら、 Y であるということが本文からわかるね。そう考えると、個人史物語における個人にも同じようなことが言えるんだね。
>
> **潤一**　そうだね。「私小説」は、 Z ことによって生み出されたのだという筆者の主張にも納得がいくね。本文をよく理解できたし、スピーチについて考えようか。

㈠　会話文中の X に入る最も適当な表現を、本文中から十六字で抜き出し、**初めと終わりの三字**を書け。……………答の番号【17】

㈡　会話文中の Y に入る最も適当な表現を、本文中から十二字で抜き出し、**初めと終わりの三字**を書け。……………答の番号【18】

㈢　会話文中の Z に入る最も適当な表現を、次の（ア）～（エ）から一つ選べ。……………答の番号【19】

（ア）　突然の近代化で平静さを欠いた日本人が、自分を自明な存在として捉えるのではなく、物語の展開を介して自分という存在を確かなものにしようとした

（イ）　唐突な近代化に歓喜した日本人が、自分という存在を自明なものとして書くのではなく、物語の内容に応じて自分を確固たるものにしようとした

（ウ）　いきなりの近代化に驚き慌てた日本人が、物語の展開を通して自分をつくっていくのではなく、自分という明白な存在を物語に書こうとした

（エ）　急速な近代化で落ち着きを失った日本人が、自分の存在を確固たるものとして語るのではなく、物語を書くなかで全く別の自分になれるようにした

㈣　スピーチ をするときの一般的な注意点について説明した次の文章中の A ～ C に入る最も適当な表現を、 A は次のページのⅠ群（ア）・（イ）から、 B はⅡ群（カ）・（キ）から、 C はⅢ群（サ）・（シ）からそれぞれ一つずつ選べ。……………答の番号【20】

> スピーチは、 A 内容を決定し、 B 構成となるようにする。また、スピーチを発表する際は、 C とよい。

(エ) 自立語＋付属語＋自立語＋付属語＋付属語＋自立語＋自立語

(5) 本文からは次の一文が抜けている。この一文は本文中の〈1〉～〈4〉のどこに入るか、最も適当な箇所を示す番号を一つ選べ。……答の番号【11】

> だからこそ、ものを書いて商売をするといった発想を度外視してまで、彼らは血のにじむ努力をしたのです。

(6) 本文中の e それ の指す内容として最も適当なものを、次の(ア)～(エ)から一つ選べ。……答の番号【12】

(ア) 近代は科学の時代で、作家が自分の生の真実を「告白」する道がひらけたことにより、うそっぽい話が流行しなくなったこと。

(イ) 近代は科学の時代で、「私小説」が文学の常道となり、話は面白おかしく奇想天外でないといけないという考え方が広まったこと。

(ウ) 近代は科学の時代で、いかにも面白く奇抜な小説に人々が飽き、作家が自分の生の真実を「告白」することが文学の常道にまでなったこと。

(エ) 近代は科学の時代で、話は「リアル」でないといけないという風潮が高まり、作家が自分の生の真実を「告白」する道がひらけたこと。

(7) 本文中の f だけ は助詞であるが、その種類として最も適当なものを、下のⅠ群(ア)～(エ)から一つ選べ。また、f だけ と同じ種類の助詞が波線部（〰）に用いられているものはどれか、後のⅡ群(カ)～(ケ)から一つ選べ。……答の番号【13】

Ⅰ群
(ア) 格助詞　(イ) 副助詞
(ウ) 接続助詞　(エ) 終助詞

Ⅱ群
(カ) 目的地に着いたばかりだ。
(キ) 会えてうれしいよ。
(ク) メモをしつつ話を聞く。
(ケ) 今日は昨日より寒い。

(8) 本文中の g 性シツ の片仮名の部分を漢字に直し、楷書で書け。……答の番号【14】

(9) 本文中の A ・ B に入る表現の組み合わせとして最も適当なものを、次の(ア)～(エ)から一つ選べ。……答の番号【15】

(ア) A 個人は個人　B 作家が作家
(イ) A 個人は社会　B 個人が個人
(ウ) A 作家は社会　B 社会が作家
(エ) A 社会は個人　B 作家が個人

(10) 本文における段落どうしの関係を説明した文として**適当でない**ものを、後の(ア)～(エ)から一つ選べ。……答の番号【16】

(ア) 2・3段落では、1段落で提示した話題について、具体例を挙げて説明している。

(イ) 4・5段落では、2・3段落で述べた内容を別の角度から捉え、主張を提示している。

(ウ) 6段落では、4・5段落で示した内容を認めたうえで、論を発展させている。

覚める契機となるというのです。

9 ネルソンにかぎらず、発達心理学の世界では、自己というものを最初から存在しているものとは見ていません。むしろ成長とともに、次第に形成されていくものと見ているのです。そういう立場からすると、個人史物語とは、すでに存在する個人についての物語ではなく、それが語られることによって個人が形成されていくような物語、ということになります。なるほどそう考えると、日本の「私小説」なるものも、「私」という自明の存在についての語りではなく、むしろ「私」と呼ばれるものを物語の展開を通じてつくりあげていく語りである、と理解できるのです。いきなりの近代化で宙に舞い、気も＊動顚《どうてん》していた日本人が、自分とは何かを求めるだけではなく、自分というものを確固たる存在として生み出そうとした結果として「私小説」を生み出した、というべきなのでしょう。

（大嶋仁《おおしまひとし》「メタファー思考は科学の母」による……一部省略がある）

注　＊すさび…娯楽。　＊キャサリン・ネルソン…アメリカの発達心理学者。
＊動顚…「動転」と同じ。

(1) 本文中の a永遠 の熟語の構成を説明したものとして最も適当なものを、次のⅠ群（ア）～（エ）から一つ選べ。また、a永遠 と同じ構成の熟語を、後のⅡ群（カ）～（ケ）から一つ選べ。……答の番号【7】

Ⅰ群
（ア）上の漢字が下の漢字を修飾している。
（イ）上の漢字と下の漢字の意味が対になっている。
（ウ）上の漢字と下の漢字が似た意味を持っている。
（エ）上の漢字と下の漢字が主語・述語の関係になっている。

Ⅱ群
（カ）雷鳴　（キ）速報　（ク）利害　（ケ）衣服

(2) 本文中の b念頭に置いて の意味として最も適当なものを、次のⅠ群（ア）～（エ）から一つ選べ。また、本文中の h追随した の意味として最も適当なものを、後のⅡ群（カ）～（ケ）から一つ選べ。……答の番号【8】

Ⅰ群
（ア）最初から説明して　（イ）常に意識して
（ウ）断続的に準備して　（エ）長時間調べて

Ⅱ群
（カ）後からついて行った　（キ）おのずと張り合った
（ク）大いに感動した　（ケ）たちまち夢中になった

(3) 本文中の c特殊 の読みを平仮名で書け。……答の番号【9】

(4) 本文中の d例にとればよくわかります を単語に分け、次の〈例〉にならって自立語と付属語に分類して示したものとして最も適当なものを、後の（ア）～（エ）から一つ選べ。……答の番号【10】

〈例〉日は昇る　・・・（答）自立語＋付属語＋自立語

（ア）自立語＋自立語＋付属語＋付属語＋自立語＋付属語
（イ）自立語＋付属語＋自立語＋付属語＋自立語＋自立語
（ウ）自立語＋付属語＋自立語＋付属語＋自立語＋自立語＋付属語

直接に反映するものではありませんでしたが、近代になると、人は自分のことを語る必要が出てきたのです。

2 この変化は、日本文学をd例にとればよくわかります。日本の近代文学には、それ以前になかったタイプの物語、すなわち、作家自身の生を語る「私小説」というものが現れたのです。〈1〉今日でもこの種の小説が日本ではなかなかに盛んであり、それに応じる読者もかなりあります。では、いったいどうして、近代になるとそのような物語が生まれ、文学の常道にまでなってしまったのか。面白おかしく奇想天外な小説では、不十分だったのでしょうか。

3 ひとつには、近代は科学の時代で、うそっぽい話はもう流行《はや》らなくなったということがあります。話は「リアル」（＝現実的）でないといけない、そういう考え方が強くなったと思われます。そうなると、作家が自分の生の真実を正直に「告白」する道がひらけます。「私小説」隆盛の背景には、eそれがあったと思います。

4 しかし、それfだけではありません。思うに、近代という時代は人間社会の根本的な構造を変えてしまったのであり、それによって、文学のg性シツも変わらざるを得なかったのです。〈2〉日本に「私小説」のような個人史の物語が出てきたのも、そうした社会変化のせいだと思います。では、その変化とはどういうものであったか。

5 簡単に言えば、それまでの社会では誰しもが生まれた時からその社会における自身の地位を与えられており、それを当たり前のこととして受けとめ、自身の社会における位置づけなど考える必要がないほどに安定した構造を持っていたのですが、近代になって、そうした構造がくつがえされて、人々は社会の定める安定した地位を失い、そのかわりに自分で好きなように地位を獲得したらいいということになったのです。この変化によって、 A から解放されて自由になったようでいて、自分で自分の人生を決めなくてはならなくなるという、今までにない苦労を背負うことになりました。 B としての意識に目覚め、そこからすべてを考え直す必要が出て来たそのことが、個人史物語の発達をうながしたのだと思われます。

6 たしかに、個人史物語は、それを生み出す人にとって、個人として己を確立しようとするのに役立つでしょう。日本人の場合、最初はヨーロッパ文学における「告白」物語に目をひらかされ、それにh追随しただけだったかもしれませんが、自分もまた「告白」をしてみて、自分という存在がより鮮明になり、自他の区別が明確になり、近代という不安定このうえない時代を生きていくにあたってある種の勇気を得たのだろうと思われます。「私小説」が日本近代文学の常道となった、否《いな》、王道となったというのも、真剣に自己を掘り下げ、それを正直に言葉にしなくては自分というものを確立できないと作家たちが感じたからにほかならない。〈3〉

7 では、そうした個人史の物語を、文学者でない人はどう見ているでしょう。個人史を語るなど自己満足の*すさびにすぎないと思う人は、多いのではないでしょうか。ところが、実は、幼児からの心の発達を研究する発達心理学では、こうした個人史の語りがきわめて重視されています。個人史を語ることは、人格形成におおいに役立つというのです。〈4〉

8 たとえば、現代の発達心理学者のひとり、*キャサリン・ネルソンは、幼児が自己と他者の意識、そして時間の経過の意識に目覚めるには、自分に起こっている出来事を言葉で物語ることが大事であると言っています。自分に起こる出来事を言葉で物語るとは、まさに個人史を語ることにほかならず、個人史物語は自己を確立し、同時に自己を他者との関係で位置づけ、社会環境のなかでの自分というものに目

(エ)　馬が倒れたことをとがめる神が禰宜に乗り移っている状態

(4)　次の(ア)～(エ)は本文中のできごとについて述べたものである。(ア)～(エ)を時間の経過にそって古いものから順に並べかえ、記号で書け。
……答の番号【4】

(ア)　貫之が和歌を詠んだ。
(イ)　倒れていた馬が生き返った。
(ウ)　貫之が鳥居を見つけた。
(エ)　蟻通の神が祭られていると貫之が知った。

(5)　次の会話文は、光太さんと奈月さんが本文を学習した後、本文について話し合ったものの一部である。これを読み、後の問い㈠・㈡に答えよ。

光太　本文から、神が貫之の無礼な行いを「 A 」と考えたのは、貫之が故意にその行いをしたのではないからだとわかるね。その後、貫之は和歌を詠んだけれど、その和歌はどのような内容だったかな。

奈月　本で調べたけれど、「雲が空を覆っている夜なので、蟻通の神がいるとはうかつにも思わなかった」というような内容だよ。「ありとほし」という語は掛詞《かけことば》の解釈がさまざまにできて、この和歌の「神ありとほし」は、「神蟻通」と「神有り遠し」の掛詞だそうだよ。「遠し」は、神がいると気づかなかった貫之のうかつさを表現しているんだね。

光太　なるほど。この和歌は、 B だよね。貫之には、掛詞という表現技法を用いて巧みに和歌を詠めるほど、和歌の実力があったんだね。

㈠　会話文中の A に入る最も適当な表現を、本文中から十字で抜き出して書け。
……答の番号【5】

㈡　会話文中の B に入る最も適当な表現を、次の(ア)～(エ)から一つ選べ。
……答の番号【6】

(ア)　貫之が自らの行いに対する罰が何かを尋ねたので、卓越した和歌の力を示すことだと神が告げたところ、貫之が驚きためらいつつ詠んだもの
(イ)　貫之が和歌の達人として神に認めてもらおうとしたので、試しに和歌を詠むように神が告げたところ、貫之が即座に考えて詠んだもの
(ウ)　貫之が和歌を得意としていないと思っていた神が、あえて和歌を詠むことを求めたところ、貫之が神の予想に反して上手に詠んだもの
(エ)　貫之が和歌に熟達していることを知っていた神が、その腕前を見せることを求めたところ、貫之がすぐに行動を起こして詠んだもの

二

次の文章を読み、問い(1)～(11)に答えよ。(28点)
(1～9は、各段落の番号を示したものである。)

1　これまで私は、古代から現代までのちがいも問題にせず、物語について論じてきました。言ってみれば、「a永遠の物語」をb念頭に置いてきたのです。しかし、ここからは、「近代」と呼ばれるc特殊な時代における物語の役割について話そうと思います。というのも、近代において社会のあり方が大きく変わり、それに応じて、新たな物語の形が求められるようになったからです。その新たな形とは、個人史という物語です。それまでの物語は、それをつくる人の個人的な歴史を

〈国語〉

時間 四〇分 満点 四〇点

【注意】 字数制限がある場合は、句読点や符号なども一字に数えなさい。

一 次の文章は、「俊頼髄脳《としよりずいのう》」の一節である。注を参考にしてこれを読み、問い(1)～(5)に答えよ。（12点）

*貫之《つらゆき》が馬《むま》にのりて、和泉《いづみ》の国におはしますなる、*蟻通《ありどほし》の*明神の御まへを、暗きに、*え知らで通りければ、馬aにはかにたふれて死にけり。いかなる事にかと驚き思ひて、火のほかげに見れば、神の鳥居の見えければ、「いかなる神のおはしますぞ」と尋ねければ、「これは、ありどほしの明神と申して、*物とがめいみじくせさせ給《たま》ふ神なり。もし、乗りながらや通り給へる」と人の言ひければ、「いかにも、くらさに、神おはしますとも知らで、過ぎ侍《はべ》りにけり。いかがすべき」と、社の*禰宜《ねぎ》を呼びて問へば、その禰宜、ただにはあらぬさまなり。「汝《なんぢ》、我が前を馬に乗りながら通る。*すべからくは、知らざれば許しつかはすべきなり。*しかはあれど、和歌の道をきはめたる人なり。その道をあらはして過ぎば、馬、*さだめて起《た》つことを得《え》むか。これ、明神の*御託宣なり」といへり。貫之、たちまち水を浴《あ》みて、この歌を詠《よ》みて、紙に書きて、御社《みやしろ》の柱におしつけて、拝入りて、*とばかりある程に、馬起きて身ぶるひをして、いななきて立てり。禰宜、「許し給ふ」とて、b覚めにけりとぞ。

あま雲のたちかさなれる夜半《よは》なれば神ありとほし思ふべきかは

（「新編日本古典文学全集」による）

注 *貫之…紀貫之《きのつらゆき》。平安前期の歌人。 *和泉の国…現在の大阪府南部。
*蟻通…大阪府にある蟻通《ありとおし》神社。 *明神…神の敬称。
*え知らで…気づくことができずに。
*物とがめいみじくせさせ給ふ…とがめることをひどくしなさる。
*禰宜…神官。 *すべからくは…当然。
*しかはあれど…そうではあるが。 *さだめて…必ず。
*御託宣…お告げ。 *とばかりある程に…しばらくの間に。

(1) 本文中のaにはかにを、すべて**現代仮名遣い**に直して、**平仮名**で書け。また、次の(ア)～(エ)のうち、波線部（〰）が現代仮名遣いで書いた場合と同じ書き表し方であるものを一つ選べ。

……………………答の番号【1】

(ア) ほのかにうち光りて
(イ) 晴れならずといふことぞなき
(ウ) いづれの年よりか
(エ) ひとへに風の前の塵《ちり》に同じ

(2) 本文中の二重傍線部（‖）で示されたもののうち、主語が一つだけ他と異なるものがある。その**異なるもの**を、次の(ア)～(エ)から選べ。

……………………答の番号【2】

(ア) 見れば　(イ) 問へば
(ウ) いへり　(エ) おしつけて

(3) 本文中のb覚めにけりとぞ とは、「覚めたということだ」という意味であるが、「禰宜」はどのような状態から覚めたのか、最も適当なものを、後の(ア)～(エ)から一つ選べ。

……………………答の番号【3】

(ア) 貫之に神が乗り移っている夢を見ている状態
(イ) 託宣をする神が禰宜に乗り移っている状態
(ウ) 馬に乗って神社の前を通った貫之の夢を見ている状態

2023年度

解答と解説

《2023年度の配点は解答用紙集に掲載してあります。》

＜数学解答＞

1 1 (1) -42　(2) $2b^2$　(3) $-8\sqrt{3}$
(4) $x=2$, $y=-5$　(5) 24　(6) 10個
(7) 16cm　(8) 右図

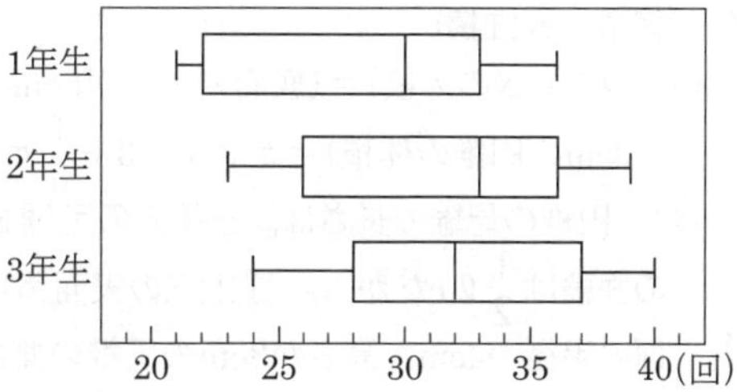

2 (1) $91\pi\,\mathrm{cm}^3$　(2) $84\pi\,\mathrm{cm}^2$

3 (1) $\frac{5}{9}$　(2) ㋑, ㋒, ㋓

4 (1) $y=\frac{1}{2}$, ㋒　(2) $x=3$, 16

5 (1) 8cm　(2) $(8-4\sqrt{3})$cm　(3) $(8\sqrt{3}-12)\mathrm{cm}^2$

6 (1) 25枚　(2) 312枚　(3) $n=18$

＜数学解説＞

1 （数・式の計算，平方根，連立方程式，式の値，比例関数，線分の長さ，箱ひげ図）

(1) **四則をふくむ式の計算の順序は，指数→かっこの中→乗法・除法→加法・減法**となる。$-6^2=-(6\times6)=-36$だから，$-6^2+4\div\left(-\frac{2}{3}\right)=-36+4\times\left(-\frac{3}{2}\right)=-36+(-6)=-(36+6)=-42$

(2) $4ab^2\div6a^2b\times3ab=4ab^2\times\frac{1}{6a^2b}\times3ab=\frac{4ab^2\times3ab}{6a^2b}=2b^2$

(3) $\sqrt{48}=\sqrt{4^2\times3}=4\sqrt{3}$，$\sqrt{24}=\sqrt{2^2\times6}=2\sqrt{6}$だから，$\sqrt{48}-3\sqrt{2}\times\sqrt{24}=4\sqrt{3}-3\sqrt{2}\times2\sqrt{6}=4\sqrt{3}-3\times2\times\sqrt{2\times6}=4\sqrt{3}-6\times\sqrt{2\times2\times3}=4\sqrt{3}-6\times2\times\sqrt{3}=4\sqrt{3}-12\sqrt{3}=(4-12)\sqrt{3}=-8\sqrt{3}$

(4) 連立方程式$\begin{cases}4x+3y=-7\cdots①\\3x+4y=-14\cdots②\end{cases}$　①×4−②×3より，$(4x+3y)\times4-(3x+4y)\times3=(-7)\times4-(-14)\times3$　$16x+12y-9x-12y=-28+42$　$7x=14$　$x=2$　これを①に代入して，$4\times2+3y=-7$　$3y=-7-8=-15$　$y=-5$　よって，連立方程式の解は$x=2$，$y=-5$

(5) $x=\sqrt{5}+3$，$y=\sqrt{5}-3$のとき，$y-x=(\sqrt{5}-3)-(\sqrt{5}+3)=-6$，$xy=(\sqrt{5}+3)(\sqrt{5}-3)=(\sqrt{5})^2-3^2=-4$だから，$xy^2-x^2y=xy(y-x)=(-4)\times(-6)=24$

(6) $y=\frac{16}{x}$より，$xy=16$だから，xとyの値の積が16になるような整数x，yの値の組を考えればよい。そのような(x, y)の組は，$(1, 16)$，$(2, 8)$，$(4, 4)$，$(8, 2)$，$(16, 1)$，$(-1, -16)$，$(-2, -8)$，$(-4, -4)$，$(-8, -2)$，$(-16, -1)$の10個。

(7) 四角形DBCGと四角形FBCEはそれぞれ，2組の向かいあう辺が平行だから平行四辺形。よって，DG＝FE＝BC＝10(cm)　また，AF：FB＝2：3であることと，FG//BCより，**平行線と線分の比についての定理**を用いると，FG：BC＝AF：AB＝AF：(AF＋FB)＝2：(2＋3)＝2：5　$\mathrm{FG}=\mathrm{BC}\times\frac{2}{5}=10\times\frac{2}{5}=4$(cm)　以上より，DE＝DG＋FE−FG＝10＋10−4＝16(cm)

(8) 資料の3年生のクラスごとの最高記録を小さい順に並べ替えると，24，28，28，31，33，

35，39，40　よって，**最小値**は24回，**最大値**は40回である。また，**四分位数**は，全てのデータを小さい順に並べて4つに等しく分けたときの3つの区切りの値を表し，小さい方から順に**第1四分位数**，**第2四分位数(中央値)**，**第3四分位数**だから，第1四分位数は回数の少ない方から2番目と3番目の**平均値**$\frac{28+28}{2}=28$(回)，第2四分位数(中央値)は回数の少ない方から4番目と5番目の平均値$\frac{31+33}{2}=32$(回)，第3四分位数は回数の多い方から2番目と3番目の平均値$\frac{35+39}{2}=37$(回)である。

2 (体積，表面積)

(1)　(立体Xの体積)＝(底面の半径が5cm，高さが3cmの円柱の体積)＋(底面の半径が4cm，高さが3cmの円錐の体積)$=\pi\times5^2\times3+\frac{1}{3}\pi\times4^2\times3=91\pi$(cm^3)

(2)　円錐の**母線**の長さは，**三平方の定理**を用いて$\sqrt{4^2+3^2}=5$(cm)　**半径r，弧の長さℓのおうぎ形の面積は$\frac{1}{2}\ell r$**だから，(立体Xの表面積)＝(底面の半径が5cm，高さが3cmの円柱の表面積)＋(底面の半径が4cm，高さが3cmの円錐の側面積)－(底面の半径が4cm，高さが3cmの円錐の底面積)$=\{(\pi\times5^2)\times2+(2\pi\times5)\times3\}+\frac{1}{2}\times(2\pi\times4)\times5-(\pi\times4^2)=84\pi$(cm^2)

3 (確率)

(1)　すべてのカードの取り出し方は，$3\times3=9$(通り)。このうち，真人さんが勝つのは，右上表の○印を付けた5通りだから，求める確率は$\frac{5}{9}$

袋Y 袋X	3	6	11
1			
9	○	○	
12	○	○	○

(2)　すべてのカードの取り出し方は，$4\times4=16$(通り)。このうち，袋Yに追加する1枚のカードそれぞれに対して，真人さんが勝つ場合を右下表のように○印を付けてあらわすと，真人さんが勝つ確率は，2と書かれたカードを追加したときが$\frac{9}{16}$，5か7か8と書かれたカードを追加したときがそれぞれ$\frac{8}{16}=\frac{1}{2}$，10と書かれたカードを追加したときが$\frac{7}{16}$，13と書かれたカードを追加したときが$\frac{6}{16}=\frac{3}{8}$だから，真人さんと有里さんのそれぞれの勝つ確率が等しくなるのは，5か7か8と書かれたカードを追加したとき。

袋Y 袋X	3	6	11	2	5	7	8	10	13
1									
4	○			○					
9	○	○		○	○	○	○		
12	○	○	○	○	○	○	○	○	

4 (関数とグラフ，動点，面積，方程式の応用)

(1)　点Pが辺AD上にあり，点Qが辺CD上にあるとき，つまり，$0\leqq x\leqq6$のとき，xとyの関係は，$y=\frac{1}{2}\times\mathrm{AP}\times\mathrm{DQ}=\frac{1}{2}\times x\times x=\frac{1}{2}x^2$…①　点Pが頂点Dにあり，点Qが辺BC上にあるとき，つまり，$6\leqq x\leqq12$のとき，xとyの関係は，$y=\frac{1}{2}\times\mathrm{AD}\times\mathrm{AB}=\frac{1}{2}\times6\times6=18$…②　点Pが頂点Dにあり，点Qが辺AB上にあるとき，つまり，$12\leqq x\leqq18$のとき，xとyの関係は，$y=\frac{1}{2}\times\mathrm{AD}\times\mathrm{AQ}=\frac{1}{2}\times6\times(18-x)=-3x+54$…③　以上より，$x=1$のときの$y$の値は，①に$x=1$を代入して，$y=\frac{1}{2}\times1^2=\frac{1}{2}$　また，点Qが頂点Dを出発してから，頂点Aに到着するまでのxとyの関係を表すグラフは，

$0 \leqq x \leqq 6$のとき**放物線**となり，$6 \leqq x \leqq 12$のときx軸に平行な直線となり，$12 \leqq x \leqq 18$のとき右下がりの直線となるから，㋒が最も適当である。

(2)　点Qが頂点Dを出発してから，x秒後の△RQDの面積を$y$cm^{2}とする。点Qが辺CD上にあるとき，つまり，$0 \leqq x \leqq 6$のとき，xとyの関係は，$y=\frac{1}{2}\times \mathrm{DQ}\times\frac{\mathrm{AD}}{2}=\frac{1}{2}\times x\times\frac{6}{2}=\frac{3}{2}x$…④　点Qが辺BC上にあるとき，つまり，$6 \leqq x \leqq 12$のとき，$x$と$y$の関係は，$y=$△BCD−△CDQ−△BQR$=\frac{1}{2}\times \mathrm{BC}\times \mathrm{CD}-\frac{1}{2}\times \mathrm{CD}\times \mathrm{CQ}-\frac{1}{2}\times \mathrm{BQ}\times\frac{\mathrm{AB}}{2}=\frac{1}{2}\times 6\times 6-\frac{1}{2}\times 6\times(x-6)-\frac{1}{2}\times(12-x)\times\frac{6}{2}=-\frac{3}{2}x+18$…⑤

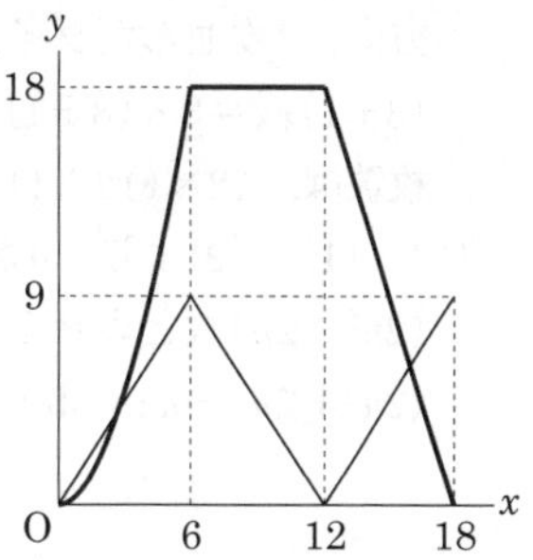

点Qが辺AB上にあるとき，つまり，$12 \leqq x \leqq 18$のとき，xとyの関係は，$y=$△ABD−△AQD−△BQR$=\frac{1}{2}\times \mathrm{AB}\times \mathrm{AD}-\frac{1}{2}\times \mathrm{AD}\times \mathrm{AQ}-\frac{1}{2}\times \mathrm{BQ}\times\frac{\mathrm{AD}}{2}=\frac{1}{2}\times 6\times 6-\frac{1}{2}\times 6\times(18-x)-\frac{1}{2}\times(x-12)\times\frac{6}{2}=\frac{3}{2}x-18$…⑥　④～⑥のグラフを(1)のグラフにかき加えると右図のようになる。△RQDの面積が△AQPの面積と等しくなるのは，2つのグラフが交わる点である。$0<x \leqq 6$のとき，①を④に代入して，$\frac{1}{2}x^2=\frac{3}{2}x$　$x(x-3)=0$　$0<x \leqq 6$より$x=3$　$12 \leqq x \leqq 18$のとき，③を⑥に代入して，$-3x+54=\frac{3}{2}x-18$　$x=16$　これは$12 \leqq x \leqq 18$に適している。以上より，$0<x \leqq 18$において，△RQDの面積が△AQPの面積と等しくなるのは，$x=3$，16のときである。

5 (三平方の定理，線分の長さ，面積)

(1)　**直径BEに対する円周角は90°**であることと，∠ABE＝30°より，△ABEは30°，60°，90°の**直角三角形で，3辺の比は2：1：$\sqrt{3}$**だから，(円Oの直径)＝BE＝AE×2＝4×2＝8(cm)

(2)　OF＝x(cm)とし，点Fから線分OAへ垂線FHを引く。弧AEに対する**中心角と円周角の関係**から，∠AOE＝2∠ABE＝2×30°＝60°だから，△OFHは30°，60°，90°の直角三角形で，3辺の比は2：1：$\sqrt{3}$　$\mathrm{OH}=\frac{\mathrm{OF}}{2}=\frac{x}{2}$　$\mathrm{FH}=\mathrm{OH}\times\sqrt{3}=\frac{x}{2}\times\sqrt{3}=\frac{\sqrt{3}}{2}x$　また，直径ACに対する円周角は90°であることと，∠ACD＝45°より，△ACDは直角二等辺三角形で∠CAD＝45°　これより，△AFHも直角二等辺三角形だから，$\mathrm{AH}=\mathrm{FH}=\frac{\sqrt{3}}{2}x$　よって，$\mathrm{OA}=\mathrm{OH}+\mathrm{AH}=\frac{x}{2}+\frac{\sqrt{3}}{2}x=\frac{1+\sqrt{3}}{2}x$　これが，円Oの半径の4cmに等しいから，$\frac{1+\sqrt{3}}{2}x=4$　$x=4\times\frac{2}{1+\sqrt{3}}=\frac{8}{\sqrt{3}+1}$　**乗法公式$(a+b)(a-b)=a^2-b^2$**を利用して分母を有理数にするために，分母と分子に$\sqrt{3}-1$をかけると$x=\frac{8}{\sqrt{3}+1}=\frac{8(\sqrt{3}-1)}{(\sqrt{3}+1)(\sqrt{3}-1)}=\frac{8(\sqrt{3}-1)}{(\sqrt{3})^2-1^2}=\frac{8(\sqrt{3}-1)}{2}=4\sqrt{3}-4$　以上より，$\mathrm{EF}=\mathrm{OE}-x=4-(4\sqrt{3}-4)=(8-4\sqrt{3})$(cm)

(3)　△OBGと△EAFで，BO＝AE＝4(cm)…①　弧EDに対する円周角なので，∠OBG＝∠EAF…②　∠BOG＝∠AOE＝60°＝∠AEF…③　①～③より，1組の辺とその両端の角がそれぞれ等しいので△OBG≡△EAF　点Aから線分BEへ垂線AIを引くと，△AEIは30°，60°，90°の直角三角形で，3辺の比は2：1：$\sqrt{3}$だから，$\mathrm{AI}=\mathrm{AE}\times\frac{\sqrt{3}}{2}=4\times\frac{\sqrt{3}}{2}=2\sqrt{3}$(cm)　以上より，△OBG＝△EAF$=\frac{1}{2}\times \mathrm{EF}\times \mathrm{AI}=\frac{1}{2}\times(8-4\sqrt{3})\times 2\sqrt{3}=(8\sqrt{3}-12)$(cm^2)

6 (規則性，方程式の応用)

(1)　1番目の図形のタイルAの枚数は$1=1^2$(枚)，2番目の図形のタイルAの枚数は$4=2^2$(枚)，3番目の図形のタイルAの枚数は$9=3^2$(枚)　この規則性から，5番目の図形のタイルAの枚数は$5^2=$

25(枚)である。

(2)　例えば，3番目の図形のタイルBについて，縦方向に3枚並んだタイルBが(3+1)列あり，横方向に3枚並んだタイルBが(3+1)段あるから，タイルBの合計枚数は，3枚×(3+1)列+3枚×(3+1)段=3×(3+1)×2=24(枚)と考えられる。この規則性から，12番目の図形のタイルBの枚数は，12×(12+1)×2=312(枚)である。

(3)　(1)，(2)より，n番目の図形のタイルAとタイルBの枚数は，それぞれn^2枚，$n\times(n+1)\times2=(2n^2+2n)$枚と表せる。$n$番目の図形のタイルAの枚数とタイルBの枚数の差が360枚であるとき，$(2n^2+2n)-n^2=360$　$n^2+2n-360=0$　$(n-18)(n+20)=0$　nは自然数だから，$n=18$

<英語解答>

1　(1)　ウ　(2)　②　came　⑤　broken　(3)　(a)　a library　(b)　イ
(4)　ア　(5)　ウ→ア→オ→エ→イ→カ　(6)　イ　(7)　エ　(8)　(a)　エ
(b)　through the experience

2　(1)　too　(2)　ア　(3)　ウ　(4)　イ　**3**　(1)　ア　(2)　エ

4　(1)　イ　(2)　ウ　**5**　(1)　イ　(2)　エ

<英語解説>

1　(長文読解：語句・補充選択，英問英答，語形変化，文の挿入，内容真偽，語句補充・選択，語句の並べ換え，関係代名詞，不定詞，動名詞，接続詞，前置詞，助動詞，受け身，現在完了，現在・過去・未来と進行形，名詞・冠詞・代名詞，文の構造，間接疑問，形容詞・副詞)

(全訳)　私の祖父は陶芸家です。祖父は粘土で陶磁器の作品を作っていて，私は祖父の陶磁器の作品が好きです。

ある日，祖父の店に行ったときに祖父の陶磁器の作品を見て，祖父のような陶磁器の作品を作りたいと思いました。祖父は私に「カップを作りたいかい？」と聞きました。それを聞いて私はうれしかったです。最初は粘土でカップを作ってみたのですが，私自身ではうまくその形が作れませんでした。祖父は私を助けてくれて，私はそれを形にすることができました。それから，祖父はカップを乾かしてそれを焼くつもりだと私に言いました。一か月後，祖父は私のカップを私の家に持ってきてくれて，私にくれました。私は①それを見たときはうれしかったです。その後，祖父の店で何度かカップを作りました。

友達の一人が私の家に②(来た)とき，彼女に私のカップを見せました。彼女はすてきだと言って，「どこで作ったの？」と聞きました。私は「祖父が陶芸家で，祖父の店で作ったの」と答えました。彼女は，「これらの形を粘土で作るのは簡単だった？」と聞きました。私は「いいえ，大変だった」と答えました。彼女は，「どのくらいの間カップを焼いたの？」と聞きました。私は「それは祖父が焼いたからわからない」と答えました。その後，陶磁器の作品のことをいくつか質問されましたが，私は答えられず，陶磁器の作品についてあまり知らないことに気づきました。私は陶磁器の作品について学ぶ必要があると思いました。

彼女が家に帰った後，私は陶磁器の作品について学ぶために図書館へ行きました。日本のある種の陶磁器の作品についての本を読みました。陶磁器の作品に使われる粘土の作り方や，形を作ってから窯で20時間焼くことも学びました。そのようなことも知らず，最初の工程から陶磁器の作品を作りたいと思っていました。そして，③祖父の店へそれをするために行くことに決めて，電話で祖父にそのことを話しました。祖父は私が時間のあるときに店に来るように言いました。

数日後，私は祖父の店に行きました。祖父は私を山に連れて行き土を手に入れ，それから私たちは店に戻りました。箱に土と水を入れて，それをよく混ぜました。祖父は，「これを乾かす。土が粘土に変わるのに数日かかるんだ」と言いました。私は毎日祖父の店に行って，それがどのように変わっていくのかを見ました。数日後，「粘土の準備ができたので，④それを何か作るために使うことができるよ」と祖父が言いました。私は皿を作ることに決めて，粘土をこね始めました。私は形を作ろうとしましたが，私自身でそれを作ることは困難でした。しかし，何度もそれを作ってみて，ようやく出来上がりました。祖父は，「粘土の皿を乾かして，水分を取り出しておくよ。今，私の窯で焼いたら，⑤壊れてしまう」と言いました。1週間後，祖父は私の粘土の皿を自分の窯に入れ，「あなたの粘土の皿をこの窯で10日間焼く。窯の中はとても熱いので，これは危険だ。あなたの粘土の皿を焼くのに，たくさんの木材が必要だから，⑥あなたに木を持ってきてほしい」と言いました。私は何度も木材を運びました。およそ10日後，祖父は窯から私の皿を取り出しました。祖父から皿を受け取ったときにそれを見て，私の皿を作るためにしたことについて考えました。皿を作るのは大変だなと思いましたが，すべての工程を自分の目で見ることができて良い時間を過ごしました。祖父はすてきな陶磁器の作品を作るために多くのことをして，祖父の仕事は本当に素晴らしいとも思いました。

陶磁器の作品の本を読み自分の皿を作る前は，私はカップの形の作り方しか知らず，ただ作ることが楽しかったのです。私は陶磁器の作品についてあまり知りませんでした。しかし，祖父の店での経験を通して多くのことを学び，陶磁器の作品を作る工程は大変だけれども，楽しいことだと気が付きました。私はそれを学ぶことができてうれしかったです。それ以来，私は陶磁器の作品についてより多くのことを学び，今では将来私自身ですてきな陶磁器の作品を作りたいと思っています。

(1)　(ア)　紀実子が祖父の店で作った粘土　(イ)　紀実子の祖父が自分の陶磁器の作品に使った粘土　(ウ)　紀実子の祖父が手助けして彼女が作ったカップ(○)　(エ)　紀実子が彼女の家で乾かして焼いたカップ　下線部の前の文 A month later～では，「祖父がカップを渡してくれた」とあることから，下線部 it はカップを指すと考えられる。そのカップは，同じ段落の第4文 I first tried～と第5文 He helped me～に，「紀実子が作ることができなかったので祖父が手伝って作った」とあるので選択肢ウが適当。各選択肢の文にある which～ の which は**関係代名詞**で which～がその前にある語(名詞)を説明する表現になっている。

(2)　②　came　下線部の文の時制は過去なので，come は過去形 came とする。　⑤　broken　下線部の文は「今それを焼いたら壊れるだろう」と考え break の過去分詞形 broken として受け身の表現とする。

(3)　(問題文と正答の訳)紀実子は陶磁器の作品について学ぶために i 図書館へ行き，本を読むことである種類の陶磁器の作品についていくつかのことを知りました。その後，ii 最初の工程から陶磁器の作品を作りたいので，彼女の祖父の店を訪ねることにしました。

(a)　空欄 i は，「陶磁器の作品を学ぶために行った場所」であり，これは問題本文の第4段落最初の文 I went to～「陶磁器の作品について学ぶために図書館に行った」とあることから a library が適当。　(b)　(ア)　彼女の友達の一人と　(イ)　最初の工程から(○)　(ウ)　彼女が家に帰った後　(エ)　彼の助けなしに　陶磁器の作品を作ろうと思い祖父の店をたずねる場面は，問題本文の第4段落第5文 So, I decided～で，理由はその前の文 I didn't know～にあるように「最初の工程から陶芸作品を作りたいと思った」からなので，空欄にはイが適当。

(4)　(ア)　あなたは何かを作るためにそれを使うことができます(○)　(イ)　あなたはそれを

作るために私の店を訪問する必要があります　(ウ)　私はあなたに作り方を見せます　(エ)　私たちはまた山に行かなければなりません　空欄はその前の The clay is~「粘土の準備ができたので」に続き，次の文 I decided to~では「粘土をこね始めた」ので，この文脈からアが適当。選択肢ウの show you the way は show A B の形で「AにBを見せる」。

(5)　ウ→ア→オ→エ→イ→カ　(正答文)so,[(ウ)I(ア)want(オ)you(エ)to(イ)bring(カ)the wood] to me.　下線部⑥は，文の前半にある I need a~「粘土の皿を焼くのに，たくさんの木が必要だから」に続くので，下線部は「私に木を運んでほしい」だと考えられる。want+人+to~は「人に~してもらいたい」という表現になる。この文の to~は to 不定詞の用法。

(6)　(問題文と選択肢文の訳)　<質問>紀実子の祖父は，彼女が初めてカップを作ろうとしたとき，何をしましたか？　(ア)　祖父のためにそれの形を作るように，祖父は彼女に頼んだ。(イ)　彼女がその形を作るとき，祖父は彼女を助けた。(○)　(ウ)　祖父は将来，祖父のような陶芸家になるように彼女に言った。　(エ)　祖父は彼女を喜ばせるために，自分の陶磁器の作品を見せた。　問題本文第2段落第4文 I first tried~と次の文 He helped me~には，「最初，紀実子はうまく形が作れず，祖父が助けて形にできた」とあることからイが適当。選択肢エの make her happy は make A B で「AをBにする」。Aは目的語でBは補語にあたる。

(7)　(ア)　紀実子の友人が聞いた質問は難しかったが，紀実子はそれらすべてに答えることができた。　(イ)　紀実子と彼女の友達の一人は紀実子の祖父を訪ね，山に土を取りに行った。
(ウ)　紀実子は祖父と一緒に作った粘土をこねて，それから何を作ればいいのかを決めた。
(エ)　紀美子の粘土の皿を一週間乾かした後，彼女の祖父がそれを窯に入れてそこで焼いた。
(○)　問題本文第5段落第10文 He said, "I~には，「粘土の皿を乾かし水分を抜く。今窯で焼いたら壊れる」とあり，さらに次の文 After one week,~には，「1週間後に窯に入れて焼く」とあることからエが適当。選択肢ウの what to make は what+to~(to 不定詞)で「何を~したらいいのか」という表現になる。

(8)　(会話文訳)　奈緒子：紀実子のスピーチで大事なことがわかった。／ジョージ：それは何？／奈緒子：ええと，紀実子はおじいさんの陶磁器の作品が好きだったけれども，陶磁器の作品の本を読む前にはカップの形を作る i 方法しか知らなかった，そしておじいさんのお店で皿を作ったの。／ジョージ: 彼女は陶磁器の作品についてあまり知らなかったということ？／奈緒子：そうね，彼女はそう言った。けれども，おじいさんの店での ii 経験を通して，陶磁器の作品を作ることは大変だけど楽しいことだと知って，彼女はそれを実感できてうれしかった。それ以来，彼女は陶磁器の作品について学んでいる。／ジョージ: なるほど。／奈緒子：彼女がどのように感じているのかわかる。自分で何かを学び，それについて多くのことを知ると，うれしくなって，私はもっと知りたいと思う。　(a)　(ア)　答え　(イ)　目標　(ウ)　トピック
(エ)　方法(○)　問題本文最後の段落の最初の文 Before I read~には，「陶磁器の作品の本を読む前は，カップの形の作り方しか知らなかった」とあるのでこれを参考にするとエが適当。
(b)　through the experience　空欄のある文では「陶芸は大変だけど楽しいと知って，それを実感できてうれしかった」とある。同様の記述は，問題本文最後の段落第3文 However, I learned~「陶磁器の作品を作る工程は大変だけれども，店での経験を通して楽しいことだと気が付いた」であり，この文を参考に解答を作成したい。

2 (会話文：絵・図・表・グラフなどを用いた問題，語句の解釈・指示語，語句補充・選択，関係代名詞，不定詞，動名詞，分詞の形容詞用法，受け身)

ジーナ：何を見てるの，まみ？

まみ　：英語の本のリストを見ているの。私たちの英語のスミス先生が，昨日これを私にくれた。私は先月から英語の本を読み始めて，先生に良い本を教えてくれるように頼んだの。リストのコメントは，それぞれの本に対する先生のコメントよ。明日買い物に行って，リストにある本を何冊か買うの。

ジーナ：リストを見てもいい？　ああ，この本を読むべきだと思う。私は読んでないけどコメントを見て。あなたはアメリカに興味があるよね？　それを読めば，そこにある多くの名所について知ることができる。

まみ　：うわー，いいね。買うよ。

ジーナ：「The Blue Sky」はどうかな？　私は小さい頃に初めて読んで，とても面白かった。これも買うべきね。

まみ　：それなら，それ①も買う。

ジーナ：この本の作家は日本で多くの人に好かれていると聞いた。コメントを見て。同じ作家が「The White Sea」を書いた。この作家が好きなので，いつか読みたい。以前に読んだことがある？

まみ　：いいえ，でもこの話は私たちの英語の教科書にあるね。話は授業で読むので買わないようにする。ええと，「Our Memory」を読みたいけど難しいと思う。あなたは読んだことがある？

ジーナ：いいえ，でも読みたければそれは読むべきね。本を理解できなければ助けるよ。

まみ　：ありがとう。それも買う。

ジーナ：この本はどう？　私は読んだことはないけれども，英語について多くのことを学べると思う。

まみ　：前に読んだことがあるので，これは買わないよ。英単語について興味深い事実をたくさん教えてくれるし，月の名前の起源についても学んだ。たとえば，September は"7番目の月"を意味している。

ジーナ：待って。今では，September は一年で9番目の月だよね？

まみ　：そう。②その理由を伝えるために，歴史について話すね。人々が暦を使い始めたとき，1年は10か月しかなくて，1年は March から始まっていた。その時，September は確かに7番目の月だった。この本はいくつかの説があると言っているけれども，この説を紹介している。

ジーナ：なるほど。

まみ　：ああ，本を多く選び③すぎたかな。持っているお金が足りないと思う。

ジーナ：ええと，リストを見て。④この本を買う必要はないと思う。私たちの学校の図書館で見つけたから。私は最初に読んだ時から好きなので，図書館でそれを見つけたときはうれしかった。

まみ　：わかった。そうなら，明日は買わずに，来週図書館に行く。ありがとう。

リスト

本の名前	コメント
Lily	リリーという女の子がアメリカの多くの有名な場所を訪れる。作家が撮影した写真で，それらについて多くのことを学ぶことができる。
Our Memory	少女は海外に行き，AIについて勉強する。この本にはいくつか難しい言葉がある。

The Blue Sky	これは未来へ行く少年の物語。この本の作家は，日本で多くの人に好かれ，「The White Sea」も書いている。
The Past	少年は過去へ旅し，英単語の語源を学ぶ。
The White Sea	小さな猫が海中の都市を訪れる。この本にはたくさんの絵がある。作家が描いたもので，状況を理解するために役立つ。

(1) too ①の文では直前の文 You should also~「あなたはそれも買うべき」を繰り返していると考えられるので，「それも買う」とすると空欄には too(そのうえ，~また)が適当。③の文では，その後の発話 I don't think~では「持っているお金が足りない」とあるので，空欄の文は「本が多すぎる」とすると空欄には too(あまりに，~すぎて)が適当。

(2) (ア) あなたへ理由を伝えるために(○) (イ) 明日その本を買うために (ウ) それぞれの本についてコメントを書くために (エ) 日本語のことばを学ぶために 空欄の次の文 When people began~以降では「人々が暦を使い始めたとき1年は10か月しかなく，1年は March から始まっていて，その時は Septemberは確かに 7 番目の月だった」とある。この部分は空欄のある文の発話の二つ前のまみの発話最後の文 For example, September~「September は7番目の月だった」の理由を説明していることから，選択肢アが適当。各選択肢では to+動詞の **to 不定詞**が使われ，空欄②では「~のために」と副詞的な働きをしている。

(3) ウ 下線④ this book についての説明は，下線の文の次の文 I found it~とその次の文 I've liked it~に「図書館にある本は，私が最初に読んだ時から好きだ」とある。これと同様の意味の文は，第5番目のジーナの発話 How about "The~以降に，「小さなころに初めてそれを読んで，とても面白かった」とある。この本は The Blue Sky なので，選択肢ウが適当。リストのウのコメントにある a boy who goes to the fruture の who は関係代名詞で，who~が a boy を説明して「未来へ行く少年」となる。

(4) (ア) 彼女が英語の本を読み始めると決めたのは，スミス先生が彼女へリストをくれたからだとまみは言います。 (イ) 「The Blue Sky」の作家は日本で人気があり，ジーナはまみと話す前にそのことを知っていた。(○) (ウ) スミス先生はコメントを通して，「The Past」にはいくつか難しい言葉があることをまみに伝えます。 (エ) 作家が撮影した多くの写真は，人々が「The White Sea」の状況を理解ために役立ちます。 問題本文第7番目のジーナの発話の最初の文 I heard the~には，「この本(The Blue Sky)の作家は日本で多くの人に好かれていると聞いた」とまみに話をしていて，ここでは「聞いた」と過去のことを言っているのでイが適当。選択肢アの start reading の reading は動名詞で「読むこと」となり「読むことを始める」という表現になる。また，選択肢エの pictures taken by the writer の taken~は形容詞的に pictures を説明し「作家によって撮影された写真」となる。

3・4・5

放送台本の和訳は，44ページに掲載。

2023年度英語 聞き取り検査

〔放送台本〕

これから，問題3・4・5を放送によって行います。それでは，問題3の説明をします。問題3は(1)・

(2)の2つがあります。それぞれ短い会話を放送します。次に，Question と言ってから英語で質問をします。それぞれの質問に対する答えは，問題用紙に書いてあります。最も適当なものを，(ア)・(イ)・(ウ)・(エ)から1つずつ選びなさい。会話と質問は2回放送します。それでは，問題3を始めます。

(1)　A: Hi, Kana. What are you reading?

B: Hi, Jenny. I'm reading a letter from Mary. She is one of my friends. I met her when I was in America. I'm happy that she will come to Japan next month to meet me.

A: That's great. I want to meet her, too.

B: OK. I'll tell her about that.

Question: Why is Kana happy?

(2)　A: Nancy, which cake will you eat today? This month, we can choose the special chocolate cake or the special strawberry cake at this shop.

B: Well, last week, I ate the special chocolate cake. It was delicious.

A: Then, I'll have the special chocolate cake and tea.

B: I see. I want to eat something I have not tried yet, so I'll have this special cake and coffee today.

Question: What will Nancy have at this shop today?

〔英文の訳〕

(1)　A：こんにちは，カナ。何を読んでいるの？

B：こんにちは，ジェニー。メアリーからの手紙を読んでいるところ。彼女は私の友達の一人なの。私がアメリカにいたときに彼女に会った。彼女が来月私に会いに日本に来ることがうれしいの。

A：いいね。私も彼女に会いたい。

B：わかった。彼女にそのことを話しておくね。

質問：カナはなぜうれしいのですか？

答え：(ア)　なぜならメアリーが来月日本に来るからです。

(2)　A：ナンシー，今日はどのケーキを食べる？　今月この店では，特製チョコレートケーキか特製いちごケーキを選ぶことができるの。

B：そうね，私は先週，特製チョコレートケーキを食べた。おいしかった。

A：それなら，私は特製チョコレートケーキとお茶をいただこう。

B：そうね。私はまだ食べたことのないものを何か食べたいから，今日はこの特製ケーキとコーヒーをいただこう。

質問：ナンシーは今日この店で何をいただきますか？

答え：(エ)　特製いちごケーキとコーヒー。

〔放送台本〕

次に，問題4の説明をします。これから，エマとサキの会話を放送します。つづいて，英語で2つの質問をします。それぞれの質問に対する答えは，問題用紙に日本語で書いてあります。最も適当なものを，(ア)・(イ)・(ウ)・(エ)から1つずつ選びなさい。会話と質問は2回放送します。それでは，問題4を始めます。

Emma: Hi, Saki. Do you like playing volleyball?

Saki: Yes, Emma. Why?

Emma: I'm on the local volleyball team and we have a small tournament on the 14th (fourteenth) this month. But one of our members can't come. Can you join our team?

Saki: I'm sorry, but I can't. I have to practice soccer that day because I have an important soccer game the next day.

Emma: I see.

Saki: Well, I have a sister, so I will ask her. She is a high school student and she likes playing volleyball.

Emma: Thank you. Is your sister on the volleyball team at her school?

Saki: No. But when she was a junior high school student, she was on the volleyball team at her school.

Emma: Does she play volleyball now?

Saki: Yes, she sometimes plays volleyball with her friends on weekends. She often watches volleyball games on TV with them, too.

Emma: Does she play volleyball well?

Saki: Yes. She was chosen as the best player in a small tournament when she was a junior high school student.

Emma: Wow, I'm sure your sister will help our team a lot.

Question (1): When does Saki have the important soccer game?

Question (2): What is the one thing we can say about Saki's sister?

〔英文の訳〕

エマ：こんにちは，サキ。バレーボールをするのは好き？

サキ：うん，エマ。なぜ？

エマ：私は地元のバレーボールチームにいて，今月の14日に小さな大会があるの。けれども，私たちのメンバーの1人が来られない。私たちのチームに参加できる？

サキ：ごめんなさい，できないの。次の日に大事なサッカーの試合があるから，その日はサッカーの練習をしなければならない。

エマ：わかった。

サキ：ええと，姉妹がいるから聞いてみる。彼女は高校生で，バレーボールをするのが好きだから。

エマ：ありがとう。あなたの姉妹は彼女の学校のバレーボールチームにいるの？

サキ：いいえ。でも，中学生の時，彼女は学校のバレーボール部にいた。

エマ：彼女は今バレーボールをしているの？

サキ：うん，彼女は週末に時々友達とバレーボールをしている。彼女は友達と一緒にテレビでバレーボールの試合もよく見ている。

エマ：彼女はバレーボールが上手なの？

サキ：そうね。中学生の時に小さな大会で最優秀選手に選ばれていた。

エマ：うわー，きっとあなたの姉妹が私たちのチームをとても助けてくれると思う。

質問(1)：サキは大事なサッカーの試合がいつありますか？

答え　：(イ)　今月の15日

質問(2)：サキの姉妹について私たちが言える一つのことは何ですか？

答え　：(ウ)　友達と，よくバレーボールの試合をテレビで見る。

〔放送台本〕

次に，問題5の説明をします。問題5は(1)・(2)の2つがあります。それぞれ短い会話を放送します。それぞれの会話の，最後の応答の部分に あたるところで，次のチャイムを鳴らします。このチャイムのところに入る表現は，問題用紙に書いてあります。最も適当なものを，(ア)・(イ)・(ウ)・(エ)から1つずつ選びなさい。問題用紙の例題を見なさい。例題をやってみましょう。

(例題)　A: Hi, I'm Hana.
　　　　B: Hi, I'm Jane.
　　　　A: Nice to meet you.
　　　　B: ＜チャイム音＞

正しい答えは(イ)のNice to meet you, too. となります。ただし，これから行う問題の会話の部分は印刷されていません。それでは，問題5を始めます。会話は2回放送します。

(1)　A: Oh, no! It has started raining!
　　B: What's the matter, Kate?
　　A: I don't have my umbrella with me today.
　　B: ＜チャイム音＞

(2)　A: What did you get for your birthday from your parents, Sarah?
　　B: They gave me a guitar and some other things. I was so happy.
　　A: A guitar? Great! Can you play it for me?
　　B: ＜チャイム音＞

〔英文の訳〕

(例題)　A：こんにちは，ハナです。
　　　　B：こんにちは，私はジェーンです。
　　　　A：はじめまして。
　　　　B：(イ)　こちらこそ，はじめまして。

(1)　A：ああ，だめだ！　雨が降り始めた！
　　B：どうしたの，ケイト？
　　A：今日は傘を持っていないの。
　　B：(イ)　どうぞ。私は別の傘を持っているから。

(2)　A：両親から誕生日に何をもらいましたか，サラ？
　　B：彼らは私にギターやその他のものをくれました。私はとてもうれしかった。
　　A：ギター？　すばらしい！　私のために弾いてもらえますか？
　　B：(エ)　いいえ，実際にはギターをうまく弾けません。

＜理科解答＞

1　(1)　エ　　(2)　X　ウ　　Y　5.8〔m/s〕　　(3)　ウ，まっしょう(神経)

2　(1)　A, D　　(2)　i群　イ　　ii群　カ

3　(1)ウ　　(2)　凝灰岩　ア　　石灰岩　ウ　　(3)　ア

4　(1)　オ　　(2)　28.8〔kJ〕，13〔時間〕
　　(3)　B, C, F

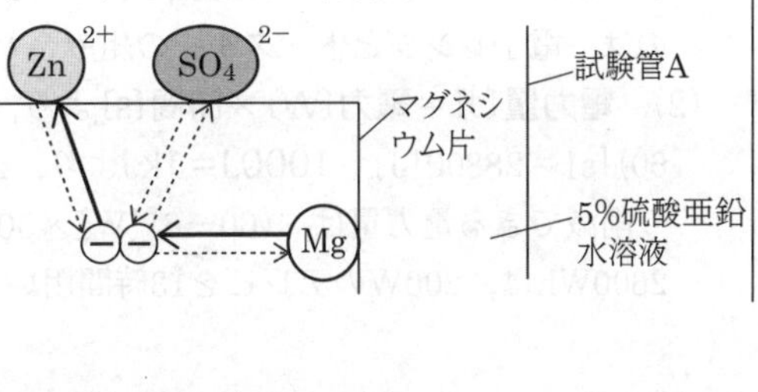

5 (1) イ　(2) エ
6 (1) 4.9〔g〕　(2) 前ページの図　(3) イ
7 (1) i群 ウ　ii群 キ　iii群 サ　(2) i群 ア　ii群 ケ
8 (1) i群 イ　ii群 ク　(2) C (例)つり合っている　D 慣性

＜理科解説＞

1 (動物のからだのつくりとはたらき)

(1) 意識せずに行う反応を選ぶ。

(2) 刺激が伝わっているのはAさん以外の6人である。測定した時間の平均は，(1.69＋1.47＋1.52)〔s〕÷3＝1.56〔s〕だから，刺激の信号が伝わるのにかかった1人あたりの時間は，1.56〔s〕÷6〔人〕＝0.26〔s〕となる。

(3) 耳の感覚細胞はうずまき管にある。また，感覚神経と運動神経をまとめて末しょう神経という。

2 (気体の性質)

(1) **気体Aは塩化水素，気体Bは水素，気体Cは酸素，気体Dはアンモニア，気体Eは二酸化炭素**である。二酸化炭素は水に少しとけるため，二酸化炭素を満たしたペットボトルに水を少量入れてよく振ると，水に気体がとけてペットボトルがへこむ。この現象と同じことが起こるのは，水にとける気体を用いたときで，塩化水素(気体A)，アンモニア(気体D)があてはまる。

(2) 空気の密度は，塩化水素(気体A)，酸素(気体C)，二酸化炭素(気体E)よりも小さいことから，0.00150g/cm^3，0.00131g/cm^3，0.00181g/cm^3よりも小さいことになる。また，気体B(水素)，気体D(アンモニア)よりも密度が大きいので，0.00008g/cm^3，0.00071g/cm^3よりも大きいことになる。これらの値から，空気の密度の範囲として適しているのはイである。このことから，二酸化窒素は空気よりも密度が大きいことがわかる。加えて，水にとけやすい気体であるため，気体を集めるときは下方置換法を用いる。

3 (地層)

(1) チャートは大変かたい岩石で，塩酸をかけてもとけない。

(2) 凝灰岩は火山灰が堆積してできた岩石，石灰岩は炭酸カルシウムを主成分とする生物の遺がいが堆積し，固まってできた岩石である。

(3) サンヨウチュウとフズリナは古生代，デスモスチルスは新生代の**示準化石**である。

4 (電気とその利用)

(1) 電圧が100Vの場合，それぞれの電気器具に流れる電流は，消費電力〔W〕÷100〔V〕で求められる。LED電球には0.08A，白熱電球には0.6A，パソコンには0.8A，テレビには2A，電子レンジには6A，電気ポットには8A，トースターには10Aが流れる。このうち，加えると16Aになるのは，電子レンジとトースターの組み合わせである。

(2) **電力量〔J〕＝電力〔W〕×時間〔s〕**より，LED電球の使用で消費した電力量は，8〔W〕×(60×60)〔s〕＝28800〔J〕　**1000J＝1kJ**より，28.8kJとなる。白熱電球をLED電球に変えることにより削減できる電力量は，(60－8)〔W〕×50〔h〕＝2600〔Wh〕　2600〔Wh〕÷200〔W〕＝13〔h〕より，2600Whは，200Wのテレビを13時間用いたときの電力量に等しい。

(3)　Ⅱ図の豆電球が消費する電力と同じ電力になる豆電球はどれかを考える。つまり，A～Eのうち，1.5Vの電圧が加わっている豆電球を考える。Aには1.5Vの半分(0.75V)の電圧が加わる。Bには，電源電圧と同じ1.5Vの電圧が加わる。C，Fには3.0Vのうち半分の大きさの1.5Vが加わる。D，Eには3.0Vの電圧が加わる。

5 (細胞分裂)

(1)　タマネギの根をうすい塩酸にひたすと，細胞どうしがはなれやすくなる。よって，この作業を誤ったと考えられる。

(2)　細胞分裂は根の先端付近で行われるため，根の先端部に近くなるほど，細胞の大きさが小さくなる。

6 (イオン)

(1)　5％硫酸亜鉛水溶液5.0mLの質量は，1.04〔g/cm^3〕×5.0〔cm^3〕＝5.2〔g〕　このうち5％が硫酸亜鉛の質量に相当するので，水の質量は，5.2〔g〕×(1−0.05)＝4.94〔g〕→4.9g

(2)　マグネシウム原子が放出した2個の電子を，亜鉛イオンが受け取って，亜鉛原子となる。

(3)　銅と亜鉛を比べると，**亜鉛のほうがイオンになりやすい**。よって，硫酸亜鉛水溶液に銅片を入れた場合，硫酸銅水溶液に亜鉛片を入れた場合では，硫酸銅水溶液に亜鉛片を入れたときに，亜鉛片の表面に銅が付着する。

7 (空気中の水蒸気)

(1)　水蒸気をふくんだ空気が上昇すると気圧が下がるので，温度が下がり，やがて露点に達する。これによって水蒸気が水滴となって雲ができる。寒冷前線付近には，縦にのびる**積乱雲**ができやすい。

(2)　グラフより，15℃における**飽和水蒸気量**は13gなので，この空気は，1m^3中に，13〔g/m^3〕×0.4＝5.2〔g/m^3〕の水蒸気をふくんでいる。グラフより，5.2gが飽和水蒸気量となる気温を読み取ると，約1℃である。また，気温が上昇すれば飽和水蒸気量が大きくなるので，露点も高くなる。

8 (力の規則性)

(1)　A　**作用・反作用**の関係となるので，人が荷物に加える力と，人が荷物から受ける力の大きさは等しく向きが逆である。　B　人も荷物も同時に力を受けるので，それぞれが動く。

(2)　等速直線運動を行っている物体には，力がはたらいていないか，力がはたらいていてもすべてつり合っている。よって，進行方向に力がはたらかないため，**慣性**によって等速で運動を続ける。

<社会解答>

1　(1)　c, ア　(2)　ア　(3)　ウ　(4)　(ア)→(エ)→(イ)→(ウ)，世界人権宣言
(5)　イ

2　(1)　(写真A)　東　(写真B)　ウ　(2)　2000m，エ　(3)　律令，調
(4)　ⅰ群　ア　ⅱ群　ク　(5)　ⅰ群　エ　ⅱ群　カ

3 (1) (例)オ→ケ→カ→サ[ク→ケ→イ→シ，ケ→イ→シ→ク] (2) ア，とうだいじ
(3) ウ，エ (4) イ，ウ，エ
(5) 団結(権)，イ

4 (1) ⅰ群 イ ⅱ群 カ ⅲ群 サ ⅳ群 ツ (2) 天保の改革 (3) 右図
(4) ウ (5) ⅰ群 イ ⅱ群 サ

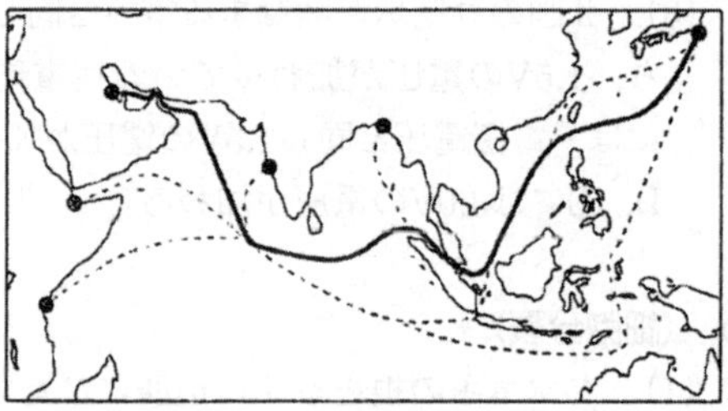

＜社会解説＞

1 **(地理的分野―世界地理－地形・人々のくらし，歴史的分野―日本史時代別－明治時代から現代，―日本史テーマ別－外交史・文化史，―世界史－政治史・文化史，公民的分野―国際社会との関わり)**

(1) 北緯40度線をとおるのは，ヨーロッパの国々では，ポルトガル・スペイン・イタリア・ギリシャである。cの緯線である。地球の表面には海洋と陸地の二つの部分があり，海洋の方が広い。**海洋面積：陸地面積＝7：3**である。地球全体の陸地の面積は，ほぼ1億4724万4000平方kmであり，日本の国土面積の380倍である。

(2) **ゲルマン系**言語には，英語・ドイツ語・オランダ語・デンマーク語・ノルウェー語・スウェーデン語などが含まれる。**ラテン系言語**には，イタリア語・ルーマニア語・スペイン語・フランス語・ポルトガル語などが含まれる。**大航海時代**の16世紀に，スペインは，南アメリカ大陸の広い地域を**植民地**とした。そのため，南アメリカ大陸の国の多くは，独立後もスペイン語を公用語としている。

(3) ア・イ・エはどれも誤りであり，ウが正しい。**第一次世界大戦**に参戦した日本は，**山東省**のドイツ**租借地**を攻撃し占領した。そして，講和会議で結ばれた**ベルサイユ条約**によって，山東省のドイツ権益を獲得した。

(4) ア **ローマ帝国**のテオドシウス帝は，380年に**キリスト教の国教化**を定めた。 イ 1568年に始まった**オランダ**の**スペイン**に対する**独立戦争**は，1581年に北部7州が独立を宣言し，1609年に休戦して事実上の独立を達成した。 ウ イギリスの植民地であったアメリカは，独立戦争の末に，1776年に**独立宣言**を発表した。 エ イタリアのフィレンツェを中心に始まった，古典文化を復興しようとする**ルネサンス**は，1300年頃に起こった。したがって，古いものから順に並べると，ア→エ→イ→ウとなる。1945年に**国際連合**が発足し，3年後の1948年に，第3回国際連合総会で「すべての人間は，生れながらにして自由であり，かつ，尊厳と権利とについて平等である。」とする**世界人権宣言**が採択された。

(5) 日本で初めて**留学生**が派遣されたのは，607年に**遣隋使**に伴って渡隋したものであり，飛鳥時代のことである。日本が近代国家を建設しようとした明治時代の初めには，**岩倉使節**が派遣された。**津田梅子**も同時に渡米した。それ以降も，多くの留学生が海外に派遣された。

2 **(地理的分野―日本地理－地形図の見方，歴史的分野―日本史時代別－旧石器時代から弥生時代・古墳時代から平安時代，―日本史テーマ別－外交史・法律史，公民的分野―財政・経済一般)**

(1) 写真A 県庁から西・南・北の方角を写真に撮れば，いずれも利根川が一部に映り込むはずである。利根川が全く映らず大きな建物が映っているのは，東の方角を撮影したからである。
写真B 写真を撮れば，右側に利根川があり鉄橋がすぐ近くに映るのは，ウの地点である。

(2)　長さは，地形図上では8cmであり，これは，**縮尺2万5000分の1地形図**なので，計算すれば8cm×25,000＝200,000(cm)＝2,000(m)となる。　ア　JR線は上越線・両毛線が走っているが，それ以外に中央前橋駅を起点とする私鉄が走っている。　イ　田(ıı)や畑(∨)は，地形図の左半分に多く見られる。　ウ　**三角点**(△)は地形図の左端に置かれており，**標高**は121mである。ア・イ・ウのどれも誤りであり，エが正しい。　エ　「上越線」と「利根川」にはさまれた地域には，寺院(卍)は1か所，神社(⛩)は3か所あり，神社の方が数が多い。

(3)　中国から輸入し，日本の実情に合うように修正されてつくられた国家の基本法典が**律令**(りつりょう)である。刑罰などを定めたのが「**律**」，政治組織や税制などを定めたのが「**令**」である。**大宝律令**が701年に制定され翌年施行されて，律令に基づく政治が本格化した。諸国の産物(絹・海産物など)を納めさせた税が**調**である。大宝律令では人頭税として課せられ，**庸**とともに都に運ばれ国家の財源となった。庸・調を都に運ぶのが**運脚**であり，農民の大きな負担となった。納められる調には，資料Ⅱのような**木簡**(もっかん)が添えられた。

(4)　ⅱ群のグラフの景気の**後退期**を示す灰色の部分に注目する。景気の後退期には，政府が景気を刺激するため，**公共事業**関連費が増える。ⅱ群のクが，公共事業関連費である。公共事業関連費の総額は，最大時で9兆円となるⅰ群のアである。

(5)　ⅰ群　アは新潟県である。イは福島県である。ウは長野県である。エは群馬県であり，隣接するのが栃木県である。　ⅱ群　カは，日本に旧石器時代があったことを述べている。キは，登呂遺跡などの弥生時代についての説明である。クは，**奴国の王**(なこくのおう)が漢に朝貢し，**金印**を授かったことについての説明である。ケは，埼玉県の**稲荷山古墳**から発掘された鉄剣に，**雄略天皇**を意味する「**ワカタケル**」と読める漢字が彫られていたことについての説明である。**岩宿遺跡**に関する正しい組み合わせは，ⅰ群エ・ⅱ群カである。

3 **(歴史的分野―日本史時代別－古墳時代から平安時代・安土桃山時代から江戸時代・明治時代から現代，―日本史テーマ別－政治史・宗教史・文化史・経済史，地理的分野―日本地理－人口，公民的分野―国の政治の仕組み・基本的人権)**

(1)　1156年の**保元の乱**・1159年の**平治の乱**で勝利を収めた**平清盛**は，1167年に武士として初めて**太政大臣**の位につき政権を握った。1172年に娘の徳子を高倉天皇のきさきとし，生まれた男子を**安徳天皇**として即位させ，安徳天皇の外祖父となった。**日宋貿易**で大きな経済力を得て平氏政権を築いた。これを記号で，オ→ケ→カ→サと表すことができる。他に，ク→ケ→イ→シや，ケ→イ→シ→クも正答とされる。

(2)　**加賀国**では**浄土真宗**の信仰で結びついた農民たちが，1488年に**一向一揆**を起こし，**守護大名**の富樫氏を倒して，その後約100年にわたって自治を行った。**東大寺**(とうだいじ)は源氏と平氏の争いの中で，1181年に平氏によって焼き討ちにされた。**南大門**の**金剛力士像**も，鎌倉時代に**運慶**らによって再建されたものである。

(3)　ア　仙台市の人口は，2000年と2020年を比べると，8万9千人増加している。　イ　名古屋市の**人口密度**は，2000年と2020年を比べると2020年の方が高い。　オ　2000年と2020年の人口差が最も大きいのは名古屋市であり，面積を比べると差が最も大きいのは広島県である。ア・イ・オのどれも間違いがあり，ウとエが正しい。

(4)　ア　**閣議**を開くのは**内閣**である。閣議は全会一致で決定する。　オ　**民主党**にかわって政権を担ったのは，**自由民主党**(自民党)と**公明党**の**連立政権**である。アとオには誤りがあり，イ・ウ・エが正しく日本の政党について説明している。

(5)　日本国憲法第28条は「勤労者の団結する権利及び団体交渉その他の**団体行動**をする権利は，これを保障する。」と，**団結権**を認めている。 ア　戦時中に中等学校以上の学徒を勤労のために動員することが**勤労動員**であり，1943年以降に本格化した。　ウ　1871年に行われた**廃藩置県**は,全国の藩をなくし，県を置くという大変革だった。　エ　**豊臣秀吉**が行った1582年の**太閤検地**や1588年の**刀狩**によって，また1591年の身分統制令によって，武士と農民の区別が明確になり，**兵農分離**が進んだ。ア・ウ・エのどれも別の時代の政策についての説明である。イが正しい。　イ　日本が連合国軍に占領されていた時期に，**三菱・三井・住友・安田**に代表される財閥が**GHQ**によって解体された。財閥解体は1945年に始まった。

4 **(歴史的分野―日本史時代別－安土桃山時代から江戸時代・明治時代から現代，―日本史テーマ別－経済史・政治史，公民的分野―経済一般・国際社会との関わり・国の政治の仕組み・裁判，地理的分野―日本地理－交通・貿易)**

(1)　ⅰ群　**為替相場**の変動で「1ドル100円」から「1ドル120円」のように，外国の通貨に対して円の価値が下がることを**円安**になるという。　ⅱ群　円安が進むと日本から輸出される品の外国での価格が安くなるので，よく売れるようになり，日本の企業には有利になる。　ⅲ群　1973年に**第4次中東戦争**が勃発し，**OPEC＝石油輸出国機構**の国々は原油の値上げを決定し，いわゆる**石油危機**が起こった。日本では**狂乱物価**といわれるほど物価が上昇する**インフレーション**となった。　ⅳ群　石油危機により，1950年代後半より続いてきた**高度経済成長**が終結した。

(2)　**老中水野忠邦**が1841年から1843年に行った改革を**天保の改革**という。水野の政策は**株仲間解散・上地令**など過激なものが多く，反発を招き2年余りで水野は失脚した。

(3)　メモに書かれたとおりに航海をすれば，解答の図のとおりに進むことになる。

(4)　アジアや環太平洋地域における多国間経済協力を進めるための組織が，1989年に創設された**アジア太平洋経済協力＝APEC**(Asia－Pacific Economic Cooperation)である。日本のほか，アメリカ・中国・ロシア・韓国・オーストラリア等の21の国または地域の首脳が一同に集まる会議として，APECは世界各国からの注目が高い。ブラジルは参加していない。

(5)　ⅰ群　ア　民事裁判は，人と人，会社と人などの私人の間の紛争を解決するための裁判である。民事裁判に被告人はいない。　ウ　被害者が裁判に参加することができるようになったのは，刑事裁判である。エ　民事裁判では，国選弁護人を頼むことはできない。ア・ウ・エのどれも誤りであり，イが正しい。　イ　裁判員制度は，刑事事件の第一審のみでとりいれられている。　ⅱ群　「**違憲審査**」とは，**裁判所**が，**国会**のつくる**法律**や，**内閣**の発する**政令**や，**地方自治体**が制定する**条例**などが憲法に違反していないかを審査し，違反している場合はそれを無効とすることである。この権限はすべての裁判所が持っているが，**最高裁判所**が終審裁判所として，最終的な権限を有する。このため，最高裁判所は「**憲法の番人**」と呼ばれる。

＜国語解答＞

一　(1)　にわかに　㋐　(2)　㋒　(3)　㋑　(4)　(ウ)→(エ)→(ア)→(イ)
(5)　㊀　許しつかはすべきなり　㊁　㋓

二　(1)　Ⅰ　㋒　Ⅱ　㋘　(2)　Ⅰ　㋑　Ⅱ　㋕　(3)　とくしゅ　(4)　㋒
(5)　③　(6)　㋓　(7)　Ⅰ　㋑　Ⅱ　㋕　(8)　質　(9)　㋑　(10)　㋓
(11)　㊀　社会環～うもの　㊁　次第に～くもの　㊂　㋐　㊃　Ⅰ　㋑　Ⅱ　㋕
Ⅲ　㋛

＜国語解説＞

一　(古文－大意，内容吟味，文脈把握，脱語補充，仮名遣い)

〈口語訳〉　紀貫之が馬に乗って，和泉国にいらっしゃるという，蟻通の明神の御前を，暗かったので，気づくことができずに通り過ぎたところ，馬が突然倒れて死んでしまった。どういうことであろうかと驚いて思って，松明の灯りで見たところ，神社の鳥居が見えたので，(貫之が)「どんな神様がいらっしゃるのか。」と尋ねたところ，「これは，蟻通の明神と申して，とがめることをひどくしなさる神だ。もしや，馬に乗ったまま通り過ぎなさってしまったのか。」と人が言うので，(貫之が)「いかにも，その通りで，暗くて，神様がいらっしゃるとは知らずに，通り過ぎてしまいました。どうしたらよいか。」と神官を呼んで尋ねると，その神官は，ただならぬ様子だ。「お前は，私の前を馬に乗ったまま通る。当然，知らなかったのだから許してやるべきだ。そうではあるが，(お前は)和歌の道を極めた人だ。その道を明らかにして通れば，馬は，必ず立つことができるだろう。これは，明神のお告げだ。」と言った。貫之は，すぐに水を浴びて，この歌を詠んで，紙に書いて，お社の柱に貼り付けて，参拝して，しばらくの間に，馬が起き上がって身震いをして，いなないて立った。神官は，「お許しなさる。」と言って，覚めたということだ。

雨雲が重なっている真夜中だから，明神がいらっしゃると思う事ができようか。(いや，思うことはできない。)

(1)　語頭と助詞以外の「は・ひ・ふ・へ・ほ」は，「ワ・イ・ウ・エ・オ」となる。また，「ほのか」とは，光・色・香りなどがわずかに感じられるさま。

(2)　ウの主語は禰宜であり，その他の主語は貫之なので，ウが誤り。

(3)　神官が話している言葉は，**神宮に乗り移った神からのものだった**ので，「覚め」たという事は，神の乗り移りから覚めたという事を示す。

(4)　貫之は蟻通の明神の御前を，そうとは気づかずに通り過ぎたところ，馬が突然倒れて死んでしまった。どういうことであろうかと驚いて，松明の灯りで見たところ，神社の鳥居を見つけた。神官に蟻通の明神について詳細を聞いた後，和歌を詠むと，倒れていた馬が生き返ったのである。

(5)　㊀　貫之が馬に乗って，蟻通の明神の御前を，暗かったので，**気づく事ができずに通り過ぎた事に対して**，蟻通の明神は「知らざれば許しつかはすべき(知らなかったのだから許してやるべきだ)」と述べている。　㊁　貫之が和歌の名手である事を知っていた蟻通の明神は，その腕前を見るために馬を倒した。貫之はその求めに応えて，和歌を即興で詠んだのである。

二　(論説文－内容吟味，文脈把握，段落・文章構成，指示語の問題，脱文・脱語補充，漢字の読み書き，語句の意味，熟語，文と文節，品詞・用法)

(1)　Ⅰ　「永遠」は，「永く」「遠い」とどちらも似た意味を備えている漢字である。　Ⅱ　「衣服」は，どちらも着る物についての漢字である。

(2)　Ⅰ　「念頭に置く」とは，心にかける，常に意識して考えていること。　Ⅱ　「追随」とは，後から追いしたがうこと，また人の業績などの跡を追うこと。

(3)　「特殊」とは，性質や内容などが，他と著しく異なること。

(4)　**傍線部を単語に分けて分類する**と，例(自立語)，に(付属語)，とれ(自立語)，ば(付属語)，よく(自立語)，わかり(自立語)，ます(付属語)となる。

(5)　作家は物語を書き，それを人々に売る事で生計を立てていたが，近代以降においては，それが流行らなくなった。というのも，**近代は個人への目覚めの時代**という事ができ，それに伴って作家も「私小説」を生み出す必要があったのである。そのためにも，「たしかに」から始まる段落に，「真剣に自己を掘り下げ，それを正直に言葉にしないくては自分というものを確立できないと作家たちが感じた」とあり，「私小説」を執筆するために，今までの物語を書くという発想を捨てて，「私小説」を書くために精進したのである。

(6) 「ひとつには」から始まる段落に，**科学の時代である近代には，嘘っぽい話は流行らなくなった**事を挙げ，「話は『リアル』(＝現実的)でないといけない，そういう考え方が強くなったと思われます。そうなると，作家が自分の生の真実を正直に『告白』する道がひらけます」と具体的に説明している。

(7) Ⅰ 「だけ」は，分量・程度・限度・範囲を限定する副助詞。　Ⅱ 「ばかり」は，物事を限定する意を表す副助詞。

(8) 「性質」とは，その人に生まれつき備わっている気質。また，他のものと区別しうる，そのもの本来の在り方。

(9) A 「簡単に言えば」から始まる段落に，近代以前の社会では生まれた時から自分の地位は与えられており，改めて自身の社会の位置づけを考える必要はなかった。対して，近代の社会では人々は安定した地位を失い，代わりに自分の求めるまま好きな地位を獲得したらいいということになったとある。よって，個人は社会によって縛られるものではなくなり，解放されて自由になったという事ができる。　B 「簡単に言えば」から始まる段落に，近代で個人は社会から解放されて自由になったといえる反面，自分自身で人生を決めなくてはならなくなったため，各個人が個人としての意識に目覚めるようになった事が述べられている。

(10) ⑦段落では，発達心理学において個人史の語りが重要される事を述べ，また⑧段落では発達心理学者であるネルソンの「幼児が自己と他者の意識，そして時間の経過の意識に目覚めるには，自分に起こっている出来事を言葉で物語ることが大事」という説を挙げている。続く⑨段落では，それらの内容を受け，日本の「私小説」が生み出された理由につなげている。よって，(エ)は「反対の立場」としている点が不適。

(11) ㊀ 個人史物語を語る事について，「たとえば」から始まる段落に，「自己を確立し，同時に自己を他者との関係で位置づけ，社会環境のなかでの自分というものに目覚める契機となる」と示している。「契機」とは，物事が始まったり，変化が生じたりする直接の要素や原因，きっかけの事である。　㊁ 「ネルソン」から始まる段落に，**発達心理学の分野で自己は成長とともに次第に形成されていくもの**とであると書かれている。　㊂ 「ネルソン」から始まる段落に，「いきなりの近代化で宙に舞い，気も動顛していた日本人が，自分とは何かを求めるだけではなく，自分というものを確固たる存在として生み出そうとした結果として『私小説』を生み出した」とある事から，物語の展開を通じて「私」という存在を確かなものにするために，「私小説」が必要であった事がうかがえる。　㊃ Ⅰ スピーチは他人に対して伝えるものであるので，自分の関心を優先してはならない。　Ⅱ スピーチは他人が理解しやすいように組み立て，また自分の話している内容に根拠を持たせた方が説得力がある。専門用語の多用は聞き手の理解を妨げるので避ける。　Ⅲ 難しい言葉や数字の後，強調したい部分の後などに間を取ることで，相手が理解しやすくなる。

京都府公立高等学校（前期選抜）

2022年度

★★★★★★★★★★★★★★★★★★★★★★★★

入 試 問 題

●くわしい解説……25ページ

＜数学＞

時間　50分　　満点　50点

【注意】 1　円周率はπとしなさい。
2　答えの分数が約分できるときは，約分しなさい。
3　答えが$\sqrt{\ }$を含む数になるときは，$\sqrt{\ }$の中の数を最も小さい正の整数にしなさい。
4　答えの分母が$\sqrt{\ }$を含む数になるときは，分母を有理化しなさい。

1　次の問い⑴～⑼に答えよ。（18点）

⑴　$(-5)^2-2^3\div 4$　を計算せよ。　……答の番号【1】

⑵　$\frac{3}{2}ab\div\frac{1}{6}ab^2\times(-a^2b)$　を計算せよ。　……答の番号【2】

⑶　$\sqrt{6}\times\sqrt{18}-\frac{9}{\sqrt{27}}$　を計算せよ。　……答の番号【3】

⑷　次の連立方程式を解け。　……答の番号【4】

$$\begin{cases}3x-(y+8)=12\\x-2y=0\end{cases}$$

⑸　1次関数　$y=-\frac{7}{3}x+5$　について，xの増加量が6のときのyの増加量を求めよ。
……答の番号【5】

⑹　$(x-y)^2-49$　を因数分解せよ。　……答の番号【6】

⑺　2次方程式　$4x^2-4x-1=0$　を解け。　……答の番号【7】

⑻　底面の半径が3㎝，母線の長さが5㎝である円錐《すい》を2つ用意し，2つの円錐の底面をぴったり重ねると，右の図のような立体ができた。このとき，できた立体の表面積を求めよ。
……答の番号【8】

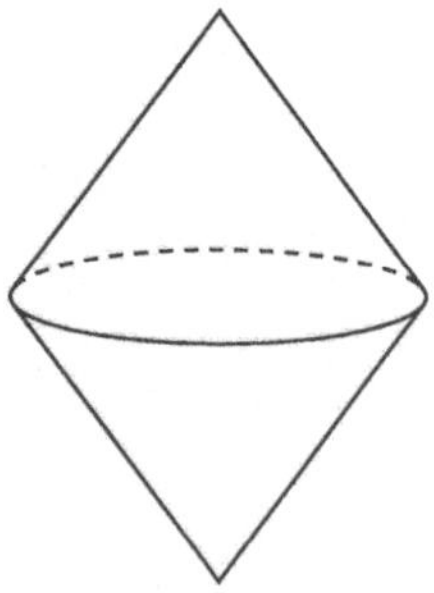

⑼　次のページの表は，あるサッカーチームが1年間に行ったそれぞれの試合の得点を調べ，その結果を度数分布表に整理したものである。このとき，次の（ア）～（ウ）を，値の小さいものから順に並べかえ，記号で書け。　……答の番号【9】

（ア）　得点の平均値　　（イ）　得点の中央値　　（ウ）　得点の最頻値

得点（点）	度数（試合）
0	14
1	13
2	12
3	2
4	1
計	42

2　右の図のように，1，3の数が書かれた黒玉と，1，3，5の数が書かれた白玉がそれぞれ1個ずつ，合計5個の玉が入っている袋がある。

このとき，次の問い(1)・(2)に答えよ。ただし，袋に入っているどの玉が取り出されることも同様に確からしいものとする。（4点）

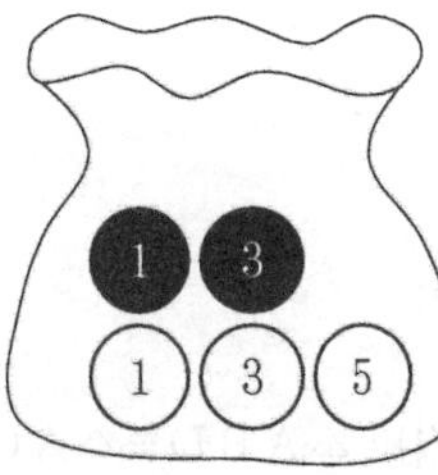

(1)　5個の玉が入っている袋から玉を1個取り出し，取り出した玉に書かれている数を調べてから袋にもどす。次に，もう一度この袋から玉を1個取り出し，取り出した玉に書かれている数を調べる。このとき，はじめに取り出した玉に書かれている数と，次に取り出した玉に書かれている数が等しくなる確率を求めよ。　…………………………答の番号【10】

(2)　5個の玉が入っている袋から玉を同時に2個取り出し，取り出した2個の玉のうち，白玉の個数を a 個とする。また，取り出した2個の玉に書かれている数の和を b とする。このとき，$4a = b$ となる確率を求めよ。　…………………………答の番号【11】

3　右の図のように，関数 $y = ax^2$ のグラフ上に2点A，Bがあり，点Aの座標は $(-3,\ 2)$，点Bの x 座標は6である。また，2点A，Bを通る直線と y 軸との交点をCとする。

このとき，次の問い(1)～(3)に答えよ。

（7点）

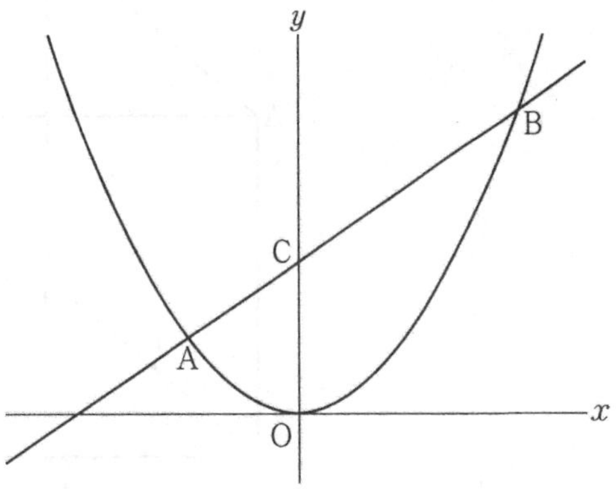

(1)　a の値を求めよ。　…………………………答の番号【12】

(2)　直線ABの式を求めよ。　…………………………答の番号【13】

(3)　x 軸上に点Dを，線分BDと線分CDの長さの和が最も小さくなるようにとるとき，△BCDの面積を求めよ。　…………………………答の番号【14】

4　下の図のように，正三角形ＡＢＣがあり，辺ＢＣ上に点Ｄを，ＢＤ：ＤＣ＝７：２となるようにとる。また，△ＡＢＣと同じ平面上に点Ｅを，△ＡＤＥが正三角形となるようにとる。

このとき，次の問い⑴・⑵に答えよ。ただし，点Ｅは直線ＡＤに対して点Ｂと同じ側にないものとする。（７点）

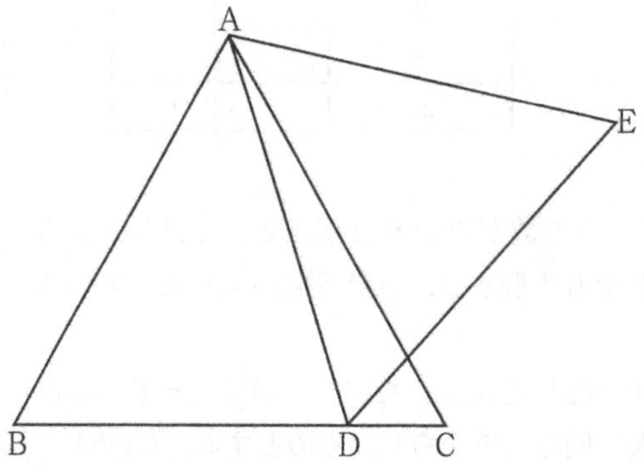

⑴　△ＡＢＤ≡△ＡＣＥであることを証明せよ。　……………………………答の番号【15】

⑵　２点Ｃ，Ｅを通る直線と直線ＡＤとの交点をＦとするとき，ＥＣ：ＣＦを最も簡単な整数の比で表せ。　……………………………答の番号【16】

5　下の図のように，直方体ＡＢＣＤ－ＥＦＧＨがあり，ＡＢ＝ＡＤ＝４㎝，ＡＥ＝$2\sqrt{3}$㎝である。また，２辺ＥＦ，ＥＨの中点をそれぞれＩ，Ｊとする。

このとき，次の問い⑴～⑶に答えよ。（７点）

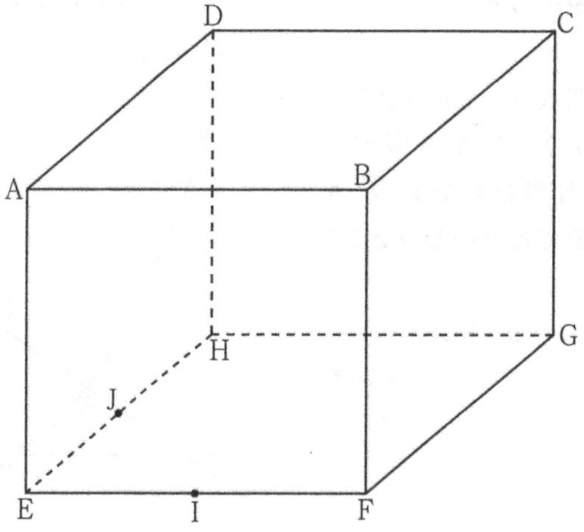

⑴　線分ＩＪの長さを求めよ。　……………………………答の番号【17】

⑵　四角形ＢＤＪＩの面積を求めよ。　……………………………答の番号【18】

⑶　２点Ａ，Ｇを通る直線と四角形ＢＤＪＩとの交点をＫとするとき，四角錐《すい》ＫＥＦＧＨの体積を求めよ。　……………………………答の番号【19】

6　右の図のような，長いすAと長いすBが，それぞれたくさんある。長いすAには１脚あたり必ず２人座り，長いすBには１脚あたり必ず３人座るものとする。長いすA，Bを使用してちょうどn人座るとき，長いすA，Bの脚数の組み合わせの総数は何通りあるか，長いすAだけ使用する場合と長いすBだけ使用する場合を含めて考える。

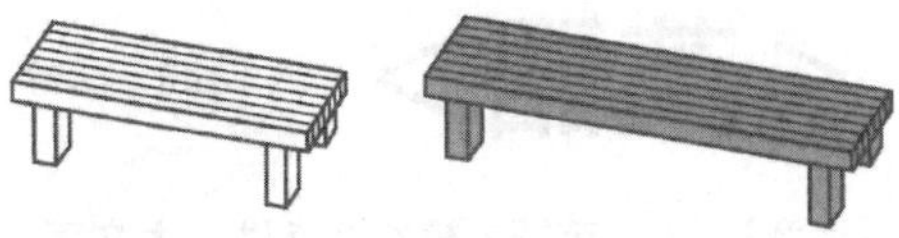

長いすA　　長いすB

たとえば，$n=9$のとき，長いすAを３脚と長いすBを１脚使用する場合と，長いすBだけを３脚使用する場合があるから，長いすA，Bの脚数の組み合わせの総数は２通りである。

次の表は，$n=2$，３，４，５，６のときの，長いすA，Bの脚数の組み合わせと，長いすA，Bの脚数の組み合わせの総数をまとめたものである。

n	長いすA，Bの脚数の組み合わせ	長いすA，Bの脚数の組み合わせの総数
2	長いすA…１脚 長いすB…０脚	１通り
3	長いすA…０脚 長いすB…１脚	１通り
4	長いすA…２脚 長いすB…０脚	１通り
5	長いすA…１脚 長いすB…１脚	１通り
6	長いすA…３脚 長いすB…０脚，長いすA…０脚 長いすB…２脚	２通り

このとき，次の問い(1)～(3)に答えよ。ただし，nは２以上の自然数とする。（７点）

(1)　$n=20$のとき，長いすA，Bの脚数の組み合わせの総数は何通りあるか求めよ。

……………………………答の番号【20】

(2)　$n=127$のとき，長いすA，Bの脚数の組み合わせの総数は何通りあるか求めよ。

……………………………答の番号【21】

(3)　aを２以上の自然数とする。長いすA，Bの脚数の組み合わせの総数がa通りあるときのnの値として考えられるもののうち，最小の値と最大の値を，それぞれaを用いて表せ。ただし，答えは，かっこがあればかっこをはずし，同類項があれば同類項をまとめて簡単にすること。

……………………………答の番号【22】

＜英語＞

時間　50分　　満点　50点

【注意】 1　英語で書くときは，大文字，小文字に注意しなさい。筆記体で書いてもよろしい。

2　語数制限がある場合は，短縮形（I’m など）と数字（100や2022など）は１語として数え，符号（ , / . / ? / ! / “ ” など）は語数に含めないものとします。

1　次の問い(1)・(2)に答えよ。（６点）

(1)　次の絵の中の①〜④の順に会話が成り立つように，［　　］に入る適切な英語を，４語で書け。

…………………………答の番号【１】

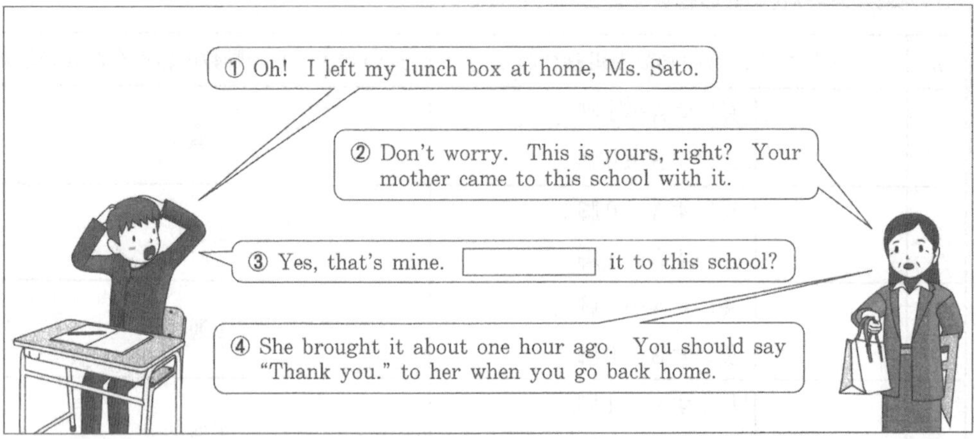

① Oh! I left my lunch box at home, Ms. Sato.
② Don’t worry. This is yours, right? Your mother came to this school with it.
③ Yes, that’s mine. ［　　　　］ it to this school?
④ She brought it about one hour ago. You should say “Thank you.” to her when you go back home.

(2)　次の絵は，直己（Naoki）が友人のフィリックス（Felix）と下の会話をしている一場面を表している。この絵をもとに，あとの問い(a)・(b)に答えよ。

Felix : Hello.

Naoki : Hello. This is Naoki. ［　　①　　］ Felix, please?

Felix : Yes, it’s me. What’s up?

Naoki : Hi, Felix. Have you finished the English homework? I am doing it now. It is difficult for me and I have some questions to ask you.

Felix : Sure. But I'm busy now because I have to [②]. For example, I have to give it food and walk it in the park. My parents will be back at four, so you can come to my house at four thirty.

Naoki : OK, I'll visit you then. Thank you, see you later.

(a) 会話が成り立つように，[①] に入る適切な英語を，４語で書け。

…………………………答の番号【2】

(b) 会話が成り立つように，[②] に入る適切な英語を，４語または５語で書け。

…………………………答の番号【3】

2 次の英文は，高校生の大地（Daichi）と留学生のカーター（Carter）が交わしている会話である。あとのランニングイベント（running event）のリスト（list）を参考にして英文を読み，あとの問い(1)～(4)に答えよ。（８点）

Carter: What are you looking at on your phone?

Daichi: I am looking at a list of running events around our city. I checked the running events held during these two months, and I found these five running events. I'm thinking of joining one of them, [①]?

Carter: Oh, yes! Which event will we join among these five running events?

Daichi: Well, I joined this running event last year. When I was running, I saw a beautiful river. That was wonderful. I want to join this running event again. How about you?

Carter: Well, oh, I'm sorry. I can't join the events held on Saturday because I have a guitar lesson every Saturday.

Daichi: I see. Then, how about this one? The list says that we can choose one *category from four categories. The event will start at 3 p.m. to see the *sunset.

Carter: That sounds nice! I want to try it.

Daichi: Oh, look! The list says that people who are twenty years old or more can join it, so we can't do it because we are seventeen years old. We need to find another one.

Carter: So, we have to choose the running events held in [②], right?

Daichi: That's right. Which category do you want to join? I ran five *kilometers last year, but I'll try a longer *distance category this year.

Carter: This is my first time to join a running event and it will be difficult for me to try a long distance category. I think a shorter one like three kilometers or five kilometers is better.

Daichi: I agree. How about this event? Are you free on that day?

Carter: No, I will go to ABC Stadium to watch a soccer game with one of my friends from the morning on the day. The running event will start in the morning, so I can't join it.

Daichi: I see. Let's join another one.

Carter: What do you think about this running event?

Daichi: Are you talking about Muko *Marathon? My brother joined it last year. He said it is so hard for people who don't have much experience of running because we have to go up and down in a mountain.

Carter: Really? Then, I think we should choose ③this running event.

Daichi: I think so, too. Finally, we have decided the running event we will join! Which category will you run in?

Carter: I'll try the three kilometer category, and you?

Daichi: I'll choose the ten kilometer category. Do you have good shoes for running?

Carter: No, I don't. It's Friday today, so let's go to buy new shoes for the event tomorrow.

Daichi: OK.

（注）category 部門　sunset 夕焼け　kilometer キロメートル　distance 距離
marathon マラソン

リスト（list）

	開催日	開始時間	参加資格	部門
（ア） かさマラソン(Kasa Marathon)	11月22日(日)	15：00	20 歳 以 上	ハーフマラソン・10km・5km・3km
（イ） ふしマラソン(Fushi Marathon)	11月28日(土)	15：00	高校生以上	10km・5km・3km
（ウ） みやマラソン(Miya Marathon)	12月 6日(日)	13：00	高校生以上	ハーフマラソン・10km・3km
（エ） むこマラソン(Muko Marathon)	12月13日(日)	13：00	高校生以上	10km・5km
（オ） おとマラソン(Oto Marathon)	12月20日(日)	10：00	高校生以上	ハーフマラソン・10km・5km・3km

(1) ① に入る表現として最も適当なものを，次の（ア）～（エ）から１つ選べ。
……………………………答の番号【4】

（ア） Do you want to try with me
（イ） Will you be busy during these two months
（ウ） Do you want me to join the event
（エ） Will you look for a running event without me

(2) 本文の内容とリスト（list）から考えて，② に入る月として最も適当なものを，英語１語で書け。
……………………………答の番号【5】

(3) 本文の内容とリスト（list）から考えて，下線部③にあたるものとして最も適当なものを，リスト（list）中の（ア）～（オ）から１つ選べ。
……………………………答の番号【6】

(4) 本文の内容と一致する英文として最も適当なものを，次の（ア）～（エ）から１つ選べ。
……………………………答の番号【7】

（ア） Carter has joined one of the running events on the list before.
（イ） Carter joins a soccer game at ABC Stadium every Saturday.
（ウ） Daichi got the information about Muko Marathon from his brother.
（エ） Daichi will try the three kilometer category in the running event they have chosen.

3　次の英文は，中学生の美《み》来《く》（Miku）が行ったスピーチである。これを読んで，問い(1)～(9)に答えよ。(24点)

One warm and sunny day during the spring vacation, my family went *strawberry picking. Mr. Mori, one of my father's friends, had a strawberry *farm and he *invited us to his farm. When my younger brother Akira heard about the strawberry picking, he looked happy but I wasn't interested in visiting the farm. I thought, "We can get strawberries at a supermarket so we ① go to a farm to eat strawberries." Then my father said, "【 A 】 We can enjoy a white kind of strawberry on his farm." I thought, "A white kind of strawberry? What's that?"

When we arrived at the farm, a man ②(wear) a red cap was waiting. He was Mr. Mori and he took us to one of the *greenhouses. He said to us and the other people who were visiting the farm, "Hello, everyone. Thank you for coming today. Here, you can enjoy both a red kind of strawberry and a white kind of strawberry. I'll ③[（ア）strawberries / （イ）to / （ウ）show / （エ）get / （オ）you / （カ）how]. When you find a strawberry, *pinch it with your fingers and *pull it upward. Then you can *pick it easily. You can enjoy red strawberries in Greenhouse Number 1 and white strawberries in Greenhouse Number 2. 【 B 】" Akira said, "Let's go together, Miku. I want to try the red strawberries first."

There were many bright red strawberries in Greenhouse Number 1. When I found a big red strawberry, I also found cute white flowers. I enjoyed looking at the flowers and then picked strawberries. I picked them with my fingers easily, and I ate a lot. Akira said, "【 C 】 The strawberries on this farm are the most delicious strawberries in my life. They are so good. I didn't imagine that." ④I thought the same thing. Many people say fruits they have just got on a farm are delicious and now I understand why they say so.

Next, we went to the greenhouse for white strawberries. When I found a big white strawberry, I saw white flowers again. I found that the color of the flowers and the color of the strawberries were a little different. The color of the strawberries was between yellow and white, and it was like the color of the sun on a sunny winter day. I think ⑤people will understand my idea when they go to a farm and see white strawberries and their flowers. I thought, "If I give the white strawberries here a name, I'll call them 'bright strawberries'." After I enjoyed looking at the flowers and the strawberries, I picked a strawberry. It was delicious. I ate a lot and then I looked at the white strawberries again to draw pictures of them later at home. When I was looking at them, Mr. Mori came to us and asked, "Have you ever eaten a white kind of strawberry?" I said, "No, I ate it for the first time here. 【 D 】" He said, "Well, the first white strawberries were made in Japan. The white kind of strawberry here is not the first kind, but I heard about them from one of my friends. It took about twenty years to make them." "Twenty years! That's so long!" I was surprised. I realized that *developing a new thing sometimes takes a lot of time.

Mr. Mori ⑥(teach) us other interesting things about strawberries when we talked with him. For example, *the indigo plant is used on his farm to get bigger strawberries and to collect more strawberries. *At first, some farmers used some *components in the indigo plant to protect strawberries from *mold. Then, some of the farmers realized that strawberries on their farms *grew well. Now scientists think the indigo plant has components that can help plants grow.

I was glad to learn some interesting things about strawberries, and I had many questions when I came home. "Why are red kinds of strawberries red?" "How many kinds of strawberries are there in Japan?" "What is the name of the strawberries I usually eat at home?" Many questions "grew". Before visiting the farm, I knew the color and the shape of red strawberries but I didn't think of questions like these. I thought the strawberry picking there was something like "the indigo plant" for me. Because of the experience on a spring day, now I think we can learn a lot from things that don't sound [⑦] before trying.

（注） strawberry picking イチゴ狩り　farm 農園　invite ～ ～を招く
greenhouse ビニールハウス　pinch ～ ～をつまむ
pull ～ upward ～を上に向けて引っ張る　pick ～ ～を摘む　develop ～ ～を開発する
the indigo plant 藍（染料がとれる植物）　at first はじめは　component 成分
mold カビ　grow 育つ，大きくなる

⑴ [①]・[⑦] に入る語の組み合わせとして最も適当なものを，次の（ア）～（エ）から１つ選べ。 ……………………………答の番号【8】

（ア） ① have to ⑦ fun　（イ） ① don't have to ⑦ fun
（ウ） ① have to ⑦ strange　（エ） ① don't have to ⑦ strange

⑵ 次の英文を本文中に入れるとすればどこが最も適当か，本文中の【A】～【D】から１つ選べ。 ……………………………答の番号【9】

I'm sure you'll enjoy strawberry picking on my farm.

⑶ 下線部②(wear)・⑥(teach)を，文意から考えて，それぞれ正しい形にかえて１語で書け。 ……………………………答の番号【10】

⑷ 下線部③の［ ］内の（ア）～（カ）を，文意が通じるように正しく並べかえ，記号で書け。 ……………………………答の番号【11】

⑸ 下線部④が表す内容として最も適当なものを，次の（ア）～（エ）から１つ選べ。 ……………………………答の番号【12】

（ア） 美来が，店で買ったばかりの果物はおいしいということを実感できたということ。
（イ） 美来が，なぜ農園で採ったばかりの果物はおいしいと人々が言うのか疑問に思ったということ。

（ウ）　美来が，森さんの農園のイチゴは想像していたとおり世界で一番おいしいイチゴだと思ったということ。

（エ）　美来が，森さんの農園のイチゴは想像以上においしく，今までで一番おいしいイチゴだと思ったということ。

(6)　次の英文は，下線部⑤について説明したものである。本文の内容から考えて，[i]・[ii]に入る最も適当なものを，[i]は下のⅠ群（ア）～（エ）から，[ii]はⅡ群（カ）～（ケ）からそれぞれ１つずつ選べ。　……………………………答の番号【13】

> Miku thought the color of the white strawberries and the color of their flowers were different. She used a word for something [i] to tell about the color of the white strawberries. She thinks people will think the same thing [ii] they have a chance to visit a farm and see white strawberries and their flowers.

Ⅰ群　（ア）　she ate on the farm　　（イ）　we can drink
　　　（ウ）　she tried on the farm　　（エ）　we can see in the sky

Ⅱ群　（カ）　if　　（キ）　so　　（ク）　that　　（ケ）　before

(7)　本文の内容に合うように，次の質問(a)・(b)に対する適当な答えを，下の〈条件〉にしたがい，それぞれ英語で書け。

(a)　Was it difficult for Miku to get strawberries with her fingers?
　……………………………答の番号【14】

(b)　What was Miku looking at when Mr. Mori talked to her and her brother in Greenhouse Number 2?
　……………………………答の番号【15】

> 〈条件〉　・(a)は３語で書くこと。
> 　　　　　・(b)は７語で書くこと。

(8)　本文の内容と一致する英文として適当なものを，次の（ア）～（オ）から２つ選べ。
　……………………………答の番号【16】

（ア）　Akira looked happy when he heard about the strawberry picking but he didn't visit Mr. Mori's farm.

（イ）　Miku and Akira visited the greenhouse for white strawberries first because Akira wanted to do so.

（ウ）　In Greenhouse Number 2, Miku gave a name to the first kind of red strawberry,

（エ）　Miku learned making something that hasn't been in the world before sometimes takes a lot of time.

（オ）　Miku felt happy that she learned about strawberries on Mr. Mori's farm.

(9)　次のページの英文は，このスピーチを聞いた後，中学生の隼《しゅん》（Shun）と留学生のアビー（Abby）が交わしている会話の一部である。これを読んで，次のページの問い(a)～(c)に答えよ。

Shun: She used the words "the indigo plant" in her own way in the last part of her speech.
Abby: Let's think about it together.
Shun: Well, at first farmers used the indigo plant for a different reason and then they found that they could use it to make strawberries [i] and to get more strawberries.
Abby: That's right. So Miku used the words "the indigo plant" for the things that help something grow. In the last part, we should understand that [ii] was "the indigo plant" for her.
Shun: Then, for her, what "grew" with the help of "the indigo plant"?
Abby: I think [iii] "grew" after she visited the farm. She gave us three examples in the last part.

(a) [i] に入る語として最も適当なものを，次の（ア）～（エ）から１つ選べ。
…………………………答の番号【17】

（ア） larger　（イ） cleaner　（ウ） brighter　（エ） cuter

(b) [ii] に入る最も適当な部分を，本文中から６語で抜き出して書け。
…………………………答の番号【18】

(c) [iii] に入る適当な英語を，本文の内容にそって４語以上７語以内で書け。
…………………………答の番号【19】

【リスニングの問題について】
放送中にメモをとってもよい。

4 それぞれの質問に対する答えとして最も適当なものを，次の（ア）～（エ）から１つずつ選べ。
（４点）

(1) （ア） A brown cap and a black bag.
（イ） A blue cap and a black bag.
（ウ） A brown cap and a blue bag.
（エ） A blue cap and a blue bag. …………………………答の番号【20】

(2) （ア） She went to the library with Meg.
（イ） She went to Ume Park with her sister.
（ウ） She went to her aunt's house with her sister.
（エ） She went to the museum with her aunt. …………………………答の番号【21】

5 それぞれの質問に対する答えとして最も適当なものを，次の（ア）～（エ）から１つずつ選べ。
（４点）

(1) （ア） ０人　（イ） ２人　（ウ） ４人　（エ） ８人
…………………………答の番号【22】

⑵ (ア) 外国の人に駅でインタビューする内容を考える。
(イ) 駅で外国の人に自分たちが考えた質問をする。
(ウ) グリーン先生にどちらの駅に行きたいかを伝える。
(エ) グリーン先生に去年の駅での活動の写真を見せる。

…………………………答の番号【23】

6 それぞれの会話のチャイムのところに入る表現として最も適当なものを，下の (ア) ～ (エ) から１つずつ選べ。（４点）

(例題) A : Hi, I'm Hana.
B : Hi, I'm Jane.
A : Nice to meet you.
B :〈チャイム音〉
(ア) I'm Yamada Hana.　(イ) Nice to meet you, too.
(ウ) Hello, Jane.　(エ) Goodbye, everyone.

(解答例)

ア	イ	ウ	エ

⑴ (ア) I bought them at a shop near my house.
(イ) I'll buy them tomorrow if I like them.
(ウ) I'm not sure, but I bought them about a week ago.
(エ) I'm happy to buy them on your website.

…………………………答の番号【24】

⑵ (ア) Thank you. I hope I can get it back soon.
(イ) Thank you. Where did you find it?
(ウ) Thank you. Then I'll go home now to get yours.
(エ) Thank you. You can use mine to go to the station.

…………………………答の番号【25】

（ア） 情けを尽くしても無理には応答を求めない
（イ） 情けを尽くした相手が自分に感謝しているか見抜く
（ウ） 自分が情けを尽くされたことを理解して行動する
（エ） 自分が情けを尽くされたことがなくても気に留めない

＊門客峴亭の碑を…弟子たちが羊祜ゆかりの峴亭という山に石碑を。
＊うちあらむ人…普通の人。
＊廉頗…中国の戦国時代の武将。
＊棘を負ひし…謝罪するために、とげのある植物を自ら背負った。
＊藺相如…中国の戦国時代の優れた家臣。ここでは廉頗が謝罪した相手。
＊みどり子…幼児。
＊情をむつましくして…優しく愛情を注ぐことで。
＊六畜…六種の家畜。
＊むつる…なじんで親しくする。
＊人倫…人間。

(1) 本文中の a情に過ぎたる忘れがたみぞなかりける の解釈として最も適当なものを、次の（ア）〜（エ）から一つ選べ。…………答の番号【19】

（ア）情けはその人を最も思い出させるものだ
（イ）人が情けを尽くすのは人に忘れられないためだ
（ウ）情けを尽くし過ぎるのはその人のためにはならない
（エ）その人の情けは過去のものとして忘れられてしまった

(2) 本文中の □ に入る語として最も適当なものを、次の（ア）〜（エ）から一つ選べ。…………答の番号【20】

（ア）縁　（イ）恩　（ウ）仇　（エ）罪

(3) 本文中の bよそに思ふべからず の解釈として最も適当なものを、次の（ア）〜（エ）から一つ選べ。…………答の番号【21】

（ア）他人だと思われてはいけない
（イ）他人の意見を気にしてはいけない
（ウ）他人を傷つけてはいけない
（エ）他人のことだと考えてはいけない

(4) 本文中の cいふゆゑを は歴史的仮名遣いで書かれている。これをすべて**現代仮名遣い**に直して、**平仮名**で書け。…………答の番号【22】

(5) 次の会話文は、かおるさんと健さんが本文を学習した後、本文について話し合ったものの一部である。これを読み、後の問い㈠・㈡に答えよ。

かおる　本文では、様々な例を用いて情けについて述べられているね。一つ目の段落と二つ目の段落から、どのようなことが分かるんだったかな。

健　一つ目の段落と二つ目の段落をあわせて考えると、情け深い行いを第一にするべきだということは、時代や場所だけでなく、行う人の A ことであり、大切なことであると読み取れるよ。

かおる　そうだね。また、三つ目の段落では、「みどり子」や「六畜」を引き合いに出して、思慮分別のある人間なら B はずだということを伝えているね。

㈠ 会話文中の A に入る適当な表現を、本文の内容を踏まえて、**四字以上、七字以内**で書け。…………答の番号【23】

下書き用

㈡ 会話文中の B に入る最も適当な表現を、次の（ア）〜（エ）から一つ選べ。…………答の番号【24】

(一) 会話文中の [A] に入る適当な表現を、本文の内容を踏まえ、**何によって何がはっきりしなくなるのかを明らかにして十五字以上、二十五字以内で書け。**……答の番号【16】

下書き用

(二) 会話文中の [B] に入る最も適当な表現を、次の(ア)～(エ)から一つ選べ。……答の番号【17】

(ア) よく見知った一部の人間が「我々」であるという認識が、その認識の外の世界との関係をゆがめており、「人間」という認識を拡大していくとき、社交性が身につき、「万物」の認識も広がる

(イ) 同じ文化を共有する人間が「我々」であるという認識が、その認識の外の世界との関係を閉ざしており、「人間」という枠組みを広げていくとき、「我々」を結びつける力が高まり、「万物」の理解にも変化が生じる

(ウ) 人間という生命体が「我々」であるという認識が、その認識の外の世界との関係に格差をつけており、「人間」という概念を捉え直すとき、相互理解が深まり、「万物」の枠組みも広がる

(エ) 普段から慣れ親しんだ人間が「我々」であるという認識が、その認識の外の世界との関係を定めており、「人間」という定義を再度思考するとき、価値観に変化が生まれ、「万物」の捉え方も変化する

(三) 説明文を要約するときの一般的な注意点として**適当でないものを**、次の(ア)～(エ)から一つ選べ。……答の番号【18】

(ア) 文章全体を見通したうえで、結論に着目する。

(イ) 目的や分量に応じて、必要な内容を選択する。

(ウ) 正確にまとめるために、例や補足的な内容は余さず書く。

(エ) 短くまとめる場合は、表現を削ったり別の言葉で言い換えたりする。

三

次の文章は、「十訓抄《じっきんしょう》」の一節である。**注**を参考にしてこれを読み、問い(1)～(5)に答えよ。(12点)

＊召伯《せうはく》が政《まつりごと》のやはらかなりし、州民＊甘棠《かんたう》の詠をなし、＊羊祜《やうこ》があはれみのひろかりし、＊門客峴亭《けんてい》の碑を立てけり。なきあとまでも、a情《なさけ》に過ぎたる忘れがたみぞなかりける。

おほかた、＊うちあらむ人も情を先とすべし。人、我を悪《あ》しくすとも、我、情をほどこさば、人かへりてしたがふ。「仇《あだ》をば□をもて報ずべし」といへり。＊廉頗《れんぱ》が＊棘《おどろ》を負ひしためしは、人の心によりて、今の世にもありぬべし。bよそに思ふべからず。なんぞ、ただ＊藺相如《りんしやうじよ》のみにかぎらむや。

＊みどり子は、親とcいふゆゑを知らねども、＊情をむつましくしてしたがふ。＊六畜は主といふことをわきまへねども、あはれみを知りて＊むつる。いはむや、心ある＊人倫をや。

（「新編日本古典文学全集」による）

注
＊召伯…周の政治家。
＊甘棠の詠…ヤマナシの木の詩を作ってうたうこと。ヤマナシは召伯にゆかりがある。
＊羊祜…晋《しん》の政治家。

最も適当なものを、次のⅠ群（ア）～（エ）から一つ選べ。また、本文中の□に入る語として最も適当なものを、後のⅡ群（カ）～（ケ）から一つ選べ。……答の番号【14】

Ⅰ群

（ア）前に述べられていることが、後に述べられていることの理由であることを表す働き。

（イ）後に述べられていることが、前に述べられていることとは逆の内容であることを表す働き。

（ウ）後に述べられていることが、前に述べられていることの説明や補足であることを表す働き。

（エ）後に述べられていることが、前に述べられていることとは別の話題であることを表す働き。

Ⅱ群

（カ）ところで　（キ）だから

（ク）しかし　（ケ）なぜなら

(6) 本文の段落構成を説明した文として最も適当なものを、次の（ア）～（エ）から一つ選べ。……答の番号【15】

（ア）1～3段落は話題を提示する序論であり、4～9段落では具体例を提示しながら考察を述べ、10段落で主張を述べるという構成になっている。

（イ）1～3段落は序論であり、4～9段落では筆者の主張と一般論とを比較し、10段落で筆者の主張をまとめるという構成になっている。

（ウ）1～3段落で主張を提示し、4～9段落で主張を補強する根拠となる具体例を述べ、10段落で読者に疑問を投げかけるという構成になっている。

（エ）1～3段落は主張を含む序論であり、4～9段落で経験に基づいた具体例を示し、10段落で改めて主張を確認するという構成になっている。

(7) 真希さんと剛さんのクラスでは本文を学習した後、本文の内容を要約することになった。次の会話文は、真希さんと剛さんが話し合ったものの一部である。これを読み、あとの問い㊀～㊂に答えよ。

真希　私たちはいろいろなものを測りながら生きているんだね。10段落で、「人間は万物の尺度である」という考え方には「人々の判断が麻痺する危険すらあるかもしれません」と述べられていたけれど、どうしてだったかな。

剛　本文全体を通して見ると、この考え方を用いると、異なる感覚を持つ私たち一人一人の［A］はっきりしなくなるからだと読み取れるよ。

真希　なるほど。だから私たちは、複数の「測定する機械」が取り巻く社会の中で「数値を交換して」生活しているんだね。

剛　そうだね。むしろ「人間は万物の尺度である」という考え方には、「人間」と「万物」をどこまで適用させて深く考えるかが必要だと述べられていたけれど、それは［B］からだと解釈できるね。

真希　そうだね。本文をよく理解できたし、要約してみようか。

*脆弱さ…もろくて弱い性質。
*ソクラテス…古代ギリシャの哲学者。
*テアイテトス…古代ギリシャの数学者。
*外郭…周囲のかこい。

(1) 本文中の a この「自画像」には、意表を突かれます と筆者が述べる理由を説明したものとして最も適当なものを、次の（ア）～（エ）から一つ選べ。……答の番号【10】

（ア） マッハの「自画像」は、慣れ親しんだ自画像に疑問を持つことが少ない私たちに、客観的視点から見た自己の不明瞭さを問いかけてくるから。

（イ） マッハの「自画像」は、主観的な世界の境界を意識することが少ない私たちに、主観的な世界の境界を誤りなく理解させるから。

（ウ） マッハの「自画像」は、客観的視点による自画像に慣れた私たちに、身体と意識の間にある感覚を忘れているという事実を思い出させるから。

（エ） マッハの「自画像」は、客観的視点による自画像を見る機会が多い私たちに、主観的な世界の境界に普段は気づいていないことを認識させるから。

(2) 本文中の b 閉じる の活用の種類として最も適当なものを、次のⅠ群（ア）～（ウ）から一つ選べ。また、b 閉じる と同じ活用の種類である動詞を、後のⅡ群（カ）～（サ）から**すべて**選べ。……答の番号【11】

Ⅰ群
（ア） 五段活用　（イ） 上一段活用　（ウ） 下一段活用

Ⅱ群
（カ） 遊ぶ　（キ） 得る　（ク） 浴びる
（ケ） 察する　（コ） 飽きる　（サ） 切る

(3) 本文中の c 世界との距離感を獲得していきます について説明したものとして最も適当なものを、次の（ア）～（エ）から一つ選べ。……答の番号【12】

（ア） 手に取ることができなくても、対象の大小や様相、対象との隔たりなどを身体のセンサーを使って知覚していくこと。

（イ） 手に入れることができなくても、対象の規模や種類、対象との相性などを身体に備わった感覚を動員して把握していくこと。

（ウ） 直接触れることができなくても、対象の長短や気配、対象との遠近などを五感を働かせて体系的に整えていくこと。

（エ） 手で触れることができなくても、対象の大きさや形態、対象との間隔などを身体を用いて周囲に知らせていくこと。

(4) 本文中の d そうです と同じ意味・用法で そうです が用いられているものを、次の（ア）～（エ）から一つ選べ。……答の番号【13】

（ア） 美術部の作品展の来場者数は、予想を大きく上回ったそうです。

（イ） 母親に抱かれている赤ん坊は、今にも眠ってしまいそうです。

（ウ） 彼は手芸が得意だそうですが、私は手芸に苦手意識があります。

（エ） 明日は急激に冷え込むそうですが、対策はしましたか。

(5) 本文中の □ には、□ の前に述べられていることと、後に述べられていることとの間で、どのような働きをする語が入るか。

ある対象は、客観的な数値で表しやすく、内側にある対象は難しそうです。［　　］、よく反省してみると、双方は関連し合っているので、そう単純に分けられそうにはありません。熱い／冷たいの尺度となる温度は温度計で測ることのできる客観的な量ですが、温度計で同じ値を示されても、熱い／冷たいは、人によって感覚が異なります。気分や体調の影響も受けます。マッハの自画像のように、私の観察する「私の身体」は、私の内か外か、あいまいです。

7　身体の内側の感覚の中には、皮膚の表面で感じられる感覚もあれば、体の内部で感じる痛みなどの感覚もあります。感情は内的なもののように思われますが、顔の表情や顔色、手の動作、体つきに感情は立ち現れてきます。外側に表出した他者の感情を＊慮《おもんぱか》ることで、私たちの内面や行為や言葉が影響を受けることもあります。そこから派生するものは私の感情ということになるでしょう。

8　身体の外側でも内側でも、何かしら測ることを行い、その結果「量」を得ています。それを反映するように、言葉には対になっている関係が数多く埋め込まれています。長い／短い、大きい／小さい、広い／狭い、重い／軽い、右／左、速い／遅い、熱い／冷たい、良い／悪い、嬉《うれ》しい／悲しい……外国語を習い始める際にも、早い段階で表現したくなる語彙です。対になる語群は、量的なものだけにとどまらず、質的なものにまでおよんでいます。

9　主観的な量と客観的な量のズレが意識される場合もあります。時間感覚はそのよい例でしょう。一時間くらい経《た》ったかな、と思って時計を見ると、まだ三〇分しか経っていなかった、といった経験をすることがあります。この時、おそらくは時計を信頼して、外の時間に内の時間を合わせます。様々な「測定する機械」に囲まれた私たちは、数値を交換して社会的に意思疎通することを日常的に行っています。外的な基準、客観的な基準を参照することで、主観的な評価のゆらぎを再測定し、修正をかけている、といえます。世界を予測しつつ、生きている。予測しながら心身の態勢を整えています。

10　「人間は万物の尺度である」という＊プロタゴラスの＊相対主義的考えを示す断片は、あなたも私も正しい、という真実の決定不可能性の＊脆《ぜい》弱《じゃく》さを含んでいます。真実がなんであるのかがあいまいにされ、人々の判断が麻《ま》痺《ひ》する危険すらあるかもしれません。そのためでしょう、＊ソクラテスと若き秀才＊テアイテトスの対話の中で、真の知識の基準としては却下されていきます。確かにその通りですが、この言葉は、人間以外の生命体と出会ったときには、人間の文化文明の＊外郭を浮かびあがらせます。むしろ、「人間」と「万物」の適用範囲に対しての熟考が必要なのだと思います。「人間」の指し示す範囲は「我々」意識とつながっています。見慣れた「我々」以外を「人間」として迎え入れるかどうか、「我々」の境界線が外の世界との関係をつくっていきます。「人間」の構成が変わるとき、「万物」の尺度にも動揺が生じるのでしょう。

（三《み》浦《うら》均《ひとし》「映像のフュシス」による……一部表記の変更や省略がある）

注　＊エルンスト・マッハ…オーストリアの哲学者。
＊仔細…くわしく細かなこと。
＊自己の内面のビジョン…自己の心の中に思い描くもの。
＊慮る…深く考える。
＊プロタゴラス…古代ギリシャの哲学者。本文の「人間は万物の尺度である」はプロタゴラスの考えを表す言葉。
＊相対主義…哲学で、真理・規範・価値などが、唯一絶対であることを否定して、すべて個人や社会と相対的なものであると考える立場。

を深めることも可能にするんだね。そうして自分自身の人生をより良いものにしていくことが、私たちにとって適当なことなのではないかと筆者は述べているよ。

(一) 会話文中の[A]に入る最も適当な表現を、本文中から十字で抜き出して書け。……答の番号【8】

(二) 会話文中の[B]・[C]に入る適当な表現を、本文の内容を踏まえて、[B]は十字以上、十三字以内で、[C]は四字以上、八字以内で書け。……答の番号【9】

下書き用

B □□□□□□□□□□□□□ によって大きくなり、そのことがものの見方を多様化して

C □□□□□□□□

二

次の文章を読み、問い(1)～(7)に答えよ。（19点）

（[1]～[10]は、各段落の番号を示したものである。）

[1] ＊エルンスト・マッハの描く「自画像」は、私の身体と世界との間に存在する感覚を＊仔細《しさい》に反省すると、外界と内界の区別があいまいになっていく気分をよく表現しています。

エルンスト・マッハによる自画像

[2] aこの「自画像」には、意表を突かれます。正面を鏡に映した、客観的視点から自己を見つめる自画像に慣れているからでしょう。しかし、哲学者マッハの観察の通り、私から見える「私の姿」は、片目をb閉じると、まさに彼が描いたような形をしています。「私」の見ている主観的な世界の境界は、なかなか意識にのぼりません。

[3] この自画像では、右手に鉛筆のような筆記具を持っています。デッサンをするときには、眼《め》で見える世界、あるいは＊自己の内面のビジョンを、意識して観察し、絵を描いていくことでしょう。形、大きさ、角度、距離、固さと柔らかさ、光と影、色。このような量や形の配置、お互いの関係性を観察し、測ることを行っていると思います。

[4] 世界の中で生きる私たちの日常も、どこかで観察し、測る行為を無意識のうちに行っています。直接は眼に見えない、時間や温度も測ろうとします。

[5] その基準には、身体の感覚があります。目、耳、鼻、舌、皮膚。人間の五感は身体に備わったセンサーです。指、手、足なども動員することで、身体そのものを道具として、世界を測ろうとします。身体感覚は、その尺度（measure）となります。身体の外側にある遠いところにある世界、たとえば、遠くの山、空に浮かぶ雲、夜の空に輝く星々には手を伸ばしても直接触れることはできません。手が届かなくても、目や耳を使って、大きさや形、距離などを感じることができるものもあります。空に浮かぶ月も、水面に映る月の姿も、手に取ることはできないことを経験的に学び、c世界との距離感を獲得していきます。

[6] 測ろうとする対象は、身体の外側に広がる外的な対象と、身体の内側の感覚に根差した内的な対象とに分けられdそうです。外側に

の人との関係がそれ以上にはならないことを示しており、痛みを認め、[　　]とすべきところを、しなかった状態を指している。

(ア) 自分が求めることと相手の重要性を確認し、相手の振る舞いを見直そう
(イ) 自分の行動や相手が重要であることを再確認し、相手の願望をかなえよう
(ウ) 相手の重要性を認識し、自分の思いを踏まえて適切な行動を検討しよう
(エ) 相手が重要でも、関係を希薄にすることによって自分の痛みを退けよう

(4) 本文中の e陥る と f遡って の漢字の部分の読みをそれぞれ**平仮名**で書け。……**答の番号【4】**

(5) 本文中の gうまく生きて は、二つの文節に区切ることができる。この文節どうしの関係として最も適当なものを、次の(ア)〜(エ)から一つ選べ。……**答の番号【5】**

(ア) 修飾・被修飾の関係
(イ) 補助の関係
(ウ) 主語・述語の関係
(エ) 並立の関係

(6) 本文中の h加タン の片仮名の部分を**漢字**に直し、**楷書**で書け。……**答の番号【6】**

(7) 本文中の iそれ の指す内容として最も適当なものを、次の(ア)〜(エ)から一つ選べ。……**答の番号【7】**

(ア) 問いに対する答えが多様であると指摘し、たとえ真剣に臨んだとしても自分一人で問いを解決することはできないと思うことで痛みを回避すること。
(イ) 問いの不完全さを示したり、問う者を非難したりして問いとしての意味を失わせて、自分が向き合うべきことはないと思うことで痛みを回避すること。
(ウ) 問う者に一方的な評価を加えるために、論理の矛盾点を指摘して問いを破綻させ、自分が問われるべき理由はないのだと思うことで痛みを回避すること。
(エ) 問いが難解だと指摘したり、問う者を追及して真意を解明したりして、問いが自分を非難するものとして不十分だと思うことで痛みを回避すること。

(8) 次の会話文は、仁さんと唯さんが本文を学習した後、本文について話し合ったものの一部である。これを読み、後の問い㈠・㈡に答えよ。

仁　本文では、「痛み」を感じることは悪くはないと述べられているよ。
唯　そうだね。他者との関係の重要性ゆえに私たちは痛みを感じるし、その痛みは、自分が他者に対して相互理解を求めていた [A] だから、私たちにとって有用だとも言えるんだね。
仁　うん。痛みから逃げず、自分を問い直すことは、「世界に対する自分の関わり方の可能性」が開かれることになると本文から読み取れるね。
唯　つまり、自分の世界は、今の自分が持つ [B] によって大きくなり、そのことがものの見方を多様化して [C]

いないか？」「自分は善を知っている、となぜいえるのか？」「環境開発の恩恵と引き換えに、自然破壊にh加タンしているのではないか？」「動物に対してひどいことをしていないか？」「強者である自分たちの利益のために、生命というそれ自体価値あるものを利用してはいないか？」と問われ、それに真剣に向き合うとすれば、おそらく多くの人が心にチクリとした痛みを感じるだろう。そして、そこから導かれたなんらかの答えは或る人にとっては安らぎを、そして別の人にとってはやはり痛みを与えるものとなるかもしれない。

そうした痛みから逃れる手っ取り早い方法は、それを問いかける側の理屈になんらかの欠点・難点があることを指摘したり、あるいは、問いかける理論を駆使する人に対して「人でなし」「頭でっかち」「世間知らず」「*原理主義者」「差別主義者」などのレッテルを一方的に貼りつけてその言説を無効化しようとするものである。そして、「こちらが問われるべきことなどないんだ」と安心感に浸ることでその痛みを回避できるわけだ。ただし、iそれは前述の、他人とうまくやりたいけどやれないとき、その痛みから逃れるために、自分自身を問い直すことなくそのうまくいかなさを自分以外のせいにすることにも似ている。そうやって世界に対する自分の関わり方の可能性をそこで閉じてしまうことが、一度しか与えられていない、そして、かけがえがなく取り戻すことのできない有限な時間に生きる自分自身の人生として本当にふさわしいのだろうか。やはりそのことはきちんと考えてみたほうがよい。

（中村隆文《なかむらたかふみ》「『正しさ』の理由」による）

注 *忌む…好ましくないものとして避ける。
*本書で紹介した議論…本文より前の部分で、倫理的な問題について様々な説を踏まえて筆者の意見が述べられている。
*原理主義者…特定の理念や原則に基づくことを厳格に守る人。

(1) 本文中のaままならないの意味として最も適当なものを、次のⅠ群（ア）〜（エ）から一つ選べ。また、本文中のdしょせんの意味として最も適当なものを、後のⅡ群（カ）〜（ケ）から一つ選べ。……答の番号【1】

Ⅰ群
（ア） 責任がとれない　（イ） いつも変わらない
（ウ） 心が休まらない　（エ） 思いどおりにいかない

Ⅱ群
（カ） 落ち着くところは　（キ） 長期的に捉えると
（ク） 悲しいくらいに　（ケ） 広い意味では

(2) 本文中のbそうした痛みは、何によって引き起こされるものか。最も適当なものを、次の（ア）〜（エ）から一つ選べ。……答の番号【2】

（ア） 他者と自分の価値観に相違がないこと。
（イ） 他者や自分の気持ちを損なうような交流がないこと。
（ウ） 他者に対する考えが自分の中で変化すること。
（エ） 他者と自分が意思疎通をする中で食い違いが生じること。

(3) 次の文は、本文中のc「あった」にすぎないものだとすればに関して述べたものである。文中の□に入る表現として最も適当なものを、後の（ア）〜（エ）から一つ選べ。……答の番号【3】

痛みの意味が「あった」にすぎないものだとすることは、そ

＜国語＞

時間　五〇分　満点　五〇点

【注意】字数制限がある場合は、句読点や符号なども一字に数えなさい。

一　次の文章を読み、問い(1)～(8)に答えよ。（19点）

生きていればなにかしらのすれ違いやトラブルもあるし、その際、心がチクリと痛むことがたまにある。傷つけるつもりはなくとも人を傷つけてしまったり、親切でしたこと、あるいは義務としてやったことなどが逆恨みされてしまうなど、まったく世の中はaままならないものである。とりわけ、異なる価値観や立場の人が相手である場合、いかにこちらが言葉を届けようとしてもうまく届かないこともある。人とうまくやっていくというのは――他人を分かること、自分を分かってもらうことなどは――本当に難しい。できれば、bそうした痛みを受けることなく、平穏に、うまくやれる喜びだけを感じて生きてゆきたいものである。

ただ、そうした「痛み」が無駄なもの、*忌《い》むべきものかといえば、必ずしもそういうわけではないように思われる。なぜなら、それは「分かりたかった」「分かってほしかった」という自分の心の在り方を示すものであり、たとえその心の在り方ゆえに、ちょっとしたことで他者との関係上苦痛を感じるとしても、それは自身にとってその関係が重要だからそうなのであって、だからこそやはりその痛みはそのことを知らせてくれるという点で価値があるのだ。ただし、気をつけるべきポイントがここにはある。たとえば、あなたにとってそうした痛みの意味が「ある」のではなくc「あった」にすぎないものだとすれば、それはあなたとその人との関係性の限界がそこまでであることを示していることになる。もし、その限界を超えようと思うのであれば、まずはその痛みをきちんと痛みとして認めつつ、相手の重要性と自身の願いを自覚し、そのうえで、「自身がどうすべきか」を問い直す必要があるだろう。これをすることなく、「結局分かり合えないんだよね、人ってdしょせんそんなものだから」と言ってしまえば、たしかに痛みから逃れて楽にはなれるのだが、それは実際に心が痛んだというその事実を過小評価するようなものである。別に学問に限らず、恋愛関係や友人関係などにおいても、一度は自身のそうした心の痛みにきちんと向き合い、そこでなにをどうすべきか真剣に考えてみてもよいのではないだろうか。もちろんその結果、相手と距離をとることもあるだろうが、しかしそれでも「あいつは人として間違っている」とか「あいつがいなくなれば世の中がもっと良くなるはずだ」などといった憎悪《ぞうお》や偏見にe陥る必要はない。

普段当たり前と信じていることを問い直し、自分自身が正しいかどうか、あるいは自身がなにをすべきかをその理由にf遡って考えることは、こうしたことと似ている。うまく生きられないとき、あるいは、gうまく生きていながらもどこか心が痛んだりモヤモヤするとき、あなたは「今のあなたの認識」の限界ライン近くにいるといってもよい。その痛みに耐えながらも、世界のさらなる価値を信じ、それまでの限界を乗り越えたとき、あなたにとっての世界は拡《ひろ》がってゆくだろう。それは、価値観が豊かになり、他人をより良く理解することにもつながるのだが、そのためにはまず自身と向き合う必要がある。

*本書で紹介した議論には、われわれの心にチクリと痛みを与えかねないような「理由の問いかけ」や「或《あ》る種の答え方（という応え方）」がたくさん含まれている。「ルールをただ守ればそれでいいと思って

MEMO

大切なことはメモしておこうネ！

2022年度

解答と解説

《2022年度の配点は解答用紙集に掲載してあります。》

＜数学解答＞

1　(1)　23　(2)　$-9a^2$　(3)　$5\sqrt{3}$　(4)　$x=8$，$y=4$　(5)　-14
(6)　$(x-y+7)(x-y-7)$　(7)　$x=\dfrac{1\pm\sqrt{2}}{2}$　(8)　$30\pi\,\mathrm{cm}^2$　(9)　(ウ)→(イ)→(ア)

2　(1)　$\dfrac{9}{25}$　(2)　$\dfrac{3}{10}$　3　(1)　$a=\dfrac{2}{9}$　(2)　$y=\dfrac{2}{3}x+4$　(3)　16

4　(1)　解説参照　(2)　EC：CF＝49：18

5　(1)　$2\sqrt{2}\,\mathrm{cm}$　(2)　$6\sqrt{7}\,\mathrm{cm}^2$　(3)　$\dfrac{32\sqrt{3}}{5}\mathrm{cm}^3$

6　(1)　4通り　(2)　21通り　(3)　(最小の値)　$6a-6$　(最大の値)　$6a+1$

＜数学解説＞

1　(数・式の計算，平方根，連立方程式，1次関数，因数分解，2次方程式，表面積，資料の散らばり・代表値)

(1)　**四則をふくむ式の計算の順序は，指数→かっこの中→乗法・除法→加法・減法となる。**
$(-5)^2=(-5)\times(-5)=25$，$-2^3=-(2\times2\times2)=-8$だから，$(-5)^2-2^3\div4=25-8\div4=25-2=23$

(2)　$\dfrac{3}{2}ab\div\dfrac{1}{6}ab^2\times(-a^2b)=-\dfrac{3ab}{2}\div\dfrac{ab^2}{6}\times\dfrac{a^2b}{1}=-\dfrac{3ab}{2}\times\dfrac{6}{ab^2}\times\dfrac{a^2b}{1}=-9a^2$

(3)　$\sqrt{6}\times\sqrt{18}=\sqrt{6\times18}=\sqrt{6\times6\times3}=6\sqrt{3}$，$\dfrac{9}{\sqrt{27}}=\dfrac{9}{\sqrt{3\times3\times3}}=\dfrac{9}{3\sqrt{3}}=\dfrac{3}{\sqrt{3}}=\dfrac{3\times\sqrt{3}}{\sqrt{3}\times\sqrt{3}}=\dfrac{3\sqrt{3}}{3}=\sqrt{3}$だから，$\sqrt{6}\times\sqrt{18}-\dfrac{9}{\sqrt{27}}=6\sqrt{3}-\sqrt{3}=(6-1)\sqrt{3}=5\sqrt{3}$

(4)　連立方程式$\begin{cases}3x-(y+8)=12\cdots① \\ x-2y=0\cdots②\end{cases}$　②をxについて解いて，$x=2y\cdots③$　これを①に代入して，$3\times2y-(y+8)=12$　$6y-y-8=12$　$5y=12+8=20$　$y=4$　これを③に代入して，$x=2\times4=8$
よって，連立方程式の解は，$x=8$，$y=4$

(5)　**1次関数$y=ax+b$では，変化の割合は一定でaに等しい。**また，**(変化の割合)＝$\dfrac{(y\text{の増加量})}{(x\text{の増加量})}$＝$a$**より，**($y$の増加量)＝$a$×($x$の増加量)**が成り立つから，1次関数$y=-\dfrac{7}{3}x+5$について，$x$の増加量が6のときの$y$の増加量は，$a\times(x\text{の増加量})=-\dfrac{7}{3}\times6=-14$

(6)　$x-y=M$とおくと，$(x-y)^2-49=M^2-49=M^2-7^2=(M+7)(M-7)$　ここで，Mを$x-y$にもどして，$(M+7)(M-7)=(x-y+7)(x-y-7)$

(7)　**2次方程式$ax^2+bx+c=0$の解は，$x=\dfrac{-b\pm\sqrt{b^2-4ac}}{2a}$**で求められる。問題の2次方程式は，$a=4$，$b=-4$，$c=-1$の場合だから，$x=\dfrac{-(-4)\pm\sqrt{(-4)^2-4\times4\times(-1)}}{2\times4}=\dfrac{4\pm\sqrt{16+16}}{8}=\dfrac{4\pm\sqrt{32}}{8}=\dfrac{4\pm4\sqrt{2}}{8}=\dfrac{1\pm\sqrt{2}}{2}$

(8)　**半径r，弧の長さℓのおうぎ形の面積は$\frac{1}{2}\ell r$**で求められる。問題の立体の表面積は，底面の半径が3cm，母線の長さが5cmである円錐の側面積2つ分だから，$\frac{1}{2}\ell r\times2=\frac{1}{2}\times$(底面の円周の長さ)×(母線の長さ)$\times2=\frac{1}{2}\times(2\pi\times3)\times5\times2=30\pi$ (cm^2)

(9)　得点の**平均値**は，$(0\times14+1\times13+2\times12+3\times2+4\times1)\div42=47\div42=1.1\cdots$点　得点の**中央値**は，資料の値を大きさの順に並べたときの中央の値。試合数の合計は42試合で偶数だから，得点の低い方から21番目の1点と22番目の1点の平均値$\frac{1+1}{2}=1$(点)が得点の中央値　得点の**最頻値**は，**度数分布表**の中で**度数**の最も多い**階級**の**階級値**だから0点

2 (確率)

(1)　全ての玉の取り出し方は，(はじめに取り出した玉，次に取り出した玉)＝(黒$_1$，黒$_1$)，(黒$_1$，黒3)，(黒$_1$，白$_1$)，(黒$_1$，白$_3$)，(黒$_1$，白$_5$)，(黒$_3$，黒$_1$)，(黒$_3$，黒$_3$)，(黒$_3$，白$_1$)，(黒$_3$，白$_3$)，(黒$_3$，白$_5$)，(白$_1$，黒$_1$)，(白$_1$，黒$_3$)，(白$_1$，白$_1$)，(白$_1$，白$_3$)，(白$_1$，白$_5$)，(白3，黒$_1$)，(白$_3$，黒$_3$)，(白$_3$，白$_1$)，(白$_3$，白$_3$)，(白$_3$，白$_5$)，(白$_5$，黒$_1$)，(白$_5$，黒$_3$)，(白$_5$，白$_1$)，(白$_5$，白$_3$)，(白$_5$，白$_5$)の25通りあり，このうち，はじめに取り出した玉に書かれている数と，次に取り出した玉に書かれている数が等しくなるのは〰〰を付けた9通りだから，求める確率は$\frac{9}{25}$

(2)　全ての玉の取り出し方と，そのそれぞれのa，bの値は，(黒$_1$，黒$_3$，$a=0$，$b=4$)，(黒$_1$，白$_1$，$a=1$，$b=2$)，(黒$_1$，白$_3$，$a=1$，$b=4$)，(黒$_1$，白$_5$，$a=1$，$b=6$)，(黒$_3$，白$_1$，$a=1$，$b=4$)，(黒$_3$，白$_3$，$a=1$，$b=6$)，(黒$_3$，白$_5$，$a=1$，$b=8$)，(白$_1$，白$_3$，$a=2$，$b=4$)，(白$_1$，白$_5$，$a=2$，$b=6$)，(白$_3$，白$_5$，$a=2$，$b=8$)の10通りあり，このうち，$4a=b$となるのは＝＝を付けた3通りだから，求める確率は$\frac{3}{10}$

3 (図形と関数・グラフ)

(1)　$y=ax^2$は点A$(-3,\ 2)$を通るから，$2=a\times(-3)^2=9a$　$a=\frac{2}{9}$

(2)　点Bは$y=\frac{2}{9}x^2$上にあるから，そのy座標は$y=\frac{2}{9}\times6^2=8$　よって，B(6, 8)　直線ABの傾き＝$\frac{8-2}{6-(-3)}=\frac{2}{3}$　直線ABの式を$y=\frac{2}{3}x+b$とおくと，点Bを通るから，$8=\frac{2}{3}\times6+b$　$b=4$　直線ABの式は$y=\frac{2}{3}x+4$

(3)　(2)より，直線ABのグラフの切片は4だからC(0，4)　また，y軸上に原点に関して点Cと対称な点E(0，−4)をとると，BD＋CD＝BD＋EDであるから，BD＋EDが最も小さくなるときにBD＋CDが最も小さくなり，それは3点B，D，Eが一直線になるときである。直線BEの切片は−4，傾きは$\frac{8-(-4)}{6-0}=2$であるから，直線BEの式は$y=2x-4$…①　よって，点Dのx座標は①に$y=0$を代入して，$0=2x-4$　$x=2$　D(2，0)　以上より，△BCD＝△BCE−△DCE＝$\frac{1}{2}$×CE×(点Bのx座標)$-\frac{1}{2}$×CE×(点Dのx座標)＝$\frac{1}{2}$×CE×{(点Bのx座標)−(点Dのx座標)}＝$\frac{1}{2}\times\{4-(-4)\}\times(6-2)=16$

4 (合同の証明，線分の長さの比)

(1)　(証明)　(例)△ABDと△ACEで，△ABCは正三角形だから，AB＝AC…①　△ADEは正三角形だから，AD＝AE…②　∠BAC＝60°だから，∠BAD＝60°−∠CAD　∠DAE＝60°だから，

∠CAE＝60°－∠CAD　よって，∠BAD＝∠CAE…③　①，②，③から，2組の辺とその間の角が，それぞれ等しいので，△ABD≡△ACE

(2)　正三角形ABCの一辺の長さをaとすると，BD：DC＝7：2より，BD＝BC×$\frac{7}{7+2}$＝a×$\frac{7}{9}$＝$\frac{7}{9}a$　△ABD≡△ACEより，CE＝BD＝$\frac{7}{9}a$　また，∠DCF＝180°－∠ACE－∠ACB＝180°－∠ABD－∠ACB＝180°－60°－60°＝60°より，∠DCF＝∠ABC＝60°で，**錯角**が等しいからAB//CF　**平行線と線分の比についての定理**を用いると，AB：CF＝BD：DC＝7：2　CF＝AB×$\frac{2}{7}$＝a×$\frac{2}{7}$＝$\frac{2}{7}a$　以上より，EC：CF＝$\frac{7}{9}a$：$\frac{2}{7}a$＝49：18

5 （空間図形，切断，線分の長さの比，面積，体積）

(1)　**△EFHは直角二等辺三角形で，3辺の比は1：1：$\sqrt{2}$** だから，FH＝EF×$\sqrt{2}$＝4×$\sqrt{2}$＝$4\sqrt{2}$(cm)　△EFHで，点I，Jはそれぞれ辺EF，EHの中点だから，**中点連結定理**よりIJ＝$\frac{FH}{2}$＝$\frac{4\sqrt{2}}{2}$＝$2\sqrt{2}$(cm)

(2)　BD//FH…①　△EFHで中点連結定理より，IJ//FH…②　①，②より，BD//IJ…③　また，△BFI≡△DHJより，BI＝DJ…④　③，④より，四角形BDJIは等脚台形。BF＝$2\sqrt{3}$ cm，FI＝2cmより，**△BFIは3辺の比が2：1：$\sqrt{3}$ の直角三角形**だから，BI＝2FI＝2×2＝4(cm)　点Iから線分BDへ垂線ILを引くと，BL＝$\frac{BD-IJ}{2}$＝$\frac{FH-IJ}{2}$＝$\frac{4\sqrt{2}-2\sqrt{2}}{2}$＝$\sqrt{2}$(cm)　△BILに**三平方の定理**を用いると，IL＝$\sqrt{BI^2-BL^2}$＝$\sqrt{4^2-(\sqrt{2})^2}$＝$\sqrt{14}$(cm)　以上より，(四角形BDJIの面積)＝$\frac{1}{2}$×(BD＋IJ)×IL＝$\frac{1}{2}$×$(4\sqrt{2}+2\sqrt{2})$×$\sqrt{14}$＝$6\sqrt{7}$ (cm²)

(3)　右図で，点Kを通る辺AEに平行な直線を引き，対角線AC，EGとの交点をそれぞれP，Qとする。また，正方形ABCDとEFGHの対角線の交点をそれぞれR，Sとし，対角線EGと線分IJの交点をTとする。AR＝$\frac{1}{2}$AC　ET＝$\frac{1}{2}$ESより，TG＝EG－ET＝EG－$\frac{1}{2}$ES＝EG－$\frac{1}{2}$×$\frac{1}{2}$EG＝$\frac{3}{4}$EG＝$\frac{3}{4}$AC　AC//EGより，平行線と線分の比についての定理を用いると，PK：KQ＝RK：KT＝AR：TG＝$\frac{1}{2}$AC：$\frac{3}{4}$AC＝2：3　KQ＝PQ×$\frac{3}{2+3}$＝$2\sqrt{3}$×$\frac{3}{5}$＝$\frac{6\sqrt{3}}{5}$(cm)　以上より，(四角錐KEFGHの体積)＝$\frac{1}{3}$×(正方形EFGHの面積)×KQ＝$\frac{1}{3}$×EF²×KQ＝$\frac{1}{3}$×4²×$\frac{6\sqrt{3}}{5}$＝$\frac{32\sqrt{3}}{5}$(cm³)

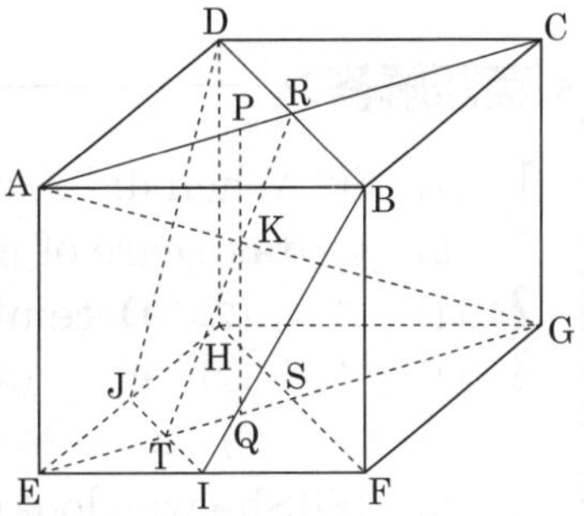

6 （規則性，数の性質，方程式の応用）

(1)　長いすA，Bの脚数をそれぞれx脚，y脚とすると，n＝20のとき$2x+3y=20$　xについて解くと$x=\frac{20-3y}{2}$　これより，xは0以上の整数であることから$20-3y$は偶数であり，「**偶数－偶数＝偶数，偶数－奇数＝奇数**」より$3y$は偶数であり，「**奇数×偶数＝偶数，奇数×奇数＝奇数**」よりyは偶数である。よって，$\frac{20-3\times0}{2}$＝10，$\frac{20-3\times2}{2}$＝7，$\frac{20-3\times4}{2}$＝4，$\frac{20-3\times6}{2}$＝1，$\frac{20-3\times8}{2}$＝－2より，長いすA，Bの脚数の組み合わせの総数は(x，y)＝(10，0)，(7，2)，(4，4)，(1，6)の4通りである。

(2)　(1)と同様に考えると，n＝127のとき$x=\frac{127-3y}{2}$が成り立ち，xは0以上の整数であることから$127-3y$は偶数であり，「奇数−偶数＝奇数，奇数−奇数＝偶数」より$3y$は奇数であり，「奇数×偶数＝偶数，奇数×奇数＝奇数」よりyは奇数である。よって，$\frac{127-3\times1}{2}=62$，$\frac{127-3\times3}{2}=59$，$\frac{127-3\times5}{2}=56$，…，$\frac{127-3\times41}{2}=2$，$\frac{127-3\times42}{2}=-1$　ここで，$1=2\times1-1$，$3=2\times2-1$，$5=2\times3-1$，…，$41=2\times21-1$と考えると，長いすA，Bの脚数の組み合わせの総数は$(x,\ y)=(62,\ 1)$，$(59,\ 3)$，$(56,\ 5)$，…，$(2,\ 41)$の21通りである。

(3)　(1)と同様に考えると，$x=\frac{n-3y}{2}$が成り立つ。ここで，nが偶数の場合と奇数の場合に分けて考える。nが偶数の場合，(1)よりyは偶数であり，長いすA，Bの脚数の組み合わせの総数がa通りあるときのyの最大の値は，$0=2\times(1-1)$，$2=2\times(2-1)$，$4=2\times(3-1)$，…と考えると$2(a-1)$である。このときのxの値は$x=\frac{n-3\times2(a-1)}{2}$である。これより，$\frac{n-3\times2(a-1)}{2}=0$となるとき$n$は最小となり，$n=3\times2(a-1)=6a-6$…①　また，$n$の最大の値は，長いすA，Bの脚数の組み合わせの総数が$a+1$通りあるときのnの最小の値の1つ前の偶数と考えて，$n=3\times2\{(a+1)-1\}-2=6a-2$…②　次に，$n$が奇数の場合，(2)より$y$は奇数であり，長いすA，Bの脚数の組み合わせの総数がa通りあるときのyの最大の値は，$1=2\times1-1$，$3=2\times2-1$，$5=2\times3-1$，…と考えると$2a-1$である。このときのxの値は$x=\frac{n-3\times2(a-1)}{2}$である。これより，$\frac{n-3\times2(a-1)}{2}=0$となるとき$n$は最小となり，$n=3\times(2a-1)=6a-3$…③　また，$n$の最大の値は，長いすA，Bの脚数の組み合わせの総数が$a+1$通りあるときのnの最小の値の1つ前の奇数と考えて，$n=3\times\{2(a+1)-1\}-2=6a+1$…④　以上①〜④より，長いすA，Bの脚数の組み合わせの総数がa通りあるときのnの最小の値は$6a-6$，最大の値は$6a+1$である。

＜英語解答＞

1　(1)　(例)When did she bring　(2)　(a)　(例)May I speak to
(b)　(例)take care of my dog

2　(1)　ア　(2)　December　(3)　ウ　(4)　ウ

3　(1)　イ　(2)　B　(3)　②　wearing　⑥　taught　(4)　ウ→オ→カ→イ→エ→ア　(5)　エ　(6)　Ⅰ群　エ　Ⅱ群　カ　(7)　(a)　(例)No, it wasn't.
(b)　(例)She was looking at the white strawberries.　(8)　エ　オ
(9)　(a)　ア　(b)　the experience on a spring day　(c)　(例)many questions about strawberries

4　(1)　イ　(2)　エ　**5**　(1)　エ　(2)　ア　**6**　(1)　ウ　(2)　ア

＜英語解説＞

1　(自由・条件英作文：語句補充・選択，助動詞，現在・過去・未来と進行形，現在完了，不定詞，助動詞)

(1)　(会話文訳)　①　ああ！ 家にお弁当を忘れてきてしまった，サトウ先生。　②　心配しないで。これはあなたのでしょう？ あなたのお母さんが，それを学校へ持ってきました。　③　はい，それは私のです。学校へそれを母はいつ持ってきたのですか？　④　お母さんはそれを1時間ぐらい前に持ってきました。あなたは，家に帰った時に，「ありがとう」とお母さんに言うべきです。　（正答例） When did she bring　カッコの文は疑問文で，これに対し④の文では「about one hour ago」と答えているので，「いつ」を問う疑問詞 When が適当。

(2)　フィリックス：もしもし。／直己：もしもし。私は直己です。フィリックスと①話ができますか？／フィリックス：はい，僕だよ。どうかしたの？／直己：やあ，フィリックス。英語の宿題は終わった？ 僕は今宿題をやっているんだ。僕には難しくて，君にいくつか尋ねる質問があるんだ。／フィリックス：いいとも。けれども僕は今忙しいんだ，僕の②犬の世話をしなければならないから。例えば，犬にえさを与えたり，公園を歩かせたりしなければならない。僕の両親は4時に帰ってくることになっている，だから4時半に僕の家へ来てもいいよ。／直己：わかった。その時君を訪ねるよ。ありがとう，後で会おう。　①（正答例） May I speak to　空欄①の後のフィリックスの発話に「僕だよ」と答えているので，空欄では「フィリックスと話をしたい」だと考えられ，電話で呼び出してもらう時に使う May I speak to~「~さんと話ができますか？」が適当。　②（正答例） take care of my dog　空欄②の次の発話で，「例えば，えさやり，歩かせる」と言っているので，空欄にはこれらを表す語が適当。take care of~は「~の世話をする，~に気を付ける」などの意味がある。

2 （会話文：絵・図・表・グラフなどを用いた問題，語句補充，文の挿入，内容真偽，現在・過去・未来と進行形，助動詞，前置詞，現在完了，不定詞，動名詞，比較）

（全訳）カーター：君は電話で何を見ているの？

大地　：僕たちの街のランニングイベントのリストを見ているんだ。僕はこの2カ月間に開催されるランニングイベントをチェックして，そしてこれらの 5つのランニングイベントを見つけた。僕はそれらのうちの1つに加わりたいと考えている。①僕と一緒に挑戦してみたい？

カーター：ああ，そうだね！5つのランニングイベントのうち，僕たちはどのイベントに参加しようか？

大地　：そうだね，僕は去年このランニングイベントに参加したんだ。走っている時，きれいな川を見た。それは素晴らしかった。僕はこのランニングイベントに，もう一度参加してみたい。君はどう？

カーター：ええと，ああ，ごめん。土曜日に開催されるイベントには参加できないんだ，なぜなら毎週土曜日にはギターの練習があるから。

大地　：わかった。では，これはどうかな？4つの部門から1つの部門を選ぶことができると，リストには書いてある。そのイベントは，夕焼けを見るために午後3時に始まる。

カーター：それはいいね！挑戦してみたい。

大地　：ああ，見て！リストには20歳以上の人たちがそれに参加できると書いてあるから僕たちはそれに参加できない，僕たちは17歳だから。別のイベントを見つける必要があるね。

カーター：そうすると，僕たちは②12月に開催されるランニングイベントを選ばなければならないのだね？

大地　：その通り。どの部門に君は参加したい？僕は去年5キロメートルを走ったけれど，今年はさらに長い距離の部門に挑戦するつもりだ。

カーター：初めてランニングイベントに参加するので，僕には長い距離の部門に挑戦するのは難しいかもしれない。3キロメートルや5キロメートルの短い距離のほうがいいと思う。

大地　：その通り。このイベントはどうだろう？その日は時間がある？

カーター：いや，その日は朝から友達の一人と一緒に，サッカーの試合を見るためにABCスタジアムへ行くことになっているんだ。ランニングイベントは午前中に始まるから，それに参加することができない。

大地　　：わかった。他のイベントに参加しよう。

カーター：このランニングイベントはどう思う？

大地　　：むこマラソンについて話しているの？　僕の兄弟は去年それに参加したんだ。ランニングの経験が多くない人たちにとってはとても大変だ，なぜなら山の中を登ったり下ったりしなければならないから，と彼は言っていた。

カーター：本当？　では，③このランニングイベントを選ぶべきだね。

大地　　：僕もそう思う。ついに僕たちは参加するランニングイベントを決めた！君はどの部門で走るの？

カーター：3キロメートルの部門に挑戦しようかと思う，君は？

大地　　：僕は10キロメートルの部門を選ぶつもりだ。君はランニングにあった靴を持っている？

カーター：いいや，持っていない。今日は金曜日だから，明日イベントのために新しい靴を買いに行こう。

大地　　：わかった。

(1)　(選択文訳)　(ア)　僕と一緒に挑戦してみたい？(○)　(イ)　君はこれらの2カ月間は忙しい？　(ウ)　君は僕にそのイベントへ参加してほしい？　(エ)　私なしにランニングイベントを探すつもり？　空欄①の次のカーターの発話の第2文 Which event will～では，「僕たちはどのイベントに参加しようか？」と言っているので，会話の流れからアが適当。選択肢アの to try は「試すこと，挑戦すること」という意味の名詞のはたらきをする to 不定詞。

(2)　第5番目のカーター発話第2文 I can't join～ では，「土曜日に開催されるイベントには参加できない」とあり，また第8番目の大地の発話第2文 The list says～では，「参加資格は20歳以上」とあるので，リストのアとイのイベントには参加できないことがわかる。したがって，リストのウ，エ，オのいずれかに参加することになる。問題では「何月か？」が問われていて，リストのウ，エ，オは12月開催なので，②は December(12月)が適当。

(3)　問題(2)の解説で述べたように，リストのアとイのイベントには参加できない。また，第13番目のカーターの発話のように「午前中のイベントには参加できない」ので，イベントのオは参加できない。さらに，第16番目の大地の発話のように「むこマラソンは初心者には大変」なので，イベントのエには参加が難しい。したがって，大地とカーターが参加するイベントはウが適当。

(4)　(ア)　カーターはリスト上のランニングイベントの 1 つに以前参加したことがある。
(イ)　カーターは毎週土曜日ABCスタジアムでサッカーの試合に参加する。　(ウ)　大地は兄弟からむこマラソンについての情報を得た。(○)　(エ)　大地は彼らが選んだランニングイベントの3キロメートルの部門に挑戦するだろう。　問題本文の第16番目の大地の発話第2文 My brother joined～と第3文 He said it～から，大地が兄弟からむこマラソンのことを聞いたことがわかるので，(ウ)が適当。選択肢エの have chosen は**現在完了形**で表現されている。

3　**(スピーチ：語句補充・選択，文の挿入，語形変化，語句の並べ換え，語句の解釈・指示語，英問英答，助動詞，分詞の形容詞用法，現在・過去・未来と進行形，不定詞，接続詞，形容詞・副詞，文の構造，現在完了，関係代名詞，前置詞，名詞・冠詞・代名詞，受け身，間接疑問文)**

(全訳)　春休みの間の暖かく晴れたある日，私の家族はイチゴ狩りへ行きました。私の父の友達の一人の森さんはイチゴ農園を持っていて，私たちを農園へ招いてくれました。私の弟のアキラがイチゴ狩りの事を聞いた時，楽しそうでした，けれども，私は農園を訪れることに興味はありませんでした。私は「スーパーマーケットでイチゴを買うことができる。だから私たちはイチゴを食べに農園へ行く①必要がない」と思いました。そして私の父が，「【A】彼の農場で白い種類のイチゴを楽しむことができる」と言いました。私は「白い種類のイチゴ？　それは何？」と思いました。

私たちが農園に着いた時，赤い帽子を②かぶっている一人の男の人が待っていました。彼は森さんで，私たちをビニールハウスの一つに連れて行きました。彼は私たちと農園を訪れている他の人たちに，「こんにちは，皆さん。今日は来てくれてありがとう。ここでは，赤い種類のイチゴと白い種類のイチゴの両方を楽しむことができますよ。③イチゴの採り方を見せましょう。イチゴを見つけた時，指でそれをつまんで，そして上に向けて引っ張ります。するとそれを簡単に摘むことができます。1番のビニールハウスでは赤いイチゴを，2番のビニールハウスでは白いイチゴを楽しむことができます。【B】私の農園で，きっとイチゴ狩りを楽しむことができると思いますよ」と言いました。アキラが「美来，一緒に行こうよ。最初に赤いイチゴを試してみたいんだ」と言いました。

1番のビニールハウスには，鮮やかな赤いイチゴがたくさんありました。私は大きな赤いイチゴを見つけた時，可愛らしい白い花も見つけました。私はその花を見て楽しみ，それからイチゴを摘みました。私は指で簡単にイチゴを摘みました，そしてたくさん食べました。アキラは，「【C】この農園のイチゴは，僕の人生の中で最も美味しいイチゴだ。とても美味しい。それは想像できなかった」。④私も同じことを考えました。多くの人たちが農園で採ってきたばかりの果物は美味しいと言います，そして今私は人々がなぜそう言うのか理解しています。

次に，私たちは白いイチゴのためのビニールハウスに行きました。私が大きな白いイチゴを見つけた時，再び白い花を見ました。私は，花の色とイチゴの色が少し違っていることに気づきました。イチゴの色は黄色と白の間で，冬の晴れた日の太陽の色のようでした。人々が農園に行って白いイチゴとその花を見た時に，⑤人々は私の考えを理解すると思います。私は，「もし，ここの白いイチゴに名前をつけるとしたら，それらのイチゴを『鮮やかな色のイチゴ』と呼ぶだろう」と考えました。花とイチゴを見て楽しんだ後，イチゴを摘みました。それは美味しかった。私はたくさん食べ，そして後に家でイチゴの絵を描くために，もう一度白いイチゴを見ました。イチゴを見ている時，私たちのところへ森さんが来て「白い種類のイチゴを今までに食べたことがありますか？」と尋ねました。私は「いいえ。初めてここで食べました。【D】」と言いました。森さんは，「そうですね，白いイチゴは日本で最初に作られました。ここの白い種類のイチゴは最初の種類ではありません，けれども，私の友達の一人からそれら(最初の白いイチゴ)のことを聞きました。それらを作るには，約20年かかりました」と言いました。「20年！　とても長い時間ですね！」私は驚きました。新しいものを開発するには，時々多くの時間がかかるのだと理解しました。

森さんは，私たちと一緒に話をしている時，イチゴについて別の興味深いことを私たちに⑥(教えてくれました)。例えば，彼の農園でより大きくよりたくさんのイチゴを得るために，藍が使われています。はじめは，カビからイチゴを守るために，藍にあるいくつかの成分を使う一部の農家がいました。それから，彼らの農園のイチゴがよく育つということに気づいた農家もいました。現在，科学者は藍が植物の生育を助ける成分を持っていると考えています。

イチゴについて，何か面白いことを学ぶことは楽しくて，家に帰った時には疑問がたくさんありました。「赤い種類のイチゴはなぜ赤いのだろう？」「日本には何種類ぐらいのイチゴがあるのだろう？」「私が家でいつも食べているイチゴの名前は何だろう？」多くの疑問が「育ちました」。農園を訪れる前，私は赤いイチゴの色と形を知っていました，けれども，これらのような疑問は考えませんでした。その農園でのイチゴ狩りは，私にとって「藍」のような何かだと考えました。春の日の経験によって，試す前には⑦楽しそうに聞こえないことからも私たちは多くを学ぶことができるのだと，今では考えています。

(1) ①の選択肢は，have to(する必要がある)と don't have to (～する必要がない)となっている。①の空欄の文では「スーパーマーケットでイチゴを買えるので，農園へ行く…」と言っているので，文意から空欄には don't have to「～する必要がない」という意味が適当。have to は must と同義語。⑦の選択肢は，strange(不思議な，妙な)と fun(楽しい，愉快な)となっている。⑦の空欄の文の意味は，「試す前には～に聞こえないことから学ぶことができる」となるので fun が適当。したがって，選択肢ではイが適当。

(2) (問題文訳)私の農園で，きっとイチゴ狩りを楽しむことができると思う。 問題文の内容と空欄 A－D の前後の意味を合わせて考えると，B に問題文を入れるのが適当だと考えられる。

(3) ② (正答文)～a man(wearing)a red cap was waiting.(赤い帽子をかぶった一人の男の人が待っていた) ②の文にはwas waiting と過去進行形の動詞があることから，wear は動詞ではないことがわかる。wear を wearing と形容詞用法の現在分詞として man を修飾するように「赤い帽子をかぶっている男」という意味にしたい。 ⑥ Mr. Mori(taught)us other interesting things～(森さんは別のおもしろいことを教えてくれた) 美来たちが森さんと話をしている時に教えてもらったので teach の過去形 taught が適当。teach A B で「A にBを教える」。

(4) 正答は I'll[(ウ)show (オ)you (カ)how (イ)to (エ)get (ア)strawberries].となって，ウ→オ→カ→イ→エ→アが適当。how to～で「～のしかた，どうやって～したらいいのか」という意味になる。to get は不定詞。

(5) ④の文の直前の文 Akira said, "The～では，「アキラは，この農園のイチゴは人生の中で最も美味しい」と言って，この文に④「私も同じことを考えた」と続くので，選択肢ではエが適当。

(6) (問題文と正答の訳)美来は，白いイチゴの色とその花の色は違っていると考えた。彼女は，白いイチゴの色について伝えるために，i 私たちが空で見ることのできる何かの言葉を使った。彼女は，ii もし人々が農園を訪れて，そして白いイチゴとその花を見る機会があれば，同じことを考えるだろうと考える。 (選択肢の訳) Ⅰ群(ア) 彼女は農園で食べた (イ) 私たちは飲むことができる (ウ) 彼女は農園で試した (エ) 私たちは空で見ることができる(○) 問題本文の第4段落第4文 The color of～には「冬の晴れた日の太陽の色のようだ」とあることからエが適当。 (選択肢の訳) Ⅱ群(カ) もし(○) (キ) だから (ク) (接続詞の that だと思われる) (ケ) 以前に 空欄 ii の文の意味を考えるとカが適当。

(7) (a) (問題文訳)美来にとって指でイチゴをとることは難しかったですか？ (正答例)No, it wasn't. 問題文は Was it difficult～? という疑問文なので yes/no で答える。問題本文第3段落第4文 I picked them～には，「簡単に指で摘めた」とあることから，問題文の答は「いいえ(No)」となる。 (b) (問題文訳)森さんが2番のビニールハウスにいる美来と彼女の弟へ話しかけたとき，美来は何を見ていましたか？ (正答例)She was looking at the white strawberries. 問題本文第4段落第9文 I ate a～には，「家でイチゴの絵を描くために，もう一度白いイチゴを見た」とあり次の10文 When I was～には，「イチゴ(them)を見ている時，森さんが来て話しかけた」とあるので正答例が適当。

(8) (ア) アキラはイチゴ狩りについて聞いた時，嬉しそうだった，しかし彼は森さんの農園には訪れなかった。 (イ) 美来とアキラは，白いイチゴのビニールハウスを最初に訪れた，なぜなら，アキラがそうしたかったから。　(ウ)　2番のビニールハウスで，美来は赤いイチゴの最初の種類に名前をつけた。 (エ)　美来は，今までに世界にない何かを作ることは，時々多くの時間がかかることを学んだ。(○)　(オ)　美来は，森さんの農園でイチゴについて学んだことを嬉しく感じた。(○)　問題本文第4段落最後の文 I realized that~では，「何か新しいものを開発するには，多くの時間がかかることを理解した」とあるのでエが適当。また，問題本文第6段落最初の文 I was glad~では，「イチゴについて，何か面白いことを学ぶことは楽しい」とあることから，オが適当。選択肢エの hasn't been in the world で，「世界に存在していないもの」という意味になる。現在完了形で表現されており，been は be の過去分詞形で「存在する」という意味で使われている。

(9)　(全訳)　隼：彼女のスピーチの最後の部分では，「藍」という言葉を彼女自身の方法で使っていた。／アビー：それについて一緒に考えましょうか。／隼：そうだね，はじめに農家は藍を別の理由で使った，それから農家は i より大きな イチゴを作るために，そしてより多くイチゴを得るために，藍を使うことができることを発見した。／アビー：その通り。だから，美来は成長を助ける何かに「藍」という言葉を使った。最後の部分では，ii 春の日の経験 が彼女にとっての「藍」だと，私たちは理解するべきね。／隼：それで，彼女にとって，「藍」の助けで何が「育った」の？／アビー：彼女が農園を訪れた後，iii イチゴについての多くの疑問 が「育った」ことだと思う。最後の部分で，彼女は私たちに三つの例を与えてくれた。

(a)　(ア)　より大きな(○)　(イ)　より清潔な　(ウ)　より明るい　(エ)　よりかわいい　問題本文第5段落第2文 For example, the~では，「より大きなより多くのイチゴを得るために藍を使った」とあるのでアが適当。

(b)　空欄 ii の文の冒頭で，In the last part(最後の部分で)とあることから，問題本文の最後の文 Because of the~から解答の語句を選択したい。最後の文で「藍」つまり「成長を助ける何か」は，the experience on a spring day「ある春の日の経験」と考えられる。

(c)　空欄 iii では「美来が農園を訪れて育った(grew)もの」は何かが問われている。問題本文第6段落第5文に Many questions "grew". とあり，大きくなったものは疑問(questions)だとわかる。問題では4語以上7語以内で書くように指定されているので，どのような疑問かを補い many questions about strawberries(例)「イチゴについての多くの疑問」が適当。

4・5・6　(リスニング)

放送台本の和訳は，33ページに掲載。

2022年度英語　聞き取り検査

〔放送台本〕

これから，問題4・5・6を放送によって行います。それでは，問題4の説明をします。問題4は(1)・(2)の2つがあります。それぞれ短い会話を放送します。次に，Questionと言ってから英語で質問をします。それぞれの質問に対する答えは，問題用紙に書いてあります。最も適当なものを(ア)・(イ)・(ウ)・(エ)から1つずつ選びなさい。会話と質問は2回放送します。それでは，問題4を始めます。

(1)　A:　Hi, Emma. What will you buy for Kana's birthday?

　　 B:　Hi, Saki. I found a brown cap and a black bag last week.

A: Oh, I went shopping yesterday and bought a blue cap for her.
B: OK, then I will buy only the bag. I hope she will like it.
Question: What will Kana get on her birthday from Saki and Emma?

(2) A: I saw you in the morning yesterday, Haruko.
B: Really? Were you in the library, too, Meg?
A: No, but I went there in the afternoon. I went to Ume Park and saw you there.
B: Well, I think you saw my sister. I didn't go there yesterday. In the afternoon, my aunt came to my house and I visited the museum with her.
Question: Where did Haruko go in the afternoon yesterday?

〔英文の訳〕

(1) A：こんにちはエマ。カナの誕生日に何を買うつもりなの？
B：こんにちは，サキ。先週，茶色い帽子と黒のかばんを見つけたの。
A：ああ，昨日私は買い物に行って，彼女に青い帽子を買ったの。
B：わかった，それでは私はかばんだけを買うことにする。彼女は気に入ってくれると思う。
質問：カナは，サキとエマから誕生日に何を受け取りますか？
答え：(ア)茶色の帽子と黒色のかばん　(イ)青色の帽子と黒色のかばん(○)
(ウ)茶色の帽子と青色のかばん　(エ)青色の帽子と青色のかばん

(2) A：昨日の朝あなたを見かけたよ，ハルコ。
B：本当？ あなたも図書館にいたの，メグ？
A：いいえ，私は午後に図書館に行った。ウメ公園に行って，そこであなたを見かけたの。
B：そうね，あなたは私の姉妹を見かけたのだと思う。昨日，私はそこには行かなかった。午後，私のおばが家に来て，そして私は彼女と一緒に博物館を訪れた。
質問：ハルコは，昨日の午後にどこへ行きましたか？
答え：(ア)彼女はメグと図書館に行った　(イ)彼女は姉[妹]とウメ公園に行った
(ウ)彼女は姉[妹]とおばの家に行った　(エ)彼女はおばと一緒に博物館に行った(○)

〔放送台本〕

次に，問題5の説明をします。これから，英語クラブの部長が部員に連絡した内容を放送します。つづいて，英語で2つの質問をします。それぞれの質問に対する答えは，問題用紙に日本語で書いてあります。最も適当なものを，(ア)・(イ)・(ウ)・(エ)から1つずつ選びなさい。連絡した内容と質問は2回放送します。それでは、問題5を始めます。

President: Hello, everyone. Before we start today's activity, I'll tell you what we are going to do next week. It's Thursday today and next Thursday, we will interview some foreign people in English at Wakaba Station and Midori Station. There are eight members in this club so we will make two groups. The groups are Group A and B and each group has four members. Group A will visit Wakaba Station and Group B will visit Midori Station. However, if it rains, we won't visit Wakaba Station and the two groups will visit Midori Station. So, next Tuesday, let's think about the questions we will ask to foreign people. Our

English teacher Ms. Green will be with us and help us then. She will show us some pictures of last year's activity and tell us how the activity was. Now, let's decide the groups. Tell me which station you would like to visit.

Question (1): How many students in this club will visit Midori Station if it rains next Thursday?

Question (2): What will the students in this club do next Tuesday?

〔英文の訳〕

部長：こんにちは，皆さん。今日の活動をはじめる前に，来週何をするのか伝えます。今日は木曜日で，来週の木曜日に，ワカバ駅とミドリ駅で何人かの外国の人へ英語でインタビューをします。このクラブには8人のメンバーがいるので，私たちは二つのグループを作ります。グループはグループAとグループBで，それぞれのグループには，四人のメンバーがいます。グループAはワカバ駅を訪れ，グループBはミドリ駅を訪れます。けれども，雨ならば，ワカバ駅には行かずに，二つのグループはミドリ駅を訪れます。だから，次の火曜日に，外国の人にたずねる質問について考えましょう。私たちの英語のグリーン先生は，その時私たちと一緒にいて，私たちを助けてくれます。先生は，去年の活動の何枚かの写真を私たちに見せてくれて，活動がどのようなものだったのか私たちに話をしてくれます。さあ，グループを決めましょう。訪れたい駅を，私に言ってください。

質問(1)：もし来週の木曜日が雨ならば，このクラブの何人の生徒がミドリ駅を訪れますか？

答え：(エ)8人

質問(2)：次の火曜日に，このクラブの生徒たちは何をしますか？

答え：(ア)外国の人に駅でインタビューする内容を考える。

〔放送台本〕

次に，問題6の説明をします。問題6は(1)・(2)の2つがあります。それぞれ短い会話を放送します。それぞれの会話の，最後の応答の部分にあたるところで，次のチャイムを鳴らします。〈チャイム音〉このチャイムのところに入る表現は，問題用紙に書いてあります。最も適当なものを，(ア)・(イ)・(ウ)・(エ)から1つずつ選びなさい。問題用紙の例題を見なさい。例題をやってみましょう。

(例題)　A: Hi, I'm Hana.
B: Hi, I'm Jane.
A: Nice to meet you.
B: <チャイム音>

正しい答えは(イ)の Nice to meet you, too. となります。ただし，これから行う問題の会話の部分は印刷されていません。それでは，問題6を始めます。会話は2回放送します。

(1)　A: Thank you for calling us. What can I do for you?
B: I bought some books on your website but they have not arrived yet.
A: Do you remember when you bought them?
B: <チャイム音>

(2)　A: Good morning, Judy. Oh, are you OK?
B: Oh, Rika. I left my key on the train just now.
A: Don't worry. I'll tell the station staff about your key.
B: <チャイム音>

〔英文の訳〕

(例題)　A：こんにちは。私はハナです。

B：こんにちは。私はジェーンです。

A：はじめまして。

B：(イ)こちらこそ，はじめまして。

(1)　A：お電話をいただきありがとうございます。どういうご用件ですか?

B：おたくのウェブサイトで本を何冊か買いましたが，まだ本が届いていません。

A：いつ本を買ったのか覚えていますか?

B：(ウ)よくわかりませんが，だいたい一週間前に本を買いました。

(2)　A：おはよう，ジュディ。ああ，大丈夫？

B：ああ，リカ。たった今，電車に私の鍵を置いてきてしまった。

A：心配しないで。あなたの鍵のことについて駅員に話をするから。

B：(ア)ありがとう。すぐに戻ってくることを願うよ。

＜国語解答＞

一　(1)　Ⅰ　㋓　Ⅱ　㋕　(2)　㋓　(3)　㋒　(4)　e　おちい(る)　f　さかのぼ(って)　(5)　㋐　(6)　担　(7)　㋑　(8)　㊀　心の在り方を示すもの　㊁　B　(例)認識の限界を乗り越えること　C　(例)他者への理解

二　(1)　㋓　(2)　Ⅰ　㋑　Ⅱ　㋗・㋙　(3)　㋐　(4)　㋑　(5)　Ⅰ　㋑　Ⅱ　㋗　(6)　㋐　(7)　㊀　(例)主観的な評価のゆらぎによって真実が何であるのかが　㊁　㋓　㊂　㋒

三　(1)　㋐　(2)　㋑　(3)　㋓　(4)　いうゆえを　(5)　㊀　(例)立場を問わない　㊁　㋒

＜国語解説＞

一　(論説文・説明文－内容吟味，漢字の読み書き，語句の意味，脱文・脱語補充，文と文節)

(1)　Ⅰ「ままならない」は，十分でないことや思い通りでないことを表す言葉。Ⅱ「しょせん」は，結果として行き着くところは，結局はという意味。

(2)　傍線部にある「痛み」の内容は，前文に述べられている。他者とのすれ違いやトラブルによって自分の心を痛めることが人生の中にはある。具体的には，他者を傷つけるつもりはなくても傷つけてしまったり，また親切や義務で行ったことで相手を反って傷つけ，逆恨みされることもある。これは自分から他者に行う例であるが，反対に他者から自分にも行われる可能性は大いにあり得る。よって，**これらの痛みを双方受けることなく，生きていきたい**という筆者の望みを読み取る。

(3)　傍線部前の内容より，筆者は痛みが不必要だとしているわけではない。自分の事を他者に理解してもらうために必要な事であり，また今後もその人と関係を継続していくのであれば，理解は欠かせないものである。よって，**多少の痛みは不可欠である**としている。痛みが「ある」のではなく，「あった」と過去の物として扱うのであれば，相手の重要性や自分の思いを相手に伝えようという意思はない。傍線部後にあるように，「あった」とするならば「その人との関係性の限界がそこまでであること」を示している。

(4)　e「陥(おちい)る」とは落ちて中に入る，良くない状態に入り込む，計略にかかるということ。ここでは，憎悪や偏見といった良くない状態に入り込む必要はないと述べている。　f「遡(さかのぼ)って」とは，流れに逆らって上流に進む，物事の過去や根本に立ち帰るという意味。自分自身が何をすべきかという事を，理由に立ち帰って考えることを表す。

(5)　下線部は「うまく」と「生きて」に分けることができる。「うまく」は形容詞「うまい」の連用形。また「生きて」は，カ行上一段活用の動詞「生きる」の連用形である「生き」に，接続助詞「て」が付いた形である。つまり「うまい」の連用形であることから，「生き」を修飾しており，二つの文節の関係は**修飾・被修飾**の関係である。

(6)　「加担」とは，助けること，味方になること。また，助ける人そのものも指す。

(7)　傍線部を含む文を見ると，「それは，前述の～にも似ている。」とあるので，**「それ」と「前述」の内容が同類であると指摘**している。「前述」の内容とは，他人とうまくいかない際に，自分以外のせいにすることであり，いわば現実を直視することなく他に責任を押しつけることである。「それ」は傍線部の直前に，「問いかける側の理屈になんらかの欠点・難点があることを指摘」や「レッテルを一方的に貼りつけてその言説を無効化しようとする」ことである。

(8)　㊀　自分の事を理解してもらうために，また他者を理解するための事は「ただ，そうした」と始まる段落に述べられている。「『分かりたかった』『分かってほしかった』という自分の心の在り方を示すもの」という文章から問題文の指定字数に合わせて書き抜く。　㊁　B　自分の世界がより拡がるという内容は「普段当たり前」と始まる段落にある。心が痛んだりモヤモヤする時，「『今のあなたの認識』の限界ライン近くにいる」のであり，その痛みに耐えることによって，「限界を乗り越え」，自分の世界が拡がるとしている。　C「限界を乗り越え」た時，価値観が豊かとなって「他人をより良く理解すること」ができるとしている。

二　(説明文－大意・要旨，内容吟味，段落・文章構成，その他，品詞・用法)

(1)　傍線部の後にその理由を述べている。「正面を鏡に映した，客観的視点から自己を見つめる自画像に慣れている」ことによって，「『私』の見ている主観的な世界の境界は，なかなか意識にのぼ」らないということである。

(2)　I「閉じる」はザ行上一段活用。　II　㋗「浴びる」はバ行上一段活用，㋙「飽きる」はカ行上一段活用である。㋕「遊ぶ」・㋚「切る」はそれぞれバ行・ラ行五段活用，㋖「得る」はア行下一段活用，㋘「察する」はサ行変格活用である。

(3)　傍線部の「世界との距離感」とは前にある「空に浮かぶ月」「水面に映る月の姿」のことである。これらは直接手には届かないものであるが，「目や耳を使って，大きさや形，距離などを感じることができる」と述べられている。

(4)　「そうです」には，動詞・助動詞の連用形，形容詞・形容動詞の語幹に付く。様態の意を表す場合と，活用語の終止形に付いて伝聞の意を表す場合がある。㋑の波線直前には「しまい」とあり，これは補助動詞「しまう」の連用形であるから，様態の意を表している。

(5)　空欄の前後を確認すると，前に，**測ろうとする対象は，外的な対象(身体の外側に広がる)，内的な対象(身体の内側の感覚に根差している)の二つに分けることができる**とあり，それぞれの特徴を述べている。後には，**双方(外的な対象と内的な対象)は関連し合っており，単純に分けることができない**と述べている。つまり，前後で全く逆の事を述べているので逆接の接続詞である「しかし」が入る。

(6)　①～③段落では，エルンスト・マッハの描く，「自画像」を例に出して，外界と内界の区別が曖昧になっていることを示している。また4～9段落では，人間の五感によって身体の外側と内側との距離を測り，それぞれの距離感を得ようとはするものの，曖昧な部分が多いことで様々な感覚の違いがあることを指摘している。最後に，10段落では曖昧であることを是とはせず，未知の者に出会った際のためにも，適用範囲での基準が必要であるとしている。

(7)　㊀「人生は万物の尺度である」とは，**個々の人間の知覚こそ，真理の基準であり，絶対的な真理は存在しないこと**である。一人ひとりの感覚が異なるにもかかわらず，全てを真理の基準とみなしてしまう。また「主観的な量」から始まる段落で，時間感覚を引き合いに出し，外的な基準を通して，内側の感覚を修正したりする。よって，様々に変化する部分を真理とすることは甚だ難しく，何が真実なのか，そうでないのかの判断が誰にもつけられないのではと筆者は警鐘を鳴らしている。　㊁「『人間は万物の尺度である』」から始まる段落に，「『人間』と『万物』の適用範囲に対しての熟考が必要」とあり，また「『人間』の構成が変わるとき，『万物』の尺度にも動揺が生じる」とある。つまり，「人間」という存在を再度考え直すことで，「人間」に対する見方が変化し，さらに「人間」が「万物」に対してどのようにアプローチするのかも自ずと変化することを表している。　㊂　要約とは，論旨・要点を短くまとめて表すことである。よって，例や補足的な内容を表すことはここでは蛇足になるので㋒が誤りとなる。

三　**(古文－文脈把握，脱文・脱語補充，その他，仮名遣い，古文の口語訳)**

(1)〈口語訳〉周の政治家である召伯が政治を柔軟に行い，州民がヤマナシの木の詩を作り，晋の政治家である羊祜が憐れみが広かったので，弟子たちが羊祜ゆかりの峴亭という山に石碑を建てた。(羊祜が)亡き後までも，情けはその人のことを最も思い出させるものだ。　傍線部を直訳すれば「情けよりも，度が過ぎた(故人の)忘れ形見はなかった」となる。逆に言えば，情けが最も故人を思い出させるものということになる。

(2)〈口語訳〉大方，普通の人は情けを先とするべきである。人は，自ら悪い行いをしても，情けを施せば，省みて従う。「仇には恩をもって報いるべきだ」といえる。　悪い行いをする者に対し，それを怨みに思わず，また報復しないで情けをかけることを「仇を恩で報ずる」という。

(3)〈口語訳〉武将の廉頗が謝罪のためにとげを背負ったことは，人心として今の世にもあったであろう。他人の事だと考えてはいけない。どうして，ただ藺相如に限られようか(いや，限ることはできない)。　「よそ」とは，ほかの所，自分には直接関係のないこと。「余所」「他所」と表す。ここでは，「他人事」の意味である。

(4)　語頭と助詞以外のハ行は，ワ行に置き換える。また，「ゑ」は「え」に置き換える。

(5)　㊀　第一段落より，周の政治家の召伯が民のためとなる政治を行ったので，州民は召伯にゆかりのあるヤマナシの詩を作り，また晋の政治家の羊祜が憐れみが広かったので，弟子がその遺徳を称え，石碑を建立した。第二段落は，「廉頗負荊」という故事からである。中国の戦国時代の将軍である廉頗は，藺相如のことを恨んでいたが，藺相如は廉頗と争うと秦に滅ぼされるとして争いを避けていた。そのことを知った廉頗は自身を恥じて，裸で茨の鞭を背負い，藺相如に心から謝罪して，後に親友になったという逸話である。悪行をする者を恨むのではなく，情けを施せばいつか自らを省みることもある。政治家・武将・州民などそれぞれの立場は関係なく，人間であれば誰もがあり得る事だと示している。

㊁〈口語訳〉幼児は，親のいわれを知らなくても，優しく愛情を注ぐことで従う。六種の家畜は主のことをわきまえなくても，憐れみを知ることで親しくなる。どうして，心がある人間ができないことがあろうか(いや，ない)。　幼児や家畜でも愛情や憐れみを注げば，親・主に従うのだから，人間であれば他人の情けを理解して行動できるはずという戒めを読み取る。

京都府公立高等学校（中期選抜）

2022年度

★★★★★★★★★★★★★★★★★★★★★★★★

入 試 問 題

●くわしい解説……37ページ

＜数学＞

時間　40分　　満点　40点

【注意】 1　円周率はπとしなさい。
2　答えの分数が約分できるときは，約分しなさい。
3　答えが$\sqrt{}$を含む数になるときは，$\sqrt{}$の中の数を最も小さい正の整数にしなさい。
4　答えの分母が$\sqrt{}$を含む数になるときは，分母を有理化しなさい。

1　次の問い⑴～⑻に答えよ。(16点)

⑴　$-3^2-6\times5$　を計算せよ。 ………………………………答の番号【1】

⑵　$\dfrac{8a+9}{4}-\dfrac{6a+4}{3}$　を計算せよ。 ………………………………答の番号【2】

⑶　$(\sqrt{2}+\sqrt{5})^2$　を計算せよ。 ………………………………答の番号【3】

⑷　方程式　$0.16x-0.08=0.4$　を解け。 ………………………………答の番号【4】

⑸　次の連立方程式を解け。 ………………………………答の番号【5】

$$\begin{cases}7x-3y=11\\3x-2y=-1\end{cases}$$

⑹　関数　$y=\dfrac{1}{4}x^2$　について，xの変域が$a\leqq x\leqq3$のときのyの変域が$b\leqq y\leqq9$である。このとき，a，bの値をそれぞれ求めよ。 ………………………………答の番号【6】

⑺　次の図で，4点A，B，C，Dは円Oの周上にある。このとき，$\angle x$の大きさを求めよ。
………………………………答の番号【7】

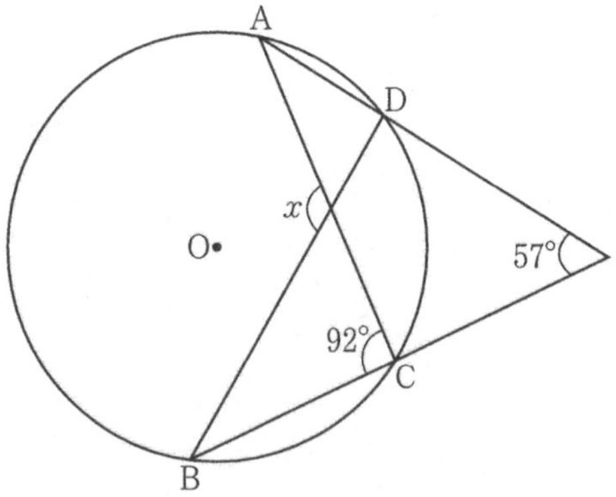

⑻　箱の中に同じ大きさの白玉だけがたくさん入っている。この箱の中に，同じ大きさの黒玉を50個入れてよくかき混ぜた後，この箱の中から40個の玉を無作為に抽出すると，その中に黒玉

が３個含まれていた。この結果から，はじめにこの箱の中に入っていた白玉の個数はおよそ何個と考えられるか。一の位を四捨五入して答えよ。……………………………答の番号【８】

2　１から６までの目があるさいころを２回投げ，１回目に出た目の数を a，２回目に出た目の数を b とする。

このとき，次の問い(1)・(2)に答えよ。ただし，さいころの１から６までの目の出方は，同様に確からしいものとする。（４点）

(1)　$\frac{a}{b}=2$ となる確率を求めよ。……………………………答の番号【９】

(2)　$\frac{a}{b}$ の値が循環小数になる確率を求めよ。……………………………答の番号【10】

3　右の図のように，三角柱ＡＢＣ－ＤＥＦがあり，ＡＢ＝８㎝，ＢＣ＝４㎝，ＡＣ＝ＡＤ，∠ＡＢＣ＝90°である。

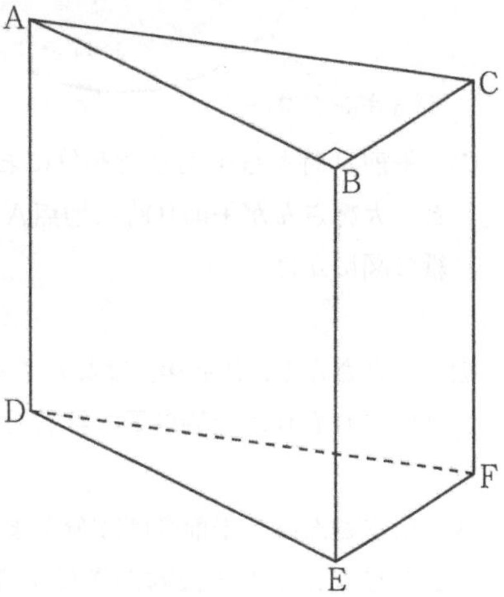

このとき，次の問い(1)・(2)に答えよ。（４点）

(1)　次の文は，点Ｂと平面ＡＤＦＣとの距離について述べたものである。文中の □ に当てはまるものを，下の（ア）～（オ）から１つ選べ。……………………………答の番号【11】

> □ をＧとするとき，線分ＢＧの長さが，点Ｂと平面ＡＤＦＣとの距離である。

（ア）　辺ＡＣの中点
（イ）　辺ＣＦの中点
（ウ）　線分ＡＦと線分ＣＤとの交点
（エ）　∠ＣＢＥの二等分線と辺ＣＦとの交点
（オ）　点Ｂから辺ＡＣにひいた垂線と辺ＡＣとの交点

(2)　２点Ｈ，Ｉをそれぞれ辺ＡＣ，ＤＦ上にＣＨ＝ＤＩ＝$\frac{9}{2}$㎝となるようにとるとき，四角錐《すい》ＢＣＨＤＩの体積を求めよ。……………………………答の番号【12】

4　次のページのⅠ図のように，池のまわりに１周1800ｍの円形のジョギングコースがあり，このジョギングコース上に地点Ａがある。ひなたさんは，午前９時ちょうどに地点Ａを出発し，このジョギングコースを，一定の速さで同じ向きに２周歩いて，午前９時48分ちょうどに地点Ａに着いた。

また，大輝さんは，ひなたさんと同時に地点Ａを出発し，このジョギングコースを，一定の速さでひなたさんと同じ向きに１周走って，地点Ａに着いたところで18分間休憩した。休憩後，再び地点Ａを出発し，１周目と同じ一定の速さで，１周目と同じ向きにもう１周走って，午前９時36分ちょうどに地点Ａに着いた。

下のⅡ図は，午前９時から午前９時48分における，ひなたさんが午前９時に地点Ａを出発してからの時間と，ひなたさんが午前９時に地点Ａを出発してから進んだ道のりとの関係をグラフに表したものである。

このとき，次の問い⑴～⑶に答えよ。（６点）

Ⅰ図

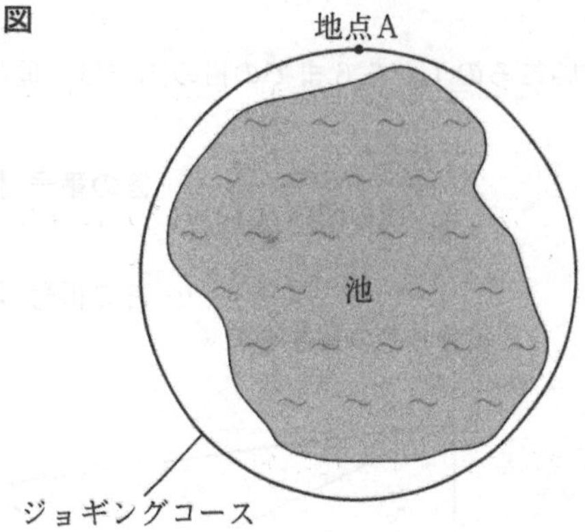

Ⅱ図

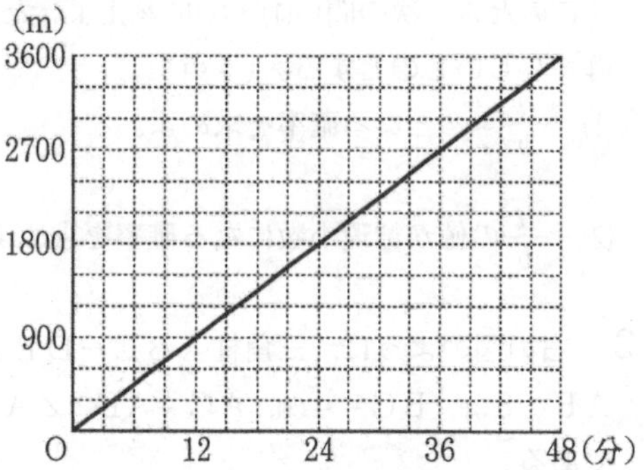

⑴　午前９時から午前９時36分における，大輝さんが午前９時に地点Ａを出発してからの時間と，大輝さんが午前９時に地点Ａを出発してから進んだ道のりとの関係を表すグラフを答案用紙の図にかけ。　…………………………答の番号【13】

⑵　大輝さんが，休憩後，ひなたさんに追いついたのは午前９時何分何秒か求めよ。ただし，分，秒いずれも０以上59以下の整数で答えること。　…………………………答の番号【14】

⑶　京平さんは，午前９時29分ちょうどに地点Ａを出発し，このジョギングコースを，一定の速さでひなたさんと反対向きに１周走って，午前９時41分ちょうどに地点Ａに着いた。このとき，京平さんが，大輝さんとすれ違ってから，ひなたさんとすれ違うまでに進んだ道のりを求めよ。　…………………………答の番号【15】

5　右の図のように，△ＡＢＣがあり，ＡＢ＝９㎝，ＢＣ＝７㎝である。∠ＡＢＣの二等分線と∠ＡＣＢの二等分線との交点をＤとする。また，点Ｄを通り辺ＢＣに平行な直線と２辺ＡＢ，ＡＣとの交点をそれぞれＥ，Ｆとすると，ＢＥ＝３㎝であった。

このとき，次の問い⑴～⑶に答えよ。（６点）

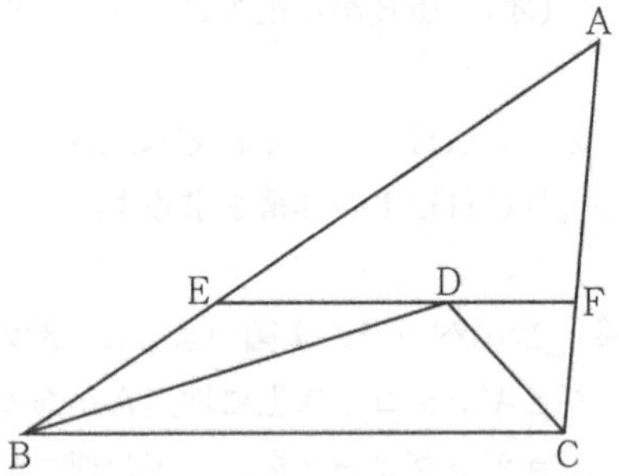

⑴　線分ＥＦの長さを求めよ。　…………………………答の番号【16】

⑵　線分ＡＦの長さを求めよ。　…………………………答の番号【17】

⑶　△ＣＦＤと△ＡＢＣの面積の比を最も簡単な整数の比で表せ。　…………………………答の番号【18】

6　同じ大きさの正三角形の板がたくさんある。これらの板を，重ならないようにすき間なくしきつめて，大きな正三角形を作り，上の段から順に１段目，２段目，３段目，…とする。下の図のように，１段目の正三角形の板には１を書き，２段目の正三角形の板には，左端の板から順に２，３，４を書く。３段目の正三角形の板には，左端の板から順に５，６，７，８，９を書く。４段目以降の正三角形の板にも同じように，連続する自然数を書いていく。たとえば，４段目の左端の正三角形の板に書かれている数は10であり，４段目の右端の正三角形の板に書かれている数は16である。

このとき，次の問い⑴・⑵に答えよ。（４点）

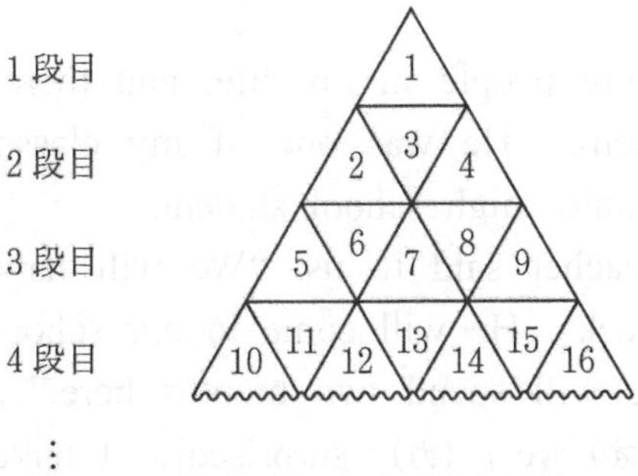

⑴　７段目の左端の正三角形の板に書かれている数と７段目の右端の正三角形の板に書かれている数をそれぞれ求めよ。　……………………………答の番号【19】

⑵　n 段目の左端の正三角形の板に書かれている数と n 段目の右端の正三角形の板に書かれている数の和が1986であった。このとき，n の値を求めよ。　……………………………答の番号【20】

＜英語＞　時間　40分　満点　40点

【注意】 1　英語で書くときは，大文字，小文字に注意しなさい。筆記体で書いてもよろしい。
2　語数制限がある場合は，短縮形（I'm など）と数字（100や2022など）は1語として数え，符号（，/．/？/！/“　”など）は語数に含めないものとします。

1　次の英文は，高校生の涼真（Ryoma）が英語の授業で書いた作文である。これを読んで，問い(1)～(8)に答えよ。(20点)

I have ①(meet) many people in my life, and there is a person who I will never forget among them. He was one of my classmates. He came to our school when I was a junior high school student.

One morning, our teacher said to us, “We will have a new student from a foreign country next week. He will come to our school because his family will stay in this town. He will spend two months here.” ②[(ア) hear / (イ) that / (ウ) to / (エ) were / (オ) we / (カ) surprised]. I talked about the new student with my friends after school. One of my friends asked me, “What language does he speak?” I said to him, “English? Japanese? I'm not sure, but I can't wait to see the new student.”

The day came. He came into our classroom and we welcomed him. His name was *Mauro. He introduced himself in English. He spoke English slowly for us and we could understand what he said. After that, he introduced himself in Japanese, too. His Japanese was not *fluent, but he tried hard to speak Japanese, and I liked ③that way of introducing himself. So, I thought I could *get along with him.

He sat next to me in the classroom. He studied very hard in every class in Japanese. I asked him, “Do you sometimes feel studying in Japanese is hard?” He smiled and said to me, “No, I don't. Every class is interesting.” I understood how hard he studied, so I respected him. When he had a Japanese word he couldn't understand, he always asked people around him ④a question. Also, he often tried to speak Japanese with us, and his Japanese became better.

One day, every student made a speech in our English class. The topic was “What is the most important in your life?” Each speaker went to the front of the classroom. We made our speeches when our *turns came. Finally, my turn came after many speakers made their speeches. I started ⑤my speech. “I think friends are the most important in my life. I have three reasons. First, they *cheer me up when I am sad. Second, they help me solve problems that I have. Third, it is important for me to talk with them every day because we can share our opinions with each other.” I was so nervous during my speech, but I *did my best.

Soon, Mauro's turn came and it was the last speech in our class. He went to the front and ⑥(begin) his speech. He said, "Education is the most important in my life. In my country, some children can't study though they want to study. I think education can give us many things. For example, if we get new *knowledge through education, we can have wide *views and many ways of thinking, and we can solve our problems with the knowledge. And we can get many *skills and have a lot of *choices for our jobs in the future. So, we can *expand our *possibilities in the future." After I listened to his speech, I understood why he studied so hard in every class even in Japanese. I thought everyone in the world had a chance to get education, but that was wrong. After I got home, I talked about his speech with my mother. I said, "For the first time, I thought how important education is. *From now on, I will study harder. Education can help us make our future better." I *took it for granted that I got education but I understood it was special and necessary for my future.

Two months *passed and the last day at our school came for him. He had to go back to his country the next day. We were so sad and told him how we were feeling. I said to him, "Thank you for the good time. I will never forget your speech in the English class. Next time, I want to see you in your country." He said to us, "Thank you for your words. I had a good time in Japan. It is my treasure."

Now I study hard in every class, and I am trying to do my best in my school life and enjoy it because he taught us an important thing. I think education has the power to expand our possibilities for our future.

（注） Mauro　マウロ（男性の名）　fluent　流ちょうな　get along with ～　～と仲良くやっていく
turn　順番　cheer ～ up　～を元気づける　do my best　最善を尽くす　knowledge　知識
view　見方　skill　技術　choice　選択　expand ～　～を広げる　possibility　可能性
from now on　今後は　take it for granted that ～　～ということを当然のことと思う
pass　（時が）過ぎる

(1) 下線部①(meet)・⑥(begin)を，文意から考えて，それぞれ正しい形にかえて１語で書け。
……………………………答の番号【１】

(2) 下線部②の［　］内の（ア）～（カ）を，文意が通じるように正しく並べかえ，記号で書け。ただし，文頭に来る語も小文字で示されている。……………………………答の番号【２】

(3) 下線部③が指す内容として最も適当なものを，次の（ア）～（エ）から１つ選べ。
……………………………答の番号【３】

（ア）マウロが，つたなくても英語で自己紹介をしたこと。
（イ）マウロが，自己紹介を日本語でした後に英語でもしたこと。
（ウ）マウロが，日本語で流ちょうに自己紹介をしたこと。
（エ）マウロが，日本語で懸命に自己紹介をしたこと。

(4)　下線部④は具体的にはどのような発言と考えられるか，次の（ア）～（エ）のうち最も適当なものを，１つ選べ。　…………………………答の番号【4】

（ア）“Can you tell me what this Japanese word means?”

（イ）“Do you want to know what this word means in English?”

（ウ）“Are there many people learning English in your country?”

（エ）“How often do you speak Japanese in your house?”

(5)　次の英文は，下線部⑤に関して説明したものである。これを読んで，下の問い(a)・(b)に答えよ。

> Ryoma made a speech in his English class. The topic was “What is the most important in your life?” He felt [i] when he was making his speech, but he tried hard. He told his classmates that friends are the most important, and as one of the reasons, he told it is important for him to talk with his friends every day because [ii].

(a)　本文の内容から考えて，[i] に入る最も適当な語を，本文中から１語で抜き出して書け。

…………………………答の番号【5】

(b)　本文の内容から考えて，[ii] に入る表現として最も適当なものを，次の（ア）～（エ）から１つ選べ。　…………………………答の番号【6】

（ア）he can give them his ideas and also get theirs

（イ）they cheer him up when he is sad

（ウ）he enjoys talking with them

（エ）they help him solve a problem

(6)　本文の内容から考えて，次の〈質問〉に対して下の〈答え〉が成り立つように，[　　] に入る最も適当なものを，下の（ア）～（エ）から１つ選べ。　…………………………答の番号【7】

〈質問〉 What did Mauro tell his classmates on his last day at Ryoma’s school?

〈答え〉 He told them that [　　　　] after saying “Thank you.”

（ア）he had to go back to his country soon

（イ）he remembered Ryoma’s speech in the English class

（ウ）his days in Japan were his treasure

（エ）his dream was to see his friends in Japan next time

(7)　本文の内容と一致する英文として最も適当なものを，次の（ア）～（エ）から１つ選べ。

…………………………答の番号【8】

（ア）Ryoma heard from his teacher that Mauro was going to stay in Japan for a month,

（イ）Ryoma didn’t know what language Mauro spoke before seeing him.

（ウ）Ryoma didn’t think Mauro studied hard in some classes in Japanese.

（エ）Ryoma was the last student to make a speech in his English class.

(8)　次のページの英文は，この作文を読んだ高校生の裕次郎（Yujiro）と留学生のミラ（Mira）が交わしている会話の一部である。これを読んで，あとの問い(a)・(b)に答えよ。

Yujiro : Let's talk about the things Ryoma learned from Mauro's speech.
Mira : OK. He thought [i] before listening to it, but he understood that was not true.
Yujiro : You are right. Also, Mauro said in his speech that we can get many things through education.
Mira : Yes, and Ryoma thought how important education was after listening to Mauro's speech.
Yujiro : I see. Ryoma realized we can [ii] through education, and he has been studying hard after he listened to the speech.
Mira : Yes. I'll also try to do my best in my school life and enjoy it.

(a) 本文の内容から考えて，[i] に入る表現として最も適当なものを，次の（ア）～（エ）から１つ選べ。……………………………答の番号【9】

（ア） he could share it with his family
（イ） everyone in the world could understand each other
（ウ） he could not get along with Mauro
（エ） everyone in the world could get education

(b) 本文の内容から考えて，[ii] に入る表現として最も適当な部分を，本文中から４語で抜き出して書け。……………………………答の番号【10】

2 次の英文は，高校生のまゆ（Mayu）と留学生のローザ（Rosa）が交わしている会話である。寺院に関する，次のページの**特集記事（feature article）**を参考にして英文を読み，次のページの問い(1)～(4)に答えよ。（８点）

Mayu : Hi, Rosa. Emma, one of my friends in Australia, will come to Japan next month. Emma and I will spend one day together. I want to take her to some temples in our city. You and I visited some temples in our city together this summer vacation, so tell me which temples we should visit.

Rosa : OK. Well, I think you should visit Ume Temple. I enjoyed the beautiful *garden at the temple and the *wind bell event very much. We drew a picture on a wind bell for each other at the event.

Mayu : I like the picture of the dolphin you drew for me. I often look at it.

Rosa : I also like the wind bell you gave me. I like the picture of the cat.

Mayu : Emma likes drawing pictures, so we will visit the temple and enjoy the event. How about Yuzu Temple?

Rosa : I enjoyed the beautiful pond there and took many pictures of it. I sent them to my sister in my country and she liked the temple, too. She always says she will visit the temple if she has a chance to visit this city. This feature article in this magazine says the same thing.

Mayu : Yes. I also liked the pond, so we will visit this temple, too.

Rosa : How about Hasu Temple? The large tree at the temple was nice. And the *sakura-flavored ice cream we ate at the famous shop near the temple was good.

Mayu : This feature article says the name of the ice cream shop. I want to eat the ice cream again, but we have to walk a lot from the station to the temple. If we visit this temple, we will get very tired. We also won't have much time to visit another temple. I want to take Emma to other temples.

Rosa : I see. Well, I liked the temple we visited with your mother by car, too. The temple isn't in this feature article, but we enjoyed the night *view of this city from the temple. I'll never forget. We also drank Japanese tea at the famous tea shop near the temple. It was so good.

Mayu : That is Fuji Temple. My parents can't come with us on that day and it takes a lot of time to go there by train or by bus. Emma wants to visit two or three temples on that day, so we should not go there.

Rosa : Wait, this feature article says that the wind bell event will end this month. How about this temple? You can enjoy a *fan event near this temple. You can buy a fan with a picture of your favorite animal on it.

Mayu : [　　], so we will visit the temple and won't visit Ume Temple.

Rosa : I hope you will have a good day.

特集記事（feature article）

Name of Temple	Information
Yuzu Temple	You should see [i] at this temple. You should not miss it.
Hasu Temple	There is a famous [ii] shop called Kokoro near this temple. You should visit the shop.
Ume Temple	You can enjoy a wind bell event at this temple. You can draw pictures on a wind bell. The event will end in September.
Kiku Temple	You can enjoy a fan event at a shop near this temple. The staff at the shop will draw a picture of your favorite animal on a fan for you.

（注）garden　庭園　wind bell　風鈴　sakura-flavored　さくら風味の　view　景色
fan　扇子

⑴　本文中の[　]に入る表現として最も適当なものを，次の（ア）～（エ）から１つ選べ。
……………………………答の番号【11】

（ア）I think the wind bell event is more interesting
（イ）That will be a nice memory for Emma
（ウ）You should tell me your favorite animal now
（エ）Emma likes visiting Japanese temples

⑵　本文の内容から考えて，特集記事（feature article）中の[i]・[ii]に入るものの組み合わせとして最も適当なものを，次のページの（ア）～（エ）から１つ選べ。
……………………………答の番号【12】

（ア）　i　the large tree　　ii　ice cream
（イ）　i　the large tree　　ii　tea
（ウ）　i　the beautiful pond　　ii　ice cream
（エ）　i　the beautiful pond　　ii　tea

(3)　本文と**特集記事**（feature article）の内容から考えて，まゆがエマと一緒に訪れることにした寺院として適当なものを，次の（ア）～（オ）から**すべて**選べ。
……………………………答の番号【13】

（ア）　Yuzu Temple　　（イ）　Hasu Temple　　（ウ）　Ume Temple
（エ）　Kiku Temple　　（オ）　Fuji Temple

(4)　本文と**特集記事**（feature article）の内容と一致する英文として最も適当なものを，次の（ア）～（エ）から１つ選べ。
……………………………答の番号【14】

（ア）　Emma will come to Japan in November and Mayu will take her to some temples in Mayu's city.
（イ）　Mayu drew a picture of a dolphin on the wind bell for Rosa when they visited Ume Temple.
（ウ）　Because of the pictures Rosa took at Yuzu Temple, her sister wants to visit the temple in the future.
（エ）　People who visit the shop near Kiku Temple can enjoy drawing pictures on a fan at the event.

【リスニングの問題について】
放送中にメモをとってもよい。

3　それぞれの質問に対する答えとして最も適当なものを，次の（ア）～（エ）から１つずつ選べ。
（４点）

(1)　（ア）　She visited her grandfather and made a cake.
　（イ）　She played tennis with her friends.
　（ウ）　She watched TV at home.
　（エ）　She did her homework.
……………………………答の番号【15】

(2)　（ア）　Daisuke.　　（イ）　Shota.　　（ウ）　Kumi.　　（エ）　Lisa.
……………………………答の番号【16】

4　それぞれの質問に対する答えとして最も適当なものを，次の（ア）～（エ）から１つずつ選べ。
（４点）

(1)　（ア）　学校　　（イ）　レストラン　　（ウ）　エマの家　　（エ）　スーパーマーケット
……………………………答の番号【17】

(2)　（ア）　アンの誕生日の前日に，ジェーンがプレゼントを買うことができなかったから。
　（イ）　アンの誕生日の前日に，アンが病気で病院に行くから。

（ウ）　アンの誕生日に，ジェーンに他の用事が入ったから。
（エ）　アンの誕生日に，エマがおじとおばに会う予定が入ったから。

…………………………答の番号【18】

5　それぞれの会話のチャイムのところに入る表現として最も適当なものを，下の（ア）～（エ）から１つずつ選べ。（４点）

（例題）　A：Hi, I'm Hana.
B：Hi, I'm Jane.
A：Nice to meet you.
B：〈チャイム音〉
（ア）　I'm Yamada Hana.　　（イ）　Nice to meet you, too.
（ウ）　Hello, Jane.　　（エ）　Goodbye, everyone.

（解答例）

ア	(イ)	ウ	エ

⑴　（ア）　I'll watch movies tonight.
（イ）　Here you are.
（ウ）　Sorry, but I don't need a watch.
（エ）　I like it but it's a little expensive.　…………………………答の番号【19】

⑵　（ア）　You're so lucky.　　（イ）　You're welcome.
（ウ）　I think so, too.　　（エ）　That's a good idea.

…………………………答の番号【20】

＜理科＞

時間　40分　　満点　40点

【注意】　字数制限がある場合は，句読点や符号なども１字に数えなさい。

1　右の図は夏実さんが作成した模式図であり，ヒトを正面から見たときの左うでの骨格と筋肉の一部を表している。また，次のノートは夏実さんが，左うでの曲げのばしについて説明するためにまとめたものの一部である。これについて，下の問い(1)～(3)に答えよ。ただし，図中の手のひらは正面へと向けられているものとする。（６点）

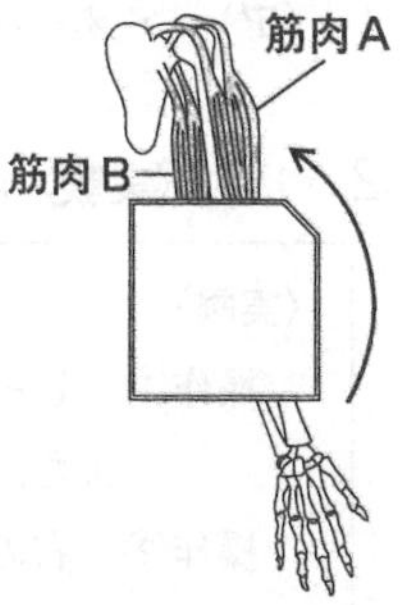

> **ノート**
>
> 私たちが意識してうでを曲げたりのばしたりできるのは，骨や筋肉がたがいに関係し合って動いているためである。図中の，筋肉Aと筋肉Bは左うでの曲げのばしに関わっている筋肉である。
>
> 例えば，左手を左肩へ近づけようとして，図中の矢印（⟶）の方向へ左うでを曲げるときには，□。その結果，左うでが曲がり，左手を左肩へと近づけることができる。

(1)　ノート中の下線部骨や筋肉について述べた次の（ア）～（エ）の文のうち，適当でないものを１つ選べ。　……………………………答の番号【1】

（ア）　ホニュウ類はすべて，体の中に骨をもっている。

（イ）　ヒトの筋肉の両端の，骨についている部分は，けんというつくりになっている。

（ウ）　筋肉をつくる細胞は，二酸化炭素をとり入れてエネルギーをとり出し，酸素を出している。

（エ）　ヒトが口からとり入れた食物は，筋肉の運動によって，消化管を通って肛門へと送られていく。

(2)　図中の二重線（══）で囲まれた部分に入る図として最も適当なものを，次のⅰ群（ア）～（エ）から１つ選べ。また，ノート中の□に入る表現として最も適当なものを，下のⅱ群（カ）～（ケ）から１つ選べ。　……………………………答の番号【2】

ⅰ群

（ア）
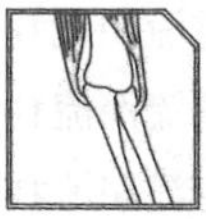

（イ）
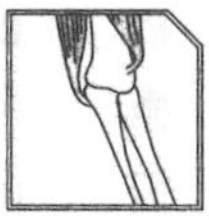

（ウ）
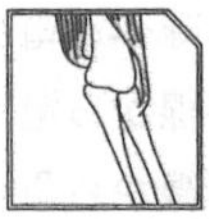

（エ）

ⅱ群　（カ）　筋肉Aも筋肉Bも縮む　　（キ）　筋肉Aは縮み，筋肉Bはゆるむ

（ク）　筋肉Aはゆるみ，筋肉Bは縮む　　（ケ）　筋肉Aも筋肉Bもゆるむ

(3)　筋肉は，多細胞生物の手やあしといった器官をつくっているものの１つである。次のページの文章は，夏実さんが器官について書いたものの一部である。文章中の X に入る語句として最も適当なものを，漢字２字で書け。また，次のページの（ア）～（エ）のうち，多細胞生物

であるものとして最も適当なものを１つ選べ。　……………………………答の番号【3】

> 器官をつくっている，形やはたらきが同じ細胞が集まったものを ［X］ という。それぞれ特定のはたらきを受けもつ器官が，たがいにつながりをもって調和のとれたはたらきをすることで，多細胞生物の体全体が１つの生物として生きていくことができる。

(ア)　アメーバ　　**(イ)**　オオカナダモ　　**(ウ)**　ゾウリムシ　　**(エ)**　ミカヅキモ

2　次の〈実験〉について，下の問い⑴・⑵に答えよ。（４点）

〈実験〉

操作①　ビーカーに，円筒型の素焼きの容器を入れ，その容器に硫酸銅水溶液を入れる。また，ビーカー内の，素焼きの容器の外側に硫酸亜鉛水溶液を入れる。

操作②　右の図のように，発泡ポリスチレンの板を用いて亜鉛板と銅板をたて，硫酸亜鉛水溶液に亜鉛板を，硫酸銅水溶液に銅板をさしこみ，電子オルゴールに亜鉛板と銅板を導線でつなぐ。

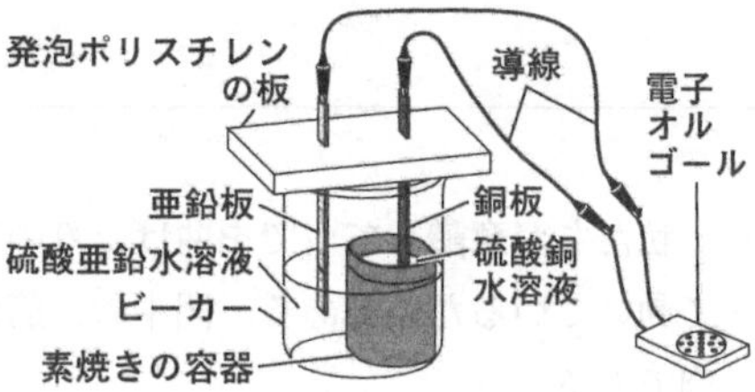

【結果】　操作②の結果，電子オルゴールが鳴った。

⑴　〈実験〉では，何エネルギーが電気エネルギーに変わることで電子オルゴールが鳴ったか，最も適当なものを，次の（ア）～（エ）から１つ選べ。　……………………………答の番号【4】

(ア)　核エネルギー　　**(イ)**　熱エネルギー

(ウ)　位置エネルギー　　**(エ)**　化学エネルギー

⑵　次の文章は，〈実験〉について述べたものの一部である。文章中の ［A］・［B］ に入る表現の組み合わせとして最も適当なものを，下の**ⅰ群（ア）～（エ）**から１つ選べ。また，［C］ に入る表現として最も適当なものを，あとの**ⅱ群（カ）～（コ）**から１つ選べ。

……………………………答の番号【5】

> 〈実験〉で，銅板は ［A］，亜鉛板は ［B］ となっている。また〈実験〉で，素焼きの容器を用いたのは，素焼きの容器だと，［C］ ためである。

ⅰ群　**(ア)**　A　導線へと電流が流れ出る＋極　　B　導線から電流が流れこむ－極

(イ)　A　導線へと電流が流れ出る－極　　B　導線から電流が流れこむ＋極

(ウ)　A　導線から電流が流れこむ＋極　　B　導線へと電流が流れ出る－極

(エ)　A　導線から電流が流れこむ－極　　B　導線へと電流が流れ出る＋極

ⅱ群　**(カ)**　イオンなどの小さい粒子は，通過することができない

(キ)　それぞれの水溶液の溶媒である水分子だけが，少しずつ通過できる

(ク)　イオンなどの小さい粒子が，硫酸銅水溶液から硫酸亜鉛水溶液へのみ少しずつ通過できる

(ケ)　イオンなどの小さい粒子が，硫酸亜鉛水溶液から硫酸銅水溶液へのみ少しずつ通過

できる

（コ）　それぞれの水溶液に含まれるイオンなどの小さい粒子が，少しずつ通過できる

3　次の表は，太陽系の惑星について，太陽からの距離，公転周期，半径（赤道半径），質量，衛星の数をまとめたものであり，A～Gはそれぞれ，海王星，火星，金星，水星，天王星，土星，木星のいずれかである。これに関して，下の問い(1)～(3)に答えよ。ただし，半径（赤道半径）と質量は，それぞれ地球を１としたときの値を示している。（６点）

	地球	A	B	C	D	E	F	G
太陽からの距離〔億 km〕	1.50	7.78	2.28	0.58	45.04	14.29	28.75	1.08
公転周期〔年〕	1.00	11.86	1.88	0.24	164.77	29.46	84.02	0.62
半径（赤道半径）	1.00	11.21	0.53	0.38	3.88	9.45	4.01	0.95
質量	1.00	317.83	0.11	0.06	17.15	95.16	14.54	0.82
衛星の数〔個〕	1	79	2	0	14	65	27	0

(1)　表中のA～Gのうち，地球型惑星であるものを**すべて**選べ。

……………………………答の番号【6】

(2)　表から考えて，太陽系の惑星について述べた文として適当なものを，次の（ア）～（オ）から**すべて**選べ。　……………………………答の番号【7】

（ア）　太陽からの距離が地球よりも遠い惑星は，地球よりも多くの衛星をもつ。

（イ）　太陽からの距離が遠くなるにしたがって，惑星の半径（赤道半径）も大きくなる。

（ウ）　半径（赤道半径）が地球よりも小さい惑星は，地球よりも公転周期が短い。

（エ）　惑星の質量が大きくなるにしたがって，半径（赤道半径）も大きくなる。

（オ）　地球が太陽のまわりを100周する時間がたっても，太陽のまわりを１周もしていない惑星がある。

(3)　太陽系には，太陽系外縁天体，すい星，小惑星といった小天体がある。太陽系の小天体に関して述べた文として最も適当なものを，次の（ア）～（エ）から１つ選べ。また，太陽系は，千億個以上の恒星からなる，直径約10万光年の銀河系に属している。下の図は，銀河系の模式図である。図中のX～Zのうち，太陽系の位置を示しているものとして最も適当なものを１つ選べ。　……………………………答の番号【8】

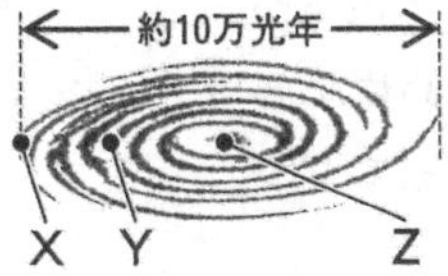

（ア）　太陽系外縁天体は，地球からは川のように帯状に見え，これを天の川という。

（イ）　細長いだ円軌道で地球のまわりを公転している小天体を，すい星という。

（ウ）　小惑星の多くは地球の公転軌道より内側にあり，いん石となって地球に落下するものもある。

（エ）　すい星から放出されたちりが地球の大気とぶつかって光り，流星として観測されることがある。

4 次の会話は，京太さんが，ある日の気温や湿度について調べ，その結果について先生と交わしたものの一部である。これについて，下の問い⑴・⑵に答えよ。（４点）

京太 昨日，乾湿計を地上から X ぐらいの高さで，風通しのよい，直射日光が Y 場所に置き，６時から18時まで，３時間ごとに気温と湿度を調べました。

先生 正しく乾湿計を設置できましたね。気温と湿度を調べ，何かわかったことはありますか。

京太 はい，昨日の６時，９時，12時における湿球温度計の示した値はそれぞれ8.0℃，9.0℃，8.0℃でした。この結果と，乾球温度計の示した値をあわせて考えると，それぞれの時刻における湿度は86%，87%，86%であったことがわかりました。

先生 なるほど。他にもわかったことはありますか。

京太 15時と18時における乾球温度計の示した値は，どちらも10℃でした。また，湿球温度計の示した値は，15時では8.5℃，18時では8.0℃になっていて，大きな変化は見られませんでした。

先生 よく調べられましたね。では，結果をもとに，昨日の気温と湿度をグラフにまとめてみましょう。

⑴ 会話中の X ・ Y に入る表現として最も適当なものを， X は次の**ⅰ群（ア）～（ウ）**から， Y は下の**ⅱ群（カ）・（キ）**からそれぞれ１つずつ選べ。

……………………………**答の番号【9】**

ⅰ群 **（ア）** 15cm **（イ）** 50cm **（ウ）** 1.5m

ⅱ群 **（カ）** あたる **（キ）** あたらない

⑵ 右の図は，京太さんが調べた日の気温と湿度について，それぞれの変化をグラフで表そうとした途中のものであり，図中の点線（………）のうち，いずれかをなぞると完成する。会話および下の**乾湿計用湿度表**を参考にして，答案用紙の図中の点線のうち，６時から15時の間の気温の変化と，12時から18時の間の湿度の変化を表すために必要な点線をすべて**実線**(——）でなぞってグラフを完成させよ。

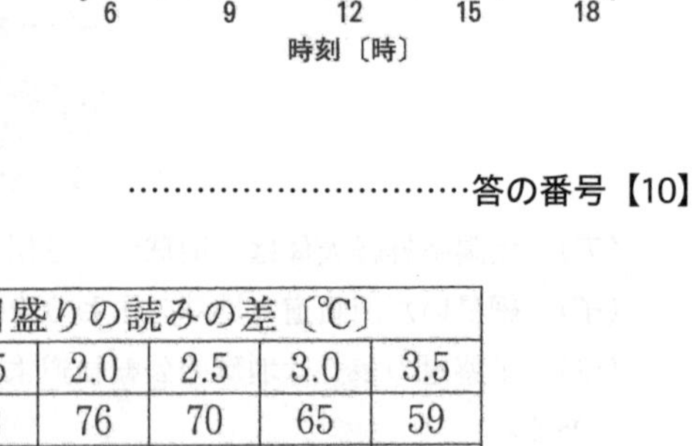

……………………………**答の番号【10】**

乾湿計用湿度表

乾球の読み〔℃〕	乾球と湿球との目盛りの読みの差〔℃〕							
	0.0	0.5	1.0	1.5	2.0	2.5	3.0	3.5
12	100	94	88	82	76	70	65	59
11	100	94	87	81	75	69	63	57
10	100	93	87	80	74	68	62	56
9	100	93	86	80	73	67	60	54
8	100	93	86	79	72	65	59	52
7	100	93	85	78	71	64	57	50

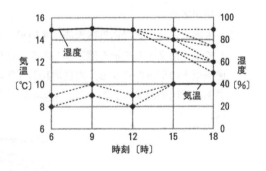

5　植物**A**～**C**はコケ植物，シダ植物，被子植物のいずれかであり，清《きよし》さんは，「植物**A**～**C**はそれぞれどの植物か」というクイズを出題するために次のパネル①～④を作成したが，このうち１枚に誤った内容を書いてしまった。これについて，下の問い(1)・(2)に答えよ。（４点）

パネル①	パネル②	パネル③	パネル④
植物**A**・**B**・**C**の細胞の細胞膜の外側には細胞壁がみられる	植物**A**・**C**には維管束がない	植物**B**・**C**は種子をつくらない	植物**B**には根，茎，葉の区別がない

(1)　清さんはパネル①～④のうち，誤った内容が書かれたパネルを正しい内容に書きかえることにした。このとき，パネル①～④のうち，どのパネルの下線部をどのように書きかえるとよいか，最も適当なものを，次の**ⅰ群（ア）～（エ）**から１つ選べ。また，植物**A**～**C**として最も適当なものを，下の**ⅱ群（カ）～（ク）**からそれぞれ１つずつ選べ。ただし，植物**A**～**C**はそれぞれ異なるなかまの植物である。

……………………………**答の番号【11】**

ⅰ群　**（ア）**　パネル①のみられるを「みられない」に書きかえる。
　　　（イ）　パネル②のないを「ある」に書きかえる。
　　　（ウ）　パネル③のつくらないを「つくる」に書きかえる。
　　　（エ）　パネル④のないを「ある」に書きかえる。

ⅱ群　**（カ）**　コケ植物　　**（キ）**　シダ植物　　**（ク）**　被子植物

(2)　次の文章は，清さんが，被子植物と裸子植物の違いについて書いたものの一部である。文章中の□に入る表現として最も適当なものを，下の**（ア）～（エ）**から１つ選べ。

……………………………**答の番号【12】**

> 被子植物と裸子植物は，胚珠と子房の特徴によって分けることができる。被子植物と異なり，裸子植物は，胚珠が□。

（ア）　ない　　　　　　**（イ）**　むき出しになっている
（ウ）　子房の中にある　　**（エ）**　子房の中にも外にもある

6　酸化銅と炭素を用いて，次の**〈実験〉**を行った。また，次のページの**ノート**は**〈実験〉**についてまとめたものである。これについて，あとの問い(1)～(3)に答えよ。ただし，炭素は空気中の酸素と反応しないものとする。（６点）

〈実験〉

操作①　黒色の酸化銅（CuO）の粉末3.20 gと，黒色の炭素（C）の粉末0.24 gをはかりとる。

操作②　はかりとった酸化銅の粉末と炭素の粉末をよく混ぜ合わせ，酸化銅の粉末と炭素の粉末の混合物をつくり，試験管に入れる。

操作③　右の図のような装置で，酸化銅の粉末と炭素の粉末の混合物をガスバーナーで十分に加熱する。このとき，石灰水の変化を観

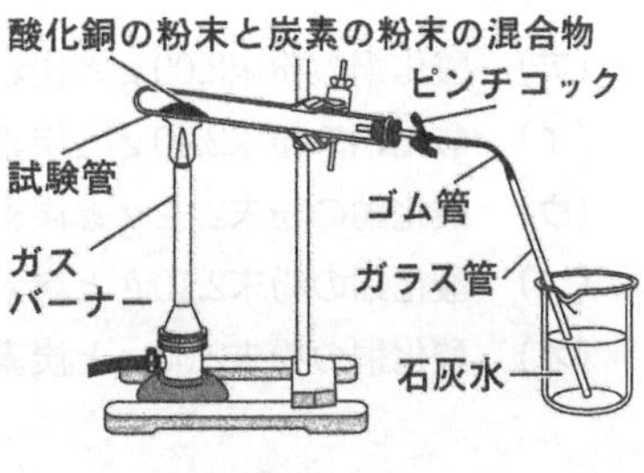

察する。

操作④　十分に加熱ができたらガラス管を石灰水から引きぬき，ガスバーナーの火を消す。その後，ピンチコックでゴム管を閉じる。

操作⑤　試験管が冷めてから，試験管内の固体をとり出して観察し，質量をはかる。

操作⑥　操作①ではかりとる酸化銅の粉末と炭素の粉末の質量をさまざまに変えて，操作②～⑤を行う。

ノート

酸化銅の粉末と炭素の粉末の混合物を加熱したときの，石灰水の変化を観察したところ，白くにごった。また，酸化銅の粉末と炭素の粉末の質量，これらの混合物を加熱した後に試験管内に残った固体の質量と色についてまとめると，次の表のようになった。試験管内に残った固体のうち，赤色の物質をろ紙にとってこすると，金属光沢が見られた。これらのことから，炭素が酸化されて二酸化炭素になり，酸化銅が還元されて銅になったと考えられ，試験管内に残った固体の色がすべて赤色であったものは，酸化銅と炭素がどちらも残らず反応したと考えられる。

酸化銅の粉末の質量〔g〕	3.20	3.20	3.20	3.20	2.40	1.60
炭素の粉末の質量〔g〕	0.12	0.18	0.24	0.36	0.12	0.12
試験管内に残った固体の質量〔g〕	2.88	2.72	2.56	2.68	2.08	1.28
試験管内に残った固体の色	赤色と黒色の部分がある		すべて赤色	赤色と黒色の部分がある		すべて赤色

⑴　〈実験〉において，酸化銅の粉末3.20 g と炭素の粉末0.24 g の混合物を加熱して発生した二酸化炭素の質量は何 g か求めよ。　……………………………答の番号【13】

⑵　〈実験〉において，酸化銅の粉末3.20 g と炭素の粉末0.36 g の混合物を加熱した後に見られた黒色の物質を物質X，酸化銅の粉末2.40 g と炭素の粉末0.12 g の混合物を加熱した後に見られた黒色の物質を物質Yとするとき，物質Xと物質Yにあたるものの組み合わせとして最も適当なものを，次の（ア）～（エ）から１つ選べ。　……………………………答の番号【14】

（ア）　X　酸化銅　　Y　酸化銅

（イ）　X　酸化銅　　Y　炭素

（ウ）　X　炭素　　Y　酸化銅

（エ）　X　炭素　　Y　炭素

⑶　ノートから考えて，次の（ア）～（オ）のうち，操作②～⑤を行うと，試験管内に残る固体の質量が1.92 g になる酸化銅の粉末の質量と炭素の粉末の質量の組み合わせを２つ選べ。

……………………………答の番号【15】

（ア）　酸化銅の粉末3.00 g と炭素の粉末0.21 g

（イ）　酸化銅の粉末2.40 g と炭素の粉末0.18 g

（ウ）　酸化銅の粉末2.32 g と炭素の粉末0.15 g

（エ）　酸化銅の粉末2.10 g と炭素の粉末0.18 g

（オ）　酸化銅の粉末2.00 g と炭素の粉末0.15 g

7　凸レンズによる像のでき方について調べるために，次の〈実験〉を行った。これについて，下の問い(1)～(3)に答えよ。（６点）

〈実験〉

操作①　右のⅠ図のように，光学台上に，光源，凸レンズ，スクリーンを一直線上に設置する。

操作②　光源から凸レンズまでの距離を30cm，40cm，60cmに変え，それぞれの距離において，スクリーン上にはっきりした光源の実像がうつるようにスクリーンを動かし，そのときの凸レンズからスクリーンまでの距離と，光源と比べた光源の実像の大きさを調べる。

Ⅰ図

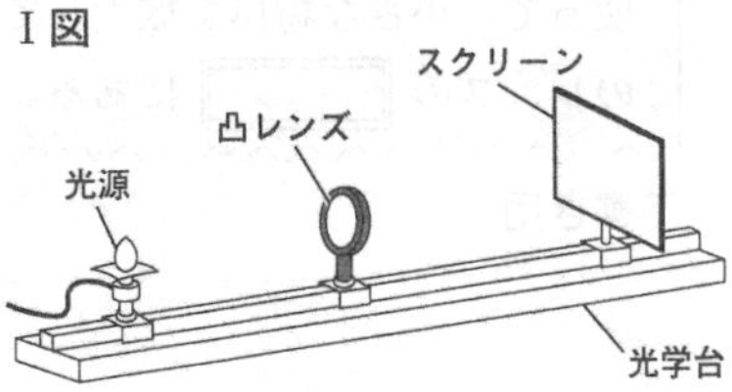

【結果】　スクリーン上にはっきりした光源の実像がうつったときの，光源から凸レンズまでの距離，凸レンズからスクリーンまでの距離，光源と比べた光源の実像の大きさをまとめると次のようになった。

光源から凸レンズまでの距離〔cm〕	30	40	60
凸レンズからスクリーンまでの距離〔cm〕	60	40	30
光源の実像の大きさ	A	光源と同じ	B

(1)　【結果】中の A ・ B に入る表現として最も適当なものを，次の（ア）～（ウ）からそれぞれ１つずつ選べ。また，【結果】から考えて，〈実験〉で用いた凸レンズの焦点距離は何cmか求めよ。……………………………答の番号【16】

（ア）　光源より大きい　　（イ）　光源より小さい　　（ウ）　光源と同じ

(2)　操作②で，スクリーン上に光源の実像がはっきりうつっているとき，右のⅡ図のように，凸レンズの上半分に光を通さない紙をはる。このとき，光を通さない紙をはる前と比べて，スクリーン上にうつる光源の実像がどのようになるかについて述べた文として最も適当なものを，次の（ア）～（カ）から１つ選べ。

……………………………答の番号【17】

Ⅱ図

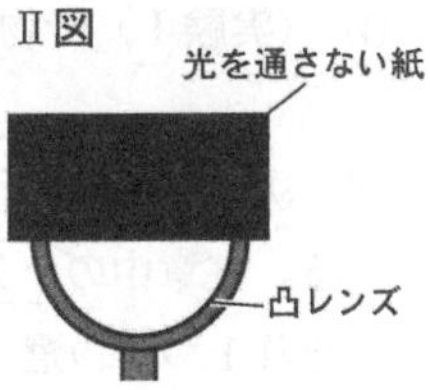

（ア）　光源の上半分だけがうつるようになり，明るさは変わらない。
（イ）　光源の上半分だけがうつるようになり，暗くなる。
（ウ）　光源の下半分だけがうつるようになり，明るさは変わらない。
（エ）　光源の下半分だけがうつるようになり，暗くなる。
（オ）　光源の全体がうつったままで，暗くなる。
（カ）　実像はまったくうつらなくなる。

(3)　凸レンズによってできる像は，実像の他に虚像もある。次のページの文章は，凸レンズを通して見える虚像に関して述べたものの一部である。文章中の □ に共通して入る表現を，焦点という語句を用いて５字以上，８字以内で書け。……………………………答の番号【18】

光源を凸レンズの［　　］に置くと，凸レンズを通った光が広がるので実像はうつらなくなるが，凸レンズを通して実際の物体より大きな虚像が見える。

身近に虚像が用いられている例に，虫めがねによる観察がある。私たちが虫めがねを使って，小さな物体を拡大して観察しているとき，観察している小さな物体は，虫めがねのレンズの［　　］にある。

下書き用

8　物体を持ち上げるのに必要な仕事について調べるため，誠さんは次の〈実験Ⅰ〉・〈実験Ⅱ〉を行った。これについて，下の問い(1)・(2)に答えよ。ただし，質量100ｇの物体にはたらく重力の大きさを１Ｎとし，斜面と物体の間の摩擦，ロープの質量は考えないものとする。（４点）

〈実験Ⅰ〉　下のⅰ図のように，質量1400ｇの物体を，ロープを用いて，4.0秒かけて一定の速さで斜面に平行に1.40ｍ引き上げることで，はじめの位置から0.80ｍの高さまで持ち上げる。

〈実験Ⅱ〉　下のⅱ図のように，質量1400ｇの物体を，ロープを用いて，7.0秒かけて一定の速さで真上に引き上げることで，はじめの位置から1.40ｍの高さまで持ち上げる。

ⅰ図　　ⅱ図

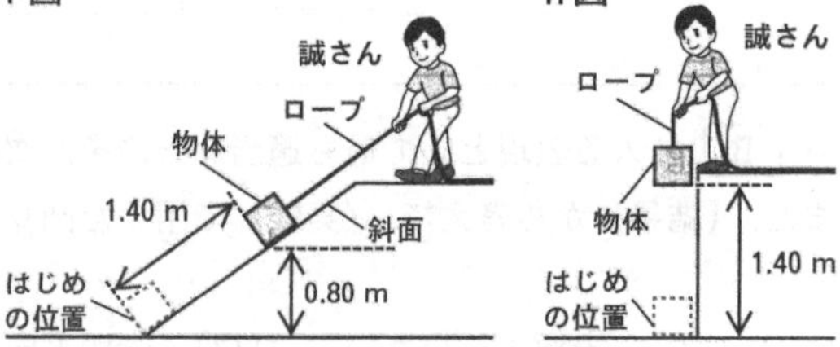

(1)　〈実験Ⅰ〉で物体を引き上げる力の大きさは何Ｎか求めよ。

……………………………答の番号【19】

(2)　次の文章は，〈実験Ⅰ〉と〈実験Ⅱ〉における，仕事と仕事率について述べたものの一部である。文章中の［Ｘ］・［Ｙ］に入る表現として最も適当なものを，下の（ア）～（ウ）からそれぞれ１つずつ選べ。

……………………………答の番号【20】

〈実験Ⅰ〉と〈実験Ⅱ〉で，物体を引き上げる力が物体にした仕事の大きさを比べると［Ｘ］。また，仕事率を比べると［Ｙ］。

（ア）〈実験Ⅰ〉の方が大きい　（イ）〈実験Ⅱ〉の方が大きい
（ウ）どちらも同じである

＜社会＞

時間　40分　満点　40点

【注意】 字数制限がある場合は，句読点や符号なども１字に数えなさい。

1 恵《めぐみ》さんは，世界遺産についてさまざまなことを調べた。下の**資料Ⅰ**は，最初の世界遺産として1978年に登録された自然や文化財がある国々を，世界地図の一部に恵さんが灰色で塗って示したものである。これを見て，後の問い(1)～(5)に答えよ。(10点)

資料Ⅰ

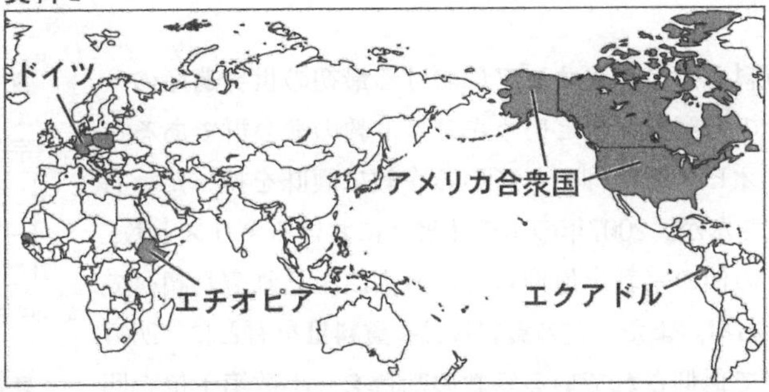

(1) 恵さんは，**資料Ⅰ**中のアメリカ合衆国における最初の世界遺産の一つが，広大な自然が見られるイエローストーン国立公園であることを知り，アメリカ合衆国の自然について調べた。アメリカ合衆国の自然について述べた文として最も適当なものを，次の**(ア)～(エ)**から１つ選べ。また，アメリカ合衆国は，地球環境問題の解決に向けた協定に2021年に復帰した。すべての参加国が温室効果ガスの削減目標を定め，その目標を達成するために努力していくことを義務づけたこの協定を何協定というか，**カタカナ２字**で書け。

…………………………答の番号【1】

(ア) ライン川が流れている。　**(イ)** チベット高原が広がっている。
(ウ) ミシシッピ川が流れている。　**(エ)** パンパと呼ばれる草原が広がっている。

(2) 恵さんは，**資料Ⅰ**中のエクアドルにおける最初の世界遺産の一つが，19世紀にエクアドルが領有を宣言したガラパゴス諸島であることを知り，19世紀の世界について調べた。19世紀に世界で起こったできごととして最も適当なものを，次のページの**ⅰ群(ア)～(エ)**から１つ選べ。また，エクアドルではバナナの生産が盛んである。下の**資料Ⅱ**は，2016年におけるバナナの輸出量が世界で上位５位までの国の，バナナの生産量と輸出量を，世界合計とともに示したものである。**資料Ⅱ**から読み取れることとして最も適当なものを，次のページの**ⅱ群(カ)～(ケ)**から１つ選べ。

…………………………答の番号【2】

資料Ⅱ	生産量（万t）(2016年)	輸出量（万t）(2016年)
エクアドル	653	597
グアテマラ	378	215
コスタリカ	241	237
コロンビア	204	184
フィリピン	583	140
世界合計	11,328	2,064

「データブック オブ・ザ・ワールド 2019」より作成

ⅰ群 （ア） インド大反乱が起こった。
（イ） ロシア革命によって社会主義の政府ができた。
（ウ） フランス人権宣言が発表された。
（エ） イギリスで権利の章典（権利章典）が制定された。

ⅱ群 （カ） エクアドルとフィリピンのバナナの生産量の差は，輸出量の差よりも大きい。
（キ） エクアドルのバナナの生産量は，グアテマラとコスタリカのバナナの生産量の合計より少ない。
（ク） バナナの輸出量の世界合計に占めるエクアドルの割合は，25％以上である。
（ケ） バナナの輸出量が生産量の80％を超えているのは，エクアドルとコロンビアのみである。

(3) 恵さんは，**資料Ⅰ**中のエチオピアにおける最初の世界遺産の一つが，ラリベラの岩窟《がんくつ》教会群というキリスト教の教会群であることを知り，エチオピアで信仰されている宗教に興味を持った。右の**資料Ⅲ**は，恵さんが，2007年のエチオピアにおけるキリスト教，イスラム教，その他の宗教を信仰している人口をそれぞれ調べてまとめたものである。また，右の**資料Ⅳ**は，**資料Ⅲ**をもとに，2007年のエチオピアで信仰されている宗教の割合を，小数第１位を四捨五入して求め，その他の部分を で示したうえで，キリスト教の部分を ，イスラム教の部分を で円グラフに示そうとしている途中のものである。答案用紙の図中に，キリスト教の部分を**すべて** **で塗って**示し，円グラフを完成させよ。
……………………………答の番号【３】

資料Ⅲ
エチオピアにおける宗教別人口（万人）

キリスト教	4,629
イスラム教	2,504
その他	242
合計	7,375

国際連合ホームページより作成

資料Ⅳ

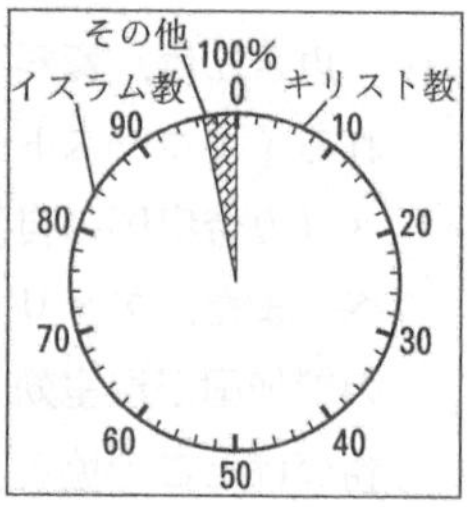

(4) 恵さんは，**資料Ⅰ**中のドイツにおける最初の世界遺産が，1000年以上の歴史を持つアーヘン大聖堂であることを知り，ドイツの歴史について調べた。ドイツについて述べた文として適当なものを，次の**（ア）～（オ）**から**２つ**選べ。 ……………………………答の番号【４】
（ア） 大西洋憲章を発表した。
（イ） 第一次世界大戦においてイギリスと同盟を結んだ。
（ウ） ワイマール憲法が制定された。
（エ） 第二次世界大戦においてイタリアと同盟を結んだ。
（オ） ミッドウェー海戦でアメリカに敗れた。

(5) 恵さんは，世界遺産を登録し保護しているＵＮＥＳＣＯ《ユネスコ》（国際連合教育科学文化機関）が，国際連合の専門機関の一つであることを知り，国際連合について調べた。国際連合について述べた文として**適当でないもの**を，後の**ⅰ群（ア）～（エ）**から１つ選べ。また，恵さんは，日本の世界遺産についても調べ，正倉院《しょうそういん》が世界遺産の一つであることを知った。正倉院に遺品が納められている，天平《てんぴょう》文化の頃の人物として最も適当なものを，次のページの**ⅱ群（カ）～（ケ）**から１つ選べ。
……………………………答の番号【５】

ⅰ群 （ア） 現在の加盟国は190か国以上である。
（イ） 専門機関の一つとしてＷＨＯ（世界保健機関）がある。

(ウ)　安全保障理事会では常任理事国のみが拒否権を持っている。

(エ)　総会において各加盟国が投票できる票数は人口に比例して決められている。

ⅱ群　(カ)　桓武《かんむ》天皇　　(キ)　聖武《しょうむ》天皇　　(ク)　推古《すいこ》天皇　　(ケ)　後三条《ごさんじょう》天皇

2　拓斗さんは，社会科の授業で「魅力的な旅行プラン」を提案することになり，夏の北海道を舞台とした旅行プランを考え，その行程にあることがらに関して調べた。下の**資料Ⅰ**は，拓斗さんが作成した行程表の一部である。これを見て，後の問い(1)～(5)に答えよ。(10点)

資料Ⅰ

「北海道の自然と歴史の体感ツアー」の行程表	
1日目	①成田《なりた》国際空港……たんちょう釧路《くしろ》空港＝＝北方四島交流センターで②北方領土について学ぶ（③根室《ねむろ》市）＝＝宿泊施設
2日目	宿泊施設＝＝搾乳《さくにゅう》体験（④別海《べつかい》町）＝＝阿寒《あかん》湖で伝統文化体験＝＝宿泊施設（夕食後にスターウォッチング）
3日目	宿泊施設＝＝⑤釧路湿原で清掃活動とカヌー体験＝＝塘路《とうろ》駅－（くしろ湿原ノロッコ号に乗車）－釧路駅＝＝宿泊施設

(1)　拓斗さんは，下線部①成田国際空港が日本有数の貿易の拠点であることを知り，貿易を行う空港と港について調べた。下の**資料Ⅱ**は，2019年の日本の空港や港における輸入額と輸出額のそれぞれ上位6港について，拓斗さんが調べたことをまとめたものである。また，**資料Ⅱ**中のA～Dはそれぞれ，成田国際空港，関西国際空港，東京港，名古屋港のいずれかである。成田国際空港と名古屋港にあたるものをA～Dからそれぞれ1つずつ選べ。

……………………………答の番号【6】

資料Ⅱ

輸入額（2019年）				輸出額（2019年）			
順位	空港・港名	輸出入総額に占める輸入額の割合	1位の品目	順位	空港・港名	輸出入総額に占める輸出額の割合	1位の品目
1	A	55.2%	通信機	1	C	70.8%	自動車
2	B	66.4%	衣類	2	A	44.8%	半導体等製造装置
3	C	29.2%	液化ガス	3	横浜港	58.7%	自動車
4	横浜港	41.3%	石油	4	B	33.6%	半導体等製造装置
5	大阪港	55.9%	衣類	5	神戸港	62.7%	プラスチック
6	D	43.4%	医薬品	6	D	56.6%	集積回路

「日本国勢図会 2020/21」より作成

(2)　拓斗さんは，下線部②北方領土について調べる中で，日本とロシアの国境が移り変わってきたことを知り，右の**資料Ⅲ**を作成した。**資料Ⅲ**は，北方領土周辺の略地図であり，P～Sの点線（- - -）はこれまでに日本とロシアの国境であった境界線を示している。1905年のポーツマス条約の締結によって国境はどのように変化したか，国境の変化を示す組み合わせとして最も適当なものを，次の(ア)～(エ)から1つ選べ。……………………………答の番号【7】

資料Ⅲ

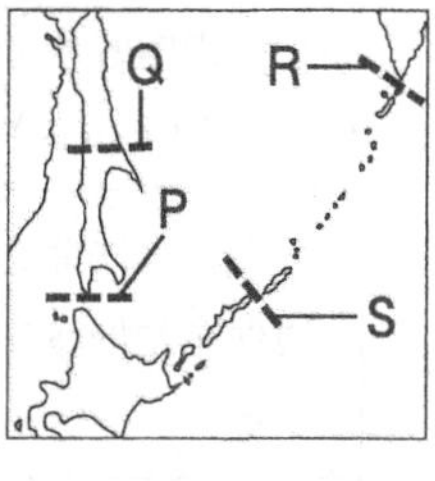

(ア)　締結前はPとR，締結後はQとR　　(イ)　締結前はPとR，締結後はQとS

(ウ)　締結前はPとS，締結後はQとR　　(エ)　締結前はPとS，締結後はQとS

(3)　拓斗さんは，下線部③根室市でかつて風力発電所の建設が中止されたことを知り，再生可能エネルギーについて調べた。下の文章は，拓斗さんが再生可能エネルギーを利用した発電についてまとめたものである。文章中の □ に入る適当な表現を，**供給量**という語句を用いて**9字以内**で書け。　…………………………答の番号【8】

> 再生可能エネルギーを利用した発電は，温室効果ガスの排出量が少ないなど，地球温暖化対策として有効である一方で，発電コストが高いことや自然条件に電力の □ ことだけでなく，立地場所の生態系への影響の大きさなどが指摘されている。そのため，再生可能エネルギーを利用した発電の拡大には，地球温暖化対策と生態系の保全などとの適切なバランスが求められている。

下書き用　□□□□□□□□□ 9

(4)　拓斗さんは，下線部④別海町で生乳の生産が盛んなことを知り，生乳について調べた。右の**資料Ⅳ**は，2019年に全国で生産された生乳の生産量の地方別割合と，全国で生産された生乳の牛乳等向けと乳製品向けに処理された量の地方別割合をそれぞれ，拓斗さんが示したものであり，A・B には牛乳等か乳製品のいずれか，X・Y には北海道か関東のいずれかが入る。A と Y に入るものの組み合わせとして正しいものを，次の**（ア）～（エ）**から**1つ**選べ。また，別海町は，社会生活を営む上でサポートが必要な人々の生活に対する保障や支援の一つとして，町の高齢者などに対して牛乳を配付している。これは，社会保障制度を構成する四つの柱のうち，何に含まれるか，**ひらがな7字**で書け。　…………………………答の番号【9】

資料Ⅳ

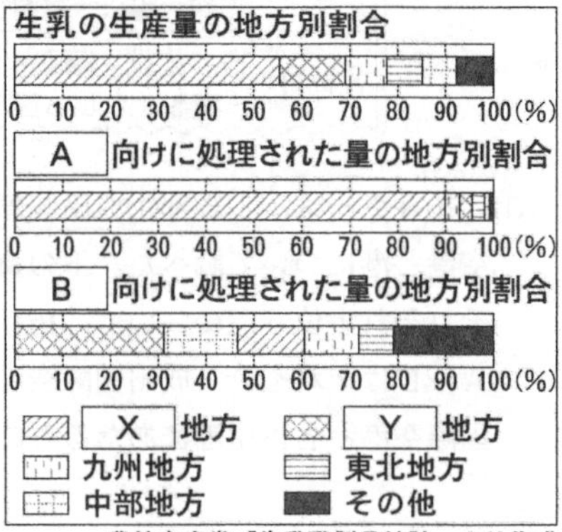

農林水産省「牛乳乳製品統計」より作成

（ア）　A　牛乳等　　Y　北海道　　　**（イ）**　A　牛乳等　　Y　関東
（ウ）　A　乳製品　　Y　北海道　　　**（エ）**　A　乳製品　　Y　関東

(5)　拓斗さんは，下線部⑤釧路湿原の保全活動の一つである清掃活動に，多くの企業が参加していることを知り，企業の活動について調べ，下の文のようにまとめた。文中の □ に入る語句を，**漢字5字**で書け。また，現在の日本の企業について述べた文として最も適当なものを，後の**（ア）～（エ）**から**1つ**選べ。　…………………………答の番号【10】

> 企業は法令を守り，より良い商品やサービスを生産し，利潤を追求するだけでなく，環境保全や地域文化への貢献などの「企業の □ （ＣＳＲ）」を果たすことが期待されている。

（ア）　企業の10％以上が大企業である。
（イ）　企業間の健全な競争が独占禁止法によって制限されている。
（ウ）　成果主義による賃金制度にかわって，年功序列型の賃金制度を導入する企業が増えている。

（エ）　独自の技術や新たなビジネスモデルを用いて事業を展開する企業は，ベンチャー企業と呼ばれる。

3　右の**資料Ⅰ**は，「粉河寺縁起絵巻《こかわでらえんぎえまき》」の一部であり，下の会話は，**資料Ⅰ**を見ながら桜さんと俊さんが交わしたものの一部である。これを見て，後の問い(1)～(5)に答えよ。(10点)

資料Ⅰ

桜　この場面は，平安時代後期の有力者の屋敷の前の様子みたいだよ。やぐらや堀があって，門の前にいる武士たちが描かれているね。

俊　そうだね。［X］が行われ，［Y］文化が栄えた平安時代中期の寝殿造《しんでんづくり》の屋敷と様子が全く異なるね。

桜　つまり，同じ時代でも①住居の形態や様子は変化しているってことだね。ところで，屋敷に向かう人々は，何を運んでいるんだろう。

俊　これはきっと②年貢《ねんぐ》の一部だよ。門の前にいる武士たちは，年貢を保管している屋敷の③警備をしているんじゃないかな。

桜　なるほど。そういえば，武士が警備などの役割を担《にな》ったことは，武士が中央の④政治に関わるきっかけになったと先生が言ってたね。

(1)　会話中の［X］・［Y］に入るものとして最も適当なものを，［X］は次の**ⅰ群**（ア）～（エ）から，［Y］は**ⅱ群**，（カ）～（ケ）からそれぞれ1つずつ選べ。

…………………………答の番号【11】

ⅰ群　（ア）　藤原《ふじわら》氏による摂関政治　　（イ）　後醍醐《ごだいご》天皇による建武《けんむ》の新政

（ウ）　北条《ほうじょう》氏による執権政治　　（エ）　中大兄皇子《なかのおおえのおうじ》らによる大化《たいか》の改新

ⅱ群　（カ）　北山　　（キ）　国風　　（ク）　南蛮《なんばん》　　（ケ）　東山

(2)　桜さんは，下線部①住居に興味を持ち，現代のさまざまな住居について調べた。桜さんは，右の**写真**の住居は，石でつくられ，石灰で壁が白く塗られたり，小さい窓の外側にブラインドが付けられたりしており，この住居がある気候を特徴づけるものであることを知った。あとの（ア）～（エ）の，特定の気候の分布を黒で塗って示した世界地図の一部のうち，**写真**のような住居が多く見られる地域の気候の分布を示しているものとして，最も適当なものを1つ選べ。

…………………………答の番号【12】

写真

（ア）

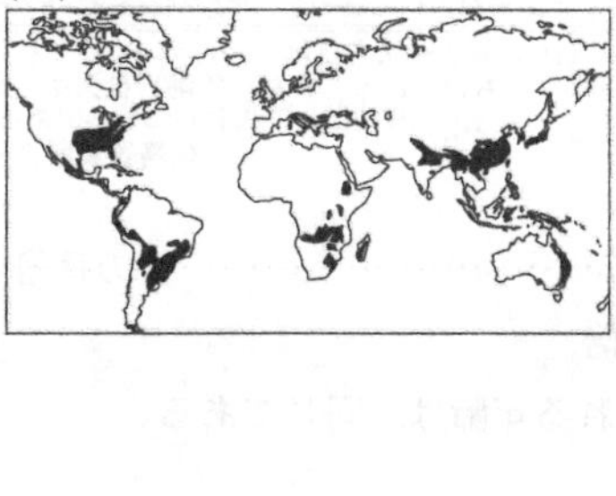

（イ）

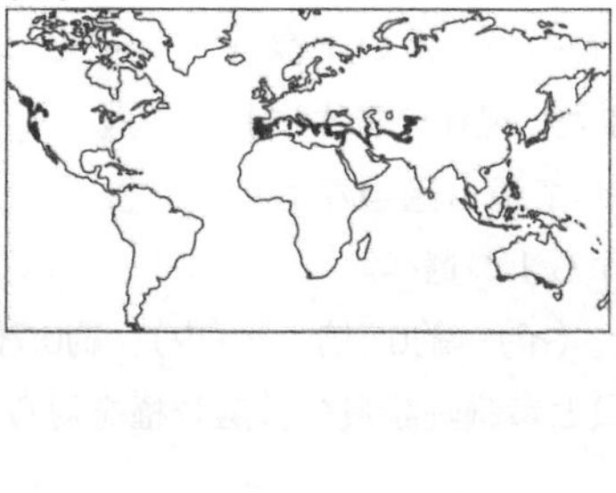

（ウ）

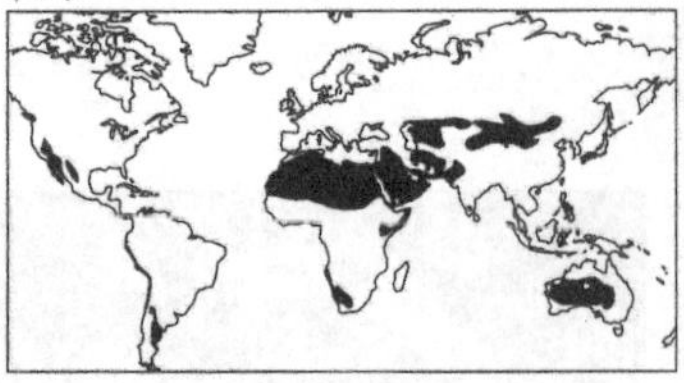

（エ）

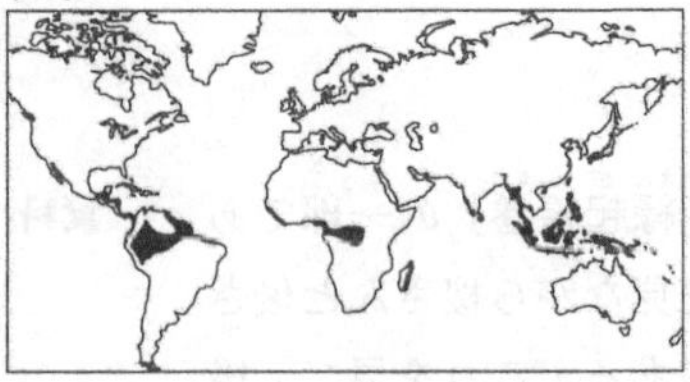

⑶　桜さんは，下線部②年貢に関する歴史について調べた。次の（ア）～（エ）は，年貢に関することについて述べた文である。（ア）～（エ）を古いものから順に並べかえ，記号で書け。

……………………………答の番号【13】

（ア）　村役人となった有力な本百姓は，年貢を徴収して幕府や藩に納入する責任を負った。
（イ）　治安維持や年貢の徴収・納入を職務とする地頭を置くことを，朝廷が初めて認めた。
（ウ）　重い年貢や借金に反発して団結した農民が，近畿地方を中心に土《つち》《ど》一揆《いっき》を起こすようになった。
（エ）　荘園領主や幕府に従わず，年貢をうばう悪党と呼ばれる武士が近畿地方を中心に現れ始めた。

⑷　桜さんは，かつて民衆が担っていた，下線部③警備について以前に学習したことを，下の文章のようにまとめていた。文章中の［A］・［B］に入るものとして最も適当なものを，［A］は次のⅰ群（ア）～（ウ）から，［B］はⅱ群（カ）～（ク）からそれぞれ１つずつ選べ。また，文章中の［C］に入る語句を，漢字３字で書け。　……………………………答の番号【14】

> 奈良時代の民衆には，年間60日以内の労役や［A］地方の北部におかれた［B］のような兵役など，一家の働き手をうばわれてしまう重い負担が課せられた。当時の民衆の厳しい生活や［B］のつらさを詠《よ》んだ歌は奈良時代にまとめられた［C］という和歌集に収められている。

ⅰ群　（ア）　北海道　　（イ）　東北　　（ウ）　九州
ⅱ群　（カ）　防人《さきもり》　　（キ）　守護　　（ク）　屯田兵《とんでんへい》

⑸　桜さんは，下線部④政治に私たちの意見を反映させるためには，選挙が重要であることを知り，日本の選挙について調べた。右の資料Ⅱは，桜さんが作成した2017年の日本の年齢別総人口と，2017年10月に行われた第48回衆議院議員総選挙の年齢別投票率を示すグラフである。資料Ⅱ中の20歳代の投票者数は，60歳代の投票者数の約何倍と推定できるか，最も適当なものを，次のⅰ群（ア）～（ウ）から１つ選べ。また，現在の日本における選挙について述べた文として最も適当なものを，後のⅱ群（カ）～（ケ）から１つ選べ。

資料Ⅱ

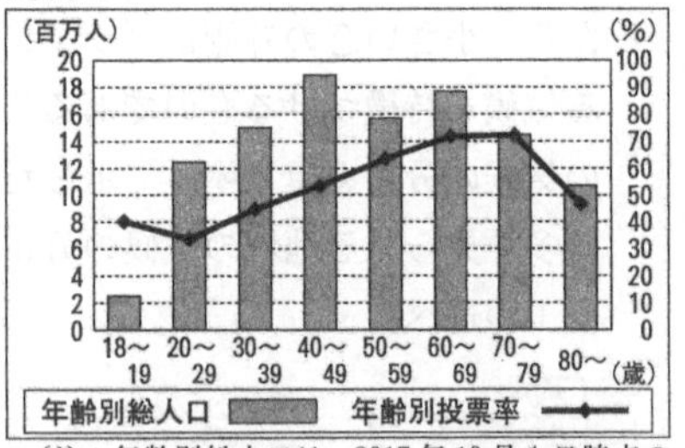

（注：年齢別総人口は，2017年10月１日時点のものである。また，年齢別投票率の数値は全国から抽出して調査したものである。）
総務省資料より作成

……………………………答の番号【15】

ⅰ群　（ア）　約0.3倍　　（イ）　約0.5倍　　（ウ）　約0.7倍
ⅱ群　（カ）　衆議院議員と参議院議員の被選挙権を得られる年齢は，同じである。

(キ)　国政選挙において，外国に居住している有権者は投票することができない。

(ク)　選挙に立候補した者は，ＳＮＳで情報を発信する選挙運動を行うことが認められている。

(ケ)　選挙当日に旅行などの外出により投票できない場合，選挙期日前に投票することは認められていない。

4　真《まこと》さんのクラスでは「現代の日本の特色」について，班ごとにテーマを決めて調べ学習に取り組んだ。次の表は，１～５班のテーマを示したものである。これを見て，後の問い(1)～(5)に答えよ。(10点)

班	1班	2班	3班	4班	5班
テーマ	諸外国との関係	情報化の進展	家族の形態の変化	交通網の整備	働き方の変化

(1)　１班は，現在の日本と諸外国との関係が，日本がこれまで諸外国と結んできた多くの条約や同盟によって築かれていることを知った。下の**資料Ⅰ**は，日本が外国と結んだ条約を，１班が年代順に並べて作成したものである。**資料Ⅰ**中の**Ａ～Ｄ**のうち，日英同盟が結ばれた時期はどれか，1つ選べ。また，明治時代には不平等条約の改正を目的の一つとして岩倉《いわくら》使節団が欧米に派遣された。岩倉使節団に同行した女子留学生で，女子教育の発展に努めた人物として最も適当なものを，次の**(ア)～(エ)**から１つ選べ。　……………………………**答の番号【16】**

資料Ⅰ

日米和親条約が結ばれる
Ａ
下関《しものせき》条約が結ばれる
Ｂ
ロンドン海軍軍縮条約が結ばれる
Ｃ
日ソ中立条約が結ばれる
Ｄ
日韓基本条約が結ばれる

(ア)　津田梅子《つだうめこ》　**(イ)**　樋口一葉《ひぐちいちよう》　**(ウ)**　平塚《ひらつか》らいてう《(ちょう)》　**(エ)**　与謝野晶子《よさのあきこ》

(2)　２班は，情報化の進展の中で情報を大量に扱うマスメディアについて調べた。下の文章は，２班がマスメディアの特徴についてまとめたものの一部である。文章中の［Ａ］・［Ｂ］に入る語句の組み合わせとして最も適当なものを，次の**ⅰ群(ア)～(エ)**から１つ選べ。また，２班は，情報化の進展に伴い，情報公開条例が各地で制定されていることを知った。条例の制定や改廃を住民が首長に請求する場合，有権者の何分の１以上の署名が必要か，最も適当なものを，次のページの**ⅱ群(カ)～(ケ)**から１つ選べ。　……………………………**答の番号【17】**

> 1945年に［Ａ］によって昭和天皇が日本の降伏を国民に伝えたように，マスメディアは多くの人々に一斉に情報を伝え，世論に影響を与えることもある。例えば，1960年代から70年代における［Ｂ］戦争では，マスメディアが戦況を伝えたことで，アメリカの撤兵を求める反戦運動を支持する世論が各地で高まったことなどが挙げられる。

ⅰ群　**(ア)**　Ａ　テレビ放送　Ｂ　朝鮮　　**(イ)**　Ａ　テレビ放送　Ｂ　ベトナム
　　　(ウ)　Ａ　ラジオ放送　Ｂ　朝鮮　　**(エ)**　Ａ　ラジオ放送　Ｂ　ベトナム

ii群 （カ） 2分の1以上　（キ） 3分の1以上
（ク） 4分の1以上　（ケ） 50分の1以上

(3) 3班は，家族の形態の変化について調べ，1960年代以降に，核家族世帯が増加したことを知った。次の（ア）～（オ）のうち，核家族世帯にあたるものを**すべて**選べ。また，下の文は，3班が家庭生活を含めた共生社会の実現について書いたものの一部である。文中の□に入る語句を**漢字6字**で書け。　……………………………答の番号【18】

> 性別による役割分担という固定的な考え方を取り除き，女性の社会進出を進め，男女が家庭生活や仕事において対等な立場で活躍できる社会をつくることが求められており，1999年には男女□基本法が制定された。

（ア） 単独（一人）世帯
（イ） 夫婦のみの世帯
（ウ） 夫婦と未婚の子どもの世帯
（エ） 夫婦と未婚の子どもと夫婦の両親の世帯
（オ） 一人親（父または母のみ）と未婚の子どもの世帯

(4) 4班は，交通網の整備について調べる中で，東京都と青森県を結ぶ国道4号線が，日本の陸路の国道の中で一番距離が長いことを知った。右の**資料II**は，東京都を出発して国道4号線を青森県まで北上する際に通過する都道府県をすべて，通過する順にまとめたものである。**資料II**中の A に入る県名を**漢字**で書け。また，青森県が属する東北地方について述べた文として最も適当なものを，次の（ア）～（エ）から1つ選べ。　……………………………答の番号【19】

資料II

東京都 →埼玉県→
茨城県 →栃木県→
A →宮城県→
岩手県 →青森県

（ア） 8つの県が属している。
（イ） 源《みなもとの》義経《よしつね》らが平《へい》氏をほろぼした戦いが行われた。
（ウ） 五街道のすべてが通っていた。
（エ） 天童将棋駒《てんどうしょうぎこま》や南部鉄器《なんぶてっき》などの伝統的工芸品がつくられている。

(5) 5班は，働き方の変化として，労働時間に注目した。下の**資料III**は，全産業における1995年から2015年にかけての，所定内労働時間，所定外労働時間，所定内労働時間と所定外労働時間の合計である総実労働時間，労働者のうちパートタイム労働者の割合を5班が示したものである。資料IIIから読み取れることとして適当なものを，次のページの（ア）～（オ）から**2つ**選べ。　……………………………答の番号【20】

資料III	所定内労働時間（時間）	所定外労働時間（時間）	総実労働時間（時間）	パートタイム労働者の割合（%）
1995年	1772.4	136.8	1909.2	11.6
2000年	1719.6	139.2	1858.8	17.3
2005年	1680.0	150.0	1830.0	21.3
2010年	1653.6	144.0	1797.6	23.3
2015年	1629.6	154.8	1784.4	25.4

（注：所定内労働時間…各事業所の就業規則で定められた労働時間のうち，実際に労働した時間
所定外労働時間…残業や休日出勤など就業規則で定められた労働時間以外で実際に労働した時間
パートタイム労働者…正規の労働時間や労働日数で働く一般労働者よりも労働時間や労働日数が短い労働者）

厚生労働省資料より作成

(ア)　2015年の所定内労働時間と所定外労働時間はそれぞれ，1995年の所定内労働時間と所定外労働時間より減少した。

(イ)　2000年の総実労働時間に占める所定外労働時間の割合は，2015年の総実労働時間に占める所定外労働時間の割合より少ない。

(ウ)　2010年の総実労働時間は，1995年の総実労働時間より100時間以上長い。

(エ)　所定内労働時間が1700時間未満の年は，パートタイム労働者の割合が20％以下である。

(オ)　2015年のパートタイム労働者の割合は，1995年のパートタイム労働者の割合の2倍以上である。

Ⅱ群

（カ）文字の一部分が楷書で書くときより単純化されることがある。
（キ）楷書で書くときより筆圧の変化が少なく、画は直線的になる。
（ク）筆順は楷書で書くときとは異なることがある。
（ケ）連続する点画どうしがつながることがある。

答えよ。

京子　本文では、ギブする行為が私たちに与えるものについて述べられていたね。社会全体に目を向けると、互いにギブすることは、[A]ことを目的にした社会的な工夫であり、その目的のために私たちの社会には贈るという慣習があるんだったね。

一郎　なるほど。[7]段落に、誰もがゲットすることばかり考えるようであれば、「なんの広がりも起こりません」とあるけれど、ギブするようにもなれば、「広がり」が起こると言えるよね。本文から、「広がり」が起こることは、[B]だと分かるよ。

京子　そうだね。自分と他者が、[C]であることに基づく力によって、「広がり」は起こるものなんだと本文から読みとれるね。

一郎　うん。社会の中で、ギブすることが成り立っているのは、私たちが「社会的な生き物」であることによると言えるね。

京子　本文について理解が深まったね。私たちの生活には、何かを贈ること以外にもさまざまな慣習があるよ。次は身近な慣習を題材にしたポスターを見て、批評文を書いてみようか。

㈠　会話文中の[A]に入る最も適当な表現を、本文中から**十八字**で抜き出し、**初めと終わりの三字**を書け。……答の番号【17】

㈡　会話文中の[B]に入る最も適当な表現を、次の（ア）～（エ）から一つ選べ。……答の番号【18】

（ア）　ギブする者とギブされる者の関係が揺るぎないものになることによって、ギブする者の気持ちに応えるためのふるまいが確立すること

（イ）　自分にギブしてくれた人にギブしたり、返礼をめあてにせずギブしたりすることによって、今までになかった関係性が成立すること

（ウ）　日常的なやりとりの中にも贈り合いの精神があると知ることによって、ギブとゲットを行う関係に対して新たな感動が生まれること

（エ）　他者の利益のために贈るという行為を重ねることによって、結果的に自分が他者より多くの物を受けとる関係性が生じること

㈢　会話文中の[C]に入る最も適当な表現を、本文中から**八字**で抜き出して書け。……答の番号【19】

㈣　批評文を書くときの注意点として**適当でないもの**を、次のⅠ群（ア）～（エ）から一つ選べ。また、京子さんは批評文を書くためのメモを行書で書くことにした。行書の特徴として**適当でないもの**を、後のⅡ群（カ）～（ケ）から一つ選べ。……答の番号【20】

Ⅰ群

（ア）　個人的な印象や主観を重視して対象を捉える。
（イ）　対象となるものの価値や特性などについて評価する。
（ウ）　必要に応じて参考となる資料を引用する。
（エ）　自分の意見と根拠が明らかになる構成にする。

Ⅱ群

（カ） 本 （キ） 羊 （ク） 知 （ケ） 油

(5) 本文中の d論ソウ の片仮名の部分を**漢字**に直し、楷書で書け。……答の番号【11】

(6) 本文中の fますます増えています を単語に分け、次の〈例〉にならって、それぞれの語の品詞を示したものとして最も適当なものを、後の（ア）～（エ）から一つ選べ。……答の番号【12】

〈例〉 日は昇る ・・・ （答） 名詞＋助詞＋動詞

（ア） 副詞＋動詞＋助詞＋動詞
（イ） 副詞＋動詞＋助詞＋動詞＋助動詞
（ウ） 連体詞＋動詞＋助詞＋動詞
（エ） 連体詞＋動詞＋助詞＋動詞＋助動詞

(7) 本文中の g貨幣経済のサービス が人間社会に与えた影響について説明した文として最も適当なものを、次の（ア）～（エ）から一つ選べ。……答の番号【13】

（ア） 人間関係を合理的に割り切るような考え方から救おうとすると同時に、期待していない時でも誰かと互いに助け合う関係を築く機会を奪った。
（イ） 回避することができない重苦しい関係性から解放しようとすると同時に、人と人との交流に求められてきたはずの利便性を維持する機会を奪った。
（ウ） 原始的なやりとりを行う関係から救済しようとすると同時に、普段から誰かと情報のやりとりを行うことで仲間意識を得るような機会を奪った。
（エ） 心理的な束縛を感じさせる関係性を解消しようとすると同時に、互いに共有したり援助したりして安心感を得るような機会を奪った。

(8) 本文中の hよく と**意味の異なるもの**が、波線部（〰）に用いられているものはどれか、次の（ア）～（エ）から一つ選べ。……答の番号【14】

（ア） この料理は日本でよく作られる、なじみのあるものだ。
（イ） 近代の著名な画家として、彼の名前がよく挙げられる。
（ウ） 彼女の小説は、よく考えられた巧みな展開であることで有名だ。
（エ） 町を歩いていると、人から道をよく聞かれる。

(9) 本文中の i報い の漢字の部分の読みを**平仮名**で書け。……答の番号【15】

(10) 本文の段落構成を説明した文として**適当でないもの**を、次の（ア）～（エ）から一つ選べ。……答の番号【16】

（ア） 2・3段落では、1段落で提示した話題に対する考察を述べて、論を展開している。
（イ） 4・5段落では、2・3段落で述べた内容を別の角度から捉え、読者に思考することを促している。
（ウ） 6・7段落では、4・5段落で示した内容について、さらに論を発展させ、主張につなげている。
（エ） 8段落では、7段落までの内容を踏まえつつ、これまでとは異なる立場で主張を述べている。

(11) 京子さんと一郎さんのクラスでは、本文を学習した後、批評文を書くことになった。次の会話文は、京子さんと一郎さんが本文について話し合ったものの一部である。これを読み、後の問い㈠～㈣に

え、ふるまい方を調整しながら日々を生きています。相反するようなゲットとギブには、そんな人間の心の複雑さが反映されているのでしょう。

（上平崇仁《かみひらたかひと》「コ・デザイン」による……一部表記の変更や省略がある）

注
＊≒…二つのものの間に置いて、それらがほとんど等しいことを表す記号。
＊マルセル・モース…フランスの社会学者、民族学者。
＊ユートピア…完全で理想的な所。
＊インフラ…社会生活の基盤となる施設や情報通信網。
＊Tea doll…本文より前の部分に登場する、中に茶葉を詰めた人形で、カナダの遊牧民が長距離移動をする際、茶葉を運ぶという役割をこどもに与えるために用いたもの。
＊第2章…本文より前の部分。本文は第7章の一部。

(1) 本文中の a それらが連鎖すること とはどのようなことか。最も適当なものを、次の（ア）～（エ）から一つ選べ。……答の番号【7】

（ア）義務として贈り物をする慣習が続けざまに変化すること。
（イ）義務として贈り物の贈り方が引き継がれること。
（ウ）贈り物に関する義務としての行動が次々とつながること。
（エ）贈り物を義務として考える人が徐々に増えていくこと。

(2) 本文中の b ささやかな の意味として最も適当なものを、次のⅠ群（ア）～（エ）から一つ選べ。また、本文中の e 概念 の意味として最も適当なものを、後のⅡ群（カ）～（ケ）から一つ選べ。……答の番号【8】

Ⅰ群
（ア）遠慮のない　（イ）突然の
（ウ）わずかばかりの　（エ）わざとらしい

Ⅱ群
（カ）常に変わることがない性質への評価
（キ）おおよその内容を表す言葉に対する各自の印象
（ク）特定の物に対してそれぞれが持つ認識の相違点
（ケ）ある物事についての本質的な意味内容

(3) 本文中の □ に入る表現として最も適当なものを、次の（ア）～（エ）から一つ選べ。……答の番号【9】

（ア）近視眼的な損得勘定　（イ）人間関係を維持する力
（ウ）互いに報酬を得る関係　（エ）モースの着眼点

(4) 次の文章は、本文中の c 大きな の「大」という漢字の成り立ちに関して述べたものである。文章中の X ・ Y に入る最も適当な語を、X は後のⅠ群（ア）～（エ）から、Y はⅡ群（カ）～（ケ）から、それぞれ一つずつ選べ。……答の番号【10】

> 物の形をかたどることでその物を表す漢字は X 文字に分類される。「大」という漢字は、「 Y 」と同じく、一般的にこの X 文字に分類される。

Ⅰ群
（ア）象形　（イ）指事　（ウ）会意　（エ）形声

れば、もらった側には、嬉《うれ》しさだけでなく、同時にお返しのあいさつをしなくては、という気持ちが生まれることに気づくでしょう。こういった仕組みを見ると、社会の中には[　　]だけでは説明できない、かかわりあいを長期的に成り立たせる力が働いていることが分かります。こうした贈与の力（＊互酬的な関係性）は、実は近代的な市場経済よりはるかに古い歴史を持つ、人間社会の基盤的なものです。

3　モースの着眼点は後世にc大きな影響を与え、その理論を継承する人や批判する人、さまざまな視点からd論ソウが起こされてきました。近代社会が行き詰まりつつある中で、贈与のe概念に注目が集まり、現在では人類学を飛び越え、哲学、心理学、社会学、経営学などの分野でも話題のトピックに上がることがfますます増えています。

4　贈与の世界は、決して＊ユートピアではありません。原始的な分かちあいは「温かみ」を感じさせる一方で、逃れることができない「しがらみ」の重さも同時に感じさせます。そんな息苦しさから逃れたいとみんな思ったからこそ、現代ではお金で決着をつけられるg貨幣経済のサービスに需要が置き換わっていったわけです。

5　しかし、貨幣経済は人間関係をドライに切り離します。しがらみを取り払おうとすると同時に、何か意味が生まれるはずだった相互のやりとりまで消し去ってしまいました。現代ではつながりが希薄になった、とhよく言われますが、＊インフラ的な意味で言えば、ここまで常時接続が発達した便利な時代はないはずです。正確に言えば、減ってしまったのは、ほっとするような分かちあいや助けあいを感じる機会、すなわち「予期せず人にギブする機会」や、「予期せず人からギブされる機会」なのではないでしょうか。分断されすぎた社会をつなぐためには、貨幣経済が積極的に切り離してきた力を、もういちど考え直すことが必要です。

6　日本語の中にも、「恩送り」や「情けは人のためならず」という言葉が古くから残っています。先人たちは、見返りを期待することなく他者へ親切にすることで回り回っていつかは自分によいi報いがくるという、善意の循環が起こりやすい社会にするために、行為の円環を閉じない言い伝えをしてきたことが分かります。

7　その力は、循環する関係の中に存在しており、関係は閉じられないからこそ、私たちの世界には、ゲットの原理だけでは測れないやりとりが生成されていたはずなのです。誰もがゲットしか考えないようになれば、当然、なんの広がりも起こりません。たとえば、＊Tea dollを思い出してみてください。あの古びた人形が、なぜ現代の私たちの心を動かすかと言うと、家族がこどもに与えるものであると同時に、こどもの側も、それを通して家族に与えることができるという、相互の立場からの贈り合いを感じさせるからでしょう。

8　そう考えれば、新しい関係を生みだす原動力は、誰かが誰かの力になる／誰かは誰かから力をもらうという、贈り贈られる関係——すなわち「利他性」——から生まれていると言えそうです。利他性は、ギブの価値観を示すものです。＊第2章の最後に、「人は誰かの世話をしたり、誰かの力になったり、感じたことを分かちあったりせずにいられない、社会的な生き物です」と書きました。もちろん個人個人で判断は異なるものですが、ある状況では利己的にふるまう人でも、違う状況では思いやりを示したりもします。相手から信頼されることで、相手にも信頼を返そうと気持ちをあらため、自分を変えていくことができます。みな心の奥底にそんな利他性を抱

れをすべて**現代仮名遣い**に直して、**平仮名**で書け。また、次の（ア）～（エ）のうち、波線部（〰）が現代仮名遣いで書いた場合と同じ書き表し方であるものを一つ選べ。……………答の番号【4】

（ア）言ふべきにあらず　（イ）定まらずひらめいたり

（ウ）草の戸も住み替はる　（エ）松島の月まづ心にかかりて

(5) 次の会話文は、悠一さんと絵里さんが本文を学習した後、本文について話し合ったものの一部である。これを読み、後の問い㈠・㈡に答えよ。

悠一　本文から、もてなす側ともてなされる側が、茶の湯を好む者として「A」でないことが読みとれるね。

絵里　そうだね。B ところから、本文に登場する客のような、「C」を相手にするときは、もてなす側が、そのような者を相手にしているのだと理解しておく必要があると分かるね。

悠一　もてなす側ともてなされる側が「A」にすることができなければ、茶の湯の味わいも十分ではなくなるんだね。

㈠ 会話文中の A・C に入る最も適当な表現を、本文中からそれぞれ**四字**で抜き出して書け。……………答の番号【5】

㈡ 会話文中の B に入る最も適当な表現を、次の（ア）～（エ）から一つ選べ。……………答の番号【6】

（ア）客が「朝顔の茶の湯」を希望したのに遅い時間に来たことに対し、亭主は立腹して遠回しに客を非難するようなふるまいをしたが、客に通じなかった

（イ）客が日付を勘違いしたうえに反省する様子がないことに対し、亭主は腹を立てて追い返そうとさまざまな行動をとったが、客は気づかなかった

（ウ）客が「朝顔の茶の湯」を頼んだのに昼前に来たことに対し、亭主は怒りが収まらずもてなしながらも声を荒げて叱ったが、客は聞き入れなかった

（エ）客が大変早い時間に来たうえに平然とした様子であることに対し、亭主はいらだちを覚え客を困らせるような態度をとったが、客に伝わらなかった

二　次の文章を読み、問い(1)～(11)に答えよ。（28点）

（1～8は、各段落の番号を示したものである。）

1 ギブすることは、要するに何かを「贈る」ことです。人間社会において他者に何かを贈るという慣習は、古今東西、幅広く見られます。一九二四年、＊マルセル・モースはさまざまな伝統的な社会の慣習を分析し、贈り物は一方的に贈られるだけでなく、それを受けとること、そして返礼すること。この三つが義務として行われており、aそれらが連鎖することで社会システムがつくりだされていることを見いだしました。

2 この力は伝統的な社会に限らず、現代でもはっきりと生き残っています。日本の年末年始に親しい関係で行われるお歳暮や年賀状なども、相互に敬意を取り交わしながら贈りあうことで共同体のつながりを意図的につくりだすための仕組みです。もっと身近な例で言えば、誰かの誕生日をSNSなどを通じて知ったときに送る、bささやかなバースデーメッセージも含まれるでしょう。ちょっと考え

＜国語＞

時間　四〇分　　満点　四〇点

【注意】　字数制限がある場合は、句読点や符号なども一字に数えなさい。

一　次の文章は、「西鶴諸国《さいかくしょこく》ばなし」の一節である。注を参考にしてこれを読み、問い(1)～(5)に答えよ。(12点)

野は菊・萩《はぎ》咲きて、秋のけしき程、しめやかにおもしろき事はなし。心ある人は歌こそ和国の風俗なれ。何によらず、a花車《きやしや》の道こそ一興なれ。

奈良の都のひがし町に、＊しをらしく住みなして、明暮《あけくれ》茶の湯に身をなし、興福寺《こうふくじ》の、＊花の水をくませ、かくれもなき＊楽助《らくすけ》なり。

ある時この里の＊こざかしき者ども、＊朝顔の茶の湯をのぞみしに、兼々《かねがね》日を約束して、b万《よろづ》に心を付けて、その朝＊七つよりこしらへ、この客を待つに、大かた時分こそあれ、昼前に来て、＊案内《あない》をいふ。

亭主腹立《ふくりふ》して、客を＊露路《ろぢ》に入れてから、挑灯《ちやうちん》をともして、むかひに出《いづ》るに、客はまだ合点ゆかず、夜の足元するこそ、cをかしけれ。あるじおもしろからねば、花入れに土つきたる、芋の葉を生けて＊見すれども、その通りなり。兎角《とかく》心得ぬ人には、心得あるべし。亭主も客も、心ひとつの＊数寄人《すきびと》にあらずしては、たのしみもかくるなり。

（「新編日本古典文学全集」による）

注　＊しをらしく…上品に。
＊花の水…「花の井」という、井戸からくんだ名水。
＊楽助…生活上の苦労がない人。
＊こざかしき…利口ぶって生意気な。
＊朝顔の茶の湯…朝顔が咲く時間に行われる茶の湯。
＊七つ…四時頃。
＊案内…取り次ぎの依頼。
＊露路…茶室に至るまでの庭。
＊見すれども…見せたが。
＊数寄人…茶の湯に深い愛着を持つ人。

(1)　本文中の　a花車の道こそ一興なれ　の解釈として最も適当なものを、次の(ア)～(エ)から一つ選べ。……答の番号【1】

(ア)　風流の道は心ひかれるものだ
(イ)　風流の道は騒がしいものだ
(ウ)　風流の道は新たにつくるものだ
(エ)　風流の道は興ざめなものだ

(2)　本文中の二重傍線部（‖）で示されたもののうち、主語が一つだけ他と異なるものがある。その**異なるもの**を、次の(ア)～(エ)から選べ。……答の番号【2】

(ア)　住みなして　　(イ)　くませ
(ウ)　いふ　　(エ)　入れて

(3)　本文中の　b万に心を付けて　の解釈として最も適当なものを、次の(ア)～(エ)から一つ選べ。……答の番号【3】

(ア)　多くの人に手伝ってもらって
(イ)　十分な報酬を期待して
(ウ)　あらゆることを面倒に思って
(エ)　さまざまなことに配慮して

(4)　本文中の　cをかしけれ　は歴史的仮名遣いで書かれている。こ

2022年度

解　答　と　解　説

《2022年度の配点は解答用紙集に掲載してあります。》

＜数学解答＞

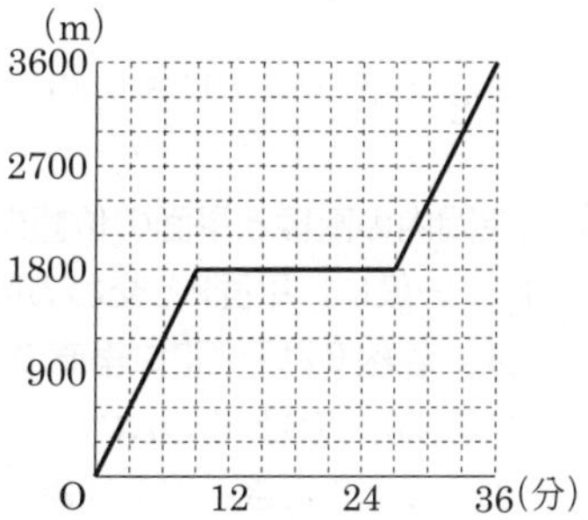

1　(1)　-39　(2)　$\frac{11}{12}$　(3)　$7+2\sqrt{10}$　(4)　$x=3$
(5)　$x=5$，$y=8$　(6)　$a=-6$，$b=0$
(7)　$\angle x=127^\circ$　(8)　およそ620個

2　(1)　$\frac{1}{12}$　(2)　$\frac{2}{9}$　**3**　(1)　㋔　(2)　48cm^3

4　(1)　右図　(2)　午前9時28分48秒　(3)　350m

5　(1)　$\frac{14}{3}$cm　(2)　$\frac{10}{3}$cm
(3)　△CFD：△ABC＝5：63

6　(1)　(7段目の左端の正三角形の板に書かれている数)　37
(7段目の右端の正三角形の板に書かれている数)　49　(2)　$n=32$

＜数学解説＞

1　**(数・式の計算，平方根，一次方程式，連立方程式，関数$y=ax^2$，角度，円の性質，標本調査)**

(1)　**四則をふくむ式の計算の順序は，指数→かっこの中→乗法・除法→加法・減法**となる。
$-3^2=-(3\times3)=-9$だから，$-3^2-6\times5=-9-30=-(9+30)=-39$

(2)　$\frac{8a+9}{4}-\frac{6a+4}{3}=\frac{3(8a+9)-4(6a+4)}{12}=\frac{24a+27-24a-16}{12}=\frac{11}{12}$

(3)　**乗法公式$(a+b)^2=a^2+2ab+b^2$**を用いて，$(\sqrt{2}+\sqrt{5})^2=(\sqrt{2})^2+2\times\sqrt{2}\times\sqrt{5}+(\sqrt{5})^2=2+2\sqrt{10}+5=7+2\sqrt{10}$

(4)　方程式$0.16x-0.08=0.4$　両辺を100倍して，$16x-8=40$　$16x=40+8=48$　$x=\frac{48}{16}=3$

(5)　連立方程式$\begin{cases}7x-3y=11\cdots①\\3x-2y=-1\cdots②\end{cases}$　①×2−②×3より，$7x\times2-3x\times3=11\times2-(-1)\times3$
$5x=25$　$x=5$　これを②に代入して　$3\times5-2y=-1$　$-2y=-1-15=-16$　$y=8$　よって，連立方程式の解は$x=5$，$y=8$

(6)　関数$y=\frac{1}{4}x^2$が，**最大値**の$y=9$となるxの値は，$9=\frac{1}{4}x^2$より，$x^2=9\times4=36$　$x=\pm\sqrt{36}=\pm6$
これより，$a=-6$である。また，関数$y=ax^2$がxの**変域**に0を含むとき，$a>0$なら$x=0$で**最小値**$y=0$となるから，$b=0$である。

(7)　直線ADと直線BCの交点をE，弦ACと弦BDの交点をFとする。△ACEの**内角と外角の関係**から，∠CAE＝∠ACB−∠AEC＝92−57＝35(°)　弧CDに対する**円周角**の大きさは等しいから，∠CBD＝∠CAD＝∠CAE＝35°　△BCFの内角と外角の関係から，$\angle x$＝∠FCB＋∠CBF＝92＋35＝127(°)

(8)　**標本**における白玉と黒玉の比率は(40−3)：3＝37：3　よって，**母集団**における白玉と黒玉の比率も37：3と推測できる。はじめにこの箱の中に入っていた白玉の個数をx個とすると，x：50＝37：3　$x=\frac{50\times37}{3}=616.\cdots$　よって，一の位を四捨五入して，白玉の個数はおよそ620個と推測できる。

2 (確率，数の性質)

(1)　さいころを2回投げるとき，全ての目の出方は$6\times6=36$(通り)　このうち，$\dfrac{a}{b}=2$となるのは，$\dfrac{2}{1}=2$，$\dfrac{4}{2}=2$，$\dfrac{6}{3}=2$の3通り。よって，求める確率は$\dfrac{3}{36}=\dfrac{1}{12}$

(2)　さいころを2回投げるとき，$\dfrac{a}{b}$の値が**循環小数**になるのは，$\dfrac{1}{3}=0.\dot{3}$，$\dfrac{2}{3}=\dfrac{1}{3}\times2=0.\dot{3}\times2=0.\dot{6}$，$\dfrac{4}{3}=1\dfrac{1}{3}=1+0.\dot{3}=1.\dot{3}$，$\dfrac{5}{3}=1\dfrac{2}{3}=1+0.\dot{6}=1.\dot{6}$，$\dfrac{1}{6}=0.1\dot{6}$，$\dfrac{2}{6}=\dfrac{1}{3}=0.\dot{3}$，$\dfrac{4}{6}=\dfrac{2}{3}=0.\dot{6}$，$\dfrac{5}{6}=\dfrac{1}{2}+\dfrac{1}{3}=0.5+0.\dot{3}=0.8\dot{3}$の8通り。よって，求める確率は$\dfrac{8}{36}=\dfrac{2}{9}$

3 (空間内の直線と平面の位置関係，体積)

(1)　一般に，**平面Pと交わる直線ℓが，その交点を通るP上の2つの直線m，nに垂直になっていれば，直線ℓは平面Pに垂直である。**本問の三角柱ABC－DEFでは，平面ADFC⊥平面ABC…①である。点Bから辺ACにひいた垂線と辺ACとの交点をGとし，点Jを辺DF上にGJ⊥ACとなるようにとるとき，①よりBG⊥GJ…②　また，BG⊥AG…③であるから，②，③より，平面ADFCと交わる線分BGは，その交点Gを通る平面ADFC上の2つの直線GJ，AGに垂直になっているから，線分BG⊥平面ADFCである。つまり，線分BGの長さが，点Bと平面ADFCとの距離である。

(2)　△ABCに**三平方の定理**を用いると，$\mathrm{AC}=\sqrt{\mathrm{AB}^2+\mathrm{BC}^2}=\sqrt{8^2+4^2}=4\sqrt{5}$(cm)　△ABCの**底辺と高さの位置をかえて面積を考える**と，$\dfrac{1}{2}\times\mathrm{AC}\times\mathrm{BG}=\dfrac{1}{2}\times\mathrm{AB}\times\mathrm{BC}$　$\mathrm{BG}=\dfrac{\mathrm{AB}\times\mathrm{BC}}{\mathrm{AC}}=\dfrac{8\times4}{4\sqrt{5}}=\dfrac{8}{\sqrt{5}}$(cm)　四角形CHDIは，CH//DI，$\mathrm{CH}=\mathrm{DI}=\dfrac{9}{2}$cmであることより，1組の向かいあう辺が等しくて平行だから平行四辺形である。以上より，(四角錐BCHDIの体積)$=\dfrac{1}{3}\times$(平行四辺形CHDIの面積)$\times\mathrm{BG}=\dfrac{1}{3}\times(\mathrm{CH}\times\mathrm{AD})\times\mathrm{BG}=\dfrac{1}{3}\times(\mathrm{CH}\times\mathrm{AC})\times\mathrm{BG}=\dfrac{1}{3}\times\left(\dfrac{9}{2}\times4\sqrt{5}\right)\times\dfrac{8}{\sqrt{5}}=48$(cm^3)

4 (関数とグラフ，グラフの作成，方程式の応用)

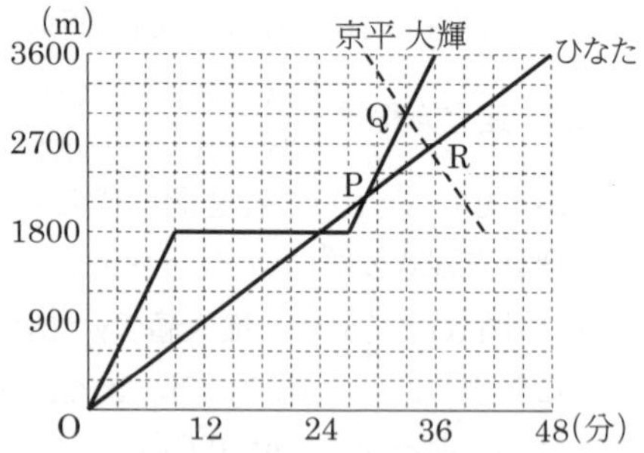

(1)　大輝さんが休憩を除いて走っていた時間は，(午前9時36分－午前9時)－(18分間休憩)＝18(分間)であり，1周目と2周目を同じ一定の速さで走ったから，1周を走るのにかかった時間は18(分間)÷2＝9(分間)　以上より，午前9時から午前9時36分における，大輝さんが午前9時に地点Aを出発してからの時間と，大輝さんが午前9時に地点Aを出発してから進んだ道のりとの関係を表すグラフは，右図の4点(0，0)，(9，1800)，(27，1800)，(36，3600)を線分で結んだ折れ線のグラフとなる。

(2)　大輝さんが，休憩後，日向さんに追いついた地点は上図の点Pである。点Pを通るひなたさんのグラフは，原点と点(48，3600)を通る直線だから，その式は$y=\dfrac{3600-0}{48-0}x=75x$…①　点Pを通る大輝さんのグラフは，2点(27，1800)，(36，3600)を通る直線だから，その傾きは$\dfrac{3600-1800}{36-27}=200$　$y=200x+b$とおいて$(x,\ y)=(27,\ 1800)$を代入すると，$1800=200\times27+b$　$b=-3600$　よって，大輝さんのグラフの式は$y=200x-3600$…②　点Pのx座標は①に②を代入して，$200x-3600=75x$　$x=\dfrac{144}{5}=28\dfrac{4}{5}$　よって，大輝さんが，休憩後，ひなたさんに追いついたのは，午前9時28$\frac{4}{5}$分＝午前9時28分48秒である。

(3)　京平さんのグラフを前ページの図の破線で示す。京平さんが大輝さんとすれ違った地点は点Qであり，ひなたさんとすれ違った地点は点Rである。京平さんのグラフは，2点(29，3600)，(41，1800)を通る直線だから，その傾きは$\frac{1800-3600}{41-29}=-150$　$y=-150x+c$とおいて$(x, y)=(29, 3600)$を代入すると，$3600=-150\times29+c$　$c=7950$　よって，京平さんのグラフの式は$y=-150x+7950$…③　点Qの座標は，②と③の連立方程式を解いて，Q(33，3000)　点Rの座標は，①と③の連立方程式を解いて，$R\left(\frac{106}{3}, 2650\right)$　以上より，京平さんが，大輝さんとすれ違ってから，ひなたさんとすれ違うまでに進んだ道のりは3000－2650＝350(m)である。

5 (線分の長さ，面積比)

(1)　EF//BCより，**平行線と線分の比の定理**を用いると，EF：BC＝AE：AB＝(AB－BE)：AB＝(9－3)：9＝2：3　$EF=BC\times\frac{2}{3}=7\times\frac{2}{3}=\frac{14}{3}$(cm)

(2)　△BEDについて，辺BDが∠ABCの二等分線であることと，**平行線の錯角は等しい**ことから，∠EBD＝∠CBD＝∠EDB　△BEDはDE＝BE＝3cmの二等辺三角形である。同様にして，△CFDもCF＝DF＝EF－DE＝$\frac{14}{3}-3=\frac{5}{3}$(cm)の二等辺三角形である。以上より，平行線と線分の比の定理を用いると，AF：CF＝AE：BE＝6：3＝2：1　AF＝2CF＝$2\times\frac{5}{3}=\frac{10}{3}$(cm)

(3)　△ABC＝Sとする。EF//BCより，△ABC∽△AEFであり，**相似比**はAB：AE＝3：2だから，**面積比は相似比の2乗に等しく**，△ABC：△AEF＝$3^2:2^2$＝9：4　よって，△AEF＝$\frac{4}{9}$△ABC＝$\frac{4}{9}S$　△AEDと△ADFは点Aを共有し，**高さが等しい三角形の面積比は，底辺の長さの比に等しい**から，△AED：△ADF＝DE：DF＝$3:\frac{5}{3}$＝9：5　よって，△ADF＝△AEF×$\frac{5}{9+5}=\frac{4}{9}S\times\frac{5}{14}=\frac{10}{63}S$　同様にして，△ADF：△CFD＝AF：CF＝$\frac{10}{3}:\frac{5}{3}$＝2：1より，△CFD＝△ADF×$\frac{1}{2}=\frac{10}{63}S\times\frac{1}{2}=\frac{5}{63}S$　以上より，△CFD：△ABC＝$\frac{5}{63}S:S$＝5：63

6 (規則性，方程式の応用)

(1)　n段目の右端の正三角形の板に書かれている数がn^2に等しいことに着目する。これより，7段目の左端の正三角形の板に書かれている数は，6段目の右端の正三角形の板に書かれている数の次の自然数の$6^2+1=37$であり，7段目の右端の正三角形の板に書かれている数は$7^2=49$である。

(2)　n段目の左端の正三角形の板に書かれている数は，$n-1$段目の右端の正三角形の板に書かれている数の次の自然数の$(n-1)^2+1=n^2-2n+2$であり，n段目の右端の正三角形の板に書かれている数はn^2である。n段目の左端の正三角形の板に書かれている数とn段目の右端の正三角形の板に書かれている数の和が1986であることから，$(n^2-2n+2)+n^2=1986$　整理して，$n^2-n-992=0$　$(n+31)(n-32)=0$　$n\geqq1$より，$n=32$

<英語解答>

1　(1)　①　met　⑥　began　(2)　オ→エ→カ→ウ→ア→イ　(3)　エ　(4)　ア
(5)　(a)　nervous　(b)　ア　(6)　ウ　(7)　イ　(8)　(a)　エ
(b)　make our future better

2 (1) イ　(2) ウ　(3) ア，エ　(4) ウ　**3** (1) イ　(2) ウ
4 (1) エ　(2) イ　**5** (1) エ　(2) ア

＜英語解説＞

1 (長文読解：語形変化，語句の並べ換え，語句の解釈・指示語，語句補充・選択，内容真偽，文の挿入・文の並べ換え，英問英答，受け身，現在完了，現在・過去・未来と進行形，不定詞，助動詞，文の構造，形容詞・副詞，動名詞，関係代名詞，関節疑問文，名詞・冠詞・代名詞)

(全訳) 人生でたくさんの人と①(出会いました)が，その中には決して忘れられない人がいます。彼は私のクラスメートの一人でした。彼は私が中学生の時，私たちの学校に来ました。

ある朝，先生が私たちに「来週，外国から新しい生徒が来ます。彼の家族はこの町に住むので，彼は私たちの学校に来ます。彼はここで2カ月を過ごします」と言いました。②[私たちはそれを聞いて驚きました]。放課後，友達と新しく来る生徒の話をしました。友達の一人が「彼は何語を話すのかな？」と私に尋ねました。私は彼に「英語？　日本語？わからないけれども，新しい生徒に会うのが待ちきれない」と言いました。

その日が来ました。彼は私たちの教室に入ってきて，私たちは彼を歓迎しました。彼の名前はマウロでした。彼は英語で自己紹介しました。彼は私たちにゆっくりと英語を話し，私たちは彼の言ったことを理解できました。その後，彼は日本語でも自己紹介をしました。彼の日本語は流ちょうではありませんでしたが，彼は一生懸命日本語を話そうとしました，そして私は③彼の自己紹介の方法が気に入りました。だから，私は彼と仲良くできると思いました。

彼は教室で私の隣に座りました。彼は日本語でのすべての授業を，一生懸命勉強しました。私は「日本語で勉強することが大変だと感じることはありますか？」と聞いてみました。彼はほほえんで私に「いいえ。すべての授業が面白い」と言いました。彼がどれほど一生懸命勉強しているか理解したので，私は彼を尊敬しました。彼は，理解できない日本語の言葉があると，いつも周りの人に④質問をしていました。また，彼は私たちとよく日本語を話そうと努め，そして彼の日本語は上達しました。

ある日，私たちの英語の授業で生徒全員がスピーチをしました。トピックは「あなたの人生で最も大切なことは何ですか？」でした。スピーチをするそれぞれの人は，教室の前に行きました。私たちは順番が来たときにスピーチをしました。ついに，多くの人がスピーチをした後，私の順番が来ました。⑤私のスピーチを始めました。「友達は私の人生で最も大切だと思います。3つの理由があります。1つ目は，悲しいときに私を元気づけてくれることです。2つ目は，私が持っている問題を解決するために助けてくれることです。3つ目は，毎日友達と話すことが私にとって大切です，なぜなら，お互いに意見を共有できるからです」 私はスピーチ中とても緊張しましたが，最善を尽くしました。

すぐに，マウロの番が来て，それは私たちのクラスの最後のスピーチでした。彼は前に出てスピーチを⑥始めました。「教育は私の人生で最も大切です。私の国では，勉強をしたいのに勉強ができない子供たちがいます。教育は私たちに多くのことを与えることができると思います。たとえば，教育を通じて新しい知識を得ると，私たちは広い視野と多くの考え方を得て，知識で問題を解決できます。また，将来，多くの技術を身につけ，多くの仕事の選択肢もできます。そして，将来の可能性を広げることができます」と彼は言いました。彼のスピーチを聞いて，なぜ彼がすべて日本語の授業でも一生懸命勉強したのかがわかりました。私は世界中の誰もが教育を受ける機会があると思っていましたが，それは間違っていました。家に帰った後，母と彼のスピーチについて話し

ました。私は「初めて，教育がいかに大切かを考えた。これからは，勉強を頑張る。教育は私たちの未来をより良くするのに役立つから」と言いました。私は教育を受けることを当然のことと思っていましたが，それは特別なことで，私の将来にとって必要なことだと理解しました。

2カ月が過ぎ，彼にとって学校での最後の日が来ました。彼は翌日自分の国に戻らなければなりませんでした。私たちはとても悲しくて，私たちがどのように感じているかを彼に話しました。私は「楽しい時間をありがとう。英語の授業でのスピーチを決して忘れない。次はあなたの国で会いたい」と彼に言いました。彼は私たちに「きみたちの言葉に感謝する。私は日本で楽しい時間を過ごした。それは私の宝物だ」と言いました。

今では私はすべての授業で一生懸命勉強しています，そして，学校生活を頑張って楽しもうと心掛けています，なぜなら，彼が私たちに大切なことを教えてくれたからです。教育には，私たちの将来の可能性を広げる力があると思います。

(1)　① meet の直前には have があることから現在完了形だと考えらえるので meet を過去分詞形の met とする。⑥ begin の直前に接続詞 and があることから，and の前の文の動詞 went の時制 ”過去形” と合わせて begin を過去形 began とする。

(2)　(正答文)　[(オ)<u>We</u> (エ)<u>were</u> (カ)<u>surprised</u> (ウ)<u>to</u> (ア)<u>hear</u> (イ)<u>that</u>]．カに surprised があることから be surprised to～(～して驚く)としたい。

(3)　下線③を含む文 His Japanese was～には，「彼の日本語は流ちょうではなかったが，彼は一生懸命日本語を話そうとした」とあり，③はここを指していると考えられることからエが適当。

(4)　(ア)「この日本語の言葉の意味を教えてくれますか？」(○)　(イ)「この単語が英語で何を意味するのか知りたいですか？」　(ウ)「あなたの国には英語を学ぶ人がたくさんいますか？」　(エ)「家で日本語を話す頻度はどれくらいですか？」　下線部④を含む文から質問は「理解できない日本語の言葉」についてだと考えられるのでアが適当。選択肢アとイの文は間接疑問文であり，疑問詞 what のあとに do/does/did はこないで<主語＋動詞>となる。

(5)　(問題文訳)　涼真は英語の授業でスピーチをしました。トピックは「あなたの人生で最も大切なことは何ですか？」でした。彼はスピーチをしているときに i 緊張しましたが，一生懸命努力しました。彼は友達が最も大切であるとクラスメートへ言いました，そしてその理由の一つとして，彼が毎日友達と話すことが大切であると言いました，なぜなら，ii 彼は彼らに彼の意見を伝えることができ，また彼らの意見を聞くことができるからです。　(a)　空欄 i は，「彼がスピーチをしている時に感じたこと」が入る。問題本文第5段落最後の文 I was so～には，「スピーチ中はとても緊張した」とあることから，空欄には nervous(緊張して)が適当。　(b)　(ア)　彼は彼らに彼の意見を伝えることができ，また彼らの意見を聞くことができます(○)　(イ)　悲しい時は彼らが彼を元気づけてくれます。　(ウ)　彼は彼らと話すのを楽しんでいます。　(エ)　彼らは彼が問題を解決することを助けます。　空欄 ii には，「毎日友達と話すことが大切である理由」が入る。問題本文第5段落第7文(スピーチの内容) Third, it is～には「毎日友達と話すことが大切。お互いに意見を共有できるから」とあるのでアが適当。選択肢アの give them his idea は give A B(AにBを与える)という形なので，「彼らに意見を与える」となる。

(6)　(問題文と選択肢文の訳)　〈質問〉マウロは涼真の学校での最後の日にクラスメートへ何を話しましたか？　〈答え〉彼は彼らに「ありがとう」と言った後，彼の日本での日々は彼の宝物でしたと言った。　(ア)　彼はすぐに帰国しなければなりませんでした　(イ)　彼は英語の授業での涼真のスピーチを覚えていました　(ウ)　彼の日本での日々は彼の宝物でした(○)　(エ)　彼の夢は次の機会に日本で友達に会うことでした　問題本文の第7段落の最後の文 He said to～には，「あなたたちの言葉に感謝する。私は日本で楽しい時間を過ごした。それは私の宝物だ」

と言っているのでウが適当。

(7)　(選択肢訳)　(ア)　涼真は先生からマウロが日本に1カ月滞在するという話を聞いた。　(イ)　涼真はマウロに会う前に，マウロが何語を話しているのかわからなかった。(○)　(ウ)　涼真は，マウロがいくつかの日本語の授業で一生懸命勉強したとは思わなかった。　(エ)　涼真は英語の授業で最後にスピーチをした生徒だった。　問題本文の第2段落の最後の文 I said to～には，「マウロが話している言葉が英語か日本語かわからない」とあるのでイが適当。

(8)　(問題文訳)　裕次郎：涼真がマウロのスピーチから学んだことについて話しましょう。／ミラ：わかりました。スピーチを聞く前に彼は，i 世界中の誰もが教育を受けることができると思っていましたが，それは真実ではないことを理解しました。／裕次郎：その通りです。また，マウロはスピーチの中で，私たちは教育を通じて多くのことを得ることができると述べました。／ミラ：そうですね，涼真はマウロのスピーチを聞いた後，教育がいかに大切かを考えました。／裕次郎：そうですね。涼真は教育を通じて，ii 私たちの未来をより良くすることができると気づき，スピーチを聞いてから一生懸命勉強しています。／ミラ：はい。私も学校生活を頑張って楽しむつもりです。　(a)　(選択肢訳)　(ア)　彼は家族とそれをシェアできた　(イ)　世界中の誰もがお互いを理解できた　(ウ)　マウロと仲良くできなかった　(エ)　世界中の誰もが教育を受けることができる(○)　問題本文第6段落第5文 I thought everyone～には「世界中の誰もが教育を受ける機会があると思っていたが，それは間違っていた」とあることからエが適当。
(b)　(正答)make our future better　空欄 ii には，「教育を通してできること」が入る。問題本文第 6 段落第 7 文 I said, “For～の発話には Education can help us make our future better (教育は私たちの未来をより良くするのに役立つ)とあることから，ここの部分から英語4語を抜き出したい。正答は make A B の形で動詞＋目的語＋補語となり「AをBにする」という意味になる。

2　(対話文：絵・図・表・グラフなどを用いた問題，語句補充・選択，内容真偽，比較，不定詞，接続詞，関係代名詞，分詞の形容詞用法)

(全訳)　マユ：こんにちは，ローザ。オーストラリアの友達の一人のエマが，来月日本に来ることになっている。エマと私は一日一緒に過ごすの。彼女を町のいくつかのお寺に連れて行きたい。あなたと私は，この夏休みに一緒に私たち町のいくつかのお寺を訪れたね，だから，私たちはどのお寺を訪れるべきか教えて。

ローザ：わかった。そうね，うめ寺に行くべきだと思う。お寺の美しい庭園と，風鈴のイベントがとても楽しかった。イベントでは，お互いに風鈴に絵を描いたね。

マユ　：あなたが私に描いてくれたイルカの絵が好きなの。よく見ている。

ローザ：私もあなたがくれた風鈴が好き。猫の絵が気に入っているの。

マユ　：エマは絵を描くのが好きだから，お寺に行ってイベントを楽しもうかな。ゆず寺はどう？

ローザ：私はそこの美しい池を楽しんで，たくさんその写真を撮った。写真を私の国の姉妹に送って，そして彼女もお寺が気に入った。彼女はいつも，この町を訪れる機会があればお寺を訪れるつもりだと言っている。この雑誌の特集記事では，同じことを言っているね。

マユ　：そうね。私もその池を気に入ったので，このお寺にも行くつもり。

ローザ：はす寺はどうかな？　お寺の大きな木はよかった。そして，お寺の近くの有名なお店で食べたさくら風味のアイスクリームは美味しかった。

マユ　：この特集記事はアイスクリームショップの名前を書いているね。もう一度アイスクリームを食べたいけど，駅からお寺までたくさん歩かなければならない。このお寺に行くと，とても疲れてしまう。また，他のお寺を訪れる時間も，あまりなくなってしまう。エマを別のお寺へ連れて行こうかな。

ローザ：そうね。ええと，あなたのお母さんと一緒に車で訪れたお寺も気に入った。この特集記事にはそのお寺のことはないけど，お寺からのこの町の夜景は楽しかったね。私は絶対に忘れない。それから，お寺の近くの有名なお茶屋で日本茶を飲んだよ。とてもおいしかった。

マユ　：それはふじ寺ね。その日は両親が私たちと一緒に来れないので，電車やバスでそこへ行くから時間がかかってしまう。エマはその日に2つか3つのお寺を訪れたいので，そこには行かないほうがいいね。

ローザ：待って，特集記事には，風鈴のイベントは今月終了すると書いてあるよ。このお寺はどう？　このお寺の近くで扇子のイベントを楽しむことができる。お気に入りの動物の絵が描かれた扇子を買えるよ。

マユ　：それはエマにとっていい思い出になる，だから，そのお寺へ行って，うめ寺には行かないことにしよう。

ローザ：良い一日を。

(特集記事)

お寺の名前	情報
ゆず寺	このお寺の i 美しい池を見るべきです。見逃してはいけません。
はす寺	このお寺の近くには，こころという有名な ii アイスクリーム屋さんがあります。その店を訪れるべきです。
うめ寺	このお寺では風鈴のイベントが楽しめます。風鈴に絵を描くことができます。イベントは9月に終了します。
きく寺	このお寺の近くのお店で扇子のイベントが楽しめます。お店のスタッフが，あなたのために扇子に好きな動物の絵を描いてくれます。

(1)　(ア)　私は風鈴イベントの方が面白いと思う　(イ)　それはエマにとっていい思い出になる(○)　(ウ)　今，あなたの好きな動物を私に教えるべきです　(エ)　エマは日本のお寺に行くのが好きだ　空欄の後に続く文に意味が通じるような文はイが適当。選択肢エのvisitingは動名詞形で「訪れること」。

(2)　(ア)　i　大木　ii　アイスクリーム　(イ)　i　大木　ii　お茶　(ウ)　i　美しい池　ii　アイスクリーム(○)　(エ)　i　美しい池　ii　お茶　空欄 i はゆず寺のことであり，問題本文第6番目のローザの発話最初の文 I enjoyed the beautiful pond(美しい池を楽しんだ)とあるので，空欄 i は the beautiful pond が適当。空欄 ii ははす寺のことであり，問題本文第8番目ローザの発話第3番目文では，sakura-flavored ice cream we ate(私たちはさくら風味のアイスクリームを食べた)とあるので，空欄 ii は ice cream が適当。したがって，選択肢ウが適当。

(3)　(ア)　ゆず寺(○)　(イ)　はす寺　(ウ)　うめ寺　(エ)　きく寺(○)　(オ)　ふじ寺
問題本文第7番目まゆの発話では，ゆず寺に対して「このお寺を訪れる」と言ってるのでアが適当。また，問題本文第12番目ローザの発話第3文 You can enjoy～から以降はきく寺の話になっている。そして，次のまゆの発話「うめ寺ではなくきく寺へ行く」と言っているのでエが適当。

(4)　(ア)　エマは11月に来日し，マユは彼女をマユの町のいくつかのお寺に連れて行きます。
(イ)　まゆはうめ寺を訪れたとき，ローザのために風鈴にイルカの絵を描いた。　(ウ)　ローザがゆず寺で撮った写真のおかげで，彼女の姉妹は将来このお寺に行きたいと思っている。(○)

(エ)　きく寺近くのお店を訪れる人は，イベントで扇子に絵を描くことを楽しめます。　問題本文第6番目のローザの発話第2文 I sent them～では，「写真を姉妹に送って，そして彼女もお寺が気に入った」とあり，次の文 She always says～では，「彼女はこの町を訪れる機会があればお寺を訪れるつもりだ」と言っていることから，ウが適当。選択肢ウの to visit は不定詞の名詞用法で「訪れること」。

3・4・5 (リスニング)

放送台本の和訳は，44ページに掲載。

2022年度英語　聞き取り検査

〔放送台本〕

これから，問題3・4・5を放送によって行います。それでは，問題3の説明をします。問題3は(1)・(2)の2つがあります。それぞれ短い会話を放送します。次に，Question と言ってから英語で質問をします。それぞれの質問に対する答えは，問題用紙に書いてあります。最も適当なものを，(ア)・(イ)・(ウ)・(エ)から1つずつ選びなさい。会話と質問は2回放送します。それでは，問題 3 を始めます。

(1)　A: Hi, Ami. What did you do last weekend?

B: On Saturday, I visited my grandfather and made a cake with him. On Sunday, I watched TV at home. I had a nice weekend. How about you, Mana?

A: I played tennis with my friends on Saturday and did my homework on Sunday.

B: You had a good weekend, too!

Question: What did Mana do last Saturday?

(2)　A: Hi, Lisa. Do you have any brothers or sisters?

B: Yes, I do. Look at this picture. There are four people in the picture. These boys are my brothers, Daisuke and Shota. This girl is my sister, Kumi, and this is me. Daisuke is the oldest of the four. I am younger than Shota.

A: I see. Are you older than Kumi?

B: Yes, I am.

Question: Who is the youngest in the picture?

〔英文の訳〕

(1)　A：こんにちは，アミ。先週末は何をしたの？

B：土曜日に，祖父を訪ねて一緒にケーキを作ったの。日曜日は家でテレビを見ていた。良い週末だった。マナ，あなたはどうなの？

A：土曜日には友達とテニスをして，日曜日に宿題をした。

B：あなたも良い週末を過ごしたのね！

質問：先週の土曜日，マナは何をしましたか？

答え：(イ)彼女は彼女の友達とテニスをした。

(2) A：こんにちは，リサ。兄弟や姉妹はいるの？

B：ええ，いる。この写真を見て。写真には4人が写っている。これらの男の子は私の兄弟で，ダイスケとショウタなの。この女の子は私の姉妹のクミ，そしてこれが私。ダイスケは4人の中で最も年上なの。私はショウタよりも若い。

A：なるほど。あなたはクミより年上なの？

B：そうなの。

質問：写真の中で最年少は誰ですか？

答え：(ウ)クミ。

〔放送台本〕

次に，問題4の説明をします。これから，エマの母親とジェーンの会話を放送します。つづいて，英語で2つの質問をします。それぞれの質問に対する答えは，問題用紙に日本語で書いてあります。最も適当なものを(ア)・(イ)・(ウ)・(エ)から1つずつ選びなさい。会話と質問は2回放送します。それでは，問題4を始めます。

Mother: Hello?

Jane: Hello. This is Jane. May I speak to Emma?

Mother: Hi, Jane. Sorry. She is in a supermarket now because I told her to buy food for dinner. Do you want to talk to her about the birthday party for your school friend tomorrow?

Jane: Yes, I have an important message about the party. Can you give it to her, please?

Mother: Sure. What is it?

Jane: Emma and I had a plan for a birthday party for Ann in a restaurant tomorrow because tomorrow is her birthday. We have already bought the presents for her. But Ann is sick and will go to a hospital soon today. So, it is difficult for us to have the party tomorrow. We have to change the date. I think next Sunday is the best. I'm free on that day, but I want to ask Emma what she thinks.

Mother: OK. I'll tell her that. Oh! I remember my family has another plan for next Sunday. Her uncle and aunt will come to our house on that day.

Jane: I see.

Mother: I'll tell her to call you again when she comes home.

Jane: Thank you.

Question (1): Where is Emma now?

Question (2): Why do Jane and Emma have to change the date for Ann's birthday party?

〔英文の訳〕

母：　もしもし？

ジェーン：もしもし。ジェーンです。エマと話してもいいですか？

母：　こんにちは，ジェーン。ごめんなさい。私が夕食のための食べ物を買うように言ったので，彼女は今スーパーマーケットにいます。明日の学校の友達の誕生日パーティーについて彼女に話したいのですか？

ジェーン：はい，パーティーについて大切な伝言があります。彼女に伝えてくれますか？

母：　もちろん。それは何ですか？

ジェーン：明日はアンの誕生日なので，エマと私は明日レストランで彼女の誕生日パーティーを計画していました。私たちはもう彼女へのプレゼントを買っています。けれども，アンは病気で，今日もうすぐ病院に行きます。ですから，明日パーティーを開くのは難しいのです。日にちを変える必要があります。来週の日曜日が一番いいと思います。私はその日は時間がありますが，エマにどう思うか聞いてみたいのです。

母：　わかりました。彼女にそれを伝えます。ああ！うちの家族は来週の日曜日に，別の計画があることを思い出しました。その日，彼女のおじさんとおばさんが私たちの家にやってくることになっています。

ジェーン：わかりました。

母：　帰宅したら，また電話するように言います。

ジェーン：ありがとう。

質問(1)：エマは今どこにいますか？

答え：　(エ)スーパーマーケット

質問(2)：なぜジェーンとエマはアンの誕生日パーティーの日にちを変更しなければならないのですか？

答え：　(イ)アンの誕生日の前日に，アンが病気で病院へ行くから。

〔放送台本〕

次に，問題5の説明をします。問題5は(1)・(2)の2つがあります。それぞれ短い会話を放送します。それぞれの会話の，最後の応答の部分にあたるところで，次のチャイムを鳴らします。〈チャイム音〉このチャイムのところに入る表現は，問題用紙に書いてあります。最も適当なものを，(ア)・(イ)・(ウ)・(エ)から1つずつ選びなさい。問題用紙の例題を見なさい。例題をやってみましょう。

(例題)　A: Hi, I'm Hana.
　B: Hi, I'm Jane.
　A: Nice to meet you.
　B: <チャイム音>

正しい答えは(イ)の Nice to meet you, too. となります。ただし，これから行う問題の会話の部分は印刷されていません。それでは、問題5を始めます。会話は2回放送します。

(1)　A: Hello, welcome to our shop. What are you looking for?
　B: I'm looking for a watch. There are many nice ones here.
　A: How about this watch? This is very popular.
　B: <チャイム音>

(2)　A: Hi, Tomomi. I have something to tell you.
　B: You look so happy, Keiko. Tell me what happened.

A: I saw my favorite singer at Minato Station a few hours ago.
B: <チャイム音>

〔英文の訳〕

(例題) A：こんにちは，はなです。
B：こんにちは，ジェーンです。
A：はじめまして。
B：(イ)こちらこそ，はじめまして。

(1) A：こんにちは，当店へようこそ。何をお探しですか？
B：時計を探しています。ここにはすてきなものがたくさんありますね。
A：この時計はどうですか？ これはとても人気があります。
B：(エ)気に入っているけれども少し高いです。

(2) A：こんにちは，トモミ。あなたに伝えたいことがあるの。
B：ケイコ，とてもうれしそうね。何が起こったか教えてよ。
A：数時間前にミナト駅で，好きな歌手に会ったの。
B：(ア)あなたはとてもラッキーね。

<理科解答>

1 (1) ウ　(2) i群 ア　ii群 キ　(3) 組織，イ
2 (1) エ　(2) i群 ア　ii群 コ
3 (1) B，C，G　(2) ア，オ
(3) エ，Y
4 (1) i群 ウ　ii群 キ
(2) 右図
5 (1) イ，　A ク　B カ
C キ　(2) イ
6 (1) 0.88〔g〕　(2) ウ　(3) イ，ウ
7 (1) A ア　B イ　20〔cm〕
(2) オ　(3) (例)焦点より内側
8 (1) 8.0〔N〕　(2) X イ　Y ウ

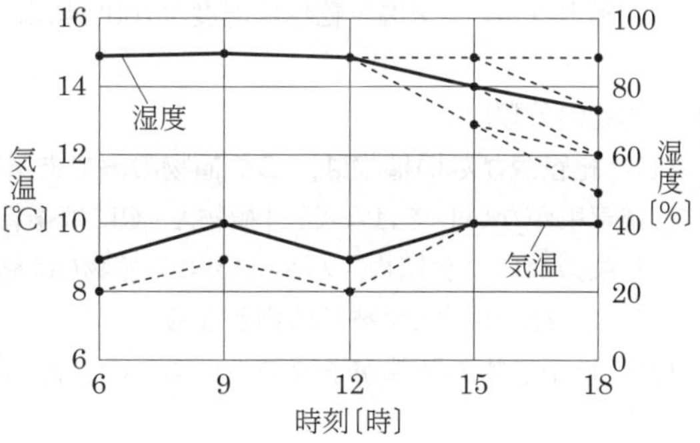

<理科解説>

1 (動物)

(1) それぞれの細胞では**細胞の呼吸**を行っており，栄養分と酸素をとり入れてエネルギーをとり出し，二酸化炭素と水を出している。
(2) 筋肉AもBも，関節をまたいだ骨についている。
(3) 同じ種類の細胞が多数集まって組織をつくり，様々な組織が集まって器官をつくる。器官がいくつか集まって1つの生命体となったものを個体という。オオカナダモは，葉，花，根，茎などの器官をもつ多細胞生物である。

2 (電池)

(1)　化学電池なので，物質のもつ**化学エネルギーが電気エネルギーに変化**している。

(2)　この化学電池(ダニエル電池)の場合，＋極の銅板から電子オルゴールを通って－極の亜鉛板へ向かう向きに電流が流れる。また，素焼きの容器を用いているのは，素焼きの容器に空いた小さな穴を通して，水溶液中のイオンを少量ずつ移動させるためである。

3 (太陽系)

(1)　太陽からの距離が近い順に並べると，C(水星)，G(金星)，地球，B(火星)，A(木星)，E(土星)，F(天王星)，D(海王星)である。太陽からの距離が近い4つの惑星が**地球型惑星**である。

(2)　太陽系で半径と質量が最大である木星は，火星と土星の間を公転している。火星は地球よりも半径が小さい惑星であるが，地球よりも外側を公転しており，公転周期も地球より長い。

(3)　天の川は，地球から銀河系の中心方向を観測したときに見える，銀河系のようすである。すい星は，細長いだ円軌道で太陽のまわりを公転している。小惑星の多くは，火星と木星の間を公転している。また，太陽系は，銀河系の中心から約3万光年の位置にある。

4 (天気の変化)

(1)　気温をはかるための温度計や乾湿計は，感温部が地上1.5mくらいの高さの，風通しのよい日かげになるように設置する。

(2)　湿度　15時の気温は10℃，乾球と湿球の目盛りの読みの差は，15時が10－8.5＝1.5〔℃〕，18時の気温は10℃，乾球と湿球の目盛りの読みの差は10－8.0＝2.0〔℃〕　湿度表を用いて，「乾球の読み」と「乾球と湿球との目盛りの読みの差」をそれぞれ読み取ると，15時が80％，18時が74％となる。　気温…乾球は湿度が100％になっていないならば，常に湿球よりも高い値を示す。

5 (植物の分類)

(1)　**維管束がない植物は，コケ植物のみ**である。よって，パネル②はまちがい。「植物A・Cには維管束がない」ではなく，「植物A・Cには維管束がある」のように変える。これにより，Bが維管束のないコケ植物，パネル③より植物Cは維管束があるが種子をつくらないので，シダ植物，そのため，植物Aが被子植物となる。

(2)　被子植物の胚珠が子房の中にあるのに比べ，裸子植物には子房がなく，胚珠がむき出しである。

6 (化学変化)

(1)　過不足なく反応している。**質量保存の法則**より，3.20＋0.24－2.56＝0.88〔g〕

(2)　物質X…酸化銅3.20gと過不足なく反応する炭素粉末の質量は0.24gである。よって，0.24g以上炭素粉末を入れても未反応の炭素粉末が残る。よって，反応後の物質には**未反応の炭素粉末(黒色)と銅(赤色)**が混ざっている。　物質Y…反応する酸化銅の質量をagとすると，3.20：0.24＝a：0.12　a＝1.60〔g〕　よって，炭素粉末はすべて反応し，3.20－1.60＝1.60〔g〕の**未反応の酸化銅(黒色)と反応によって生じた銅(赤色)**が残る。

(3)　酸化銅をxgとした場合，過不足なく反応する炭素粉末の質量は，$\frac{0.24}{3.20}x=\frac{3}{40}x$〔g〕と表せる。また，炭素粉末を$y$gとした場合，過不足なく反応する酸化銅の質量は，$\frac{3.20}{0.24}y=\frac{40}{3}y$〔g〕と表せる。次に，$z$gの酸化銅を還元したときに生じる銅の質量は，$\frac{2.56}{3.20}z=\frac{4}{5}z$〔g〕と表せる。これを利用すると，ア～オの反応は次のようになる。　ア　すべての炭素によって，2.80gの酸化銅が還元される。酸化銅が，3.00－2.80＝0.20〔g〕残る。2.80gの酸化銅が還元され，2.24gの銅が生じる。酸化銅と銅の混合物が0.20＋2.24＝2.44〔g〕残る。　イ　酸化銅と炭素は過不足なく反応する。2.40gの酸化銅が還元され，1.92gの銅が生じる。　ウ　すべての炭素によって2.00gの酸化銅が還元される。酸化銅が2.32－2.00＝0.32〔g〕残る。2.00gの酸化銅が還元され，1.60gの銅が生じる。酸化銅と銅の混合物が0.32＋1.60＝1.92〔g〕残る。　エ　炭素0.1575gによって，すべての酸化銅が還元される。炭素が，0.18－0.1575＝0.0225〔g〕残る。2.10gの酸化銅が還元され，1.68gの銅が生じる。炭素と銅の混合物が0.0225＋1.68＝1.7025〔g〕残る。　オ　酸化銅と炭素は過不足なく反応する。2.00gの酸化銅が還元され，1.60gの銅が残る。

7 (凸レンズ)

(1)　実像は，凸レンズと物体との距離が遠くなるほど，小さくなる。焦点距離＝40〔cm〕÷2＝20〔cm〕

(2)　光源から出た光がいろいろな角度で凸レンズを通過するので実像自体は全体が写って見えるが，像をつくる光の量が減るので暗くなって見える。

(3)　物体を焦点よりも凸レンズ側(内側)に置くと，実像はできなくなるが，凸レンズを通して実物と同じ向きで大きな虚像が見える。

8 (仕事)

(1)　仕事の原理を用いて，このときの仕事の大きさを求める。この仕事は，14Nの物体を垂直に0.80m持ち上げたときの仕事と同じになる。**仕事〔J〕＝力の大きさ〔N〕×力の向きに移動した距離〔m〕**より，14〔N〕×0.80〔m〕＝11.2〔J〕　実験Ⅰでは，斜面に沿って物体を1.40m持ち上げることで11.2Jの仕事をしたことから，誠さんがロープを引いた力の大きさは，11.2〔J〕÷1.40〔m〕＝8.0〔N〕

(2)　同じ物体を実験Ⅱのほうが高さが高い位置まで持ち上げているため，その分行った仕事も大きくなる。**仕事率〔W〕＝仕事〔J〕÷時間〔s〕**より，実験Ⅰの仕事率は11.2〔J〕÷4.0〔s〕＝2.8〔W〕，実験Ⅱの仕事率は，(14〔N〕×1.40〔m〕)÷7.0〔s〕＝2.8〔W〕となる。よって，2つの仕事率は等しい。

＜社会解答＞

1　(1)　㋒　パリ協定　(2)　i群　㋐　ii群　㋗　(3)　右図
(4)　㋒・㋓　(5)　i群　㋓　ii群　㋖

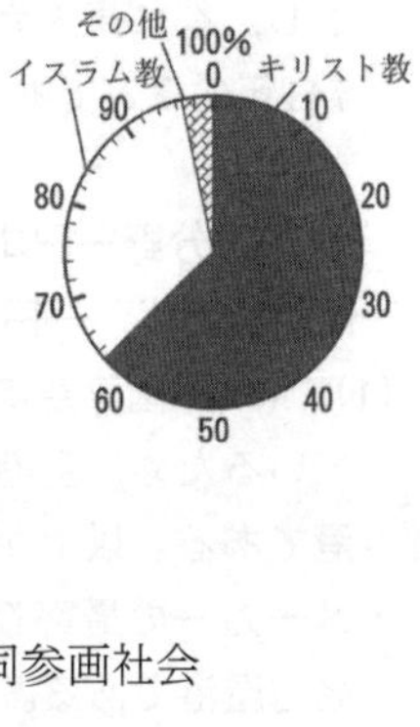

2　(1)　成田国際空港　Ⓐ　名古屋港　Ⓒ　(2)　㋐
(3)　(例)供給量が左右される　(4)　㋓　しゃかいふくし
(5)　社会的責任　㋓

3　(1)　i群　㋐　ii群　㋖　(2)　㋑
(3)　(イ)→(エ)→(ウ)→(ア)　(4)　i群　㋒　ii群　㋕　万葉集
(5)　i群　㋐　ii群　㋗

4　(1)　Ⓑ　㋐　(2)　i群　㋓　ii群　㋘　(3)　㋑・㋒・㋔　共同参画社会
(4)　福島(県)　㋓　(5)　㋑・㋔

＜社会解説＞

1　**(地理的分野―世界地理－地形・産業・貿易・人々のくらし，―環境問題，歴史的分野―日本史時代別－古墳時代から平安時代，―日本史テーマ別－政治史・文化史，―世界史－政治史，公民的分野―国際社会との関わり)**

(1)　**ミシシッピ川**が流れているのが，アメリカ合衆国である。ミネソタ州を源流とし，メキシコ湾に注ぐ。全長は3779kmで，これはアメリカ合衆国内においては一番長い。2015年に第21回**気候変動枠組条約締約国会議**で採択されたのが**パリ協定**である。パリ協定では，2020年以降の気候変動の問題に関する，発展途上国も対象とする国際的な枠組みが定められ，世界の平均気温上昇を**産業革命**前と比較して，2℃より充分低く抑え，1.5℃に抑えることが目標とされた。

(2)　ⅰ群　ア　イギリスの植民地支配に対する民族的反乱である**インド大反乱**は，1857年にインドで起きた。　イ　1917年に**ロシア革命**によって世界最初の**社会主義国**が誕生し，1922年にレーニンの指導の下，正式に成立したのが**ソビエト社会主義共和国連邦**である。　ウ　**フランス革命**が始まり，**人権宣言**が発表されたのは，1789年のことである。　エ　イギリスの**名誉革命**の際に，1689年に制定された法典で，王権の制限・議会の権限・臣民の権利等を定めたのが**権利章典**である。憲法のないイギリスの基本法典の一つである。19世紀に起こったのは，アのインド大反乱である。　ⅱ群　カ　生産量の差は，輸出量の差よりも小さい。　キ　エクアドルのバナナ生産量は，グアテマラとコスタリカの生産量の合計よりも多い。　ケ　コスタリカもバナナの輸出量が生産量の80%を超えている。カ・キ・ケのどれも誤りであり，クが正しい。

(3)　**キリスト教**の人口4,629万人は，全体の人口7,375万人の62.8%であり，これを書き込むと解答の通りになる。

(4)　アは，1941年にアメリカとイギリスが発表した**大西洋憲章**である。イは，1914年に始まった**第一次世界大戦**において，イギリスと同盟を結んだのは，フランスとロシアである。オは，第二次世界大戦中の1942年に，**ミッドウェー海戦**でアメリカに敗れたのは，日本である。ウの「**ワイマール憲法**を制定した」と，エの「**第二次世界大戦**においてイタリアと同盟を結んだ」の二つの文がドイツについて述べたものである。なお，ワイマール憲法が制定されたのは1919年，ドイツがイタリア・日本と同盟を結んだのは，1940年である。

(5)　ⅰ群　ア・イ・ウはどれも正しい。エが誤っている。国際連合の総会において各加盟国が投票できる票数は，大国も小国も一票ずつである。　ⅱ群　カ　**桓武天皇**は，794年に**平安遷都**が行われた時の天皇である。　ク　**推古天皇**は，607年に**遣隋使**が送られた時の天皇である。
ケ　**後三条天皇**は，1069年に延久の**荘園整理令**を出した天皇である。どれも別の時代の天皇であり，キの**聖武天皇**が正しい。聖武天皇は，国家を守るという仏教の**鎮護国家**の働きに頼ろうとし，都に**東大寺**を，諸国に**国分寺・国分尼寺**を建立させた。**国分寺建立の詔**が出されたのは，741年のことである。聖武天皇の死後，その遺品は**正倉院**に納められた。

2　**(地理的分野―日本地理－貿易・エネルギー・農林水産業，歴史的分野―日本史時代別－明治時代から現代，―日本史テーマ別－外交史，公民的分野―国民生活と社会保障・経済一般)**

(1)　(成田国際空港)　**半導体・通信機**など小さく，軽くて高価なものは，飛行機での輸送に適しているため，空港からの輸出入が多くなる。また，日本で最大の輸出入のある空港は**成田国際空港**である。以上から，Aが成田国際空港である。　(名古屋港)　**名古屋港**は，**日本最大の自動車メーカー**の最寄りの港であるため，輸出品目の1位が**自動車**であり，輸出の割合が大きい。Cが名古屋港である。

(2)　1905年の**ポーツマス条約**以前は，日本とロシアの領土は，1875年に締結された**樺太千島交換**

条約によって，国境が定められており，**樺太**全土が**ロシア領**，**千島列島**全部が日本領であった。PとRが国境線であった。ポーツマス条約において，樺太の南半分が日本領土となり，千島列島はそのまま日本領であった。国境線は，QとRである。したがって，国境線の変化を示す正しい組み合わせは，アである。

(3)　風が吹かなければ**風力発電**ができないなど，自然条件に電気の供給量が左右されるということを指定字数以内でまとめればよい。

(4)　生乳の全国生産量の5割以上を占めるのは北海道である。Xは北海道である。Yが関東である。北海道では消費地に遠いため，生乳の多くが乳製品に加工されるのに対し，関東は一大消費地である東京に近いため，加工しない牛乳向けに処理される量が多い。正しい組み合わせは，エである。日本の**社会保障制度**は，**社会保険・公的扶助・社会福祉・公衆衛生**の4本の柱からなっている。高齢者に対して牛乳を配布するのは，社会福祉(**しゃかいふくし**)である。

(5)　利益の追求だけでなく，従業員・消費者・地域社会・環境などに配慮した企業活動を行うべきとする考え方を**企業の社会的責任**(**CSR＝Corporate Social Responsibility**)という。
ア　**大企業**の割合は，全企業の約0.3％である。　イ　企業間の健全な競争を守るために**独占禁止法**が定められている。　ウ　**年功序列型**の賃金制度にかわって，**成果主義**の賃金制度が増えている。ア・イ・ウのどれも誤りであり，エが正しい。新技術や高度な知識を軸に，大企業では実施しにくい創造的・革新的な経営を展開する中小企業を**ベンチャー企業**という。ベンチャーとは「冒険的な企て」の意である。

3 (歴史的分野―日本史時代別－古墳時代から平安時代・鎌倉時代から室町時代・安土桃山時代から江戸時代，―日本史テーマ別－政治史・文化史，地理的分野―世界地理－気候・人々のくらし，公民的分野―国の政治の仕組み)

(1)　ｉ群　平安時代中期は，藤原氏による**摂関政治**が全盛期にあった。　ⅱ群　894年に**遣唐使**が停止された後の平安中期は，**国風文化**が栄えた時代であった。

(2)　スペインやイタリアなど**地中海性気候**の地域では，夏は気温が30度近く，雨がほとんど降らず日差しが厳しい。そのため，住居は石製で白く塗られ，窓が小さくつくられたり，ブラインドが取り付けられたりする。イタリアでは，こうした家屋をトゥルッリと呼ぶ。

(3)　アは，**村役人・本百姓**などの用語から，江戸時代に関する記述であることがわかる。イは，**地頭**についての説明があるところから，鎌倉前期に関する記述であることがわかる。ウは，**土一揆**についての説明があるところから，室町時代に関する記述であることがわかる。エは，**悪党**についての説明があるところから，鎌倉後期に関する記述であることがわかる。したがって，時代の古い順に並べると，イ→エ→ウ→アとなる。

(4)　ｉ群　**律令制度**下では，663年の**白村江の戦**以後，北九州沿岸の防衛が強化された。
ⅱ群　北九州に配置された兵士を**防人**という。奈良時代に**大伴家持**らが，天皇から庶民までの歌を集めて編纂した歌集が**万葉集**である。漢字の音を借りて，国語の音を表記する**万葉仮名**を用いた点が特徴である。

(5)　ｉ群　20歳代の人口は約1200万人で，投票率は約35％であるから，約420万人の投票者数となる。一方，60歳代の人口は約1800万人で投票率は約70％であるから，約1260万人の投票者数となる。20歳代の投票者数は，60歳代の約0.3倍となる。　ⅱ群　カ　**被選挙権**は**衆議院議員**の場合満25歳以上，**参議院議員**の場合は満30歳以上である。　キ　海外に住んでいる人が，外国にいながら国政選挙に投票できる制度を「**在外選挙制度**」という。　ケ　投票日に投票できない場合，**期日前投票**をすることができる。カ・キ・ケのどれも誤りであり，クが正しい。2013

年の公職選挙法改正により，SNSなどインターネットを使った選挙運動ができるようになった。なお，電子メールを利用した選挙運動は引き続き禁止されている。

4 (歴史的分野―日本史時代別－明治時代から現代，―日本史テーマ別－外交史・政治史・文化史，―世界史－政治史，公民的分野―国民生活・経済一般，地理的分野―日本地理－地形・交通・工業)

(1)　日英同盟は，1902年に締結された。1895年の下関条約と1930年のロンドン海軍軍縮条約締結の間である。女子留学生として岩倉使節団に同行したのは，津田梅子である。津田梅子は6歳で米国にわたり，帰国後，女子英学塾を開校した。これが現代の津田塾大学の前身である。イの樋口一葉は，明治後期の文学者である。ウの平塚らいてうは，青鞜社を創立し，機関誌『青鞜』に「元始，女性は太陽であった」と記した女性である。エの与謝野晶子は，日露戦争に際し「君死にたまふことなかれ」という歌を発表した歌人である。

(2)　ⅰ群　1945年に天皇の玉音放送で終戦が告げられたのは，ラジオ放送によってである。テレビ放送が始まったのは，後の1953年のことである。　ⅱ群　1960年代にテレビで戦況を伝えられた戦争は，ベトナム戦争である。資本主義の南ベトナム共和国と，社会主義のベトナム民主共和国が対立し，ベトナム戦争へと発展した。1964年にはアメリカが北爆を開始し，ベトナム戦争は本格化した。1975年にベトナム戦争は終結した。

(3)　「夫婦のみ」「夫婦と未婚の子供」「父親または母親とその未婚の子供」の世帯を指して，核家族という。現代の日本では，核家族化が急激に進行している。男女が，社会の対等な構成員として，社会のあらゆる分野における活動に参画する機会が確保され，男女が均等に政治的・経済的・社会的および文化的利益を享受することができ，かつ，ともに責任を担うべき社会を男女共同参画社会という。男女共同参画社会基本法は，1999年に施行された。

(4)　栃木県の北に位置し，宮城県の南に位置するのは，福島県である。　ア　東北地方には，青森・岩手・秋田・山形・宮城・福島の6県が属している。　イ　源義経が平氏を滅ぼしたのは，長門国(今の山口県)の壇の浦である。　ウ　日本橋を起点に伸びる，東海道・中山道・日光街道・奥州街道・甲州街道の五街道のすべてが通っていたのは，江戸である。ア・イ・ウのどれも誤りであり，エが正しい。天童将棋駒は山形県の，南部鉄器は岩手県の伝統的工芸品である。

(5)　ア　所定内労働時間は減少したが，所定外労働時間は増加した。　ウ　2010年の総労働時間は，1995年の総労働時間より100時間以上短い。　エ　所定内労働時間が1700時間未満の年は，パートタイム労働者の割合が20％以上である。ア・ウ・エのどれも誤りであり，イ・オが正しい。

＜国語解答＞

一　(1)　㋐　(2)　㋒　(3)　㋓　(4)　おかしけれ　㋑　(5)　㊀　A　心ひとつ　C　心得ぬ人　㊁　㋐

二　(1)　㋒　(2)　Ⅰ　㋒　Ⅱ　㋘　(3)　㋐　(4)　Ⅰ　㋐　Ⅱ　㋖
(5)　(論)争　(6)　㋑　(7)　㋓　(8)　㋒　(9)　むく(い)　(10)　㋓
(11)　㊀　共同体～りだす　㊁　㋑　㊂　贈り贈られる関係　㊃　Ⅰ　㋐　Ⅱ　㋖

＜国語解説＞

一 (古文－文脈把握，脱文・脱語補充，その他，仮名遣い，古文の口語訳)

(1) 「一興」とはちょっとした面白みがある，風変わり，奇抜だ，意外，あきれたことだという意味がある。傍線部前より直訳すれば，「何事によらず，風流の道はちょっとした面白みがある」となる。**面白いことには関心がそそられ，心惹かれるという意図**を汲みとる。

(2) ㋒いふは「こざかしき者ども」の客が主語であり，それ以外は「楽助」である亭主が主語である。

(3) 「万に」とは万事に，何かにつけて，また様々にあれこれとという意味。「心を付けて」とは思いを寄せる，大切に思う，物思いの心を起こさせる，気にする，心を配るなどがある。

(4) 現代仮名遣いで表すときは，助詞の「を」を除いて「お」と表す。 ㋑「ひらめ」は**マ行下二段活用**「ひらむ」の連用形である。

(5) ㊀〈口語訳〉 亭主は不愉快なので，花入れに土のついた，芋の葉を生けて見せたが，そのまま(無関心)でいる。何かにつけて心得のない人(客)には，(亭主のほうでも)そのつもりでいることだ。亭主も客も，同じように風流を愛する人でなくては，楽しみもないものだ。 A お茶の心得を何一つ持っていない客と，無礼をした客に無礼で返そうとした亭主を挙げ，茶の湯とはお互いが「心ひとつ」に茶の湯を楽しむものだと指摘している。 C 本文の中で，客のことを「こざかしき者ども」「この客」「心得ぬ人」等と色々な言葉を用いて言い表している。

㊁〈口語訳〉 だいたい時分というものがあろうに，昼前に来て，案内を乞う。亭主は腹を立てて，客を庭に招き入れてから，提灯を灯して，迎えに出たので，客はまだ理解できないで，夜の闇を歩くようにするのが，おもしろい。 朝顔が咲く時間に行われる茶の湯を客が所望したにもかかわらず，昼前に来て案内をせよと指示する。その事に立腹した亭主は昼なのに提灯を灯したり，芋の葉を朝顔だと見せても客は何事か理解していないので，全く通じなかったのである。

二 (説明文－内容吟味，段落・文章構成，指示語の問題，接続語の問題，脱文・脱語補充，漢字の読み書き，語句の意味，その他，品詞・用法)

(1) 傍線部にある「それら」とは，**前の三つを指している**。すなわち，①贈り物は一方的に贈られるだけではないこと，②贈り物を受けとること，③贈り物は必ず返礼することである。

(2) Ⅰ 「ささやかな」とは，小さくて取るに足らないさま。 Ⅱ 「概念」とは思考において把握される，物事の「何たるか」という部分。**抽象的かつ普遍的に捉えられた，そのものが示す本質**。対象を総括して概括した内容。あるいは，物事についての大まかな知識や理解を表している。

(3) 空欄の前に，お歳暮や年賀状の贈りあいや誰かの誕生日にSNSでバースデーメッセージを送ることなどの具体例を挙げている。これらをもらった側は，お返しのあいさつをしなくてはならないという気持ちが生まれるとしている。つまり，もらって得をしたということではなく，またあげて損をしたというわけでもなく，**互いに損得勘定ぬきに敬意を取り交わしながら贈りあうもの**であると主張している。また空欄の後には，「贈与の力」は「近代的な市場経済よりはるかに古い歴史を持つ」とあることから，経済的な損得を越えた言葉を空欄に入れる。

(4) Ⅰ 物の名を表わすために，その物の形を点や線で写したのを起源とする文字を「象形文字」という。 Ⅱ ㋖「羊」象形文字であり，㋕「本」は指事文字，㋗「知」は会意文字，㋘「油」は会意兼形声文字である。

(5) 「論争」とは意見の違っている人が，互いに自分の説を主張して争うこと。

(6) 「ますます」は程度がさらに高まって著しく，なお一層という意味の副詞。「増え」はア行下一段活用の動詞「増える」の連用形，「て」は助詞，「い」はア行上一段活用の動詞「いる」の連用形，「ます」は丁寧を表す助動詞である。

(7)　傍線部の前に，**貨幣経済サービスへの需要が高まった理由**が述べられている。それは，「原始的な分かちあいは『温かみ』を感じさせる一方で，逃れることができない『しがらみ』の重さも同時に感じさせます。そんな息苦しさから逃れたいとみんな思ったからこそ」，貨幣経済サービスが台頭してきたのである。一方，「しかし，」から始まる段落では**貨幣経済は人間関係を希薄にし，相互のやりとりまで消し去ってしまったこと**が述べられている。

(8)　「よく」は程度が強いこと，頻繁なことを表している。「しばしば」や「頻繁に」などを「よく」の代わりに当てはめて通ずるかどうかを確認する。

(9)　「報(むく)い」とは，善行や悪業の結果として得られるもの，または身に受けるもの。

(10)　贈りあいには古い歴史があり，人間関係の構築に大いに貢献してきた。しかし，他方で他者との「しがらみ」の重さを感じさせるものであり，それらから逃れるために貨幣経済サービスが置換された。結果的に貨幣経済によって「しがらみ」を切り離せたが，同時に人間関係の希薄さが露呈してしまった。「しかし，」から始まる段落にある「減ってしまったのは，ほっとするような分かちあいや助けあいを感じる機会，すなわち『予期せず人にギブする機会』や，『予期せず人からギブされる機会』」であり，これら貨幣経済が切り離してきたものをもう一度考え直す必要があると筆者は述べている。これらが[1]～[7]段落の内容であり，[8]段落ではもう一歩踏み込んで，ギブの精神の根底には「贈りおくられる関係―すなわち『利他性』―」があるとしている。そして前章の内容を持ち出し，「『人は誰かの世話をしたり，誰かの力になったり，感じたことを分かちあったりせずにいられない，社会的な生き物』」と定義し，人間には利他性が必ず存在し，状況に応じてふるまい方を調整し，日々を生きているのだと述べている。

(11)　㊀　ギブの慣習について「この力は」から始まる段落に述べられている。それは伝統的な社会に限らず，現代でも残っており，また「贈りあうことで共同体のつながりを意図的につくりだすための仕組み」となっている。

㊁　人間関係の広がりは，贈りあいによって広がることを筆者は全体を通じて主張している。それは既存の人間関係に限ったことではなく，また獲得するばかりの一方的な関係は成立しないという内容を読み取る。

㊂　「日本語」から始まる段落に，「恩送り」や「情けは人のためならず」という言葉を挙げているように，他者に見返りを期待するわけではなく，他者に贈ることによって，いずれは回り回って自分にも良いことが起こるという循環を先人たちは実行してきた。その結果，人間関係は広がりを見せ，人間社会の基盤となったとしている。

㊃　Ⅰ　批評文とは，ある物事のよさや特性などについて，理由や根拠をもって論じる文章のこと。よって，主観にたよって書くものではない。　Ⅱ　行書は，楷書を少しくずした書き方。楷書に比べれば筆圧の変化があり，画も少しくずし字寄りとなる。

京都府公立高等学校（前期選抜）

2021年度

★★★★★★★★★★★★★★★★★★★★★★

入　試　問　題

●くわしい解説……25ページ

2021年　京都府公立高校入試　出題範囲縮小内容

令和２年５月13日付け２文科初第241号「中学校等の臨時休業の実施等を踏まえた令和３年度高等学校入学者選抜等における配慮事項について（通知）」を踏まえ，出題範囲について以下通りの配慮があった。

○学力検査問題の出題範囲から除外する内容

数学	中学３年生で学習する内容のうち ▽ 三平方の定理 ▽ 標本調査
英語	▽ 設問において関係代名詞に関することは問わない。（本文の読み取りやリスニングの聞き取りなど、検査問題中で 関係代名詞が使用されることはある。）
理科	第１分野のうち ▽「科学技術と人間」 第２分野のうち ▽「自然と人間」
社会	公民的分野のうち ▽「私たちと国際社会の諸課題」
国語	中学３年生で学習する内容のうち ▽「書写に関する事項」

＜数学＞

時間　50分　　満点　50点

【注意】 1　円周率はπとしなさい。

2　答えの分数が約分できるときは，約分しなさい。

3　答えが$\sqrt{\ }$を含む数になるときは，$\sqrt{\ }$の中を最も小さい正の整数にしなさい。

4　答えの分母が$\sqrt{\ }$を含む数になるときは，分母を有理化しなさい。

1　次の問い(1)～(9)に答えよ。（18点）

(1)　$(-2)^2-(-6^2)\times\frac{2}{3}$ を計算せよ。 ……………………………答の番号【1】

(2)　$x-2y-\frac{x-9y}{5}$ を計算せよ。 ……………………………答の番号【2】

(3)　$(a+5)(a-3)-(a+4)(a-4)$ を計算せよ。 ……………………………答の番号【3】

(4)　yはxに反比例し，$x=-9$のとき$y=\frac{8}{3}$である。$x=4$のときのyの値を求めよ。
……………………………答の番号【4】

(5)　方程式 $2x+3y-5=4x+5y-21=10$ を解け。 ……………………………答の番号【5】

(6)　ある正多角形において，１つの外角の大きさの９倍が，１つの内角の大きさと等しいとき，この正多角形の辺の数を求めよ。 ……………………………答の番号【6】

(7)　絶対値が$\sqrt{10}$より小さい整数は全部で何個あるか求めよ。
……………………………答の番号【7】

(8)　二次方程式 $x^2-8x-7=0$ を解け。 ……………………………答の番号【8】

(9)　次の表は，バスケットボール部に所属している太郎さんが，ある週の月曜日から金曜日までの５日間，フリースローを毎日30本行ったときの，フリースローを決めた本数を記録したものである。この表のうち，ある曜日の記録が誤っていることがわかり，その記録をn本に訂正すると，５日間の平均値と中央値がどちらもちょうど15本になった。このとき，記録が誤っていたのは何曜日か，下の（ア）～（オ）から１つ選べ。また，nの値を求めよ。
……………………………答の番号【9】

	月曜日	火曜日	水曜日	木曜日	金曜日
フリースローを決めた本数（本）	11	14	12	21	15

（ア）　月曜日　　（イ）　火曜日　　（ウ）　水曜日　　（エ）　木曜日　　（オ）　金曜日

2　右の図のように，1，2，3，4，5の数が書かれたカードが1枚ずつ入っている袋がある。この袋からカードを1枚取り出し，それを袋にもどさずに，カードをもう1枚取り出す。最初に取り出したカードに書かれている数を a とし，袋の中に残った3枚のカードに書かれている数のうち最も小さい数を b とする。

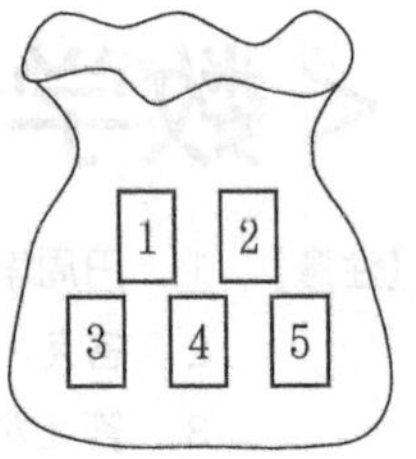

このとき，次の問い(1)・(2)に答えよ。ただし，袋に入っているどのカードが取り出されることも同様に確からしいものとする。（4点）

(1)　$b=3$ となる確率を求めよ。　……………………………答の番号【10】

(2)　$10a+b$ の値が素数となる確率を求めよ。　……………………………答の番号【11】

3　下のⅠ図のように，台形ＡＢＣＤと長方形ＥＦＧＨがある。台形ＡＢＣＤは，1辺が8㎝の正方形ＡＢＩＤと，∠ＣＩＤ=90°の直角二等辺三角形ＣＤＩに分けることができる。また，ＡＢ=ＥＦ，ＢＣ=ＦＧである。

下のⅡ図のように，台形ＡＢＣＤと長方形ＥＦＧＨを，4点Ｂ，Ｃ，Ｆ，Ｇがこの順に直線 ℓ 上にあるように置く。長方形ＥＦＧＨを固定し，台形ＡＢＣＤを直線 ℓ にそって矢印の方向に毎秒2㎝の速さで平行移動させ，点Ｃが点Ｇと重なったときに停止させる。点Ｃが点Ｆと重なったときから x 秒後の，台形ＡＢＣＤと長方形ＥＦＧＨが重なった部分の面積を y ㎠とする。

このとき，次の問い(1)～(3)に答えよ。ただし，台形ＡＢＣＤと長方形ＥＦＧＨは同じ平面上にあり，直線 ℓ に対して同じ側にあるものとする。（7点）

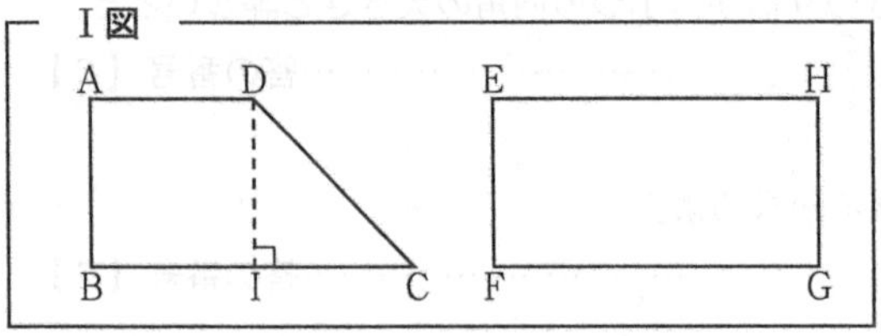

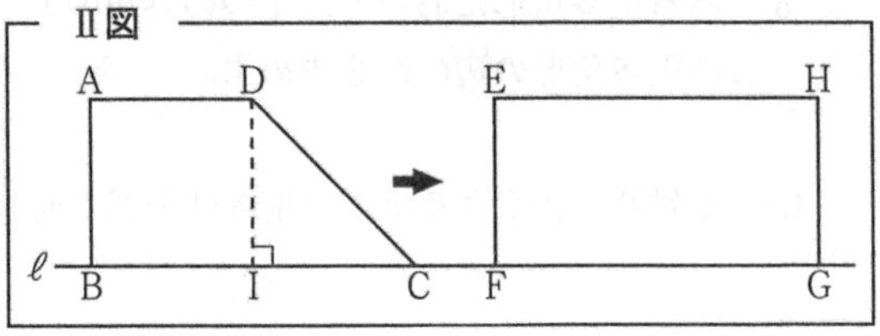

(1)　$x=3$ のときの y の値を求めよ。また，$x=5$ のときの y の値を求めよ。
……………………………答の番号【12】

(2)　次の文章は，x と y の関係について述べたものである。文章中の ① ・ ② に当てはまるものを，下の（ア）～（オ）からそれぞれ1つずつ選べ。　……………………………答の番号【13】

$0 \leqq x \leqq 4$ のとき，y は ① 。また，$4 \leqq x \leqq 8$ のとき，y は ② 。

（ア）　x に比例する　　（イ）　x に反比例する

（ウ）　x に比例しないが，x の一次関数である　　（エ）　x の2乗に比例する

（オ）　x の関数ではない

(3)　x の値が2から3まで増加するときの y の増加量の6倍が，x の値が3から a まで増加するときの y の増加量と等しくなる。このときの a の値を求めよ。……………………………答の番号【14】

4　下の図のように，平行四辺形ＡＢＣＤがあり，辺ＢＣ上に点Ｅを，ＢＥ：ＥＣ＝５：２となるようにとる。また，辺ＡＤ上に点Ｆを，∠ＡＥＦ＝∠ＣＦＥとなるようにとる。
このとき，次の問い(1)・(2)に答えよ。（６点）

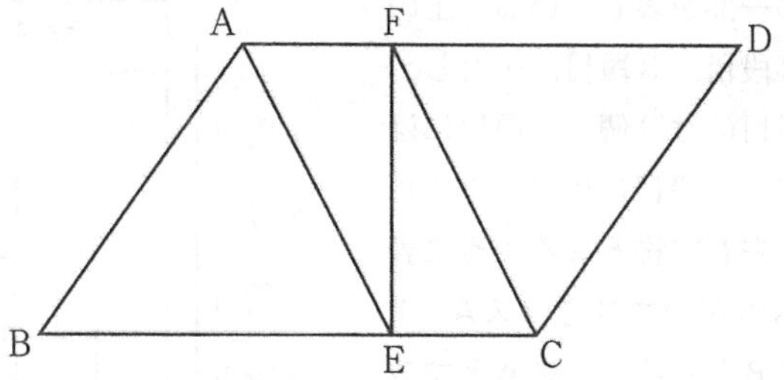

(1)　四角形ＡＥＣＦは平行四辺形であることを証明せよ。……………………………答の番号【15】

(2)　線分ＡＣと線分ＥＦとの交点をＧ，直線ＡＥと直線ＣＤとの交点をＨとするとき，四角形ＣＧＥＨと平行四辺形ＡＢＣＤの面積の比を最も簡単な整数の比で表せ。
……………………………答の番号【16】

5　点Ｏを中心とする球を，点Ｏを通る平面で切ってできる半球の形をした容器Ｘがあり，右のⅠ図のように，切り口を水平に保って満水にしてある。この切り口を円Ｏとすると，円Ｏの周の長さは12π㎝であった。また，右のⅡ図のように，ＡＤ//ＢＣの台形ＡＢＣＤがあり，ＡＤ：ＢＣ＝３：１，ＣＤ＝12㎝，∠ＡＤＣ＝90°である。台形ＡＢＣＤを，直線ＣＤを回転の軸として１回転させてできる立体の形をした容器Ｙがあり，空の容器Ｙを，ＢＣを半径とする円Ｃが底になるように水平な台の上に置く。右のⅢ図のように，容器Ｙに，容器Ｘに入っている水を残らず注ぐと，容器の底から水面までの高さは９㎝になった。Ⅲ図において，水面と線分ＡＢ，線分ＣＤとの交点をそれぞれＥ，Ｆとする。
このとき，次の問い(1)～(3)に答えよ。ただし，容器Ｘと容器Ｙの厚さは考えないものとする。（８点）

(1)　円Ｏの半径を求めよ。また，Ⅰ図において，容器Ｘに入っている水の体積を求めよ。……………………………答の番号【17】

(2)　ＡＤ：ＥＦを最も簡単な整数の比で表せ。
……………………………答の番号【18】

(3)　容器Ｙの容積を求めよ。……………………………答の番号【19】

Ⅰ図

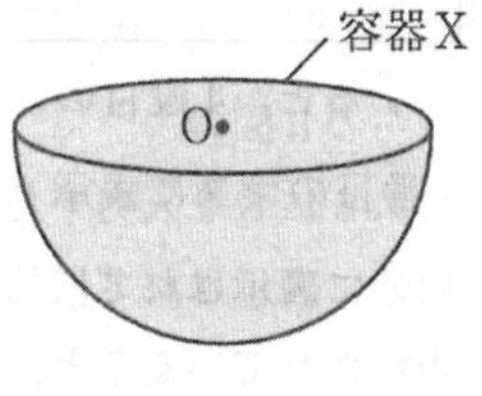

Ⅱ図

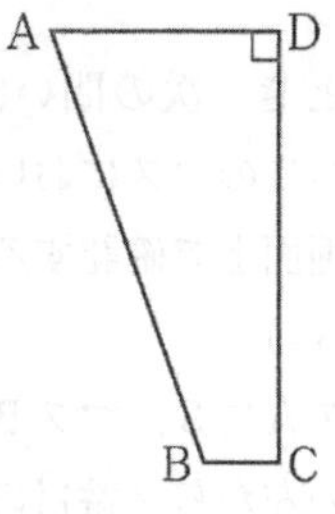

Ⅲ図

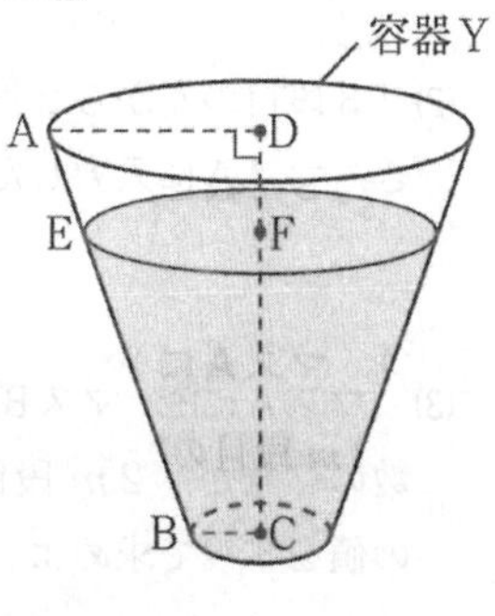

6 プログラミング教室で，規則的に数を表示するプログラムをつくった。右のⅠ図は，スマートフォンでこのプログラムを実行すると，初めに表示される画面の一部を表している。上の段から順に１段目，２段目，３段目，…とし，１段目には２個，２段目には３個，３段目には４個，…というように，n段目には（$n+1$）個の正方形のマスが，左右対称となるように表示されている。１段目の左のマスをマスA，１段目の右のマスをマスBとする。マスAとマスBに数をそれぞれ入力すると，次の〈**規則**〉に従って，２段目以降のマスに数が表示される。

Ⅰ図

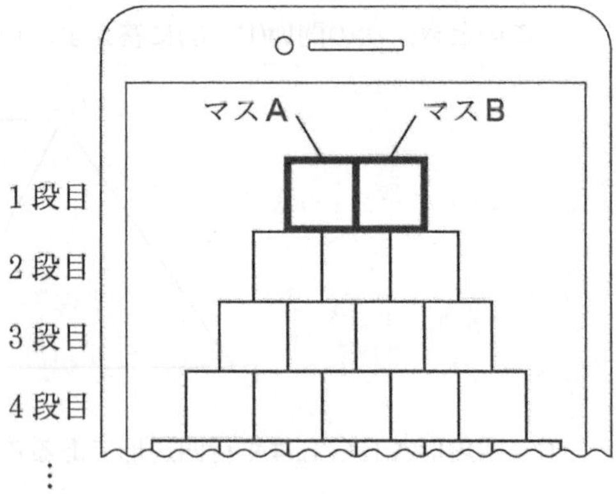

〈**規則**〉
- ２段目以降の左端のマスには，マスAに入力した数と同じ数が表示される。
- ２段目以降の右端のマスには，マスBに入力した数と同じ数が表示される。
- 同じ段の隣り合う２つのマスに表示されている数の和が，その両方が接している１つ下の段のマスに表示される。

右のⅡ図のように，たとえば，マスAに２，マスBに３を入力すると，４段目の左から３番目のマスには，３段目の左から２番目のマスに表示されている７と，３段目の左から３番目のマスに表示されている８の和である15が表示される。

このとき，次の問い(1)～(3)に答えよ。ただし，すべてのマスにおいて，マスに表示された数字を画面上で確認することができるものとする。（７点）

Ⅱ図

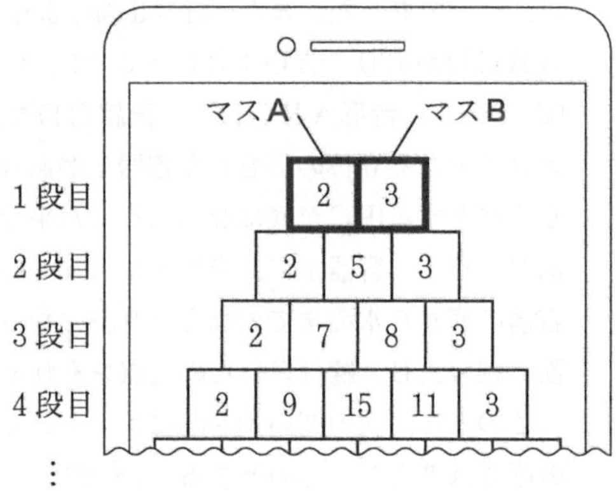

(1) マスAに３，マスBに４を入力すると，４段目の左から２番目のマスに表示される数を求めよ。…………………………答の番号【20】

(2) ３段目の左から２番目のマスに32，３段目の左から３番目のマスに－８が表示されているとき，マスAに入力した数と，マスBに入力した数をそれぞれ求めよ。

…………………………答の番号【21】

(3) マスAに22，マスBに－２を入力したとき，m段目の左からm番目のマスに表示されている数の２乗が，$2m$段目の左から２番目のマスに表示されている数と一致した。このときのmの値をすべて求めよ。…………………………答の番号【22】

＜英語＞

時間　50分　　満点　50点

【注意】 1　英語で書くときは，大文字，小文字に注意しなさい。筆記体で書いてもよろしい。
2　語数制限がある場合は，短縮形（I'm など）と数字（100や2021など）は１語として数え，符号（ , / . / ? / ! / “ ” など）は語数に含めないものとします。

1　次の問い(1)・(2)に答えよ。（６点）

(1)　次の絵の中の①～④の順に会話が成り立つように，□に入る適切な英語を，４語で書け。
……………………………答の番号【１】

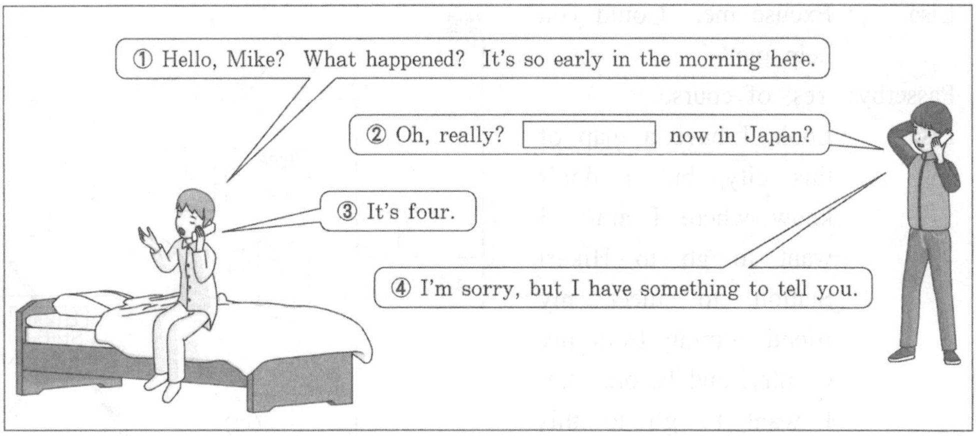
① Hello, Mike?　What happened?　It's so early in the morning here.
② Oh, really? □ now in Japan?
③ It's four.
④ I'm sorry, but I have something to tell you.

(2)　次の絵は，大学生の健二（Kenji）が友人のグレンダ（Glenda）と下の会話をしている一場面を表している。この絵をもとに，あとの問い(a)・(b)に答えよ。

Haruki

Glenda: I haven't seen your brother, Haruki, for a long time.　How is he?
Kenji　: He is fine.　I [①] from him yesterday.　He wrote about his life in Osaka.
Glenda: Oh, that's good.　Is he enjoying it?

Kenji : Yes. He wants to see us. ② Osaka together?

Glenda: Let's do that!

Kenji : OK. I'll tell him about it.

(a) 会話が成り立つように，① に入る適切な英語を，3語で書け。

…………………………答の番号【2】

(b) 会話が成り立つように，② に入る適切な英語を，3語以上5語以内で書け。

…………………………答の番号【3】

2 次の英文は，留学生のリサ（Lisa）と通りすがりの人（Passerby）が交わしている会話である。次の地図を参考にして英文を読み，次のページの問い(1)～(4)に答えよ。（8点）

地図

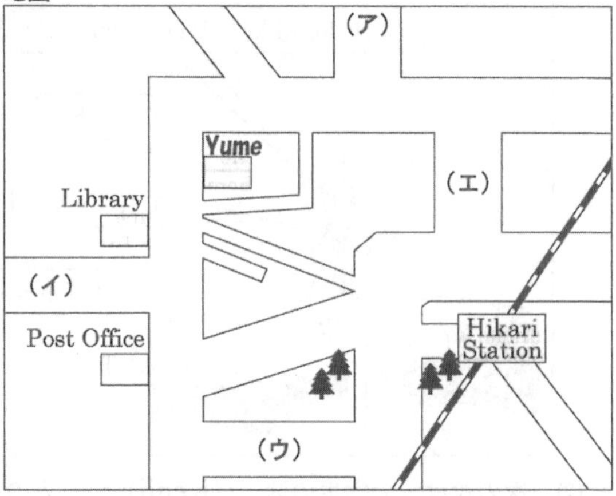

Lisa : Excuse me. Could you help me?

Passerby: Yes, of course.

Lisa : Look, I have a map of this city, but I don't know where I am. I want to go to Hikari Station to meet my friend coming from my country, and before that, I want to go to this cake shop called Yume. Could you tell me ① to go to the cake shop and the station?

Passerby: Sure. We are ②here on this map.

Lisa : I see.

Passerby: You want to go to the cake shop first, right? Walk *along this street, and turn left at the first *corner. Walk a little, and then, you'll see the cake shop on your right. You can get there in five minutes. It is my favorite cake shop.

Lisa : I'll go to the cake shop for the first time. Which cake should I buy?

Passerby: Well, I think the chocolate cake is very good.

Lisa : I see. I will buy one. Then, ③ long will it take to go to the station from the cake shop?

Passerby: There are some ways to walk to the station. It'll take twenty minutes if you choose an easy way. I think this way is good for you because you don't know this city well, right?

Lisa : Right. Could you tell me about it?

Passerby: Sure. Let's look at the map again. Go along the street in front of the cake shop, and you will see the library on your right. Walk a little, and when you see the post office on your right, turn left at the corner. After walking across the large street with trees, you'll be at the station.

Lisa　　: I see. That sounds easy.

Passerby: If you want to know another way, I'll tell you about it. It's a difficult way, but it's faster.

Lisa　　: Well, I want to get to the station early, so please tell me.

Passerby: OK. First, choose the same street from the cake shop, and turn left at the second corner. Look, this street is *narrow and there are two other streets like it. So, it may be difficult to find it. But it'll take only ten minutes to go to the station from the cake shop. It's two forty now. You don't have much time, right?

Lisa　　: I will meet my friend at three. So, I will choose this difficult way because [　④　].

Passerby: OK.

Lisa　　: Now I know a good way to go to the cake shop and the station because you showed it to me on the map. Also, I got useful *information about the cake shop. I am happy to get such information from you. Thank you for your help.

Passerby: You're welcome.

（注） along ～　～にそって　　corner　曲がり角　　narrow　狭い　　information　情報

(1) [①]・[③] に共通して入る最も適当な１語を書け。 ……………………………答の番号【4】

(2) 本文と地図から考えて，下線部②にあたるものとして最も適当なものを，地図中の（ア）～（エ）から１つ選べ。 ……………………………答の番号【5】

(3) [④] に入る表現として最も適当なものを，次の（ア）～（エ）から１つ選べ。

……………………………答の番号【6】

（ア） I will be able to get to the station in five minutes if I leave the cake shop now

（イ） I will be able to arrive at the station at two fifty after visiting the cake shop

（ウ） I want to arrive at the station in twenty minutes with some chocolate cake

（エ） I want to get to the station at two forty before buying some chocolate cake

(4) 本文の内容と一致する英文として最も適当なものを，次の（ア）～（エ）から１つ選べ。

……………………………答の番号【7】

（ア） The passerby is drawing a map to tell Lisa the way to go to the cake shop and the station.

（イ） The passerby doesn't know what to buy at the cake shop because that person has never visited it.

（ウ） Lisa says that the passerby showed her a good way to go to the cake shop and the station.

（エ） Lisa says that she is going to meet her friend coming from her country at the cake shop.

3 次の英文は，中学生の花子（Hanako）が行ったスピーチである。これを読んで，あとの問い⑴～⑼に答えよ。(24点)

There are some people cleaning streets in my town every morning. Also, there are some *crows looking for something in the *trash. Many kinds of trash are *scattered around the *dump by them. ①<u>That</u> is a problem of trash and crows. Many people don't want to *fight with crows, but they want to *solve the problem. 【 A 】

There is one way to solve the problem. I often see yellow plastic bags for trash. I heard that crows ②<u>[(ア) put / (イ) see / (ウ) the yellow / (エ) in / (オ) cannot / (カ) the things]</u> bags. If crows think that there isn't any trash in them, they will go to another place, and we don't have to fight with crows. 【 B 】 *However, many crows still come to dumps in my town. They learn quickly and understand well, and they know where to find something for their lives. So, they come back to look for it in trash if they think they can do that easily. What are they trying to find in our trash? If I can answer this question, I may find a better way to solve the problem of trash and crows. So, I started learning about crows.

My uncle is studying about crows. He often watches crows in some places and tries to understand their lives. He ③<u>(tell)</u> me about it last week. They get up very early in the morning and usually start looking for their food in the trash of some restaurants or food shops. In such trash, crows can find their favorite food like *French fries or *mayonnaise. My uncle said that they like *oily food. I thought it's interesting because I like the same food. 【 C 】 Also, they want to find something for making their houses. For example, they need *soft things like dog hair or *cotton because they want to put their eggs on such things. I was surprised to learn that crows find these things very well.

There are some better ideas to solve the problem of trash and crows, my uncle said. First, people should put a big *net over the trash. When there is a net, it is difficult for crows to scatter trash around a dump. Heavy nets with small *mesh are better. Second, when people put their trash in the dump, they should be careful about the time. Usually, the trash is ④<u>(collect)</u> in the morning. Crows may come and scatter it before that if you put the trash in the dump the *previous night. 【 D 】 If it is difficult for crows to get their food in our town, they will move to another place. ⑤My uncle knows what we can do to solve the problem of trash and crows because he always tries to understand them. I think he can see the problem from the side of the crows.

We don't want to fight with crows, but [　⑥　]? I've heard that the crows sometimes hit people. Do they want to fight with us? That may not be true. My uncle said that the crows are trying different ways to say, "Don't come around our house!" They want to protect their children when someone comes around their house. Crows are large birds and they can fly, so they look strong. However, they are afraid if someone is near them and they don't usually want to fight with us. So, they don't come around the trash when someone is there.

I learned about crows and I understood them better than before. They are just trying very hard to get things for their lives, and they can find them in our trash easily. So, I don't think they are bad. Scattering trash is a problem to us. However, if I see this problem from the side of the crows, then I will know what I can do to solve it. For example, I will not make much food trash, especially oily food trash, and I can be careful about my way of putting the trash in the dump. There is not an easy way to solve the problem of trash and crows, but now, I know it is important to think about it from the side of the crows. We often think about a problem only from our own side, but if we look at it from another side, we may find a better idea.

（注） crow　カラス　　trash　ごみ　　scatter ～　～をまき散らす　　dump　ごみ捨て場
fight with ～　～と戦う　　solve ～　～を解決する　　however　しかしながら
French fries　フライドポテト　　mayonnaise　マヨネーズ　　oily　油っこい
soft　柔らかい　　cotton　綿　　net　網，ネット　　mesh　網の目　　previous　前の

(1) 下線部①が指す内容として最も適当なものを，次の（ア）～（エ）から１つ選べ。

……………………………答の番号【8】

（ア） 通りのごみを拾って町をきれいにしている人々が，カラスにじっと見られていること。
（イ） 分別されていないごみが，地域の住民たちによってカラスのいる場所に出されること。
（ウ） ごみ捨て場周辺で，毎朝カラスが仲間を探して騒がしく飛び回っていること。
（エ） ごみ捨て場周辺で，いろいろなごみがカラスによってまき散らされていること。

(2) 次の英文を本文中に入れるとすればどこが最も適当か，本文中の【A】～【D】から１つ選べ。

……………………………答の番号【9】

So, we should not leave it there for a long time.

(3) 下線部②の［　］内の（ア）～（カ）を，文意が通じるように正しく並べかえ，記号で書け。

……………………………答の番号【10】

(4) 下線部③(tell)・④(collect) を，文意から考えて，それぞれ正しい形にかえて１語で書け。

……………………………答の番号【11】

(5) 次のページの英文は，下線部⑤について説明したものである。本文の内容から考えて，[i]・[ii] に入る最も適当なものを，[i] は次のページのⅠ群（ア）～（エ）から，[ii] は

Ⅱ群（カ）～（ケ）からそれぞれ１つずつ選べ。 …………………………答の番号【12】

> Hanako's uncle [i], so he knows when they come to a dump and scatter trash there. That is his [ii] for telling Hanako about better ideas to solve the problem of trash and crows.

Ⅰ群 （ア） watches crows very well （イ） studies about other towns
（ウ） tries to fight with crows （エ） puts trash in the dump

Ⅱ群 （カ） goal （キ） question （ク） reason （ケ） problem

⑹ [⑥] に入る表現として最も適当なものを，次の（ア）～（エ）から１つ選べ。
…………………………答の番号【13】

（ア） when do we have to protect them
（イ） what do they think about us
（ウ） can they solve the problem
（エ） do you know the way to hit them

⑺ 本文の内容に合うように，次の質問⒜・⒝に対する適当な答えを，下の〈条件〉にしたがい，それぞれ英語で書け。

⒜ Did Hanako start learning about crows to teach her uncle about them?
…………………………答の番号【14】

⒝ What do the crows want to protect when someone comes around their house?
…………………………答の番号【15】

> 〈条件〉 ・⒜は３語で書くこと。
> ・⒝は６語で書くこと。

⑻ 本文の内容と一致する英文として適当なものを，次の（ア）～（オ）からすべて選べ。
…………………………答の番号【16】

（ア） Crows try to get soft things because they want to use them to make their houses.
（イ） It becomes difficult for us to put our trash in the dump if we use a heavy net.
（ウ） Crows are strong birds, so they come to the dump when someone is there.
（エ） Hanako learned crows come to the dumps in her town because they can get things for their lives.
（オ） Hanako will put oily food trash in the dump for crows because it is their favorite food.

⑼ 次のページの英文は，このスピーチを聞いた後，二人の姉弟《きょうだい》ソフィ（Sophie）とネイト（Nate）が交わしている会話の一部である。これを読んで，次のページの問い⒜～⒞に答えよ。

Sophie: Hanako talked about the way to solve a problem, but do you know what she means?

Nate : I'm also thinking about it. For example, we sometimes fight with each other about TV programs, right?

Sophie: Yes. [i] I want to watch a movie, you always watch a soccer game, so I'm not happy. We cannot watch the two at the same time.

Nate : You want to say that our favorite programs are [ii], but if you know why I want to watch it, we don't have to fight with each other, maybe.

Sophie: I see. So, it's important to [iii] to solve our problems, right?

Nate : That's right, and Hanako wants to say that.

Sophie: Now I'm going to guess. You want to watch many soccer games on TV to be a better player in your team, right?

(a) [i] に入る語として最も適当なものを，次の（ア）～（エ）から１つ選べ。

…………………………答の番号【17】

（ア） After　（イ） Again　（ウ） But　（エ） When

(b) [ii] に入る最も適当な語を，本文中から１語で抜き出して書け。

…………………………答の番号【18】

(c) [iii] に入る適当な英語を，本文の内容にそって３語以上７語以内で書け。

…………………………答の番号【19】

【リスニングの問題について】

放送中にメモをとってもよい。

4 それぞれの質問に対する答えとして最も適当なものを，次の（ア）～（エ）から１つずつ選べ。

（4点）

(1) （ア） On Monday.　（イ） On Tuesday.

（ウ） On Thursday.　（エ） On Sunday.　…………………………答の番号【20】

(2) （ア） One apple.　（イ） Two apples.

（ウ） Three apples.　（エ） Six apples.　…………………………答の番号【21】

5 それぞれの質問に対する答えとして最も適当なものを，次の（ア）～（エ）から１つずつ選べ。

（4点）

(1) （ア） おもしろい　（イ） 広い　（ウ） 小さい　（エ） 役に立つ

…………………………答の番号【22】

(2) （ア） 小さい車を駐車する場所　　（イ） 食べ物や飲み物を置く場所
（ウ） ４台の自転車を載せる場所　　（エ） 商品を販売する場所

……………………………答の番号【23】

6 それぞれの会話のチャイムのところに入る表現として最も適当なものを，下の（ア）～（エ）から１つずつ選べ。（４点）

（例題）　A：Hi, I'm Hana.
B：Hi, I'm Jane.
A：Nice to meet you.
B：〈チャイム音〉
（ア） I'm Yamada Hana.　　（イ） Nice to meet you, too.
（ウ） Hello, Jane.　　（エ） Goodbye, everyone.

（解答例）

ア	(イ)	ウ	エ

(1) （ア） Yes, it is about four hundred years old.
（イ） Yes, a famous person built it.
（ウ） Yes, it was built in Kyoto.
（エ） Yes, you went there two years ago.　……………………………答の番号【24】

(2) （ア） My shirt is twenty dollars.　　（イ） There are three for each color.
（ウ） It's twenty dollars.　　（エ） I can show you another color.

……………………………答の番号【25】

（ア）船を見つけたので、探す必要がない
（イ）船を購入したところ、お金がなくなった
（ウ）船を探し求めていた間に、使う理由がなくなった
（エ）船を手に入れようとするが、その方法が見つからない

(3) 本文中の□に入る最も適当な語を、次の（ア）～（エ）から一つ選べ。……答の番号【22】

（ア）大船　（イ）国王　（ウ）羊一疋　（エ）皆

(4) 本文からは、本文中のc「に対応するかぎ括弧（」）が抜けている。このかぎ括弧（」）が入る箇所の、**直後の二字**を本文中から抜き出して書け。……答の番号【23】

(5) 次の会話文は、本文について広斗さんと先生が交わした会話の一部である。これを読み、後の問い㈠・㈡に答えよ。

先生　これは、古代ギリシャの説話「イソップ物語」を翻訳したもので、主人公のいそ保の逸話には外国を舞台としたものもあるんですよ。

広斗　だから、この本文にはエジプトの国王が登場するんですね。ところで、本文にある、いそ保の「才覚」とはどのようなものですか。

先生　それは、いそ保が創作した話の中の［A］時間で、［B］時間を作り出そうとしたところから分かりますね。

広斗　なるほど。つまり本文全体を通して、いそ保が［C］が、いそ保の「才覚」なんですね。

㈠ 会話文中の［A］・［B］に入る適当な表現を、本文の内容を踏まえて、［A］は**五字以上、八字以内で**、［B］は**三字以上、五字以内で**書け。……答の番号【24】

下書き用　A　B

㈡ 会話文中の［C］に入る最も適当な表現を、次の（ア）～（エ）から一つ選べ。……答の番号【25】

（ア）国王の要求に応じて毎夜、新たな物語を語った点
（イ）自分自身と国王の欲求を同時にかなえる話を作った点
（ウ）国王の願望にそった話をすることで国王を納得させた点
（エ）自分自身の望みをかなえるために意図的に国王を怒らせた点

て、**十五字以上、二十五字以内**で書け。……………………答の番号【18】

下書き用

㈢ レポートを作成する　ときの一般的な注意点として**適当でないもの**を、次の（ア）～（エ）から一つ選べ。……………………答の番号【19】

（ア）　本やインターネット、アンケートなどの手段を、調べたい内容に応じて用いる。

（イ）　「課題（テーマ）」「調査の方法」「調査の結果」「考察」「参考資料」の項目を立てて、全体をまとめる。

（ウ）　調査した内容は、まとまりごとに小見出しを付けて、自分が考えたことや感じたことを中心に書く。

（エ）　文章だけでなくグラフや表を取り入れるなど、効果的に伝わる方法を用いてまとめる。

三

次の文章は、「伊曾保物語《いそほものがたり》」の一節である。**注**を参考にしてこれを読み、あとの問い(1)～(5)に答えよ。（13点）

＊去《さる》ほどに、＊ねたなを国王＊いそ保を＊語らひ、よなよな昔今の物語どもし給《たま》ふ。ある夜、伊曾ほ、夜ふけて、ややもすれば眠りがちなり。「＊奇怪なり。語れ語れ」と責め給へば、いそ保謹《つつ》しんで承《うけたまはり》、＊叡聞《えいぶん》に備へて云《いはく》、近き比《ころ》、ある人千五百疋《ひき》の羊を飼ふ。其《その》道に河あり。底深くして、＊かちにて渡る事 a かなはず。つねに大船をもつてこれを渡る。有《ある》時、俄《にはか》に帰りけるに、 b 船をもとむるによしなし。いかん共せんかたなくして、ここかしこ尋ねありきければ、小舟一艘《さう》＊汀《みぎは》にあり。又ふたりとも乗るべき舟にもあらず。［　　］我とともに乗りて渡る。残りの羊、数多ければ、そのひまいくばくの費《つひ》へぞや c 」といひて、又眠る。

その時、国王逆鱗《げきりん》あつて、いそ保を諫《いさ》め給ふ。「汝《なんぢ》が＊睡眠狼藉也《らうぜきなり》。語《かたり》果たせ」と＊綸言《りんげん》あれば、いそほおそれおそれ申《まうし》けるは、「千五百疋の羊を小舟にて一疋づつ渡せば、その時刻いくばくかあらん。その間に眠り候《さうらふ》」と申ければ、国王大きに叡感あつて、「汝が才覚量りがたし」。

（「日本古典文学大系」による）

注
＊去ほどに…さて。　＊ねたなを国王…エジプトの国王。
＊いそ保…人物名。本文中の「伊曾ほ」「いそほ」も同一人物。
＊語らひ…話し相手にして。　＊奇怪なり…許しがたいことだ。
＊叡…国王の行動や考えに敬意を表す語。　＊かち…徒歩。
＊汀…水に接する所。　＊睡眠狼藉也…眠るのは無礼だ。
＊綸言…国王のことば。

(1)　本文中の波線部（〰）のうち、平仮名の部分が現代仮名遣いで書いた場合と**異なる書き表し方**を含んでいるものを、次の（ア）～（エ）から一つ選べ。また、本文中の a かなはず は歴史的仮名遣いで書かれている。これをすべて**現代仮名遣い**に直して、**平仮名**で書け。……………………答の番号【20】

（ア）　夜ふけて　　（イ）　羊を飼ふ
（ウ）　せんかたなく　　（エ）　そのひま

(2)　本文中の b 船をもとむるによしなし　の解釈として最も適当なものを、次の（ア）～（エ）から一つ選べ。……………………答の番号【21】

（エ）「芸術」は個人の生きている時間や場所に生じる困難に限らず、人類にとって普遍的な主題に焦点を当てて工作する営みであり、今という物理的な制約を超えて続いていくという点。

(5) 本文中の e示唆 の読みを**平仮名**で書け。……答の番号【14】

(6) 本文中の f保ショウ の片仮名の部分を**漢字**に直し、**楷書**で書け。……答の番号【15】

(7) 本文における段落の働きを説明した文として**適当でないもの**を、次の（ア）～（エ）から一つ選べ。……答の番号【16】

（ア）1段落は、話題の導入となる事実を確認し、2段落は、筆者の主張につながる考えを述べている。

（イ）4段落は、3段落の内容を踏まえて問題を提起し、さらに論を展開させている。

（ウ）10段落は、8・9段落の内容を否定する立場から意見を述べることで、新たな主張を提示している。

（エ）11段落は、これまでの主張を再確認することで論を補強し、全体をまとめている。

(8) 太郎さんと花子さんのクラスでは本文を学習した後、本文の内容についてレポートを作成することになった。次の会話文は、太郎さんと花子さんが話し合ったものの一部である。これを読み、あとの問い(一)～(三)に答えよ。

太郎　本文では、「芸術」について述べられていたね。9段落に「この真理に触れて表現されてきた作品として同一なのです」とあるけれど、「この真理に触れ」るとはどういうことだったかな。

花子　[A] ことだと本文から分かるよ。「芸術」はこうした真理を受け入れて表現されてきたのだと、具体的な芸術作品をあげて述べられていたね。

太郎　そうだね。じゃあ、人類は「芸術」という営みを通してどのように生き抜いてきたのだったかな。

花子　本文から、人類は「この真理に触れ」たことによって恐怖を感じつつも、[B] とを持ち、工人として「芸術」を営んできたことが分かるね。

太郎　そうだね。人類は「創造するヒト」として、光を求めるように明日へと向かって生きてきたんだね。今まで「芸術」について深く考えたことはなかったけれど、おもしろく感じたよ。いろいろな人が「芸術」についてどのように考えているのか、レポートを作成するね。

(一) 会話文中の [A] に入る最も適当な表現を、次の（ア）～（エ）から一つ選べ。……答の番号【17】

（ア）人類は大自然の中において無力な存在なので、限られた生命時間の中で文明を発達させ自然を変化させたと知る

（イ）人類は大自然の中で生かされている存在であり、限られた生命時間の中で生きていると気づく

（ウ）人類は限られた生命時間の中で文明を発達させてきたので、大自然とともに生きる方法を見いだしてきたと悟る

（エ）人類は限られた生命時間の中で生きる存在であり、大自然と同じ立場で生き抜いていると感じる

(二) 会話文中の [B] に入る適当な表現を、本文の内容を踏まえ

＊工人…ものをつくる職人。
＊匠…ものをつくること。

(1) 本文中の a語源 の熟語の構成を説明したものとして最も適当なものを、次のⅠ群(ア)～(エ)から一つ選べ。また、a語源 と同じ構成の熟語を、後のⅡ群(カ)～(ケ)から一つ選べ。……答の番号【10】

Ⅰ群
(ア) 上の漢字と下の漢字が似た意味を持っている。
(イ) 上の漢字と下の漢字の意味が対になっている。
(ウ) 上の漢字が下の漢字を修飾している。
(エ) 下の漢字が上の漢字の目的や対象を表している。

Ⅱ群
(カ) 抑揚　(キ) 握手　(ク) 装飾　(ケ) 実行

(2) 本文中の b「仮象」とはどのようなものか。最も適当なものを、次の(ア)～(エ)から一つ選べ。……答の番号【11】

(ア) 人間が自然物から得た素材で造りあげたもので、「自然そのもの」と同一とはいえないもの。
(イ) 人間が自然物から着想を得て造りあげたもので、「自然そのもの」を詳しく調べ、再構成する能力を人間にもたらすもの。
(ウ) 人間が自然物に対抗して造りあげたもので、「自然そのもの」と共通する特徴を持たないもの。
(エ) 人間が自然物に頼らず造りあげたもので、「自然そのもの」よりも生活を豊かにするもの。

(3) 本文中の c削る の活用の種類として最も適当なものを、次のⅠ群(ア)～(ウ)から一つ選べ。また、c削る と同じ活用の種類である動詞を、後のⅡ群(カ)～(サ)から**すべて**選べ。……答の番号【12】

Ⅰ群
(ア) 五段活用　(イ) 上一段活用　(ウ) 下一段活用

Ⅱ群
(カ) 繕う　(キ) 寝る　(ク) 勧める
(ケ) 満ちる　(コ) 辞する　(サ) 静まる

(4) 本文中の d「芸術」は、ほかの「術」と何が異なるのでしょうか について、本文ではどのような点が異なっていると述べられているか。最も適当なものを、次の(ア)～(エ)から一つ選べ。……答の番号【13】

(ア) 「芸術」は人類の生死の問題を解消しただけではなく、個人が行ってきた工作を世代を超えて継続させる人類の営みでもあり、人類に将来への大きな希望をいだかせるという点。
(イ) 「芸術」は医術によって個人の生命時間を解決することを否定した上で、人類が抱える主題そのものを見つめていこうとする営みであり、時間や場所に関わらず持続的に影響を与えていく力を持つという点。
(ウ) 「芸術」は目前の事態に貢献する手立てとしてだけではなく、過去から現在に至るまで人類が直面してきた主題に向き合う営みであり、その営みにより個人の生命を生起・循環させてきたという点。

いう問いがあります。

8　地上に生まれた私たちは、「限りある命」を授けられた生物です。「生きとし生けるもの」が授かった生命は永遠ではなく「有限であること」を直観できる力に、「芸術」の根源的発生は深く関わっています。人類はその「感／知」力によって、自らが限りある者であるという真実を実感してきました。それゆえに超越的な存在や聖なるものなど、「限りないもの」への憧れをいだき、羽ばたきの技法を「芸術」という「工作・創造」によって切り拓《ひら》こうとしてきました。どんなに科学技術が発達しても、この地上で授かった柔らかい命は、大自然を前にした「生身」であるということ。この一点において、先人の人類と、現代の私たちは、人類《マン》として変わらぬ同じ地平に立っているのです。

9　「大自然を前に、常に、人類は、生身である」。この最も根源的な真理と動機は、人類史のどの地点にあっても変わらず、芸術は、四万年前の「*ライオン・マン」の彫像でも、五〇〇〇年前の*レオナルドの「大洪水」でも、一〇〇年前の*カンディンスキーの「即興」でも、いかなる現代アートでも、この真理に触れて表現されてきた作品として同一なのです。

10　逆にいえば、この命の定めに怯《ひる》まず、「なにかを創りあげる」超脱へ、飛翔へと覚醒しない限り、なぜ私たちは明日へと向かっているのか、ヒトはなぜ光を求めるように、数万年以上ものあいだ芸術・表現の創造をしてきたのかの答えを得ることはできないでしょう。いいかえれば「限りある命の生きとし生けるもの」という「人類自身」の覚醒自体に「芸術」生成の「根源」があるといえるでしょう。

11　繰り返しますが、どんなに科学技術が発展しようと私たちは薄い皮膚一枚で護《まも》られている生身を、自然環境によって生かされている「生きもの」です。この真実への覚醒に「芸術の発生」は深く関わっていました。死への怖《おそ》れにおののきながらも、「命への慈《いつく》しみ」を心に育て、ゆえに「創造するヒト」として成長してきました。いわば「有限への認識の獲得ゆえに、無限への超脱の希求」という逆説の*俎上《そじょう》に、ヒトは生かされてきたのでした。天上の神《かみ》（々《がみ》）と違って、そもそも地上の存在である私たちは、永遠の生命をf保ショウされるはずがありません。しかしだからこそ、何かを創り出そうとします。人類は「限界存在」としての「思索者にして*工人」であり、その覚醒と*匠《たくみ》によって生き抜いてくることができたのでした。

（鶴岡《つるおか》真弓《まゆみ》「芸術人類学講義」による……一部省略がある）

注　*ファイン・アート…絵画・彫刻・建築などの視覚芸術。
*後漢書…中国の後漢時代を記した歴史書。
*技藝…美術・工芸などの技術。
*肉薄…核心に迫ること。
*思惟…心に深く考え思うこと。
*箴言…いましめとなることば。
*サイエンス&テクノロジー…科学と技術。
*レンジ…範囲。
*フィジカル…物質的。
*ライオン・マン…ドイツで発見された世界最古の動物彫刻。
*レオナルド…レオナルド・ダ・ビンチ。イタリアの画家、科学者。「大洪水」の作者。
*カンディンスキー…ドイツの画家。「即興」の作者。
*俎上…まないたの上。相手のなすがままにまかせるほかないような状態のたとえ。

(二) 会話文中の B に入る適当な表現を、本文の内容を踏まえて、十五字以上、二十五字以内で書け。……………………答の番号【9】

下書き用

二 次の文章を読み、問い(1)～(8)に答えよ。(20点)

（1～11は、各段落の番号を示したものである。）

1 現代人が用いている「アートart」はラテン語の「アルスars」がa語源ですが、元々は「アルス＝アート」という概念は、狭義《きょうぎ》の「芸術」や「＊美術《ファイン・アート》」だけを指すのではなく、医術、土木技術など人間が為《な》すあらゆる「技／術」を指していました。また中国の『＊後漢書』でいう「藝術《げいじゅつ》」が「学問と＊技藝」を表していたように、ラテン語の「アルス」、ギリシャ語の「テクネーtechné」はそうしたより広い意味を担《にな》っていました。

2 人間が造るものは、星のまたたくさまや、森のそよぎや、鹿の走りなど、「自然物」にどれほど＊肉薄しても、それらは「自然そのもの」ではなく、自然から恵まれた素材を、＊思惟《しい》のもとに人類・ヒトが吟味し、みずから構成し工作して「創る」豊かなb「仮象」です。「創」という漢字の右のつくりの部分は、ヒトが道具でひたすら「c削るさま」を意味しているように、それは工作の成果としてあります。

3 ヒトの為す「あらゆる術《アルス》」。それを分かりやすく説いているのが、良く知られる＊箴言《しんげん》「アルス・ロンガ、ウィータ・ブレウィス（Ars longa, vita brevis）」です。もともとは古代ギリシャの医者ヒポクラテスの言葉といわれ、「医術（技術）を身につけるには長い時がかかる、しかし人生は短《みじ》かすぎる」という意味です。「アート」の概念の出発点には、学術・医術・技術・武術などすべての「術《アルス》」が含まれていたのでした。

4 ではd「芸術」は、ほかの「術」と何が異なるのでしょうか。「芸術」を「技術」と対比すると、緊急を要する外科的医術や、洪水を防ぐ応急の土木技術は「目の前の生命時間」に貢献します。一方、こうした一刻を争う＊サイエンス＆テクノロジーの使命に対して、「生きとし生けるもの」の目前の困難だけではなく、人類が歩んできた時間の＊レンジで、生死を見つめ工作・産出されるものとその営みを「芸術」と呼び区別できます。

5 奇跡的な生還をもたらす心臓外科医の技もまた、「生命」という、常に私たちに「差し迫っている」主題に挑む点では芸術です。しかしなお、芸術は地上の物理（＊フィジカルなもの・肉体的なもの）を遥《はる》かに超えて、最も「ロンガ＝長き」ものに関わる、耐久的な「術性」をもつのです。それは有限の時間を超えていく「呪／術性」「魔／術性」にも通じていることでしょう。芸術にそなわるこの超脱性を、ヒポクラテスは医術と芸術の意識からe示唆したのかも知れません。

6 さてこのように「芸術」は、目前のみを救済する使命を超え「人類史」のなかに生起・循環してきました。すなわち「生きとし生けるもの」の限りある生に、限りない時空をもたらそうとする大いなる営みが「芸術」と名指されるものなのです。

7 では、なぜ「芸術」という工作の営みが、人類には必要なのかと

(5) 本文中の e交わり の品詞として最も適当なものを、次のⅠ群(ア)～(エ)から一つ選べ。また、e交わり と同じ品詞が波線部（～～）に用いられているものを、後のⅡ群(カ)～(ケ)から一つ選べ。……答の番号【5】

Ⅰ群

(ア) 動詞　(イ) 名詞

(ウ) 形容詞　(エ) 連体詞

Ⅱ群

(カ) これで一日の仕事が終わります。

(キ) 窓から明るい光が差し込む。

(ク) 春には多くの出会いがあります。

(ケ) 友人とある店で待ち合わせをする。

(6) 本文中の f「権利」としてあるもの について、本文では「権利」とはどのようなものであるべきだと述べられているか。最も適当なものを、次の(ア)～(エ)から一つ選べ。……答の番号【6】

(ア) 自己と他者が個別に持っているものや考えの中で、すべてのひとが理解して受け入れることができる、道理にかなったもの。

(イ) 自己が備えている、他者と単純には共有できない生存や所有に関わるものの中で、自己にとって正当化可能な理屈を退けたもの。

(ウ) 自己と他者の衝動や欲望が衝突して新たに生じるものの中で、互いに許容することで、世間一般に認められるようになったもの。

(エ) 自己に属する意志や生命、身体などの中で、他者が必然性のないものだと判断しても、自己にとって必然性のあるもの。

(7) 本文中の g受けていない は、二つの文節に区切ることができる。この文節どうしの関係として最も適当なものを、次の(ア)～(エ)から一つ選べ。……答の番号【7】

(ア) 修飾・被修飾の関係

(イ) 接続の関係

(ウ) 主語・述語の関係

(エ) 補助の関係

(8) 次の会話文は、章太さんと理奈さんが本文を学習した後、本文について話し合ったものの一部である。これを読み、後の問い㈠・㈡に答えよ。

章太　本文で述べられている「自由」のもっとも基本的なかたちが成立するためには、私たち個人はどうすればよかったかな。

理奈　「自由な意志」の存在を条件として、そこに、自分自身が A によって「自由」の基本的なかたちは成立すると、本文から読み取れるよ。

章太　そうだね。そのようにして「自由」が成立すると考えると、自己の意志が、生きていく上で、 B のどちらか一方でも当てはまると「不自由」だとする筆者の主張にも納得がいくね。

㈠ 会話文中の A に入る最も適当な表現を、本文中から**十四字**で抜き出し、**初めと終わりの三字**を書け。……答の番号【8】

が自己の行動の決定主体であるような個人（あるいは集団）のあり方のことである。そういう意味で、「自律」は「主権性」とも言いかえられ、より具体的には、「自己統治」や「自己決定」、「自己管理」や「自己支配」とも言いかえられてきた。自立的な主体であるとは、「わたしがわたしの主人である」ということであり、「わたしがわたしの生の主宰者である」（＊デカルト）ということである。

ここで自立的＝自律的というのは、生の遂行においてわたしが、他者による制限を受けないだけでなく、他者の意志に依存しない状態にあるということである。それどころか、わたしの意志が他者のそれに依存しているというのは、たとえその意志にもとづいた行動が他者によって制限を受けていなくても、じつは不自由そのものなのである。「自由」とはまずなによりも「自由な意志」の存在を前提するものである。そして、個々人の意志の発動のうちに「自律」という回路が設置されていることが、「自由」のもっとも基本的なかたちなのである。

（鷲田《わしだ》清一《きよかず》「〈ひと〉の現象学」による）

注　＊反撥…「反発」と同じ。　＊リアリティ…現実味。
＊放埒…気ままに振る舞うさま。　＊セルフィッシュ…自分本位の。
＊明治の人びと…本文より前の部分で、明治の人びとによって英語の語彙の訳語が世間に定着したことが述べられている。
＊訝った…不審に思った。
＊デカルト…フランスの哲学者。本文の「わたしがわたしの生の主宰者である」はデカルトの言葉を引用したもの。

(1) 本文中の a口の端に上る の意味として最も適当なものを、次のⅠ群（ア）～（エ）から一つ選べ。また、本文中の hもっぱら の意味として最も適当なものを、後のⅡ群（カ）～（ケ）から一つ選べ。……答の番号【1】

Ⅰ群
（ア）話題になる　（イ）議論になる
（ウ）想定される　（エ）換言される

Ⅱ群
（カ）当たり前のように　（キ）大胆に
（ク）気づかれないように　（ケ）ひたすらに

(2) 本文中の b前者 ・ c後者 が指しているのは、どのようなときに用いられる「自由」か。最も適当なものを、次の（ア）～（エ）からそれぞれ一つずつ選べ。……答の番号【2】
（ア）他者に拘束されていない条件において、理性的な主張をするとき。
（イ）他者に制限されない、自己の感情のままの行動を理屈づけるとき。
（ウ）他者からの支配に抵抗し、その支配からの解放を要求するとき。
（エ）他者からの圧力をやむを得ず受け入れ、了承するとき。

(3) 本文中の d侵されて の漢字の部分の読みを**平仮名**で書け。……答の番号【3】

(4) 本文中の □ に入る最も適当な表現を、次の（ア）～（エ）から一つ選べ。……答の番号【4】
（ア）「自己」の持つ権利を制限する働きもある
（イ）「固有のもの」としての役割が組み込まれる
（ウ）「権利」という概念契機も本質的に含まれている
（エ）「個人」という概念の認識が根底に内包されている

＜国語＞

時間　五〇分　満点　五〇点

【注意】　字数制限がある場合は、句読点や符号なども一字に数えなさい。

一　次の文章を読み、問い(1)～(8)に答えよ。（17点）

ひとが何かをおこなうことを外部から強く制限されるとき、たとえばその行動に激しい圧力がかかる、その存在が厳しく拘束される、意に反して何かを強制されるといった場面では、それらへの＊反撥《はんぱつ》の表明として、「自由」という語はなかなかの＊リアリティを帯びる。ここで「自由」は、「支配」や「隷属」、「専制」や「圧政」の対項として語りだされる。他者あるいは「権力」によってじぶんの存在が脅《おびや》かされているという事態への抵抗、その合い言葉として「自由」が口にされるのである。

けれども「自由」は、わがまま、気ままや、ただの＊放埒《ほうらつ》としてなされた行為をみずから正当化するときに用いられもする。ここでは「ひとの勝手」とほとんどおなじ意味で、「個人の自由」がa口の端《は》に上る。つまり、強制や拘束からの自由ではなく、何をしてもよいという恣意の自由、干渉されない自由として。

差異は、脅威を感ずるのがだれか、干渉されるのがだれか、ということにある。b前者は、ほんらいはその権利を有するはずなのにそれ以外の選択を許さぬと迫られている「個人」である。c後者は、無制約の選択を主張する＊セルフィッシュな個人である。この「セルフィッシュ」という意味の混入を、「自由」の訳語を定着させた＊明治の人びとは＊訝《いぶか》ったらしい。「自由」という概念は、「自己」という概念契機を欠くことができない。不自由とは、自己の思いや意志が制限されること、それも自己というものに固有の権利が認められてしかるべきものが制限されることを意味する。それは、「自己」とともにその自己に権利として属するはずのものがd侵されている、脅かされている、というふうに言いかえることができる。とすれば、「自由」には［　　］ことになる。

自己に固有のものを護《まも》る権利。その自己に固有のものが何であるかについては、さまざまに考えられてきた。生命、あるいはその座である身体、選択する意志、身柄（家族をはじめとする親しいe交わりの関係）、個人もしくは集団の所有物……。

ここで問題になるのは、あくまでf「権利」としてあるものである。生存権、そして所有権。「権利」としてあるかぎり、それらは正当化可能なものでなくてはならない。これが欲しい、これをしたいといった、個人の衝動や欲望はあきらかに他者のそれらと衝突するもの、単純には共存できないものだから、正当性の主張のあいだにかならず対立が起こり、正当性の主張を全《まっと》うすることは困難である。したがって、恣意的なものは「権利」からは排除されざるをえない。根拠の認められるもの、だれもが普遍的に承認できるもの、そういうものが「権利」にはなければならない。

そこに導入されるのが、「自己」という契機である。「自由」という概念には、まずは、他者からの制限や干渉をg受けていないこと、他者に強制もしくは拘束されていないことが含意されるが、これを裏返せば、ひとが他者の支配を受けずに、hもっぱら自己の意志にもとづいて思い、行ないうること、つまりは一つの自立的な主体であることを意味する。「自由」はしばしば「自律」(autonomy)という概念で言いかえられる。「自律」とは、「自己が法である」ということ、自己

MEMO

大切なことはメモしておこうネ！

2021年度

解答と解説

《2021年度の配点は解答用紙集に掲載してあります。》

<数学解答>

1　(1)　28　(2)　$\frac{4x-y}{5}$　(3)　$2a+1$　(4)　$y=-6$　(5)　$x=9$，$y=-1$
　(6)　20本　(7)　7個　(8)　$x=4\pm\sqrt{23}$　(9)　㋑　$n=16$

2　(1)　$\frac{1}{10}$　(2)　$\frac{2}{5}$

3　(1)　($x=3$のとき)$y=18$，($x=5$のとき)$y=48$　(2)　①　㋓　②　㋒
　(3)　$a=\frac{55}{8}$

4　(1)　解説参照　(2)　四角形CGEH：平行四辺形ABCD＝9：70

5　(1)　(半径)　6cm　(体積)　144π cm^3　(2)　AD：EF＝6：5　(3)　256π cm^3

6　(1)　13　(2)　(マスAに入力した数)　24　(マスBに入力した数)　−16
　(3)　$m=5$，30

<数学解説>

1　(数・式の計算，式の展開，比例関数，連立方程式，角度,平方根，二次方程式，資料の散らばり・代表値)

(1)　**四則をふくむ式の計算の順序は，指数→かっこの中→乗法・除法→加法・減法**　となる。$(-2)^2=(-2)\times(-2)=4$，$-6^2=-(6\times6)=-36$だから，$(-2)^2-(-6^2)\times\frac{2}{3}=4-(-36)\times\frac{2}{3}=4-(-24)=4+24=28$

(2)　$x-2y-\frac{x-9y}{5}=\frac{5(x-2y)}{5}-\frac{x-9y}{5}=\frac{5(x-2y)-(x-9y)}{5}=\frac{5x-10y-x+9y}{5}=\frac{4x-y}{5}$

(3)　**乗法公式$(x+a)(x+b)=x^2+(a+b)x+ab$，$(a+b)(a-b)=a^2-b^2$**より，$(a+5)(a-3)=(a+5)\{a+(-3)\}=a^2+\{5+(-3)\}a+5\times(-3)=a^2+2a-15$，$(a+4)(a-4)=a^2-4^2=a^2-16$だから，$(a+5)(a-3)-(a+4)(a-4)=(a^2+2a-15)-(a^2-16)=a^2+2a-15-a^2+16=2a+1$

(4)　**yはxに反比例する**から，xとyの関係は$y=\frac{a}{x}$…①と表せる。$x=-9$のとき$y=\frac{8}{3}$であるから，これを①に代入して，$\frac{8}{3}=\frac{a}{-9}$　$a=-24$　xとyの関係は$y=\frac{-24}{x}$と表せる。よって，$x=4$のときのyの値は，$y=\frac{-24}{4}=-6$

(5)　問題の方程式を，連立方程式$\begin{cases}2x+3y-5=10\\4x+5y-21=10\end{cases}$と考える。それぞれの式を整理して，

$\begin{cases}2x+3y=15\cdots①\\4x+5y=31\cdots②\end{cases}$　①×2−②より，$y=-1$　これを①に代入して，$2x+3\times(-1)=15$　$x=9$

よって，連立方程式の解は，$x=9$，$y=-1$

(6)　この正多角形の1つの外角の大きさをx°とすると，1つの外角の大きさの9倍が，1つの内角の大きさと等しいから，1つの内角の大きさは$9x$°と表される。**1つの頂点において，内角と外角の和は180°**だから，$9x+x=180$より，$x=18$　**多角形の外角の和は360°**だから，$360\div18=20$より，この正多角形は正二十角形であり，辺の数は20本である。

(7)　$\sqrt{9}<\sqrt{10}<\sqrt{16}$　すなわち，$\sqrt{3^2}<\sqrt{10}<\sqrt{4^2}$より，$3<\sqrt{10}<4$だから，**絶対値**が$\sqrt{10}$より小さい整数は，絶対値が3以下の整数であり，全部で-3，-2，-1，0，1，2，3の7個ある。

(8)　**2次方程式$ax^2+bx+c=0$の解は，$x=\frac{-b\pm\sqrt{b^2-4ac}}{2a}$**で求められる。問題の2次方程式は，$a=1$，$b=-8$，$c=-7$の場合だから，$x=\frac{-(-8)\pm\sqrt{(-8)^2-4\times1\times(-7)}}{2\times1}=\frac{8\pm\sqrt{64+28}}{2}=\frac{8\pm\sqrt{92}}{2}=\frac{8\pm2\sqrt{23}}{2}=4\pm\sqrt{23}$

(9)　問題の表でフリースローを決めた本数の合計が$11+14+12+21+15=73$(本)であることと，正しい本数の合計が15(本)$\times$5(日間)$=75$(本)であることから，$75-73=2$より，nは誤った曜日の記録に2を加えた値であることが分かる。また，正しい**中央値**が15本であることと，それぞれの曜日の記録に2を加えると15という記録がなくなることから，金曜日の記録15が中央値であることが分かり，正しい記録を大きさの順に並べたときに，金曜日の記録が3番目であることが分かる。以上より，記録が誤っていたのは火曜日の14であり，正しい記録は$n=14+2=16$である。

2 (確率)

(1)　下表は，最初に取り出したカードと2回目に取り出したカードの組合せごとの，bの値と$10a+b$の値を示したものである。この図より，カードの取り出し方は全部で20通りあり，このうち，$b=3$となるのは☆印を付けた2通りだから，求める確率は$\frac{2}{20}=\frac{1}{10}$

(2)　下表より，$10a+b$の値が**素数**となるのは△印を付けた8通りだから，求める確率は$\frac{8}{20}=\frac{2}{5}$

2回目に取り出したカード／最初に取り出したカード	1	2	3	4	5
$a=1$		$b=3$☆ $10a+b=13$△	$b=2$ $10a+b=12$	$b=2$ $10a+b=12$	$b=2$ $10a+b=12$
$a=2$	$b=3$☆ $10a+b=23$△		$b=1$ $10a+b=21$	$b=1$ $10a+b=21$	$b=1$ $10a+b=21$
$a=3$	$b=2$ $10a+b=32$	$b=1$ $10a+b=31$△		$b=1$ $10a+b=31$△	$b=1$ $10a+b=31$△
$a=4$	$b=2$ $10a+b=42$	$b=1$ $10a+b=41$△	$b=1$ $10a+b=41$△		$b=1$ $10a+b=41$△
$a=5$	$b=2$ $10a+b=52$	$b=1$ $10a+b=51$	$b=1$ $10a+b=51$	$b=1$ $10a+b=51$	

3 (関数とグラフ)

(1)　$x=3$のとき，右図1に示す通り，台形ABCDと長方形EFGHの重なった部分は，CF＝JF＝(毎秒)2(cm)$\times$3(秒)$=6$(cm)の直角二等辺三角形CJFであり，その面積は，$y=\frac{1}{2}\times\mathrm{CF}\times\mathrm{JF}=\frac{1}{2}\times6\times6=18(\mathrm{cm}^2)$

また，$x=5$のとき，右図2に示す通り，台形ABCDと長方形EFGHの重なった部分は，CF＝(毎秒)2(cm)$\times$5(秒)$=10$(cm)，

図1
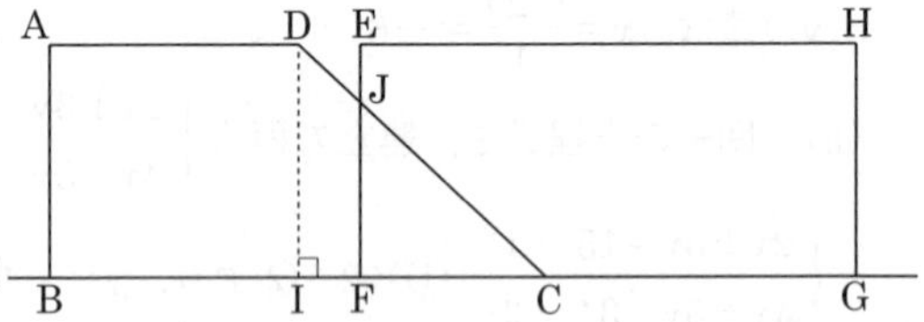

図2
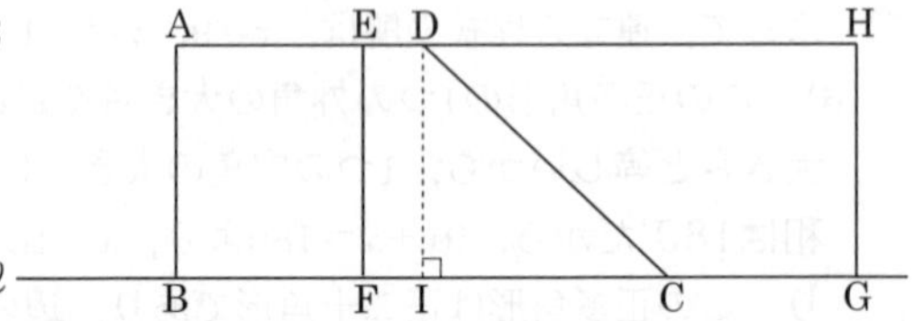

DE＝CF－CI＝10－8＝2(cm)の台形EFCDであり，その面積は，$y=\frac{1}{2}\times(\mathrm{DE}+\mathrm{CF})\times\mathrm{AB}=\frac{1}{2}\times(2+10)\times 8=48(\mathrm{cm}^2)$

(2)　$0\leqq x\leqq 4$のとき，前ページ図1に示す通り，点Iは頂点Fの左側にあり，台形ABCDと長方形EFGHの重なった部分は，CF＝JF＝(毎秒)2(cm)×x(秒)＝$2x$(cm)の直角二等辺三角形CJFであり，その面積は，$y=\frac{1}{2}\times\mathrm{CF}\times\mathrm{JF}=\frac{1}{2}\times 2x\times 2x=2x^2(\mathrm{cm}^2)$…①であるから，**$y$は$x$の2乗に比例する。**また，$4\leqq x\leqq 8$のとき，前ページ図2に示す通り，点Iは辺FG上にあり，台形ABCDと長方形EFGHの重なった部分は，CF＝(毎秒)2(cm)×x(秒)＝$2x$(cm)，DE＝CF－CI＝$2x-8$(cm)の台形EFCDであり，その面積は，$y=\frac{1}{2}\times(\mathrm{DE}+\mathrm{CF})\times\mathrm{AB}=\frac{1}{2}\times\{(2x-8)+2x\}\times 8=16x-32(\mathrm{cm}^2)$…②であるから，$y$は$x$に比例しないが，$x$の一次関数である。

(3)　$x=2$のとき，前問(2)①式より，$y=2\times 2^2=8$だから，xの値が2から3まで増加するときのyの増加量は18－8＝10で，その6倍は10×6＝60　$3\leqq a\leqq 4$のとき，$x=a$におけるyの値は，前問(2)①式より，$y=2a^2$だから，xの値が3からaまで増加するときのyの増加量は$2a^2-18$　これが60と等しくなるのは，$2a^2-18=60$　$a^2=39$　$a>0$より，$a=\sqrt{39}>\sqrt{16}=4$　これは問題に適していない。また，$4\leqq a\leqq 8$のとき，$x=a$におけるyの値は，前問(2)②式より，$y=16a-32$だから，xの値が3からaまで増加するときのyの増加量は$(16a-32)-18=16a-50$　これが60と等しくなるのは，$16a-50=60$　$a=\frac{55}{8}=6\frac{7}{8}$　これは問題に適している。

4 (図形の証明，面積比)

(1)　(証明)(例)四角形AECFで，平行四辺形ABCDにおいてAD//BCであるから，AF//EC…①　**錯角**∠AEFと∠CFEが等しいから，AE//FC…②　①，②から，2組の向かいあう辺が，それぞれ平行であるから，四角形AECFは平行四辺形である。

(2)　点Gは平行四辺形AECFの対角線の交点であるから，線分ACの中点である。また，AB//CHより，**平行線と線分の比についての定理**を用いると，AE：EH＝BE：EC＝5：2である。平行四辺形ABCDの面積をSとすると，**平行四辺形は対角線の交点を対称の中心とする点対称な図形だから，図形の対称性より，平行四辺形の面積は対角線によって2等分される。**よって，$\triangle\mathrm{ABC}=\frac{1}{2}\mathrm{S}$　△AECと△ABCで，**高さが等しい三角形の面積比は，底辺の長さの比に等しいから，**△AEC：△ABC＝EC：BC　$\triangle\mathrm{AEC}=\frac{\mathrm{EC}}{\mathrm{BC}}\triangle\mathrm{ABC}=\frac{\mathrm{EC}}{\mathrm{BE}+\mathrm{EC}}\triangle\mathrm{ABC}=\frac{2}{5+2}\times\frac{1}{2}\mathrm{S}=\frac{1}{7}\mathrm{S}$　同様に考えて，△GEC：△AEC＝GC：AC　$\triangle\mathrm{GEC}=\frac{\mathrm{GC}}{\mathrm{AC}}\triangle\mathrm{AEC}=\frac{1}{2}\times\frac{1}{7}\mathrm{S}=\frac{1}{14}\mathrm{S}$　△HEC：△AEC＝EH：AE　$\triangle\mathrm{HEC}=\frac{\mathrm{EH}}{\mathrm{AE}}\triangle\mathrm{AEC}=\frac{2}{5}\times\frac{1}{7}\mathrm{S}=\frac{2}{35}\mathrm{S}$　以上より，四角形CGEH＝△GEC＋△HEC＝$\frac{1}{14}\mathrm{S}+\frac{2}{35}\mathrm{S}=\frac{9}{70}\mathrm{S}$だから，四角形CGEH：平行四辺形ABCD＝$\frac{9}{70}\mathrm{S}:\mathrm{S}=9:70$

5 (空間図形，相似な立体，体積，線分の長さの比)

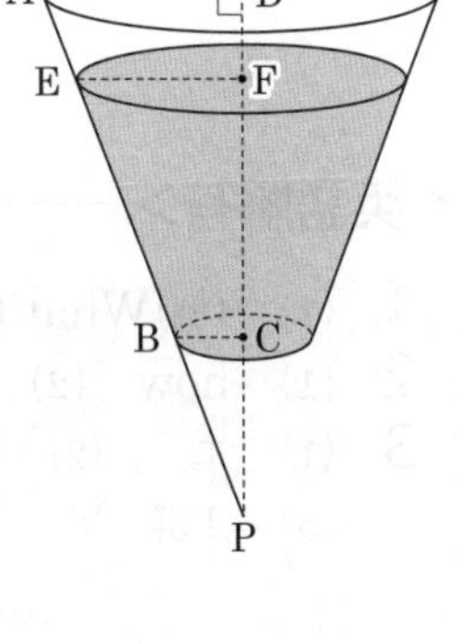

(1)　円Oの半径を$r$cmとすると，円Oの周の長さが12πcmであるから，$2\pi r=12\pi$より，$r=6$　また，**半径rの球の体積は$\frac{4}{3}\pi r^3$**で求められるから，容器Xに入っている水の体積は，$\frac{4}{3}\pi\times 6^3\times\frac{1}{2}=144\pi(\mathrm{cm}^3)$

(2)　問題のⅢ図において，直線ABと直線CDの交点をPとする。AD//BCより，平行線と線分の比についての定理を用いると，PD：PC＝AD：BC＝3：1　3PC＝PD＝PC＋CD＝PC＋12　PC＝6(cm)　AD//EFより，平行線と線分の比についての定理を用いると，AD：EF＝

PD：PF＝(PC＋CD)：(PC＋CF)＝(6＋12)：(6＋9)＝6：5

(3)　仮定のAD：BC＝3：1より，BC＝$\frac{1}{3}$AD　前問(2)のAD：EF＝6：5より，EF＝$\frac{5}{6}$AD　よって，BC：EF：AD＝$\frac{1}{3}$AD：$\frac{5}{6}$AD：AD＝2：5：6　頂点をPとし，円C，円F，円Dをそれぞれ底面とする3つの円錐の体積をV_1，V_2，V_3とすると，この3つの円錐は相似であり，**相似な立体では，体積比は相似比の3乗に等しい**から，$V_1：V_2：V_3$＝$BC^3：EF^3：AD^3$＝$2^3：5^3：6^3$＝8：125：216である。V_2-V_1が容器Xに入っている水の体積に等しいことと，V_3-V_1が容器Yの容積に等しいことを考慮すると，$(V_2-V_1)：(V_3-V_1)$＝(125－8)：(216－8)＝117：208＝9：16より，求める容器Yの容積は，$V_3-V_1=\frac{16}{9}(V_2-V_1)=\frac{16}{9}\times144\pi=256\pi$ (cm^3)

6 (規則性，方程式の応用)

(1)　マスAに3，マスBに4を入力すると，4段目の左から2番目のマスに表示される数は，右図1より13である。

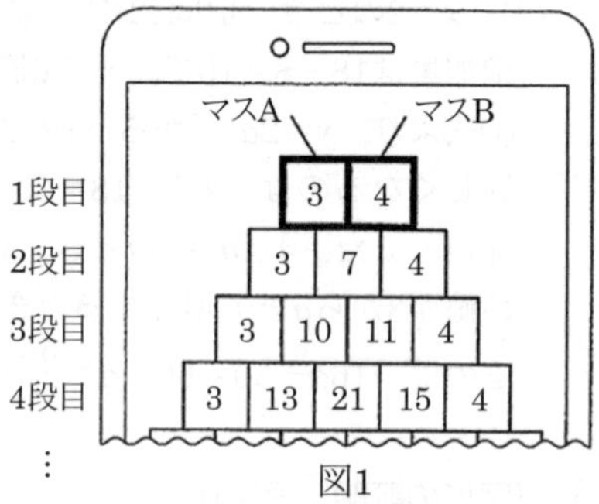

図1

(2)　マスAにa，マスBにbを入力したときの，マスに表示された数を右図2に示す。これより，3段目の左から2番目のマスに表示される数は$2a+b$で，これが32に等しいから，$2a+b=32$…①　また，3段目の左から3番目のマスに表示される数は$a+2b$で，これが－8に等しいから，$a+2b=-8$…②　①，②をa，bについての連立方程式としてみて解くと，$a=24$，$b=-16$　よって，マスAに入力した数は24，マスBに入力した数は－16である。

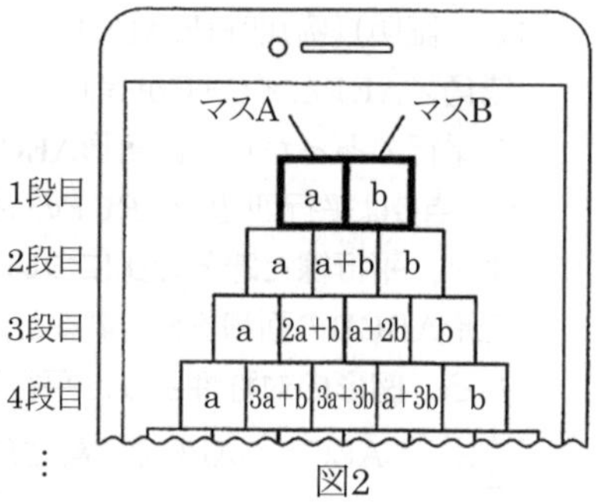

図2

(3)　右図2より，各段の右から2番目のマスに表示される数は，1段目から，a，$a+b$，$a+2b$，$a+3b$，…であり，この規則性から，m段目の右から2番目のマスに表示される数(＝m段目の左からm番目のマスに表示される数)は，$a+(m-1)\times b$…③と表される。同様に考えて，各段の左から2番目のマスに表示される数は，1段目から，b，$a+b$，$2a+b$，$3a+b$，…であり，この規則性から，m段目の左から2番目のマスに表示される数は，$(m-1)\times a+b$…④と表される。マスAに22，マスBに－2を入力したとき，つまり，$a=22$，$b=-2$のとき，m段目の左からm番目のマスに表示されている数の2乗が，$2m$段目の左から2番目のマスに表示されている数と一致したから，③，④より，$\{22+(m-1)\times(-2)\}^2=(2m-1)\times22+(-2)$　整理して，$m^2-35m+150=0$　$(m-5)(m-30)=0$　以上より，このときのmの値は，$m=5$，30

＜英語解答＞

1　(1)　(例)What time is it　(2)　(a)　(例)got a letter　(b)　(例)Shall we go to

2　(1)　how　(2)　イ　(3)　ウ　(4)　ウ

3　(1)　エ　(2)　D　(3)　オ→イ→カ→ア→エ→ウ　(4)　③　told　④　collected
(5)　Ⅰ群　ア　Ⅱ群　ク　(6)　イ　(7)　(a)　(例)No, she didn't.

(b)　(例)They want to protect their children.　(8)　ア　エ　(9)　(a)　エ
(b)　different　(c)　(例)try to understand another side
4　(1)　エ　(2)　ア　**5**　(1)　ウ　(2)　イ　**6**　(1)　ア　(2)　ウ

＜英語解説＞

1　(会話文：語句補充・選択，助動詞，現在・過去・未来と進行形)

(1)　①　もしもし，マイク？ どうかしたの？ こっちは早朝なんだ。　②　ああ，そうなの？ 日本は今何時なの？　③　4 時だよ。　④　ごめん，けれども君に伝えたいことがあるんだ。 カッコの文は疑問文で，これに対し③では「it's four」と答えている。これを時間だとすると，カッコには時間を問う what time is itが適当。

(2)　グレンダ：私は長い間あなたの兄弟ハルキに会っていないの。彼は元気？／健二：彼は元気だよ。昨日ぼくは彼からの①手紙を受け取った。彼は大阪の生活について書いていた。／グレンダ：ああ，それはいいね。彼は生活を楽しんでいる？ ／健二：そうだね。彼はぼくたちに会いたがっている。一緒に大阪へ②行く？／グレンダ：そうしよう！　／健二：わかった。彼にそのことを伝えるよ。　(a)　①　カッコの後の発話では，「彼は大阪の生活について書いた」とあり，問題文の絵を見るとハルキからの手紙が描いてあるので，空欄には「手紙を受け取った」got a letter　が適当。「昨日」手紙を受け取ったので got と過去形にする。　(b)　②　の前後の会話から，「大阪へ行く」と考えられる。たとえば，Shall we～を使って「～しませんか？」という誘いかけの文にすると Shall we go to(Osaka together?)となる。

2　(会話文：絵・図・表・グラフなどを用いた問題，語句補充，文の挿入，内容真偽，副詞，不定詞，助動詞，動名詞，文の構造，現在完了，比較)

(全訳)　リサ：すみません。教えていただけますか？

通りすがりの人：はい，もちろん。

リサ　：見てください。この町の地図がありますが，私がどこにいるのかわかりません。私の国から来た友達に会うために，ヒカリ駅へ行きたいのですが，その前に，ユメと呼ばれるこのケーキ屋へ行きたいのです。ケーキ屋と駅へ，①どのように行けばいいのか，教えていただけますか？

通りすがりの人：もちろん。私たちは②この地図のここにいます。

リサ　：わかりました。

通りすがりの人：初めに，ケーキ屋へ行きたいのでしょう？　この道にそって歩き，そして最初の曲がり角で左に曲がる。少し歩くと，右側にケーキ屋が見えるでしょう。5分のうちにそこに着くことができます。そこは，私のお気に入りのケーキ屋です。

リサ　：私は初めてそのケーキ屋に行きます。どのケーキを買ったらいいですか？

通りすがりの人：そうですね。チョコレート・ケーキがとてもおいしいと思います。

リサ　：わかりました。一つ買おうと思います。それから，そのケーキ屋から駅まで行くのに，③どれくらいかかりますか？

通りすがりの人：歩いて駅へ行くためには，いくつかの道があります。行きやすい道を選ぶなら，20分はかかるでしょう。あなたにはこの道がいいと思います，なぜなら，この町のことをよく知らないでしょう？

リサ　：その通りです。それを私に教えてくれませんか？

通りすがりの人：もちろん。もう一度地図を見てください。ケーキ屋の前の道にそってまっすぐ行きます，そして右側に図書館が見えます。もう少し歩いて，右側に郵便局が見えたら，その曲がり角を左に曲がります。木がある広い道路を歩いて渡ったあと，そこが駅です。

リサ　　　　　：わかりました。簡単そうですね。

通りすがりの人：もし，別の道が知りたいのなら，それを教えましょう。複雑な道ですが，その方が早いです。

リサ　　　　　：はい，駅には早く行きたいので，教えてくれますか？

通りすがりの人：わかりました。初めに，ケーキ屋からは同じ道を選び，二つ目の曲がり角を左に曲がります。見てください，この道は狭くて，それと同じような別の二つの道があります。だから，その道を見つけるのは難しいかもしれません。けれども，ケーキ屋から駅へ行くのに，10分しかかかりません。今は2時40分です。それほど時間はないのでしょう？

リサ　　　　　：私の友達には3時に会うことになっています。では，④私はチョコレート・ケーキをいくつか持って20分で駅に着きたいので，この複雑な道を選びます。

通りすがりの人：わかりました。

リサ　　　　　：良い道を地図上で示してくれたので，私はケーキ屋と駅へ行くその道がわかりました。また，ケーキ屋について役に立つ情報をもらいました。私はそのような情報をあなたからもらえてうれしいです。助けていただき，ありがとうございました。

通りすがりの人：どうしたしまして。

(1)　それぞれ空欄には how が適当。①では how to go to～で「どのように～へ行くか，～への行き方」という意味になる。③では，how long～で「どのくらい時間がかかるのか？」という疑問文になる。

(2)　6番目の通りすがりの人の発話は，現在の地点からケーキ屋へ行く道を説明している。それによると「道にそって歩き，最初の角を左へ，少し歩くと右側にケーキ屋が見える」とあるので，地図上でこの説明を確認すると，イが適当だとわかる。

(3)　(ア)　私が今ケーキ屋を出れば，5 分のうちに駅に着くことができるだろう　(イ)　私はケーキ屋を訪れたあと，2時50分に駅に着くことができるだろう　(ウ)　私はチョコレート・ケーキをいくつか持って20分のうちに駅に着きたい(○)　(エ)　私はいくつかチョコレート・ケーキを買う前に，2時40分に駅に着きたい　文脈から，「ケーキを買って，約束の時間までに駅に着くことができるので，複雑な道を選ぶ」と考えられるのでウが適当。選択肢アとイにある be able to は can と同じ意味があり可能を表す。また，選択肢エにある **buying** は動名詞で「買うこと」。

(4)　(ア)　通りすがりの人は，ケーキ屋と駅へ行く道をリサへ伝えるために地図を書いている。(イ)　通りすがりの人はケーキ屋で何を買うべきか知らない。なぜならその人はケーキ屋を訪れたことがないから。　(ウ)　通りすがりの人がケーキ屋と駅へ行くよい道を示してくれたとリサが言っている。(○)　(エ)　リサの国から来る友達にケーキ屋で会うことになっているとリサが言っている。　問題文全体から判断するとウの内容が適当。選択肢ウの show A B で「B を A に見せる」となる。

3　(スピーチ：指示語，文の挿入，語句の並べ換え，語形変化，語句挿入，英問英答，内容真偽，

語句補充，条件英作文，語句の解釈・指示語，前置詞，名詞・冠詞・代名詞，形容詞・副詞，文の構造，接続詞，分詞の形容詞的用法，受け身)

(全訳)　私の町には，毎朝道路を掃除している人たちがいます。また，ごみの中にある何かを探している数羽のカラスもいます。さまざまな種類のごみが，カラスたちによってごみ捨て場のまわりにまき散らされています。①それは，ごみとカラスの問題です。多くの人々はカラスたちと戦いたくはありませんが，人々はその問題を解決したいのです。【A】

問題を解決するための一つの方法があります。私は，ごみのための黄色いプラスチック袋をよく見かけます。私は，カラスたちが②[黄色い袋に入れられたものを見ることができない]と聞きました。もし，カラスたちが袋の中に何もごみが入っていないと思うならば，カラスたちは別の場所へ行くのでしょう，そして私たちはカラスたちと戦う必要はないのです。【B】 しかしながら，まだ多くのカラスたちが，私たちの町のごみ捨て場にやってきます。カラスたちは素早く学び十分に理解し，そしてカラスたちは生きるためのものをどこで見つければいいのかを知ります。だから，カラスたちはそれを簡単にできると考えるならば，ごみの中のものを探しに戻ってきます。カラスたちは，私たちのごみの中に何を見つけようとしているのでしょう？　もし私がこの質問に答えることができれば，ごみとカラスたちの問題を解決するためのよい方法を見つけるかもしれません。だから，私はカラスについて学び始めました。

私のおじは，カラスについて研究しています。おじは，いくつかの場所でたびたびカラスたちを観察し，そしてカラスたちの生活を理解しようとしています。先週おじは私に，そのことについて③教えてくれました。カラスたちは朝とても早く起き，たいていはいくつかのレストランや食べ物の店のごみにある食べ物を探し始めます。そのようなごみに，カラスたちはフライドポテトやマヨネーズのような好物を見つけることができます。カラスたちは油っこい食べ物が好きだと，おじは言いました。私は興味深いと思いました，なぜなら私も同じ食べ物が好きだからです。【C】 また，カラスたちは巣を作るためのものを探したいのです。たとえば，カラスたちは犬の毛や綿のような柔らかいものを必要としています。なぜならカラスたちはそのようなものの上に卵を置きたいからです。私は，カラスたちがそれらのものを上手に探し出すと知って驚きました。

ごみとカラスの問題を解決するためのよりよい考えがいくつかある，とおじが言いました。初めに，人々はごみの上に大きなネットを置くべきです。ネットがあれば，カラスたちにとってごみをごみ捨て場のまわりにまき散らすことが難しくなります。細かい網の目がある重いネットであれば，よりよいのです。次に，人々はごみ捨て場にごみを出す時には，時間に気を付けるべきです。たいてい，ごみは朝に④収集されます。もしあなたが前の晩にごみ捨て場へごみを出せば，カラスたちは収集の前に来てごみをまき散らします。【Dだから，私たちはそれをそこへ長い時間置いたままにするべきではないのです。】 カラスたちにとって私たちの町で食べ物を得ることが難しいのであれば，別の場所へ移るのでしょう。⑤私のおじは，ごみとカラスの問題を解決するために，私たちは何ができるかを知っています，なぜならおじは常にカラスたちを理解しようとしているからです。おじはカラスたちの側から問題を見ることができるのだと，私は思います。

私たちはカラスたちと戦いたくはありません，しかし，⑥彼らは私たちについて何を考えますか？　私は，カラスたちが時々人々にぶつかってくると聞いたことがあります。カラスたちは私たちと戦いたいのでしょうか？　それは真実ではないかもしれません。カラスたちは「私たちの巣の近くにこないで！」と言うこととは別の方法を試みているのだと，おじは言いました。カラスたちは，誰かが巣のまわりに近づいて来る時，子供たちを守りたいのです。カラスが大型の鳥で，飛ぶことができるので，強そうに見えます。しかしながら，カラスたちは誰かが巣に近づくのではと恐れていて，たいていは私たちと戦いたくはないのです。だから，カラスたちは誰かがごみ捨て場にいる時に，そこには近づかないのです。

私はカラスについて学び，そして以前よりもカラスをより理解しました。カラスたちは，生きるためにものを得ようと一生懸命になっているだけで，カラスたちは、私たちのごみの中にそのものを簡単に見つけることができます。だから，私はカラスたちが悪いとは思いません。私たちにとってごみをまき散らすことは問題です。しかしながら、私がカラスたちの側から問題を見るならば，その時に問題を解決するために何ができるのかを知るのでしょう。たとえば，私は食べ物のごみを，特に油っこい食べ物のごみを作らないようにするつもりです，そしてごみ捨て場への私のごみの出し方に気を付けることができます。ごみとカラスの問題を解決する簡単な方法はありませんが，今私はこの問題についてカラスたちの側から考えることが大切だとわかっています。私たちは，問題についてたいてい私たちの側からだけで考えますが，もし私たちが問題を別の側から見るのであれば，よりよい考えを見つけることでしょう。

(1)　①の直前の文 Many kinds of～を参照。「さまざまな種類のごみが，カラスによってごみ捨て場のまわりにまき散らされている」とあり，① That はこれを指していると考えられるのでエが適当。直前の文中の them はカラスたちを表している。

(2)　(問題文訳)だから，私たちはそれをそこへ長い時間置いたままにするべきではない。問題文の内容と空欄 A - D の前後を合わせて考えると，D に文を入れるのが適当だと考えられる。

(3)　I heard that crows [(オ)cannot (イ)see (カ)the things (ア)put (エ)in (ウ)the yellow] bags.となって，オ→イ→カ→ア→エ→ウが適当。put は過去分詞形で直前の語 the things を説明(修飾)するように置くことに気が付けば，正解が得られるだろう。

(4)　③の文は last week となっているので，動詞は過去形 told とする。④では collect の前に is があることから **<is+過去分詞形>の受け身**と考えられるので，collect の過去分詞形 collected とする。

(5)　(問題文と正答の訳)花子のおじは，$_{\mathrm{i}}$[とてもよくカラスたちを観察している]。だからカラスたちがいつごみ捨て場に来て，そしてごみをそこへまき散らすのかを知っている。それが，ごみとカラスの問題を解決するためのよりよい考えについて，花子へ話をする彼の$_{\mathrm{ii}}$[理由]だ。　Ⅰ群　(ア)　とてもよくカラスたちを観察している(○)　(イ)　別の町について研究している　(ウ)　カラスたちと戦おうとしている　(エ)　ごみ捨て場にごみを置く　本文と問題文の内容からアが適当。選択肢ウの tries to fight は「戦うことを試みる」で to 不定詞の名詞用法。Ⅱ群　(カ)　目的　(キ)　疑問　(ク)　理由(○)　(ケ)　問題　文の意味からするとクが適当。

(6)　(ア)　私たちはいつそれらを守らねばならないか　(イ)　彼らは私たちについて何を考えるか(○)　(ウ)　彼らは問題を解決できるか　(エ)　あなたは彼らにぶつかる方法を知っているか　空欄⑥の前後から，意味の通る文を選択したい。

(7)　(a)　花子はカラスについて彼女のおじに教えるために，カラスのことを学び始めましたか？　(正答例)No, she didn' t.(3語)(いいえ，そうではありません)　Did～という疑問文なので，yes/no で答える。本文の第2段落の最後の文 So, I started～とその前の文 If I can～を参照すると，「花子はごみの問題を解決したいからカラスについて学び始めた」とあるので No～が適当。　(b)　カラスたちの巣のまわりに誰かが来た時，カラスたちは何を守りたいのですか？　(正答例)They want to protect their children.(6語)(彼らは彼らの子供たちを守りたい)本文第5段落第6文 They want to～では「カラスたちは，誰かが巣のまわりに近づいて来る時，子供たちを守りたい」とあるので，ここを参考に解答文を作成する。

(8)　(ア)　カラスたちは柔らかいものを得ようとする。なぜならカラスたちは巣を作るために柔らかいものを使いたいから。(○)　(イ) もし私たちが重いネットを使うと，ごみ捨て場にごみを置くときに困難になる。(ウ) カラスは強い鳥だ。だからカラスは誰かがごみ捨て場にいる時，そこへ来る。(エ) 花子は，カラスたちは生きるためのものを得ることができるから，彼女の町のごみ捨て場へ来るのだと学んだ。(○)　(オ) 花子はカラスたちのためにごみ捨て場へ油っこい食べ物のごみを出すつもりだ。なぜならそれはカラスたちのお気に入りの食べ物だからだ。本文第3段落第8文 Also, they want～と第9文 For example, they～には,「カラスたちは巣を作るために柔らかいものが必要だ」とあるのでアが適当。また，本文第6段落第2文 They are just～には,「カラスたちは生きるためにものを得ようとして，そのものが町のごみ捨て場で簡単に見つかる」とあるのでエが適当。選択肢アの to make～は,「～を作るために」という目的を表す to 不定詞の用法。

(9) ソフィ：花子は問題を解決する方法について話をしたけれども，あなたは彼女の伝えようとしていることがわかる？／ネイト：私もそれについて考えているの。たとえば，私たちはテレビの番組で時々お互いけんかすることがあるよね？／ソフィ：そうね。私が映画をみたい i [とき] に，あなたはいつもサッカーの試合をみる。だから私はおもしろくない。私たちは同時に二つをみることができないからね。／ネイト：私たちのお気に入りの番組が ii [違う] と言いたいのね。けれどもなぜ私がそれを見たいのかをあなたが知っていれば，私たちはお互いけんかする必要はなくなるね，たぶん。／ソフィ：そうね。だから，私たちの問題を解決するためには，iii [別の側から理解しようとすること] が大切ね，そうでしょう？／ネイト：それはそうね，花子はそれを言いたい。／ソフィ：さあ，考えてみるね。あなたはチームでよりよい選手になるために，テレビで多くのサッカーの試合をみたいのね？ (a) (ア)～後で (イ)再び (ウ)～だけれども (エ)～の時(○) 空欄 i の後の文 I want to とその後のカンマ以降の文 you always watch をつなげる接続詞を選ぶ。エが適当。 (b) 空欄 ii の前のソフィの発話では,「それぞれ映画とサッカーの試合を見たい」と言っているので，空欄には different(違う，異なる)が適当。本文の第5段落第5文 My uncle said～に different が使われている。 (c) (解答例) So, it's important to iii [try to understand another side] to solve our problem, right? 空欄 iii は,「問題を解決するために大切なこと」であると考えられる。本文の最後の文 We often think～には,「問題を解決するための考えを見つけるには，自分の側だけではなく，相手の側から考えること」とあるので，この文を参考に解答文を作成する。

4・5・6 (リスニング)

放送台本の和訳は，33ページに掲載。

2021年度英語　聞き取り検査

〔放送台本〕

これから，問題4・5・6を放送によって行います。それでは，問題4の説明をします。問題4は(1)・(2)の2つがあります。それぞれ短い会話を放送します。次に，Questionと言ってから英語で質問をします。それぞれの質問に対する答えは，問題用紙に書いてあります。最も適当なものを(ア)・(イ)・(ウ)・(エ)から1つずつ選びなさい。会話と質問は2回放送します。それでは，問題4を始めます。

(1) A: Emma, when should I finish my homework?
B: You have to give it to your teacher next Tuesday morning, Meg.
A: I will try it at home on Sunday because I will have enough time for that.
B: Good. If you have a question, you can ask someone at school on Monday.
Question: When will Meg do her homework at home?

(2) A: Hi, Mom, I want to make an apple pie, so I need two apples. How many apples did you buy yesterday?
B: Hi, Keiko. I bought six apples yesterday, and I gave one apple to my friend.
A: We ate two apples last night, so there are three apples at home, right?
B: No, there is one apple because your father ate two apples this morning.
A: OK. Then, I will get one apple at the shop.
B: I see.
Question: How many apples will Keiko buy to make an apple pie?

〔英文の訳〕

(1) A：エマ，いつまでに私の宿題を終わらせればいいのかな？
B：次の火曜日の朝に先生へ提出しなければならないのでしょう，メグ？
A：日曜日に家でやることにする。宿題のための時間が十分にあるから。
B：いいね。もし質問があれば，月曜日に学校で誰かに聞くことができるね。
質問：メグはいつ家で宿題をやるつもりですか？
答え：(ア)月曜日に　(イ)火曜日に　(ウ)木曜日に　(エ)日曜日に(○)

(2) A：ねえ，お母さん，アップルパイを作りたいから，リンゴを２個ちょうだい。昨日，何個のリンゴを買ったの？
B：ああ，ケイコ。昨日６個のリンゴを買って，１つは私の友達へあげたの。
A：昨日の晩に私たちが２個食べたから，家には３つのリンゴがあるのでしょう？
B：いいえ，１つなの，あなたのお父さんが今朝２つリンゴを食べたから。
A：わかった。それなら，店でリンゴを1つ買ってくる。
B：そうね。
質問：ケイコはアップルパイを作るために，リンゴをいくつ買うつもりですか？
答え：(ア)　１つのリンゴ(○)　(イ)　２つのリンゴ
(ウ)　３つのリンゴ　(エ)　６つのリンゴ

〔放送台本〕

次に，問題5の説明をします。これから，留学生のジェシカ・ホワイトによるスピーチを放送します。つづいて，英語で 2つの質問をします。それぞれの質問に対する答えは，問題用紙に日本語で書いてあります。最も適当なものを，(ア)・(イ)・(ウ)・(エ)から1つずつ選びなさい。スピーチと質問は2回放送します。それでは，問題5を始めます。

Jessica White: Hello, everyone. I'm Jessica White. I stay at Misa's house. Misa's father, Hiroshi, often takes me and Misa to interesting places by car, and I found some different points between Hiroshi's car and my father's. My father's car is very big. My family can put four bikes in it easily. There are a lot of large streets in my country, so people can see many big cars like my father's. So, when I first saw Hiroshi's car, I was surprised because it was small! But now, I know it has some good points. For example, we only need a small place to put the car when we go shopping. So, it's easy to visit a small shop in town. Also, there are many useful places for putting something to eat and drink even in the small car. That is good when we travel. Hiroshi's car and my father's are different, but each one has good points to enjoy going out by car in each country. Thank you.

Question (1): What did Jessica think about Hiroshi's car when she saw it for the first time?

Question (2): What kind of places are there in Hiroshi's car?

〔英文の訳〕

ジェシカ・ホワイト：みんさん，こんにちは。私はジェシカ・ホワイトです。私はミサの家に滞在しています。ミサの父のヒロシは，よく私とミサを自動車で楽しい場所へ連れて行ってくれて，そして私はヒロシの自動車と私の父の自動車についていくつか違った点を見つけました。私の父の自動車はとても大きいのです。私の家族は自動車へ 4 台の自転車を簡単に入れることができます。私の国には広い道がたくさんあるので，人々は私の父の自動車のような大きな自動車を見かけることがあります。だから，私が初めてヒロシの自動車を見た時，小さいので驚きました！　けれども今，私はその自動車にあるいくつかのよい点を知っています。たとえば，買い物へ行った時，自動車を置くための狭い場所しか必要としません。だから，町の小さな店を訪れることが簡単です。また，小さな自動車の中でも食べ物や飲み物を置く便利な場所がたくさんあります。それは，旅行をするときに役に立ちます。ヒロシと私の父の自動車は違いますが，それぞれの国で自動車を使って外出を楽しむために，それぞれよい点があります。ありがとう。

質問：(1)　ジェシカ・ホワイトは，最初にヒロシの自動車を見た時，自動車について何を思いましたか？

答え：(ウ)　小さい

質問：(2)　ヒロシの自動車の中には，どのような場所がありますか？

答え：(イ)　食べ物や飲み物を置く場所

〔放送台本〕

次に，問題6の説明をします。問題6は(1)・(2)の2つがあります。それぞれ短い会話を放送します。それぞれの会話の，最後の応答の部分にあたるところで，次のチャイムを鳴らします。＜チャイム音＞このチャイムのところに入る表現は，問題用紙に書いてあります。最も適当なものを(ア)・(イ)・(ウ)・(エ)から1つずつ選びなさい。問題用紙の例題を見なさい。例題をやってみましょう。

(例題)　A: Hi, I'm Hana.

B: Hi, I'm Jane.

A: Nice to meet you.

B: 〈チャイム音〉

正しい答えは(イ)の Nice to meet you, too. となります。ただし，これから行う問題の会話の部分は印刷されていません。それでは，問題6を始めます。会話は2回放送します。

(1)　A: I am glad to come here.
　　B: Me, too. I love this temple.
　　A: It looks very old. Do you know when it was built?
　　B: 〈チャイム音〉

(2)　A: Excuse me. I like this bag, but can I see another color?
　　B: Sure. We also have three other colors, white, black and orange. Which color do you like?
　　A: I think the orange one is the best. It will look good with my shirt. How much is it?
　　B: 〈チャイム音〉

〔英文の訳〕

(例題)　A：こんにちは。私はハナです。
　　B：こんにちは。私はジェーンです。
　　A：はじめまして。
　　B：(イ)　はじめまして。

(1)　A：私はここにくることができてうれしい。
　　B：私も。このお寺が大好き。
　　A：とても古そうね。これがいつ建てられたのか知っている？
　　B：(ア)　ええ，だいたい400年前ね。

(2)　A：すみません，このバッグが気に入ったのですが，別の色を見られますか？
　　B：はい。白，黒，オレンジと別の三色もあります。どの色がお好きですか？
　　A：オレンジが一番いいと思います。私のシャツに似合いそうです。いくらですか？
　　B：(ウ)　20ドルです。

<国語解答>

一　(1)　Ⅰ　㋐　Ⅱ　㋘　(2)　b　㋒　c　㋑　(3)　おか(されて)　(4)　㋒
(5)　Ⅰ　㋑　Ⅱ　㋗　(6)　㋐　(7)　㋓　(8)　㊀　一つの～ること
㊁　(例)他者に制限されるか，他者の意志に依存するか

二　(1)　Ⅰ　㋒　Ⅱ　㋘　(2)　㋐　(3)　Ⅰ　㋐　Ⅱ　㋕・㋚　(4)　㋓
(5)　しさ　(6)　(保)障　(7)　㋒　(8)　㊀　㋑　㊁　(例)有限の命を慈しむ気持ちと，無限の存在に対する憧れ　㊂　㋒

三　(1)　㋑　かなわず　(2)　㋓　(3)　㋒　(4)　近き　(5)　㊀　A　(例)羊を一匹ずつ渡す　B　(例)自分の眠る　㊁　㋑

<国語解説>

一　(随筆・紀行・日記－内容吟味，漢字の読み書き，語句の意味，ことわざ・慣用句，脱文・脱語補充，文と文節，品詞・用法)

(1)　Ⅰ「口の端に上る」とは，うわさになる，話題になるという意味。　Ⅱ「もっぱら」とは，他をさしおいて，ある一つの事にひたすら集中するさま。また，ある一つの事を主とするさまのことである。

(2)　前段落・前々段落において，それぞれ自由の定義を述べている。一つは「支配」や「隷属」，「専制」や「圧政」の対項として，もう一つはわがまま，気ままや，放埒としてみなされた行為をみずから正当化するときである。つまり前者は(ウ)，後者は(イ)に該当する。

(3)「侵されて」(「侵す」)には，いくつか意味がある。他者の権利・権限などを損なう行為をする(侵害する)，他国の土地に不法に入り込む(侵入する)，物事に害を与える。

(4)　同段落に「「自由」という概念は，「自己」という概念契機を欠くことができない」「『自己』とともにその自己に権利として属するものが侵されている」とあり，また次の段落には「自己に固有のものを護る権利」とあることから，**「自由」に対して「権利」という概念契機が具わっているという**筆者の主張を読み取る。

(5)　Ⅰ「交わり」とは，**人と接することの意味を表す名詞**である。　Ⅱ　名詞は(ク)の出会い。(カ)は，ラ行五段活用の動詞「終わる」の連用形，(キ)は形容詞「明るい」の連体形，(ケ)は連体詞の「ある」である。

(6)　傍線部fの後，筆者は権利になくてはならないものとして，「根拠の認められるもの，だれもが普遍的に承認できるもの」を挙げている。**普遍的とは「全てのことに共通していること，または誰にも広く行き渡るさまのこと」**を表す。よって，全ての人に広く承認されるものが権利には必要であることを筆者は述べている。

(7)「受けて」と「いない」に区切ることができる。「ない」には様々な品詞があるが，ここは**補助形容詞**で使われているので，「受けて」と「いない」は補助の関係である。

(8)　㊀　会話文の空欄の後には，**「自由」の基本的なかたちはどのように成立するか**を述べている。「そこに導入されるのが」で始まる段落には，**筆者の考える自由の成立する条件**が書かれている。**「自由」は他者からの制限や干渉，強制や拘束を受けないこと**，逆に言えば自分の意思に基づいてこそ自由は存在するという部分に着目する。　㊁　(8)と同じ段落には「自由」が「自律」という概念に言いかえられること，また次の段落には「自立的＝自律的」とあることから，**「自由」「自律」「自立」は同義である**と筆者はとらえている。そして「自立的＝自律的」の説明に，「他者による制限を受けないだけでなく，他者の意思に依存しない状態にある」とあることから，これらは自由の説明にもあてはまる。会話文では「不自由」に対する説明，「どちらか一方でも」とあることから，本文の逆説を書く必要がある。

二　**(説明文－大意・要旨，内容吟味，段落・文章構成，漢字の読み書き，熟語，その他，品詞・用法)**

(1)　Ⅰ「語源」は個々の単語の本来の形や意味。また，個々の単語の成立の由来や起源。「語(単語)の(起)源」という構成である。　Ⅱ　(カ)「抑揚」は文章・音声などで，調子を上げ下げすることの意味で，**上の漢字と下の漢字の意味が対になっている。**　(キ)「握手」は相手の手を自分の手で握る行為という意味で，**下の漢字が上の漢字の目的や対象を表している。**　(ク)「装飾」は美しく，よそおい飾ることで，**上の漢字と下の漢字が似た意味を持っている。**

(2)　傍線部bの前に，人間が造るものは「自然そのもの」ではなく，自然から恵まれた素材を，思惟のもとに吟味し，**構成し工作して「創る」ことが述べられている**ことに留意する。

(3)　Ⅰ「削る」はラ行の五段活用である。　Ⅱ　(キ)「寝る」はナ行の下一段活用，(ク)「勧める」はマ行下一段活用，(ケ)「満ちる」はタ行上一段活用，(コ)「辞する」はサ行変格活用である。

(4)　傍線部dの後，筆者は「芸術」について「人類が歩んできた時間のレンジで，生死をみつめ工作・産出されるものと営み」とし，またその後に「地上の物理(フィジカルなもの・肉体的なもの)を遥かに超えて，最も『ロンガ＝長き』ものに関わる，耐久的な術性をもつ」「『生きとし生けるもの』の限りある生に，限りない時空をもたらそうとする大いなる営み」ととらえていることを読み取る。

(5)「示唆」はそれとなく教えること。また，暗にそそのかすことを意味する。

(6)「保障」は障害のないように保つことである。

(7)「逆に言えば」は別の側面から見る，言い方を変えるという意味であり，**前部分を否定する時に用いられる言葉ではない。**

(8) ㊀ 本文の「この真理に触れ」とは何かについて問う設問。同じ段落に，「『大自然を前に，常に，人類は，生身である』。この最も根源的な真理と動機」とある。また，「繰り返しますが」で始まる段落に，「自然環境によって生かされている『生きもの』」とある。「生身」とは本来，現に生きている体という意味であるが，それでは「大自然を前に」と文意が通らないことから，筆者の主張を踏まえて**「生(かされた)身」であること**を読み取る。 ㊁「繰り返しますが」で始まる段落に，「『創造するヒト』として成長してきました」とある。これは会話文の「**工人として『芸術』を営んできた」ことと同義**である。よって，人類が「芸術」をどのような思いで創造してきた(営んできた)のかを述べる必要がある。その前後に，「『命への慈しみ』を心に育て」とあり，また「いわば『有限への認識の獲得ゆえに，無限への超脱の希求』」とある内容を指定字数以内に収めることに留意する。 ㊂「調査した内容は，まとまりごとに小見出しを付けて」までは正しい。「自分が考えたことや感じたことを中心に書く」は，調査内容を全く活かさず**主観的に書くことになるので**，誤り。

三 (古文－文脈把握，脱文・脱語補充，その他，仮名遣い，古文の口語訳)

(1)「かなはず」は「叶わず(思いどおりにならない。思うに任せない)」のことなので，現代仮名遣いに直すことができる。また，選択肢の中では(イ)「羊を飼ふ」が「飼う」に直すことができる。

(2)「もとむる(求むる)」はマ行下二段活用の連体形，「よし(由)」は方法・手段などを意味する。「なし」は否定を表す語なので，「求める方法がない」という訳に最も近いものを選ぶ。

(3) ＜口語訳＞近頃，ある人が一五〇〇匹の羊を飼った。道中に河があった。底が深く，徒歩で渡ることはできない。いつもは大船でこの河を渡っていた。ある時，急に帰った(こともあって)，船を手に入れようとするが，その方法が見つからなかった。どうしようもなく思って，あちこち尋ね歩いたところ，小舟が一挺沿岸に停まっていた。(それは)二人が乗れる船ではなかった。羊一匹が私とともに乗って渡った。「ふたりとも乗るべき舟にもあらず(二人が乗れる船ではなかった)」とあるので，人ではなく，まして人より大きい「大船」でもないことが分かる。

(4)「云～と」は，誰かの発言であることに留意する。

(5) ＜口語訳＞その時，国王が怒って，いそ保をお叱りになられた。「お前が眠るのは無礼だ。全てを話せ」と国王の言葉があって，いそ保が恐る恐る「一五〇〇匹の羊を小舟に(乗せて)一匹ずつ渡せば，その時間はどれぐらいになるでしょう。(国王がそれを数えている)間に私は眠りましょう」と国王に申し上げたところ，国王は大いに感動し，「そなたの才覚は量りがたい」(と言った。)

㊀ A 逸話の中，一五〇〇匹の羊を小舟に一匹ずつ乗せて，河を渡る時間を国王に数えさせよ

うとしている。　B　その間に，いそ保は睡眠時間を稼ごうとしていることを読み取る。

㊂　いそ保は寝たいのにもかかわらず，国王が物語を語るよう要求するので，その二つを同時に叶えるため，物語の結論は言わず国王に続きを考えさせることによって，自分の睡眠時間を得ようとしていることを読み取る。

MEMO

大切なことはメモしておこうネ！

京都府公立高等学校（中期選抜）

2021年度

★★★★★★★★★★★★★★★★★★★★★★★★

入　試　問　題

2021年度

●くわしい解説……37ページ

2021年　京都府公立高校入試　出題範囲縮小内容

令和2年5月13日付け2文科初第241号「中学校等の臨時休業の実施等を踏まえた令和3年度高等学校入学者選抜等における配慮事項について（通知）」を踏まえ，出題範囲について以下通りの配慮があった。

○学力検査問題の出題範囲から除外する内容

数学	中学3年生で学習する内容のうち ▽ 三平方の定理 ▽ 標本調査
英語	▽ 設問において関係代名詞に関することは問わない。（本文の読み取りやリスニングの聞き取りなど、検査問題中で 関係代名詞が使用されることはある。）
理科	第1分野のうち ▽「科学技術と人間」 第2分野のうち ▽「自然と人間」
社会	公民的分野のうち ▽「私たちと国際社会の諸課題」
国語	中学3年生で学習する内容のうち ▽「書写に関する事項」

＜数学＞

時間　40分　　満点　40点

【注意】 1　円周率はπとしなさい。
2　答えの分数が約分できるときは，約分しなさい。
3　答えが$\sqrt{\ }$を含む数になるときは，$\sqrt{\ }$の中を最も小さい正の整数にしなさい。
4　答えの分母が$\sqrt{\ }$を含む数になるときは，分母を有理化しなさい。

1　次の問い(1)～(8)に答えよ。(16点)

(1)　$(-4)^2-9\div(-3)$ を計算せよ。　……………………………答の番号【1】

(2)　$6x^2y\times\frac{2}{9}y\div 8xy^2$ を計算せよ。　……………………………答の番号【2】

(3)　$\frac{1}{\sqrt{8}}\times 4\sqrt{6}-\sqrt{27}$ を計算せよ。　……………………………答の番号【3】

(4)　$x=\frac{1}{5}$，$y=-\frac{3}{4}$のとき，$(7x-3y)-(2x+5y)$ の値を求めよ。
……………………………答の番号【4】

(5)　二次方程式 $(x+1)^2=72$ を解け。　……………………………答の番号【5】

(6)　関数 $y=-\frac{1}{2}x^2$ について，xの値が2から6まで増加するときの変化の割合を求めよ。
……………………………答の番号【6】

(7)　右の図のように，方眼紙上に△ABCと2直線ℓ，mがある。3点A，B，Cは方眼紙の縦線と横線の交点上にあり，直線ℓは方眼紙の縦線と，直線mは方眼紙の横線とそれぞれ重なっている。2直線ℓ，mの交点をOとするとき，△ABCを，点Oを中心として点対称移動させた図形を答案用紙の方眼紙上にかけ。
……………………………答の番号【7】

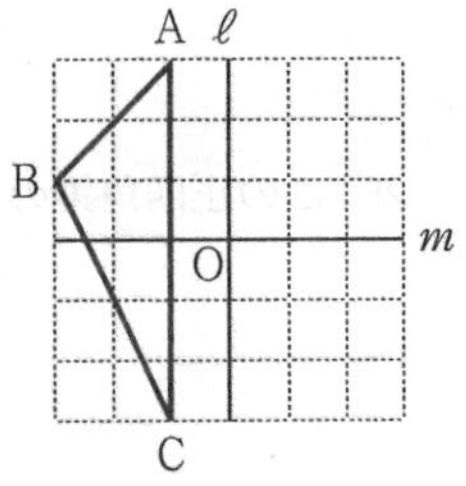

(8)　4枚の硬貨を同時に投げるとき，表が3枚以上出る確率を求めよ。ただし，それぞれの硬貨の表裏の出方は，同様に確からしいものとする。　……………………………答の番号【8】

2　次のページのⅠ図は，2019年3月1日から15日間の一日ごとの京都市の最高気温について調べ，その結果をヒストグラムに表したものである。たとえば，Ⅰ図から，2019年3月1日からの15日間のうち，京都市の最高気温が8℃以上12℃未満の日は4日あったことがわかる。

このとき，次の問い(1)・(2)に答えよ。(4点)

(1)　Ⅰ図において，それぞれの階級にはいっている資料の個々の値が，どの値もすべてその階級の階級値であると考えて，一日ごとの京都市の最高気温の，2019年3月1日から15日間の平均

値を，小数第２位を四捨五入して求めよ。　…………………………答の番号【9】

⑵　下のⅡ図は，2019年３月１日から15日間の一日ごとの京都市の最高気温について，Ⅰ図とは階級の幅を変えて表したヒストグラムである。Ⅰ図とⅡ図から考えて，2019年３月１日からの15日間のうち，京都市の最高気温が14℃以上16℃未満の日は何日あったか求めよ。

…………………………答の番号【10】

Ⅰ図

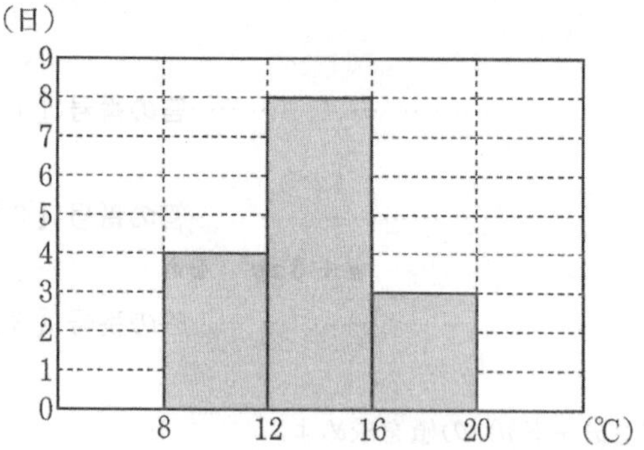

「気象庁ホームページ」より作成

Ⅱ図

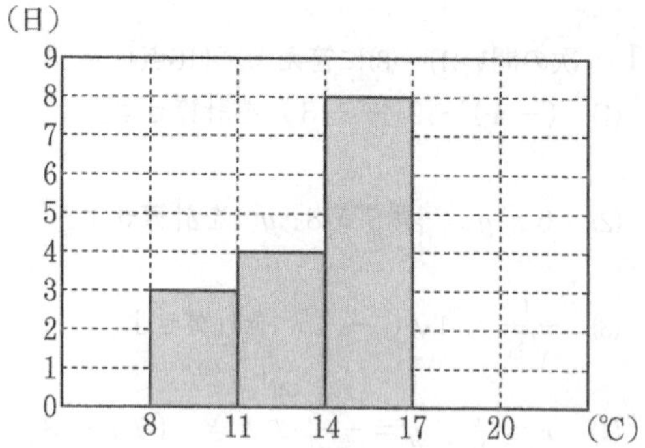

「気象庁ホームページ」より作成

3　右の図のような，正四角錐《すい》の投影図がある。この投影図において，立面図は１辺が６cm，高さが$3\sqrt{3}$cmの正三角形である。

このとき，次の問い⑴・⑵に答えよ。（４点）

⑴　この正四角錐の体積を求めよ。

…………………………答の番号【11】

⑵　この正四角錐の表面積を求めよ。

…………………………答の番号【12】

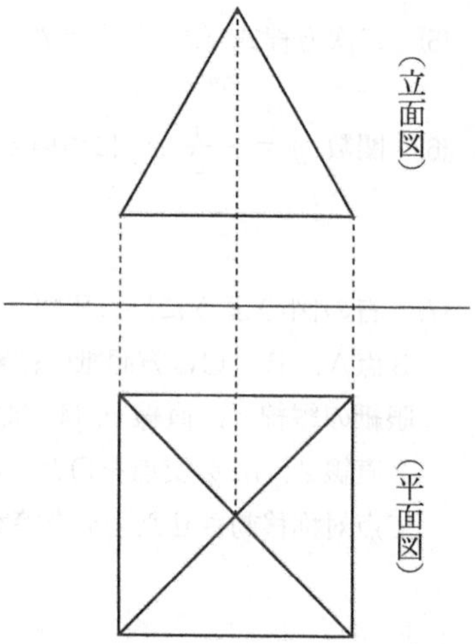

4　右の図のように，直線$y=\frac{1}{2}x+2$と直線$y=-x+5$が点Ａで交わっている。直線$y=\frac{1}{2}x+2$上にx座標が10である点Ｂをとり，点Ｂを通りy軸と平行な直線と直線$y=-x+5$との交点をＣとする。また，直線$y=-x+5$とx軸との交点をＤとする。

このとき，次の問い⑴・⑵に答えよ。（５点）

⑴　２点Ｂ，Ｃの間の距離を求めよ。また，点Ａと直線ＢＣとの距離を求めよ。　…………………………答の番号【13】

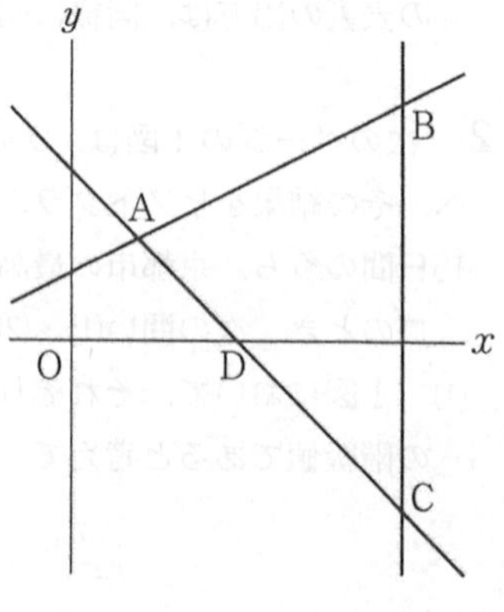

(2)　点Dを通り△ＡＣＢの面積を２等分する直線の式を求めよ。

……………………………答の番号【14】

5　右の図のように，円Oの周を３等分する点Ａ，Ｂ，Ｃがある。線分ＯＢ上に点Dを，ＯＤ：ＤＢ＝５：８となるようにとる。また，円Oの周上に点Ｅを，線分ＣＥが円Oの直径となるようにとる。点Ｅを含むおうぎ形ＯＡＢの面積は54π cm^{2}である。

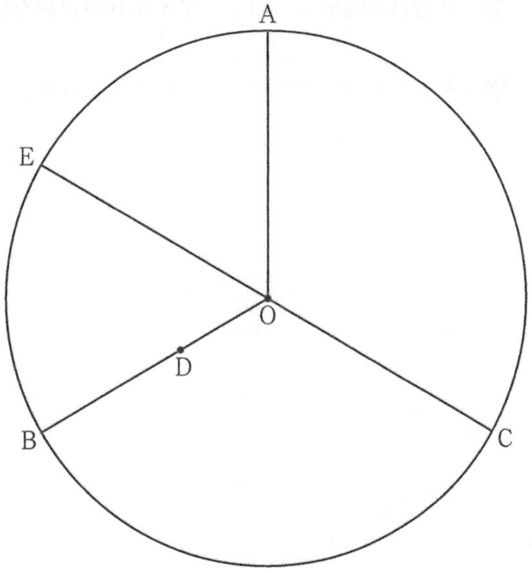

このとき，次の問い(1)～(3)に答えよ。（６点）

(1)　点Ｅを含むおうぎ形ＯＡＢの中心角の大きさを求めよ。

……………………………答の番号【15】

(2)　円Oの半径を求めよ。

……………………………答の番号【16】

(3)　線分ＡＤと線分ＣＥとの交点をＦとするとき，線分ＣＦの長さを求めよ。

……………………………答の番号【17】

6　右のⅠ図のような，タイルＡとタイルＢが，それぞれたくさんある。タイルＡとタイルＢを，次のⅡ図のように，すき間なく規則的に並べたものを，１番目の図形，２番目の図形，３番目の図形，…とする。

たとえば，２番目の図形において，タイルＡは８枚，タイルＢは５枚である。

Ⅰ図

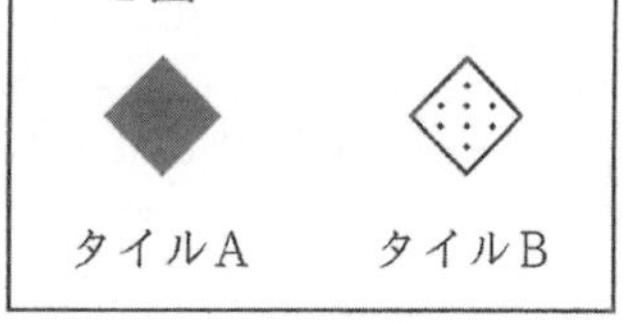

Ⅱ図

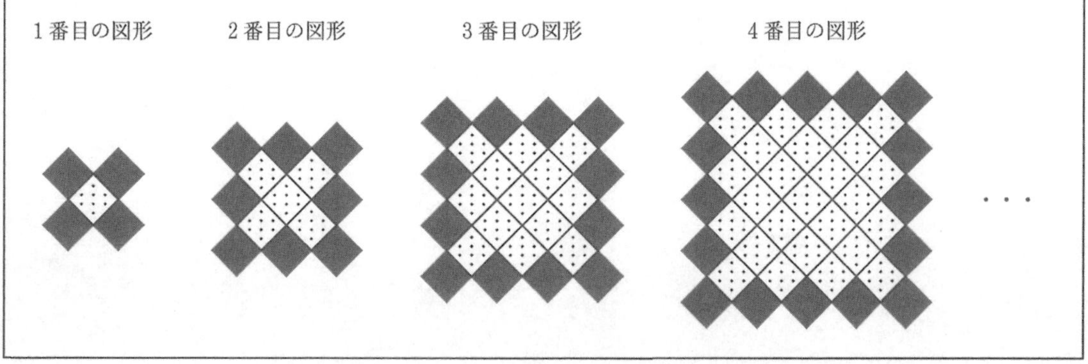

このとき，次の問い(1)〜(3)に答えよ。（５点）

(1)　５番目の図形について，タイルＡの枚数を求めよ。　　……………………………答の番号【18】

(2)　９番目の図形について，タイルＢの枚数を求めよ。　　……………………………答の番号【19】

(3)　タイルＡの枚数がタイルＢの枚数よりちょうど1009枚少なくなるのは，何番目の図形か求めよ。　　……………………………答の番号【20】

＜英語＞

時間　40分　満点　40点

【注意】 1　英語で書くときは，大文字，小文字に注意しなさい。筆記体で書いてもよろしい。
2　語数制限がある場合は，短縮形（I'mなど）と数字（100や2021など）は１語として数え，符号（ , / . / ? / ! / “ ” など）は語数に含めないものとします。

1　次の英文は，中学生の真由実（Mayumi）が行ったスピーチである。これを読んで，問い(1)～(8)に答えよ。(20点)

Last year, all the students in my class had a work experience. Each student went to a place in our town and worked there for three days to know more about the job. One student worked at a flower shop and another student went to a restaurant. I worked at a *bakery called Mugi. Before the work experience, I ①(worry) about it a little, but I became excited when I started it.

The bakery has been popular for many years. There are many kinds of *bread there. My friends and I often go there to buy our favorite bread. We like ②(eat) the bread and we often talk about it. *Through the work experience, ③[(ア) the bakery / (イ) I / (ウ) so popular / (エ) understood / (オ) is / (カ) why]. I learned a lot about the way to make and sell bread.

*Workers at the bakery taught me how to make bread. I learned a lot of things to do for making bread. [④] them, it was interesting for me to make *dough and to *shape it into bread. When the workers make the dough, they use water as one of the *ingredients. They change the *amount of it to make the best dough for each day because the *temperature and the *humidity change every day. They said, “It is difficult to make the dough, but we always try to make the perfect dough for the day.” After they finish making the dough, they shape it well into each bread. I wanted to do it like them, but it was difficult for me to shape the dough into bread. One worker said, “It takes a few years to be able to make nice bread.” Now, I know it takes a lot of effort to make bread.

Workers at the bakery make many kinds of cards, and put them in front of each kind of bread in the shop. The cards show messages from the workers to customers. For example, one message is about special ingredients and *taste. I tried to write a card about my favorite bread, but I didn't know how to write a good card. One worker said to me, “You can write your *feelings about your favorite bread, and the reason for always buying it.” I did my best to write the card. I was excited because it was put in front of the bread in the shop. One worker said to me, “I love your card. It makes me happy because I understand that you enjoyed making it. Also, it shows your feelings about your favorite bread as a 14-year-old girl. Some customers bought the bread because they became interested in it after reading your card." I was very happy to hear ⑤that, and I wanted to make better cards. Then, I asked some workers, "How do you make nice cards?" One of them said, "We try to learn a lot about every kind of bread in our bakery. Also, we read many books, and we often go to other bakeries to see good examples. We want to show the customers the good points of our bread, and we want ⑥them to try the bread." Now, I know it takes a lot of effort to sell bread.

Through the work experience, I learned that workers are working very hard and I wanted to know the reason. Then, I asked some workers, and they said that they want to make many people happy, so they do their best every day. They also said that they become happy when they make customers happy. Before this experience, I thought people work only for their lives, but now, I understand that they also work hard for other people. If the workers can make other people happy, the workers will work harder. In the future, I want to work for other people like them. I tried a lot of things at the bakery, and that made me tired. However, the work experience was great because I was able to learn a lot and see a new world.

After I finished the work experience, I went to the bakery and bought bread. The taste was special and wonderful to me because I understood the feelings and the effort of the bakery workers.

（注） bakery パン屋　bread パン　through ～ ～を通して　worker 働く人
dough （パンなどの）生地　shape ～ into… ～を…の形にする　ingredient 材料
amount 量　temperature 気温　humidity 湿度　taste 味　feeling 気持ち

⑴ 下線部①(worry)・②(eat)を，文意から考えて，それぞれ正しい形にかえて１語で書け。
…………………………答の番号【1】

⑵ 下線部③の［ ］内の（ア）～（カ）を，文意が通じるように正しく並べかえ，記号で書け。
…………………………答の番号【2】

⑶ [④] に入る語として最も適当なものを，次の（ア）～（エ）から１つ選べ。
…………………………答の番号【3】

（ア） Against　（イ） Among　（ウ） During　（エ） Into

⑷ 次の英文は，下線部⑤が指す内容について説明したものである。これを読んで，次の問い(a)・(b)に答えよ。

> Mayumi enjoyed making the card, and one worker at Mugi understood that, so the worker loved Mayumi's card and became happy. Also, the card showed [i]. Some customers bought the bread because they wanted to try it [ii] the card.

(a) 本文の内容から考えて，[i] に入る表現として最も適当なものを，次のページの（ア）～

（エ）から１つ選べ。……………………………答の番号【４】

（ア） the customer's feelings about Mugi
（イ） the worker's favorite bread
（ウ） Mayumi's feelings about her favorite bread
（エ） the bakery loved by many people

(b)　本文の内容から考えて，[ii] に入る表現として最も適当な部分を，本文中から２語で抜き出して書け。……………………………答の番号【５】

(5)　下線部⑥が指す内容として最も適当なものを，次の（ア）～（エ）から１つ選べ。
……………………………答の番号【６】

（ア） people visiting Mugi to buy bread
（イ） people working at other bakeries
（ウ） people writing the good points of bread
（エ） people making bread to sell

(6)　本文の内容から考えて，次の〈質問〉に対して下の〈答え〉が成り立つように，[　　] に入る最も適当な１語を書け。……………………………答の番号【７】

〈質問〉 What do the workers at Mugi do for making the best dough for each day?
〈答え〉 They change the amount of [　　　]. It is one of the ingredients for making the dough.

(7)　本文の内容と一致する英文として最も適当なものを，次の（ア）～（エ）から１つ選べ。
……………………………答の番号【８】

（ア） Mayumi and her friends often visit Mugi to buy new kinds of bread.
（イ） The cards showing the messages from the workers at Mugi were put in front of the shop.
（ウ） The workers at Mugi read some books to show examples of the card to other bakeries.
（エ） Mayumi bought bread at Mugi after the work experience, and it tasted special and wonderful to her.

(8)　次の英文は，このスピーチを聞いた中学生の優都（Yuto）と留学生のアンドレ（Andre）が交わしている会話の一部である。これを読んで，次のページの問い(a)・(b)に答えよ。

Yuto :	What did Mayumi learn through the work experience?
Andre:	She talked about that in her speech. She understood that workers at Mugi do a lot of things for making and selling bread, and now, she knows that is their [i].
Yuto :	That's good. I had a work experience at the post office, and I learned that workers there also work hard. They work hard because they want to carry someone's feelings with letters. That helps many people. I think that is their reason for working.

Andre: Mayumi understood such a thing at Mugi, too. Before that, she thought people only work to live. However, after the work experience, she understood that they also [ii]. And she wants to work like that in the future.

Yuto : Yes. I want to work like that, too.

(a) [i] に入る語として最も適当なものを，次の（ア）～（エ）から１つ選べ。

……………………………答の番号【9】

（ア） communication （イ） effort （ウ） messages （エ） mistakes

(b) [ii] に入る表現として最も適当なものを，次の（ア）～（エ）から１つ選べ。

……………………………答の番号【10】

（ア） have a lot of experiences to see a new world
（イ） have a work experience with their classmates
（ウ） work to make other people happy
（エ） work to make the best bread

2 次の英文は，高校生の直希（Naoki）と友人のソヨン（So-yeon）が，テレビ電話で交わしている会話である。次のホームステイプログラム（homestay program）のスケジュール（schedule）の一部を参考にして英文を読み，次のページの問い(1)～(4)に答えよ。（８点）

Naoki : Hi, So-yeon. You said you are interested in studying in America, right?

So-yeon: Yes. I want to do that when I become a *college student, but I don't know much about it.

Naoki : My brother took part [①] a homestay program in America in his first year at college. Look, he gave me the schedule of it.

So-yeon: Is he studying at college in Japan now?

スケジュール（schedule）の一部

Monday August 6	8:30 a.m.	speaking/listening
	10:00 a.m.	reading/writing
	noon	brown bag lunch
	12:30 p.m.	use the computer at the library
	2:30 p.m.	play volleyball
	4:30 p.m.	go home with host family
Tuesday August 7	8:30 a.m.	speaking/listening
	10:00 a.m.	reading/writing
	noon	brown bag lunch
	12:30 p.m.	use the computer at the library
	2:30 p.m.	special class "American culture"
	4:30 p.m.	go home with host family
Wednesday August 8	8:30 a.m.	speaking/listening
	10:00 a.m.	reading/writing
	noon	brown bag lunch
	12:30 p.m.	visit a local factory
	[　] p.m.	play games near the lake with host families

Naoki : Yes. He is trying hard to work abroad in the future.

So-yeon: Wow! That sounds great.

Naoki : My brother always says using different languages will help him. English is one of them.

So-yeon: I see. In this program, he had some English lessons [②], right?

Naoki　: Yes. He said that there were some students from different countries in his class, and studying with such classmates was a good chance to use English for communication.

So-yeon: And after lunch, he [③], right? All of them look fun.

Naoki　: Yes. For example, he played sports with his classmates. Also, he studied about American *culture in a special class and visited a *local factory. He listened to the *explanation about the local factory in English.

So-yeon: That sounds really hard to me.

Naoki　: Does it? But he enjoyed that because he understood the explanation while he was looking around the local factory.

So-yeon: Good. I think having such an experience in America was good for him when he tried to learn English in the program.

Naoki　: I agree with you. He spent a lot of time with his *host family after school and every weekend, and that was also a good experience of life in America for him.

So-yeon: Look at Wednesday, August 8. Did he start playing games near the lake in the evening?

Naoki　: Yes. In that part of America, it is not dark at about eight or nine p.m. in the summer.

So-yeon: So he began to play games at five thirty in the evening and had enough time. What is "brown bag lunch"?

Naoki　: It is like a *bento*. My brother made some sandwiches every morning, and he put them in a brown paper bag and brought it to school. Sometimes, he put some fruits in the bag, too.

So-yeon: People in America use brown paper bags for carrying their lunch, so they call it "brown bag lunch", right?

Naoki　: That's right. He liked it very much, and he does the same thing even in Japan.

So-yeon: I understand him. If I become interested in a culture, I want to know how people live there and try to do the same things.

（注）college　大学　　culture　文化　　local factory　地元の工場　　explanation　説明
host family　ホストファミリー

(1) [①] に入る最も適当な１語を書け。……………………………答の番号【11】

(2) [②]・[③] に入る表現の組み合わせとして最も適当なものを，次の（ア）～（エ）から１つ選べ。……………………………答の番号【12】

（ア）② in the morning　　③ did different kinds of things
（イ）② at twelve thirty　　③ did his homework at the library
（ウ）② on August 7　　③ played volleyball for two hours
（エ）② before lunch　　③ played some games with host families

⑶ 本文の内容から考えて，スケジュール（schedule）の一部中の ☐ に入るものとして最も適当なものを，次の（ア）～（エ）から１つ選べ。…………………………答の番号【13】

（ア） 4:30 （イ） 5:30 （ウ） 8:30 （エ） 9:30

⑷ 本文の内容と一致する英文として最も適当なものを，次の（ア）～（エ）から１つ選べ。
…………………………答の番号【14】

（ア） Naoki is studying hard in Japan because he wants to work in other countries in the future.

（イ） So-yeon thinks it was good for Naoki to have some experiences in America for learning English.

（ウ） So-yeon is interested in American school culture, so she has tried the same things even in Japan.

（エ） Naoki's brother liked "brown bag lunch", and he brings it to college even after coming back to Japan.

【リスニングの問題について】
放送中にメモをとってもよい。

3 それぞれの質問に対する答えとして最も適当なものを，次の（ア）～（エ）から１つずつ選べ。
（４点）

⑴ （ア） Near the sea.
（イ） In a warm room.
（ウ） On a hot day.
（エ） On a cold day. …………………………答の番号【15】

⑵ （ア） She is reading a French book.
（イ） She is listening to a French song.
（ウ） She is watching a French movie.
（エ） She is looking for the dictionary. …………………………答の番号【16】

4 それぞれの質問に対する答えとして最も適当なものを，次の（ア）～（エ）から１つずつ選べ。
（４点）

⑴ （ア） 午前４時
（イ） 午前５時
（ウ） 午前７時
（エ） 午前８時 …………………………答の番号【17】

⑵ （ア） しりとりをする。
（イ） 歌を歌う。
（ウ） 鳥を観察する。
（エ） 昼食をとる。 …………………………答の番号【18】

5　それぞれの会話のチャイムのところに入る表現として最も適当なものを，下の（ア）～（エ）から１つずつ選べ。（４点）

（例題）　A：Hi, I'm Hana.
B：Hi, I'm Jane.
A：Nice to meet you.
B：〈チャイム音〉
（ア）I'm Yamada Hana.　　（イ）Nice to meet you, too.
（ウ）Hello, Jane.　　（エ）Goodbye, everyone.

（解答例）

ア	㋑	ウ	エ

(1)　（ア）Yes, he is Hiroshi　　（イ）Yes, he was playing the guitar.
（ウ）I don't think he is there.　　（エ）He wasn't Hiroshi's friend.

……………………………答の番号【19】

(2)　（ア）OK. I'll do that.
（イ）Great.　We will wait there.
（ウ）You should join our class tomorrow.
（エ）Satomi will also do her homework at home.

……………………………答の番号【20】

＜理科＞

時間　40分　　満点　40点

【注意】　字数制限がある場合は，句読点や符号なども１字に数えなさい。

1　桜さんは，被子植物である植物Ａと植物Ｂを用いて，次の〈観察Ⅰ〉・〈観察Ⅱ〉を行った。また，下のノートは桜さんが〈観察Ⅰ〉・〈観察Ⅱ〉の結果をまとめたものの一部である。これについて，下の問い⑴～⑶に答えよ。（６点）

〈観察Ⅰ〉　植物Ａと植物Ｂの種子を校庭の花だんに植え，それぞれが発芽した後の子葉の枚数を調べる。
〈観察Ⅱ〉　植物Ａと植物Ｂを育て，それぞれに咲いた花をいくつか選んで花弁のようすを観察する。その後，選んだ花の写真を毎日撮影して，継続的にその変化を観察する。

ノート

〈観察Ⅰ〉の結果，植物Ａの子葉は１枚，植物Ｂの子葉は２枚だった。
〈観察Ⅱ〉の結果，植物Ａの花の花弁はたがいに離れており，植物Ｂの花の①花弁はたがいにくっついていた。また，植物Ａも植物Ｂも，日がたつにつれて②花は果実に変化した。

⑴　ノート中の〈観察Ⅰ〉の結果から考えて，植物Ａと植物Ｂにおけるそれぞれの茎の横断面と根のつくりの模式図の組み合わせとして最も適当なものを，次の（ア）～（エ）から１つずつ選べ。

……………………………答の番号【１】

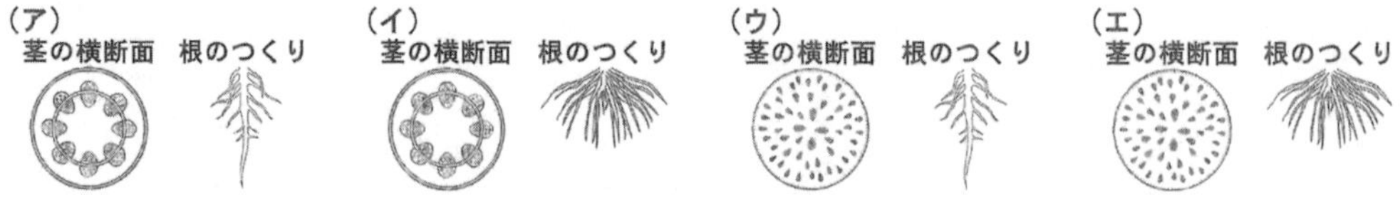

⑵　ノート中の下線部①花弁はたがいにくっついていたについて，植物Ｂの花のような，花弁がたがいにくっついている花を何というか，**漢字３字**で書け。

……………………………答の番号【２】

⑶　ノート中の下線部②花は果実に変化したについて，桜さんは多くの被子植物の果実の中には種子があることを知った。次のページのⅰ群（ア）～（カ）のうち，種子になるものとして最も適当なものを１つ選べ。また，桜さんは，下の図のようにホワイトボードにパネルを４枚並べて貼り，被子植物の種子ができるまでに起こることを説明することにした。次のページのⅱ群（サ）～（セ）は桜さんが作成したパネルである。被子植物の種子ができるまでに起こることを，順を追って説明できるように（サ）～（セ）を並べかえ，記号で書け。

……………………………答の番号【３】

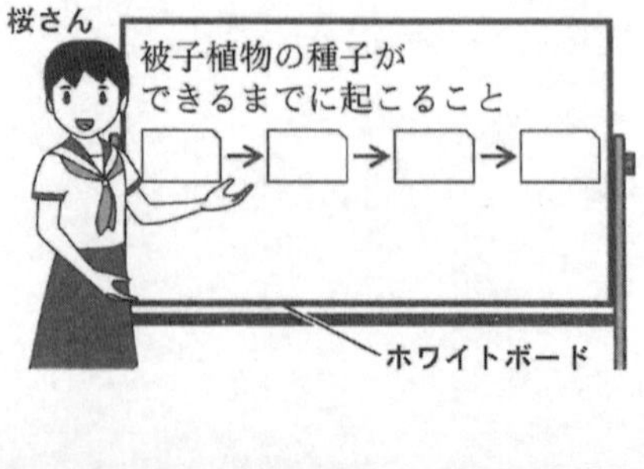

ⅰ群　(ア)　がく　　(イ)　子房　　(ウ)　花弁
　　　(エ)　柱頭　　(オ)　胚珠　　(カ)　やく

ⅱ群　(サ)　花粉管がのび，その中を精細胞が移動する。
　　　(シ)　受精卵が細胞分裂をくり返し，胚になる。
　　　(ス)　おしべの花粉が，めしべの柱頭につく。
　　　(セ)　精細胞の核と卵細胞の核が合体する。

2　次の会話は，千夏さんと太一さんが理科部の活動中に交わしたものの一部である。これについて，下の問い(1)・(2)に答えよ。（４点）

千夏　おもに陸上で生活するセキツイ動物は鳥類，両生類，ハチュウ類，ホニュウ類に分けられ，これらのセキツイ動物のなかまのふやし方には，卵を産んで，卵から子がかえるというふやし方と，①母親の子宮内で，子が養分などをもらうことである程度成長してから生まれるというふやし方があるんだ。

太一　同じセキツイ動物でも，なかまのふやし方には大きな違いがあるんだね。

千夏　この違いは，長い年月をかけて世代を重ねる間に②生物が変化することでできたといわれているよ。

太一　なるほど。じゃあ今月は，生物がどのように変化してきたと考えられているか調べてみようかな。

(1)　会話中の下線部①母親の子宮内で，子が養分などをもらうことである程度成長してから生まれるというふやし方を何というか，**ひらがな４字**で書け。また，下線部②生物が変化するに関して，セキツイ動物の前あしに代表される相同器官は，生物の変化を知る上で重要なものである。相同器官の説明として最も適当なものを，次の(ア)～(エ)から１つ選べ。

……………………………**答の番号【４】**

(ア)　過去から現在に至るまで，種によって形やはたらきが異なる器官。
(イ)　過去から現在に至るまで，種によらず形やはたらきが同じである器官。
(ウ)　現在では種によって形やはたらきが異なるが，もとは同じ形やはたらきだったと考えられる器官。
(エ)　現在では種によらず形やはたらきが同じだが，もとは違う形やはたらきだったと考えられる器官。

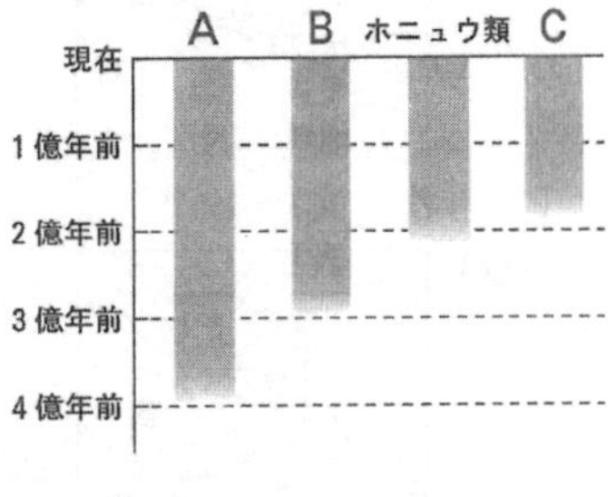

(2)　右の図は太一さんが，鳥類，両生類，ハチュウ類，ホニュウ類が出現する年代についてまとめたものであり，図中のA～Cはそれぞれ鳥類，両生類，ハチュウ類のいずれかを表している。図中のA～Cのうち，ハチュウ類にあたるものとして最も適当なものを１つ選べ。また，シソチョウはその化石から，鳥類，両生類，ハチュウ類，ホニュウ類の４つのグループのうち，２つのグループの特徴をあわせもっていたことがわかっている。次のページの(ア)～(カ)のうち，シソチョウが特徴をあわせもっていたとされるグループの組み合わせとして最も適

当なものを１つ選べ。 ……………………………答の番号【5】

(ア) 鳥類と両生類 (イ) 鳥類とハチュウ類
(ウ) 鳥類とホニュウ類 (エ) 両生類とハチュウ類
(オ) 両生類とホニュウ類 (カ) ハチュウ類とホニュウ類

3 次の文章は，明日香さんが，陸上と海上の気温と日本の気象の関係について調べてまとめたものの一部である。これについて，下の問い(1)・(2)に答えよ。(４点)

> 陸と海とでは，太陽から受けとる光によるあたたまり方に差があるため，陸上の気温と海上の気温に差がうまれ，風が吹くことがある。たとえば，晴れた日の昼，海岸付近で，海から陸に向かう風が吹くのは，陸上の気温の方が海上の気温より A ことで，陸上に B ができるためである。
>
> また，陸と海が太陽から受けとる光の量は季節によって変化するため，陸上の気温と海上の気温の差も季節によって変化する。この変化は，陸上や海上の①気団の発達や衰退に影響するため，日本付近では②季節ごとに特徴的な気圧配置が形成されることで，季節ごとの天気に特徴が生じる。

(1) 文章中の A ・ B に入る表現の組み合わせとして最も適当なものを，次の i 群 (ア) ～ (エ) から１つ選べ。また，文章中の下線部①気団について，下の ii 群 (カ) ～ (ク) の日本付近でみられる気団のうち，冷たくしめっているという性質を持つ気団として最も適当なものを１つ選べ。 ……………………………答の番号【6】

i 群 (ア) A 高くなる B 上昇気流 (イ) A 高くなる B 下降気流
(ウ) A 低くなる B 上昇気流 (エ) A 低くなる B 下降気流

ii 群 (カ) 小笠原気団 (キ) シベリア気団 (ク) オホーツク海気団

(2) 文章中の下線部②季節ごとに特徴的な気圧配置が形成されるについて，次の (ア) ～ (エ) はそれぞれ，明日香さんが調べた日本付近の天気図のうち，春，つゆ，夏，冬のいずれかの季節の特徴的な天気図を模式的に表したものである。(ア) ～ (エ) のうち，冬の特徴的な天気図を模式的に表したものとして最も適当なものを１つ選べ。 ……………………………答の番号【7】

(ア)
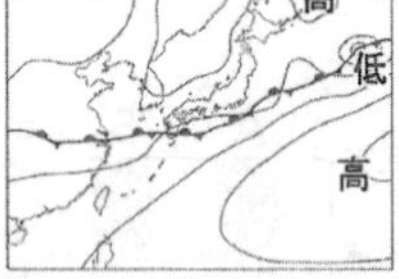

(イ)
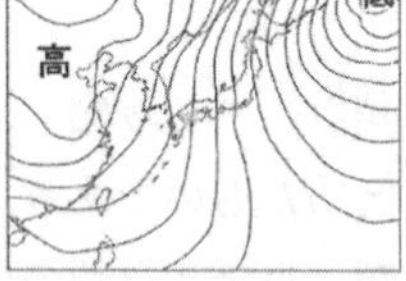

(ウ)
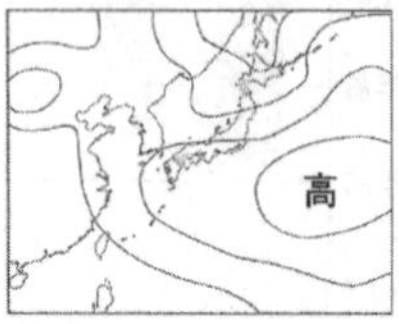

(エ)
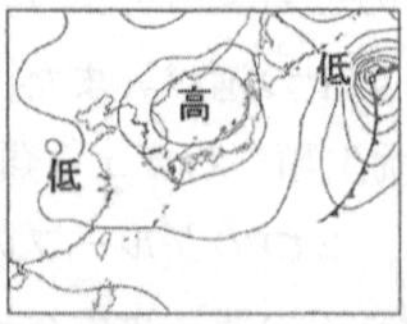

4　次の会話は，まもるさんと先生が月について交わしたものの一部である。これについて，下の問い(1)〜(3)に答えよ。（6点）

> **まもる**　ここ最近よく晴れていて，月がきれいに見えました。①同じ場所から毎日同じ時刻に月を観察すると，月の見かけの形が異なっていたのですが，なぜこのようなことが起こるのですか。
>
> **先生**　それは，地球，月，太陽の位置関係が変化するからです。他にも，地球，月，太陽の位置関係が月の見え方に影響する現象として②月食が知られていますよ。
>
> **まもる**　そうなんですね。今度，月の見え方について調べてみようと思います。

(1)　会話中の下線部①同じ場所から毎日同じ時刻に月を観察するについて，下の**ノート**はまもるさんが，京都府内の，周囲に高い山や建物がない自宅から，毎日同じ時刻に肉眼で月を観察し，月の位置や見かけの形についてまとめたものである。**ノート**中の A に入る表現として最も適当なものを，次の**ⅰ群（ア）〜（ウ）**から１つ選べ。また，**ノート**中の B ・ C にあてはまるものとして最も適当なものを，下の**ⅱ群（カ）〜（ケ）**からそれぞれ１つずつ選べ。ただし，月が暗くなっている部分を黒く塗りつぶして示している。

……………………………答の番号【8】

> **ノート**
>
> 同じ場所から毎日同じ時刻に観察すると，月の位置は A 見える。また，見かけの形は，次のように変化する。

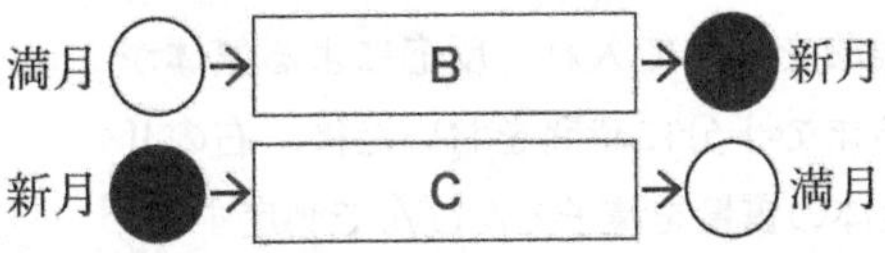

ⅰ群　（ア）　日がたつにつれて東へ移動して　　（イ）　日がたつにつれて西へ移動して
（ウ）　変わらず同じところに

ⅱ群　（カ）
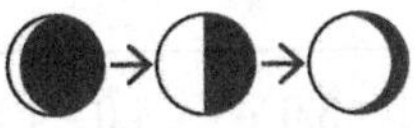
（キ）
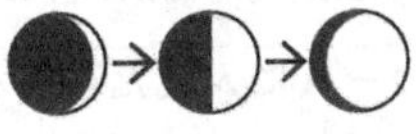
（ク）
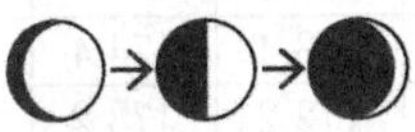
（ケ）
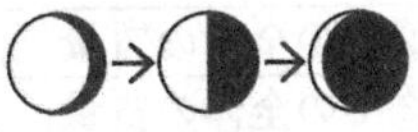

(2)　会話中の下線部②月食について，まもるさんは地球上のある地点Xで月食が観測されているときに，地球，月，太陽がどのように並んでいるかを表すため，右のⅠ図のような月食を観測した地点Xを示した地球，Ⅱ図のような月，Ⅲ図のような太陽の，３つの模式図を用意した。これらを用いて，地点Xで月食が観測されているとき，地球，月，太陽がどのように並んでいるかを表したものとして最も適当なものを，次の（ア）〜（エ）から１つ選べ。

Ⅰ図　Ⅱ図　Ⅲ図

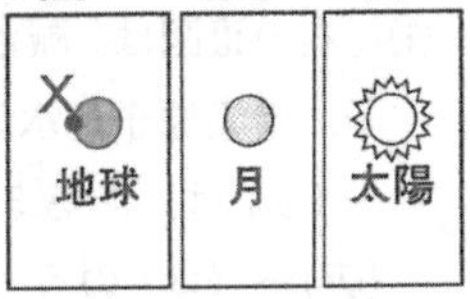

……………………………答の番号【9】

（ア）

（イ）

（ウ）

（エ）

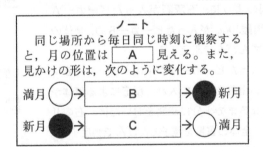

(3) 次の文章は，地球から見たときの月と太陽の見え方について書かれたものである。文章中の ＿＿ に入る適当な表現を，６字以内で書け。 ……………………………答の番号【10】

> 月は太陽よりとても小さいにもかかわらず，地球から見ると月と太陽はほぼ同じ大きさに見える。その理由は，月の方が太陽より，地球との ＿＿ からである。

下書き用

5 誠さんは，石灰石とうすい塩酸を用いて，理科室で次の〈実験〉を行った。これについて，後の問い(1)～(3)に答えよ。ただし，石灰石に含まれる炭酸カルシウムの割合は一定で，水の蒸発は考えないものとする。また，反応は炭酸カルシウムとうすい塩酸の間だけで起こるものとし，反応時に，発生した気体はすべてビーカーの外に出て，それ以外の物質はビーカーの中に残るものとする。(6点)

〈実験〉

操作① 石灰石1.0ｇをビーカーＡに入れる。

操作② 右のⅠ図のように，石灰石が入ったビーカーＡと，うすい塩酸50cm^3が入ったビーカーＢの，全体の質量を電子てんびんで測定する。

操作③ 石灰石が入ったビーカーＡの中に，ビーカーＢに入ったうすい塩酸をすべて入れ，反応による気体が発生しなくなるまで十分に時間をおいた後，右のⅡ図のように，全体の質量を電子てんびんで測定する。

操作④ 操作①でビーカーＡに入れる石灰石の質量を2.0ｇ，3.0ｇ，4.0ｇ，5.0ｇに変え，それぞれの質量において操作②・操作③を行う。

Ⅰ図

Ⅱ図

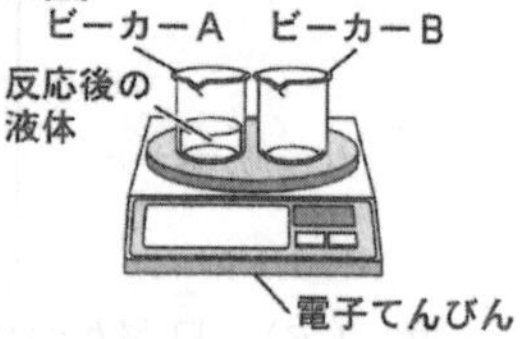

【結果】

ビーカーＡに入れた石灰石の質量〔g〕	1.0	2.0	3.0	4.0	5.0
操作②での全体の質量〔g〕	171.4	172.4	173.4	174.4	175.4
操作③での全体の質量〔g〕	171.0	171.6	172.2	173.2	174.2

(1) 右のⅢ図は，誠さんが作成した４種類の原子のモデルであり，それぞれ酸素原子，炭素原子，水素原子，窒素原子のいずれかを表している。また，次の（ア）～（オ）は，ある５種類の分子を，Ⅲ図のモデルを用いて表したものである。（ア）～（オ）のうち１つが水分子，別の１つがアンモニア分子を表しているとき，〈実験〉の反応によって発生した気体の分子を表しているものとして最も適当なものを，（ア）～（オ）から１つ選べ。 ……………………………答の番号【11】

Ⅲ図

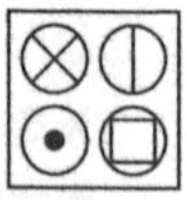

（ア）  （イ） 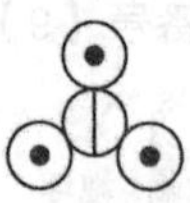 （ウ）  （エ） 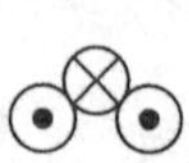 （オ） 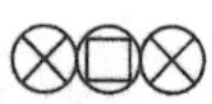

⑵　右のⅣ図は，〈実験〉における，ビーカーAに入れる石灰石の質量と，反応によって発生する気体の質景の関係を表すために用意したグラフ用紙である。【結果】から考えて，ビーカーAに入れる石灰石の質量が0gから5.0gまでの範囲のときの，ビーカーAに入れる石灰石の質量と反応によって発生する気体の質量の関係を表すグラフを，答案用紙の図に実線（──）でかけ。　……………………………答の番号【12】

Ⅳ図

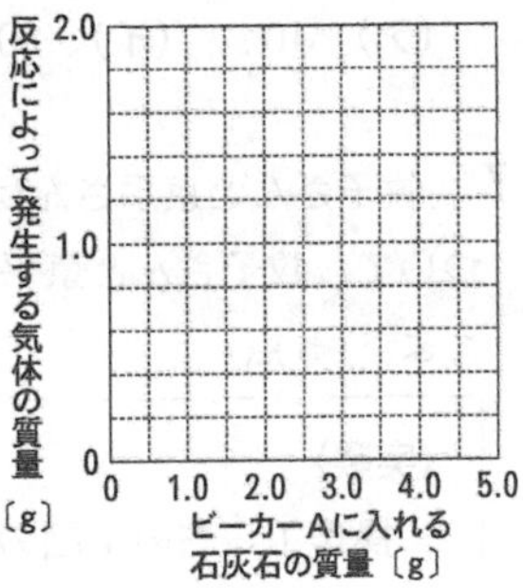

⑶　操作④で石灰石の質量を5.0gに変えて操作②・操作③を行ったビーカーAに，さらに，〈実験〉で用いたものと同じ濃度のうすい塩酸を50cm^3加えることによる気体の発生について述べた文として最も適当なものを，次の（ア）～（エ）から1つ選べ。　……………………………答の番号【13】

（ア）　2.0gの気体が発生する。　（イ）　1.2gの気体が発生する。
（ウ）　0.8gの気体が発生する。　（エ）　気体は発生しない。

6　水の温度と水に溶ける物質の質量との関係を調べるために，純物質（純粋な物質）である物質Xの固体を用いて実験を行った。次のノートは，学《まなぶ》さんがこの実験についてまとめたものの一部であり，下の表は，学さんが水の温度と100gの水に溶ける物質Xの質量との関係をまとめたものである。これについて，下の問い⑴・⑵に答えよ。ただし，水の蒸発は考えないものとする。
（4点）

ノート

物質Xの飽和水溶液をつくるために，水の温度を70℃に保ちながら物質Xを溶かした。できた70℃の物質Xの飽和水溶液の質量をはかると119gだった。この物質Xの飽和水溶液の温度を，70℃から [A] ℃にすると，物質Xの固体が53g出てきた。[A] ℃における物質Xの飽和水溶液の質量パーセント濃度を求めると [B] %であることがわかった。

水の温度〔℃〕	10	20	30	40	50	60	70
100gの水に溶ける物質Xの質量〔g〕	21	32	46	64	85	109	138

⑴　ノート中の下線部物質Xを溶かしたに関して，次の文章は，物質の溶解について学さんがまとめたものである。文章中の [P] ・ [Q] に入る語句の組み合わせとして最も適当なものを，下の（ア）～（カ）から1つ選べ。　……………………………答の番号【14】

この実験の物質Xのように，水に溶けている物質を [P] という。また，この実験の水のように， [P] を溶かしている液体を [Q] という。

（ア）　P　溶質　Q　溶媒　（イ）　P　溶質　Q　溶液
（ウ）　P　溶媒　Q　溶質　（エ）　P　溶媒　Q　溶液
（オ）　P　溶液　Q　溶質　（カ）　P　溶液　Q　溶媒

⑵　表から考えて，ノート中の [A] に共通して入る数として最も適当なものを，次のページの（ア）～（カ）から1つ選べ。また， [B] に入る数値を，小数第1位を四捨五入し，整数で求め

よ。　……………………………答の番号【15】

（ア） 10　（イ） 20　（ウ） 30　（エ） 40　（オ） 50　（カ） 60

7　牧子さんと京平さんは，理科部の活動で次の〈実験〉を行った。また，下の会話は〈実験〉について，牧子さんと京平さんが交わしたものの一部である。これについて，下の問い(1)～(3)に答えよ。（5点）

〈実験〉

操作Ⅰ　右のⅰ図のように，耐熱用のペットボトルに，熱い湯を少量入れ，ペットボトルの中を水蒸気で十分に満たす。

操作Ⅱ　操作Ⅰの後，すぐにペットボトルのふたをしっかりとしめ，冷たい水をかけて，ペットボトルのようすを観察する。

【結果】　操作Ⅱの結果，右のⅱ図のようにペットボトルがつぶれた。

牧子　どうしてペットボトルがつぶれたのかな。

京平　ペットボトルの中の圧力と，まわりの大気圧との間に差が生じたからなんだ。冷たい水をかけると，ペットボトルの中の　A　の状態の水が一部　B　になり，ペットボトルの中の圧力が，まわりの大気圧に比べて　C　なることでつぶれたんだ。

牧子　なるほど，①大気圧が関係しているんだね。

京平　うん。日常の生活で大気圧のはたらきを感じることは少ないけれど，たとえば写真のような②吸盤は，大気圧の力で机や壁にくっついているんだよ。

写真

(1)　会話中の　A　～　C　に入る表現の組み合わせとして最も適当なものを，次の（ア）～（エ）から1つ選べ。　……………………………答の番号【16】

（ア）　A　液体　B　気体　C　大きく

（イ）　A　液体　B　気体　C　小さく

（ウ）　A　気体　B　液体　C　大きく

（エ）　A　気体　B　液体　C　小さく

(2)　会話中の下線部①大気圧が関係しているについて，次の（ア）～（エ）のうち，大気圧による現象を述べた文として最も適当なものを1つ選べ。　……………………………答の番号【17】

（ア）　煮つめた砂糖水に炭酸水素ナトリウムを加えると，膨らんでカルメ焼きができた。

（イ）　手に持ったボールを，宇宙ステーション内で離すと浮いたが，地上で離すと落下した。

（ウ）　密閉された菓子袋を，山のふもとから山頂まで持っていくと，その菓子袋が膨らんだ。

（エ）　からのペットボトルのふたをしめ，水中に沈めて離すと，そのペットボトルが浮き上がった。

(3)　会話中の下線部②吸盤について，次のページのⅲ図は写真の吸盤を円柱形として表したものである。ⅲ図において，吸盤上面の面積が30cm^2，大気圧の大きさを100000Pa とするとき，吸盤上面全体にかかる大気圧による力の大きさは何Nか求めよ。
……………………………答の番号【18】

ⅲ図

8　ばねや物体にはたらく力について調べるために，次の〈実験Ⅰ〉～〈実験Ⅲ〉を行った。これについて，下の問い(1)・(2)に答えよ。ただし，ばねXののびは，ばねXに加わる力の大きさに比例するものとし，糸や滑車にはたらく摩擦力，ばねXや糸の質量，糸ののび縮みは考えないものとする。（5点）

〈実験Ⅰ〉　下のⅰ図のように，ばねXの一端を壁に固定し，もう一端に糸をとりつけ，その糸を天井に固定した滑車に通す。滑車に通した糸の先にさまざまな質量のおもりをつるし，おもりが静止したときのばねXの長さを測定する。

〈実験Ⅱ〉　下のⅱ図のように，天井に固定した2つの滑車と，糸を用いて，ばねXの両端に質量が同じおもりを1個ずつつるし，おもりが静止したときのばねXの長さを測定する。

〈実験Ⅲ〉　下のⅲ図のように，おもりの一点に糸を用いて2つのばねXをとりつけておもりを持ち上げ，おもりが静止したときのばねXののびから，ばねXがおもりを引く力を調べる。この操作を，おもりの質量と2つのばねXのなす角度をさまざまに変えて行う。

ⅰ図
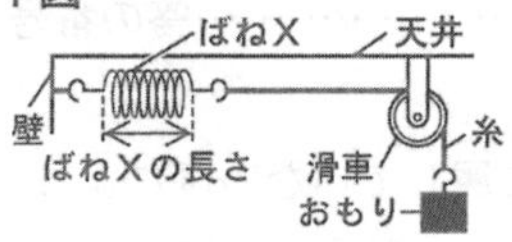

ⅱ図
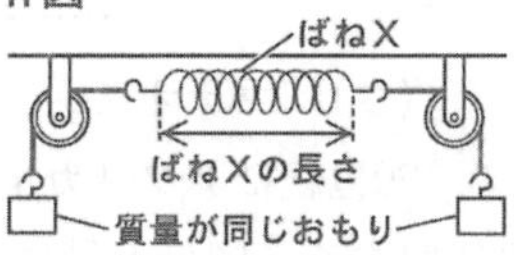

ⅲ図
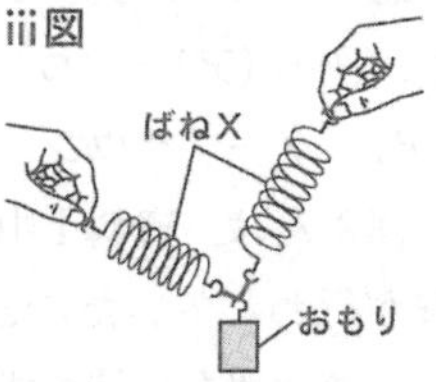

(1)　ばねののびは，ばねにはたらく力の大きさに比例するという関係を何の法則というか，**カタカナ3字**で書け。また，下の表は，〈実験Ⅰ〉における，おもりの質量とおもりが静止したときのばねXの長さについてまとめたものの一部である。〈実験Ⅱ〉において，おもりが静止したときのばねXの長さが21.0cmであったとき，表から考えて，おもり1個分の質量は何gであったか求めよ。
……………………………答の番号【19】

おもりの質量〔g〕	20	40	60	80
おもりが静止したときのばねXの長さ〔cm〕	12.0	14.0	16.0	18.0

(2)　〈実験Ⅲ〉において，2つのばねXがおもりを引く力の大きさと向きを，矢印（⟶）を用いて方眼紙に表したところ，次の(ア)～(エ)のようになった。(ア)～(エ)のうち，最も質量の大きいおもりを用いたときの図として適当なものを1つ選べ。ただし，(ア)～(エ)の方眼紙の1目盛りはすべて同じ力の大きさを表しており，図中の●は力の作用点を示しているものとする。
……………………………答の番号【20】

(ア)
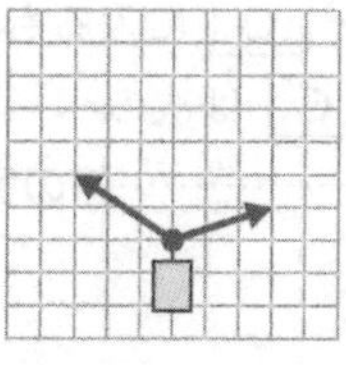

(イ)
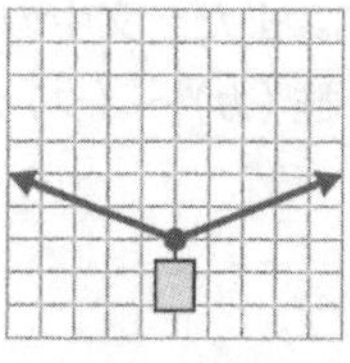

(ウ)
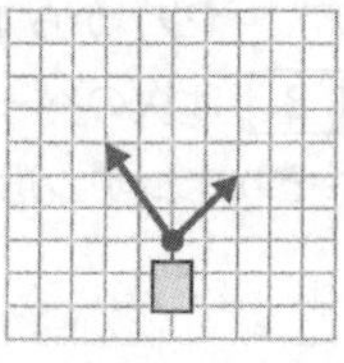

(エ)
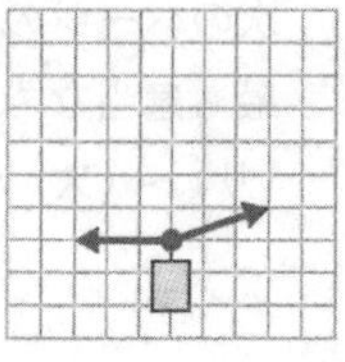

＜社会＞

時間　40分　　満点　40点

【注意】　字数制限がある場合は，句読点や符号なども１字に数えなさい。

1　健さんは，赤道が通る大陸についてさまざまなことを調べた。右の**資料Ⅰ**はアフリカ大陸周辺の略地図，**資料Ⅱ**は南アメリカ大陸周辺の略地図であり，それぞれ同じ縮尺で健さんが作成したものである。これを見て，次の問い(1)～(5)に答えよ。(10点)

資料Ⅰ

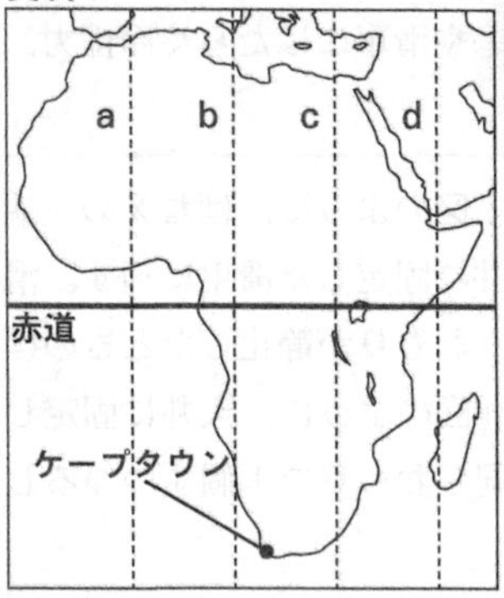

資料Ⅱ

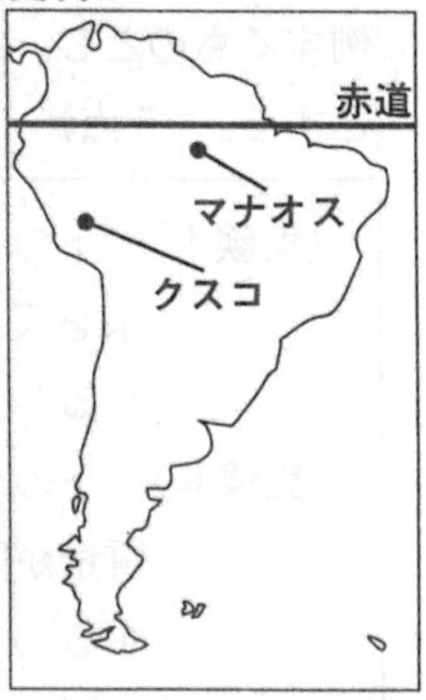

(1)　**資料Ⅰ**中の**a**～**d**の点線（………）は，15度の間隔で引かれた経線を示しており，この４本の経線のうち，１本は本初子午線である。本初子午線を示しているものはどれか，**a**～**d**から１つ選べ。また，**資料Ⅰ・Ⅱ**中の●で示した都市のうち，最も高緯度に位置している都市はどれか，次の**(ア)**～**(ウ)**から１つ選べ。…………………………**答の番号【1】**

(ア)　ケープタウン　　**(イ)**　クスコ　　**(ウ)**　マナオス

(2)　健さんは，**資料Ⅰ**中のアフリカ大陸で，20世紀にアフリカ州に属していない国によって核実験が行われていたことを知り，核兵器に関する各国の方針について調べた。日本が定めている，核兵器を「持たず，つくらず，持ちこませず」という方針を何というか，**ひらがな９字**で書け。また，健さんは，アフリカ大陸で初めて核実験が行われた年に，アフリカ州で17の独立国が生まれ，この年が「アフリカの年」と呼ばれることを知った。下の**資料Ⅲ**は，20世紀の世界のできごとを，健さんが年代順に並べて作成したものである。**資料Ⅲ**中の**A**～**D**のうち，「アフリカの年」が入る時期はどれか，１つ選べ。…………………………**答の番号【2】**

資料Ⅲ

ベルサイユ条約が結ばれる
A
世界恐慌が起こる
B
国際連合が発足する
C
石油危機が起こる
D
冷戦が終結する

(3)　**資料Ⅰ**中のケープタウンは，南アフリカ共和国の都市である。健さんは，ケープタウンの南部に位置する喜望峰《きぼうほう》をまわって，15世紀後半にインドに到達した人物について調べた。次のページの文は，この人物について健さんが書いたものである。文中の A に入る人物名を，次のページの**ⅰ群(ア)**～**(ウ)**から１つ選べ。また，文中の B ・ C に入るものとして最も適当なものを， B は次のページの**ⅱ群(カ)**～**(ク)**から， C は次のページの**ⅲ群(サ)**～**(ス)**からそれぞれ１つずつ選べ。…………………………**答の番号【3】**

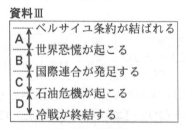

> [A] は，[B] から出航した後、アフリカ大陸西岸に沿って [C] を南下し，喜望峰をまわってインドに到達したことで，ヨーロッパから直接インドに行く航路を開いた。

ⅰ群　(ア)　マゼラン　(イ)　コロンブス　(ウ)　バスコ・ダ・ガマ
ⅱ群　(カ)　イギリス　(キ)　スペイン　(ク)　ポルトガル
ⅲ群　(サ)　インド洋　(シ)　大西洋　(ス)　太平洋

(4)　**資料Ⅱ**中のマナオスは，アマゾン川流域に位置するブラジルの都市である。健さんは，ブラジルがアマゾン川を利用して大量の鉄鉱石を輸送していることを知り，2017年における世界の鉄鉱石の生産量，輸出量および輸入量を調べて下の**資料Ⅳ**を作成した。**資料Ⅳ**は，2017年におけるそれぞれの項目の割合が高い国を上位４位まで示している。**資料Ⅳ**から読み取れることとして適当なものを，次の **(ア)** ～ **(オ)** から**２つ**選べ。……………………………答の番号【4】

資料Ⅳ　2017 年における世界の鉄鉱石の生産量・輸出量・輸入量の国別割合

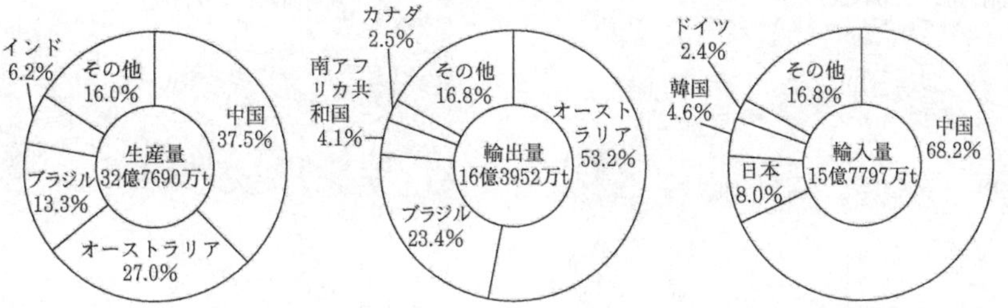

「データブック オブ・ザ・ワールド 2020」及び「鉄鋼統計要覧 2019」より作成

(ア)　鉄鉱石の生産量が上位４位までに入っている国はすべて，鉄鉱石の輸出量でも上位４位までに入っている。

(イ)　鉄鉱石の生産量と輸出量について，いずれもオーストラリアはブラジルの２倍に満たない。

(ウ)　ブラジルの鉄鉱石の輸出量は，日本の鉄鉱石の輸入量の２倍以上である。

(エ)　ブラジルの鉄鉱石の生産量は，日本と韓国とドイツの鉄鉱石の輸入量の合計より少ない。

(オ)　中国の鉄鉱石の生産量と輸入量の合計は，世界の鉄鉱石の生産量の半分以上に相当する。

(5)　**資料Ⅱ**中のクスコはペルーの都市である。健さんは，クスコが，南アメリカ大陸西部を南北に連なる山脈にあることを知った。この山脈として最も適当なものを，次の **(ア)** ～ **(エ)** から１つ選べ。また，次のページの**資料Ⅴ**中の**A**～**C**はそれぞれ，**資料Ⅰ・Ⅱ**中で示した３つの都市のいずれかの雨温図である。クスコの雨温図を**A**～**C**から１つ選べ。

……………………………答の番号【5】

(ア)　アンデス山脈
(イ)　ウラル山脈
(ウ)　ヒマラヤ山脈
(エ)　ロッキー山脈

資料Ⅴ

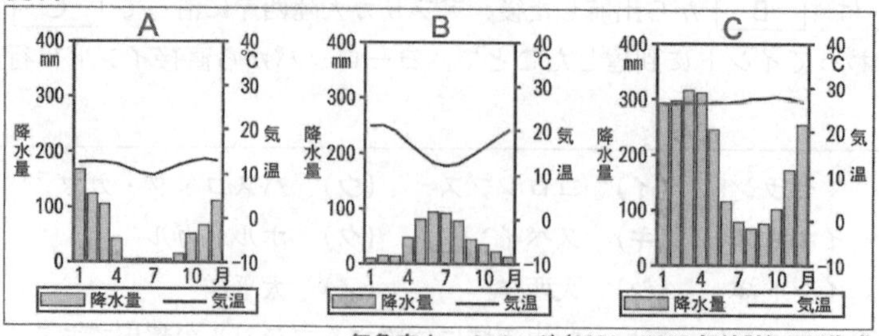

気象庁ホームページ（1981～2010年統計）より作成

2　大分県別府《べっぷ》市に住む唯さんは，身近な地域について調べた。次の**資料Ⅰ・Ⅱ**はそれぞれ，昭和50年および平成25年に発行された別府市周辺の２万5000分の１地形図の一部であり，同じ地域を表している。これを見て，後の問い(1)～(5)に答えよ。(10点)

資料Ⅰ（昭和50年国土地理院発行２万5000分の１地形図「別府西部」より作成）

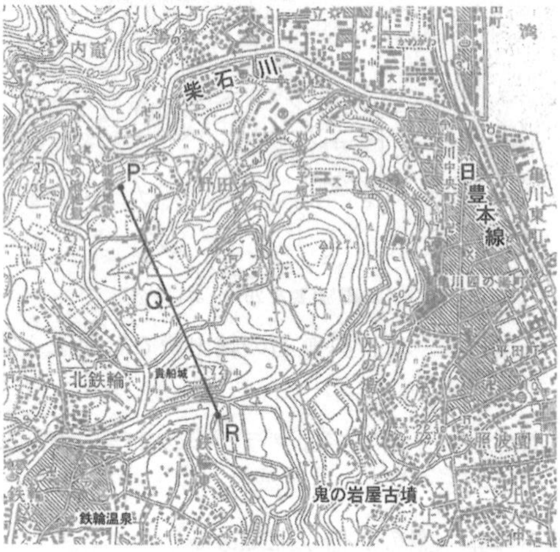

資料Ⅱ（平成25年国土地理院発行２万5000分の１地形図「別府西部」より作成）

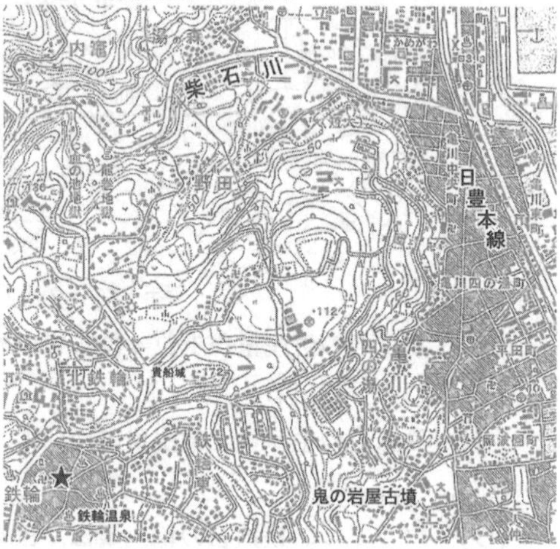

(1)　唯さんは，**資料Ⅰ**と**資料Ⅱ**を比較した。**資料Ⅰ**から**資料Ⅱ**で変化したことについて説明した文として適当なものを，次の**（ア）～（エ）**から**２つ**選べ。

……………………………答の番号【６】

（ア）「貴船城《きふねじょう》」の北西の田や畑が広がる場所に高等学校がつくられた。
（イ）「柴石川《しばせきがわ》」の河口部が，うめ立てられて橋がかけられた。
（ウ）「日豊本線《にっぽうほんせん》」沿いに消防署と警察署がつくられた。
（エ）「鬼《おに》の岩屋《いわや》古墳《こふん》」の東側の地域では，建物密集地が広がった。

(2)　右の**資料Ⅲ**は，**資料Ⅰ**中の**P－Q－R**間の断面を唯さんが模式的に表そうとしたものであり，**資料Ⅲ**中の点線（………）のうち，いずれかをなぞると完成する。答案用紙の図中の点線のうち，**P－Q－R**間の断面を表している点線をすべてなぞって，実線（——）で示せ。

…………………………答の番号【７】

資料Ⅲ

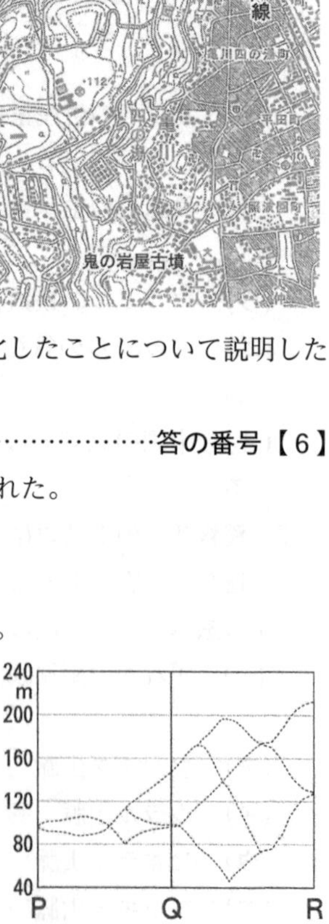

(3)　**資料Ⅱ**中には，温泉の地図記号（♨）が複数見られる。唯さんは，平成30年に，温泉地の活

性化について議論した「第３回全国温泉地サミット」が別府市で開かれ，各地から市長や町村長などが参加したことを知った。市長や町村長のような地方公共団体の長を何というか，**漢字２字**で書け。また，唯さんは，温泉の魅力の発信や温泉の自然環境の保護に取り組むために，非営利の民間団体が別府市で活動していることを知った。一般に，非営利組織の略称を何というか，**アルファベット大文字３字**で書け。…………………………**答の番号【8】**

(4)　唯さんは，**資料Ⅱ**中の★に「鉄輪《かんなわ》温泉」の開祖とされる一遍《いっぺん》の像があることを知った。一遍は，踊念仏《おどりねんぶつ》などによって教えを広めたが，その一遍か開いた宗派として最も適当なものを，次の**ⅰ群（ア）～（エ）**から１つ選べ。また，一遍が活躍した時代である鎌倉時代を代表する書物として最も適当なものを，下の**ⅱ群（カ）～（ケ）**から１つ選べ。

…………………………**答の番号【9】**

ⅰ群　**（ア）**　禅《ぜん》宗　**（イ）**　時《じ》宗　**（ウ）**　浄土《じょうど》宗　**（エ）**　日蓮《にちれん》宗

ⅱ群　**（カ）**　お伽草子《とぎそうし》　**（キ）**　日本書紀《にほんしょき》　**（ク）**　平家物語《へいけものがたり》　**（ケ）**　枕草子《まくらのそうし》

(5)　唯さんは，現在の別府市が含まれる豊後国《ぶんごのくに》を統治していた大友《おおとも》氏が，室町時代に，貿易港として栄えた博多《はかた》を新たに支配するなど，積極的に海外と貿易を行っていたことを知った。右の**資料Ⅳ**は，博多などで，勘合を用いて日本と明《みん》の貿易が行われていた時代における，東アジアの代表的な交易品の流れを唯さんが示した模式図である。**資料Ⅳ**中の X ・ Y に入る語句の組み合わせとして最も適当なものを，次の**ⅰ群（ア）～（エ）**から１つ選べ。また，室町時代に博多とともに貿易で栄え，戦国時代以降，鉄砲がつくられるようになった都市を，下の**ⅱ群（カ）～（ケ）**から１つ選べ。

…………………………**答の番号【10】**

資料Ⅳ

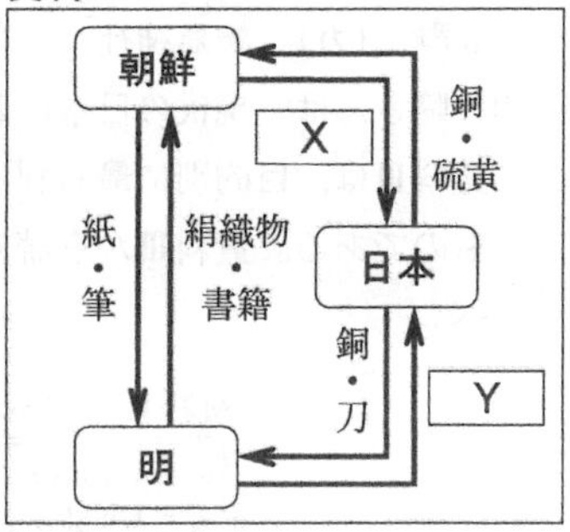

ⅰ群　**（ア）**　X　綿織物・経典　　Y　銅銭・生糸
　　　（イ）　X　綿織物・経典　　Y　銀
　　　（ウ）　X　時計・ガラス製品　　Y　銅銭・生糸
　　　（エ）　X　時計・ガラス製品　　Y　銀

ⅱ群　**（カ）**　神戸　**（キ）**　堺《さかい》　**（ク）**　下田《しもだ》　**（ケ）**　横浜

3　瞳さんは，日本の紙の歴史について調べ，展示発表することにした。次の**資料Ⅰ**は，瞳さんが用意した展示用の写真と作成した解説文の一部である。これを見て，次のページの問い(1)～(5)に答えよ。(10点)

資料Ⅰ

古代の戸籍用紙	室町時代の紙すき	江戸時代の瓦版《かわらばん》	明治時代の製紙工場

7世紀に製紙の技法が伝わり，貴重品であった紙は，目的によって①木簡《もっかん》と使い分けられた。	地方での②和紙の生産が盛んになり，「紙座《かみざ》」が生産と流通を請け負った。	現在の新聞にあたる瓦版が登場し，人々が③情報を得るためのメディアとして広まった。	④活版印刷が本格的に導入され，機械で紙を生産する⑤製紙産業が始まった。

(1)　瞳さんは，下線部①木簡が古代の様子を知る貴重な史料となっていることを知った。右の資料Ⅱは，瞳さんが，現在の日本地図の一部に，木簡が出土している都の跡地のうち，長岡京，藤原京，平安京，平城京の４つの都があった位置を•で示したものであり，Ａ～Ｄはそれぞれ，４つの都のいずれかである。Ａ～Ｄを，都がおかれていた時期の古いものから順に並べかえ，記号で書け。　……………………………答の番号【11】

資料Ⅱ

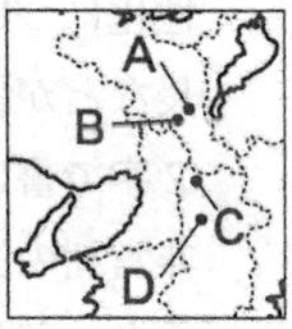

(2)　瞳さんは，下線部②和紙が1873年にウィーンで開催された万国博覧会に出品され，高い評価を受けたことを知った。世界初の万国博覧会は，他国に先がけて18世紀末に産業革命を実現した国の都市で，1851年に開かれた。この都市を，次のⅰ群（ア）～（エ）から１つ選べ。また，和紙は，桃山文化の建造物に取り入れられた書院造《しょいんづくり》のふすまや障子《しょうじ》などにも利用された。桃山文化を代表するものとして最も適当なものを，下のⅱ群（カ）～（ケ）から１つ選べ。

……………………………答の番号【12】

ⅰ群　（ア）パリ　（イ）ベルリン　（ウ）ローマ　（エ）ロンドン

ⅱ群　（カ）厳島《いつくしま》神社　（キ）慈照寺《じしょうじ》の銀閣《ぎんかく》　（ク）中尊寺金色堂《ちゅうそんじこんじきどう》　（ケ）姫路《ひめじ》城

(3)　瞳さんは，現代の日本における，下線部③情報を得るためのメディアについて調べた。下の資料Ⅲは，目的別に最も利用するメディアに関する2018年度の調査結果を，瞳さんがまとめたものである。資料Ⅲから読み取れることとして適当なものを，次の（ア）～（オ）からすべて選べ。　……………………………答の番号【13】

資料Ⅲ　目的別に最も利用するメディア

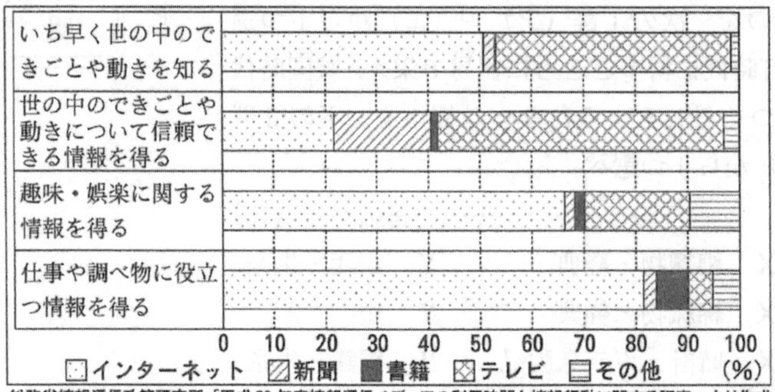

総務省情報通信政策研究所「平成30年度情報通信メディアの利用時間と情報行動に関する調査」より作成

（ア）　いち早く世の中のできごとや動きを知るために，最も利用するメディアについての回答のうち，テレビの割合はインターネットより高い。

（イ）　仕事や調べ物に役立つ情報を得るために，最も利用するメディアについての回答のうち，書籍の割合は新聞とテレビの割合を，それぞれ上回っている。

（ウ）　どの目的においても，最も利用するメディアはインターネットであると回答した人の割合は，20％以上であり，そのうち，趣味・娯楽に関する情報を得る目的のみ割合が60％を超えている。

（エ）　最も利用するメディアは新聞であると回答した人の割合について，目的ごとに比べたとき，その割合が最も高い目的は，世の中のできごとや動きについて信頼できる情報を得ることである。

（オ）　いずれの目的においても，インターネットとテレビの割合の合計は，70％以上であり，紙のメディアである新聞と書籍の割合の合計は，20％以上である。

(4)　瞳さんは，16世紀のドイツで起きた宗教改革において，下線部④活版印刷が大きな役割を果たしたことを知った。この当時，宗教改革を支持した人々は「抗議する者」という意味で何と呼ばれたか，次の**ⅰ群（ア）～（エ）**から１つ選べ。また，日本で初めての本格的な活版印刷所は長崎に開設された。江戸時代に長崎で医学塾を開いたドイツ人医師を，下の**ⅱ群（カ）～（ケ）**から１つ選べ。…………………………**答の番号【14】**

ⅰ群　**（ア）**　カトリック　　**（イ）**　キリシタン
（ウ）　ピューリタン　　**（エ）**　プロテスタント

ⅱ群　**（カ）**　シーボルト　　**（キ）**　ハリス
（ク）　ペリー　　**（ケ）**　ラクスマン

(5)　瞳さんは，下線部⑤製紙産業の盛んな都道府県の産業について調べた。下の**資料Ⅳ**は，2017年のパルプ・紙・紙加工品の製造品出荷額等が上位５位までの都道府県の産業について，さまざまな視点から比較するために瞳さんが作成したものである。**資料Ⅳ**中の**Ａ～Ｅ**はそれぞれ，北海道，埼玉県，静岡県，愛知県，愛媛県のいずれかである。北海道と静岡県にあたるものを**Ａ～Ｅ**からそれぞれ１つずつ選べ。ただし，**資料Ⅳ**中の「－」は全くないことを示している。…………………………**答の番号【15】**

資料Ⅳ

	製造品出荷額等の合計(億円)(2017年)	製造品出荷額等の合計に占める割合(2017年)					産業別有業者数(2017年)		
		パルプ・紙・紙加工品(%)	食料品(%)	石油・石炭製品(%)	輸送用機械(%)	その他(%)	製造業(千人)	農業・林業(千人)	漁業(千人)
A	472,303	0.9	3.5	1.5	56.1	38.0	1,016.9	75.4	6.0
B	169,119	4.9	8.2	0.1	25.6	61.2	501.0	60.6	2.8
C	137,006	3.5	13.8	0.3	18.4	64.0	602.6	63.1	－
D	62,126	6.4	35.3	14.8	5.8	37.7	212.9	120.5	34.0
E	42,008	13.7	7.0	13.6	9.6	56.1	101.5	42.1	9.9

「データでみる県勢 2020 年版」より作成

4　紳一さんのクラスでは，平成に起こった日本のできごとについて，班ごとに調べ学習に取り組んだ。次の表は，1～５班が調べたできごとの一覧である。これを見て，下の問い(1)～(5)に答えよ。(10点)

班	１班	２班	３班	４班	５班
年号（西暦）	平成元年（1989年）	平成５年（1993年）	平成16年（2004年）	平成19年（2007年）	平成28年（2016年）
できごと	消費税の導入	55年体制の終わり	紙幣のデザイン変更	郵政民営化の開始	選挙権年齢の引き下げ

(1)　次のページの文章は，１班が消費税について書いたものの一部である。また，次のページの**資料Ⅰ**は，消費税が導入されて以降の，国の消費税と所得税の税収の推移を１班が調べて作成したものであり，灰色で塗って示してある期間は，景気の後退期を表している。**資料Ⅰ**を参考にして，１班が書いた文章中の □ に入る表現を，**税収の変動**という語句を用いて，９字以内で書け。…………………………**答の番号【16】**

導入時は３％であった消費税の税率は，1997年に５％，2014年に８％，2019年に10％にそれぞれ引き上げられた。
消費税は所得税と比較すると，働く世代などに負担が集中しにくく，また，景気の影響による［　　　　］という特徴があげられる。このような理由で，消費税の税収は社会保障費に使われている。

資料Ⅰ

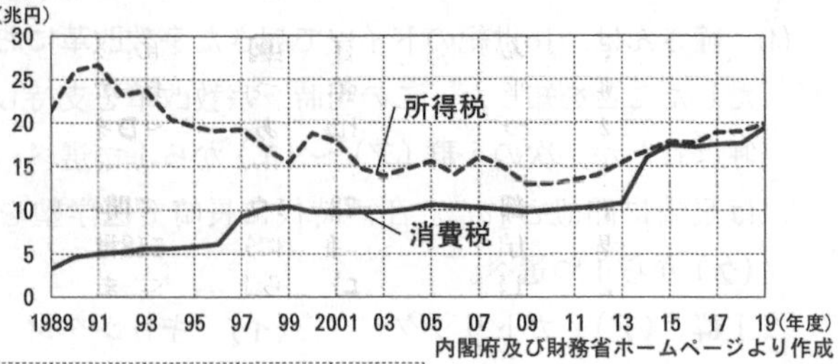

内閣府及び財務省ホームページより作成

下書き用

(2)　右の文は，２班が，55年体制に関して書いたものの一部である。文中の［A］～［C］に入るものとして最も適当なものを，［A］は次のⅰ群（ア）～（ウ）から，［B］はⅱ群（カ）・（キ）から，［C］はⅲ群（サ）・（シ）からそれぞれ１つずつ選べ。
……………………………答の番号【17】

1993年に，［A］で内閣不信任の決議案が可決された後，細川護熙《ほそかわもりひろ》内閣が成立し，［B］続いていた［C］とする体制が終わった。

ⅰ群　（ア）衆議院　（イ）参議院　（ウ）衆議院と参議院の両院
ⅱ群　（カ）55年間　（キ）1955年から
ⅲ群　（サ）自民党を与党，社会党を野党第一党
　　　（シ）社会党を与党，自民党を野党第一党

(3)　右の資料Ⅱは，平成16年から発行が開始された千円札の一部である。３班は，資料Ⅱ中に描かれている富士山《ふじさん》が山梨県側から見たものであることを知った。山梨県について述べた文として最も適当なものを，次のⅰ群（ア）～（エ）から１つ選べ。また，戦国時代，現在の山梨県にあたる甲斐国《かいのくに》は，武田《たけだ》氏によって支配されていた。戦国大名の武田氏や朝倉《あさくら》氏などが，領地を支配するために独自に定めたものとして最も適当なものを，下のⅱ群（カ）～（ケ）から１つ選べ。
……………………………答の番号【18】

資料Ⅱ

国立印刷局ホームページより作成

ⅰ群　（ア）日本海に面している。　（イ）７地方区分では関東地方に属している。
　　　（ウ）東京都に隣接している。　（エ）県庁所在地の都市名と県名が同じである。
ⅱ群　（カ）公事方御定書《くじかたおさだめがき》　（キ）大宝律令《たいほうりつりょう》　（ク）武家諸法度《ぶけしょはっと》　（ケ）分国法

(4)　４班は，郵政民営化が，政府の仕事を，できるだけ民間の企業などに任せて効率化することで，政府の任務を減らした「小さな政府」を目指す行政改革の１つであることを知った。次の（ア）～（エ）の国の政策のうち，「小さな政府」に向かうことを目的としているものを，２つ選べ。
……………………………答の番号【19】

（ア）国家公務員の数を減らす。
（イ）年金や医療などに関わる社会保障の充実をはかる。
（ウ）国の財政規模を拡大させる。
（エ）規制緩和を行い，自由な経済活動をうながす。

(5)　５班は，日本における選挙権年齢の引き下げについて，全人口に占める有権者数の割合の推

移に着目して調べた。下の**資料Ⅲ**は，衆議院議員選挙における，全人口に占める有権者数の割合の推移を５班が示したものである。日本で選挙権年齢が20歳以上に引き下げられたのはどの時期か，**資料Ⅲ**中の**A**～**E**から１つ選べ。また，日本で，納税額による選挙権の制限が廃止されてから女性に選挙権が認められるまでの間に起こったできごととして最も適当なものを，次の**(ア)**～**(エ)**から１つ選べ。　……………………………答の番号【20】

資料Ⅲ　全人口に占める有権者数の割合

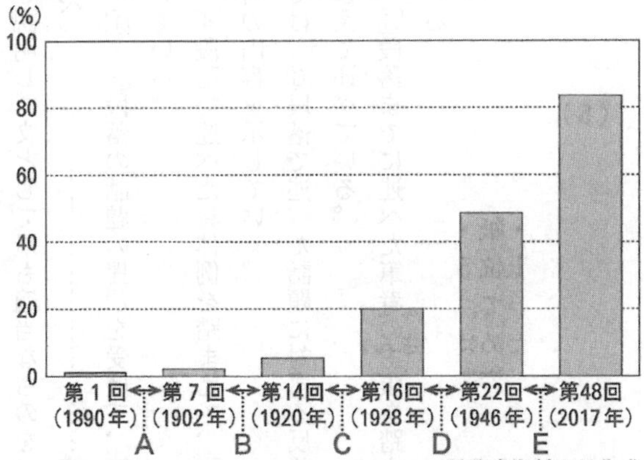

総務省資料より作成

(ア)　五・一五事件　　　**(イ)**　大日本帝国憲法の発布
(ウ)　原敬《はらたかし》内閣の成立　　**(エ)**　男女雇用機会均等法の制定

Ⅱ群

（カ）　主観的な反論
（キ）　繰り返し同じ根拠
（ク）　反論を想定した考え
（ケ）　構成を意識した長い文章

(11)　本文の段落構成を説明した文として最も適当なものを、次の（ア）～（エ）から一つ選べ。……答の番号【20】

（ア）　③段落では、①・②段落の話題の提示を受けて、筆者の主張を再度問題提起している。
（イ）　⑤段落では、④段落で述べた具体例を踏まえて、③段落で述べた内容とは反対の内容を示している。
（ウ）　⑦～⑪段落では、⑥段落で述べた話題に対する反論を、筆者自身の経験を踏まえて述べている。
（エ）　⑫段落では、⑪段落までに述べた筆者の主張を踏まえ、本文全体をまとめている。

(9) 本文中のg著しくの漢字の部分の読みを**平仮名**で書け。……答の番号【15】

(10) 一郎さんと京子さんのクラスでは、本文を学習した後、本文の内容について意見文を書くことになった。次の会話文は、一郎さんと京子さんが話し合ったものの一部である。これを読み、後の問い㈠～㈣に答えよ。

> **一郎**　一つの話題に対してそれぞれが考えを持っているから、学校で話し合いをする場面においても、容易に相手との意思の疎通が図れないことがあるよね。だから、本文には A と感じているとあったよ。
>
> **京子**　うん。でも、このような日常生活における意思の疎通の難しさといった課題に限らず、現代社会で抱えている課題に対して必要なのは、 B だと本文から読み取れるよ。
>
> **一郎**　そうだね。なぜその B をする必要があるのかというと、 C ことができるようになるからだと、本文を読むとわかるね。
>
> **京子**　なるほど。じゃあ本文の内容について、意見文を書いてみよう。

㈠ 会話文中の A に入る最も適当な表現を、本文中から**八字**で抜き出して書け。……答の番号【16】

㈡ 会話文中の B に入る最も適当な表現を、本文中から**二十一字**で抜き出し、**初めと終わりの三字**を書け。……答の番号【17】

㈢ 会話文中の C に入る最も適当な表現を、次の(ア)～(エ)から一つ選べ。……答の番号【18】

(ア) これまで確立してきたものに動揺を与えることになるため、別の問題点が見つかり、新たな議論を広げる
(イ) 課題をその場にいる人と共有することになるため、時間をかけて議論を繰り返し、結論を導き出す
(ウ) 今まで自分になかった発想や考えを知り、自らの思考を検討することになるため、自己を新たなものにする
(エ) 互いに自らの経験や考えを伝え合うことになるため、多くの人に自分自身のことを理解してもらう

㈣ 意見文について説明した次の文章中の X ・ Y に入る最も適当な表現を、 X は後の**Ⅰ群**(ア)～(エ)から、 Y は**Ⅱ群**(カ)～(ケ)から、それぞれ**一つずつ**選べ。……答の番号【19】

> 意見文は、まず自分の意見や主張を明確にし、文章中に X を書くことで説得力のある文章となる。さらに、 Y を書くことで自分の意見や主張が深まり、明確なものとなって、説得力が増すことになる。

Ⅰ群

(ア) その意見を支える根拠
(イ) その意見に対する他者の感想
(ウ) 意見が推移した過程
(エ) 客観的な視点を省いた推論

(3) 本文中の ^a^ない と同じ品詞の ない が用いられているものを、次の（ア）～（エ）から一つ選べ。……答の番号【9】

（ア）不確かな憶測にすぎない。
（イ）明日の天気がわからない。
（ウ）予想もしない結果になった。
（エ）忘れ物は何もないはずだ。

(4) 本文中の ^b^膝を突き合わせて の意味として最も適当なものを、次のⅠ群（ア）～（エ）から一つ選べ。また、本文中の ^h^真摯 の意味として最も適当なものを、後のⅡ群（カ）～（ケ）から一つ選べ。……答の番号【10】

Ⅰ群
（ア）急いでその場に近づき
（イ）時間をかけて丁寧に
（ウ）同じ方向を向いて座り
（エ）近くで向き合ってじっくりと

Ⅱ群
（カ）攻撃的に　（キ）まじめに
（ク）自己中心的　（ケ）つぶさに

(5) 本文中の ^c^そうした態度 について説明しているものとして最も適当なものを、次の（ア）～（エ）から一つ選べ。……答の番号【11】

（ア）公共の問題に関心を持ち、自分個人のあり方を見つめ直そうとする態度。
（イ）社会が抱える困難なことや個人の生活を楽しむことに向き合わない態度。
（ウ）難しい課題は人に任せ、自分は生活に必要なことしか取り組まない態度。
（エ）自分のことより身のまわりにある社会的な問題を解決しようとする態度。

(6) 本文中の ^d^もう三〇年近く前 は、どのような品詞の語で組み立てられているか、用いられている単語の品詞を、次の（ア）～（オ）から**すべて**選べ。……答の番号【12】

（ア）動詞　（イ）形容詞　（ウ）連体詞
（エ）副詞　（オ）名詞

(7) 本文中の ^e^コウ演 の片仮名の部分を**漢字**に直し、**楷書**で書け。……答の番号【13】

(8) 本文中の ^f^筆者が驚いた について、筆者が驚いたこととして最も適当なものを、次の（ア）～（エ）から一つ選べ。……答の番号【14】

（ア）質問者が自らの考えを踏まえて質問する場面が設定されており、同じ話題とは思えないような質問が発表者に投げかけられたこと。
（イ）質問者は、それぞれ時代や国、民族などといった独自の視点で質問をし、発表者はどんな視点の質問であっても対応しようとしたこと。
（ウ）日本では、質問する時間はあまり設けられていないが、ベルギーでは十分な質疑応答の時間が設けられていたこと。
（エ）発表者が想定外の質問もすべて受け入れ、即座に発表内容と照合して応答したことで円滑に議論が発展したこと。

12　現代社会は、すべての人がそれぞれに真剣に取り組まなければならない共通の課題に直面している。そこで私たちが最初にしなければならないのは、こうした対話である。混沌たる状態のなかでも、皆で問題を共有して真理を追求する対話である。真理に直面しようとしない人々、現実を見つめない人々は、かならず衰退していく。かりに議論の場で共通の結論を得られなくても、互いが思考を深めて、自分なりの意見を持ち帰って、それまでの自分のあり方を変えることができる。今の時代に求められているのは、粘り強い思考を伴った、異質な人々同士の対話ではないだろうか。

（河野《こうの》哲也《てつや》「人は語り続けるとき、考えていない」による……一部省略がある）

注　＊頬かむり…知っていながら知らないふりをすること。
＊ストレスフル…ストレスを強く感じるさま。
＊セミナー…研究集会。
＊ゲストスピーカー…招待されて話をする人。
＊アリストテレス…古代ギリシャの哲学者。
＊スタイル…形式。
＊存在論…存在することの意味や根拠を探究する学問。
＊対峙…向き合うこと。
＊うかつ…事情にうとく不注意なさま。
＊足元を掬う…相手を失敗させること。
＊お門違い…見当違い。
＊混沌…物事の区別がはっきりしないこと。

(1)　次の文は、本文中の1・2段落の内容をまとめたものである。X・Yに入る表現の組み合わせとして最も適当なものを、後の(ア)～(エ)から一つ選べ。……………………答の番号【7】

> 会話の中には、互いの希望をまとめたり、相互に理解しようとしたりする X と、物事の真実について、互いに深く吟味する Y がある。

(ア)　X　交渉・交流　Y　対話
(イ)　X　検索・検討　Y　対話
(ウ)　X　交渉・対話　Y　追求
(エ)　X　対話・交流　Y　交渉

(2)　本文中の□には、□の前に述べられていることと、後に述べられていることとの間で、どのような働きをする語が入るか。最も適当なものを、後のⅠ群(ア)～(エ)から一つ選べ。また、本文中の□に入る語として最も適当なものを、後のⅡ群(カ)～(ケ)から一つ選べ。……………………答の番号【8】

Ⅰ群

(ア)　後に述べられていることが、前に述べられていることの具体例であることを表す働き。
(イ)　後に述べられていることが、前に述べられていることとは別の話題であることを表す働き。
(ウ)　後に述べられていることが、前に述べられていることとは逆の内容であることを表す働き。
(エ)　後に述べられていることが、前に述べられていることの言い換えやまとめであることを表す働き。

Ⅱ群

(カ)　だが　(キ)　つまり
(ク)　では　(ケ)　たとえば

と、地域での生活のこと、私たちはこれらのことをほとんど対話することなく、日々を過ごしてしまっている。そうした難しい議論は頭のいい人たちに任せて、自分たちはせっせと働き、自分個人の生活だけを楽しめばいいのだ。かつてはこう考える人たちもいた。しかし、cそうした態度はすでに限界を迎えている。私たちは、公共の問題にもう無関心でいられないし、自分個人のあり方についても、いろいろな人から意見を聞いて考え直してみたいと思っているのである。

6　対話は面倒なことなのかもしれない。人の考えはそれぞれが異なっており、とりわけ、話が通じないと感じている相手と話し合うことは、ひどく＊ストレスフルである。

7　そこで、筆者が思い出すのは、dもう三〇年近く前、ベルギーに留学したときの経験である。ルーヴァン大学のある教授による比較哲学の＊セミナーは、毎週のようにヨーロッパ各地から＊ゲストスピーカーを招いて、eコウ演をしてもらい、そのあとに十分なディスカッションの時間を取るという＊スタイルのものだった。

8　ある週は、たしか、スペインの若手研究者によって＊アリストテレスについての発表があり、その後に質疑応答となった。f筆者が驚いたのは、その質疑応答である。古代ギリシャの古典研究の発表であるのに、ある質問者は現代哲学のジャック・デリダの主張を持ち出し、「これに対してアリストテレスならどう答えるのか」と質問した。ある南米からの留学生は、「アリストテレスの哲学は、南米の先住民の国々を侵略したときの擁護論として用いられたが、あなたはこれについてどう弁護するのか」と質問した。ナイジェリアからの留学生は、「アリストテレスの＊存在論は自分たちの民族で信じられている神の存在論とg著しく異なるが、どちらが正しいと思うか」と問うた。日本では考えられない質問たちである。こうした質疑が毎回のように続いた。

9　発表者たちは、日本ならば苦笑してやり過ごしそうな質問に対してもh真摯に答えようとしていた。この質疑応答に見られるのは、同じ土俵に上げることが不可能に思えるような、まったく文脈の違う、まったく枠組みの違う考えであっても、あえて＊対峙《たいじ》させようとする姿勢である。哲学のテーマは人類に共通するテーマであり、そこに参加する者は、あらゆる違いを携えて（乗り越えてではない）、対話すべきだという態度である。それは、どのような参加者も迎え入れようとする、誰に対しても応答しようとする態度である。

10　とはいえ、やはり発表者たちはそれほどうまく返答できなかったように記憶している。しかし彼らの発表は、それまでは想像できないほど、空間的にも時間的にも広大な枠組みに投じられ、きわめて異質な意見に出会い、生産的な揺さぶりをかけられたのである。

11　＊うかつにも当然視された文脈や慣習から見ればまるで異質であり、一見すると無関係とも言えるような、非常に異なった考え方の人たちが、まったく予想もつかない角度と発想から、突然に議論に参加してくる。その議論は、＊足元を掬《すく》うやっかいな質問に満ちており、唐突な意見が混乱に拍車をかけ、ひとつの問題をまとめ終わらないうちに、さらに＊お門違いと言いたくなるような主張がなされ、それまでの話の流れが揺り動かされる。まったくの＊混沌《こんとん》である。しかしこの混沌のなかでこそ、それでも皆で真理を追求しようとする態度のなかでこそ、素晴らしい創造性が生まれるのである。おそらくベルギーという多言語の国家では、こうした議論の重要性がよく理解されている。

為を評価したんだったかな。

実月　道風は、［A］に、［B］を掲げた行為を評価したことが本文からわかるね。

大貴　そうだね。醍醐天皇の行為は［C］であったと道風は考えていたんだね。

㈠　会話文中の［A］・［B］に入る最も適当な表現を、本文中からそれぞれ［A］は**三字**で、［B］は**五字**で抜き出して書け。
……………………**答の番号【5】**

㈡　会話文中の［C］に入る最も適当な表現を、次の(ア)～(エ)から一つ選べ。
……………………**答の番号【6】**

(ア)　書の専門家の判断を優先したものであり、醍醐天皇自身の思いとは異なっていたが、慣例を一新させたもの

(イ)　古くからの通例を変えたものであり、その判断は醍醐天皇自身の考えとは違っていたが、多くの者の賛同を得られるもの

(ウ)　道風の意見と同じであっただけでなく、長く続いてきた風習にも醍醐天皇自身の感覚にも従ったもの

(エ)　慣習にこだわらず醍醐天皇自身の感性にそったものであっただけでなく、その感性は書き手と同じもの

二　次の文章を読み、問い(1)～(11)に答えよ。（28点）

（1～12は、各段落の番号を示したものである。）

1　対話とは、何かの問いに答えようとして、あるいは、自分の考えが正しいのかどうかを知ろうとして、誰かと話し合い、真理を探求する会話のことである。ただ情報を検索すれば得られる単純な事実ではなく、きちんと検討しなければ得られない真理を得たいときに、人は対話をする。それは、自分を変えようとしている人が取り組むコミュニケーションである。

2　ショッピングや仕事でのやり取りは、自分の要望と相手の要望をすり合わせようとする交渉である。友人や恋人との会話は、よい関係を保ち、相手を理解し、互いに話を楽しもうとする交流である。これらの会話は有意義かもしれないが、真理の追求を目的としてはいない。対話は、何かの真理を得ようとして互いに意見や思考を検討し合うことである。

3　私たちは日常生活の中で、ほとんど対話する機会がないのではないだろうか。それは、真理の追求が日常生活で行われなくなっているからである。［　　］実は、対話をしなければならない場面は、日常生活の中にも、思ったよりもたくさんあるのだ。

4　仕事場でも、ただ当面の与えられた業務をこなすだけではなく、仕事全体の方向性や意味が問われる場合、たとえば、「良い製品とは何か」「今はどういう時代で、どのような価値を消費者は求めているのか」「環境問題に対して、我が社は＊頬かむりをしていていいのか」など真剣に論じるべきテーマは少なくないだろう。家庭でも、子どもの教育をめぐって、そもそも子どもにとっての良い人生とはなにか、そのために何を学んでほしいのか、親と子どもとはどういう関係なのか、子離れするとはどういうことか、これらのことについて家族で話し合う必要はaないだろうか。地域でも、どのような地域を目指せばいいのか、住人はどのような価値を重んじているのか、以前からの住人と新しく来た人たちはどう交流すればよいか。本当はこうしたことについてb膝を突き合わせて対話する必要があるのではないだろうか。

5　人生に関すること、家族と社会に関すること、政治に関するこ

＜国語＞

時間 四〇分　満点 四〇点

【注意】 字数制限がある場合は、句読点や符号なども一字に数えなさい。

一　次の文章は、「古今著聞集」の一節である。注を参考にしてこれを読み、問い(1)～(5)に答えよ。（12点）

*延喜《えんぎ》の聖主、*醍醐寺《だいごじ》を御建立《こんりふ》の時、*道風朝臣《たうふうあそん》に額*書き進《まゐ》らすべき*よし仰《おほ》せられて、額二枚をたまはせけり。一枚は南大門、一枚は西門の*料なり。*真草 a両様に書きて奉《たてまつ》るべきよし、勅定ありければ、仰せにしたがひて両様に書きて*進らせたりけるを、真に書きたるは南大門の料なるべきを、草の字の額を、晴れの門にうたれたりけり。道風これを見て、あはれ賢王やとぞ申しける。bそのゆゑは、草の額*ことに*書きすましておぼえけるが、*叡慮《えいりよ》に叶《かな》ひて、*かく日比《ひごろ》の*儀あらたまりてうたれける、誠にかしこき c御はからひなるべし。それをほめ申すなるべし。（「新潮日本古典集成」による）

注 *延喜の聖主…醍醐天皇。　*醍醐寺…京都市伏見《ふしみ》区にある寺。
*道風朝臣…小野道風《おののとうふう》。平安中期の書家。
*書き進らす…書いてさしあげる。
*よし…というようなこと。　*料…掲げるための物品。
*真草…真は楷書、草は草書を意味し、それぞれの書体を示す。
*進らせたりける…献上した。　*ことに…特に。
*書きすましておぼえける…立派に書けたと思っていた。
*叡…天皇の行動や考えに敬意を表す語。　*かく…このように。
*儀…作法。

(1) 本文中の a両様に書きて奉るべき の解釈として最も適当なものを、次の（ア）～（エ）から一つ選べ。 ……………答の番号【1】

（ア） それぞれの書体で二枚ずつ書いたものを、差し出すように
（イ） それぞれの書体で一枚ずつ書いたものを、差し出すように
（ウ） どちらかの書体で書いた二枚を、差し出すように
（エ） どちらかの書体で書いた二枚のうち、良い方を差し出すように

(2) 本文中の二重傍線部（‖）で示されたもののうち、主語が一つだけ他と異なるものがある。その**異なるもの**を、次の（ア）～（エ）から選べ。 ……………答の番号【2】

（ア） したがひて　（イ） 書きたる
（ウ） うたれける　（エ） ほめ申す

(3) 本文中の bそのゆゑは・c御はからひ は歴史的仮名遣いで書かれている。これらの平仮名の部分をすべて**現代仮名遣い**に直して、それぞれ**平仮名**で書け。 ……………答の番号【3】

(4) 本文中には、道風の発言が一箇所あり、それを示すかぎ括弧（「　」）が抜けている。その発言の部分の、**初めと終わりの二字**をそれぞれ抜き出して書け。 ……………答の番号【4】

(5) 次の会話文は、実月さんと大貴さんが本文を学習した後、本文について話し合ったものの一部である。これを読み、後の問い㊀・㊁に答えよ。

実月　醍醐天皇によって醍醐寺が建てられた頃、道風は優れた書家として有名だったんだよ。
大貴　そうだったね。その道風は、醍醐天皇のどのような行

2021年度

解答と解説

《2021年度の配点は解答用紙集に掲載してあります。》

＜数学解答＞

1　1 (1)　19　(2)　$\frac{1}{6}x$　(3)　$-\sqrt{3}$　(4)　7
(5)　$x=-1\pm6\sqrt{2}$　(6)　-4　(7)　右図　(8)　$\frac{5}{16}$

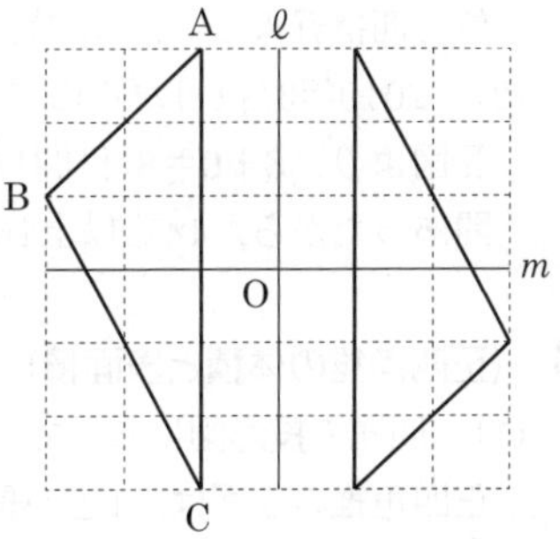

2　(1)　13.7℃　(2)　5日

3　(1)　$36\sqrt{3}\,\mathrm{cm}^3$　(2)　$108\mathrm{cm}^2$

4　(1)　(2点B，Cの間の距離)　12
(点Aと直線BCとの距離)　8　(2)　$y=\frac{23}{25}x-\frac{23}{5}$

5　(1)　120°　(2)　$9\sqrt{2}\,\mathrm{cm}$　(3)　$\frac{23\sqrt{2}}{2}\mathrm{cm}$

6　(1)　20枚　(2)　145枚　(3)　24番目の図形

＜数学解説＞

1　(数・式の計算，平方根，式の値，二次方程式，関数$y=ax^2$，作図，確率)

(1)　四則をふくむ式の計算の順序は，指数→かっこの中→乗法・除法→加法・減法となる。$(-4)^2=(-4)\times(-4)=16$だから，$(-4)^2-9\div(-3)=16-(-3)=16+3=19$

(2)　$6x^2y\times\frac{2}{9}y\div8xy^2=6x^2y\times\frac{2y}{9}\times\frac{1}{8xy^2}=\frac{6x^2y\times2y}{9\times8xy^2}=\frac{6\times2\times x\times x\times y\times y}{9\times8\times x\times y\times y}=\frac{1}{6}x$

(3)　$\frac{1}{\sqrt{8}}\times4\sqrt{6}=\frac{4\sqrt{6}}{\sqrt{8}}=4\sqrt{\frac{6}{8}}=4\sqrt{\frac{3}{4}}=\frac{4\sqrt{3}}{\sqrt{4}}=\frac{4\sqrt{3}}{2}=2\sqrt{3}$，$\sqrt{27}=\sqrt{3^3}=3\sqrt{3}$だから，$\frac{1}{\sqrt{8}}\times4\sqrt{6}-\sqrt{27}=2\sqrt{3}-3\sqrt{3}=(2-3)\sqrt{3}=-\sqrt{3}$

(4)　$x=\frac{1}{5}$，$y=-\frac{3}{4}$のとき，$(7x-3y)-(2x+5y)=7x-3y-2x-5y=7x-2x-3y-5y=5x-8y=5\times\frac{1}{5}-8\times\left(-\frac{3}{4}\right)=1+6=7$

(5)　$(x+1)^2=72$より，$x+1$は72の平方根であるから$x+1=\pm\sqrt{72}=\pm6\sqrt{2}$　よって，$x=-1\pm6\sqrt{2}$

(6)　$y=-\frac{1}{2}x^2$について，$x=2$のとき$y=-\frac{1}{2}\times2^2=-2$，$x=6$のとき$y=-\frac{1}{2}\times6^2=-18$　よって，xの値が2から6まで増加するときの**変化の割合**は，$\frac{-18-(-2)}{6-2}=-4$

(7)　**回転移動**の中で，特に，180°の回転移動を**点対称移動**といい，対応する点と**回転の中心**は，それぞれ1つの直線上にある。(作図手順)半直線AO，BO，CO上に，それぞれOA＝OD，OB＝OE，OC＝OFとなるように点D，E，Fをとり，△DEFを作図する。(ただし，解答用紙には点D，E，Fの表記は不要である。)

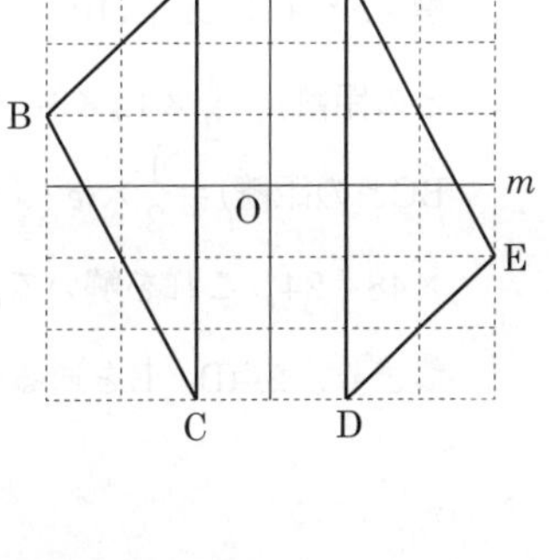

(8)　4枚の硬貨をA，B，C，Dとして，同時に投げるとき，表と裏の出方は全部で，$2\times2\times2\times2=16$通り。このうち，表が3枚以上出るのは，表が3枚出るときと，4枚出るときのいずれかである。表が3枚出るのは，(A，B，C，D)＝(表，表，表，裏)，

(表，表，裏，表)，(表，裏，表，表)，(裏，表，表，表)の4通り，表が4枚出るのは，(A，B，C，D)＝(表，表，表，表)の1通りだから，求める確率は，$\frac{4+1}{16}=\frac{5}{16}$

2 (資料の散らばり・代表値)

(1) 各階級のまん中の値が**階級値**だから，8℃以上12℃未満の階級の階級値は$\frac{8+12}{2}=10$(℃)，12℃以上16℃未満の階級の階級値は$\frac{12+16}{2}=14$(℃)，16℃以上20℃未満の階級の階級値は$\frac{16+20}{2}=18$(℃)。以上より，求める**平均値**は，$(10\times4+14\times8+18\times3)\div15$日$=13.73\cdots$(℃) 小数第2位を四捨五入して，13.7℃である。

(2) 2019年3月1日からの15日間のうち，京都市の最高気温が14℃以上20℃未満の日は，問題のⅡ図より，$8+0=8$(日間)あった。このうち，16℃以上20℃未満の日は，問題のⅠ図より，3日間あったから，14℃以上16℃未満の日は，$8-3=5$(日間)あった。

3 (正四角錐の体積と表面積)

(1) 問題の**投影図**において，**立面図**は1辺が6cm，高さが$3\sqrt{3}$ cmの正三角形であることから，この正四角錐の底面は，1辺の長さが6cmの正方形であり，高さは$3\sqrt{3}$ cmであるから，求める体積は，$\frac{1}{3}\times$底面積$\times$高さ$=\frac{1}{3}\times6^2\times3\sqrt{3}=36\sqrt{3}$ (cm^3)

(2) 問題の投影図において，立面図は1辺が6cmの正三角形であることから，この正四角錐の側面の二等辺三角形は，底辺の長さが6cm，高さが6cmの二等辺三角形であるから，求める表面積は底面積＋側面積$=6^2+\frac{1}{2}\times6\times6\times4=108$ (cm^2)

4 (図形と関数・グラフ)

(1) 直線$y=\frac{1}{2}x+2\cdots$①と，直線$y=-x+5\cdots$②の交点Aの座標は，①と②の連立方程式の解。①を②に代入すると，$\frac{1}{2}x+2=-x+5$ これを解いて，$x=2$ これを，②に代入して，$y=-2+5=3$ よって，A(2，3) 点Bは直線$y=\frac{1}{2}x+2$上にあり，x座標が10であるから，そのy座標は，$y=\frac{1}{2}\times10+2=7$ よって，B(10，7) 点Cは直線$y=-x+5$上にあり，x座標が，点Bのx座標と等しく10であることから，そのy座標は，$y=-10+5=-5$ よって，C(10，-5) 線分BCがy軸に平行であることから，2点B，Cの間の距離は，2点B，Cのy座標の差に等しく，$7-(-5)=12$である。点Aから線分BCへ垂線AHを引くと，点Hのx座標は，点Bのx座標と等しく10である。線分AHがx軸に平行であることから，点Aと直線BCとの距離は，2点A，Hのx座標の差に等しく，$10-2=8$である。

(2) 点Dはx軸上の点だから，そのx座標は$y=-x+5$に$y=0$を代入して，$0=-x+5$ $x=5$ よって，D(5，0) 点Dを通り△ACBの面積を2等分する直線と線分BCとの交点を点Eとし，そのy座標をeとすると，E(10，e) △ACB$=\frac{1}{2}\times$BC$\times$AH$=\frac{1}{2}\times$(2点B，Cの間の距離)$\times$(点Aと直線BCとの距離)$=\frac{1}{2}\times12\times8=48$ 同様に考えて，△DCE$=\frac{1}{2}\times$(2点E，Cの間の距離)$\times$(点Dと直線BCとの距離)$=\frac{1}{2}\times\{e-(-5)\}\times(10-5)=\frac{5}{2}(e+5)$ △DCE$=\frac{1}{2}$△ACBだから，$\frac{5}{2}(e+5)=\frac{1}{2}\times48=24$ これを解いて，$e=\frac{23}{5}$より，E$\left(10，\frac{23}{5}\right)$ 点Dを通り△ACBの面積を2等分する直線，つまり，2点D，Eを通る直線の式は，傾きが，$\left(\frac{23}{5}-0\right)\div(10-5)=\frac{23}{25}$なので，$y=\frac{23}{25}x+b$とお

いて点Dの座標を代入すると，$0=\frac{23}{25}\times5+b$　$b=-\frac{23}{5}$　よって，$y=\frac{23}{25}x-\frac{23}{5}$

5 （おうぎ形の中心角，円の半径，線分の長さ）

(1)　**中心角の大きさは弧の長さに比例する**から，点Eを含むおうぎ形OABの中心角の大きさは，$360^\circ\times\frac{\text{点Eを含む}\overset{\frown}{\text{AB}}\text{の長さ}}{\text{円Oの円周の長さ}}=360^\circ\times\frac{1}{3}=120^\circ$

(2)　**1つの円では，おうぎ形の面積の比は，中心角の大きさの比と等しい**から，円Oの面積は，$(\text{おうぎ形OABの面積})\times\frac{360^\circ}{\text{おうぎ形OABの中心角の大きさ}}=54\pi\times\frac{360^\circ}{120^\circ}=162\pi\text{cm}^2$　円Oの半径を$r$cmとすると，$\pi r^2=162\pi$より，$r=\sqrt{162}=9\sqrt{2}$

(3)　問題の図形は，線分CEを**対称の軸**とする**線対称な図形**であるから，$\angle\text{AOE}=\angle\text{BOE}=\frac{1}{2}\angle\text{AOB}=\frac{1}{2}\times120^\circ=60^\circ$…①　これより，△OAEはOA＝OEの二等辺三角形で，∠AOE＝60°だから正三角形であり，∠AEO＝60°…②　①，②より，∠AEO＝∠BOEであり，**錯角**が等しいからAE//OD　**平行線と線分の比についての定理**を用いて，OF：EF＝OD：AE＝OD：OB＝5：(5＋8)＝5：13　よって，$\text{OF}=\text{OE}\times\frac{\text{OF}}{\text{OE}}=\text{OE}\times\frac{\text{OF}}{\text{OF}+\text{EF}}=9\sqrt{2}\times\frac{5}{5+13}=\frac{5\sqrt{2}}{2}$(cm)　以上より，CF＝OC＋OF$=9\sqrt{2}+\frac{5\sqrt{2}}{2}=\frac{23\sqrt{2}}{2}$(cm)

6 （規則性，方程式の応用）

(1)　1番目の図形のタイルAの枚数は1×4＝4(枚)，2番目の図形のタイルAの枚数は2×4＝8(枚)，3番目の図形のタイルAの枚数は3×4＝12(枚)，4番目の図形のタイルAの枚数は4×4＝16(枚)だから，この規則性から，5番目の図形について，タイルAの枚数は5×4＝20(枚)である。

(2)　各図形について，タイルBの枚数は，タイルの合計枚数からタイルAの枚数を引いたものである。前問(1)の結果より，n番目の図形について，タイルAの枚数は，$n\times4=4n$(枚)である。また，タイルの合計枚数に関して，右図のように線分PQの右側と左側に分けて考えると，1番目の図形のタイルの合計枚数は$4+1=2^2+1^2=5$枚，2番目の図形のタイルの合計枚数は$9+4=3^2+2^2=13$枚，3番目の図形のタイルの合計枚数は$16+9=4^2+3^2=25$枚，4番目の図形のタイルの合計枚数は$25+16=5^2+4^2=41$枚だから，この規則性から，n番目の図形について，タイルの合計枚数は$(n+1)^2+n^2=2n^2+2n+1$(枚)である。以上より，9番目の図形について，タイルBの枚数は，$(2\times9^2+2\times9+1)-4\times9=145$(枚)である。

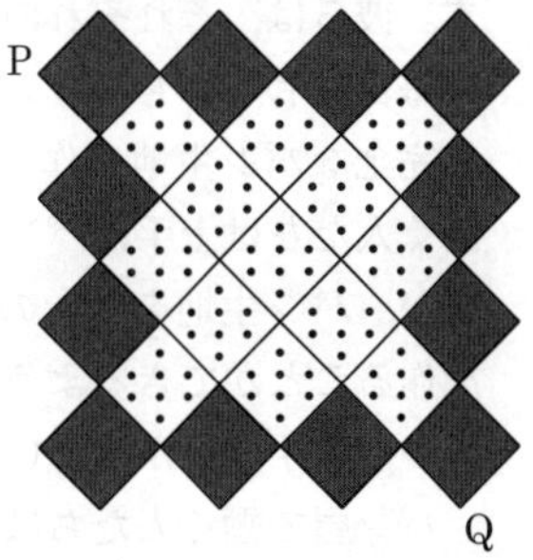

(3)　前問(2)の結果から，n番目の図形について，タイルAの枚数は$4n$枚であり，タイルBの枚数は$(2n^2+2n+1)-4n=2n^2-2n+1$(枚)である。これより，タイルAの枚数がタイルBの枚数よりちょうど1009枚少なくなるのは，$(2n^2-2n+1)-4n=1009$　整理して，$n^2-3n-504=0$　$(n+21)(n-24)=0$　$n\geqq1$より，$n=24$　24番目の図形である。

<英語解答>

1　(1)　①　worried　②　eating　(2)　イ→エ→カ→ア→オ→ウ　(3)　イ
(4)　(a)　ウ　(b)　after reading　(5)　ア　(6)　water　(7)　エ
(8)　(a)　イ　(b)　ウ

2 (1) in　(2) ア　(3) イ　(4) エ　3 (1) イ　(2) ア
4 (1) エ　(2) エ　5 (1) ウ　(2) ア

<英語解説>

1 (スピーチ：語形変化，語句の並べ換え，語句補充・選択，内容真偽，文の挿入，語句の解釈，英問英答，指示語，現在・過去・未来と進行形，動名詞，間接疑問文，分詞の形容詞的用法，不定詞，文の構造，比較，現在完了，助動詞，名詞・冠詞・代名詞，形容詞・副詞，文の構造，受け身)

(全訳) 昨年，私のクラスの生徒全員が，職業体験に参加しました。それぞれの生徒は，私たちの町のある場所に行って，仕事についてさらに知るために三日間そこで働きました。ある生徒は花屋で，別の生徒はレストランへ行きました。私はムギというパン屋で働きました。職業体験の前に，私は少し①心配しましたが，仕事を始めた時にわくわくしました。

長年そのパン屋には人気がありました。そこにはたくさんの種類のパンがあります。私の友達と私は，私たちのお気に入りのパンを買いに，よくそこへ行きました。私たちは，そのパンを②食べることが好きで，よくパンについて話をしました。職業体験を通して，③[私はなぜそのパン屋がそれほど人気があるのかがわかりました]。私はパンを作りそして売る方法について多くを学びました。

パン屋で働く人たちは，パンの作り方を私に教えてくれました。私はパンを作るためにするべきことを，多く学びました。学んだことの④中では，パン生地を作りそれをパンの形にすることが，私にとって興味のあることでした。働く人たちがパン生地を作る時，材料の一つとして水を使います。彼らは，それぞれの日で一番のパン生地を作るために水の量を変えます。なぜなら気温と湿度は毎日変わるからです。働く人たちは，「パン生地を作ることは難しい。けれども私たちはその日の完全なパン生地を作るために，いつも努力している」と言いました。パン生地を作り終えた後，働く人たちは上手にパン生地をそれぞれのパンの形にします。私は彼らのようにやりたかったのですが，パン生地をパンの形にすることは私には難しかったです。働いているある人は，「よいパンを作ることができるようになるには，数年かかります」と言いました。今の私は，パンを作るために多くの手間をかけているのだとわかっています。

パン屋で働く人たちは，たくさんの種類のカードを作り，そして店にあるそれぞれの種類のパンの前にカードを置きます。カードは，働く人たちからお客様へのメッセージを表しています。たとえば，あるメッセージは特別な材料と味についてです。私は，お気に入りのパンについてカードに書こうとしました。けれどもよいカードの書き方がわかりませんでした。働いているある人が，「あなたは，お気に入りのパンについての自分の気持ちと，そのパンをいつも買う理由を書いたらいいのです」と私に言いました。私は一生懸命にカードを書きました。私はドキドキしました。なぜならカードが店のそのパンの前に置かれたからです。働くある人が「私はあなたのカードがとても気に入っています。カードは私をうれしくさせます，なぜならあなたがカードを作ることを楽しんだと思うからです。また，14 才の女の子として，あなたのお気に入りのパンに対する気持ちが表れています。何人かのお客様がそのパンを買いました。なぜならお客様たちはあなたのカードを読んだ後パンに興味を持ったからです」と私に言いました。私は⑤それを聞いてとてもうれしく，そしてよりよいカードを作りたくなりました。それから私は何人かの働く人たちに「どのようにすばらしいカードを作るのですか？」と尋ねました。そのうちの一人が，「私たちは，このパン屋にあるすべての種類のパンについて，多くを学ぼうとしています。また，私たちはたくさんの本を読み，そして良い例を見るために他のパン屋へよく出かけます。私たちはお客様に私たちのパンのよいところを示したい。そして⑥彼らにパンを試してもらいたい」と言いました。今の私は，パンを売るために多くの手間をかけているのだとわかっています。

職業体験を通して，働く人たちはとても一生懸命に働いていることを学び，そしてその理由を知りたかったのです。それから，私は何人かの働く人たちに尋ねると，多くの人たちを喜ばせたくて，だから毎日一生懸命やるのだと答えました。また働く人たちは，お客様を喜ばせる時，自分たちもうれしくなるのだと言いました。この体験の前，人々は生活のためだけに働くのだと思っていましたが，今では他の人々のためにも一生懸命に働いているのだとわかりました。もし働く人たちが他の人たちを喜ばせることができるのならば，働く人たちはより一生懸命に働くのでしょう。将来，私は彼らのように他の人たちのために働きたいのです。私はパン屋でたくさんのことに挑戦し，そして疲れました。しかし，職業体験はすばらしいものでした。なぜなら私は多くを学び，新しい世界を見ることができたからです。

職業体験の後，私はパン屋へ行きパンを買いました。私にとって味は特別なものですばらしいものでした。なぜなら私はパン屋で働く人たちの気持ちと努力を理解していたからです。

(1)　①　下線のある文は，職業体験を始める前のことなので動詞は過去形として worried が適当。　②　下線は動詞 like の後に置かれているので，動名詞か to 不定詞になると考えられる。問題文には「1 語で書け」とあるので，動名詞形 eating が適当。不定詞　to eat としても同じ意味になる。

(2)　(正解)　Through the work experience,[(イ)I (エ)understand (カ)why (ア)the bakery (オ)is (ウ)so popular].　動詞が understand と is の二つあるが，I に続くのは understand　になる。また，why があるが文末に「?」がないので間接疑問文として why を使いたい。これらを考え合わせると，イ→エ→カ→ア→オ→ウが適当。

(3)　(ア)～に対して　(イ)～の中で(○)　(ウ)～の間に　(エ)～の中へ　空欄④の後の them は，前の文のa lot of things を指していると思われるのでイが適当。

(4)　(問題と正答訳)　真由実はカードを作ることを楽しみ，そしてムギで働いているある人はそれがわかった。だからその働いている人は真由実のカードをとても気に入りそしてうれしくなった。また，そのカードは，i 真由実のお気に入りのパンについての彼女の気持ちが表れていた。何人かのお客様がパンを買った。なぜならそのカードを ii 読んだ後お客様はパンを試してみたくなったからだ。　(a)　(ア)　ムギについてのお客様の気持ち　(イ)　働く人のお気に入りのパン　(ウ)　真由実のお気に入りのパンについての彼女の気持ち(○)　(エ)　多くの人たちからとても好まれているパン屋　本文の第4段落第8文 One worker said～には，「真由実のお気に入りのパンについて真由実の気持ちがカードに書いてある」とあることからウが適当。エの loved は過去分詞形で，形容詞の働きをして前の語 bakery を説明(修飾)している。

(b)　空欄 ii の文は，「お客様がパンを試してみたくなった」とある。本文では，第4段落第8文の Some customers bought～が該当する。この文では，「カードを読んだ後に，お客様がパンを試したくなった」とあることから，空欄 ii は after reading が適当と考えられる。**reading ～は「～を読むこと」という動名詞形。**

(5)　(ア)　パンを買うためにムギを訪れる人たち(○)　(イ)　別のパン屋で働く人たち　(ウ)　パンの良い点を書く人たち　(エ)　売るためにパンを作る人たち　下線部⑥のある文全体から下線部 them はパンを試す人たち，つまりお客様だと考えられるのでアが適当。それぞれの選択肢の people の後の動詞の ing 形は，people を説明(修飾)する働きがある。

(6)　<質問>ムギで働く人たちは，それぞれの日に一番よいパン生地を作るために何をしますか？

＜答え＞彼らは水の量を変えます。水はパン生地を作るための材料の一つです。問題文では「パン生地を作るために何かを変える」とある。本文の第3段落の第5文 They change the～では，「パン生地を作るために，毎日水の量を変える」とある。この文中の it はその前の文 When the workers～中の water だと考えられることから，空欄は water が適当。

(7)　(ア)　真由実と彼女の友達は，新しい種類のパンを買うために，よくムギを訪れる。(イ)　ムギで働く人たちからのメッセージを表すカードは，店の前に置かれた。(ウ)　ムギで働く人たちは，他のパン屋へカードの例を示すために，何冊かの本を読む。(エ)　職業体験の後に真由実はムギでパンを買った。そしてそれは特別な味がして彼女にとって素晴らしいものだった。(○)　本文最後の段落では，「職業体験の後にそのパン屋へ行ってパンを買い，味は特別で素晴らしかった」とあるのでエが適当。選択肢アの to buy は「買うために」という不定詞の副詞用法。

(8)　(問題文訳)　優都：職業体験を通して真由実は何を学ましたか？／アンドレ：彼女はスピーチでそれについて話をしました。ムギで働く人たちはパンを作って売るために，多くのことをしていると理解し，そして今，彼女は彼らの$_{i}$努力を知っています。／優都：それはいいですね。私は郵便局で職業を体験したことがあります。そしてそこで働く人たちも一生懸命に働いていることを，私は学びました。彼らは一生懸命に働きます。なぜなら彼らは手紙と一緒に誰かの気持ちを運びたいからです。それは，多くの人たちを助けます。これが，彼らが働く理由だと思います。／アンドレ：真由実は，ムギでもそういうことだと理解しました。その前には，人々は生活するためだけに働いていると，彼女は思っていました。しかし，職業体験の後，また$_{ii}$他の人々を喜ばせるために働くのだとわかりました。そして彼女は将来そのように働きたいのです。／優都：そうです。私もそのように働きたい。　(a)　(ア)　意思疎通(コミュニケーション)　(イ)　努力(○)　(ウ)　メッセージ　(エ)　間違い　空欄 i の直前の文では，「働く人たちはパンを作って売るために，多くのことをやっている」とあるので，空欄にはイが適当。
(b)　(ア)　新たな世界を見るために多くの経験をする　(イ)　彼らのクラスメイトと一緒に職業体験をする　(ウ)　他の人々を喜ばせるために働く(○)　(エ)　最高のパンを作るために働く　本文の第5段落第5文 If the workers～には，「他の人々がうれしくなるのであれば，働く人たちはよりいっそう一生懸命に働くだろう」とあるので，ウが適当。ウの make A B は，A を B にするという使役の意味を表す。

2　(会話文：絵・図・表・グラフなどを用いた問題，語句補充，語句選択，内容真偽，前置詞，不定詞，接続詞，現在完了)

直希　：こんにちは，ソヨン。きみはアメリカで勉強することに興味があると言ったでしょう？
ソヨン：ええ。大学の学生になったらそうしてみたい，けれども私はそのことについてあまり知らないの。
直希　：ぼくの兄が大学一年生の時に，アメリカでホームステイのプログラムに①参加したよ。見て，兄がぼくにそのスケジュールをくれた。
ソヨン：彼は今日本の大学で勉強しているの？
直希　：そうだよ。兄は将来外国で働くために一生懸命やっているんだ。
ソヨン：わあ！ それはすばらしい。
直希　：異なった言葉を使うことは自分にとって助けになると，兄はいつも言っている。英語はその中の一つだね。
ソヨン：わかった。そのプログラムでは，彼には②午前中にいくつかの英語のレッスンがあるのね？

直希　：そうだね。兄のクラスにはさまざまな国からの学生が何人かいた，そしてそのようなクラスメイトと一緒に勉強することは，コミュニケーションのために英語を使うよい機会だった，と兄は言っていた。

ソヨン：そして昼食後に，彼は③さまざまなことをやったのでしょう？　全部楽しそう。

直希　：そう。たとえば，兄はクラスメイトとスポーツをやった。また，兄は特別授業でアメリカの文化について学んだ。そして地元の工場を訪れた。兄は英語で地元の工場についての説明を聞いた。

ソヨン：それは私にとって本当に難しそう。

直希　：そうかな？ けれども兄はそれを楽しんだ。なぜなら兄は地元の工場を見て回っている間，説明を理解したからなんだ。

ソヨン：いいね。このプログラムで英語を学ぼうとした時に，アメリカでそのような経験をしたことは彼にとっていいことだったのだと思う。

直希　：その通り。兄は放課後と週末を，ホストファミリーと一緒にたくさんの時間を過ごした。そしてそれも彼にとってアメリカでの生活のすばらしい経験だった。

ソヨン：8月8日の水曜日を見て。夕方に湖の近くでゲームをやり始めたの？

直希　：そう。アメリカのその地域では，夏はだいたい午後8時か9時でも暗くならない。

ソヨン：だから彼は夕方の5時30分にゲームをやり始めても，十分な時間があるのね。「茶色いバッグの昼ごはん」は何？

直希　：弁当みたいなもの。兄は毎朝サンドウィッチをいくつか作り，茶色い紙バッグへそれらを入れて，そして学校へ持っていく。時々，兄はバッグに果物もいくつか入れていく。

ソヨン：アメリカの人たちは，彼らの昼食を持って行くために茶色の紙バッグを使う。だから「茶色いバッグの昼食」と呼ぶのでしょう？

直希　：その通り。兄はそれをとても気に入っていて，日本でも同じことをしている。

ソヨン：私は彼のことがわかる。もし私が文化に興味を持つなら，私はそこで人々がどのような暮らしをしているか知りたくなって，そして同じことをやりたくなる。

(1)　空欄①の前には take part とあるので in を続け take part in(参加する)としたい。

(2)　(ア)　②　午前中に　③　さまざまことをやった(○)　(イ)　②　12時30分に　③　図書館で彼の宿題をした　(ウ)　②　8月7日に　③　2時間バレーボールをした　(エ)　②　昼食の前に　③　ホストファミリーと一緒にいくつかゲームをした　空欄②では，スケジュールを見ながら「英語の勉強をしている」と言っている。スケジュール表では「speaking/listening/reading/writing」が毎日午前中に設定されているので，空欄②は in the morning (午前中)が適当。空欄③には，昼食の後に何をしているのかが入ると考えられる。スケジュールでは，昼食後には毎日違ったことをしているので，何か一つ決まったことではなく「さまざまなこと」という意味が空欄に入ると推測される。これらの②と③を合わせると，アが適当だと考えられる。

(3)　カッコには，湖の近くでゲームをやり始める時間を入れたい。問題文の第18番目のソヨンの発話 So he began～では，5時30分に(at five thirty)ゲームを始めたとあるのでイが適当。

(4)　(ア)　直希は日本で英語を一生懸命に勉強している，なぜなら将来他の国で働きたいから。

(イ)　英語を勉強するためにアメリカでいくつか経験することが，直希にとってよいことだったと，ソヨンは考えている。　(ウ)　ソヨンは，アメリカの学校の文化に興味があるので，日本でも同じことをしようとした。　(エ)　直希の兄は「茶色いバッグの昼食」が気に入って，日本へ戻った後でも大学へその昼食を持って行く。(○)　問題文の第19番目の発話 My brother made~に,「毎朝サンドウィッチを作って茶色いバッグへ入れ学校へ持って行く」とあるのでエが適当。ウの has tried は完了形。

3・4・5 (リスニング)

放送台本の和訳は,44ページに掲載。

2021年度英語　聞き取り検査

〔放送台本〕

これから,問題3・4・5を放送によって行います。それでは,問題3の説明をします。問題3は(1)・(2)の2つがあります。それぞれ短い会話を放送します。次に,Questionと言ってから英語で質問をします。それぞれの質問に対する答えは,問題用紙に書いてあります。最も適当なものを(ア)・(イ)・(ウ)・(エ)から1つずつ選びなさい。会話と質問は2回放送します。それでは,問題3を始めます。

(1)　A: Risa, when do you like to eat ice cream the best?
　B: On a cold day, maybe. I like eating ice cream in a warm room. How about you, Meg?
　A: I understand that. But I like eating it after swimming in the sea.
　B: That sounds great, too!
　Question: Where does Risa like to eat ice cream?

(2)　A: Mom, I'm looking for the French dictionary.
　B: I'm reading a French book with the dictionary, Emma. What do you want to do?
　A: I'm listening to a French song, and I want to know what some words mean.
　B: OK. I will finish reading this book soon. So, you can use the dictionary after that.
　Question: What is Emma's mother doing?

〔英文の訳〕

(1)　A:リサ,アイスクリームはいつ食べるのが一番好き?
　B:寒い日ね,たぶん。私は暖かい部屋でアイスクリームを食べることが好きなの。あなたはどう,メグ?
　A:それはわかる。けれども,私は海で泳いだ後にアイスクリームを食べることが好きなの。
　B:それもいいね。
　質問:リサはどこでアイスクリームを食べることが好きなのですか?
　答え:(イ)暖かい部屋の中で。

(2)　A:お母さん,フランス語の辞書を探しているの。
　B:辞書を使ってフランスの本を読んでいる,エマ。何がしたいの?
　A:フランスの歌を聞いているの,そしていくつかの言葉が何を意味するのか知りたい。
　B:わかった。すぐにこの本を読み終えるから。だから,その後に辞書を使って。

質問：エマの母は何をしていますか？

答え：(ア)彼女はフランスの本を読んでいる。

〔放送台本〕

次に，問題4の説明をします。これから，マキとアンの会話を放送します。つづいて，英語で2つの質問をします。それぞれの質問に対する答えは，問題用紙に日本語で書いてあります。最も適当なものを，(ア)・(イ)・(ウ)・(エ)から1つずつ選びなさい。会話と質問は2回放送します。それでは，問題4を始めます。

Maki: Hi, Anne. What are you going to do next summer?

Anne: Hi, Maki. I'm going to go to the mountain. Walking up the mountain is very hard, but it's a lot of fun. I like it very much.

Maki: You leave home early in the morning, right?

Anne: Yes. I usually get up at four and leave home at five, and start walking up the mountain at eight. I come home at seven in the evening.

Maki: Oh, that sounds very hard. What do you do while you are walking?

Anne: I enjoy talking with friends. When we are very tired, we help each other.

Maki: What do you mean?

Anne: We often do *shiritori*, or sing some songs. Also, I enjoy looking at plants. Sometimes I find very beautiful birds.

Maki: That sounds nice. At the highest place on the mountain, what do you enjoy?

Anne: We enjoy seeing beautiful mountains, and some towns if it's sunny. They're wonderful and I think that is the best! I walk very hard because I want to see them.

Maki: Do you eat lunch there?

Anne: Of course! It's so nice to eat lunch in such a good place.

Question (1): What time does Anne usually start walking up the mountain?

Question (2): What does Anne do at the highest place on the mountain?

〔英文の訳〕

マキ：こんにちは，アン。次の夏には何をするつもり？

アン：こんにちは，マキ。山へ行こうとしているの。山を歩いて登ることはとても大変だけれど，たくさんの楽しみがある。私はとても好きなの。

マキ：朝早く家を出るのでしょう？

アン：そうなの。いつも4時に起きて，5時に家を出て，そして8時に山を歩いて登り始める。夕方の7時には家に着くの。

マキ：ああ，それは大変そうね。歩いている間，何をやっているの？

アン：友達との話を楽しんでいるの。とても疲れた時には，お互いに助け合っている。

マキ：どういう意味？

アン：私たちはよくしりとりをしたり，いくつかの歌を歌ったりしている。植物を見ることも楽しいね。時々，とてもきれいな鳥を見かけるし。

マキ：それはよさそうだね。山の頂上では，何が楽しいの？
アン：美しい山を見ることが楽しくて，そして晴れていればいくつかの町も。それらは美しくて，それが一番だと思う！　それを見たいから，一生懸命に歩くの。
マキ：そこで昼食をとるの？
アン：もちろん！　そのいい場所で食べる昼食はとてもすばらしい。
問題(1)　アンはいつも何時に山を歩いて登り始めますか？
答え　　(エ)　午前８時
問題(2)　山の頂上でアンは何をしますか？
答え　　(エ)　昼食をとる。

〔放送台本〕

次に，問題5の説明をします。問題5は(1)・(2)の2つがあります。それぞれ短い会話を放送します。それぞれの会話の，最後の応答の部分にあたるところで，次のチャイムを鳴らします。〈チャイム音〉このチャイムのところに入る表現は，問題用紙に書いてあります。最も適当なものを(ア)・(イ)・(ウ)・(エ)から1つずつ選びなさい。問題用紙の例題を見なさい。例題をやってみましょう。

(例題)　A:　Hi, I'm Hana.
B:　Hi, I'm Jane.
A:　Nice to meet you.
B:　〈チャイム音〉

正しい答えは(イ)の Nice to meet you, too. となります。ただし，これから行う問題の会話の部分は印刷されていません。それでは，問題5を始めます。会話は2回放送します。

(1)　A:　Look at the boy playing the guitar. That is Minoru, right?
B:　Well, I don't think that is Minoru. Maybe that is his brother, Hiroshi.
A:　Oh, really? There are some people around him. Is Minoru among them?
B:　〈チャイム音〉

(2)　A:　Hi, Emma. It's sunny today. Let's go out.
B:　Sorry, I can't, Kanako. I have a lot of homework to do. Please go with Satomi.
A:　OK. I'm going to play tennis with her in the park, so join us later.
B:　〈チャイム音〉

〔英文の訳〕

(例題)　A：こんにちは。私はハナです。
B：こんんちは。私はジェーンです。
A：はじめまして。
B：(イ)　はじめまして。

(1)　A：ギターを弾いている男の子を見て。ミノルでしょう？
B：ええと，ミノルだと思わない。たぶん彼の兄弟のヒロシでしょう。
A：ああ，そうなの？　彼のまわりに何人かの人たちがいる。その中にミノルがいる？
B：(ウ)　彼がそこにいるとは思わない。

(2)　A：こんにちは，エマ。今日は晴れているね。外へでようか。

B：ごめん，外には行けないの，カナコ。宿題をたくさんやらなければならないの。サトミと行ってね。

A：わかった。公園で彼女とテニスをやることにする，だから後で来てね。

B：(ア)　わかった。そうする。

＜理科解答＞

1　(1)　植物A　エ　　植物B　ア　　(2)　合弁花
(3)　i群　オ　　ii群　(ス)→(サ)→(セ)→(シ)

2　(1)　たいせい　ウ　　(2)　B　イ

3　(1)　i群　ア　　ii群　ク　　(2)　イ

4　(1)　A　ア　　B　ケ　　C　キ　　(2)　イ
(3)　(例)距離が近い

5　(1)　オ　　(2)　右図　　(3)　ウ

6　(1)　ア　　(2)　イ　24〔%〕

7　(1)　エ　　(2)　ウ　　(3)　300〔N〕

8　(1)　フック(の法則)，110〔g〕　　(2)　ウ

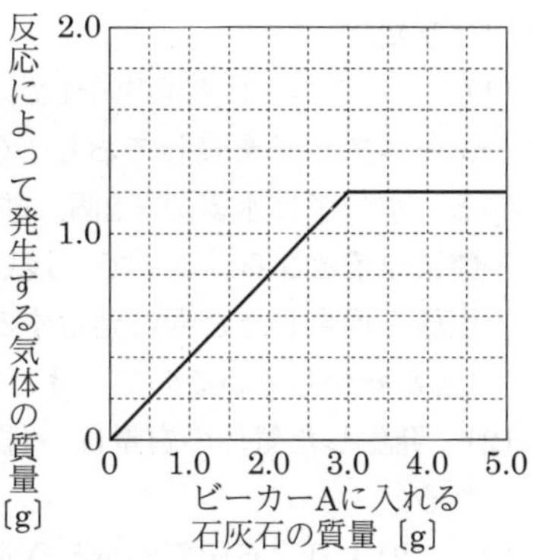

＜理科解説＞

1　(植物)

(1)　植物Aは，子葉の数が1枚なので単子葉類。単子葉類の茎の維管束はばらばらに散らばっており，根はひげ根である。植物Bは，子葉の数が2枚なので双子葉類。双子葉類の茎の維管束は輪のように並んでおり，根は主根と側根からなる。

(2)　花弁がたがいにくっついている花を合弁花，花弁が1枚1枚離れている花を離弁花という。

(3)　受粉すると，花粉内の精細胞が花粉管を通って，胚珠内の卵細胞まで移動する。生殖細胞の核が合体し，受精すると，受精卵が細胞分裂をくり返して胚となり，胚珠は種子に成長を始める。

2　(動物と進化)

(1)　ホニュウ類は，胎生でなかまをふやす。ホニュウ類では，鳥の翼，カエルのうで，クジラのひれなどが相同器官にあたり，それぞれ基本的な骨格が似通っている。

(2)　セキツイ動物は，古いものから魚類→両生類→ハチュウ類→ホニュウ類→鳥類という順で地球上に現れている。シソチョウは，くちばしの中に歯があるなど，鳥類とハチュウ類の特徴をあわせもっている。

3　(日本の天気)

(1)　陸と海では陸のほうが温度が上がりやすいため，日射によって陸の温度が大きく上昇する。これによって，陸上に上昇気流ができると，海から風が流れ込み，海風となる。また，冷たい気団は日本よりも北方にあり，湿った気団は海上にできる。

(2)　冬は，**西高東低**の特徴的な気圧配置となる。

4 (太陽，月，地球)

(1)　1日たつごとに，**月の出は約50分ずつ遅くなる**。そのため，同じ時刻に見える月の位置は，日がたつごとに西→南→東へ移動する。また，月の見かけの形は，**新月→三日月→上弦の月→満月→下弦の月→新月**の順に変化する。

(2)　月食とは，地球の影に，満月の月が入るために欠けて見える現象である。

(3)　太陽の直径は月の直径の約400倍あるが，地球との距離を比べると，地球から太陽までの距離は，地球から月までの距離のおよそ400倍である。

5 (化学変化)

(1)　アンモニアは窒素原子1個，水素原子3個 が結合してできている分子であることから，イがアンモニア分子を表しており，⊙が水素原子，⦶が窒素原子となる。よって，ウは水素分子である。水分子は水素原子2個，酸素原子1個からなるので，エが水分子であり，このことから⊗が酸素原子となる。よって，残りの原子モデル⊖が炭素原子であることがわかる。石灰石とうすい塩酸を混合したときに発生する気体は二酸化炭素であり，二酸化炭素は酸素原子2個，炭素原子1個が結合しているので，オとなる。

(2)　発生した気体の質量は，(操作②での全体の質量)－(操作③での全体の質量)によって求められる。

(3)　(2)より，石灰石3.0gとうすい塩酸50cm^{3}が過不足なく反応し，1.2gの気体が発生することがわかる。石灰石5.0gを加えて実験を行ったビーカーAにうすい塩酸をさらに50cm^{3}加えると，石灰石5.0gはすべて反応するため，全体で発生した気体の合計$x$cm^{3}は，$3.0：1.2=5.0：x$　$x=2.0$〔g〕
よって，うすい塩酸を追加することで新たに生じた気体の質量は，$2.0-1.2=0.8$〔g〕となる。

6 (水溶液)

(1)　水溶液中に溶けている物質を溶質，溶質を溶かしている液体を溶媒という。

(2)　70℃の水100gを使用した場合，物質Xは138gとけるので，この場合の飽和水溶液の質量は$100+138=238$〔g〕となる。ノートに記載のある飽和水溶液は，この半分の質量であることから，70℃の水50gに物質Xを69g溶かしてつくっている。次の表は，水50gに溶ける物質Xの質量を表している。

水の温度〔℃〕	10	20	30	40	50	60	70
50gの水に溶ける物質の質量〔g〕	10.5	16	23	32	42.5	54.5	69

実験で再結晶によって69gの溶質から53g出てきたとき，水溶液中に溶けている物質の質量は，$69-53=16$〔g〕なので，上の表よりこのときの飽和水溶液の温度は20℃であるといえる。また，質量パーセント濃度を求めると，

$$\text{質量パーセント濃度〔\%〕}=\frac{\text{溶質の質量〔g〕}}{\text{溶液の質量〔g〕}}\times 100=\frac{16\text{〔g〕}}{50+16\text{〔g〕}}\times 100=24.2\cdots\text{〔\%〕}\rightarrow 24\%$$

7 (大気圧)

(1)　熱い湯から発生した大量の水蒸気が冷やされて液体になることで，ペットボトル内の気体の体積が大きく減少した。このことにより，ペットボトル内の気圧が低くなり，まわりの大気に押されたためにつぶれた。

(2)　アは化学変化，イは重力による現象，エは浮力による現象である。

(3)　$\text{圧力〔Pa〕}=\dfrac{\text{力の大きさ〔N〕}}{\text{力がはたらく面積〔m}^2\text{〕}}$より，$100000\text{〔Pa〕}\times 0.003\text{〔m}^2\text{〕}=300\text{〔N〕}$

8 **(運動とエネルギー)**

(1) 20gのおもりを加えるごとにばねの長さが2.0cmずつのびているので，ばねXのもとの長さは，12.0−2.0＝10.0〔cm〕 このことから，ばねXの長さが21.0cmになったときのばねののびは，21.0−10.0＝11.0〔cm〕 よって，ばねXが11.0cmのびるときにつるしていたおもりの質量をxgとすると，20：2.0＝x：11.0　x＝110〔g〕

(2) ア～エそれぞれにおける2力の合力を作図すると，ウが最も大きくなる。この合力は，おもりの重さに等しい。

＜社会解答＞

1 (1) ⓐ ㋐　(2) ひかくさんげんそく Ⓒ　(3) ⅰ群 ㋒　ⅱ群 ㋗
ⅲ群 ㋛　(4) ㋒，㋔　(5) ㋐，Ⓐ

2 (1) ㋑・㋓　(2) 右図
(3) 首長 NPO　(4) ⅰ群 ㋑　ⅱ群 ㋗
(5) ⅰ群 ㋐　ⅱ群 ㋖

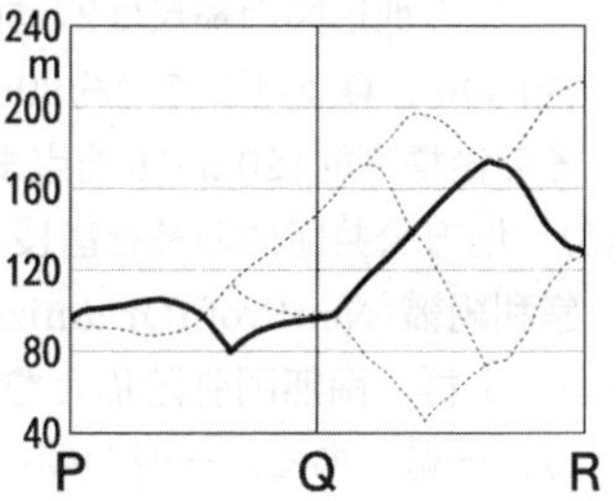

3 (1) D→C→B→A　(2) ⅰ群 ㋓　ⅱ群 ㋘
(3) ㋑・㋓　(4) ⅰ群 ㋓　ⅱ群 ㋕
(5) 北海道 Ⓓ　静岡県 Ⓑ

4 (1) (例)税収の変動が小さい　(2) ⅰ群 ㋐
ⅱ群 ㋖　ⅲ群 ㋚　(3) ⅰ群 ㋒
ⅱ群 ㋘　(4) ㋐・㋓　(5) Ⓓ，㋐

＜社会解説＞

1 **(地理的分野―世界地理－地形・都市・気候・資源・貿易，歴史的分野―世界史－政治史，公民的分野―国際社会との関わり)**

(1) **本初子午線**とは，イギリスのロンドン郊外のグリニッジ天文台を通る子午線(経線)である。この線を経度0度とすることが，1884年の国際協定で採用され，東経0度，西経0度の線のことである。本初子午線が通る国は，アフリカ州では，西部のアルジェリア・マリ・ブルキナファソ・トーゴ・ガーナであり，aが正しい。クスコはかつてインカ帝国の都であった都市であり，ペルーの南東のアンデス山脈中の標高3,400mに位置する。

(2) 1967年に国会で**佐藤栄作**首相は**「核兵器を持たず，作らず，持ち込ませず」**というのが日本政府の方針であるとした。これが**非核三原則**(ひかくさんげんそく)と呼ばれる。なお，持ちこませずというのは，**在日米軍基地**に核兵器を持ちこませないという意味である。　アフリカでは，**第二次世界大戦後**，多くの国が独立した。特に1960年には17カ国が独立し，アフリカの年と言われた。**国際連合**が発足したのは1945年であり，**石油危機**がおこったのは1973年であるから，1960年のアフリカの年は，Cに入る。

(3) ⅰ群 **バスコ・ダ・ガマ**は，アフリカ大陸の南端の**喜望峰**を回って，1498年に**インド**に到達した。この航路により，大量の**こしょう**がヨーロッパにもたらされるようになった。　ⅱ群 バスコ・ダ・ガマは，ポルトガル人の航海者・探検家であり，ポルトガル王の命を受けて，ポルトガルから出航した。　ⅲ群 バスコ・ダ・ガマは，**東回り航路**をとり，まず**大西洋**を南下した。

(4)　ア　鉄鉱石生産量1位の中国は，輸出量では上位4位に入っていない。　イ　鉄鉱石の生産量と輸出量について，いずれもオーストラリアはブラジルの2倍以上である。　エ　ブラジルの鉄鉱石の生産量は，日本と韓国とドイツの鉄鉱石の輸入量よりも多い。　ア・イ・エには誤りがあり，ウ・オが正しい。

(5)　南アメリカ大陸西部の太平洋岸沿いに連なる大山脈を**アンデス山脈**という。アンデス山脈で一番高い山は7000m級のアコンカグア山である。**標高が100m高くなると，気温が0.6℃下がる**ので，標高3400mのクスコは年平均気温が10度前後になる。**雨温図のA**である。

2 (地理的分野―日本地理－地形図の見方，歴史的分野―日本史時代別－古墳時代から平安時代・鎌倉時代から室町時代，―日本史テーマ別－宗教史・文化史・外交史，公民的分野―地方自治)

(1)　ア　「貴船城」の北西に高等学校「⊗」はない。　ウ　「日豊本線」沿いに消防署「Y」はあるが，警察署「⊗」はない。あるのは交番「X」である。ア・ウには誤りがあり，イ・エが正しい。

(2)　この地形図の縮尺は2万5000分の1なので，**等高線**は10mごとに引かれている。P地点は標高約100m，Q地点までで約80mまで下り，その後「貴船城」付近で標高約160mと最も高くなり，その後標高約120mのR地点まで下っている。これを図に表すと，解答例のとおりである。

(3)　地方公共団体の長を**首長**といい，具体的には**市町村長**，また**都道府県知事**を指す。民間の**非営利組織**(NonProfitOrganization)のことを，略して**NPO**という。

(4)　i群　**南無阿弥陀仏**と**念仏**を唱えて踊れば誰でも**極楽往生**できるという**踊念仏**を行ったのは，**一遍**である。一遍の開いた宗派を**時宗**という。**栄西**の開いた**臨済宗**，**道元**の開いた**曹洞宗**，**法然**の開いた**浄土宗**，**親鸞**の開いた**浄土真宗**，**日蓮**の開いた**日蓮宗**と合わせて**鎌倉新仏教**という。　ii群　**お伽草紙**は室町時代の，**日本書紀**は奈良時代の，**枕草子**は平安時代の書物であり，**平家物語**が鎌倉時代の書物として正しい。12世紀の**平氏**の栄枯盛衰を描いた軍記物語が平家物語である。作者については，鎌倉時代の信濃前司行長説が有力である。平家物語は，**琵琶法師**によって中世に長く語り継がれた。

(5)　i群　明との貿易では**銅銭・生糸**が輸入され，**永楽銭**などの銅銭は日本国内で広く流通した。朝鮮との交易は主として朝鮮の**三浦**で行われ，**綿織物・経典等**が輸入された。　ii群　1543年に伝来した**鉄砲**は，戦国時代後期となると，和泉の**堺**・近江の**国友**・紀伊の**根来**など，日本各地で生産されるようになった。

3 (歴史的分野―日本史時代別－古墳時代から平安時代・鎌倉時代から室町時代・安土桃山時代から江戸時代，―日本史テーマ別－政治史・文化史，―世界史－文化史，地理的分野―日本地理－工業・農林水産業，公民的分野―国民生活)

(1)　遷都は694年に藤原京に，710年に平城京に，784年に長岡京に，794年に平安京に行われた。地図上の記号で古い順に並べれば，D→C→B→Aとなる。なお，藤原京と平城京は大和国に，長岡京と平安京は山背国(山城国)にあった。

(2)　i群　他国に先がけて18世紀末に産業革命を実現した国は，イギリスである。1851年の初の万国博覧会はロンドンで行われた。　ii群　**厳島神社**は平安末期の，**慈照寺銀閣**は室町中期の，**中尊寺金色堂**は平安末期の建造物であり，**桃山文化**を代表する建造物として正しいのは，ケの**姫路城**である。

(3)　ア　テレビの割合はインターネットよりも低い。　ウ　仕事や調べ物に役立つ情報を得る目的では，割合が80%を超えている。　オ　いち早く世の中の動きを知る目的や，趣味や娯楽に関する情報を得る目的，仕事や調べ物に役立つ情報を得る目的では，新聞と書籍の割合は20％を下回っている。ア・ウ・オには誤りがあり，イ・エが正しい。

(4)　ⅰ群　ア　**カトリック**とは，**ローマカトリック教会**を総本山として**ローマ教皇**の特別な権威を認めるキリスト教の教派であり，**宗教改革が始まって**以降は，**旧教**とも呼ばれるようになった。　イ　**キリシタン**とは，江戸時代の日本のキリスト教の呼び方である。　ウ　**ピューリタン**とは，**イギリス国教会**の信仰と慣行に反対し，徹底した宗教改革を主張した教派の総称である。ア・イ・ウとも誤りであり，エの**プロテスタント**が正しい。　ⅱ群　江戸時代末期に長崎出島の**オランダ商館**に医師として来日し，西洋人として初めて**出島**外に**鳴滝塾**を開校して，日本人に最新の医学を教えたのは，**シーボルト**である。

(5)　漁業に従事する者が全くいないのは，海に面していない埼玉県であり，Cは埼玉県である。製造品出荷額が最も多い県は，日本で一番製造品出荷額の多い県である愛知県であり，Aは愛知県である。製造品出荷額等の合計が最も少なく，また産業別有業者数のうち製造業・農業・林業が最も少ないのは愛媛県であり，Eが愛媛県である。5県のうち，農業有業者数が最も多いのは，全都道府県中第2位の北海道であり，北海道がDである。残るBが静岡県である。

4　**(公民的分野―財政・国の政治の仕組み・経済一般，地理的分野―日本地理－地形，歴史的分野―日本史時代別－古墳時代から平安時代・安土桃山時代から江戸時代・明治時代から現代，―日本史テーマ別－政治史・法律史)**

(1)　**消費税**は，**所得税**と違って，好景気でも不景気でも，税収の変動があまりなく，一定の税収が得やすいことを，9字以内で指摘する。

(2)　ⅰ群　**内閣不信任**の決議を行うことができるのは**衆議院**のみである。参議院が決議できるのは，政府や大臣の責任を問うための**問責決議案**である。衆議院の不信任決議案と異なり，可決されても法的拘束力はない。　ⅱ群　1955年に，自由党と日本民主党が合同して**自由民主党**となり，衆議院の過半数を占めて政権を担当するようになり，一方，右派・左派の社会党が統一されて一大野党となった。　ⅲ群　与党の自由民主党と野党第一党の社会党が対抗するようになったこの体制を，55年体制という。

(3)　ⅰ群　ア　山梨県は，海に面していない。　イ　日本を，北海道，東北，関東，中部，近畿，中国・四国，九州に分けるのが，**七地方区分**である。山梨県は中部地方に属する。　エ　山梨県の**県庁所在地**は甲府市である。ア・イ・エのどれも誤りであり，ウが正しい。山梨県は東京都の西側に隣接している。　ⅱ群　カ　**公事方御定書**とは，1742年に江戸幕府の8代将軍**徳川吉宗**が編纂させた法令集である。主に犯罪と刑罰の基準について定められている。　キ　**文武天皇**の治世で，国家の基本法典として701年に制定され，翌年施行されたのが，**大宝律令**である。
ク　江戸幕府が諸大名を統制するために制定した法令が，**武家諸法度**である。1615年に**徳川家康**の命により2代将軍**徳川秀忠**のときに発布されたものが最初で，以後**将軍の代替わりごとに改訂**された。　ケ　戦国時代に，**戦国大名**が自分の領地を支配するために制定した法令が，**分国法**である。武田氏の信玄家法などが有名である。

(4)　政府の経済政策・社会政策の規模を小さくし，市場への介入を最小限にし，市場原理に基づく自由な競争によって経済成長を促進させようとするのが，**小さな政府**の考え方である。イ・ウは，政府が積極的に経済政策・社会政策を行おうとする，**大きな政府**の考え方である。ア・エが，小さな政府の考え方である。

(5)　1945年の選挙法改正で，**満20歳以上の男女**に**選挙権**が与えられるようになった。時期のDである。この法改正後初めて選挙が行われたのは，1946年である。**納税額**による選挙権の制限が廃止されたのは，1925年である。女性に選挙権が認められたのは，1945年である。この間に入る出来事を見つければよい。イの**大日本帝国憲法**が発布されたのは，1889年である。ウの**原敬内閣**が成立したのは，1918年である。エの**男女雇用機会均等法**が制定されたのは，1985年である。イ・ウ・エのどれも別の時期のことであり，1925年から1945年の間に入る出来事として正しいのは，アである。**五・一五事件**が起こったのは，1932年である。

＜国語解答＞

一　(1)　㋑　(2)　㋒　(3)　b　そのゆえは　c　(御)はからい　(4)　あは～王や
(5)　㊀　A　南大門　B　草の字の額　㊁　㋓

二　(1)　㋐　(2)　Ⅰ　㋒　Ⅱ　㋕　(3)　㋓　(4)　Ⅰ　㋓　Ⅱ　㋖　(5)　㋒
(6)　㋑・㋓・㋔　(7)　講(演)　(8)　㋑　(9)　いちじる(しく)
(10)　㊀　対話は面倒なこと　㊁　粘り強～の対話　㊂　㋒　㊃　Ⅰ　㋐
Ⅱ　㋗　(11)　㋓

＜国語解説＞

一　**(古文－文脈把握，脱文・脱語補充，その他，仮名遣い，古文の口語訳)**

(1)　「両様」とは二つの仕方，二通りのこと。ここでは「真草」(楷書・草書)を表す。また，前文に「一枚は南大門，一枚は西門の料なり」とあることから，それぞれの場所にそれぞれの文体で書いたことが分かる。

(2)　ここまでの登場人物は，延喜の聖主(醍醐天皇)と道風朝臣(小野道風)である。上下関係から「したがひて(従ひて)」は道風朝臣，真(楷書)で書いたのも道風朝臣である。「ほめ申す」は「ほめ(誉め)」と「申す」に分けられ，「申す」は謙譲語であるので，道風朝臣が延喜の聖主を賞賛した文意となる。「うたれける」は「うた」「れ」「ける」に分けられる。「うた」は前部分にもあるが，(額などを)打って掲げるという意味である。次に「道風これを見て」とあることから，掲げたのは延喜の聖主であることを読み取る。

(3)　b 「ゑ」は「え」に直すことができる。**「ゆゑ(え)」は原因，理由**を表す。　c 「ひ」は「い」に直すことができる。**「はからひ(い)」は考え，判断，配慮**，などの意味がある。

(4)　～と言ひて(申して)などの場合は，「～と言って(申し上げて)」と訳すことができる。道風これを見て，は**そのまま道風が見た動作**を表すことから，その次からが道風の発言である。

(5)　㊀　AB 「草の字の額を，晴れの門にうたれたりけり」は「草書で書いた額を，晴れの門(正門のこと。ここでは南大門)に掲げたことを読み取る。　㊁ 「真に書きたるは南大門の料なるべきを(楷書は南大門に掲げるものを)」，「草の額ことに書きすましておぼえける(草書で書いた額が特に立派に書けたと(道風は)思っていた)」から草書を南大門に掲げるという慣習にとらわれないこと，また道風自身も草書の方がよく書けたと思っていたこと，それを汲み取って延喜の聖主が行ったことをそれぞれ読み取る。

二　**(説明文－内容吟味，段落・文章構成，指示語の問題，接続語の問題，脱文・脱語補充，漢字の読み書き，語句の意味，ことわざ・慣用句，品詞・用法)**

(1)　「対話とは，」から始まる段落には**対話の意味について**，「ショッピング」から始まる段落には**交渉・交流の意味について**書かれている。端的に言えば，対話は誰かと話し合い，真理を探究する会話，交渉・交流は自分と相手の要望をすり合わせる・友人や恋人などとよい関係を保ち理解することで，話を楽しもうとすることと述べる。

(2)　Ⅰ　前文と後文の関係を見ると，真理の追求(対話)が行われなくなってきている，対話の場面は日常生活にたくさんあることを述べている。つまり，**前文と後文で全く逆の意味**になっている。　Ⅱ　逆の意味である接続詞は，Ⅱ群の中で「だが」のみである。

(3)　本文中の「ない」は補助形容詞であり，答えの(エ)以外は助動詞の用法である。

(4)　Ⅰ　「膝を突き合わせて」は互いの膝が触れあうほど近くに向き合う。また，腹蔵なくじっくり話し合うことである。　Ⅱ　「真摯に」は真面目で熱心なこと，その態度や姿勢を表す。

(5)　傍線部cの前に，「そうした難しい議論は頭のいい人たちに任せて，自分たちはせっせと働き，自分個人の生活だけを楽しめばいいのだ」とある。その文意を読み取って，選択肢を選ぶ。

(6)　「もう」「三〇」「年」「近く」「前」に分けられる。「もう」は副詞，「三〇」「年」「前」は名詞，「近く」はク活用の形容詞「近い」の連用形である。

(7)　「講演」は多人数を相手に，ある話題について話をすることである。

(8)　「ある週は,」から始まる段落では，スペインの若手研究者がアリストテレスの発表をしたのに対し，様々な国の人が様々な哲学に関する質問をしていたことが書かれている。この段落の要旨を読み取る。

(9)　「著しく(いちじるしく)」は，程度や効果がはっきり確認できるさまを表す。

(10)　㈠　一郎の発言の中で，「容易に相手との意思の疎通が図れないことがある」と述べていることに対して，本文でも「人生に関すること」から始まる段落で，「人の考えはそれぞれが異なっており，とりわけ，話が通じないと感じている相手と話し合うことは，ひどくストレスフル」とあることに着目し，その周辺から指定字数に合う文言を探す。　㈡　京子の発言の中で，「日常生活における意思の疎通の難しさといった課題に限らず，現代社会で抱えている課題に対して必要なのは」に対して，本文でも「今の時代に求められているのは，粘り強い思考を伴った，異質な人々の対話ではないだろうか」と提起していることに着目し，その周辺から指定字数に合う文言を探す。　㈢　㈡で挙げた文の前に，「かりに議論の場で共通の結論を得られなくても，互いが思考を進めて，自分なりの意見を持ち帰って，それまでの自分のあり方を変えることができる」とある。その文意に合う選択肢を選ぶ。　㈣　Ⅰ・Ⅱ　意見文に対する起承転結についての説明。まず自分の意見や主張を明確にした後(起)，なぜそのような意見や主張を導いたのかという根拠を示さなければならない(承)。次に，自分の意見や主張と反対を述べ(転)，それに対しさらに弁論することによって自分の意見や主張を明確なものにする(結)。

(11)　「現代社会は,」から始まる段落は，**現代社会の課題に対して，対話が必要であることを述べ，たとえ結論が出なくとも対話することに意義があること**を主張する。これは，「対話とは，何か」から始まる段落の最初から一貫して主張されていることの終結であることが分かる。

MEMO

大切なことはメモしておこうネ！

2020年度

★★★★★★★★★★★★★★★★★★★★★★★

入　試　問　題

●くわしい解説……25ページ

＜数学＞

時間　50分　　満点　50点

【注意】　1　円周率はπとしなさい。
　　　　2　答えの分数が約分できるときは，約分しなさい。
　　　　3　答えが$\sqrt{\ }$を含む数になるときは，$\sqrt{\ }$の中を最も小さい正の整数にしなさい。
　　　　4　答えの分母が$\sqrt{\ }$を含む数になるときは，分母を有理化しなさい。

1　次の問い(1)〜(9)に答えよ。（18点）

(1)　$8 \times \left(-\frac{3}{2}\right)^2 - (-4^2)$　を計算せよ。　……………………………答の番号【1】

(2)　$\frac{4a-3}{6} - \frac{6a-5}{9}$　を計算せよ。　……………………………答の番号【2】

(3)　$\frac{2}{3}x^2y^3 \div \left(-\frac{1}{8}xy\right) \div \frac{4}{9}y$　を計算せよ。　……………………………答の番号【3】

(4)　半径4 cm，面積6π cm²のおうぎ形の中心角の大きさを求めよ。
……………………………答の番号【4】

(5)　連立方程式 $\begin{cases} ax - by = 23 \\ 2x - ay = 31 \end{cases}$ の解が$x=5$，$y=-3$であるとき，a，bの値をそれぞれ求めよ。　……………………………答の番号【5】

(6)　$a=\sqrt{30}-6$　のとき，$a^2+12a+35$　の値を求めよ。　……………………………答の番号【6】

(7)　二次方程式　$3x^2-8x-4=0$　を解け。　……………………………答の番号【7】

(8)　$x<0$　の範囲で，xの値が増加すると対応するyの値も増加する関数を，次の(ア)〜(カ)からすべて選べ。　……………………………答の番号【8】

(ア)　$y=2x$　　(イ)　$y=-2x$　　(ウ)　$y=2x-1$
(エ)　$y=-2x+1$　　(オ)　$y=2x^2$　　(カ)　$y=-2x^2$

(9)　白玉が4個，黒玉が2個入っている袋がある。この袋から玉を1個取り出し，それを袋にもどさずに，玉をもう1個取り出す。このとき，黒玉が少なくとも1個は袋に残る確率を求めよ。ただし，袋に入っているどの玉が取り出されることも同様に確からしいものとする。
……………………………答の番号【9】

2　ある中学校では，生徒が図書室で借りた本の冊数を調べている。右の表は，１年生50人と３年生40人が１か月間に図書室で借りた本の冊数をそれぞれ調べた結果を，度数分布表に整理したものである。

このとき，次の問い⑴・⑵に答えよ。

（５点）

冊数（冊）	1年生	3年生
	度数（人）	度数（人）
以上　未満		
0 ～ 2	2	0
2 ～ 4	6	0
4 ～ 6	10	X
6 ～ 8	8	2
8 ～ 10	15	Y
10 ～ 12	5	6
12 ～ 14	2	4
14 ～ 16	1	6
16 ～ 18	1	Z
計	50	40

⑴　１年生50人が図書室で借りた本の冊数の中央値として考えられるものを，次の(ア)～(オ)からすべて選べ。　……………………………答の番号【10】

(ア)　6冊　　(イ)　6.5冊　　(ウ)　7冊　　(エ)　7.5冊　　(オ)　8冊

⑵　１年生が図書室で借りた本の冊数の相対度数と３年生が図書室で借りた本の冊数の相対度数を比べると，冊数が４冊以上６冊未満の階級の相対度数は等しく，冊数が８冊以上10冊未満の階級の相対度数は３年生の方が大きかった。また，3年生が図書室で借りた本の冊数の最大の値は16冊であった。このとき，表中の X ～ Z に当てはまる数をそれぞれ求めよ。

……………………………答の番号【11】

3　下の図のように，円Oの周上に４点A，B，C，Dがこの順にある。線分ACと線分BDの交点をEとする。また，AD＝CD＝12㎝，DE＝９㎝ である。

このとき，次の問い⑴～⑶に答えよ。（８点）

⑴　△ABD∽△EAD であることを証明せよ。　……………………答の番号【12】

⑵　線分BEの長さを求めよ。

……………………答の番号【13】

⑶　∠ACD＝30°のとき，線分ACの長さを求めよ。また，このときの△ABCの面積を求めよ。

……………………答の番号【14】

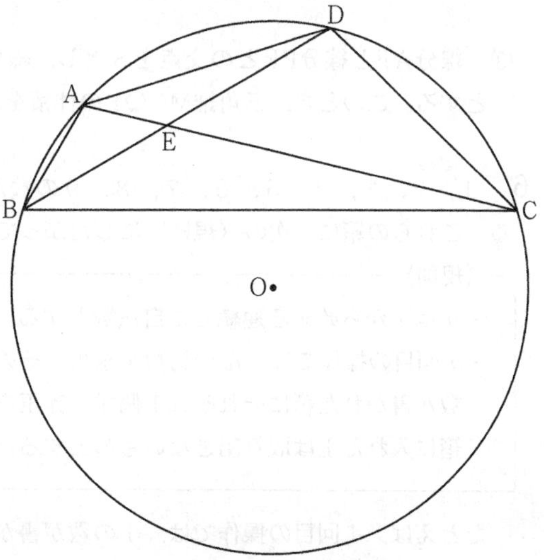

4　右の図のように，関数 $y = ax^2$ のグラフ上に２点A，Bがある。点Aの x 座標は負であり，点Bの x 座標は６である。点Bを通る直線 $y = -\frac{1}{2}x + 7$ 上に x 座標が２である点Cをとる。また，２点A，Cを通る直線と点Bを通り y 軸と平行な直線との交点をDとすると，AC：CD＝５：４ であった。

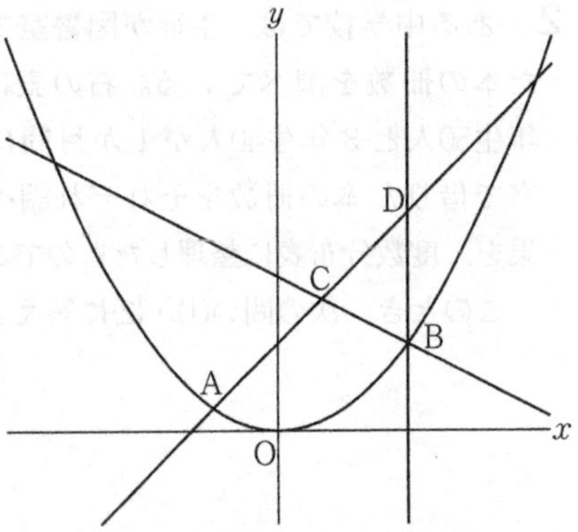

このとき，次の問い⑴～⑶に答えよ。（７点）

⑴　a の値を求めよ。また，点Aの x 座標を求めよ。
……………………………答の番号【15】

⑵　直線ACの式を求めよ。
……………………………答の番号【16】

⑶　直線AC上に x 座標が正である点Eを，四角形OBCAと△OEAの面積が等しくなるようにとるとき，点Eの座標を求めよ。
……………………………答の番号【17】

5　右の図のように，直方体ABCD－EFGH があり，AB＝AD＝６㎝，AE＝12㎝である。２点P，Qをそれぞれ辺BF，DH上にBP＝DQ＝３㎝ となるようにとる。また，辺AE上に点Rを CQ∥PR となるようにとる。

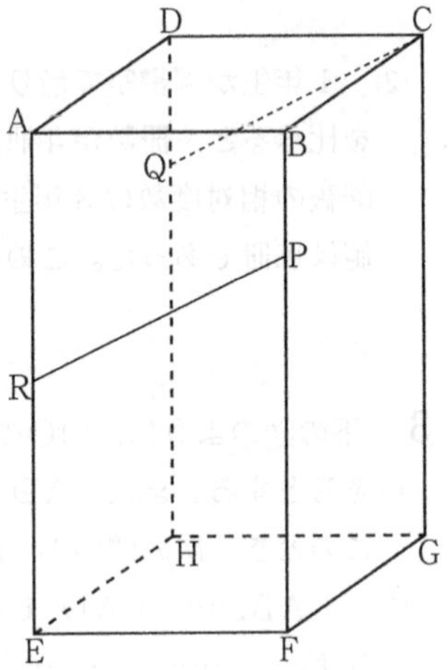

このとき，次の問い⑴～⑶に答えよ。（７点）

⑴　線分PQの長さを求めよ。
……………………………答の番号【18】

⑵　四角形CQRPの面積を求めよ。また，直線CQと直線PRの距離を求めよ。
……………………………答の番号【19】

⑶　線分AFと線分PRとの交点をＳとし，線分SFの中点をMとする。このとき，三角錐《すい》MCQPの体積を求めよ。
……………………………答の番号【20】

6　１，２，３，４，５，６，７，８，９の数が書かれた箱が１個ずつと，たくさんの赤玉がある。これらの箱に，次の〈**規則**〉にしたがって赤玉を入れる操作を行う。

〈**規則**〉
・n は１から始まる連続した自然数とする。
・n 回目の操作では，n の約数を求め，その約数のうち９以下の数について，その数と同じ数が書かれた箱にそれぞれ１個ずつ赤玉を入れるものとする。
・箱に入れた玉は取り出さないものとする。

たとえば，１回目の操作では，１の数が書かれた箱に赤玉を１個入れる。２回目の操作では，１，２の数が書かれた箱にそれぞれ１個ずつ赤玉を入れる。また，10回目の操作では１，２，５

の数が書かれた箱にそれぞれ１個ずつ赤玉を入れる。

次の表は，１回目から６回目までの操作後，それぞれの箱に入っている赤玉の個数をまとめたものである。

	それぞれの箱に入っている赤玉の個数								
	１の数が書かれた箱	２の数が書かれた箱	３の数が書かれた箱	４の数が書かれた箱	５の数が書かれた箱	６の数が書かれた箱	７の数が書かれた箱	８の数が書かれた箱	９の数が書かれた箱
１回目の操作後	1	0	0	0	0	0	0	0	0
２回目の操作後	2	1	0	0	0	0	0	0	0
３回目の操作後	3	1	1	0	0	0	0	0	0
４回目の操作後	4	2	1	1	0	0	0	0	0
５回目の操作後	5	2	1	1	1	0	0	0	0
６回目の操作後	6	3	2	1	1	1	0	0	0

このとき，次の問い(1)～(3)に答えよ。（５点）

(1)　次の文中の［ア］・［イ］に当てはまる数をそれぞれ求めよ。

……………………………答の番号【21】

> ６の数が書かれた箱に入っている赤玉の個数は，［ア］回目の操作ではじめて３個になり，［イ］回目の操作ではじめて４個になる。

(2)　a 回目の操作で，３の数が書かれた箱に入っている赤玉の個数は，はじめて b 個になり，そこから85回目の操作で８の数が書かれた箱に入っている赤玉の個数は，はじめて b 個になった。このときの a と b の値をそれぞれ求めよ。　……………………………答の番号【22】

(3)　黄玉をたくさん用意し，267回目の操作からは赤玉のかわりに黄玉を使って同様の操作を続けた。黄玉を使い始めてから，４の数が書かれた箱に入っている赤玉の個数と，９の数が書かれた箱に入っている黄玉の個数がはじめて等しくなるときの，４の数が書かれた箱に入っている黄玉の個数を求めよ。　……………………………答の番号【23】

＜英語＞

時間　50分　満点　50点

【注意】 1　英語で書くときは，大文字，小文字に注意しなさい。筆記体で書いてもよろしい。
2　語数制限がある場合は，短縮形（I'm など）と数字（100 や 2020 など）は1語として数え，符号（ , / . / ? / ! / “” など）は語数に含めないものとします。

1　次の問い⑴・⑵に答えよ。（6点）

⑴　次の絵の中の①～④の順に会話が成り立つように，[　　]に入る適切な英語を，4語以上6語以内で書け。……………………………答の番号【1】

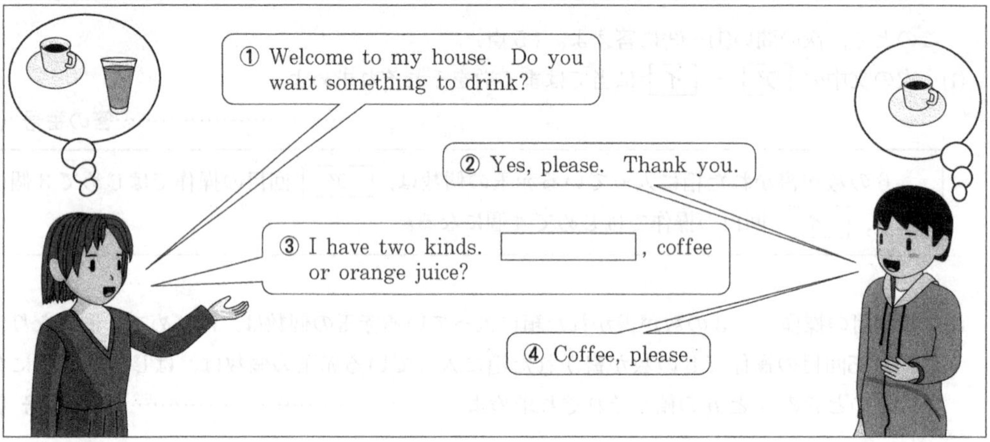

⑵　次の絵は，海外旅行中の大学生の智《とも》也《や》（Tomoya）が観光案内所の職員（Staff Member）と下の会話をしている一場面を表している。この絵をもとに，下の問い(a)・(b)に答えよ。

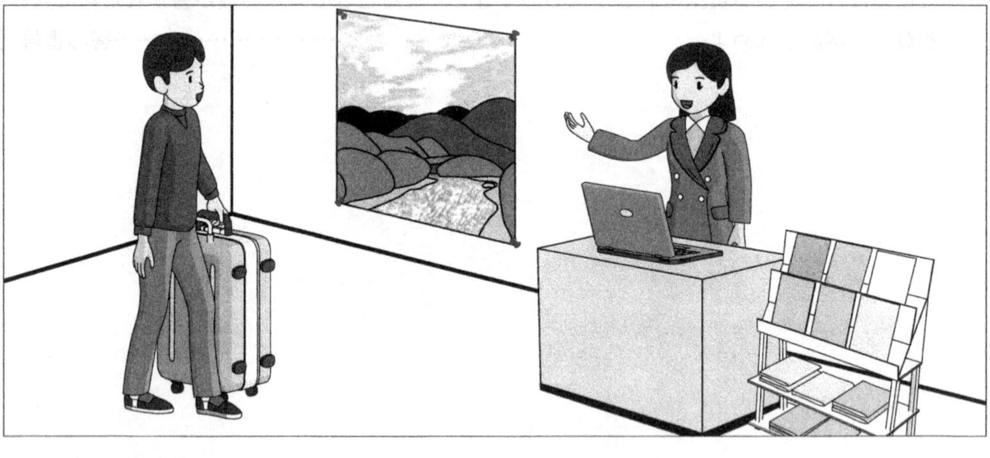

Tomoya　　: Hi. I came to this town for the first time. I want to travel around this town. Could you tell me about the places to go?

Staff Member : Sure. How about this river? It is very famous because all the other rivers in this country are shorter than it. I mean that it became famous because [①] of all the rivers in this country. And it is very popular because it is very beautiful.

Tomoya : Oh, really?

Staff Member : Yes. Do you want to see it?

Tomoya : Yes. But I don't know the way to get there. [②]?

Staff Member : You can get there by bike.

(a) 会話が成り立つように，[①] に入る適切な英語を，３語または４語で書け。

……………………………答の番号【２】

(b) 会話が成り立つように，[②] に入る適切な英語を，５語または６語で書け。

……………………………答の番号【３】

2 次の英文は，アメリカでホームステイをしている涼 (Ryo) が，ホストマザーのケイト (Kate) とスーパーマーケットで交わしている会話である。生ごみ（kitchen garbage）に関する，下のグラフ（graph）と表（table）を参考にして英文を読み，下の問い(1)～(4)に答えよ。（８点）

Kate : Look. There are many kinds of fruits. Do you want to try some of them?

Ryo : I want to eat this one because I've never seen it in stores in Japan, but I'm not sure I'll like it.

Kate : Then, you can buy it *by weight. You can buy a little of it today, and if you like it, [①].

Ryo : You mean that I can buy any *amount of fruit that I want here, right?

Kate : Yes, but if you can't eat all of it, it's going to become waste. So, I think you should not buy too much. In some countries, there is too much food waste, and it is a big problem.

Ryo : Right. In my town in Japan, we have the same problem. When I learned about it, I was surprised [②] know that people *throw away food which they can still eat.

Kate : Really? Please tell me more about it.

Ryo : I found a graph on the website of my town. It shows some kinds of kitchen garbage people throw away at home, and they are the things people didn't have to throw away. Look, we can see it on my phone here.

Kate : I heard that people cut and throw away too many parts of food when they cook.

Ryo : Yes. About eighteen *percent of the kitchen garbage in the graph shows that.

Kate : What does the biggest number mean?

Ryo : It means that about thirty-six percent of the kitchen garbage is food which was not used.

Kate : I see. Why does such a thing happen?

Ryo : Look at this table. I also found it on the same website. People in the town answer the question about their reasons for food waste, and you can see some of them in the table.

Kate : More than fifty percent of the people say the same reason for it, right? What is it?

Ryo : They say that they throw away food when it has *gone bad. And I want you to look at this.

Kate : Do you mean this, about seventeen percent? What is their reason?

Ryo : They say that they buy too much food to eat. For example, if they buy too much and can't use it all for cooking, it may go bad. Then, it will become waste.

Kate : Now I'm sure that we should stop buying too much food. Buying by weight is a good way for that. We can buy only the amount of food that we need.

Ryo : I agree with you. But in Japan, we don't usually buy food in such a way. So, we have to find another way. Do you have any ideas?

Kate : Well, as a customer, I sometimes buy too much food when I'm hungry. You should not go shopping when you're hungry. I think that's one way.

Ryo : That's true. I can try it when I go shopping next time. I hope we will live in a world without much waste in the future.

グラフ（graph）

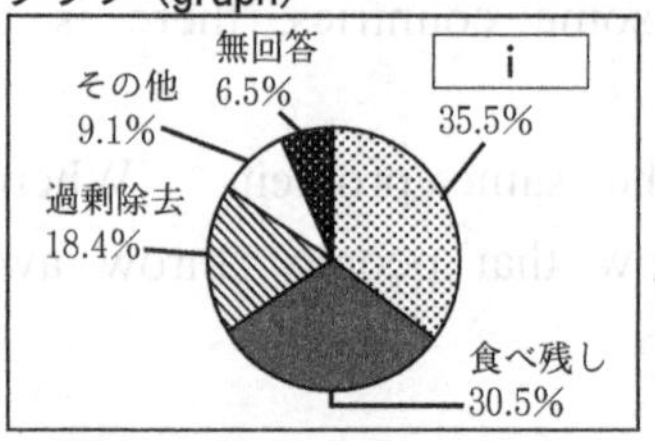

表（table）

まちの人の回答	回答数の割合
食品がいたんでしまったため	55.2%
賞味期限が切れてしまい食べなかったため	32.5%
あまり好きでないものをもらってしまったため	18.5%
［ ii ］ ため	16.5%

※複数回答あり

「家庭系ごみに関する市民アンケート調査結果報告書（2019年３月 町田市）」より作成

(注) by weight 量り売りで amount 量 throw away ～ ～を捨てる percent パーセント go bad （食品が）いたむ

(1) ［ ① ］ に入る表現として最も適当なものを，次の(ア)～(エ)から１つ選べ。

……………………答の番号【4】

(ア) you can buy more next time

(イ) you don't have to buy any other things

(ウ) you should not eat too much

(エ) you will need other kinds of fruits

(2) ② に入る最も適当な１語を書け。　……………………………答の番号【５】

(3) 本文の内容から考えて，i ・ ii に入るものの組み合わせとして最も適当なものを，次の(ア)～(エ)から１つ選べ。　……………………………答の番号【６】

(ア) i　調理くず　　ii　食品を買いすぎた
(イ) i　調理くず　　ii　料理を作りすぎた
(ウ) i　未使用の食品　　ii　食品を買いすぎた
(エ) i　未使用の食品　　ii　料理を作りすぎた

(4) 本文の内容と一致する英文として最も適当なものを，次の(ア)～(エ)から１つ選べ。
……………………………答の番号【７】

(ア) Ryo wants to eat popular fruits in Japan but he doesn't want them to become waste.
(イ) Kate says that buying by weight is a good way to stop buying too much.
(ウ) Kate asks Ryo about the best way to answer the question about food waste.
(エ) Ryo says that he can soon go shopping with Kate when he is hungry.

3 次の英文は，高校１年生の里奈（Rina）が行ったスピーチである。これを読んで，問い(1)～(9)に答えよ。(24点)

I'm going to tell you about the school festival of my junior high school. My class decided to show a *play. First, we ①(choose) a story about a man who had a trip around the world with animals. Then, we decided each *role like *actors and *stagehands. There were some kinds of jobs to do in each role. For example, actors had to practice their *lines, and some stagehands had to make a door in a group. I took part in the play as an actor and practiced the lines with other actors after school every day. It was not exciting to me, and I didn't practice hard.

One day at home, my six-year-old sister said to me, "Let's read a book together." We read a book about the life of *bees. Have you ever ②(hear) that each bee has its own role? I learned about the jobs in different roles of bees and became very interested especially in four kinds of jobs.【 A 】These jobs are to clean their home, to get food from many flowers, to put the food in their home, and to take care of baby bees. These jobs in their roles are necessary for the lives of all the bees in their home. So, if one of ③them is not done, the bees can't *maintain their home. I thought it was important to work hard in each role.

After reading the book, I wanted to know how my classmates did their jobs in their roles in our play. Then, I asked some of my classmates about their jobs. Jiro was making a door with other classmates. He had to make a door that some actors could open easily. He said, "It is difficult to make the door, so I am thinking about the ways of making it and trying to make it many times." Masato was practicing his lines. 【 B 】 He had to *memorize many lines, but he could memorize only some of them at first. He said, "I am trying to memorize all of my lines and also understand my *actions." When I talked with those classmates, they said, "Let's get the *prize together."

After that, I thought each job was necessary to make our play and I thought it was important to do the jobs hard. Then, I remembered my jobs to do. I needed to do my jobs better as an actor, so I changed my *mind. 【 C 】 I tried to understand my actions and actions of other actors. I also tried to memorize my lines and lines of other actors. I ④[(ア) had / (イ) we / (ウ) the message of / (エ) thought / (オ) understand / (カ) to] our play because we wanted to tell the people who watched our play about it. If we can do that, we will make our play better and can get the prize.

On the day of our school festival, I didn't forget my actions and lines in the play, and did well. All of my classmates and I did our best together on the same *stage. I thought this was the most important thing that made our play better. I was able to see many classmates who worked hard together during the play. Jiro carried the door with some classmates quickly. Another classmate helped other classmates when they had to change their clothes. Masato spoke all of his lines. It was perfect. Each member of my class did their own jobs in each role like this. 【 D 】 Many students and teachers who watched our play said to us, "Your play was great!", so ⑤ I was very happy. We couldn't get the prize, but we got the more important thing. I couldn't make the play *alone. We were able to make the play because we helped each other.

I made the play with my classmates, and this experience is my best *memory. I did my own jobs, and my classmates did theirs. I learned that we can make great things by working hard in each role like bees and helping each other *as we did during the play. From our school festival, I learned these things. I will find the things that I should do as a member of my class and my family, and I will work hard together with many people.

(注) play 劇　role 役割　actor 役者　stagehand 裏方，道具・衣装などの係　line せりふ
bee ミツバチ　maintain ～ ～を維持する　memorize ～ ～を覚える
action （役者の）動作　prize 賞　mind 考え　stage 舞台　alone 一人で
memory 思い出　as we did 私たちがしたように

(1) 下線部①(choose)・②(hear)を，文意から考えて，それぞれ正しい形にかえて１語で書け。
…………………………答の番号【8】

(2) 次の英文を本文中に入れるとすればどこが最も適当か，本文中の【A】～【D】から１つ選べ。
…………………………答の番号【9】

I decided to do them harder than before.

(3)　下線部③が指す内容に当てはまらないものを，次の(ア)～(エ)から１つ選べ。
…………………………答の番号【10】

(ア)　花から食べものを手に入れること　(イ)　自身の体の手入れをすること
(ウ)　住みかを掃除すること　(エ)　食べものを住みかに置くこと

(4)　下線部④の［　］内の(ア)～(カ)を，文意が通じるように正しく並べかえ，記号で書け。
…………………………答の番号【11】

(5)　次の英文は，下線部⑤に関して説明したものである。本文の内容から考えて，［ i ］に入る最も適当な部分を，本文中から２語で抜き出して書け。また，［ ii ］に入る表現として最も適当なものを，下の(ア)～(エ)から１つ選べ。　…………………………答の番号【12】

> When Rina and her classmates showed a play at their ［ i ］, she saw many classmates working hard together. After the play, she became happy because ［ ii ］.

(ア)　people who carried the door helped other classmates
(イ)　people who watched the play said that it was great
(ウ)　she made the perfect play and was able to make the play alone
(エ)　she found the best way to memorize many lines in a book

(6)　本文の内容に合うように，次の問い(a)・(b)に対する適当な答えを，下の〈条件〉にしたがい，それぞれ英語で書け。

(a)　How was it for Rina to practice the lines with other actors at first?
…………………………答の番号【13】

(b)　Did Rina want to know about the jobs of her classmates for the play after reading a book about bees?　…………………………答の番号【14】

〈条件〉　・(a)は４語で書くこと。
　　　　　・(b)は３語で書くこと。

(7)　次の(ア)～(エ)は，本文中のできごとについて述べたものである。(ア)～(エ)を時間の経過にそって古いものから順に並べかえ，記号で書け。　…………………………答の番号【15】

(ア)　Rina and her classmates decided each role of the play.
(イ)　Rina remembered her actions and spoke her lines on the stage.
(ウ)　Rina read about the interesting jobs of bees in a book with her sister.
(エ)　Rina learned each job was necessary for the play and began to try hard in her role.

(8)　本文の内容と一致する英文として適当なものを，次の(ア)～オからすべて選べ。
…………………………答の番号【16】

(ア)　Rina learned that each bee has four roles for the life of a bee.
(イ)　Jiro tried to make a door for the play many times because the door should open easily.
(ウ)　Masato could memorize only some lines at first, but he spoke all of his

lines very well on the stage.

(エ) Rina and her classmates did their best and got the prize on the day of the school festival.

(オ) Some classmates were able to change their clothes quickly because Jiro helped them in the play.

(9) 次の英文は，このスピーチを聞いた後，留学生のスティーブ（Steve）と高校生の恵子（Keiko）が交わしている会話の一部である。これを読んで，下の問い(a)～(c)に答えよ。

> Steve : Rina enjoyed making the play.
>
> Keiko : I agree. After she read the book about the life of bees, she found the [i] of working hard in each role. She also said that their jobs are necessary for the lives of them.
>
> Steve : Yes. When she [ii] some of her classmates, they said that they wanted to get the prize. After that, she changed her mind.
>
> Keiko : Rina and her classmates did their best to make a great play.
>
> Steve : Yes. Then, she learned that if each member doesn't do the jobs in their own roles, their class can't make great things. She thinks that working hard in each role is necessary to make them.
>
> Keiko : She also said it is important to [iii] to make great things. For example, her classmates carried the door with other classmates. I think it is a very important thing, too. Like Rina, I will find the things to do as a member of my class and do them.

(a) [i] に入る語句として最も適当なものを，次の(ア)～(エ)から１つ選べ。

…………………………答の番号【17】

(ア) most expensive　　(イ) expensive one

(ウ) most important　　(エ) importance

(b) [ii] に入る最も適当な部分を，本文中から２語で抜き出して書け。

…………………………答の番号【18】

(c) [iii] に入る適当な英語を，本文の内容にそって３語で書け。

…………………………答の番号【19】

【リスニングの問題について】

放送中にメモをとってもよい。

4　それぞれの質問に対する答えとして最も適当なものを，次の(ア)～(エ)から１つずつ選べ。（４点）

(1) (ア) On February 2.　　(イ) On February 3.

(ウ) On February 4.　　(ウ) On February 5.

…………………………答の番号【20】

(2)　(ア)　The brown one with a picture of a white cat.

(イ)　The brown one with a picture of a white dog.

(ウ)　The white one with a white cat on a brown dog.

(エ)　The white one with a white dog on a brown cat.

…………………………答の番号【21】

5　それぞれの質問に対する答えとして最も適当なものを，次の(ア)～(エ)から１つずつ選べ。（４点）

(1)　(ア)　11時５分　(イ)　11時10分　(ウ)　11時14分　(エ)　11時27分

…………………………答の番号【22】

(2)　(ア)　１番駅で降りて，わかば線に乗り換える。　(イ)　１番駅で降りて，駅を出る。

(ウ)　４番駅で降りて，わかば線に乗り換える。　(エ)　４番駅で降りて，駅を出る。

…………………………答の番号【23】

6　それぞれの会話のチャイムのところに入る表現として最も適当なものを，下の(ア)～(エ)から１つずつ選べ。（４点）

（例題）　A：Hi, I'm Hana.

B：Hi, I'm Jane.

A：Nice to meet you.

B：〈チャイム音〉

(ア)　I'm Yamada Hana.　(イ)　Nice to meet you, too.

(ウ)　Hello, Jane.　(エ)　Goodbye, everyone.

（解答例）

ア	(イ)	ウ	エ

(1)　(ア)　Yes.　I will join the volleyball team with her.

(イ)　Yes.　I enjoyed the game on TV at home.

(ウ)　No.　She couldn't watch the soccer game on TV.

(エ)　No.　She was playing volleyball then.

…………………………答の番号【24】

(2)　(ア)　You're right.　That movie has finished.

(イ)　Sure.　Let's take a train.

(ウ)　No, I don't want to do my homework.

(エ)　No, I've never seen her.

…………………………答の番号【25】

㈡　会話文中の C に入る最も適当な表現を、次の（ア）～（エ）から一つ選べ。……………………答の番号【25】

（ア）悔しさを原動力にして努力を怠らない向上心の高い人物
（イ）思慮深く謙虚であることにおいて比類のない人物
（ウ）失敗を指摘されたときにすぐに反省できる素直な人物
（エ）儀式における具体的な所作に自分の意見を持つ知的な人物

(1)　本文中の波線部（〰〰）で示されたもののうち、現代仮名遣いで書いた場合とは**異なる**書き表し方を含んでいるものはどれか、次の（ア）～（オ）から**すべて**選べ。……答の番号【20】

（ア）うひうひしく　（イ）ひとりごちて
（ウ）このこころは　（エ）したがふ時
（オ）礼を知らず

(2)　本文中の b大廟に入りて事毎に問ふ は、漢文では、本文中の a入大廟毎事問 のように記す。これに返り点と送り仮名をつけたものとして最も適当なものを、次の（ア）～（エ）から一つ選べ。……答の番号【21】

（ア）入リテ㆑大廟ニ毎ニ㆑事問フ
（イ）入リテ㆑大廟ニ毎ニ㆓事問フ㆒
（ウ）入リテ㆓大廟ニ㆒毎ニ㆑事問フ
（エ）入リテ㆓大廟ニ㆒毎ニ㆓事問フ㆒

(3)　本文中の c不慮の言 とは、どのようなことを指しているのか、最も適当なものを、次の（ア）～（エ）から一つ選べ。……答の番号【22】

（ア）師頼に仕事を教えた成通が、初心者に配慮なく叱責した際の発言。
（イ）成通が儀式への関わり方について述べた、他人任せな発言。
（ウ）考えに食い違いがあった成通と師頼が後に和解した際の、成通の発言。
（エ）師頼の考えを知らない成通が口走った、軽はずみな発言。

(4)　本文中の d答へ給ひける の主語である人物として最も適当なものを、次の（ア）～（エ）から一つ選べ。……答の番号【23】

（ア）孔子　（イ）成通卿
（ウ）師頼卿　（エ）令長

(5)　次の会話文は、大助さんと純子さんが本文を学習した後、本文について話し合ったものの一部である。これを読み、後の問い㈠・㈡に答えよ。

大助　「あらあら人に問ひけり」と書かれていたけれど、なぜ師頼は、このような行動をとったのだったかな。
純子　師頼の発言から考えると、孔子が儀礼に携わったとき、すべてを人に［A］のを、師頼は［B］とした、ということがわかるよ。この師頼の行動は、今回の儀式の趣旨に合ったものだったんだね。
大助　なるほど。それで成通は師頼のことをどう思ったのだったかな。
純子　最終段落の成通の発言もあわせて考えると、成通は師頼について、［C］である、と感じたことが本文から読み取れるよ。
大助　そうだったね。成通は師頼の言葉から、彼の意図や人柄を察し、閉口したんだったね。

㈠　会話文中の［A］・［B］に入る適当な表現を、本文の内容を踏まえて、［A］は**四字以内**で、［B］は**二字以内**で書け。……答の番号【24】

下書き用
A □□□□ 4
B □□ 2

(二) 会話文中の Y ・ Z に入る適当な表現を、本文の内容を踏まえて、それぞれ**十三字以上、十五字以内**で書け。……………………答の番号【18】

下書き用

Y □□□□□□□□□□□□□(13)□(15) しているが、断片的事象を

Z □□□□□□□□□□□□□(13)□(15)

(三) 情報を集めて、わかりやすい発表をする際の注意点として**適当でないもの**を次の（ア）～（エ）から一つ選べ。……………………答の番号【19】

（ア） 発表の目的をはっきりさせ、それに応じて調べた情報を取捨選択し、整理する。

（イ） どの情報についても均等に時間を配分するために、発表全体を見通した構成を考える。

（ウ） 情報を調べるときは、信頼性の確認ができた複数の情報源にあたり、さまざまな観点で比較する。

（エ） 発表者の考えであることを示す表現と、調べた情報であることを示す表現を発表の中に加えることで、それぞれを区別する。

三

次の文章は、「十訓抄《じっきんしょう》」の一節である。長年、公の場に出ていなかった師頼卿《もろよりきょう》（源《みなもとの》師頼）が、孔子を祭る儀式を執り行うこととなった。本文はこれに続く場面である。**注**を参考にして本文を読み、問い(1)～(5)に答えよ。（12点）

*作法進退のあひだ、*ことにおいて不審をなして、*あらあら人に問ひけり。その時、*成通卿《なりみちきやう》、参議にて列座していはく、「*年ごろ、御*籠居《ろうきよ》のあひだ、*公事《くじ》、御忘却か。うひうひしく思《おぼ》しめさるる*条、もっとも道理なり」といふ。師頼卿、返事をいはず、*顧眄《こべん》して、ひとりごちていはく、

a入*大廟《たいべう》毎事問*云々《うんぬん》　　b大廟に入りて事毎に問ふ云々

論語

成通卿閉口す。後日に人に語りていはく、「思ひ分くかたなく、c不慮の言を出《いだ》し、後悔*千廻《せんくわい》云々」。

このこころは、孔子、大廟に入りて、*まつりごとにしたがふ時、毎事、かの*令長に問はずといふことなし。人これを見て、「孔子、礼を知らず」と*難じければ、「問ふは礼なり」とぞd答へ給ひける。かの人の御身には、さぞ*くやしくおぼえ給ひけむか。「これ、慎みの至れるなり」といへり。

（「新編日本古典文学全集」による）

注　*作法進退…儀式を執り行うこと。
*ことにおいて…師頼はその都度礼法や所作について。
*あらあら…おおかた。　*成通卿…藤原成通。
*参議…国政を審議する職。　*年ごろ…長年。
*籠居…家に閉じこもること。　*公事…朝廷の儀式や政務。
*条…こと。　*顧眄…振り返ってちらっと見ること。
*大廟…君主の祖先を祭った建物。
*云々…一言では言い切れない言葉を中断し後を省略するときに用いる語。
*千廻…程度や度合いがはなはだしいさま。　*まつりごと…儀礼。
*令長…儀礼を取り仕切る人。　*難じければ…非難したところ。
*くやしくおぼえ…悔やまれ。

(ア) 2段落では、1段落で問題提起したことをより身近な例で示し、主張を時系列にそって述べている。

(イ) 3段落では、2段落で例示した事象がもたらす結果を示すことで、1段落の内容をまとめている。

(ウ) 4段落では、3段落の内容を異なる表現に言い換えることで筆者の主張を整理し、5段落へつなげている。

(エ) 5段落では、4段落までに述べた内容をまとめた上で、別の対象をあげることによって新たな論を展開させている。

(8) 春斗さんと由衣さんのクラスでは本文を学習した後、本文の内容に関して調べ、授業で発表することになった。次の会話文は、春斗さんと由衣さんが発表に向けて話し合ったものの一部である。これを読み、後の問い㈠～㈢に答えよ。

春斗　本文では、日常の意識構造と美の成立する意識構造について述べていたね。

由衣　4段落の「立ち止るということは、日常的意識の水平的な流れが中断されることの象徴でさえある」とは、どういうことだったかな。

春斗　本文からは［X］ということだと読み取れるね。そうすると、筆者が言う、ひとが美を意識するときの意識構造とは、どのようなものだったかな。

由衣　本文から、ひとは、日頃の生活の中では断片的事象を［Y］しているが、断片的事象を［Z］するときに、いつもなら見逃していた輝きに気づくという意識構造だと読み取れるよ。

春斗　だから、筆者は日常の意識構造を用いて、自然美の成立する意識構造について、わかりやすく述べようとしていたんだね。

由衣　そうだね。1段落の内容を踏まえて考えると、美を見ているときにも同様のことが起きているということじゃないかな。たとえば、機能の美を味わっている最中に芸術の美に気づいたときとかね。本文の内容に関して、さらに図書室で情報を集めて、わかりやすい発表をしよう。

㈠ 会話文中の［X］に入る最も適当な表現を、次の(ア)～(エ)から一つ選べ。……………………答の番号【17】

(ア) 普段の行動において、水平方向に視線や意識を張り巡らせているときに、垂直的な構図をもつ美によって意識が中断されることは、「立ち止る」ときの意識と類似性がある行動である

(イ) 日常の通勤の動作のように、無意識的な動作をつなぐ意識が、美的体験によって切断され生じた意識と重なりあうという抽象的なことを、「立ち止る」という具体的なことで間接的に表現している

(ウ) 家から勤め先までの平らな道を歩くような水平方向の動作をするとき、その一連の動作を、地上から空の方を見上げるような垂直方向の動作で断ち切ることが、「立ち止る」ことにたとえられる

(エ) 日常の物事を行う意識の動きを水平とし、それを打ち破るものへの意識の動きを垂直とするとき、「立ち止る」ことは水平的な意識の動きを垂直的に破ることを連想させる具体的な事象として適している

(1)　本文中の a五重塔のような建築を味わう について、本文では建築の味わい方に関してどのように述べられているか。その説明として**適当でないもの**を次の（ア）～（エ）から一つ選べ。……答の番号【10】

（ア）　風景の一部となっている建築を鑑賞しているように見える場合でも、自然美以外の美として鑑賞していることもあるということ。

（イ）　建築を鑑賞して詩を創作するとき、詩として完成されなかった場合でも芸術的な見方で鑑賞していることが想定されるということ。

（ウ）　建築は、場所や見るひと自身の持つ思想に関わらず、広く受け入れられる美として鑑賞されるものであるということ。

（エ）　同じ建築を鑑賞するときでも、それを見るひとがそれぞれの場面において異なった美として鑑賞するということ。

(2)　本文中の b半ば の漢字の部分の読みを**平仮名**で書け。……答の番号【11】

(3)　本文中の [A] に入る最も適当な表現を、次の（ア）～（エ）から一つ選べ。……答の番号【12】

（ア）　意識構造の中ではなく、芸術的建築自体に含まれている

（イ）　事物の局面においては存在せず、意識の位相にほかならない

（ウ）　建造物の表層では観察されず、芸術の深層に存在する

（エ）　意識的に見る対象ではなく、無意識的に見る対象でしかない

(4)　本文中の [B] に入る語として最も適当なものを、下段のⅠ群（ア）～（エ）から一つ選べ。また、本文中の [B] に入る語は、[B] の前に述べられていることと、後に述べられていることとの間で、どのような働きをしているか。最も適当なものを、下段のⅡ群（カ）～（ケ）から一つ選べ。……答の番号【13】

Ⅰ群

（ア）　なぜならば　　（イ）　また
（ウ）　では　　（エ）　しかし

Ⅱ群

（カ）　後に述べられていることが、前に述べられていることとは違う話題であることを表す働き。

（キ）　後に述べられていることと、前に述べられていることが並列であることを表す働き。

（ク）　後に述べられていることが、前に述べられていることの説明や補足であることを表す働き。

（ケ）　後に述べられていることが、前に述べられていることとは逆の話題であることを表す働き。

(5)　本文中の cいわば機械の流れのように と同じ表現技法が用いられている例として最も適当なものを、次の（ア）～（エ）から一つ選べ。……答の番号【14】

（ア）　約束の時間に遅れないように余裕を持って出かけた。

（イ）　この本はきっとあなたの人生の教科書となるだろう。

（ウ）　「映画が見れる」の「見れる」はいわゆるら抜き言葉である。

（エ）　目の前には小説の世界のような景色が広がっていた。

(6)　本文中の dハイ景 の片仮名の部分を**漢字**に直し、**楷書**で書け。……答の番号【15】

(7)　本文の段落構成を説明した文として最も適当なものを、次の（ア）～（エ）から一つ選べ。……答の番号【16】

ど、日常的な意識構造の中断であり、日常の歩みを止めることであるから、まず日常の意識構造をみた上で、それとは異なった構造としての美の意識をうかがうことができそうだからである。日常の意識構造というのは、＊相次いで継起する断片的な現象を、一つの行動目的に秩序づけることによって成立している。たとえば、私は毎朝家を出て扉《とびら》を閉め、道を右折して横断歩道を渡り、バスの停留所で立ち、バスに乗り、勤め先まで行くという一連のまとまった行動をとっているが、考えてみると、家を出るということと、扉を閉めるということ、道を右折するというようなことは、それぞれ独立の断片的現象であって、何か一定の目的がない限り、このように一連の統一的行動に組み入れられるという必然性はないのである。したがって、日常の意識は、客観的に見る限りは＊連関に対して中立的な、断片的事象を、一定の主観的目的に応じてひとつの連関に組織立てることである。これは、cいわば機械の流れのように、習慣的に物事を運ぶ意識である。

3　この日常的意識が何かのことで破れる場合がある。たとえば、道路工事があるために、普段は右に曲がるはずなのを、別の経路を通って停留所に行かなければならないというような場合もある。しかし、これは最終目的に至る経路の一部的な変更であって、日常的意識構造そのものを打ち破るものではない。ところが、つぎのような事態はどうであろうか。普段は何気なく見過《みすご》して歩いている立木に、蔦《つた》の葉がからまり、それに日の光が照り映え、dハイ景に青空が見える。その光景に目を止めて立ち止《どま》るという場合がある。これは、ことさらに取り立てていうほどの美的体験ではないかもしれないが、日常、気のつかなかったある輝きへの注目であり、その瞬間は、意識は行動＊体系から離れて、その輝きに向かう。行動体系の意識方位を水平的な運動とすれば、それを断ち切る輝きへの意識の方位は、いわば垂直的な切断であるといってもよい。

4　事実、稀《まれ》にはわれわれは立ち止ることさえある。立ち止るということは、日常的意識の水平的な流れが中断されることの象徴でさえある。この輝きに注目した意識構造はどのようなものであろうか。それはわれわれの社会生活に必須の行動体系とはまったく無縁ないくつかの偶然的な断片が、一つの構図に統一されて、蔦の＊螺旋《らせん》的な線と木の垂直的な構図と、その上にある空の輝きとが、自《おの》ずから必然的な連関を成して、輝きに集結しているということを、意識が辿《たど》ったことなのである。

5　このようにそれ自体としては、離れ離れの偶然的、断片的な事象が、われわれの行動目的とは無関係に、むしろその行動目的への＊傾動を断ち切るような姿で統一的に意識されたときに、われわれはその輝きに意識を定着させる。それが私は自然美の成立する意識構造であると思う。同様にして、技術美・芸術美・＊人格美についても意識構造論的に説明できる。

注　＊水煙…五重塔の上部にある装飾。
＊対象論…哲学者マイノングの提唱した立場。
＊如何…どのようであるか。　＊術語…専門用語。
＊相次いで継起する…物事が引き続いて起こる。
＊連関…関連。
＊体系…個々のものを筋道立てて秩序づけ統一した全体のこと。
＊螺旋…巻き貝の殻のようにぐるぐると回った筋のこと。
＊傾動…なびき動くこと。
＊人格美…本文より前の部分で、人格美について述べられている箇所がある。

動目的を持ち、岩であっても椅子と同じ認識の仕方ができる人工知能のことなんだね。

(一) 会話文中の［A］に入る最も適当な表現を、本文中から二十六字でそのまま抜き出し、**最初の三字**を書け。……答の番号【7】

(二) 会話文中の［B］に入る表現として最も適当なものを、次の(ア)～(エ)から一つ選べ。……答の番号【8】

(ア) 周囲の環境の認識を自分以外の生物を頼りに行う
(イ) 周囲の環境の認識と「自己」の認識を、相対的に行う
(ウ) 周囲の環境、自分以外の生物という順番で周囲を把握する
(エ) 周囲の環境を認識できなくても、「自己」を発見する

(三) 会話文中の［C］に入る適当な表現を、本文の内容を踏まえ、「**身体**」と「**環境**」の二語を用いて、**十五字以上、二十五字以内**で書け。……答の番号【9】

下書き用

二 次の文章は、今道友信《いまみちとものぶ》「美について」の一節で、「意識の態度」について述べられたものである。これを読み、問い(1)～(8)に答えよ。(21点)（1～5は、各段落の番号を示したものである。）

1 ａ五重塔のような建築を味わうという場合を考えてみよう。その塔が細部に至るまで観察され、優美な姿をそれ自身として鑑賞されているときには、明らかにわれわれはその五重塔を芸術的建築として味わっている。しかし、立ち去りがたく思いながらも、時が来て見返りつつそこを去って行くときに、周囲の立木《たちき》にｂ半ば隠れた塔の一部が見え、その＊水煙《すいえん》の上に一ひらの雲がたなびいている空を眺めるというような場合に、われわれはいったい何の美を見ているというのであろうか。それは自然美なのか、芸術美なのか、あるいは技術美なのか。私はこの場合も意識の態度によって、その美の種類が決定されてくるのではないかと思う。もし、ひとがそれを風景として見るならば、ことさらに芸術美という必要はなく、自然美といってよいかもしれない。しかし、同じ風景として見ながらも、そこに何か詩情を求めて詩の材料を探しながら鑑賞しているとすれば、やがて詩になるかならないかは別として、芸術に関わりのある見方になっていると言わなければなるまい。また、塔の屋根の傾斜が、遠のいて眺めれば眺めるほど、水はけとか、そういう機能に応じているということがわかってくるとすれば、それは技術的効果を見つけているということになろうから、そのなめらかな機能は技術の美しさといってよい。したがって、この考察の結論として、美は色々の位相を持つことは確かであるが、それは＊対象論的に、事物の側によって決定されるのではなく、意識の構造＊如何《いかん》によって区別づけられてくるといわなければならない。それならば、意識の構えとは何なのであろうか。

2 今述べたような美のいろいろな種類のことを美の位相という＊術語で言い表わしている。美の位相がいくつかあって、それらは［A］ということに注意しなければならない。それでは、意識の位相ないしは構造とはいったいいかなるものであろうか。これを明らかにするために、われわれの日常生活の意識構造を調べてみたい。

［B］、美を意識するということは、それが大きければ大きいほ

(ウ)「ながら」は活用のない付属語であるので、助詞である。
(エ)「ながら」は活用のない付属語であるので、助動詞である。

Ⅱ群
(カ) 集合場所は学校だ。
(キ) 決して諦めるな。
(ク) 一口で食べた。すっぱいのに。
(ケ) 一人二個ずつ渡す。

(5) 本文中の e私たちが「椅子を認識する」際に、何が起こっているのか について、本文ではどのようなことが起こっていると述べられているか。最も適当なものを、次の(ア)～(エ)から一つ選べ。……………答の番号【5】

(ア)「物語」に合った、椅子の客観的な定義づけを行うこと。
(イ) 目に止まった椅子の物体としての特徴を、正しく捉えること。
(ウ) 椅子が果たしている役割を、椅子を利用する中で感じ取ること。
(エ) そのときの状況に応じた、椅子の使い方を思いつくこと。

(6) 本文中の f生きる の活用の種類を、次のⅠ群(ア)～(ウ)から一つ選べ。また、f生きる と同じ活用の種類である動詞を、後のⅡ群(カ)～(サ)から**二つ**選べ。……………答の番号【6】

Ⅰ群
(ア) 五段活用　(イ) 上一段活用　(ウ) 下一段活用

Ⅱ群
(カ) 接する　(キ) 懲りる　(ク) 塞がる
(ケ) 生かす　(コ) 老いる　(サ) 携える

(7) 次の会話文は、佳奈さんと秋文さんが本文を学習した後、本文について話し合ったものの一部である。これを読み、後の問い㈠～㈢に答えよ。

佳奈　岩は椅子ではないけれど、どうして岩を用いた例を出したのかな。

秋文　人は、自己と対象をその結びつき方によって認識しているんだよ。これを、岩の例に当てはめて考えると、［A］として認識されている、ということになると本文からは読み取れるよ。この例は、人間が行っている認識の仕方を浮き彫りにするためのものなんだよ。

佳奈　なるほどね。要するに三つ目の段落までの内容も踏まえて言うと、現状の人工知能と違って私たち生物は、［B］という認識の仕方をすることによって、人生という「物語」を創造し「自らの人生を生きる」ということを可能にしているということだね。

秋文　そうだね。このような形で認識し、人生を創造するには、どのような条件が必要だと読み取れるかな。

佳奈　［B］という認識の仕方をするには、認識を行う者が［C］こと、という二つの条件が必要だと本文から読み取れるよ。

秋文　そうだね。「強い人工知能」とは、「一服する」等の行

いい岩があった」ことが重要であり、そのときはじめて、その岩と人が、「腰をかけられるもの」と「腰をかけるもの」という「関係」を作り出すのです。さらに、そこに岩があり、腰をかけて一服することができたことによって、その人の「物語」は変化し、新たな関係が作り出されることでしょう。椅子を認識するということは、このように、「物語」の中に「関係」が作り出されるということであり、それがまさに「意味を見出《みいだ》す（作り出す）」ということ、さらに言うならば、「自分の人生をｆ生きるということ」なのではないでしょうか。

そして人工知能が、自らの意思で「椅子に座る」ということがあるとすれば、そのとき、彼（彼女）は、自分自身の身体を持ち、人生という物語を、自分自身の置かれた場と共に、創造し続けることでしょう。こうした人工知能は、まさに、自らの意思を持つ「強い人工知能」であり、まだまだ実現の目途すら立っていないと言わざるを得ません。人間の知的活動の一部を代替する「弱い人工知能」にはできない、「自らの人生を生きる」という行為は、現状は、私たち人間や生物にのみ許された行為であると、筆者は考えています。（一部省略がある）

注　＊対峙…対立しているものが、じっと向きあって動かずにいること。

(1)　本文中のａ厳という漢字を、「厳か」と表記して訓で読むとする。このときの「厳か」の漢字の部分の読みを**平仮名**で書け。……答の番号【1】

(2)　本文中のｂ自分自身で見つけ出していかなければなりませんについて、本文では「生物」が「世界」を捉えることに関してどのようなことが述べられているか。最も適当なものを、次の（ア）～（エ）から一つ選べ。……答の番号【2】

（ア）誕生直後の「生物」にとって「世界」は常に変化する空間だが、成長するにつれ周囲の状況を知り、固定的なものとして把握するということ。

（イ）「生物」は誕生直後、記述された論理とは異なる性質のものの方が把握しやすく、「世界」を確たるものとして次々と理解するということ。

（ウ）「生物」は、常に移り変わる周囲の環境からの働きかけを契機として頼りにできるものを見つける中で、「世界」を捉えていくということ。

（エ）「生物」にとって「世界」は、さまざまに変化する空間であるため、「生物」はその把握のため模索を続けるということ。

(3)　本文中のｃ不確実は、「確実でない」ということを、漢字三字の熟語で言い換えたものである。次の（ア）～（オ）を、それぞれ波線部（〰）を用いて漢字三字の熟語に言い換えるとき、「不」で始まる熟語に言い換えられるものとして適当なものを**すべて**選べ。……答の番号【3】

（ア）養生しない　（イ）際限がない

（ウ）均衡がとれていない　（エ）公認ではない

（オ）造作がない

(4)　本文中のｄながらについて述べた文として最も適当なものを、次の**Ⅰ群**（ア）～（エ）から一つ選べ。また、ｄながらと**異なる品詞**が波線部（〰）に用いられているものはどれか、後の**Ⅱ群**（カ）～（ケ）から一つ選べ。……答の番号【4】

Ⅰ群

（ア）「ながら」は活用のある付属語であるので、助詞である。

（イ）「ながら」は活用のある付属語であるので、助動詞である。

〈国語〉

時間　五〇分　満点　五〇点

【注意】　字数制限がある場合は、句読点や符号なども一字に数えなさい。

一　次の文章は、松田雄馬《まつだゆうま》「人工知能はなぜ椅子に座れないのか」の一節である。これを読み、問い(1)～(7)に答えよ。(17点)

人間をはじめとする「生物」にとって、「世界」は、形の定まったものではなく、時々刻々と変化する、変幻自在の空間です。生物は、そうした「無限定空間」の中で、生きていかなければなりません。「無限定空間」は、a厳密に記述された論理の世界とは根本的に異なるものです。そうした環境において、私たち「生物」は、確たるものが何なのかを、b自分自身で見つけ出していかなければなりません。

c不確実な世界の中で、頼りにできるものとは一体何なのでしょうか。例えば、暗闇の中から飛び出し、初めてこの世界と*対峙《たいじ》することになる赤ちゃんは、この世界を知るために、何を頼りにすれば良いのでしょうか。彼ら／彼女らは、手足をばたつかせdながら、「周囲の環境に何があるか」を発見するでしょう。それと同時に、「自分自身の身体がどのようなものであるか」を発見するでしょう。

無限定な空間において、私たちは、周囲の環境という「場」と、自分自身の身体を基準とする「自己」とを、順次、理解していくのです。重要なことですが、「場」には、「自分自身」が含まれ、「自己」は環境におかれて初めて認識できるようになることから、「場」と「自己」というものは、本来、切り離せるものではありません。無限定な空間においては、「場」の認識（世界を知ること）と「自己」の認識（自分自身を知ること）は、同時に起こるのです。

こうした考え方を踏まえて、例えばe私たちが「椅子を認識する」際に、何が起こっているのかということを考えてみましょう。私たちが椅子を認識する際、脳内では、イラストのようなことが起こっているのではないかと考えられます。

これらのイラストは、単純な「椅子」という「物体」ではなく、「椅子」を利用する人が、何をしているのかという「行為」を表すイラストです。このイラストからわかるように、私たちは、「椅子」を見て、単に「特徴」を探し出すのではなく、「それに座って考える」「それに座って仕事をする」「それに座って話をする」といった「物語」を創り出しているのではないでしょうか。

私たちは、「椅子を認識する」以前に、「身体」を持ち、自分自身の「人生」という「物語」を生きています。この「物語」が、自分自身が今存在している「場」です。例えば、「山道を一人で歩き続け、くたくたになり、一服したいと思っている」という「物語」の中に自分が位置づけられているとします。そこで、一つの「岩」を見たとしたら、その人は、何を意識するでもなく、その岩に腰をかけるでしょう。これが、「山道を歩いてくたくたになっている」という物語の中に、その「岩」が位置づけられた瞬間です。くたくたになったその人にとって、岩の材質が玄武岩であろうが花崗岩《かこうがん》であろうが、山頂から転がってそこにあるものであろうが誰かが持ってきたものであろうが、ひとまずは関係のない話です。その人にとっては「山道を歩いてくたくたになっている」という物語の中に「腰かけるのにちょうど

MEMO

大切なことはメモしておこうネ！

2020年度

解 答 と 解 説

《2020年度の配点は解答用紙集に掲載してあります。》

＜数学解答＞

1 (1)　34　(2)　$\frac{1}{18}$　(3)　$-12xy$　(4)　135°　(5)　$a=7$，$b=-4$　(6)　29
(7)　$x=\frac{4\pm2\sqrt{7}}{3}$　(8)　㋐，㋒，㋕　(9)　$\frac{14}{15}$

2 (1)　㋐，㋑，㋒　(2)　X　8　Y　13　Z　1

3 (1)　解説参照　(2)　7cm　(3)　AC　$12\sqrt{3}$ cm　面積　$28\sqrt{3}$ cm^2

4 (1)　$a=\frac{1}{9}$，点Aのx座標 -3　(2)　$y=x+4$　(3)　E(9，13)

5 (1)　$6\sqrt{2}$ cm　(2)　面積　$18\sqrt{6}$ cm^2　距離　$\frac{6\sqrt{30}}{5}$cm　(3)　27cm^3

6 (1)　ア　18　イ　24　(2)　$a=51$，$b=17$　(3)　147個

＜数学解説＞

1　（数・式の計算，角度，連立方程式，平方根，式の値，二次方程式，関数，確率）

(1)　**四則をふくむ式の計算の順序は，指数→かっこの中→乗法・除法→加法・減法**　となる。$\left(-\frac{3}{2}\right)^2=\left(-\frac{3}{2}\right)\times\left(-\frac{3}{2}\right)=\frac{9}{4}$，$-4^2=-(4\times4)=-16$だから，$8\times\left(-\frac{3}{2}\right)^2-(-4^2)=8\times\frac{9}{4}-(-16)$ $=18+16=34$

(2)　$\frac{4a-3}{6}-\frac{6a-5}{9}=\frac{3(4a-3)-2(6a-5)}{18}=\frac{12a-9-12a+10}{18}=\frac{1}{18}$

(3)　$\frac{2}{3}x^2y^3\div\left(-\frac{1}{8}xy\right)\div\frac{4}{9}y=\frac{2x^2y^3}{3}\div\left(-\frac{xy}{8}\right)\div\frac{4y}{9}=\frac{2x^2y^3}{3}\times\left(-\frac{8}{xy}\right)\times\frac{9}{4y}=-\frac{2x^2y^3\times8\times9}{3\times xy\times4y}=-12xy$

(4)　**半径r，中心角a°のおうぎ形の面積は　$\pi r^2\times\frac{a}{360}$**　だから，$\pi\times4^2\times\frac{a}{360}=6\pi$　これを解いて，$a=135$　よって，問題のおうぎ形の中心角は135°

(5)　連立方程式$\begin{cases}ax-by=23\cdots①\\2x-ay=31\cdots②\end{cases}$ の解が$x=5$，$y=-3$だから，①，②に$x=5$，$y=-3$を代入して，$\begin{cases}5a+3b=23\cdots③\\10+3a=31\cdots④\end{cases}$　③，④をa，bについての連立方程式としてみて解く。④より，$3a=31-10=21$　$a=7$　これを③に代入して，$5\times7+3b=23$　$3b=23-35=-12$　$b=-4$　よって，$a=7$，$b=-4$

(6)　$a=\sqrt{30}-6$　のとき，$a+6=\sqrt{30}$　だから，両辺を2乗して　$(a+6)^2=(\sqrt{30})^2$　$a^2+12a+36=30$　両辺から1を引いて　$a^2+12a+36-1=30-1$　すなわち　$a^2+12a+35=29$

(7)　**2次方程式$ax^2+bx+c=0$の解は，$x=\frac{-b\pm\sqrt{b^2-4ac}}{2a}$**で求められる。問題の2次方程式は，$a=3$，$b=-8$，$c=-4$の場合だから，$x=\frac{-(-8)\pm\sqrt{(-8)^2-4\times3\times(-4)}}{2\times3}=\frac{8\pm\sqrt{64+48}}{6}=\frac{8\pm\sqrt{112}}{6}=\frac{8\pm4\sqrt{7}}{6}=\frac{4\pm2\sqrt{7}}{3}$

(8)　関数$y=ax+b$のグラフは，$a>0$のとき，xが増加すればyも増加する右上がりの直線となり，

$a<0$のとき，xが増加すればyは減少する右下がりの直線となる。また，関数$y=ax^2$のグラフは，$a>0$なら，$x<0$の範囲では，xの値が増加するときyの値は減少し，$x>0$の範囲では，xの値が増加するときyの値は増加する。また，$a<0$なら，$x<0$の範囲では，xの値が増加するときyの値は増加し，$x>0$の範囲では，xの値が増加するときyの値は減少する。以上より，$x<0$の範囲で，xの値が増加すると対応するyの値も増加する関数は，ア，ウ，カである。

(9)　4個の白玉を白$_1$，白$_2$，白$_3$，白$_4$，2個の黒玉を黒$_1$，黒$_2$と区別する。1回目に取り出した玉が白$_1$のとき，2個の玉を取り出す取り出し方は，(1回目，2回目)＝(白$_1$，白$_2$)，(白$_1$，白$_3$)，(白$_1$，白$_4$)，(白$_1$，黒$_1$)，(白$_1$，黒$_2$)の5通り。1回目に取り出した玉が白1以外の場合も，それぞれ5通りずつあるから，2個の玉を取り出す取り出し方は全部で5通り×6個＝30通り。このうち，取り出した2個の玉がどちらも黒玉である(黒玉が1個も袋に残らない)取り出し方は，(1回目，2回目)＝(黒$_1$，黒$_2$)，(黒$_2$，黒$_1$)の2通り。よって，求める確率は　$\frac{30-2}{30}=\frac{28}{30}=\frac{14}{15}$

2 (資料の散らばり・代表値，方程式の応用)

(1)　**中央値**は資料の値を大きさの順に並べたときの中央の値。1年生の人数は50人で偶数だから，冊数の少ない方から25番目と26番目の生徒が入っている**階級**が，中央値の入っている階級。6冊未満には生徒が$2+6+10=18$人入っていて，8冊未満には生徒が$18+8=26$人入っているから，冊数の少ない方から25番目と26番目の生徒が入っている階級，即ち，中央値の入っている階級は6冊以上8冊未満。よって，25番目と26番目の生徒が借りた本の冊数をそれぞれa冊，b冊とすると，$(a,\ b)=(6,\ 6)$，$(6,\ 7)$，$(7,\ 7)$の3通りが考えられ，中央値としては　$\frac{6+6}{2}=6$冊，$\frac{6+7}{2}=6.5$冊，$\frac{7+7}{2}=7$冊　の3通りが考えられる。

(2)　冊数が4冊以上6冊未満の階級の**相対度数**が1年生と3年生で等しいことから　$X=40\times\frac{10}{50}=8$　冊数が8冊以上10冊未満の階級の相対度数は3年生の方が大きかったことから　$Y>40\times\frac{15}{50}$　より　$Y>12$…①　また，$Y+Z=40-(X+2+6+4+6)=40-(8+2+6+4+6)=14$…②　①，②より，$(Y,\ Z)=(13,\ 1)$，$(14,\ 0)$の2つの場合が考えられるが，3年生が図書室で借りた本の冊数の最大の値は16冊であることから，$Z\geqq1$であり，これを考慮すると，$(Y,\ Z)=(13,\ 1)$に決まる。

3 (円の性質，相似の証明，線分の長さ，面積)

(1)　(例)△ABDと△EADで，共通な角だから，∠ADB＝∠EDA…①　仮定より，△DACは二等辺三角形だから，∠ACD＝∠EAD　**$\overset{\frown}{AD}$に対する円周角は等しい**から，∠ACD＝∠ABD　よって，∠ABD＝∠EAD…②　①，②から，2組の角が，それぞれ等しいので，△ABD∽△EAD

(2)　BE＝$x$cmとすると，BD＝DE＋BE＝$(9+x)$cm　**相似な図形では，対応する線分の長さの比はすべて等しい**から，AD：ED＝BD：AD　より　$12:9=(9+x):12$　$9(9+x)=12\times12$　$x=7$　線分BEの長さは7cm

(3)　頂点D，Bから直線ACへそれぞれ垂線DP，BQを引く。△DACは二等辺三角形で，**二等辺三角形の頂角からの垂線は底辺を2等分する**から，AC＝2CP　また，∠ACD＝30°より，△DCPは**30°，60°，90°の直角三角形で，3辺の比は2：1：$\sqrt{3}$**　$DP=\frac{1}{2}CD=\frac{1}{2}\times12=6$cm，$CP=\frac{\sqrt{3}}{2}CD=\frac{\sqrt{3}}{2}\times12=6\sqrt{3}$cm　よって，$AC=2CP=2\times6\sqrt{3}=12\sqrt{3}$cm　DP//BQだから，**平行線と線分の比についての定理**より，DP：BQ＝DE：BE＝9：7　△ABCと△DACは底辺ACが共通な三角形だから，その面積の比は高さの比に等しい。よって，$\triangle ABC=\triangle DAC\times\frac{BQ}{DP}=\left(\frac{1}{2}\times AC\times DP\right)\times\frac{BQ}{DP}=\left(\frac{1}{2}\times12\sqrt{3}\times6\right)\times\frac{7}{9}=28\sqrt{3}$cm^2

4 （図形と関数・グラフ）

(1)　点Bは$y=-\frac{1}{2}x+7$上にあるから，そのy座標は　$y=-\frac{1}{2}\times6+7=4$　よって，B(6, 4)　$y=ax^2$は点Bを通るから，$4=a\times6^2=36a$　$a=\frac{1}{9}$　点Aのx座標をtとする。また，直線BDとx軸との交点をPとし，点A，Cからx軸へそれぞれ垂線AQ，CRを引く。PR$=6-2=4$，RQ$=2-t$であり，DP//CR//AQだから，平行線と線分の比についての定理より，RQ：PR＝AC：CD＝5：4　$(2-t):4=5:4$　$t=-3$　よって，点Aのx座標は-3

(2)　点Aは$y=\frac{1}{9}x^2$上にあるから，そのy座標は　$y=\frac{1}{9}\times(-3)^2=1$　よって，A$(-3,\ 1)$　点Cは$y=-\frac{1}{2}x+7$上にあるから，そのy座標は　$y=-\frac{1}{2}\times2+7=6$　よって，C(2, 6)　2点A，Cを通る直線の式は，傾きが　$\frac{6-1}{2-(-3)}=1$　なので，$y=x+b$とおいて点Aの座標を代入すると，$1=-3+b$　$b=4$　よって，直線ACの式は，$y=x+4$…①

(3)　仮定より，四角形OBCA＝△OEA…②　また，四角形OBCA＝△AOC＋△OBC…③　△OEA＝△AOC＋△OEC…④　②，③，④より，△OBC＝△OECだから，**平行線と面積の関係**より，OC//BE　よって，直線OCと直線BEの傾きは等しく，直線OCの傾きは　$\frac{6-0}{2-0}=3$　なので，直線BEの式を$y=3x+c$とおいて点Bの座標を代入すると，$4=3\times6+c$　$c=-14$　よって，直線BEの式は，$y=3x-14$…⑤　点Eは直線ACと直線BEの交点だから，点Eの座標は，①と⑤の連立方程式の解。⑤を①に代入して，$3x-14=x+4$　$x=9$　これを①に代入して，$y=9+4=13$　よって，E(9, 13)

5 （空間図形，線分の長さ，面積，直線間の距離，体積）

(1)　四角形BDQPに関して，BP＝DQ，BP//DQで，1組の向かいあう辺が等しくて平行だから，四角形BDQPは平行四辺形　△ABDが**直角二等辺三角形で，3辺の比が1：1：$\sqrt{2}$** であることを考慮すると，PQ＝BD＝AB$\times\sqrt{2}=6\sqrt{2}$ cm

(2)　仮定より，CQ//PR…①　また，直線CPと直線QRは同じ平面上にあり交わらないから，CP//QR…②　①，②より，2組の向かいあう辺がそれぞれ平行だから，四角形CQRPは平行四辺形　さらに，△CBPと△CDQで，CB＝CD…③　BP＝DQ…④　∠CBP＝∠CDQ＝90°…⑤　③，④，⑤から，2組の辺とその間の角がそれぞれ等しいので，△CBP≡△CDQ　よって，四角形CQRPはCP＝CQで，隣り合う辺の長さが等しい平行四辺形だから，ひし形である。対角線CRとPQの交点をOとすると，∠COP＝90°　△CBPと△COPにそれぞれ**三平方の定理**を用いると，CP$=\sqrt{\text{CB}^2+\text{BP}^2}=\sqrt{6^2+3^2}=3\sqrt{5}$ cm，CO$=\sqrt{\text{CP}^2-\text{PO}^2}=\sqrt{\text{CP}^2-\left(\frac{\text{PQ}}{2}\right)^2}=\sqrt{(3\sqrt{5})^2-\left(\frac{6\sqrt{2}}{2}\right)^2}=3\sqrt{3}$ cm　以上より，四角形CQRPの面積は　PQ×CR÷2＝PQ×2CO÷2$=6\sqrt{2}\times2\times3\sqrt{3}\div2=18\sqrt{6}$ cm^2　直線CQと直線PRの距離は，ひし形CQRPの底辺をCQとしたときの高さに相当する。直線CQと直線PRの距離をhとすると，面積の関係から　CQ$\times h=18\sqrt{6}$　$h=\frac{18\sqrt{6}}{\text{CQ}}=\frac{18\sqrt{6}}{3\sqrt{5}}=\frac{6\sqrt{30}}{5}$cm

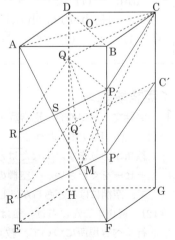

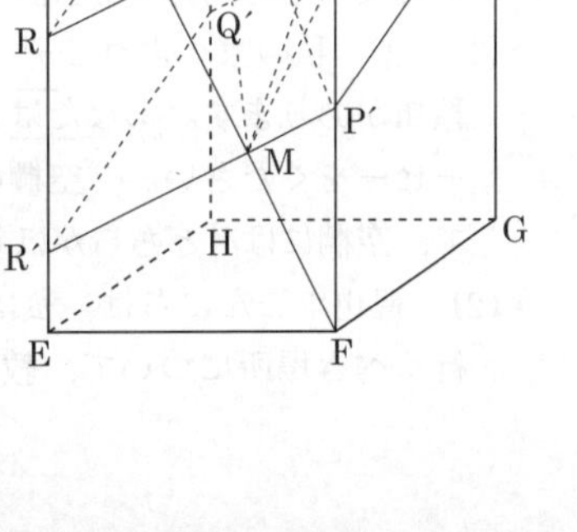

(3)　右図のように，点Mを通り平面CQRPに平行な平面C′Q′R′P′を考えると，平面CQRPと平面C′Q′R′P′の距離はどこも一定だから，三角錐MCQPと三角錐P′CQPの体積は等しい。平行線と線分の比についての定理より，点P′は線分PFの中点だか

ら，$PP'=\frac{PF}{2}=\frac{BF-BP}{2}=\frac{12-3}{2}=\frac{9}{2}$cm　$CO'=\frac{PQ}{2}=\frac{6\sqrt{2}}{2}=3\sqrt{2}$ cm　以上より，三角錐MCQPの体積，つまり三角錐P'CQPの体積は　$\frac{1}{3}\times\triangle PQP'\times CO'=\frac{1}{3}\times\left(\frac{1}{2}\times PQ\times PP'\right)\times CO'=\frac{1}{3}\times\left(\frac{1}{2}\times6\sqrt{2}\times\frac{9}{2}\right)\times3\sqrt{2}=27cm^3$

6 (規則性，数の性質，方程式の応用)

(1)　6の数が書かれた箱に入っている赤玉の個数は，6の倍数回目ごとに1個ずつ増えるから，6×1＝6回目の操作ではじめて1個になり，6×2＝12回目の操作ではじめて1＋1＝2個になり，6×3＝18回目(ア)の操作ではじめて2＋1＝3個になり，6×4＝24回目(イ)の操作ではじめて3＋1＝4個になる。

(2)　a回目の操作で，3の数が書かれた箱に入っている赤玉の個数が，はじめてb個になったから，$a=3b$…①　また，そこから85回目の操作，つまり$a+85$回目の操作で，8の数が書かれた箱に入っている赤玉の個数が，はじめてb個になったから，$a+85=8b$…②　①，②をa，bについての連立方程式としてみて解くと，$a=51$，$b=17$

(3)　266回目の操作後の，4の数が書かれた箱に入っている赤玉の個数は，266÷4＝66…2より66個，9の数が書かれた箱に入っている赤玉の個数は，266÷9＝29…5より29個である。黄玉を使い始めてから，4の数が書かれた箱に入っている赤玉の個数(66個)と，9の数が書かれた箱に入っている黄玉の個数がはじめて等しくなるのは，9×(29＋66)＝855回目の操作後で，このとき，4の数が書かれた箱に入っている全部の玉の個数は，855÷4＝213…3より213個だから，その中の黄玉の個数は213－66＝147個である。

＜英語解答＞

1　(1)　(例)Which do you want　(2)　(a)(例)it's the longest
(b)　(例)How can I get there

2　(1)　㋐　(2)　to　(3)　㋒　(4)　㋑

3　(1)　①　chose　②　heard　(2)　©　(3)　㋑　(4)　エ→イ→ア→カ→オ→ウ
(5)　school festival　㋑　(6)　(a)　(例)It was not exciting.　(b)(例)Yes, she did.　(7)　ア→ウ→エ→イ　(8)　㋑・㋒　(9)　(a)　㋓　(b)　talked with
(c)　(例)help each other

4　(1)　ウ　(2)　ア　**5**　(1)　イ　(2)　エ　**6**　(1)　エ　(2)　イ

＜英語解説＞

1 (会話文：語句補充，形容詞・副詞，比較級)

(1)　①　私の家へようこそ。何か飲みますか？　②　はい，ください。ありがとう。　③　二種類があります。あなたはどちらが欲しいですか，コーヒーかオレンジジュースか？　④　コーヒーをください。　空欄のあとの文で，「コーヒーかオレンジジュースか？」と聞いているので，空欄には「どちらがほしいか？」という意味のWhich do you want (4語)が適当。

(2)　智也：こんにちは。私はこの町に初めて来ました。この町をあちこちまわりたいのですが。行くべき場所について，教えてくれますか？／職員：わかりました。この川はどうですか？

この国の他のどの川も，この川よりも短いので，有名です。つまり，この国のすべての川の中で①最も長いから，有名になったということです。そして，とても美しいので，とても有名です。／智也：ああ，本当ですか？／職員：はい，見たいですか？／智也：はい。けれども，私はそこへの行き方を知りません。②どうやったらそこへ行けるのですか？／職員：自転車でそこへ行くことができます。　①　空欄の文は，直前の文「他のどの川も，この川よりも短い」をI mean ～で言い直している。空欄の文の「すべての川の中で」に続けることから，it's the longest (3 語)「最も長い」が適当。　②　空欄のあとの文で,「自転車で行ける」と言っていることから,「どのように行くのか？」という意味の How can I get there(5 語)が適当。ここの get は,「～に至る、～に到着する」という意味。

2 (会話文：絵・図・表・グラフなどを用いた問題，語句補充・選択，内容真偽，語句の解釈・指示語，助動詞，不定詞，動名詞)

(全訳)　ケイト：見て。たくさんの種類の果物がありますね。何か食べてみたい？

涼　：日本の店では見かけたことがないから，これを食べてみたいです，けれども，気に入るかわからない。

ケイト：それなら，量り売りで買うことができます。今日はそれを少しだけ買って，もし気に入れば，①次の時にもっと買うことができるから。

涼　：ここでぼくが欲しいだけの果物の量を買うことができるという意味ですね？

ケイト：そう，けれども，買った果物を全部食べることができなければ，ごみになってしまう。だから，買いすぎないようにするべきだと思います。いくつかの国では，多すぎるほどの食品のごみがあって，それは大きな問題です。

涼　：そうですね。日本の私の町では，私たちに同じ問題があります。私がその問題について学んだ時，まだ食べられる食品を人びとが捨てていることを②知って驚きました。

ケイト：本当に？　それについて，もっと教えてくれる？

涼　：私の町のウェブサイトで，グラフを見つけました。家で人びとが捨てる生ごみの種類などを示していて，それらは人びとが捨ててはならなかったものです。見てください，この私の電話でそれを見ることができます。

ケイト：人びとは，料理する時に，食品のとても多くの部分を切って捨てていると聞きました。

涼　：はい。グラフでは，生ごみの約 18 パーセントがそうだと示しています。

ケイト：この一番多い数字は，どのような意味ですか？

涼　：生ごみの約 36 パーセントが，未使用の食品だという意味です。

ケイト：わかりました。なぜ，そのようなことが起きるの？

涼　：この表を見てください。これも，同じウェブサイトで見つけました。町の人びとが，食品ごみの理由についての質問に答えていて，この表でいくつかのことを見ることができます。

ケイト：50 パーセントよりも多くの人たちが，同じ理由だと言っていますね？　それは何ですか？

涼　：その人たちは，食品がいたんでしまった時に，それを捨てたと言っています。そして，これを見てほしいです。

ケイト：約 17 パーセントのこのこと？　理由は何ですか？

涼　：彼らは，食べきれないほど多くの食品を買うと言っています。たとえば，買いすぎて，料理にその全部を使うことができないと，食品はいたむかもしれません。そして，それはごみになるのでしょう。

ケイト：今，私たちは食品を買いすぎるのをやめるべきだと，確かにそう思います。それには，量り売りで買うことが，よいやり方ですね。私たちは，必要な量の食品だけ買うことができるから。

涼　：その通りだと思います。けれども日本では，普通そのような方法で食品を買いません。だから，私たちは，別の方法を見つける必要があります。何かアイデアはありますか？

ケイト：そうですね，お客として，お腹が空いている時に，私はときどき食品を買いすぎてしまいます。あなたは，お腹が空いている時には，買い物には行くべきではない。これも一つの方法だと思います。

涼　：本当ですね。ぼくが次に買い物へ行く時，試しにやってみることができます。私たちが将来ごみがほとんどない世界で生活できるようにと，ぼくは願っています。

(1)（ア）あなたは次の時に，もっと買うことができる。(○)（イ）あなたは，別のものを買う必要はない。(×)（ウ）あなたは，食べすぎるべきではない。(×)（エ）あなたは，別の種類の果物が必要になるでしょう。(×) カッコの前では，「今日は少しだけ買って，もし気に入れば」と言っているので，これに続く文はアが適当。

(2) 空欄②のあとは，動詞の know となっているので be surprised to～「～して驚く」となる。to～は不定詞の副詞用法(原因)。

(3) i はグラフを見ると35.5%となっている。これについては，第12番目の涼の発話 It means that～で説明されていて，「未使用の食品」と言っている。また，ii は表を見ると16.5%となっている。これについては，第17番目のケイトの発話 Do you mean～と，第18番目の涼の発話 They say that～で説明されていて，「食べきれないほど多くの食品を買う」とある。したがって，ウの組み合わせが適当。

(4)（ア）涼は，日本で人気のある果物を食べたいが，それらをごみにはしたくない。(×)
（イ）ケイトは，量り売りで買うことが買いすぎを止めるためのよい方法だと言っている。(○)
（ウ）ケイトは涼に，食品ゴミについての質問に答えるための一番よい方法についてたずねている。(×)（エ）涼は，彼が空腹になった時，ケイトと一緒にすぐに買い物へ行くことができると言っている。(×) 第19番目のケイトの発話 Now I'm sure～では「買いすぎをやめるには，量り売りで買うことがよい方法だ」と言っていることから，イが適当。発話中の buying by weight の **buying** は動名詞で「買うこと」。

3（物語文：文の挿入，内容真偽，語句の並べ換え，英問英答，文の並べ換え，語形変化，自由・条件付き英作文，現在・過去・未来と進行形，比較，助動詞，関係代名詞，動名詞，現在完了，名詞・冠詞・代名詞，目的語と補語，前置詞，接続詞）

（全訳）私は私の中学校の学園祭について，皆さんへ話をしようと思います。私のクラスでは，劇を見せようと決めました。はじめに，私たちは，動物と一緒に世界中を旅するある男についての物語を①選びました。それから，私たちは役者や裏方のようなそれぞれの役割を決めました。それぞれの役割には，やるべきいくつか種類の仕事がありました。たとえば，役者はせりふを練習しなければならないし，ある裏方はグループで扉を作らなければなりません。私は役者として劇に参加して，毎日放課後に別の役者たちと一緒にせりふを練習しました。それは私にとってあまりおもしろくなく，一生懸命には練習しませんでした。

ある日家で，6 才の妹が私に言いました，「一緒に本を読もうよ」 私たちは，ミツバチの生活についての本を読みました。みなさんは，それぞれのミツバチが，自分自身の役割を持っていると

②聞いたことがありますか？　私はミツバチのそれぞれ違った役割の仕事について学び，そして特に四つの仕事にとても興味を持ちました。【A】それらの仕事は，自分たちの住みかを掃除すること，たくさんの花から食べものを得ること，自分たちの住みかに食べものを置くこと，そして赤ちゃんミツバチの世話をすることです。役割の中でのそれらの仕事は，彼らの住みかですべてのミツバチの生活のために必要なものです。だから，もし③それらの一つでも行わないと，ミツバチは自分たちの住みかを維持できません。私は，それぞれの役割で一生懸命働くことは，大切なのだと思いました。

本を読んだ後，私は，劇でのそれぞれの役割の仕事を，クラスメイトたちがどのようにやっているのか，知りたくなりました。そして，私はクラスメイトの何人かに，その人たちの仕事についてききました。Jiro は他のクラスメイトと一緒に扉を作っていました。彼は，一部の役者が容易に開けられる扉を，作らなければなりませんでした。彼は言いました，「扉を作ることは難しい，だから，ぼくは扉の作り方について考えていて，そして何回も作ろうとしているんだ」 Masato は自分のせりふを練習していました。【B】彼は，たくさんのせりふを覚える必要がありました。しかし，彼は最初せりふのほんの一部しか覚えることができませんでした。彼は言いました，「ぼくは全部の自分のせりふを覚え，また自分の動作も理解しようとしている」 私がそのクラスメイトたちと話をした時，彼らは言いました，「一緒に賞をとろうよ」と。

それ以後，私は，それぞれの仕事は私たちの劇を作るために必要だと考え，また一生懸命仕事をすることは大切なのだと考えました。それから，私はやるべき自分の仕事を思い出しました。私は役者として自分の仕事をよりよくやる必要があったので，私は考えを変えました。【C 私は，以前よりも一生懸命それらをやると決めました。】 私は自分の動作と他の役者の動作を理解しようとしました。私はまた，自分のせりふと他の役者のせりふも覚えようとしました。私は，私たちの劇の④メッセージを理解する必要があると思いました。なぜなら，私たちは劇を見た人たちへそれを伝えたかったからです。もし私たちがそれをできるのならば，私たちはよりよい劇を作ることができ，また賞をとることができます。

学園祭の日に，私は劇での自分の動作とせりふを忘れることがありませんでした。そしてうまくできました。クラスメイト全員と私は，同じ舞台で一緒に最善を尽くしました。私は，これは私たちの劇をよりよくするには，もっとも大切なことだと思いました。私は劇の最中に，一緒になって一生懸命働くたくさんのクラスメイトを見ることができました。Jiro はクラスメイトの何人かと一緒に扉を素早く運びました。別のクラスメイトは，衣装を着替える必要がある，他のそのクラスメイトを助けました。Masato は，自分のすべてのせりふをしゃべりました。完璧でした。私のクラスのそれぞれのメンバーは，このようにそれぞれの役割で彼ら自身の仕事をやりました。【D】私たちの劇を見た多くの生徒と先生は，私たちに言いました，「あなたたちの劇はすばらしかった！」，だから⑤私はとてもうれしかった。私たちは賞を取ることはできなかったけれども，より大切なことを得ました。私は，劇を一人では作ることができませんでした。私たちは劇を作ることができました。なぜなら，私たちはお互い助け合ったからです。

私はクラスメイトと一緒に劇を作りました。そして，この経験は私の一番の思い出です。私は自分自身の仕事をしました。そしてクラスメイトは彼らの仕事をしました。私は，私たちがミツバチのようにそれぞれの役割で一生懸命働くことで，そして劇の中で私たちがやったようにお互いに助け合うことで，すばらしいものを作ることができるのだと，学びました。私たちの学園祭で，私はこれらのことを学びました。私は，自分の家族や自分のクラスの一員としてやるべきことを見つけます。そして，私はたくさんの人たちと共に，一生懸命に働くことにします。

(1)　①では中学時代の過去の話をしていることから，choose の過去形 chose とする。②は

Have you ever～という完了形の疑問文となっていることから，hear の過去分詞形 heard とする。

(2)　(問題文訳)私は，以前よりも一生懸命それらをやると決めました。　問題文の内容と空欄 A-D の前後合わせて考えると，C が適当だと考えられる。

(3)　③ them は，その二つ前の文 These jobs are～で書かれていることだと考えられる。したがって，イは当てはまらない。

(4)　I[(エ)thought (イ)we (ア)had (カ)to (オ)understand (ウ)the message of]our play ～となって，エ→イ→ア→カ→オ→ウ，が適当。had to に気が付けば正解が得られるだろう。

(5)　(問題文と正答の訳)里奈と彼女のクラスメイトが彼女たちの i 学園祭 で劇を演じた時，彼女は多くのクラスメイトが一緒に一生懸命働いているところを見た。劇の後，彼女はうれしくなった。なぜなら，ii 劇を見た人たちが，すばらしいと言った から。
i の前の文「～で劇を演じた」とあるので，school festival(学園祭)が適当。
ii の問題文訳　(ア)　扉を運んだ人たちが，別のクラスメイトを助けた。(×)　(イ)　劇を見た人たちが，すばらしいと言った。(○)　(ウ)　彼女は完璧に劇を演じて，そして一人で劇を作ることができた。(×)　(エ)　彼女はたくさんのせりふを覚える一番よい方法を，本で見つけた。　本文の下線⑤の文 Many students and～では，「劇を見た多くの生徒と先生が，すばらしいと言った」とあり，ここが下線⑤の理由にあたることから，イが適当。アの People who carried the door の who 関係代名詞で，「扉を運んだ人たち」となる。イの who も同様に関係代名詞。

(6)　(a)　(問題文訳)最初，別の役者たちとせりふの練習をすることは，里奈にとってどうでしたか？　第1段落の最後の文 It was not～に里奈が感じたことが書いてあることから，答えは It was not exciting. (4 語)が適当。　(b)　(問題文訳)Rina は，ミツバチについての本を読んだ後，劇のための彼女のクラスメイトの仕事について，知りたいと思いましたか？　Did Rina～という疑問文なので，yes/no で答える。第4段落【C】の後の文 I tried to～では，「里奈は他の役者のことを理解しようとした」とあることから，Yes, she did. (3語)が適当。

(7)　(ア)　里奈と彼女のクラスメイトは，劇でのそれぞれの役割を決めた。　(イ)　里奈は，彼女の動作を覚えて，そして 舞台で彼女のセリフをしゃべった。　(ウ)　里奈は，ミツバチの興味深い仕事について，彼女の妹と本で読んだ。　(エ)　里奈は，それぞれの仕事が劇にとって必要であると学び，そして彼女の役割を一生懸命やろうと努力し始めた。各文の内容と問題本文の内容と合わせて検討し，順番を決めたい。順番は，ア→ウ→エ→イが正しい。

(8)　(ア)　里奈は，それぞれのミツバチには，ミツバチの生活のために四つの役割があることを学んだ。(×)　(イ)　Jiro は劇のための扉を何度も作ろうとした。なぜなら，扉は容易に開くべきだから。(○)　(ウ)　Masato は，最初はいくつかのせりふしか覚えることができなかった。しかし彼は舞台ですべての彼のせりふをとても上手にしゃべった。(○)　(エ)　里奈と彼女のクラスメイトは，彼女たちの最善を尽くした。そして学園祭の日に賞をとった。(×)
(オ)　何人かのクラスメイトは，素早く衣装を着替えることができた。なぜなら，劇で Jiro が彼らを助けたから。　第3段落第3文 Jiro was making～ とそれ以降の文では，「Jiro は扉を容易に開けられるようにするため，扉を何度も作った」とあることから，イは正しい。また，第3段落【B】の後の文 He had to～と，第5段落第7文 Masato spoke all～では，「Masato は最初せりふを少ししか覚えられなかったが，舞台ではせりふをすべてしゃべった」とあることから，ウは正しい。選択文エの did their best は do one's best で「最善・全力・ベストを尽くす」。

(9) (問題文訳)スティーブ：里奈は劇を作ることを楽しみましたね。／恵子：そう思います。彼女がミツバチの生活についての本を読んだ後，彼女はそれぞれの役割で一生懸命に働くことの$_{\rm i}$大切さがわかりました。彼女はまた，それらの仕事がミツバチの生活に必要なことだと言いました。／スティーブ：そうですね。彼女が何人かのクラスメイトと$_{\rm ii}$話をした時，彼らは賞をとりたいと言いました。その後，彼女は彼女の考えを変えました。／恵子：里奈と彼女のクラスメイトは，すばらしい劇を作るために最善を尽くしました。／スティーブ：そうですね。それから彼女は，もしそれぞれのメンバーが自分たち自身の役割の仕事をやらないと，彼女たちのクラスはすばらしいものができないと学びました。彼女は，それぞれの役割で一生懸命働くことは，すばらしいものを作るために必要だと思っています。／恵子：彼女はまた，すばらしいものを作るためには$_{\rm iii}$お互いに助け合うことが大切だと言いました。たとえば，彼女のクラスメイトは他のクラスメイトと一緒に扉を運びました。私もまた，それはとても大切なことだと思います。里奈のように，私は私のクラスのメンバーとしてやるべきことを見つけて，それらをやることにします。

(a) (ア)もっとも高価な (イ)高価なもの (ウ)もっとも大切な (エ)大切さ 第2段落の最後の文 I thought it～では，「それぞれの役割で一生懸命働くことは大切」と言っている。問題の文の意味を考えると，空欄には important の名詞形 importance (大切さ，重要性，重大さ)が適当。

(b) 空欄 ii の後では，「賞をとりたいとクラスメイトが言った」とあり，本文では第3段落の最後の文 When I talked～が該当する。この文を参照すると，空欄には talked with(2 語)が適当だと考えられる。

(c) 空欄 iii 前後から，すばらしいものを作るために大切なことを，問われているとわかる。本文の第6段落第3文 I learned that～を参照すると，「お互いに助け合うことで，すばらしいものを作ることができる」とある。また，空欄のあとではクラスメイトが協力し合った様子が書かれているので，空欄には help each other(3 語)が適当。

4・5・6 (リスニング)

放送台本の和訳は，33ページに掲載。

2020年度英語　聞き取り検査

〔放送台本〕

これから，問題4・5・6を放送によって行います。それでは，問題4の説明をします。問題4は(1)・(2)の2つがあります。それぞれ短い会話を放送します。次に，Questionと言ってから英語で質問をします。それぞれの質問に対する答えは，問題用紙に書いてあります。最も適当なものを(ア)・(イ)・(ウ)・(エ)から1つずつ選びなさい。会話と質問は2回放送します。それでは，問題4を始めます。

(1) A: When did you go to Tokyo, Yoko?
B: On February 2(second). I went there to meet my brother on his birthday.
A: I see. Did you come back to Kyoto on February 3(third)?
B: Yes. I came back from Tokyo yesterday because I will meet my friends

this afternoon.

Question: When will Yoko meet her friends?

(2) A: Saki, can you bring my bag to me?

B: OK. Which bag is yours, Emma?

A: Well, I can't see them from this room. Can you tell me what they look like?

B: Sure. There are two bags here, and I think each bag has a picture of a dog.

A: Really? My bag is brown, and it has a picture of a cat on it. It may look like a dog, but it is a white cat.

B: Oh, I see. It's a cat. Now I'm sure this is yours. I'll bring it to you.

Question: Which bag is Emma's?

〔英文の訳〕

(1) A: Yoko, あなたはいつ東京へ行きましたか？

B: 2月2日です。私は，私の兄弟の誕生日に，彼に会いにそこへ行きました。

A: そうですか。あなたは，京都へ2月3日に帰ってきましたか？

B: はい。私は東京から昨日戻ってきました，なぜなら，私は今日の午後に友達に会うからです。

質問：Yoko はいつ彼女の友達に会いますか？

答え：(ウ) 2月4日。

(2) A: Saki, 私のバッグを持ってきてくれる？

B: わかった。どのバッグがあなたのなの，Emma？

A: ええと，この部屋からは見えないの。どんな見た目のものがあるか，言ってくれる？

B: いいよ。ここには2つのバッグがあって，それぞれのバッグには犬の絵があると思う。

A: 本当？ 私のバッグは茶色で，そこには猫の絵があって。犬のように見えるかもしれないけど，白い猫なの。

B: ああ，わかった。猫ね。今これがあなたのバッグだとわかった。あなたに持っていく。

質問：どちらのバッグが Emma のですか？

答え：(ア) 白い猫の絵がある茶色のもの。

〔放送台本〕

次に，問題5の説明をします。これから，電車内でのアナウンスを放送します。つづいて，英語で2つの質問をします。それぞれの質問に対する答えは，問題用紙に日本語で書いてあります。最も適当なものを，(ア)・(イ)・(ウ)・(エ)から1つずつ選びなさい。アナウンスと質問は2回放送します。それでは，問題5を始めます。

Conductor: Good morning. Thank you for using our train today. We are leaving Station No. 6(number six)soon. This is the train for Station No. 1(number one). Before arriving at Station No. 1(number one), we will stop at Station No. 4(number four). We don't stop at Station No. 5(number five), No. 3(number three)or No. 2(number two). If you want to go to those stations, please use the next train. We will stop at Station No. 4(number four)at 11:05(eleven five). That station is in front of the museum. If you want to go to the museum, please get off this train at Station No. 4(number four). And if you want to take the Wakaba Line, you need to change trains there and take the green train. That train will leave Station No. 4(number four)at 11:14(eleven fourteen). After stopping at Station No. 4(number four), we will leave the station at 11:10(eleven ten)and arrive at Station No. 1(number one)at 11:27 (eleven twenty seven).

Question (1): What time will this train leave Station No. 4(number four)?

Question (2): What should people who use this train do to go to the museum?

〔英文の訳〕

車掌：おはようございます。本日は，私たちの電車をご利用いただきまして，ありがとうございます。Station No.6 をまもなく発車します。この電車は Station No.1 行きです。Station No.1 に到着する前に，Station No.4 に止まります。Station No.5，No.3 または No.2 には停車しません。これらの駅へ行かれる場合は，次の電車をご利用ください。Station No.4 には11時5分に到着の予定です。駅のすぐ前に博物館があります。博物館へ行かれたいのであれば，Station No.4 でこの電車をお降りください。また，Wakaba 線に乗る場合，そこで電車を乗り換えて，緑色の電車にお乗りください。その電車は，Station No.4 を11時14分に出発します。Station No.4 に停車した後11時10分に駅を出発して，Station No.1 には11時27分に到着します。

問題(1)　この電車は何時に Station No.4 を出発しますか？

問題(2)　この電車を利用している人たちは，博物館へ行くために何をするべきですか？

〔放送台本〕

次に，問題6の説明をします。問題6は(1)・(2)の2つがあります。それぞれ短い会話を放送します。それぞれの会話の，最後の応答の部分にあたるところで，次のチャイムを鳴らします。＜チャイム音＞このチャイムのところに入る表現は，問題用紙に書いてあります。最も適当なものを(ア)・(イ)・(ウ)・(エ)から1つずつ選びなさい。問題用紙の例題を見なさい。例題をやってみましょう。

(例題)　A: Hi, I'm Hana.

B: Hi, I'm Jane.

A: Nice to meet you.

B: 〈チャイム音〉

正しい答えは(イ)の Nice to meet you, too. となります。ただし，これから行う問題の会話の部分は印刷されていません。それでは，問題6を始めます。会話は2回放送します。

(1)　A: Did you play soccer yesterday, Meg?

B: Yes, I did. I enjoyed it with my classmates in the park.

A: Did Kana join you?

B: 〈チャイム音〉

(2)　A: Are you going to do your homework?

B: No, I've just finished it. It was easy.

A: Good. Now let's go to see a movie.

B: 〈チャイム音〉

〔英文の訳〕

（例題）　A：こんにちは。私はHanaです。
　　　　　B：こんにちは。私はJaneです。
　　　　　A：はじめまして。
　　　　　B：（イ）はじめまして。

(1)　A：あなたは昨日サッカーをしましたか，Meg?
　　　B：はい，しました。私は公園でクラスメイトと一緒にそれを楽しみました。
　　　A：Kanaも一緒でしたか？
　　　B：(エ) いいえ，彼女はその時バレーボールをやっていました。

(2)　A：あなたは宿題をやるつもりですか？
　　　B：いいえ。今ちょうど終わったところです。簡単でした。
　　　A：よかった。さあ，映画を見に行きましょう。
　　　B：(イ) もちろん。電車で行きましょう。

<国語解答>

一　(1) おごそ　(2) ㋓　(3) ㋐・㋒　(4) Ⅰ ㋒　Ⅱ ㋕　(5) ㋓
(6) Ⅰ ㋑　Ⅱ ㋖・㋙　(7) ㊀ 岩と人　㊁ ㋑　㊂ (例)身体を持つことと，その身体が環境におかれている

二　(1) ㋒　(2) なか　(3) ㋑　(4) Ⅰ ㋐　Ⅱ ㋗　(5) ㋓　(6) 背
(7) ㋒　(8) ㊀ ㋓　㊁ (例)Y　一連の統一的行動に入れて意識　Z　行動目的に関係なく統一的に意識　㊂ ㋑

三　(1) ㋐・㋓　(2) ㋒　(3) ㋓　(4) ㋐　(5) ㊀ (例)A　尋ねた
B　手本　㊁ ㋑

<国語解説>

一　(随筆―大意・要旨，内容吟味，文脈把握，脱文・脱語補充，漢字の読み書き，熟語，品詞・用法)

(1)「厳か」は，改まった態度をしていて，近寄りがたい様子。

(2) 傍線bを含む段落に「『世界』は，形の定まったものではなく，時々刻々と変化する，変幻自在の空間」とある。「そうした環境において，私たち『生物』は，確たるものが何なのかを」模索するのだ。

(3) ア「不養生」は自分の健康に気を付けないこと。**「不」は広く打ち消し**を表す。　イ「際限」を打ち消す場合は，**際限がない**という意味になるので，無際限。**「無」は存在の打ち消し**を表す。　ウ「不均衡」はつり合いが取れていないことでアンバランス。　エ「非公認」は，公に認められていないこと。**「非」は道理(道徳)に合わない打ち消し**を表す。　オ「無造作」はたいへんなこととは考えず気軽にする様子。また，打ち消しの接頭語には「未」もある。**「未」はまだそのことが行なわれていないという意味の打ち消し**を表す。

(4)「ながら」は活用しない。また，単独で文節を作らないので助詞である。(カ)「だ」は断定の助動詞。(キ)「な」は念押しの終助詞。(ク)「のに」は接続助詞。(ケ)「ずつ」は副助詞。

(5) 何が起こっているのかをイラストを用いて説明している。私たちはイラストの椅子を見て，

「考える」「仕事をする」「話をする」といった椅子の使い方(本文では「物語」)を創り出している，とある。つまり使い方を思いつくのである。

(6)　動詞の活用の種類は，**未然形にした際の活用語尾の母音で判断する。「a段」は五段活用，「i段」は上一段活用，「e段」は下一段活用**である。傍線f「生きる」は，未然形にすると「生き(ki)・ない」だから，上一段活用動詞だ。選択肢はそれぞれ，(カ)「接する」はサ行変格活用，(キ)「懲りる」は上一段活用，(ク)「塞がる」は五段活用，(ケ)「生かす」は五段活用，(コ)「老いる」は上一段活用，(サ)「携える」は下一段活用の動詞である。

(7)　㈠　A には，岩と人との関係を示した内容を補えばよい。疲れた人が腰かけられそうな対象の岩を見つけた時に，人は「そのときはじめて，その岩と人が，『腰かけられるもの』と『腰をかけるもの』という『関係』を作り出す」とある。ここから指定字数で適切に抜き出す。

㈡　私たちは「周囲の環境という『場』と，自分自身の身体を基準とする『自己』とを，順次，理解していく」とある。「自己」は絶対的存在として認識されるのではなく，環境・場によって変化する。**その場と関連させて「自己」は相対的に認識される**のだ。　㈢　周囲の環境と自己とを相対的に認識をする行為は人間のみ可能で，人工知能には不可能だと最終段落に述べられている。もし相対的な認識を可能にする条件があれば，人工知能にもできることになる。したがって，最終段落の「そして人工知能が……創造し続けることでしょう。」の部分から，**必要な条件は「自分自身の身体」を持つことと「自分自身の置かれた場」があること**だといえる。

二　**(論説文―大意・要旨，内容吟味，文脈把握，段落・文章構成，接続語の問題，脱文・脱語補充，漢字の読み書き，ことわざ・慣用句，品詞・用法，その他)**

(1)　五重塔の建築は，自然美としても芸術美としても技術美としても鑑賞しうる。このように，「美は色々の位相を持つ」わけで，「意識の態度によって，その美の種類が決定されてくる」のである。つまり，**その美を鑑賞する人の置かれた場所や持っている意識によって，種類が変わってくる**のだ。

(2)　傍線b「半ば」は，途中の意。

(3)　A の前に「美の位相」とあるが，A の後には「それでは，意識の位相ないしは構造とはいったいいかなるものであろうか。」と位相するものが「美」から「意識」に移行している。「美の位相」と「意識の位相」との関係性は，1段落に「意識の態度によって，その美の種類が決定されてくる」とあることから，**美の位相は意識の位相に関係があり，美の位相は意識の位相そのもの**なのである。

(4)　B で始まる一文の文末をみると，「……できそうだからである。」とある。「～から」に呼応するものだから，「なぜなら」を補えばよい。**説明・補足をすることを表す語**である。

(5)　「ように」は**比況の意味の助動詞「ようだ」**だ。**「まるで～みたい」の意味**である。

(6)　傍線d「背」は「北」＋「月」。「背」の音読みは「ハイ」。

(7)　3段落で述べた**「垂直的な切断」を，「立ち止まる」という表現に換えて**説明を続け，5段落につなげている。

(8)　㈠　3段落で，ある光景に目を止めて立ち止まる場合，「行動体系の意識方位を水平的な運動とすれば，それを断ち切る輝きへの意識の方位は，いわば垂直的な切断である」とある。それを受けて4段落で「立ち止まるということ……象徴ですらある」と自問していることをふまえて選択肢を選ぶ。　㈡　Y は，日常において，断片的事象をどうとらえているかをおさえる。目的がある場合は「一連の統一行動に組み入れられる」もの，また「一定の主観的目的に応じてひとつの連関に組織立てる」ものだとある。ここを用いよう。次に Z には，見逃していた輝きを認識するときがどんなときなのかをまとめる。5段落に「離れ離れの偶発的，断片的な事象が，われわれの行動目的とは無関係に，むしろ**その行動目的への傾動を断ち切るような姿で統一的に意識されたとき**に，われわれはその輝きに意識を定着させる」とあることから，ここを用いて指定字数内でまとめる。　㊂　集められた情報は複数あるのだから，重要度が異なる。どの情報にも均等に時間配分をするのではなく，**重要度の高いものに時間をかけるという工夫をすることで，メリハリが出て**，わかりやすい発表になる。

三　**(古文―大意・要旨，内容吟味，文脈把握，脱文・脱語補充，仮名遣い，敬語・その他)**

【現代語訳】　儀式を取り仕切る間，師頼卿はその都度礼法や所作について不思議に思ったことは，おおかた人に質問した。その時，成通卿が，参議としてその場にいて言うことに，「長年，家に閉じこもっていられる間に，儀式や政務に関することは，お忘れになられたか。初々しく思われることも，もっともなことだ。」という。師頼卿は，返事をせず，振り返ってちらっとみて，独り言のようにいうことに，

(孔子様は)大廟(君主の祖先を祭った建物)に入りて，事あるごとに質問したとか云々……(論語)

(これを聞いて)成通卿は黙ってしまった。後日，人に語って言うことに，「分別なく，思慮に欠けることを言ってしまい，後悔してもしきれないほどだ云々……」と。

この主旨は，孔子が大廟に入って，儀礼を臨むときは，毎回，その儀礼を取り仕切る人に質問しないということはない。人はこれを見て，「孔子は，礼儀を知らないのだ」と非難したところ，「質問するのが礼儀である」とお答えになったそうだ。

その人(成通卿)にとっては，さぞ悔やまれることであったでしょう。「これが，慎み深さの極みである」とおっしゃった。

(1)　語中の「は・ひ・ふ・へ・ほ」は，現代仮名遣いでは「ワ・イ・ウ・エ・オ」に直す。

(2)　「入」は「大廟」の後に**二字返って読むので，一・二点**を用いる。「毎」は「事」の後に**一字返って読むので，レ点**を用いる。

(3)　成通卿は，師頼卿が事あるごとに人に質問する理由を，浅はかにも久しぶりに政務をするせいだと思っていた。しかし実際に**師頼卿は，孔子の教えの通り，その儀礼にあった振る舞いをするべく一つ一つを質問していた**のである。論語の一節を耳にして，成通卿は師頼卿の考えを知り，自分の軽はずみな発言を恥じている。

(4)　**この場面は，論語の内容であり，登場人物は「孔子」と「人」**である。「人」が「孔子，礼を知らず」と非難したことに対する解答なので，**傍線dの主語，つまり「問ふは礼なり」と言ったのは孔子**だ。

(5)　㊀　孔子は儀礼に関する**あらゆることを人に質問**した。そして師頼卿はそうした**孔子の行為を真似した**のである。したがって［A］には，質問した・尋ねた・聞いたなどが補えるし，［B］には，見本・手本・例などが補える。　㊁　最終段落で成通卿は「慎みの至れるなり」と言った。慎み深いということは，思慮深いという事だ。**高い位にいる師頼卿は，自分の地位に溺れることなく，つねに相手に失礼のないように振舞おうとした。そのための一つ一つ質問するという行動に，成通卿は師頼卿の思慮深さと謙虚さを感じた**のである。

京都府公立高等学校（中期選抜）

2020年度

★★★★★★★★★★★★★★★★★★★★★★★

入　試　問　題

2020年度

●くわしい解説……35ページ

＜数学＞

時間　40分　　満点　40点

【注意】
1　円周率はπとしなさい。
2　答えの分数が約分できるときは，約分しなさい。
3　答えが$\sqrt{\ }$を含む数になるときは，$\sqrt{\ }$の中を最も小さい正の整数にしなさい。
4　答えの分母が$\sqrt{\ }$を含む数になるときは，分母を有理化しなさい。

1　次の問い(1)～(8)に答えよ。(16点)

(1)　$5+4\times(-3^2)$　を計算せよ。　……………………………答の番号【1】

(2)　$4(3x+y)-6\left(\frac{5}{6}x-\frac{4}{3}y\right)$　を計算せよ。　……………………………答の番号【2】

(3)　$\sqrt{3}\times\sqrt{32}+3\sqrt{6}$　を計算せよ。　……………………………答の番号【3】

(4)　次の連立方程式を解け。　……………………………答の番号【4】

$$\begin{cases} 2x+5y=-7 \\ 3x+7y=-9 \end{cases}$$

(5)　一次関数$y=-\frac{4}{5}x+4$　のグラフをかけ。　……………………………答の番号【5】

(6)　$5<\sqrt{n}<6$　をみたす自然数nの個数を求めよ。　……………………………答の番号【6】

(7)　次の図で，4点A，B，C，Dは円Oの周上にあり，線分BDは円Oの直径である。このとき，$\angle x$の大きさを求めよ。　……………………………答の番号【7】

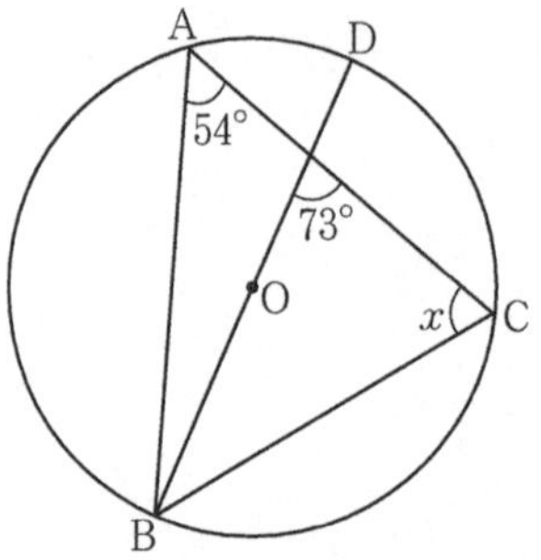

(8)　ある工場で同じ製品を10000個作った。このうち300個の製品を無作為に抽出して検査すると，7個の不良品が見つかった。この結果から，10000個の製品の中に含まれる不良品の個数はおよそ何個と考えられるか。**一の位**を四捨五入して答えよ。

……………………………答の番号【8】

2　右のⅠ図のように，A，B，C，D，E，F，Gの文字が書かれた積み木が１個ずつあり，この順に下から積まれている。

積まれた７個の積み木について，次の〈操作〉を行う。

〈操作〉

手順①　１から６までの目があるさいころを１回投げる。

手順②　手順①で１の目が出た場合，下から１番目にある積み木を抜き取る。
手順①で２の目が出た場合，下から２番目にある積み木を抜き取る。
手順①で３の目が出た場合，下から３番目にある積み木を抜き取る。
手順①で４の目が出た場合，下から４番目にある積み木を抜き取る。
手順①で５の目が出た場合，下から５番目にある積み木を抜き取る。
手順①で６の目が出た場合，下から６番目にある積み木を抜き取る。

手順③　手順②で抜き取った積み木を一番上に移動させる。

Ⅰ図

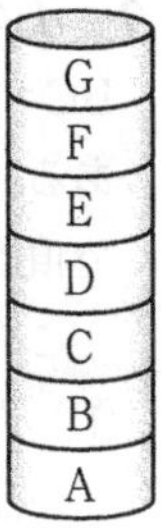

たとえば，Ⅰ図の状態から〈操作〉を２回続けて行うとき，１回目の〈操作〉の手順①で２の目が出た場合，７個の積み木はⅠ図の状態から右のⅡ図の状態になり，２回目の〈操作〉の手順①でも２の目が出た場合，７個の積み木はⅡ図の状態から右のⅢ図の状態になる。

このとき，次の問い(1)・(2)に答えよ。ただし，さいころの１から６までの目の出方は，同様に確からしいものとする。（４点）

Ⅱ図

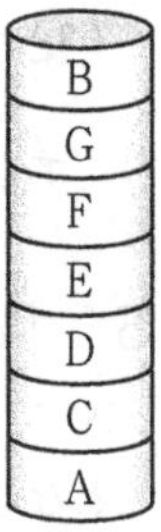

(1)　Ⅰ図の状態から〈操作〉を２回続けて行うとき，〈操作〉を２回続けて行ったあとの一番上の積み木が，Gの文字が書かれた積み木となる確率を求めよ。　……………………………**答の番号【9】**

Ⅲ図

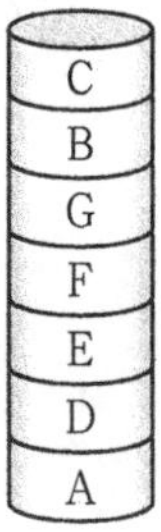

(2)　Ⅰ図の状態から〈操作〉を２回続けて行うとき，〈操作〉を２回続けて行ったあとの下から４番目の積み木が，Eの文字が書かれた積み木となる確率を求めよ。　……………………………**答の番号【10】**

3　振り子が１往復するのにかかる時間は，おもりの重さや振れ幅には関係せず，振り子の長さによって変わる。１往復するのに x 秒かかる振り子の長さを y mとすると，$y=\frac{1}{4}x^2$ という関係が成り立つものとする。

このとき，次の問い(1)・(2)に答えよ。（４点）

(1)　１往復するのに２秒かかる振り子の長さを求めよ。また，長さが９mの振り子が１往復するのにかかる時間を求めよ。　……………………………**答の番号【11】**

(2)　振り子Aと振り子Bがあり，振り子Aの長さは振り子Bの長さより $\frac{1}{4}$ m長い。振り子Bが１往復するのにかかる時間が，振り子Aが１往復するのにかかる時間の $\frac{4}{5}$ 倍であるとき，振り子Aの長さを求めよ。　……………………………**答の番号【12】**

4　右の図のように，三角錐《すい》ABCDがあり，AB＝$2\sqrt{7}$㎝，BC＝BD＝６㎝，CD＝２㎝，∠ABC＝∠ABD＝90°である。点Ｐは頂点Ａを出発し，辺AC上を毎秒１㎝の速さで頂点Ａから頂点Ｃまで移動する。

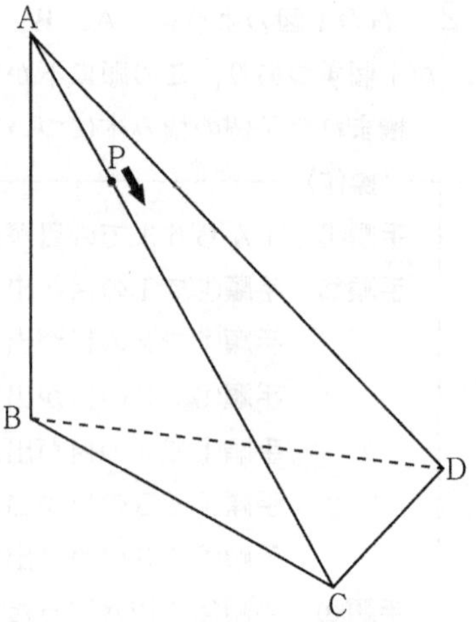

このとき，次の問い⑴～⑶に答えよ。（５点）

⑴　点Ｐが頂点Ａを出発してから頂点Ｃに到着するまでにかかる時間は何秒か求めよ。

…………………………答の番号【13】

⑵　△BCDの面積を求めよ。また，三角錐ABCDの体積を求めよ。　…………………………答の番号【14】

⑶　点Ｑは，頂点Ａを点Ｐと同時に出発し，辺AB上を頂点Ｂに向かって，BC∥QP が成り立つように進む。このとき，三角錐AQPDの体積が $\frac{24\sqrt{5}}{7}$㎤となるのは，点Ｐが頂点Ａを出発してから何秒後か求めよ。　…………………………答の番号【15】

5　下の図のように，AD∥BCの台形ABCDがあり，AB＝CD＝６㎝，AC＝８㎝，∠BAC＝90°である。線分ACと線分BDの交点をＥとする。また，辺BC上に点Fを，BF：FC＝３：２となるようにとり，線分AC上に点Ｇを∠BFG＝90°となるようにとる。

このとき，次の問い⑴～⑶に答えよ。（６点）

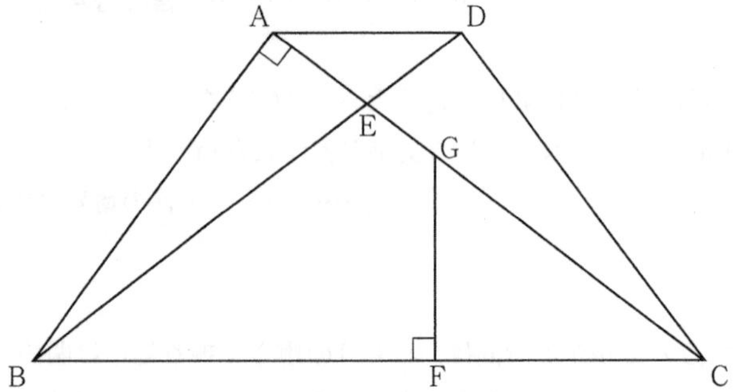

⑴　点Ａと辺BCとの距離を求めよ。また，辺ADの長さを求めよ。

…………………………答の番号【16】

⑵　AG：GC を最も簡単な整数の比で表せ。　…………………………答の番号【17】

⑶　△DEGの面積を求めよ。　…………………………答の番号【18】

6　右のⅠ図のような，直角三角形のタイルAとタイルBが，それぞれたくさんある。いずれのタイルも，直角をはさむ２辺の長さが１㎝と２㎝である。タイルAとタイルBを，次のⅡ図のように，すき間なく規則的に並べて，１番目の図形，２番目の図形，３番目の図形，…とする。

Ⅰ図
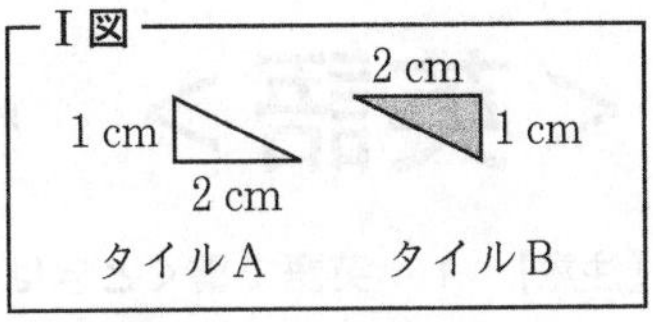

下の表は，それぞれの図形の面積についてまとめたものの一部である。

Ⅱ図
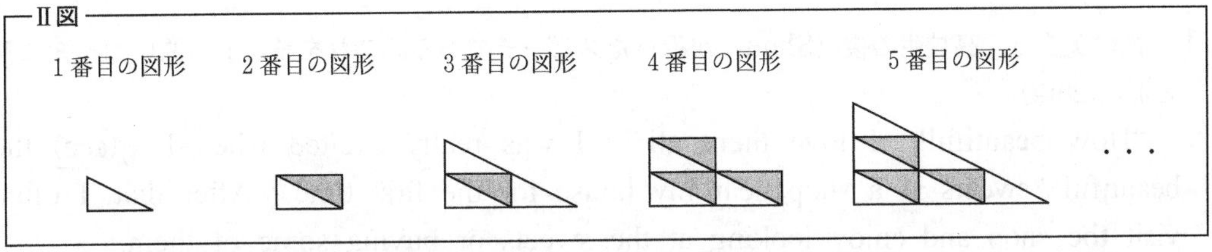

	１番目の図形	２番目の図形	３番目の図形	…
面積（cm^2）	1	2	4	…

このとき，次の問い(1)・(2)に答えよ。（５点）

(1)　７番目の図形と16番目の図形の面積をそれぞれ求めよ。……………………………答の番号【19】

(2)　n を偶数とするとき，n 番目の図形と（$2n+1$）番目の図形の面積の差が331㎠となるような n を求めよ。……………………………答の番号【20】

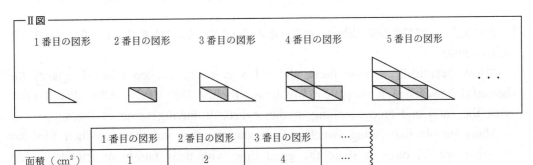

＜英語＞

時間　40分　　満点　40点

【注意】 1　英語で書くときは，大文字，小文字に注意しなさい。筆記体で書いてもよろしい。
　　　　2　語数制限がある場合は，短縮形（I'm など）と数字（100 や 2020 など）は１語として数え，符号（ , / . / ? / ! / “” など）は語数に含めないものとします。

1　次の英文は，高校生の俊（Shun）が行ったスピーチである。これを読んで，問い(1)～(8)に答えよ。(20点)

“How beautiful! I love them all.” I was really excited when I ①(see) the beautiful *sweets in a shop near my house for the first time. After that, I often visit the shop and enjoy looking at the sweets or buying some of them.

Many people like eating sweets. For example, they eat them on their birthday or other special days to share the good time with their family or friends. I eat sweets when I feel tired or a little sad. Then, I get energy and become happy. In the future, I want ②[(ア) with / (イ) many people / (ウ) to / (エ) happy and excited / (オ) make] the sweets that I make. My dream is to become a **pâtissier*.

One day, a *pâtissier* working in the shop which I often visit told me an interesting story. It was about a sweet ③(name) **Tarte Tatin* from France. It is a kind of apple pie. *Tarte* means pie in English, and *Tatin* is the family name of two sisters who *ran a hotel in the nineteenth century. *According to the *pâtissier*, *Tarte Tatin* was made by the sisters *by mistake. One day, one of them tried to *bake an apple pie which they usually made. She had to bake a pie with apple pieces on it to make that apple pie, but she began to bake only the apple pieces without the pie. Then the other sister put the pie on the apple pieces and baked them together. They *turned it upside down and *served it. This was not the right way to make the apple pie they usually made, but [　④　]. Later, it was called *Tarte Tatin*. People in that town still love *Tarte Tatin* and they *are proud of it. They enjoy eating it as a traditional sweet in the *Tarte Tatin* festival in their town every year.

When I heard this story, I was really excited. I sometimes eat *Tarte Tatin*, but this was the first time to hear its story. Each sweet we eat may have an interesting story like *Tarte Tatin*, and we often learn how it was made from its story. I became interested in that and wanted to find another story about popular sweets. Then, I found ⑤one about a Japanese sweet.

In Japan, we have a *wagashi* called ⑥*Minazuki*, and many people, especially in Kyoto, eat it in June. It is a *triangle and we often see white ones. I didn't know why people eat it in that month. I asked my grandmother and she told me about it. According to her, a long time ago, *Minazuki* was the traditional name of the sixth month of the year, and it was a part of the hottest season. *Noble people in Kyoto ate *ice in that month because they wanted to feel cool during the hot days. People in the town wanted to do this, but it was very difficult for them to get ice. So they made a sweet which looked like a piece of ice, and ate it. Now, we call it *Minazuki*. I liked this story when I heard it. My grandmother said that people in Kyoto have eaten it for a long time because they have wanted good health during the hot season. I'm sure that people in Kyoto now are proud of *Minazuki* as a part of their *culture.

Now, I know that there are sweets made by mistake like *Tarte Tatin*. Also I know there are sweets made from people's wishes like *Minazuki*. I am sure that each sweet has its own story, and I think that the story usually comes from people's lives. I enjoy looking at beautiful sweets, and become more interested in making sweets because of their stories. If I can tell the stories about sweets I make in the future, people will be interested in them and enjoy eating them. They will remember the stories about the sweets and think about someone who made them or ate them a long time ago. I'm sure that will be an exciting and special experience for them. I want to be a *pâtissier* who will give such an experience to many people. I learned that people have told stories about sweets in their culture for a long time. I will *respect their culture and learn more about such stories.

(注)　sweet　スイーツ，甘い菓子　*pâtissier*　パティシエ，菓子職人
Tarte Tatin　タルト・タタン（菓子の名）　run a hotel　ホテルを経営する
according to ～　～によれば　by mistake　手違いで　bake ～　～を焼く
turn ～ upside down　～をひっくり返す　serve ～　～（食べ物など）を出す
be proud of ～　～を誇りに思う　triangle　三角形のもの　noble　貴族の　ice　氷
culture　文化　respect ～　～を尊重する

(1)　下線部①(see)・③(name)を，文意から考えて，それぞれ正しい形にかえて１語で書け。
…………………………答の番号【1】

(2)　下線部②の［　］内の(ア)～(オ)を，文意が通じるように正しく並べかえ，記号で書け。
…………………………答の番号【2】

(3)　④に入る表現として最も適当なものを，次の(ア)～(エ)から１つ選べ。
…………………………答の番号【3】

(ア)　the apple pie was wrapped for the sisters
(イ)　the apple pie was bought by the sisters
(ウ)　people who ate it didn't want to bake it in this way
(エ)　people who ate it liked it very much

(4)　下線部⑤が指すものとして最も適当なものを，次の(ア)～(エ)から１つ選べ。
…………………………答の番号【4】

(ア)　a festival　(イ)　a name　(ウ)　a story　(エ)　a shop

⑸　次の英文は，下線部⑥に関して説明したものである。これを読んで，下の問い⒜・⒝に答えよ。

A *wagashi* called *Minazuki* was made by people in Kyoto a long time ago. They made the sweet which looked like 〔 i 〕 because they wanted to 〔 ii 〕 like noble people, without ice in the part of the hottest season.

⒜　本文の内容から考えて，〔 i 〕に入る表現として最も適当なものを，次の㋐～㋓から１つ選べ。　……………………………答の番号【５】

㋐　a piece of ice　　㋑　a traditional sweet

㋒　a popular ice cream　　㋓　their favorite cake

⒝　〔 ii 〕に入る表現として最も適当な部分を，本文中から２語で抜き出して書け。

……………………………答の番号【６】

⑹　本文の内容から考えて，次の〈質問〉に対する答えとして最も適当なものを，下の㋐～㋓から１つ選べ。　……………………………答の番号【７】

〈質問〉　What did the *Tatin* sisters do when *Tarte Tatin* was first made?

㋐　One of them baked only the pie first, and the other put apple pieces on it and baked them together.

㋑　One of them baked only apple pieces first, and the other put the pie on them and baked them together.

㋒　They baked the apple pieces and the pie together after serving the apple pie.

㋓　They baked an apple pie in the right way, and turned it upside down before eating it.

⑺　本文の内容と一致する英文として最も適当なものを，次の㋐～㋓から１つ選べ。

……………………………答の番号【８】

㋐　The *pâtissier* who told the story about *Tarte Tatin* is working in a shop, and Shun has never visited it.

㋑　Shun doesn’t eat *Tarte Tatin* but often hears that it is eaten in the *Tarte Tatin* festival every year.

㋒　Shun told his grandmother about the reason for eating *Minazuki* in June, and she liked it.

㋓　Shun learned that people have told the stories about sweets as a part of their culture.

⑻　次の英文は，このスピーチを聞いた高校生の京子（Kyoko）と留学生のアレックス（Alex）が交わしている会話の一部である。これを読んで，あとの問い⒜・⒝に答えよ。

Kyoko : Alex, do you like sweets?

Alex　: Of course! I love chocolate, but I’ve never thought about its

[i].

Kyoko : According to Shun's speech, he learned about such things of some sweets he eats.

Alex : Yes. He learned about them in the two stories told by the *pâtissier* and his grandmother.

Kyoko : And he wants to become a *pâtissier* who will give many people [ii] through each story about the sweets he will make, right?

Alex : Yes. I hope his dream will come true in the future, and I also want to find a story about chocolate.

(a) [i] に入る表現として最も適当なものを，次の(ア)～(エ)から１つ選べ。

……………………………答の番号【9】

(ア) good things to eat　(イ) history or culture

(ウ) people and life　(エ) ways to buy it

(b) [ii] に入る表現として最も適当な部分を，本文中から５語で抜き出して書け。

……………………………答の番号【10】

2　次の英文は，高校生のみな（Mina）と留学生のエリー（Ellie）が交わしている会話である。次のショッピングモール（shopping mall）のウェブサイト（website）を参考にして英文を読み，下の問い(1)～(4)に答えよ。（８点）

Mina : What are you going to do this weekend?

Ellie : I want to go shopping to buy a new bottle this Saturday. It's cold this month, so I want to bring hot soup with sandwiches for lunch to school. I heard there is a good bottle for hot soup.

ウェブサイト（website）

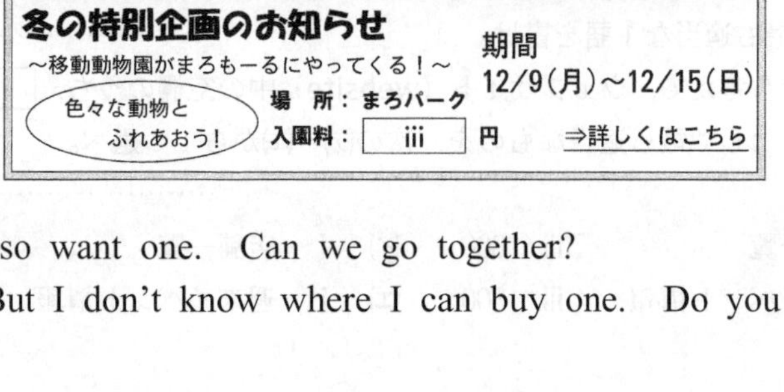

Mina : Oh, I also want one. Can we go together?

Ellie : Sure. But I don't know where I can buy one. Do you have any ideas?

Mina : Yes. I often go to a big shopping mall called Maro Mall with my mother, and there are many shops there. We can go there [①] bus. I think we can find *sales at Maro Mall this week, but I'm not sure. Let's check the website.

Ellie : What does it say?

Mina : We can enjoy sales there this week. The sales are from December ninth to the fifteenth at each shop. Let's find a bottle there.

Ellie : That sounds good!

Mina : Also, there is a traveling zoo this week, and we can *play with animals.

Ellie : Oh, really? I want to go there. Do I need money to go into the zoo?

Mina : I think so. Look. You need three hundred *yen.

Ellie : I see. I think that websites are useful to check something we want to know.

Mina: Yes, I think so, too. If you *click the box under the phone number, you can find the names of the shops. I mean the first box on the right. If you want to know what time the shopping mall opens and closes, you should click the second box from the right, but I want to click the next box now.

Ellie : You mean the box between the box of the name of the shopping mall and the box about sales, right?

Mina : Yes. We can find some events every weekend. Let's click it. Look! There will be a concert this Saturday.

Ellie : Oh! I want to go to the concert. You mean the fourteenth, right?

Mina : Yes. I also want to go there, and we need five hundred yen.

Ellie : OK. Are there any other interesting events?

Mina : Well, look! I've seen this bag on TV. There will be an event about that popular bag. We can buy the new color at the event. And I want to buy one, but this event is on December twenty-first and twenty-second.

Ellie : Is that next weekend?

Mina : Yes. If we want to buy it, we have to go there next weekend.

Ellie : Well, I want to go to the concert, so [②].

Mina : OK. Let's have fun!

(注) sale セール，特売　play 遊ぶ　yen 円　click ～ ～をクリックする

(1) [①] に入る最も適当な１語を書け。 ……………………………答の番号【11】

(2) 本文の内容から考えて，**ウェブサイト**（**website**）中の空欄のうち，[i] と [iii] に入るものの組み合わせとして最も適当なものを，次の(ア)～(エ)から１つ選べ。

……………………………答の番号【12】

(ア) i 店舗一覧　iii 300　(イ) i 店舗一覧　iii 500

(ウ) i 週末イベント情報　iii 300　(エ) i 週末イベント情報　iii 500

(3) ② に入る表現として最も適当なものを，次の(ア)～(エ)から１つ選べ。

……………………………答の番号【13】

(ア) let's go to the shopping mall this weekend
(イ) let's enjoy it on December twenty-first
(ウ) let's check the date on the website
(エ) let's see it on TV

(4) 本文の内容と一致する英文として最も適当なものを，次の(ア)～(エ)から１つ選べ。

……………………………答の番号【14】

(ア) Mina found the popular bag on Maro Mall's website, and she wants to buy one.
(イ) Ellie said that she was going to buy a good bottle for lunch on Maro Mall's website.
(ウ) Mina is checking Maro Mall's website because she has never been to Maro Mall.
(エ) Ellie wants to try hot soup at Maro Mall because it's cold this month.

【リスニングの問題について】

放送中にメモをとってもよい。

3 それぞれの質問に対する答えとして最も適当なものを，次の(ア)～(エ)から１つずつ選べ。（４点）

(1) (ア) To the park.　(イ) Last month.
(ウ) Every weekend.　(エ) Her father did.

……………………………答の番号【15】

(2) (ア) Curry and spaghetti.　(イ) Spaghetti and some tomatoes.
(ウ) Some tomatoes and coffee.　(エ) Curry and coffee.

……………………………答の番号【16】

4 それぞれの質問に対する答えとして最も適当なものを，次の(ア)～(エ)から１つずつ選べ。（４点）

(1) (ア) ５つのクラブ　(イ) 12のクラブ　(ウ) 15のクラブ　(エ) 20のクラブ

……………………………答の番号【17】

(2) (ア) 球技に興味があり，強いチームで活動したかったから。
(イ) 親切な部員がおり，また，科学部の活動日と重ならないから。
(ウ) 以前に母が使っていたボールを持っているから。
(エ) 兄と練習したことがあり，また，練習日が自分に合っているから。

……………………………答の番号【18】

5 それぞれの会話のチャイムのところに入る表現として最も適当なものを，下の(ア)～(エ)から１つずつ選べ。（４点）

（例題） A：Hi, I'm Hana.

B：Hi, I'm Jane.
A：Nice to meet you.
B：〈チャイム音〉

(ア) I'm Yamada Hana. (イ) Nice to meet you, too.
(ウ) Hello, Jane. (エ) Goodbye, everyone.

（解答例）

ア	㋑	ウ	エ

(1) (ア) I have just left home. I'll be there soon.
(イ) I have two. You can use one of them.
(ウ) Yes, it is. It was sunny yesterday.
(エ) I don't know when you leave here.

…………………………答の番号【19】

(2) (ア) That's nice. I'll buy one of them.
(イ) I don't want to buy any books.
(ウ) You should go to another bookstore.
(エ) I see. You wrote good English.

…………………………答の番号【20】

＜理科＞

時間　40分　満点　40点

【注意】 字数制限がある場合は，句読点や符号なども１字に数えなさい。

1　一郎さんと京子さんは，ヒトの消化液のはたらきについて調べるために，次の〈実験〉を行った。また，下の会話は，一郎さんと京子さんが，〈実験〉に関して交わしたものの一部である。これについて，下の問い(1)・(2)に答えよ。（４点）

〈実験〉

操作①　試験管Ａ・Ｂを用意し，試験管Ａには１％デンプン溶液７mLと水でうすめただ液２mLを入れてよく混ぜ，試験管Ｂには１％デンプン溶液７mLと水２mLを入れてよく混ぜる。

操作②　右のⅠ図のように，試験管Ａ・Ｂを38℃の水に入れ，10分後にとり出す。

操作③　試験管Ａ・Ｂにヨウ素液を数滴加えてよく混ぜ，それぞれの試験管中の溶液のようすを観察する。

Ⅰ図

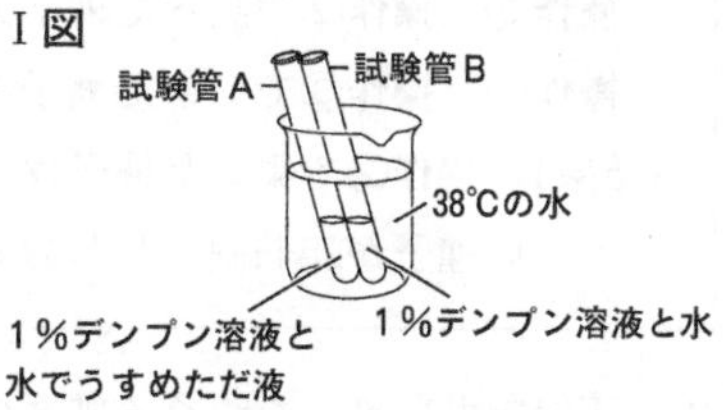

一郎　〈実験〉の結果 [P] 中の溶液の色は青紫色に変化したけれど，もう一方の試験管中の溶液の色は青紫色に変化しなかったよ。なぜこのような差が生じたのかな。

京子　だ液に含まれている消化酵素である [Q] のはたらきによって，デンプンが分解されたからだよ。

一郎　そうなんだね。デンプンは [Q] のはたらきによって分解された後，体内でどうなるのかな。

京子　さまざまな消化液のはたらきによってブドウ糖にまで分解されてから吸収されるんだよ。

(1)　会話中の [P] ・ [Q] に入る語句の組み合わせとして最も適当なものを，次の(ア)〜(エ)から１つ選べ。
……………………………答の番号【１】

(ア)　P　試験管Ａ　Q　アミラーゼ　　(イ)　P　試験管Ａ　Q　ペプシン

(ウ)　P　試験管Ｂ　Q　アミラーゼ　　(エ)　P　試験管Ｂ　Q　ペプシン

(2)　右のⅡ図は，ヒトの消化器官を表した模式図である。会話中の下線部ブドウ糖を吸収する器官と，吸収されたブドウ糖を異なる物質に変えて貯蔵する器官を示しているものとして最も適当なものを，Ⅱ図中のＷ〜Ｚからそれぞれ１つずつ選べ。また，消化液に関して述べた文として最も適当なものを，次の(ア)〜(エ)から１つ選べ。
……………………………答の番号【２】

Ⅱ図

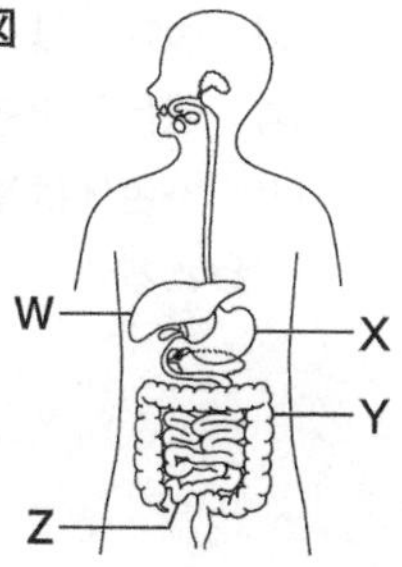

(ア)　胃液は，デンプンを分解するはたらきをもつ。

(イ)　胆汁は，タンパク質を水に混ざりやすい状態にするはたらきをもつ。
(ウ)　すい液は，デンプン，タンパク質，脂肪を分解するはたらきをもつ。
(エ)　だ液は，デンプンだけではなく，タンパク質も分解するはたらきをもつ。

2　遺伝のしくみについて調べるために，エンドウを用いて次の〈**実験**〉を行った。これについて，下の問い(1)～(3)に答えよ。ただし，種子の形を丸くする遺伝子をA，しわのあるものにする遺伝子をaとする。（6点）

〈実験〉
操作①　丸い種子をつくる純系のエンドウと，しわのある種子をつくる純系のエンドウをかけ合わせる。
操作②　**操作①**でできた種子をすべて集め，種子の形について調べる。
操作③　**操作②**で調べた種子をまいて育て，それぞれ自家受粉させる。
操作④　**操作③**でできた種子をすべて集め，種子について調べる。
【結果】　**操作②**で集めた種子はすべて丸い種子であった。また，**操作④**で集めた種子は，丸い種子が2544個，しわのある種子が850個であった。

(1)　下線部丸い種子をつくる純系のエンドウのもつ，種子の形を決める遺伝子の組み合わせとして最も適当なものを，次の(ア)～(ウ)から1つ選べ。また，メンデルの見いだした遺伝の法則のうち，ある1つの形質に関して対になっている遺伝子が減数分裂によって分かれ，それぞれ別々の生殖細胞に入ることを何の法則というか，**ひらがな3字**で書け。
………………………………答の番号【3】

(ア)　AA　　(イ)　Aa　　(ウ)　aa

(2)　**操作④**で調べた種子のうち，**操作②**で調べた種子と，種子の形を決める遺伝子の組み合わせが同じものの占める割合を分数で表すとどうなると考えられるか，最も適当なものを，次の(ア)～(オ)から1つ選べ。
………………………………答の番号【4】

(ア)　$\frac{1}{4}$　(イ)　$\frac{1}{3}$　(ウ)　$\frac{1}{2}$　(エ)　$\frac{2}{3}$　(オ)　$\frac{3}{4}$

(3)　遺伝子に関して述べた文として適当なものを，次の(ア)～(オ)から**すべて選べ**。
………………………………答の番号【5】

(ア)　遺伝子は，多量の放射線を受けると傷ついてしまうことがある。
(イ)　遺伝子の本体は，DNA（デオキシリボ核酸）という物質である。
(ウ)　植物には，遺伝子のすべてが親と子でまったく同じである個体は存在しない。
(エ)　遺伝子を操作する技術を利用して，ヒトの病気の治療に役立つ物質が生産されている。
(オ)　染色体は遺伝子を含み，染色体の複製は体細胞分裂のときに細胞の両端に移動しながら行われる。

3　次の会話は令子さんと和馬《かずま》さんが，星の動きについて交わしたものの一部である。これについて，下の問い(1)・(2)に答えよ。（５点）

> **令子**　昨日夜空を見ていたら，冬の①<u>星座</u>の１つであるオリオン座が見えたよ。オリオン座の位置は時間がたつにつれて変わったように見えたけれど，星の動きを観測するにはどうすればよいかな。
>
> **和馬**　それなら，カメラのシャッターを長時間開いて②<u>夜空を撮影する</u>と，星の動きが線になった写真が撮れるので，星の動きをよりわかりやすく観測できるよ。
>
> **令子**　今日，夜空を撮影して，実際に観測してみるよ。ありがとう。

(1)　下線部①<u>星座</u>について，次の文章は，星座を形づくる星々の特徴を説明したものである。文章中の X に入る最も適当な語句を，**ひらがな４字**で書け。また，文章中の Y ・ Z に入る表現の組み合わせとして最も適当なものを，下の(ア)～(カ)から１つ選べ。

……………………………答の番号【6】

> 星座を形づくる星々のように，自ら光を出す天体を X という。星座を形づくる X は太陽系の Y あり，地球から見たときの明るさは等級で表され，明るいほど等級の数字は Z なる。

(ア)　Y　内側にのみ　Z　大きく　(イ)　Y　内側にのみ　Z　小さく
(ウ)　Y　外側にのみ　Z　大きく　(エ)　Y　外側にのみ　Z　小さく
(オ)　Y　内側にも外側にも　Z　大きく　(カ)　Y　内側にも外側にも　Z　小さく

(2)　下線部②<u>夜空を撮影する</u>について，京都府内の，周囲に高い山や建物がない場所で，写真の中央が天頂となるようにカメラを夜空に向けて三脚に固定し，シャッターを１時間開いたままにして星の動きを撮影した。その結果，それぞれの星の動きが線となった写真が撮影された。このとき撮影された写真を模式的に表したものとして最も適当なものを，次の(ア)～(オ)から１つ選べ。

……………………………答の番号【7】

(ア)　(イ)　(ウ)　(エ)　(オ)

4　右のⅠ図は，明日香さんが調べたある年の３月７日午前９時における日本付近の天気図であり，低気圧の中心からのびる前線をそれぞれ前線Aと前線B，明日香さんの通う学校のグラウンドを地点Xとして示している。これについて，次の問い(1)～(3)に答えよ。（５点）

Ⅰ図

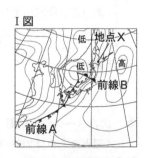

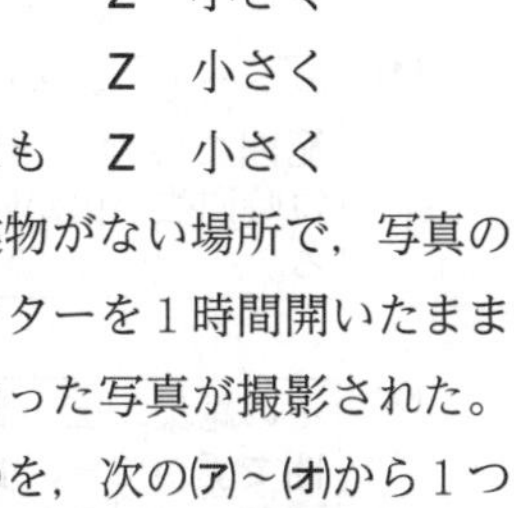

(1)　３月５日から７日にかけての前線の変化について述べた次のページの文章中の □ に共通して入る最も適当な語句を，**ひらがな４字**で書け。

……………………………答の番号【8】

> 3月5日は日本付近に［　　　］前線がみられた。［　　　］前線は寒気と暖気の強さが同じくらいのときにできるもので，ほとんど動かない。この前線上に低気圧が発生したことで，3月7日にみられた前線Aや前線Bができたと考えられる。

(2)　明日香さんは，地点Xでの大気の流れ，前線A付近で雨が降るまでの過程，前線B付近で雨が降るまでの過程について，右のⅡ図のように黒板にパネルを3つずつ並べて貼り，クラスで発表することになった。次の(ア)～(ケ)は，明日香さんが発表のために作成したパネルである。前線A付近で雨が降るまでの過程を説明するために必要なものを，次の(ア)～(ケ)から**3つ**選び，順を追って説明できるように並べて記号で書け。…………………………**答の番号【9】**

Ⅱ図

(ア)	暖気が寒気の上をはいあがるようにして進む。
(イ)	それに対して，低気圧の中心付近では，ふき込むような風が吹く。
(ウ)	これにより，気団どうしが作る前線面の傾きは急になる。
(エ)	高気圧の中心付近で，ふき出すような風が吹く。
(オ)	その結果，せまい範囲で雲ができ，短時間強い雨が降る。
(カ)	その結果，気圧の高い方から低い方へ大気は動き，東よりの風が吹く。
(キ)	寒気が暖気を押しあげるようにして進んでいく。
(ク)	これにより，気団どうしが作る前線面の傾きはゆるやかになる。
(ケ)	その結果，広い範囲で雲ができ，長時間雨が降る。

(3)　次の文章は，明日香さんが3月7日午前9時に地点Xで気圧を測定し，その結果とⅠ図からわかることについてまとめたものである。文章中の［　　］に入る適当な表現を，**海面**という語句を用いて**6字以内**で書け。…………………………**答の番号【10】**

> 地点Xで気圧を測定すると984hPaであったが，Ⅰ図では地点Xは1004hPaの等圧線上にあった。測定結果が天気図の等圧線の値より低くなった理由は，地点Xが［　　］ところにあるためだと考えられる。

下書き用　［　］［　］［　］［　］［　］［　］ 6

5　次のページの〈**実験**〉に関して，あとの問い(1)～(3)に答えよ。ただし，〈**実験**〉においてステンレス皿と金あみは加熱の前後で他の金属や空気と反応したり，質量が変化したりしないものとする。また，ステンレス皿上の物質は加熱時に金あみから外へ出ることはないものとする。（5点）

〈実験〉

操作①　ステンレス皿と金あみの質量を測定する。また，マグネシウム0.3 g をはかりとってステンレス皿にのせる。

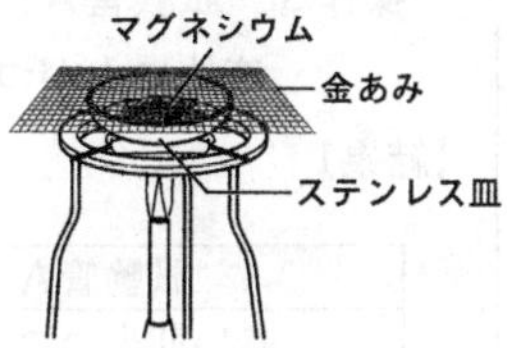

操作②　ステンレス皿の上に金あみをのせ，右の図のように２分間加熱する。

操作③　ステンレス皿が冷めてから，金あみをのせたままステンレス皿の質量をはかり，ステンレス皿上の物質の質量を求める。

操作④　ステンレス皿上の物質をよくかき混ぜて再び２分間加熱し，冷めた後にステンレス皿上の物質の質量を求める。これを質量が変化しなくなるまでくり返し，変化がなくなったときの質量を記録する。

操作⑤　ステンレス皿にのせるマグネシウムの質量を変えて，操作②～④を行う。

【結果】

加熱前のステンレス皿上のマグネシウムの質量〔g〕	0.3	0.6	0.9	1.2	1.5
加熱をくり返して質量の変化がなくなったときのステンレス皿上の物質の質量〔g〕	0.5	1.0	1.5	2.0	2.5

(1)　〈実験〉においてマグネシウムと化合した物質は，原子が結びついてできた分子からできている。次の(ア)～(オ)のうち，分子であるものを**すべて**選べ。 ……………………………答の番号【11】

(ア)　H_2O　　(イ)　Cu　　(ウ)　NaCl　　(エ)　N_2　　(オ)　NH_3

(2)　【結果】から考えて，加熱をくり返して質量の変化がなくなったときの物質が7.0 g 得られるとき，マグネシウムと化合する物質は何 g になるか求めよ。

……………………………答の番号【12】

(3)　マグネシウム2.1 g と銅の混合物を用意し，ステンレス皿にのせて操作②～④と同様の操作を行った。このとき，加熱をくり返して質量の変化がなくなったときの混合物が5.5 g 得られたとすると，最初に用意した混合物中の銅は何 g か求めよ。ただし，銅だけを加熱すると，加熱前の銅と加熱をくり返して質量の変化がなくなったときの物質との質量比は４：５になるものとする。また，金属どうしが反応することはないものとする。

……………………………答の番号【13】

6　健さんが行った次の〈実験〉について，あとの問い(1)・(2)に答えよ。（５点）

〈実験〉

操作①　水とエタノールの混合物30mLを枝つきフラスコに入れ，右のⅠ図のようにゆっくりと加熱して沸とうさせ，ガラス管から出てくる気体を氷水で冷やし，液体にして試験管に集める。

Ⅰ図

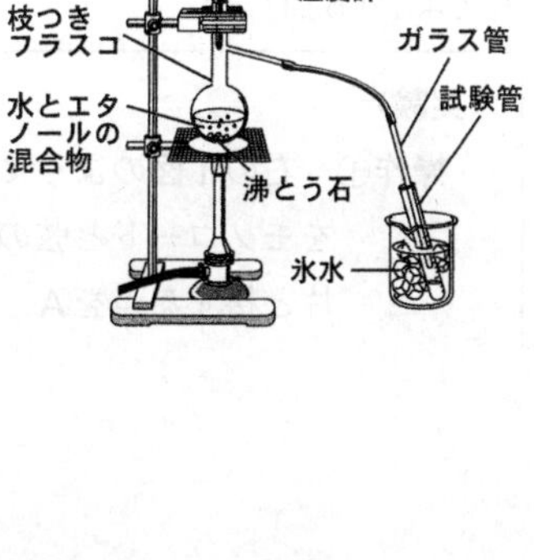

操作②　集めた液体が試験管についている５mLの目盛りまでたまったら，次の試験管にとりかえ

る。この操作を３本目の試験管まで続け，得られた順に試験管Ａ～Ｃとする。

操作③　試験管Ａ～Ｃの液体をそれぞれ蒸発皿に移してマッチの火を近づけ，それぞれの液体に火がつくかどうかを調べる。

【結果】

試験管Ａ	試験管Ｂ	試験管Ｃ
長い間火がついた	火はついたがすぐに消えた	火はつかなかった

(1)　〈実験〉のように，液体を加熱して沸とうさせ，出てきた気体を再び液体にして集める方法を何というか，**ひらがな６字**で書け。また，次の文章は【結果】からわかることを健さんがまとめたものである。文章中の X ・ Y に入る語句の組み合わせとして最も適当なものを，下の**ｉ群**(ア)・(イ)から， Z に入る最も適当な表現を，**ii群**(カ)～(ケ)からそれぞれ１つずつ選べ。
……………………………答の番号【14】

水が最も多く含まれるのは X ，エタノールが最も多く含まれるのは Y であると考えられる。このような【結果】になったのは，水よりエタノールの方が Z ためであると考えられる。

ｉ群　(ア)　X　試験管Ａ　Y　試験管Ｃ　　(イ)　X　試験管Ｃ　Y　試験管Ａ

ii群　(カ)　沸点が高い　　(キ)　沸点が低い　　(ク)　融点が高い　　(ケ)　融点が低い

(2)　健さんは〈実験〉を応用して，海水から水を分けてとり出すことにした。室温が一定の理科室で，右のII図のような半球状の容器とIII図とIV図のような容器，一定量の海水と冷水を用意し，それらを組み合わせて三脚にのせ，ガスバーナーに火をつけゆっくりと加熱した。次の(ア)～(エ)のうち，海水から分けてとり出される水がIV図の容器の中に最も多く得られるものを１つ選べ。ただし，加熱前の(ア)～(エ)におけるIV図の容器は空であり，加熱中に各容器は割れたり動いたりしないものとする。
……………………………答の番号【15】

II図　III図　IV図

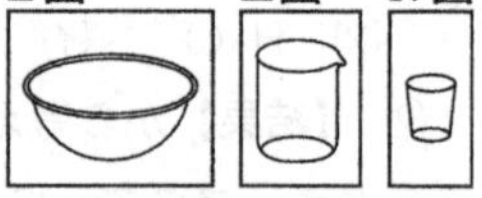

(ア)

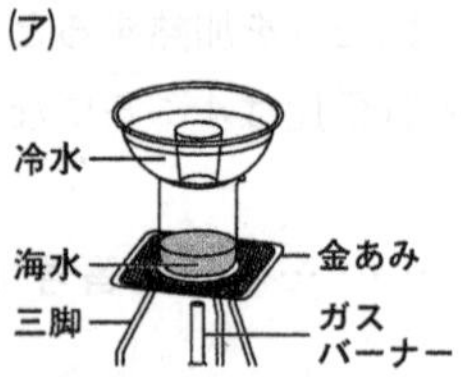

(イ)

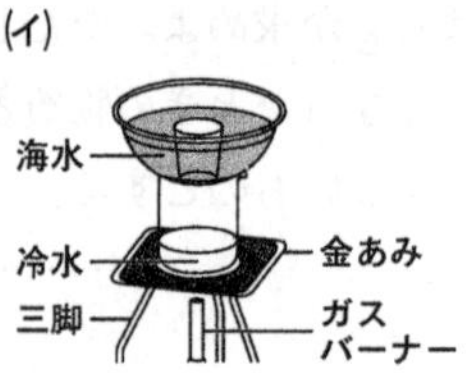

(ウ)

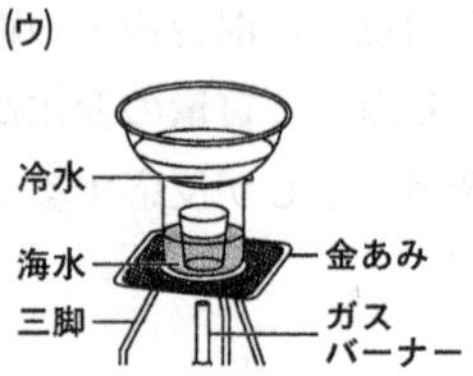

(エ)

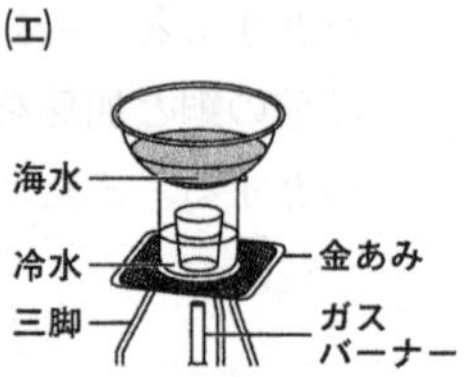

7　舞子さんは，モノコードとオシロスコープを用いて次の〈実験〉を行った。また，下の**まとめ**は舞子さんが〈実験〉についてまとめたものの一部である。これについて，あとの問い(1)・(2)に答えよ。（５点）

〈実験〉

操作①　右のＩ図のように，モノコードに弦をはり，木片をモノコードと弦の間に入れる。このとき，弦が木片と接する点をＡ，固定した弦の一端をＢとする。

Ｉ図

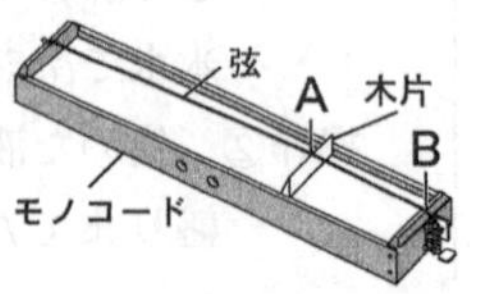

AB間の中央をはじいたときに出る音をオシロスコープで観測し，オシロスコープの画面の横軸の１目盛りが0.0005秒となるように設定したときに表示された波形を記録する。

操作②　木片を移動させてAB間の長さをさまざまに変える。AB間の弦のはる強さを**操作①**と同じになるよう調節し，AB間の中央を**操作①**と同じ強さではじいたときに出る音を，**操作①**と同じ設定にしたオシロスコープで観測し，表示された波形をそれぞれ記録する。

まとめ

〈実験〉で記録した音の波形をそれぞれ比較すると，音の波形の振幅は，AB間の長さに関わらず一定であることが確認できた。

右のⅡ図は，**操作①**で記録した音の波形であり，音の振動数を求めると，［ X ］Hzであった。次に，**操作②**で記録した音の波形から，それぞれの音の振動数を求め，ＡＢ間の長さと振動数の関係について調べたところ，AB間の長さが［ Y ］なるほど，音の振動数が少なくなっていることが確認できた。音の高さと振動数の関係をふまえて考えると，AB間の長さが［ Y ］なると，弦をはじいたときに出る音の高さが［ Z ］なるといえる。

Ⅱ図

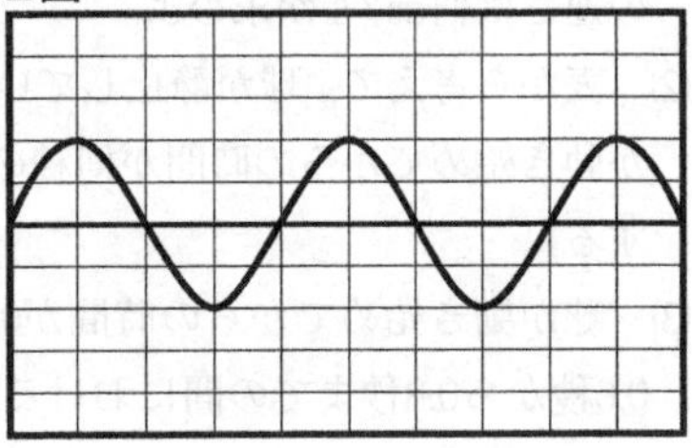

(1)　**まとめ**中の［ X ］に入る数値として最も適当なものを，次の(ア)～(エ)から１つ選べ。

……………………………**答の番号【16】**

(ア)　200　　(イ)　500　　(ウ)　2000　　(エ)　5000

(2)　右のⅢ図は，**まとめ**中の下線部**操作②**で記録した音の波形のうち，Ⅱ図から求めた振動数の半分であった音の波形を表そうとしたものであり，図中の点線（………）のうち，いずれかをなぞると完成する。答案用紙の図中の点線のうち，その音の波形を表していると考えられる点線を，**実線**（――）で横軸10目盛り分なぞって図を完成させよ。ただし，縦軸と横軸の１目盛りが表す大きさは，Ⅱ図と等しいものとする。また，**まとめ**中の［ Y ］・［ Z ］に入る語句の組み合わせとして最も適当なものを，次の(ア)～(エ)から１つ選べ。

Ⅲ図

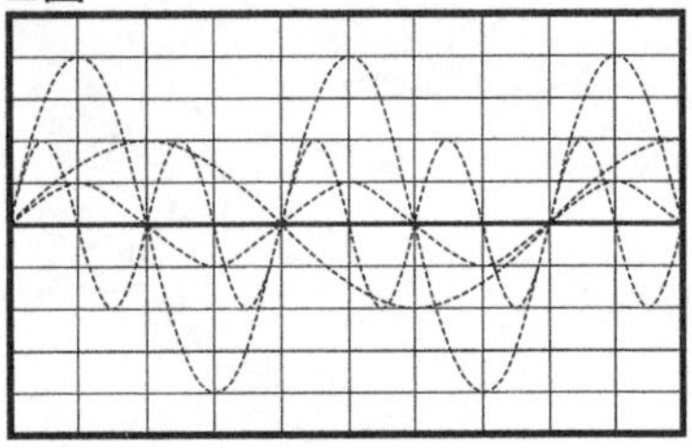

……………………………**答の番号【17】**

(ア)　Y　長く　Z　高く

(イ)　Y　長く　Z　低く

(ウ)　Y　短く　Z　高く

(エ)　Y　短く　Z　低く

8　右の図のように，２本のまっすぐなレールをなめらかにつなぎあわせて傾きが一定の斜面と水平面をつくり，斜面上に球を置いて手で支え，静止させた。手を静かに離し，球がレール上を動き始めたのと同時に，0.1秒ごとにストロボ写真（連続写真）を撮影した。次の表は，球が動き始めてからの時間と，球が静止していた位置からレール上を動いた距離を，撮影した写真から求めてまとめたものの一部である。これについて，下の問い(1)～(3)に答えよ。ただし，球にはたらく摩擦力や空気の抵抗は考えないものとし，球がレールを離れることはないものとする。（５点）

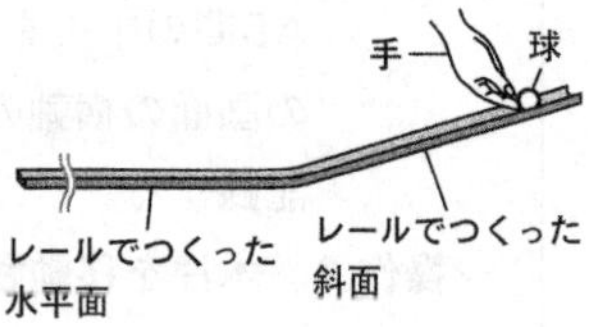

球が動き始めてからの時間〔s〕	0.1	0.2	0.3	0.4	0.5	0.6	0.7	0.8
球が静止していた位置からレール上を動いた距離〔cm〕	1.5	6.0	13.5	24.0	36.0	48.0	60.0	72.0

(1)　球が動き始めてからの時間が0.2秒から0.3秒までの間における，球がレール上を動いた平均の速さは何cm/s か求めよ。
……………………………答の番号【18】

(2)　表から考えて，球が静止していた位置からレール上を動いた距離が120.0cmに達したのは，球が動き始めてからの時間が何秒のときか求めよ。ただし，水平面は十分な長さがあったものとする。
……………………………答の番号【19】

(3)　球が動き始めてからの時間が0.1秒から0.3秒までの間，および球が動き始めてからの時間が0.6秒から0.8秒までの間における，球にはたらく球の進行方向に平行な力について述べた文として最も適当なものを，次の(ア)～(エ)からそれぞれ１つずつ選べ。
……………………………答の番号【20】

(ア)　一定の大きさではたらき続ける。
(イ)　はたらき続け，しだいに大きくなる。
(ウ)　はたらき続け，しだいに小さくなる。
(エ)　はたらいていない。

＜社会＞

時間　40分　満点　40点

【注意】　字数制限がある場合は，句読点や符号なども１字に数えなさい。

1　涼さんは，夏休みに家族と東南アジアへ旅行に出かけ，さまざまなことを調べた。右の**資料Ⅰ**は，涼さんが訪れた都市を記した東南アジア周辺の略地図の一部である。これを見て，次の問い(1)～(5)に答えよ。(10点)

資料Ⅰ

(1)　**資料Ⅰ**中の点線（------）は，緯度０度の緯線を示している。この緯線のことを何というか，**ひらがな４字**で書け。また，次の(ア)～(エ)のうちから，この緯線が通る国を１つ選べ。

……………………………**答の番号【１】**

(ア)　イタリア　　(イ)　インド
(ウ)　エジプト　　(エ)　ブラジル

(2)　**資料Ⅰ**中のホイアンは，ベトナムの都市である。涼さんは，かつて日本町があったホイアンを訪れ，朱印船貿易を通して当時の東南アジア各地に，日本町が形成されたことを知った。右の**資料Ⅱ**は，13世紀から17世紀の日本のおもなできごとを涼さんが年代順に並べて作成したものである。日本と東南アジアの国々との間で，朱印船貿易が開始されたのはどの時期か，**資料Ⅱ**中の**A**～**D**から１つ選べ。また，涼さんは，朱印船貿易における航海では，夏と冬で風向きが変わる風が利用されていたことを知った。この風を何というか，**漢字３字**で書け。……………………………**答の番号【２】**

資料Ⅱ

御成敗式目が定められる
A
室町幕府が開かれる
B
応仁《おうにん》の乱が起こる
C
日本に鉄砲が伝来する
D
島原《しまばら》・天草一揆《あまくさいっき》が起こる

(3)　**資料Ⅰ**中のバンコクは，タイの首都である。涼さんは，バンコクで仏教寺院を訪れて仏教に興味を持ち，日本の仏教文化について調べた。日本で栄えた仏教文化の一つである飛鳥《あすか》文化を代表する建造物として最も適当なものを，次の**ⅰ群**(ア)～(エ)から１つ選べ。また，飛鳥文化が栄えた時期の日本について述べた文として最も適当なものを，下の**ⅱ群**(カ)～(ケ)から１つ選べ。

……………………………**答の番号【３】**

ⅰ群　(ア)　延暦寺《えんりゃくじ》　(イ)　法隆寺《ほうりゅうじ》　(ウ)　中尊寺金色堂《ちゅうそんじこんじきどう》　(エ)　平等院鳳凰堂《びょうどういんほうおうどう》

ⅱ群　(カ)　農村で，惣《そう》とよばれる自治組織がつくられた。

(キ)　人々に開墾をすすめるために，朝廷が墾田永年私財法をだした。

(ク)　漢字を変形させて簡単にした仮名文字がつくられ，枕草子《まくらのそうし》などの文学作品が生まれた。

(ケ)　家柄にとらわれず，個人の才能によって役人を採用するために，冠位十二階の制度が定められた。

(4) **資料**Ⅰ中のクアラルンプールは，マレーシアの首都である。涼さんは，マレーシアがイギリスから独立した国であることを知った。右の**資料**Ⅲおよび下の**資料**Ⅳは，イギリスから独立した国のうち，マレーシア，オーストラリア，サウジアラビア，ガーナの４か国について，さまざまな視点から比較するために涼さんが作成したものである。**資料**Ⅲは，2016年における４か国の人口と人口密度を示したものであり，A～Dはそれぞれ，４か国のいずれかである。このうち，マレーシアにあたるものはどれか，涼さんが**資料**Ⅲについて書いた右の文を参考にして，A～Dから１つ選べ。また，**資料**Ⅳは，2016年における４か国の輸出額の上位５品目と，それぞれの輸出総額に対する割合を示したものであり，P～Sはそれぞれ，４か国のいずれかである。このうち，マレーシアにあたるものはどれか，P～Sから１つ選べ。

資料Ⅲ

	人口（千人）	人口密度（人/km^2）
A	28,033	117.5
B	24,309	3.2
C	30,752	93.1
D	32,158	14.6

「データブック オブ・ザ・ワールド 2017」より作成

> **資料**Ⅲからは，４か国それぞれの国の面積を求めて比較することもでき，国の面積が大きな順に，オーストラリア，サウジアラビア，マレーシア，ガーナとなることが読み取れる。

資料Ⅳ

	１位		２位		３位		４位		５位	
P	機械類	41.4%	石油製品	6.6%	パーム油	4.8%	天然ガス	4.1%	精密機械	3.6%
Q	原油(石油)	65.6%	石油製品	11.4%	プラスチック	6.8%	有機化合物	3.7%	機械類	1.3%
R	金	41.6%	カカオ豆	17.7%	原油(石油)	10.1%	野菜・果実	9.6%	木材	3.6%
S	鉄鉱石	20.9%	石炭	15.6%	金	7.4%	天然ガス	7.0%	肉類	4.4%

「世界国勢図会 2018/19」より作成

……………………………答の番号【4】

(5) 涼さんは，**資料**Ⅰ中で記した都市があるすべての国が，1967年に創設された東南アジア諸国連合に加盟していることを知った。東南アジア諸国連合の略称を**アルファベット大文字５字**で書け。また，下の**資料**Ⅴは，涼さんが2017年における東南アジア諸国連合，ヨーロッパ連合(EU)，アメリカ，日本の貿易額と国内総生産についてそれぞれ調べ，作成したものであり，A～Cはそれぞれ，東南アジア諸国連合，ヨーロッパ連合，アメリカのいずれかである。このうち，東南アジア諸国連合にあたるものを，A～Cから１つ選べ。ただし，東南アジア諸国連合，ヨーロッパ連合の貿易額および国内総生産は，それぞれの加盟国の合計を示したものである。

……………………………答の番号【5】

資料Ⅴ　貿易額と国内総生産（2017年）

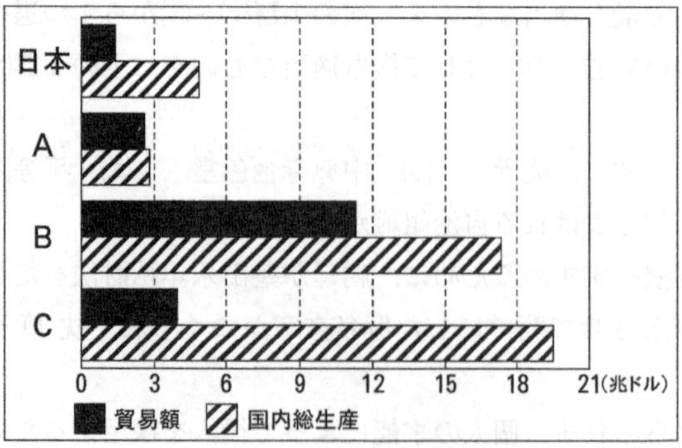

「世界国勢図会 2019/20」より作成

2　桜さんは，自分が住んでいる愛知県についてさまざまなことを調べた。右の**資料Ⅰ**は，愛知県の略地図である。これを見て，次の問い(1)～(5)に答えよ。(10点)

資料Ⅰ

(1)　桜さんは，**資料Ⅰ**中の小牧山《こまきやま》に16世紀，織田信長《おだのぶなが》が小牧山城を築いたことを知った。織田信長が行ったこととして最も適当なものを，次の**ⅰ群(ア)～(エ)**から１つ選べ。また，16世紀に世界で起こったできごとについて述べた文として最も適当なものを，下の**ⅱ群(カ)～(ケ)**から１つ選べ。　…………………………**答の番号【6】**

ⅰ群　(ア)　参勤交代の制度を整えた。　(イ)　九州の島津《しまづ》氏を降伏させた。

(ウ)　キリスト教の信仰を禁止した。　(エ)　足利義昭《あしかがよしあき》を京都から追放した。

ⅱ群　(カ)　イギリスで名誉革命が起こった。

(キ)　アメリカで独立宣言が発表された。

(ク)　ルターが宗教改革を始めた。

(ケ)　李成桂《イソンゲ》《りせいけい》が高麗《コリョ》《こうらい》をたおして朝鮮《ちょうせん》国を建てた。

(2)　桜さんは，**資料Ⅰ**中の津島《つしま》市で「人権が尊重されるまちづくり条例」が2018年から施行されたことを知り，基本的人権について調べた。次の(ア)～(エ)は日本国憲法で保障されている基本的人権の内容の一部を示している。このうち自由権，社会権の内容として最も適当なものを，(ア)～(エ)からそれぞれ１つずつ選べ。　…………………………**答の番号【7】**

(ア)　国に損害賠償を請求する権利

(イ)　能力に応じて，ひとしく教育を受ける権利

(ウ)　自分の財産を所有する権利

(エ)　選挙で代表者を選んだり，自ら立候補したりする権利

(3)　桜さんは，**資料Ⅰ**中の名古屋市にある徳川《とくがわ》美術館に，平安時代に作成された「源氏物語絵巻《げんじものがたりえまき》」が所蔵されていることを知った。次の**A～D**は平安時代に日本で起こったできごとである。**A～D**を古いものから順に並べかえ，記号で書け。　…………………………**答の番号【8】**

A　白河《しらかわ》上皇が摂政《せっしょう》や関白《かんぱく》の力をおさえて政治を行った。

B　空海《くうかい》が高野山《こうやさん》に金剛峯寺《こんごうぶじ》を建てた。

C　藤原純友《ふじわらのすみとも》が武士団を率いて反乱を起こした。

D　源義朝《みなもとのよしとも》が平《へい》氏の軍勢に敗れた。

(4)　次のページの**資料Ⅱ・Ⅲ**は**資料Ⅰ**中の渥美《あつみ》半島内にある２つの異なる地域を示した２万5000分の１地形図の一部である。**資料Ⅱ**の地形図から読み取れることとして最も適当なものを，次の**ⅰ群(ア)～(ウ)**から１つ選べ。また，**資料Ⅲ**中の**P**地点を基準として，**Q～S**地点との標高差を比較したとき，地点間の標高差が最も小さいものとして適当なものを，次のページの**ⅱ群(カ)～(ク)**から１つ選べ。　…………………………**答の番号【9】**

ⅰ群　(ア)　○で囲まれた**A**の地域は，標高が50m以上であり，田として利用されている土地を含む。

(イ)　○で囲まれた**B**の地域は，標高が50m以上であり，果樹園として利用されている土地を含む。

(ウ)　○で囲まれた**C**の地域は，標高が50m以上であり，茶畑として利用されている土地を

含む。

ⅱ群　(カ)　P地点とQ地点　　(キ)　P地点とR地点　　(ク)　P地点とS地点

資料Ⅱ

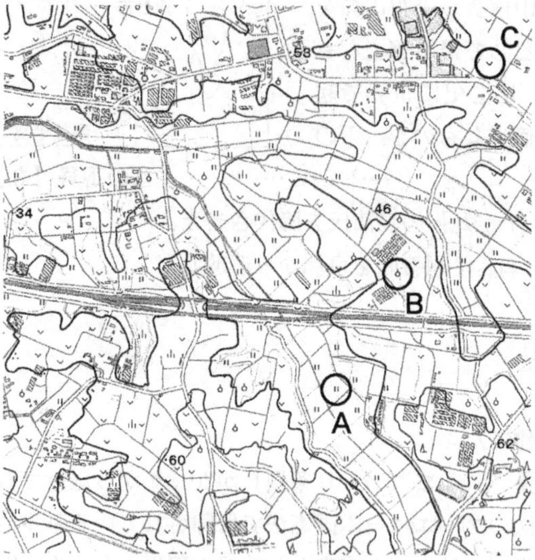

資料Ⅲ

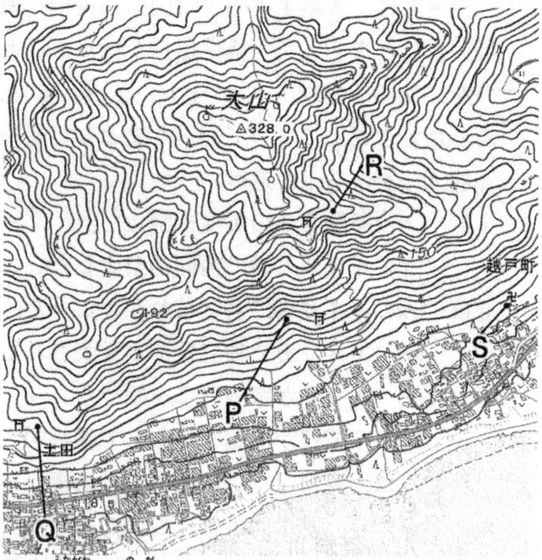

資料Ⅱ・Ⅲは国土地理院調製2万5000分の1地形図「二川《ふたがわ》」「野田《のだ》」（いずれも平成31年調製）の一部より作成

(5)　下の**資料Ⅳ**は，2016年における中部地方の各県の農業産出額とその品目別の内訳をまとめたものである。桜さんは，中部地方の農業の特色について調べる中で，中部地方には特定の農産物の産出額の割合が高い県がある一方で，愛知県のように多様な農産物の生産が幅広く行われている県もあることを知った。桜さんは，農業産出額に占める最上位品目の割合が50%未満である県は，多様な農産物の生産が幅広く行われているのではないかと考え，**資料Ⅳ**をもとにして中部地方の略地図である**資料Ⅴ**中に，農業産出額に占める最上位品目の割合が50%未満であった愛知県を黒く塗って示した。**資料Ⅳ**中の愛知県を除く残りの県のうちから，愛知県と同様に，農業産出額に占める最上位品目の割合が50%未満である県を**すべて**選び，答案用紙の略地図中で，その県にあたる部分を**すべて黒く塗って**示せ。

……………………………答の番号【10】

資料Ⅳ　2016年における中部地方の各県の農業産出額とその品目別の内訳（単位：億円）

	農業産出額	米	野菜	果実	畜産	その他
愛知県	3,154	276	1,127	207	875	669
新潟県	2,583	1,484	386	80	499	134
長野県	2,465	454	897	557	305	252
静岡県	2,266	196	700	331	490	549
岐阜県	1,164	216	361	56	440	91
山梨県	899	56	141	541	84	77
富山県	666	448	61	22	98	37
石川県	548	283	108	30	95	32
福井県	470	288	89	9	52	32

「データでみる県勢2019年版」より作成

資料Ⅴ

3　太郎さんは，交通と運輸の歴史について調べ，発表することにした。次の**資料Ⅰ**は，太郎さんが発表のために作成した展示用の写真と解説文の一部である。これを見て，下の問い(1)～(5)に答えよ。(10点)

資料Ⅰ

中世の日本では，馬《ば》借《しゃく》と呼ばれる，①馬を用いた運送業者が活動した。	江戸時代，大量の物資を運ぶ菱垣廻船《ひがきかいせん》が，②大阪と江戸を往復した。	交通や通信の整備が進められ，③明治時代になると，新橋《しんばし》・横浜間に鉄道が開通した。

20世紀前半，日本では④自動車の国産化などが進められ，重化学工業が発展した。	1978年に開港した成《なり》田《た》国際空港は，航空輸送の拠点となる⑤空港として発展してきた。

(1)　太郎さんは，下線部①馬が，中世の日本で戦いにも用いられてきたことを知った。右の**資料Ⅱ**は，馬が用いられた13世紀の戦いを描いたものである。また，右の文章は，その戦いに関して太郎さんが書いたものである。文中の A に入る，当時の中国全土を支配していた国の呼び名を**漢字1字**で書け。また， B に入る表現として最も適当なものを，次の(ア)～(エ)から1つ選べ。

資料Ⅱ

A の皇帝フビライ・ハンの命令で始まった二度の A 軍の襲来を，幕府はしりぞけた。この戦いの後，13世紀末になると， B 。

……………………………答の番号【11】

(ア)　生活が苦しくなった御家人を救済するために，幕府は永仁《えいにん》の徳政令を出した

(イ)　外国船の侵入を防ぐために，幕府は異国船打払《うちはらい》令を出した

(ウ)　幕府をたおすために，後鳥羽《ごとば》上皇が京都で反乱を起こした

(エ)　幕府の力がおとろえたために，戦国大名が各地を支配するようになった

(2)　太郎さんは，江戸時代の下線部②大阪が，「三都」と呼ばれる都市の一つであったことを知った。江戸時代の大阪について述べた文として適当なものを，次の(ア)～(カ)から**すべて**選べ。

……………………………答の番号【12】

(ア)　出島《でじま》が築かれ，オランダ人との交易が行われた。

(イ)　幕府が直接支配する幕領（幕府領）となった。

(ウ)　商業都市として発展し，「天下の台所」と呼ばれた。

(エ)　化政文化の中心地として栄えた。

(オ) 港の一つが，日米修好通商条約によって開港した。

(カ) 豊臣《とよとみ》氏がほろぼされた戦いが起こった。

(3) 太郎さんは，下線部③明治時代の日本の様子について調べた。明治時代の日本の社会や文化の様子について述べた文として最も適当なものを，次の(ア)～(エ)から１つ選べ。

……………………………答の番号【13】

(ア) 治安維持法の制定により，共産主義に対する取り締まりが強められた。

(イ) 国家総動員法の制定により，政府は労働力や資源を議会の承認なしに動員できるようになった。

(ウ) 文庫本や１冊１円の円本が刊行され，文化の大衆化に大きな役割を果たした。

(エ) 国際社交場である鹿鳴館《ろくめいかん》が建てられ，舞踏会が催されるなど，欧化政策が進められた。

(4) 太郎さんは，下線部④自動車について興味を持ち，右の**資料Ⅲ**を作成した。**資料Ⅲ**は，アジア州における2016年の自動車保有台数上位５か国に関するデータを，世界の合計とともに示したものである。また，次の会話は，**資料Ⅲ**について太郎さんと先生が交わしたものの一部である。会話中の [A] ・ [B] に入る語句の組み合わせとして最も適当なものを，下の(ア)～(エ)から１つ選べ。また， [C] に入る適当な表現を，**自動車保有台数**という語句を用いて**11字以内**で書け。

……………………………答の番号【14】

資料Ⅲ

	2010年	2016年	
	自動車保有台数（万台）	自動車保有台数（万台）	人口（千人）
中国	7,802	19,400	1,382,323
日本	7,536	7,775	125,892
インド	2,078	4,604	1,326,802
インドネシア	1,890	2,251	260,581
韓国	1,794	2,180	50,504
世界の合計	101,676	132,421	7,432,663

「データブック オブ・ザ・ワールド」
2013年版及び2017年版及び2019年版より作成

太郎　2010年と2016年を比べると，**資料Ⅲ**中のそれぞれの国，世界の合計，いずれにおいても自動車保有台数が増加していますね。その中でも，中国と [A] は自動車保有台数が２倍以上に増加しています。

先生　そうですね。では，**資料Ⅲ**から読み取ることのできる日本の特徴は何かありましたか。

太郎　はい。自動車保有台数の世界の合計と日本に注目すると，世界の合計に占める日本の割合は，2010年と比べ，2016年では [B] していることがわかります。

先生　そうですね。他にもありましたか。例えば，**資料Ⅲ**中の日本と他の４か国を比較するとどうですか。

太郎　あっ，わかりました。**資料Ⅲ**中の５か国の中で，日本は最も2016年の人口千人あたりの [C] ことが読み取れますね。

(ア) A インド　B 増加　　(イ) A インド　B 減少

(ウ) A インドネシア　B 増加　　(エ) A インドネシア　B 減少

下書き用

11

(5) 太郎さんは，下線部⑤空港や道路といった，私企業だけで提供することが困難な財を供給することが政府の役割の一つであることを知った。このような財のことを何というか，社会という語句に続けて，**漢字２字**で書け。また，このような財を供給するために，政府は国民から税金を徴収するが，政府が国民に課す税金の中で間接税にあたるものとして適当なものを，次の(ア)～(オ)から**２つ**選べ。……………………………答の番号【15】

(ア)　関税　　(イ)　消費税　　(ウ)　所得税　　(エ)　相続税　　(オ)　法人税

4　都さんのクラスでは，「日本の社会」について班ごとにテーマを決めて調べ学習に取り組んだ。次の表は，１～５班のテーマと調べたことの一覧である。これを見て，下の問い(1)～(5)に答えよ。

(10点)

班	１班	２班	３班	４班	５班
テーマ	議会制民主主義	市場経済	企業	農業	工業
調べたこと	国民の政治参加について	価格の決まり方について	株式会社について	稲作地域について	工場の立地について

(1)　１班は，選挙が国民の意思を政治に反映させるための主要な方法であり，議会制民主主義を支えるものである点に着目した。次の**ⅰ群**(ア)～(エ)の現在の日本における選挙の原則のうち，財産や性別などに関係なく，一定の年齢に達した国民すべてに選挙権を保障する原則を１つ選べ。また，現在の日本における国会議員の選挙制度について述べた文として最も適当なものを，下の**ⅱ群**(カ)～(ケ)から１つ選べ。……………………………答の番号【16】

ⅰ群　(ア)　直接選挙　　(イ)　秘密選挙　　(ウ)　平等選挙　　(エ)　普通選挙

ⅱ群　(カ)　衆議院議員の被選挙権を得られる年齢は，満18歳以上である。

(キ)　衆議院議員の全体では，比例代表制よりも，小選挙区制によって選出される議員の方が多い。

(ク)　参議院議員の選挙は６年に一度行われ，一度の選挙ですべての参議院議員が改選される。

(ケ)　参議院議員の選挙では，小選挙区比例代表並立制が採られている。

(2)　２班は，市場経済においては，需要と供給のバランスによって価格が変化する点に着目した。右の**資料Ⅰ**は，自由な競争が行われている市場において，ある商品の価格と需要・供給の関係を模式的に表したものである。また，次の文は，**資料Ⅰ**について２班が書いたものの一部である。文中の［A］・［B］に入るものの組み合わせとして最も適当なものを，下の(ア)～(エ)から１つ選べ。

……………………………答の番号【17】

資料Ⅰ

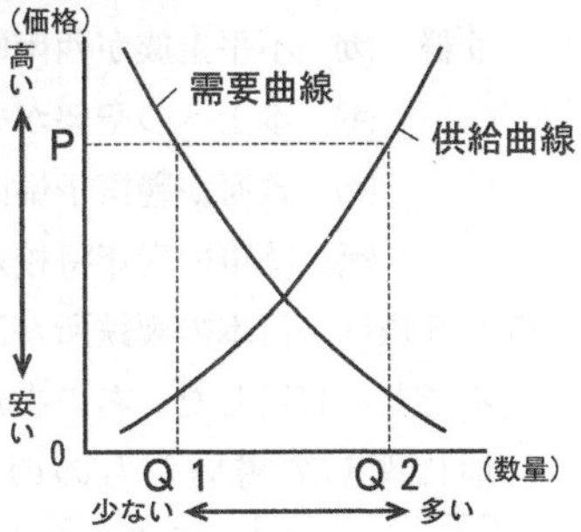

> 価格がPのとき，供給量が需要量を［A］おり，［B］の式で表される量の売れ残りがでるので，この商品の価格は下落していくと考えられる。

(ア)　A　上まわって　B　Q１＋Q２　　(イ)　A　上まわって　B　Q２－Q１

(ウ)　A　下まわって　B　Q１＋Q２　　(エ)　A　下まわって　B　Q２－Q１

(3)　次のページの**資料Ⅱ**は，３班が株主と株式会社との関係についてまとめたものの一部であり，**資料Ⅱ**中の矢印（—>）は，お金やものの動きを示している。また，下の**資料Ⅲ**は，3班が**資料Ⅱ**についてまとめたものである。**資料Ⅱ・Ⅲ**において，A・B のそれぞれに共通して入る語句として最も適当なものを，次の(ア)～(オ)からそれぞれ1つずつ選べ。

…………………………答の番号【18】

資料Ⅱ

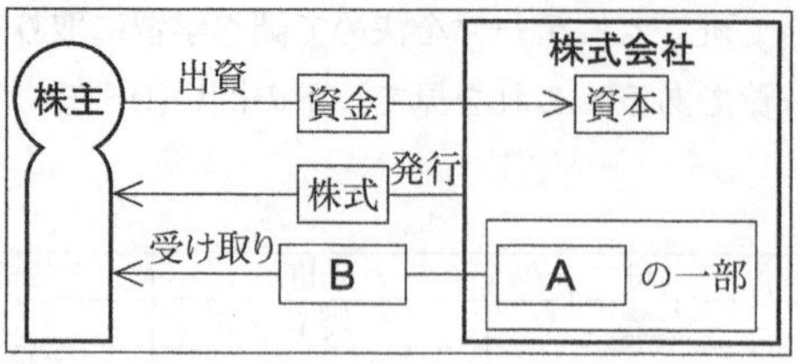

資料Ⅲ

株式会社は公企業と違い，A を得ることを目的とする私企業の一つで，株式を発行することで得られた資金を資本として，生産や販売などを行う。株主は，持ち株数に応じて，会社の A の一部を受け取ることができ，これを B という。

(ア) 債券　(イ) 賃金　(ウ) 配当　(エ) 利子　(オ) 利潤（利益）

(4) 4班は，日本で有数の米の生産地である東北地方の稲作について調べた。東北地方の稲作に関して述べた文として最も適当なものを，次の**ⅰ群**(ア)～(エ)から1つ選べ。また，東北地方では，世界恐慌《きょうこう》の影響が日本において深刻化していた1930年代に，農業経営が危機におちいった。1930年代に日本で起こったできごととして最も適当なものを，下の**ⅱ群**(カ)～(ケ)から1つ選べ。

…………………………答の番号【19】

ⅰ群 (ア) 冷害に強くて品質の高い米の開発が進み，銘柄米として生産が行われている。
(イ) 太平洋側では，夏に吹くやませによって，稲作に適した気候がもたらされている。
(ウ) 土地の栄養が不足していくことを防ぐため，同じ土地で米だけを作り続ける輪作が行われている。
(エ) 日本海側では，千島《ちしま》列島から南下してくる黒潮によって，稲作に適した気候がもたらされている。

ⅱ群 (カ) 不平士族が西南戦争を起こした。
(キ) 本土への空襲が始まり，都市の子どもが疎開した。
(ク) 政府が警察予備隊をつくった。
(ケ) 陸軍の青年将校が二・二六事件を起こした。

(5) 5班は，日本の製鉄所が臨海部に多く立地していることに着目した。右の文章は，5班が製鉄所の立地に関して書いたものの一部である。文章中の A・B に入るものとして最も適当なものを，A は次の**ⅰ群**(ア)～(エ)から，B は**ⅱ群**(カ)～(ク)から，それぞれ1つずつ選べ。

日本の製鉄所が臨海部に集中しているのは，A に適していることがおもな理由である。同様の理由で臨海部に集中しているものには，B などがある。

…………………………答の番号【20】

ⅰ群 (ア) 製品に使用する原材料の採掘　(イ) 外国との貿易をめぐる対立の回避
(ウ) 政治や経済に関する情報の収集　(エ) 重量の大きい原料や製品の大量輸送

ⅱ群 (カ) IC（集積回路）工場　(キ) 印刷工場　(ク) 石油化学コンビナート

創太　そうだったね。本文最後の一文に書かれていた、「人間を交換する生きものととらえるならば、貨幣は人間の交換生活と歩調をあわせて進化してきた」とはどういうことだったかな。

芽依　その本文最後の一文を、別の表現にすると、［Y］ということだと本文からわかるね。貨幣について調べてみると、アダム・スミスが、人間は物々交換し、取引する性向を備えていることを指摘していたよ。

創太　なるほど。じゃあ、本文の内容を踏まえて[1]ポスターセッションの主題は「交換生活と人」にするのはどうかな。

芽依　それはいいね。ポスターの本文は縦書きにしようかな。[2]縦書きを読みやすく書くための要点を教科書で復習しておくね。

㈠　会話文中の［X］に入る最も適当な表現を、次の（ア）～（エ）から一つ選べ。……答の番号【18】

（ア）持続性と指標的な作用　（イ）一過性と客観的な作用

（ウ）永遠性と創造的な側面　（エ）規則性と短期的な側面

㈡　会話文中の［Y］に入る最も適当な表現を、次の（ア）～（エ）から一つ選べ。……答の番号【19】

（ア）人間が交換する生きものとして段階的に発展してきたことにより、貨幣は廉価なものから高価なものまで価値を示すことができるようになった

（イ）貨幣が人間を交換する生きものとなるように変化させたことで、硬貨や紙幣が生まれ、人間の社会生活が豊かで安定したものになった

（ウ）交換することは人間の特性であると考えられ、交換媒介は、社会の進歩に伴い、姿を変化させ、その働きを充実させ、硬貨や紙幣へ発展してきた

（エ）人間は交換するだけの生きものではないので、人間の生活の発展と、貨幣が交換するものとして進化してきたことは、根幹の部分では関連がない

㈢　[1]ポスターセッションに向けてポスターを作成する際の一般的な注意点として**適当でないもの**を、次の**Ⅰ群**（ア）～（エ）から一つ選べ。また、[2]縦書きを読みやすく書く際の一般的な注意点として**適当でないもの**を、後の**Ⅱ群**（カ）～（ケ）から一つ選べ。……答の番号【20】

Ⅰ群

（ア）見る側の興味をひくキャッチコピーをつける。

（イ）用紙の上下左右に余白を設けない。

（ウ）題名の部分は見出しよりも目立たせて書く。

（エ）具体的な内容に関する情報の掲載は最小限にする。

Ⅱ群

（カ）字間と行間をそれぞれそろえて書く。

（キ）用紙に合った文字の大きさで書く。

（ク）文字の中心を行の中心にそろえて文字を書く。

（ケ）平仮名は漢字より大きく書く。

（ケ）から一つ選べ。……………………答の番号【14】

Ⅰ群

（ア） 前に述べられていることと、後に述べられていることが並列であることを表す働き。

（イ） 前に述べられていることが、後に述べられていることの原因であることを表す働き。

（ウ） 後に述べられていることが、前に述べられていることの説明やまとめであることを表す働き。

（エ） 後に述べられていることが、前に述べられていることとは逆の内容であることを表す働き。

Ⅱ群

（カ） だから　（キ） だが　（ク） つまり　（ケ） 同様に

(8) 本文中の f報告 の熟語の構成を説明したものとして最も適当なものを、次のⅠ群（ア）～（エ）から一つ選べ。また、f報告 と同じ構成の熟語を、後のⅡ群（カ）～（ケ）から一つ選べ。……………………答の番号【15】

Ⅰ群

（ア） 上の漢字が下の漢字を修飾している。

（イ） 上の漢字と下の漢字の意味が対になっている。

（ウ） 上の漢字と下の漢字が似た意味を持っている。

（エ） 上の漢字と下の漢字が主語・述語の関係になっている。

Ⅱ群

（カ） 添付　（キ） 脇道　（ク） 日没　（ケ） 緩急

(9) 本文中の gシュウ容 の片仮名の部分を漢字に直し、楷書で書け。……………………答の番号【16】

(10) 本文の段落構成を説明した文として最も適当なものを、次の（ア）～（エ）から一つ選べ。……………………答の番号【17】

（ア） 2段落では、1段落の内容と対照的な状況について具体例を使って示すことで、1段落の趣旨を否定している。

（イ） 3段落では、2段落で用いた例を発展させることで、「貨幣商品起源説」について説明している。

（ウ） 4段落では、3段落で述べた内容と異なる論点で根拠を示すことで、貨幣の誕生を説明している。

（エ） 5段落では、3・4段落で述べたことを用いて、一般論と自説を比較している。

(11) 創太さんと芽依さんのクラスでは、本文を学習した後、本文の内容についてポスターセッションをすることになった。次の会話文は、創太さんと芽依さんが本文について話し合ったものの一部である。これを読み、次のページの問い㈠～㈢に答えよ。

創太 完成度の高い貨幣ってどのようなもののことだったかな。

芽依 本文の内容から完成度の高い貨幣とは、交換手段としての働きと、［X］を高い水準で備えているもののことだと読み取れるね。本文には、現在の貨幣が昔の貨幣と比べて、完成度が高いということが書かれていたね。

する場面。

(2)　本文からは次の一文が抜けている。この一文は本文中の〈1〉～〈4〉のどこに入るか、最も適当な箇所を示す番号を一つ選べ。……答の番号【8】

> なぜならモノどうしの直接交換は難しいからだ。

(3)　本文中の b もちろん断られるだろう は、どのような品詞の語で組み立てられているか、用いられている単語の品詞を、次の(ア)～(オ)から**すべて**選べ。……答の番号【9】

(ア)　動詞　(イ)　副詞　(ウ)　連体詞
(エ)　助動詞　(オ)　助詞

(4)　次の文章は、本文中の c 貨幣の発生 に関して述べたものである。これを読み、後の問い㊀・㊁に答えよ。

> 貨幣は、[A]に発生したと考えられる。この「貨幣商品起源説」が広く説得力を持つのは、ある種の商品が、[B]と人々にとらえられて商品貨幣となり、実際に多くの場面で機能していたという報告があるからである。

㊀　文章中の[A]に入る最も適当な表現を、次の(ア)～(エ)から一つ選べ。……答の番号【10】

(ア)　交換を行う者どうしのあいだで欲求の二重の一致が成立することによって、交換媒介となるモノの必要性が生じたため
(イ)　相手が求めるモノとなるように、自分の持っているモノの価値をより高める働きをもつ存在が求められたため
(ウ)　物々交換のあいだに入る媒介物が生まれたことで、自身が生産したモノの価値を保存する必要性が生じたため
(エ)　互いの欲求を満たすためにモノを交換する際、互いが求めるモノの価値の代用となって働く存在が求められたため

㊁　文章中の[B]に入る最も適当な表現を、本文中から二十八字で抜き出し、**初めと終わりの三字**を書け。……答の番号【11】

(5)　本文中の d 言及 の読みを**平仮名**で書け。……答の番号【12】

(6)　本文中の e 確立した の意味として最も適当なものを、次の**Ⅰ群**(ア)～(エ)から一つ選べ。また、本文中の h 均質 の意味として最も適当なものを、後の**Ⅱ群**(カ)～(ケ)から一つ選べ。……答の番号【13】

Ⅰ群

(ア)　不動のものとなった　(イ)　可能性をみせた
(ウ)　成功した　(エ)　軌道に乗った

Ⅱ群

(カ)　一つの形にまとまっている
(キ)　形状が薄く平らである
(ク)　成分や密度、性質が一定である
(ケ)　高い品質を保っている

(7)　本文中の[　]には、[　]の前に述べられていることと、後に述べられていることとの間で、どのような働きをする語が入るか。最も適当なものを、次の**Ⅰ群**(ア)～(エ)から一つ選べ。また、本文中の[　]に入る語として最も適当なものを、後の**Ⅱ群**(カ)～

く方法をとった」と論じている。たとえば日本では米などが、この「他人が断らない商品」にあたる。主食である米は、みながそれなりにもっているので、＊当座の交換の見返りとして一番欲しいものではない。〈3〉だが、それでも歯医者はラーメン屋が米をもって来たら、受けとって治療するだろう。なぜなら米はラーメンと違って保存が効くので、いつか食べられるからだ。歯医者が米を受けとる理由として、保存が効くこと以上に大きいのは、米ならきっと人類学者も受けとるだろうという期待である。じっさいに人類学者は米を受けとるだろう。なぜなら、本を読まないラーメン屋も米なら受けとると期待するからである。こうして米は必ずしも各人の一番欲しいモノではないが、他人もきっと受けとるという期待から、交換を断られない商品、すなわち交換媒介＝貨幣として機能するようになる。〈4〉

4　このように物々交換のあいだに入る媒介物としての人気商品に貨幣の起源を見るのが「貨幣商品起源説」である。もちろん過去にさかのぼって貨幣が発生する瞬間を確認できるわけではないので、これは仮説にすぎない。□物々交換のなかから、特定の商品が貨幣の役割を果たすようになったという f 報告は数多くある。たとえば経済学者であるリチャード・A・ラドフォードは、自身が第二次世界大戦中に捕虜として囚《とら》われていた g シュウ容所で、パンや缶詰などの物々交換のなかからタバコが貨幣として用いられるようになった事例を報告している。

5　現在、私たちが使っている貨幣はこの「交換媒介」機能を中心として、価値を将来にもち越す「価値保存」、あらゆるモノの価値をあらわす「価値基準」という三つの機能を果たすものとされる。米やタバコなどの商品貨幣はこの三つの機能を果たすものの、まだ不完全である。たとえば米はラーメンよりは保存が効くが、時間がたてば品質が落ちる。そうなると交換を断られてしまうし、価値基準としても不安定である。貨幣のはじまりはこのような不完全な商品だったが、その後、時代が下るにつれて三つの機能をより完全に果たすモノに変わっていった。米や麦からより耐久性の高い貝や石へ、さらに貴金属へ、それを h 均質的に加工した硬貨へ、そして紙幣へ。容易に持ち運べ、劣化せず、一〇〇円のジュースから一〇〇億円の戦闘機まであらゆるものの価値をあらわせる貨幣へと完成度を高めていったのである。人間を交換する生きものととらえるならば、貨幣は人間の交換生活と歩調をあわせて進化してきたといえるかもしれない。

（深田《ふかだ》淳太郎《じゅんたろう》「文化人類学の思考法」による……一部省略がある）

注　＊「2人の～の一致」…アメリカの経済学者グレゴリー・マンキューが論じた内容。

＊アダム・スミス…イギリスの経済学者。

＊欲望の二重の一致…2段落の「欲求の二重の一致」と同意。

＊当座…その場ですぐ。

(1)　本文中の a ここ が示す内容として最も適当なものを、次の(ア)～(エ)から一つ選べ。……………………答の番号【7】

(ア)　自分が生産したモノを差し出す見返りとして貨幣を手に入れる場面。

(イ)　貨幣を使用してモノを買うことで、間接的に相手の貨幣を受け取る場面。

(ウ)　各個人の能力や技術によってつくり出されたモノがやりとりされる場面。

(エ)　生活に必要で誰もが求めるモノを、貨幣を用いることで入手

(5) 次の会話文は、舞子さんと良平さんが本文を学習した後、本文について話し合ったものの一部である。これを読み、後の問い㈠・㈡に答えよ。

舞子　文公は日照りの対策を占わせたんだね。占いの結果を受けて、文公はどのように考えたのだったかな。
良平　文公は、占いで人を一人犠牲にするよう告げられたけれど、その一人を自分以外の人とした場合、これは「[A]」であり、事態をますます悪化させ、[B]にはならないと考えた、ということが本文から読み取れるよ。
舞子　そうだね。占いはそもそも[B]にしたことだったわけだからね。本文を読むと、文公の、[C]が天を動かした、ということがわかるね。

㈠ 会話文中の[A]・[B]に入る最も適当な表現を、本文中からそれぞれ**四字**で抜き出して書け。……………………**答の番号【5】**

㈡ 会話文中の[C]に入る最も適当な表現を、次の(ア)～(エ)から一つ選べ。……………………**答の番号【6】**

(ア) 自分の思いに固執せず、臣下の忠告に耳を貸しそれを素直に受け入れて考えを改めるという謙虚な態度
(イ) 自身が天の怒りを受けることを恐れず、穀物が豊かに実って民が栄えるよう、占いを行った勇気
(ウ) 与えられた方策をそのまま採用せず、目的に照らし合わせてその方策の是非を考え、民を重んじる判断をした姿勢
(エ) 自身が帝に罰せられることを顧みず、激怒する帝に向かって帝の行動を改めさせようとした覚悟

二 次の文章は、「貨幣」について書かれたものの一節である。これを読み、問い(1)～(11)に答えよ。
（[1]～[5]は、各段落の番号を示したものである。）（28点）

[1] まずは私たちが日常的に使っている貨幣から考えてみよう。私たちはそれらでパンや珈琲《コーヒー》を買う。これを言いなおせば、私たちは自分でパンや珈琲をつくるのではなく、各々の技能に応じてモノやサービスを生産し、その見返りとして貨幣をもらい、その貨幣と交換で他人がつくったパンや珈琲を手に入れるということである。つまりモノとモノとを、貨幣を介して間接的に交換しているわけだ。

[2] aここでは貨幣があいだに入ることが決定的に重要である。〈1〉もし貨幣がなかったらと想像してみよう。人類学者である私はお腹《なか》が減ったら、ラーメン屋で「人類学の本と交換にラーメンを食べさせてくれ」と頼まねばならない。bもちろん断られるだろう。虫歯が痛むラーメン屋は歯科医院に行って、歯医者はラーメンと引き換えに歯を治療してくれと頼むが、歯医者はラーメンは昼に食べたばかりだからと断るかもしれない。私だって歯医者に「歯を削ってやるから本をくれ」と頼まれても困る。物々交換が成立するには＊「2人の人間が互いに相手の欲しい物をもっているという希《まれ》な偶然、すなわち欲求の二重の一致」が必要だが、片思いが両思いに成就《じょうじゅ》するのは容易ではない。〈2〉だから、あいだに入る「交換媒介」としての貨幣が重要なのである。

[3] 多くの論者がc貨幣の発生について論じる際に、この媒介機能の重要性にd言及してきた。＊アダム・スミスは、（＊欲望の二重の一致という）「不便を避けるために、分業がe確立した後、どの時代にも賢明な人はみな、自分の仕事で生産したもの以外に、他人が各自の生産物と交換するのを断らないと思える商品をある程度持ってお

＜国語＞

時間　四〇分　満点　四〇点

【注意】字数制限がある場合は、句読点や符号なども一字に数えなさい。

一　次の文章は、「浮世物語《うきよものがたり》」の一節である。**注**を参考にしてこれを読み、問い(1)～(5)に答えよ。（12点）

＊唐土《もろこし》＊梁《りやう》の帝《みかど》、猟《かり》に出《い》で給《たま》ふ。白き＊鴈《がん》ありて田の中に a下りゐたり。帝みづから＊弓に矢をはげ、これを射んとし給ふに、道行き人ありて、是《これ》を知らず白鴈を追ひたて侍《は》べり。帝 b大いに怒りて、その人をとらへて殺さんとし給ふ所に、＊公孫龍《こうそんれう》といふ臣下、いさめていはく、むかし＊衛《ゑい》の＊文公《ぶんこう》の時、天下大いに日照りする事三年なり。これを占はせらるるに、曰《いは》く、一人を殺して天に＊まつらば雨ふるべしと。文公の曰く、雨を求むるも民のため也《なり》。今これ人を殺しなば、不仁の行、いよいよ天の怒りを受けん。この上は、われ死して天に＊まつらん、とのたまふ。その心ざし＊天理にかなひ、たちまちに雨ふりて、＊五穀ゆたかに民＊さかへたり。今、君この白鴈を c重んじて人を殺し給はば、これまことに＊虎狼《こらう》の dたぐひにあらずや e」と申しければ、帝大いに感じて、公孫龍を＊たうとみ給ひけり。

（「新編日本古典文学全集」による）

注　＊唐土…昔、日本が中国のことを指して呼んだ名称。　＊梁…国名。
＊鴈…カモ科の水鳥。　＊弓に矢をはげ…矢を弓の弦《つる》にかけ。
＊公孫龍…梁の帝の家臣。　＊衛…国名。　＊文公…衛の君主。
＊まつらば…差し上げるならば。　＊まつらん…差し上げよう。
＊天理…天の道理。　＊五穀…五種の主要な穀物。また、穀物の総称。
＊さかへたり…栄えた。
＊虎狼…トラとオオカミ。冷酷無情なもののたとえ。
＊たうとみ給ひけり…尊び重んじなさった。

(1)　本文中の a下りゐたり ・ dたぐひ は歴史的仮名遣いで書かれている。これらの平仮名の部分をすべて**現代仮名遣い**に直して、それぞれ**平仮名**で書け。…………**答の番号【1】**

(2)　本文中の b大いに怒りて の理由を述べた文として最も適当なものを、次の**(ア)**～**(エ)**から一つ選べ。…………**答の番号【2】**

(ア)　道を通った人が、鴈を射ようとしている人物が梁の帝であることを知らずに、梁の帝を追いたてて道を譲らせようとしたから。

(イ)　田んぼの中の鴈を梁の帝が射ようとしていることを知らなかった通りすがりの人が、その鴈を追いたてたから。

(ウ)　梁の帝が自ら弓を取り、鴈を射ようとしていたときに、射るのを邪魔しようと鴈を追いたてた人がいたから。

(エ)　鴈を誰かが射ないように梁の帝は見張っていたが、道行く人に気づかなかった結果、その人に鴈を追いたてられたから。

(3)　本文中の c重んじて の主語である人物として最も適当なものを、次の**(ア)**～**(エ)**から一つ選べ。…………**答の番号【3】**

(ア)　衛の文公　**(イ)**　公孫龍
(ウ)　道行き人　**(エ)**　梁の帝

(4)　本文からは、本文中の e」に対応して初めを示すかぎ括弧（「）が抜けている。このかぎ括弧（「）が入る箇所の、**直後の三字**を本文中から抜き出して書け。…………**答の番号【4】**

2020年度

解 答 と 解 説

《2020年度の配点は解答用紙集に掲載してあります。》

<数学解答>

1 (1) -31　(2) $7x+12y$　(3) $7\sqrt{6}$
(4) $x=4$, $y=-3$　(5) 右図　(6) 10個
(7) $\angle x=71°$　(8) およそ230個

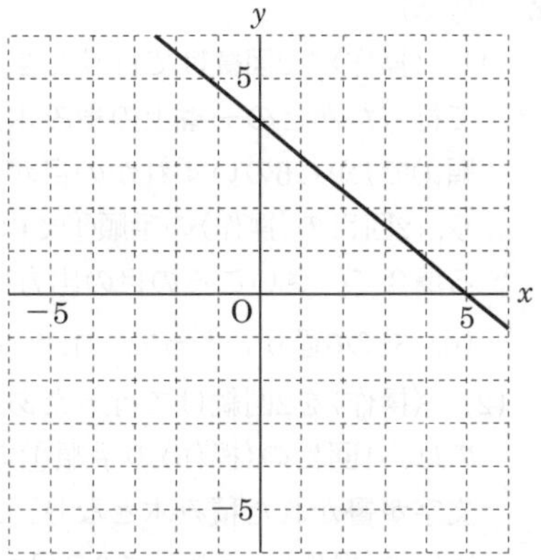

2 (1) $\frac{1}{6}$　(2) $\frac{1}{3}$

3 (1) 長さ 1m, 時間 6秒　(2) $\frac{25}{36}$m

4 (1) 8秒　(2) 面積 $\sqrt{35}\mathrm{cm}^2$　体積 $\frac{14\sqrt{5}}{3}\mathrm{cm}^3$
(3) $\frac{48}{7}$秒後

5 (1) 距離 $\frac{24}{5}$cm　AD $\frac{14}{5}$cm
(2) AG：GC＝3：5　(3) $\frac{21}{20}\mathrm{cm}^2$

6 (1) 7番目の図形の面積 $16\mathrm{cm}^2$　16番目の図形の面積 $72\mathrm{cm}^2$　(2) $n=20$

<数学解説>

1 (数・式の計算, 平方根, 連立方程式, 一次関数のグラフの作成, 不等式, 角度, 標本調査)

(1) 四則をふくむ式の計算の順序は, 指数→かっこの中→乗法・除法→加法・減法 となる。$-3^2=-(3\times3)=-9$だから, $5+4\times(-3^2)=5+4\times(-9)=(+5)+(-36)=-(36-5)=-31$

(2) 分配法則を使って, $4(3x+y)=4\times3x+4\times y=12x+4y$, $6\left(\frac{5}{6}x-\frac{4}{3}y\right)=6\times\frac{5}{6}x-6\times\frac{4}{3}y=5x-8y$ だから, $4(3x+y)-6\left(\frac{5}{6}x-\frac{4}{3}y\right)=(12x+4y)-(5x-8y)=12x+4y-5x+8y=7x+12y$

(3) $\sqrt{32}=\sqrt{2\times4^2}=4\sqrt{2}$ だから, $\sqrt{3}\times\sqrt{32}+3\sqrt{6}=\sqrt{3}\times4\sqrt{2}+3\sqrt{6}=4\sqrt{3\times2}+3\sqrt{6}=4\sqrt{6}+3\sqrt{6}=(4+3)\sqrt{6}=7\sqrt{6}$

(4) $\begin{cases}2x+5y=-7\cdots①\\3x+7y=-9\cdots②\end{cases}$ とする。①×3, ②×2より $\begin{cases}6x+15y=-21\cdots③\\6x+14y=-18\cdots④\end{cases}$ ③−④より $y=-3$ これを①に代入して, $2x+5\times(-3)=-7$ $x=4$ よって, 連立方程式の解は, $x=4$, $y=-3$

(5) 一次関数$y=ax+b$のグラフは, 傾きがa, 切片がbの直線であり, 切片bは, グラフがy軸と交わる点$(0, b)$のy座標になっている。よって, 一次関数$y=-\frac{4}{5}x+4\cdots①$ のグラフは点$(0, 4)$を通る。また, ①に$y=0$を代入して $0=-\frac{4}{5}x+4$ $x=5$ 以上より, 一次関数$y=-\frac{4}{5}x+4$のグラフは, 2点$(0, 4)$, $(5, 0)$を通る直線である。

(6) $5=\sqrt{5^2}=\sqrt{25}$, $6=\sqrt{6^2}=\sqrt{36}$だから, $5<\sqrt{n}<6\cdots①$ より $\sqrt{25}<\sqrt{n}<\sqrt{36}$ よって, $25<n<36$ だから, ①をみたす自然数nは, 26, 27, 28, 29, 30, 31, 32, 33, 34, 35の10個である。

(7) 線分CDを引き，弦ACと弦BDの交点をEとする。**直径に対する円周角は90°**だから，$\angle BCD=90°$ △ABEの**内角と外角の関係**から，$\angle ABD=\angle BEC-\angle BAE=73°-54°=19°$ $\overset{\frown}{AD}$に対する**円周角**なので，$\angle ACD=\angle ABD=19°$ 以上より，$\angle x=\angle BCD-\angle ACD=90°-19°=71°$

(8) **標本**における不良品の比率は$\frac{7}{300}$。よって，母集団における不良品の比率も$\frac{7}{300}$と推測すると，10000個の製品の中に含まれる不良品の個数は $10000\times\frac{7}{300}=233.3\cdots$ より，一の位を四捨五入して，およそ230個と推測できる。

2 (確率)

(1) 〈操作〉を2回続けて行うとき，全ての目の出方は$6\times6=36$通り。このうち，〈操作〉を2回続けて行ったあとの一番上の積み木が，Gの文字が書かれた積み木となるのは，1回目の〈操作〉の手順①で1から6のいずれかの目が出て，上から2番目の積み木が，Gの文字が書かれた積み木となり，2回目の〈操作〉の手順①で6の目が出て，一番上の積み木が，Gの文字が書かれた積み木となる場合で，さいころの目の出方は，(1回目，2回目)＝(1，6)，(2，6)，(3，6)，(4，6)，(5，6)，(6，6)の6通り。よって，求める確率は $\frac{6}{36}=\frac{1}{6}$

(2) 〈操作〉を2回続けて行ったあとの下から4番目の積み木が，Eの文字が書かれた積み木となるのは，1回目の〈操作〉の手順①で1から4のいずれかの目が出て，下から4番目の積み木が，Eの文字が書かれた積み木となり，2回目の〈操作〉の手順①で5か6のいずれかの目が出る場合か，1回目の〈操作〉の手順①で6の目が出て，2回目の〈操作〉の手順①で1から4のいずれかの目が出て，下から4番目の積み木が，Eの文字が書かれた積み木となる場合で，さいころの目の出方は，(1回目，2回目)＝(1，5)，(1，6)，(2，5)，(2，6)，(3，5)，(3，6)，(4，5)，(4，6)，(6，1)，(6，2)，(6，3)，(6，4)の12通り。よって，求める確率は $\frac{12}{36}=\frac{1}{3}$

3 (関数$y=ax^2$，方程式の応用)

(1) 1往復するのに2秒かかる振り子の長さは $y=\frac{1}{4}x^2\cdots$① のxに2を代入して，$y=\frac{1}{4}\times2^2=1$m また，長さが9mの振り子が1往復するのにかかる時間は，①のyに9を代入して，$9=\frac{1}{4}x^2$ $x^2=36$ $x>0$より $x=\sqrt{36}=6$秒

(2) 一般に，yがxの関数で $y=ax^2$(aは0でない定数)と表されるとき，**yはxの2乗に比例する**。振り子Aと振り子Bの長さをそれぞれsm，tmとすると，振り子Aの長さは振り子Bの長さより$\frac{1}{4}$m長いから，$s=t+\frac{1}{4}\cdots$② また，振り子Bが1往復するのにかかる時間が，振り子Aが1往復するのにかかる時間の$\frac{4}{5}$倍であるということは，振り子の長さは1往復するのにかかる時間の2乗に比例するから，振り子Bの長さは振り子Aの長さの$\left(\frac{4}{5}\right)^2=\frac{16}{25}$倍で，$t=\frac{16}{25}s\cdots$③ ③を②に代入して $s=\frac{16}{25}s+\frac{1}{4}$ これを解いて $s=\frac{25}{36}$ 振り子Aの長さは$\frac{25}{36}$mである。

4 (動点，相似の利用，面積，体積)

(1) △ABCに**三平方の定理**を用いて，$AC=\sqrt{AB^2+BC^2}=\sqrt{(2\sqrt{7})^2+6^2}=\sqrt{64}=8$cm よって，点Pが頂点Aを出発してから頂点Cに到着するまでにかかる時間は，8cm÷毎秒1cm＝8秒である。

(2) △BCDはBC＝BDの二等辺三角形。頂点Bから辺CDへ垂線BHを引くと，**二等辺三角形の頂角からの垂線は底辺を2等分する**から，$CH=\frac{1}{2}CD=1$cm △BCHに三平方の定理を用いて，BH

$=\sqrt{BC^2-CH^2}=\sqrt{6^2-1^2}=\sqrt{35}$cm　よって，$\triangle BCD=\dfrac{1}{2}\times CD\times BH=\dfrac{1}{2}\times 2\times\sqrt{35}=\sqrt{35}$cm^2
また，$\angle ABC=\angle ABD=90^\circ$より，辺ABは△BCDを底面としたときの三角錐ABCDの高さになるから，三角錐ABCDの体積は $\dfrac{1}{3}\times\triangle BCD\times AB=\dfrac{1}{3}\times\sqrt{35}\times 2\sqrt{7}=\dfrac{14\sqrt{5}}{3}$cm^3

(3)　三角錐AQPDの体積が$\dfrac{24\sqrt{5}}{7}$cm^{3}となるのが，点Pが頂点Aを出発してからt秒後$(0\leqq t\leqq 8)$と考えると，AP＝毎秒1cm×t秒＝$t$cm。BC//QPより，△ABC∽△AQPで，**相似比**はAC：AP＝8：t　三角錐ABCDと三角錐AQPDの底面をそれぞれ△ABCと△AQPと考えると，2つの三角錐の高さは等しく，**高さが等しい三角錐の体積比は底面積の比に等しい**から，**相似な図形の面積比は相似比の2乗に等しい**ことを考慮すると，$\triangle ABC:\triangle AQP=8^2:t^2=\dfrac{14\sqrt{5}}{3}:\dfrac{24\sqrt{5}}{7}=7^2:6^2$　これより，$t^2=\dfrac{8^2\times 6^2}{7^2}$　$0\leqq t\leqq 8$だから　$t=\sqrt{\dfrac{8^2\times 6^2}{7^2}}=\dfrac{48}{7}$　三角錐AQPDの体積が$\dfrac{24\sqrt{5}}{7}$cm^{3}となるのは，点Pが頂点Aを出発してから$\dfrac{48}{7}$秒後である。

5　(三平方の定理の利用，線分の長さ，線分の長さの比，面積)

(1)　△ABCに三平方の定理を用いると，$BC=\sqrt{AB^2+AC^2}=\sqrt{6^2+8^2}=10$cm　頂点Aから辺BCへ垂線APを引くと，線分APの長さは点Aと辺BCとの距離に相当する。△ABCの面積を，底辺と高さの位置を変えて考えると，$\dfrac{1}{2}\times BC\times AP=\dfrac{1}{2}\times AB\times AC$　よって，$AP=\dfrac{AB\times AC}{BC}=\dfrac{6\times 8}{10}=\dfrac{24}{5}$cm。頂点Dから辺BCへ垂線DQを引く。AD//BCより，AP＝DQ…①　また，AB＝DC…②　∠APB＝∠DQC＝90°…③　①，②，③より，直角三角形の斜辺と他の1辺がそれぞれ等しいから，△ABP≡△DCQ。△ABC∽△PBAであることを考慮すると，BC：BA＝AB：PBより，$PB=\dfrac{BA\times AB}{BC}=\dfrac{6\times 6}{10}=\dfrac{18}{5}$cm。以上より，$AD=PQ=BC-(PB+QC)=BC-2PB=10-2\times\dfrac{18}{5}=\dfrac{14}{5}$cm

(2)　BF：FC＝3：2より，$FC=BC\times\dfrac{2}{3+2}=10\times\dfrac{2}{5}=4$cm。△ABC∽△FGCだから，BC：GC＝AC：FCより，$GC=\dfrac{BC\times FC}{AC}=\dfrac{10\times 4}{8}=5$cm。以上より，AG：GC＝(AC－GC)：GC＝(8－5)：5＝3：5

(3)　AD//BCだから，**平行線と線分の比についての定理**より，$AE:EC=AD:BC=\dfrac{14}{5}:10=7:25$…④　前問(2)より，AG：GC＝3：5＝12：20…⑤　④，⑤より，AE：EG：GC＝7：5：20　よって，$\triangle DEG=\triangle DAC\times\dfrac{EG}{AC}=\dfrac{1}{2}\times AD\times AP\times\dfrac{EG}{AC}=\dfrac{1}{2}\times\dfrac{14}{5}\times\dfrac{24}{5}\times\dfrac{5}{7+5+20}=\dfrac{21}{20}$cm^2

6　(規則性)

(1)　奇数番目の図形のタイルAとタイルBを合わせた数は，1番目が$\left(\dfrac{1+1}{2}\right)^2=1$個，3番目が$\left(\dfrac{3+1}{2}\right)^2=4$個，5番目が$\left(\dfrac{5+1}{2}\right)^2=9$個，…　だから，7番目の図形のタイルAとタイルBを合わせた数は$\left(\dfrac{7+1}{2}\right)^2=16$個で，その面積は16cm^2　また，偶数番目の図形のタイルAとタイルBを合わせた数は，2番目が1番目の1個より$\dfrac{2}{2}=1$個多い1＋1＝2個，4番目が3番目の4個より$\dfrac{4}{2}=2$個多い4＋2＝6個，…　だから，16番目の図形のタイルAとタイルBを合わせた数は，15番目の$\left(\dfrac{15+1}{2}\right)^2=64$個より$\dfrac{16}{2}=8$個多い64＋8＝72個で，その面積は72cm^2

(2)　前問(1)と同様に考えると，nを偶数とするとき，n番目の図形のタイルAとタイルBを合わせた数は，$(n-1)$番目の$\left\{\dfrac{(n-1)+1}{2}\right\}^2=\dfrac{n^2}{4}$個より$\dfrac{n}{2}$個多い$\dfrac{n^2}{4}+\dfrac{n}{2}=\dfrac{n^2+2n}{4}$個で，その面積は$\dfrac{n^2+2n}{4}$

cm^2…① また，nを偶数とするとき，$(2n+1)$は奇数だから，$(2n+1)$番目の図形のタイルAとタイルBを合わせた数は，$\left\{\frac{(2n+1)+1}{2}\right\}^2=(n+1)^2$個で，その面積は$(n+1)^2$cm^2…② n番目の図形と$(2n+1)$番目の図形の面積の差は①，②より，$(n+1)^2-\frac{n^2+2n}{4}=\frac{3n^2+6n+4}{4}$cm^2 これが331cm^{2}となるのは，$\frac{3n^2+6n+4}{4}=331$ より $n^2+2n-440=0$ $(n-20)(n+22)=0$ $n\geqq2$ より，$n=20$

<英語解答>

1 (1) ① saw ③ named (2) ウ→オ→イ→エ→ア (3) エ (4) ウ
(5) (a) ア (b) feel cool (6) イ (7) エ (8) (a) イ
(b) an exciting and special experience
2 (1) by (2) ウ (3) ア (4) ア **3** (1) イ (2) ウ
4 (1) ア (2) エ **5** (1) イ (2) ア

<英語解説>

1 (物語文：語形変化，語句の並べ換え，語句補充・選択，語句の解釈・指示語，英問英答，文の挿入，内容真偽，現在・過去・未来と進行形，形容詞，不定詞，受け身，文の構造(目的語・補語)，現在完了，関係代名詞，接続詞，分詞の形容詞用法，名詞・冠詞・代名詞，動名詞，前置詞)

「おお，なんときれいな！ すべて気に入ってしまう」 私が初めて家の近くの店できれいなスイーツを①(見た)時，本当にワクワクしました。その後，私はよくその店を訪れて，スイーツを見たり，いくつか買ったりして楽しみました。

多くの人びとがスイーツを食べることが好きです。たとえば，彼らは，誕生日や特別な日に家族や友人と一緒に楽しい時間を過ごすために，スイーツを食べます。私は，疲れや少し悲しみを感じるときにスイーツを食べます。そして，エネルギーを得て，幸せな気分になります。将来，私が作ったスイーツで，②[多くの人たちを幸せでワクワクさせたい]。私の夢は，パティシエになることです。

ある日，私がよく行くその店で働いているパティシエが，私におもしろい物語を聞かせてくれました。それは，タルト・タタンと③名づけられたフランスのスイーツについてでした。それは，アップルパイの一種です。タルトとは英語でパイを意味して，タタンとは19世紀にホテルを経営していた二人の姉妹の苗字です。パティシエによれば，タルト・タタンとはその姉妹の手違いで作られました。ある日，彼女たちの一人が，いつも作るようにアップルパイを焼こうとしました。彼女はそのアップルパイを作るために，パイの上に切り分けたリンゴをのせて，パイを焼かなければなりませんでしたが，彼女はパイを使わずに，切り分けたリンゴだけを焼き始めました。それから，姉妹のもう一人が，切り分けたリンゴの上にパイを置いて，それらを一緒に焼きました。彼女たちは，それをひっくり返して，そして出しました。これは，彼女たちがいつも作っているアップルパイの，正しい作り方ではありませんでした。しかし④それを食べた人たちは，それがとても好きだった。のちに，それはタルト・タタンと呼ばれました。その町の人たちは，タルト・タタンを愛し続けていて，彼らはそれを誇りに思っています。彼らは，毎年町でのタルト・タタン祭で，伝統的なスイーツとしてそれを食べることを楽しんでいます。

私がこの話を聞いた時，本当にワクワクしました。私は時々タルト・タタンを食べますが，その物語を聞くのは初めてでした。私が食べるそれぞれのスイーツには，タルト・タタンのように興味ある物語があるのかもしれません。そしてその物語からスイーツがどのように作られたのかを，私たちはたびたび学びます。私はそれに興味を持ち，人気のあるスイーツについて別の物語を見つけたくなりました。そして，日本のスイーツについて，⑤<u>一つ</u>見つけました。

日本では，⑥<u>*水無月(みなづき)*</u>と呼ばれる和菓子があり，特に京都ではたくさんの人たちが6月にそれを食べます。それは三角形のもので，白いものをよく見かけます。私は，その月になぜ人びとがそれを食べるのか知りませんでした。私が祖母に聞くと，それについて教えてくれました。祖母によれば，遠い昔，*水無月*とは一年のうちの6番目の月の伝統的な呼び名でした。そして，もっとも暑い季節の一時期でした。京都の貴族の人たちは，その月には氷を食べました。なぜなら，彼らは暑い日々の間に涼しく感じたかったからです。町の人たちもそうしたかったのですが，氷を手に入れることは彼らにとってとても難しいことでした。だから，彼らは氷のかけらのように見えるスイーツを作り，そして食べました。現在では，それを*水無月*と呼んでいます。私はこの話を聞いたときに，この話が気に入りました。京都の人たちは，長い間*水無月*を食べ続けました。なぜなら，彼らは，暑い季節の間に良い健康状態でいたかったからだと，祖母は言いました。私は，京都の人たちは今，文化の一部として*水無月*を誇りに思っているのだと，確かにそう考えています。

今，私はタルト・タタンのように手違いで作られたスイーツがあることを知っています。また，*水無月*のように，人びとの願いからできたスイーツも知っています。それぞれのスイーツにはそれ自体の物語があることは確かで，そしてその物語はたいてい人びとの生活からきているのだと思っています。私はきれいなスイーツを見て楽しみ，そしてそれらの物語のおかげでスイーツを作ることにさらに興味を持つようになりました。もし私が将来作るスイーツの物語を話すことができれば，人びとはその物語に興味を持って，スイーツを食べること楽しむことでしょう。彼らは，スイーツの物語を思い出して，そして遠い昔にそのスイーツを作ったり食べたりした誰かについて思うことでしょう。それは，彼らにとってワクワクして特別な経験だと，私は確信しています。私は，多くの人たちにそのような経験を与えるような，パティシエになりたいです。私は，人びとが彼らの文化の中で長い間スイーツについての物語を語ってきたことを学びました。私は，彼らの文化を尊重し，そしてそのような物語をもっと学びます。

(1)　①　下線のある文では，家の近くの店でスイーツを見た時のことを言っているので see は過去形の saw とする。　③　下線のあとの Tarte Tatin from France とは，下線の前の sweet を説明していると考えられる。したがって，name は「～と名付けられたスイーツ」を表す形容詞とするために過去分詞形 named が適当。

(2)　(正解) I want [(ウ)<u>to</u> (オ)<u>make</u> (イ)<u>many people</u> (エ)<u>happy and excited</u> (ア)<u>with</u>] the sweets that I make.　ここでは動詞が make だけなので want to make とする。また，make には目的語(many people)と補語(happy and excited)を続け，「多くの人たちを幸せでワクワクさせたい」という意味できるので，ウ→オ→イ→エ→アが適当。

(3)　(ア)　アップルパイは，姉妹のために包まれた。(×)　(イ)　アップルパイは，姉妹によって買われた。(×)　(ウ)　それを食べた人たちは，その方法で焼きたくはなかった。(×)　(エ)　それを食べた人たちは，それがとても好きだった。(○)　空欄④は but に続くことから but の前の文と合わせて「姉妹がいつも作る普通のやり方ではないが，しかし」に続く文を選ぶ。エが適当。**ウとエの文の people who ate it の who は関係代名詞で people を説明していて，「それを食べた人たち」となる。**

(4)　(ア)祭り(×)　(イ)呼び名(×)　(ウ)物語(○)　(エ)店(×)　⑤の直前の文 I became interested～では，「有名なスイーツについての別の物語を見つけたい」と言っていることから，ウが適当。

(5)　(問題と正答訳)　*水無月*と呼ばれる和菓子は，遠い昔に京都の人たちによって作られた。その人たちは，i 氷のかけらのように見えるスイーツを作った，なぜならば，もっとも暑い季節の一時期に，氷なしに貴族の人びとのように ii 涼しく感じたかったから。　(a)　(ア)　氷のかけら(○)　(イ)　伝統的なスイーツ(×)　(ウ)　人気のあるアイスクリーム(×)　(エ)　彼らのお気に入りのケーキ(×)　空欄 i の前の文では「昔の京都の人たちが作ったスイーツ」とあるので，それがどのような見た目か問う問題。問題本文第5段落第8文 So they made~に，looked like a piece of ice とあるのでアが適当。　(b)　空欄 ii の前後から，「貴族の人たちのように~したい」と考えられる。問題本文第5段落第6文 Noble people in~には，「貴族の人たちは，暑い日々の間に涼しく感じたい」とあることから，この文の feel cool (2語)を抜き出す。

(6)　(質問文訳)タルト・タタンが最初にできた時，タタン姉妹は何をしましたか？　(ア)　彼女たちの一人は最初にパイだけを焼いて，そして別の一人がその上に切り分けたリンゴをのせて，それらを一緒に焼いた。(×)　(イ)　彼女たちの一人は最初に切り分けたリンゴだけを焼いて，そして別の一人がその上にパイをのせて，それらを一緒に焼いた。(○)　(ウ)　彼女たちは，アップルパイを出したあと，切り分けたリンゴとパイを一緒に焼いた。(×)　(エ)　彼女たちは，アップルパイを正しい方法で焼いて，そしてそれを食べる前にひっくり返した。(×)　問題文第3段落第7文 She had to~と，第8文 Then the other~を参照。「切り分けたリンゴを焼いて，それからパイをのせて焼いた」とあることからイが適当。

(7)　(ア)　*タルト・タタン*についての物語を語ったパティシエは，店で働いていて，そして俊はその店を訪れたことがない。(×)　(イ)　俊は*タルト・タタン*を食べないが，毎年の*タルト・タタン*祭でそれが食べられているとたびたび聞いた。(×)　(ウ)　俊は，六月に*水無月*を食べる理由について祖母に話をした。そして祖母はそれを気に入った。(×)　(エ)　人びとが文化の一部としてスイーツの物語を語ってきたことを，俊は学んだ。(○)　問題文の最後の段落の最後から第2文 I learned that~には，「人びとが文化の中でスイーツについての物語を語ってきたことを学んだ」とあるのでエが適当。アの文の who は関係代名詞で，who~Tarte Tatin が pâtissier を説明していて「*タルト・タタン*についての物語を語ったパティシエ」となる。

(8)　(問題文と正答訳)京子：アレックス，スイーツは好き？／アレックス：もちろん！　ぼくはチョコレートが大好きなんだ，けれども，その歴史や文化について考えたことがない。／京子：俊のスピーチによれば，食べたいくつかのスイーツのそのようなことを，彼は学んだ。／アレックス：そうだね。彼は，パティシエと彼のおばあさんによって語られた二つの物語で，それらについて学んだ。／京子：そして，彼が作るスイーツのそれぞれの物語で，ワクワクして特別な経験をたくさんの人たちに与えるようなパティシエに，彼はなりたいのでしょう？／アレックス：そうだね。将来彼の夢が実現することをぼくは願って，そしてぼくもチョコレートの物語を見つけたい。　(a)　(ア)おいしいもの(×)　(イ)歴史や文化(○)　(ウ)人びとと生活(×)　(エ)それを買う方法(×)　空欄 i のあとの京子の発話の such thingsが空欄のことを指していて，それは「俊が学んだこと」とある。問題文全体から，俊が学んだこととしては，イの「歴史や文化」が適当。　(b)　空欄 ii では俊がどのようなパティシエになりたいか？　を問われている。問題文第6段落最後から第4文 I' m sure that~ と最後から第3文 I want to~では，「ワクワクして特別な経験をたくさんの人たちに与えられるようなパティシエになりたい」と言っているので，第6段落最後から第4文にある an exciting and special experience (5語)を抜き出して空欄に入れる。

2 (会話文：絵・図・表・グラフなどを用いた問題，語句補充・選択，内容真偽，不定詞，現在完了，受け身)

みな　：今週末は，何をするの？

エリー：この土曜日には新しいボトルを買いに，買い物へ行きたくて。今月は寒いから，お昼ご飯にサンドイッチと一緒に温かいスープを，学校へ持っていきたいの。温かいスープにはいいボトルがあると聞いたから。

みな　：あ，私も一つ欲しい。一緒に行かない？

エリー：もちろん。けれども，私はボトルがどこで買えるかわからない。何か知っている？

みな　：ええ。私はまろもーるという大きなショッピングモールへ，よく母と行くの，そこにはたくさんの店があって。そこには，バスで行くことができる。今週はまろもーるでセールをやっていると思うけど，よくわからない。ウェブサイトでチェックしようか。

エリー：何て書いてあるの？

みな　：今週はそこでセールをやっているので，楽しむことができそう。セールは12月9日から15日までそれぞれの店でやっている。そこでボトルを見つけましょうか。

エリー：それはいいね！

みな　：それと，今週は，移動動物園がきていて，動物と遊ぶことができる。

エリー：え，本当？　その動物園へ行きたい。動物園へ入るのに，お金がいるの？

みな　：そう思う。見て。300円が必要ね。

エリー：わかった。知りたいことをチェックするのに，ウェブサイトは便利ね。

みな　：そうね，私もそう思う。電話番号の下の四角をクリックすると，店の名前を見ることができる。右側の一つ目の四角のこと。ショッピングモールの開く時間と閉まる時間が知りたければ，右側から二つ目の四角をクリック，だけど今はそのとなりの四角をクリックするね。

エリー：ショッピングモールの名前の四角とセールについての四角の間の四角のことでしょ？

みな　：そう。毎週末にあるいくつかのイベントを見つけることができるの。クリックしてみよう。見て！　今週の土曜日にはコンサートがありそう。

エリー：ああ，そのコンサートへ行きたい。14日でしょ？

みな　：そう。私もコンサートへ行きたい，それで500円が必要ね。

エリー：わかった。何か別のおもしろそうなイベントはある？

みな　：ええと，見て！　このバッグはテレビで見たことがある。人気のあるバッグのイベントがあるね。イベントでは，新しい色が買える。それで，一つ買いたいけれども，イベントは12月21日と22日ね。

エリー：来週末？

みな　：そう。バッグを買いたいなら，来週末にショッピングモールへ行かないと。

エリー：そうね，私はコンサートへ行きたいので，今週末にショッピングモールへ行こう。

みな　：わかった。楽しみましょう！

(1)　空欄①の前の発話でエリーは，「どこで買えるかわからない」とあり，空欄の文では「バスで行ける」と言っているので，手段を表す by (1語)が適当。

(2)　空欄 i の四角は第14番目のエリーの発話 You mean the~にあるように，「ショッピングモールの名前の四角とセールについての四角の間」で，この四角は次のみなの発話 We can find~にあるように「毎週末にあるイベント」の情報である。また空欄ⅲの動物園の入園料については，第11番目のみなの発話 You need three~から300円だとわかる。したがって，ウの組み合わせが適当。

(3)（ア）今週末にショッピングモールへ行こう(○)　（イ）12月21日に楽しみましょう(×)　（ウ）ウェブサイトの日付をチェックしよう(×)　（エ）それをテレビで見よう(×)　空欄②の文では，「コンサートへ行きたい」と言っている。また，第15番目のみなの発話 There will be~では，「コンサートは今週の土曜日」と言っていることから，アが適当。

(4)（ア）みなは，まろもーるのウェブサイトで人気のあるバッグを見つけた，そして彼女はそれを買いたい。(○)　（イ）エリーは，まろもーるのウェブサイトで，昼ご飯のためのいいボトルを買うと言った。(×)　（ウ）ミナはまろもーるのウェブサイトをチェックしている。なぜなら，彼女は今までにまろもーるへ行ったことがないから。(×)　（エ）エリーは，まろもーるで温かいスープを試したい。なぜなら，今月は寒いから。(×)　第19番目のエリーの発話 Well, look! 以下全体を参照すると，アが適当であるとわかる。**ウのhave (has) never been to~で，「(今までに)~へ行ったこと(経験)がない」という現在完了(経験)の文型**になっている。

3・4・5 (リスニング)

放送台本の和訳は，42ページに掲載。

2020年度英語　聞き取り検査

〔放送台本〕

これから，問題3・4・5を放送によって行います。それでは，問題3の説明をします。問題3は(1)・(2)の2つがあります。それぞれ短い会話を放送します。次に，Questionと言ってから英語で質問をします。それぞれの質問に対する答えは，問題用紙に書いてあります。最も適当なものを(ア)・(イ)・(ウ)・(エ)から1つずつ選びなさい。会話と質問は2回放送します。それでは，問題3を始めます。

(1)　A: Emma, your bike is really nice! Do you enjoy riding it?
B: Yes. I go to the park with my brother by bike every weekend.
A: Great. When did you get it?
B: I got it last month. My father bought it for me.
Question: When did Emma get the bike?

(2)　A: Mom, what are you going to cook for dinner today?
B: I'm going to cook curry or spaghetti. Meg, if you like spaghetti, I want you to go and buy some tomatoes.
A: Well, I ate curry yesterday, so I want to eat spaghetti. OK, I'll go. I think we need some coffee after dinner. I'll buy that, too.
B: Thank you.
Question: What will Meg buy?

〔英文の訳〕

(1)　A：Emma，あなたの自転車は，本当にいいね！　乗って楽しい？

B：ええ，私は，毎週末に自転車で兄弟と一緒に公園へ行くの。
A：いいね。いつ自転車を手に入れたの？
B：先月手に入れた。父が私に買ってくれたの。
質問：Emma はいつ自転車を手に入れましたか？
答え：(イ)　先月。

(2)　A：お母さん，今日の夕ご飯は，何を作るの？
B：カレーかスパゲッティにしようかな。Meg，もしスパゲッティがいいのなら，トマトをいくつか買いに行ってくれる？
A：そうね，昨日カレーを食べたから，スパゲッティを食べたい。わかった，行ってくる。夕食の後にコーヒーがいると思う。それも買ってくる。
B：ありがとう。
質問：Meg は何を買いますか？
答え：(ウ)　いくつかのトマトとコーヒー。

〔放送台本〕

次に，問題4の説明をします。これから，アリスと春子の会話を放送します。つづいて，英語で2つの質問をします。それぞれの質問に対する答えは，問題用紙に日本語で書いてあります。最も適当なものを，(ア)・(イ)・(ウ)・(エ)から1つずつ選びなさい。会話と質問は2回放送します。それでは，問題4を始めます。

Alice:　Hi, Haruko. Have you decided your club yet?
Haruko:　Hi, Alice. Yes. I'll join the science club. Have you decided?
Alice:　No, not yet.
Haruko:　We have fifteen clubs in our school. What kind of club do you want to join?
Alice:　I want to play a sport like volleyball, basketball or tennis, but not swimming or judo.
Haruko:　You mean you want to play ball games, right?
Alice:　Yes!
Haruko:　We have five clubs for that kind of sport. How about the tennis club? I heard that the members of the club are very kind. They practice very Tuesday and Friday.
Alice:　I have a racket that my mother used before, so I don't need to buy a racket. But I can't go every Tuesday because I have to cook dinner for my family.
Haruko:　Then, how about the volleyball club? They practice every Monday, Thursday and Friday.
Alice:　Oh, that's perfect. I often practiced volleyball with my older brother when I was an elementary school student. It was really fun, so I want to do it! I've just decided to join the volleyball club.
Haruko:　I heard that the team has twenty members and it is very strong.
Alice:　OK. I'll do my best.
Question (1): How many ball game clubs do they have in their school?

Question (2): Why did Alice decide to join the volleyball club?

〔英文の訳〕
アリス： こんにには，春子。クラブはもう決めた？
春子　： こんにちは，アリス。ええ，科学クラブに入ろうと思っているの。あなたはもう決めた？
アリス： いいえ，まだ。
春子　： 私たちの学校には，15のクラブがあるの。どのような種類のクラブに入りたいの？
アリス： バレーボール，バスケットボールやテニスのようなスポーツをやってみたい，けれども，水泳や柔道ではなく。
春子　： 球技をやってみたいということ？
アリス： そう！
春子　： そのようなスポーツのクラブは，5つある。テニス・クラブはどう？　クラブのメンバーはとても親切だそうよ。彼らは，毎週火曜日と金曜日に練習している。
アリス： 母が前に使っていたラケットを持っているから，ラケットは買わなくていいの。けれども，毎週火曜日はいけない，なぜなら，家族に夕食を作らなければならないから。
春子： だったら，バレーボール・クラブはどう？　彼らは，毎週月曜日，木曜日と金曜日に練習している。
アリス： ああ，大丈夫ね。私は小学校の生徒だった時，兄とよくバレーボールの練習をした。とてもおもしろかったから，それをやりたくなった！　バレーボール・クラブに入ることを，今決めた。
春子　： チームには20人のメンバーがいて，そしてとても強いと聞いている。
アリス： わかった。一生懸命やる。
問題(1)　彼女たちの学校には，球技のクラブはいくつありますか？
問題(2)　なぜアリスはバレーボール・クラブに入ることを決めたのですか？

〔放送台本〕
次に，問題5の説明をします。問題5は(1)・(2)の2つがあります。それぞれ短い会話を放送します。それぞれの会話の，最後の応答の部分にあたるところで，次のチャイムを鳴らします。〈チャイム音〉このチャイムのところに入る表現は，問題用紙に書いてあります。最も適当なものを(ア)・(イ)・(ウ)・(エ)から1つずつ選びなさい。問題用紙の例題を見なさい。例題をやってみましょう。

(例題)　A: Hi, I'm Hana.
　B: Hi, I'm Jane.
　A: Nice to meet you.
　B: 〈チャイム音〉

正しい答えは(イ)の Nice to meet you, too. となります。ただし，これから行う問題の会話の部分は印刷されていません。それでは，問題5を始めます。会話は2回放送します。

(1)　A: Look! It's still raining.
　B: Oh, no! Do you have an umbrella?
　A: No. I left it at home. How about you?
　B: 〈チャイム音〉

(2)　A: What are you looking for, Kumi?
　B: Well, a book which is written in easy English. I want to buy one to

study English.

A: Oh! I think you can find some good ones. Look, there are many books like that kind, here.

B: 〈チャイム音〉

〔英文の訳〕

(例題) A: こんにちは。私はHanaです。

B: こんにちは。私はJaneです。

A: はじめまして。

B: (イ) はじめまして。

(1) A: 見て！ まだ雨が降っている。

B: ああ，困ったな。傘を持っている？

A: いいや。家に忘れてきた。あなたは，どう？

B: (イ) 二つ持っている。一つ使っていいよ。

(2) A: 何をさがしているの，Kumi?

B: ええと，簡単な英語で書かれた本。英語を勉強するために，一冊買おうかと思って。

A: ああ！ あなたは何かよい本を見つけると思う。見て，ここにはそのような種類の本がたくさんある。

B: (ア) いいね。一冊買おう。

<理科解答>

1 (1) ウ　(2) (吸収する器官) Z　(貯蔵する器官) W，ウ

2 (1) ア　ぶんり〔の法則〕　(2) ウ　(3) ア，イ，エ

3 (1) こうせい，エ　(2) イ

4 (1) ていたい〔前線〕　(2) キ(→)ウ(→)オ　(3) (例)海面より高い

5 (1) ア，エ，オ　(2) 2.8〔g〕　(3) 1.6〔g〕

6 (1) じょうりゅう　(ⅰ群) イ　(ⅱ群) キ
(2) ウ

7 (1) イ　(2) 右図，イ

8 (1) 75〔cm/s〕　(2) 1.2〔秒〕
(3) (0.1秒から0.3秒までの間) ア　(0.6秒から0.8秒までの間) エ

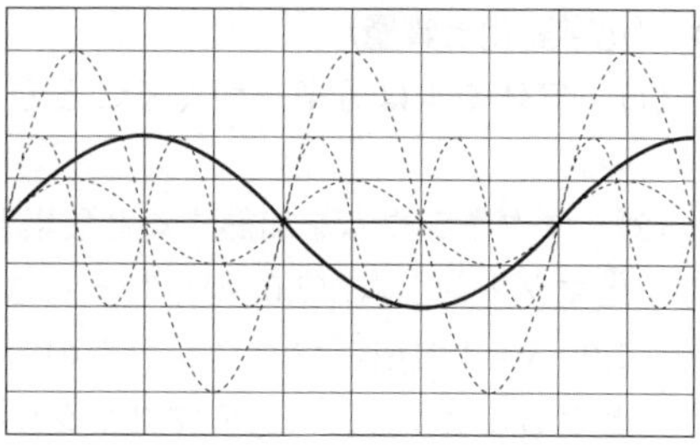

<理科解説>

1 (消化吸収)

(1) 青紫色に変化したことから，Pにはデンプンが残っていた試験管があてはまる。試験管Aのようにだ液を加えるとデンプンは分解されるのでPには該当しない。よって，試験管Bがあてはまる。また，だ液中のアミラーゼによってデンプンが分解される。

(2) 消化した養分は小腸から吸収され，肝臓に運ばれる。肝臓は養分の一部を一時的に貯蔵する

はたらきをもつ。

2 (遺伝)

(1) 丸い種子の純系のエンドウがもつ遺伝子はAのみであり，これが対となったAAの組み合わせになっている。

(2) 操作②で調べた種子は，親として対立形質の純系どうしをかけ合わせてできた子であるために，すべてAaの遺伝子の組み合わせをもっている。操作③で得られた種子は，Aaの自家受粉で生じた個体であるため，AA：Aa：aa＝1：2：1の割合となっている。よって，遺伝子の組み合わせがAaとなるものは，$\frac{2}{1+2+1}=\frac{2}{4}=\frac{1}{2}$となる。

(3) 植物は無性生殖でふやすことができるものが多い。このとき生じた親子の遺伝子の組み合わせは同一である。染色体の複製は，細胞分裂が始まる前に行われる。

3 (星の動き)

(1) 恒星は，その明るさで等級が決められており，肉眼で見える星は，1等星から6等星までに分類されている。1等星が最も明るい。

(2) ア～オの図はすべて天頂付近の星の動きを表している。天頂付近の星は，**東から南の空を通り，西へ向かって移動**する。

4 (前線と天気の変化)

(1) 停滞前線は寒気と暖気の境界にできる。それぞれの気団の勢力がほぼ等しいためにあまり移動せず，長雨をもたらす。

(2) **寒冷前線**は，寒気が暖気の下にもぐりこみ，暖気を押し上げるようにして進むことで生じる。このとき，暖気は真上に押し上げられるため，この流れにそって積乱雲が発達する。**積乱雲**は短時間の激しい雨をもたらす。

(3) 天気図上に示されている気圧は，すべて海面上での値に直して記載されている。また，標高が高くなるほど，気圧は低くなる。

5 (化学変化と質量)

(1) 気体や水は分子をつくることが多い。金属や金属の原子をふくむ化合物は分子をつくらない。

(2) マグネシウムを加熱すると酸素と化合して酸化マグネシウムを生じる。実験の結果から，酸化マグネシウムが7.0g得られるとき，反応したマグネシウムの質量xg求めると，0.3：0.5＝x：7.0　x＝4.2〔g〕　マグネシウムの質量と，化合する酸素の質量の比は，0.3：(0.5−0.3)＝3：2となることから，4.2gのマグネシウムと化合する酸素の質量をygとすると，3：2＝4.2：y　y＝2.8〔g〕

(3) マグネシウムの質量と，生じる酸化マグネシウムの質量の比を求めると，0.3：0.5＝3：5となる。よって，マグネシウム2.1gが反応して生じた酸化マグネシウムの質量をxgとすると，3：5＝2.1：x　x＝3.5〔g〕　よって，加熱後に生じた混合物5.5gのうち，3.5gは酸化マグネシウムであるため，銅の酸化物の質量は5.5−3.5＝2.0〔g〕となる。銅：酸化銅＝4：5の質量の比で反応するため，反応した銅の質量をygとすると，4：5＝y；2.0　y＝1.6〔g〕

6 (蒸留)

(1)　蒸留では，**沸点の低い物質から順に気体となる**。水とエタノールではエタノールのほうが沸点が低いために，加熱後早いうちに得られた液体が入っている試験管Aに，エタノールが最も多くふくまれている。

(2)　海水を沸騰させることで海水中の水を水蒸気に変化させる。この水蒸気を半球状の容器に入った水で冷やすことで水蒸気を水にもどす。この水が大きな水滴を形成し，しずくとなって落ちやすい場所にⅣ図の容器を置くことで，水だけを得ることができる。

7 (音の性質)

(1)　1回振動するのに0.0005〔s〕×4＝0.002〔s〕かかっていることから，振動数は，1÷0.002＝500〔Hz〕

(2)　振動数がⅡ図の半分になるということは，横軸4目盛りで1回振動している音の波が，横軸8目盛りで1回振動する音の波になるということである。振幅(波の高さ)は変化しない。音は，弦の長さが長くなると振動数が少なくなり，音の高さが低くなる。

8 (運動とエネルギー)

(1)　(13.5－6.0)÷(0.3－0.2)＝75〔cm/s〕

(2)　表から，0.1秒ごとに移動した距離を求めると，次のようになる。

時間〔s〕	0～0.1	0.1～0.2	0.2～0.3	0.3～0.4	0.4～0.5	0.5～0.6	0.6～0.7	0.7～0.8
0.1秒間に動いた距離〔cm〕	1.5	4.5	7.5	10.5	12.0	12.0	12.0	12.0

上の表から，運動を始めて0.4秒後には**等速直線運動**を始めていることがわかり，0.4秒以降は0.1秒間に12.0cmずつ進む等速直線運動になっていることがわかる。0.8秒目で達した距離が72.0cmであることから，120－72.0＝48〔cm〕より，0.8秒目で達した72.0cmからさらに48cm移動する必要がある。この等速直線運動では，0.1秒間に12.0cm進むため，0.1〔s〕×(48÷12.0)＝0.4〔s〕より，0.8秒の0.4秒後の1.2秒であることがわかる。

(3)　0.1秒から0.3秒までの間は斜面を運動しているため，球には**重力の斜面に沿った分力**が一定の大きさではたらき続けている。0.6秒から0.8秒までの間，球は等速直線運動を行っているため，球には力がはたらいているが，すべて**つり合った状態**になっている。

＜社会解答＞

1　(1)　せきどう　㋓　(2)　Ⓓ　季節風　(3)　ⅰ群　㋑　ⅱ群　㋘
(4)　資料Ⅲ　Ⓒ　資料Ⅳ　Ⓟ　(5)　ASEAN　Ⓐ

2　(1)　ⅰ群　㋓　ⅱ群　㋗　(2)　自由権　㋒　社会権　㋑
(3)　B→C→A→D　(4)　ⅰ群　㋑　ⅱ群　㋕
(5)　右地図の通り

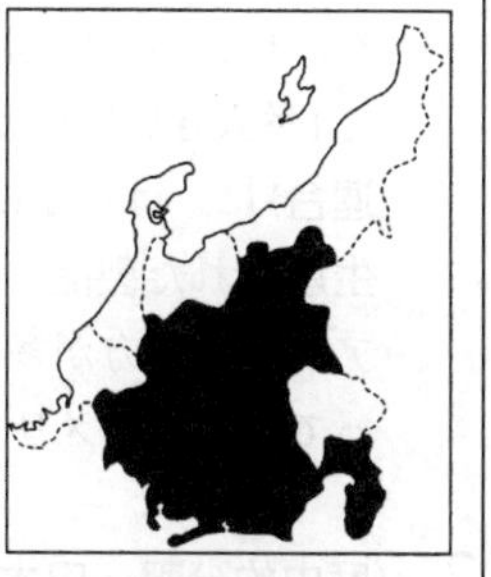

3　(1)　元　㋐　(2)　㋑・㋒・㋕　(3)　㋓
(4)　㋑　(例)自動車保有台数が多い　(5)　(社会)資本　㋐・㋑

4　(1)　ⅰ群　㋓　ⅱ群　㋖　(2)　㋑　(3)　A　㋔　B　㋒
(4)　ⅰ群　㋐　ⅱ群　㋘　(5)　ⅰ群　㋓　ⅱ群　㋗

＜社会解説＞

1 (**地理的分野―世界地理－地形・人口・資源・貿易，歴史的分野―日本史時代別－古墳時代から平安時代・鎌倉時代から室町時代・安土桃山時代から江戸時代，―日本史テーマ別－外交史・文化史・政治史，公民的分野―国際社会との関わり**)

(1)　緯度0度の緯線を**赤道**(せきどう)という。赤道は，インドネシア・南アメリカ大陸北部・アフリカ大陸中央部を通る。南アメリカ北部で赤道が通る国は，ブラジルであり，アマゾン川流域に熱帯雨林が広がっている。

(2)　**朱印船貿易**は，**豊臣秀吉**によって安土桃山時代に始められ，**徳川家康**によって江戸時代初期に行われた貿易である。**朱印状**を公布された貿易船は，東南アジア各地で貿易を行い，各地に**日本町**もつくられた。朱印船貿易は，**鎖国**で幕を閉じた。当時の**朱印船**は帆船であるため，風を利用して航海した。朱印船は，晩秋・初冬に吹く北西の**季節風**によって東南アジアに航海し，晩春・初夏に吹く南東の季節風に乗って日本へ帰航した。

(3)　i群　㋐　**延暦寺**は，9世紀に**最澄**によって比叡山に開かれた天台宗の寺院である。　㋒　**中尊寺金色堂**は，12世紀に**奥州藤原氏**によって建立された。　㋓　**平等院鳳凰堂**は，11世紀の**摂関政治**の全盛期に，**関白藤原頼通**によって建立された。㋐・㋒・㋓のどれも，飛鳥時代を代表する建造物ではない。飛鳥時代を代表する建造物は，**聖徳太子**によって，飛鳥の斑鳩(いかるが)の地に建立された，㋑の**法隆寺**である。　ii群　㋕　農村で**惣**とよばれる自治組織を農民がつくったのは，室町時代である。惣では，**寄合**を開き，代表者や**掟**を定めて，自治を行っていた。

㋖　朝廷が**墾田永年私財法**を出したのは，743年のことであり，奈良時代の中期の，**聖武天皇**の時代のことである。　㋗　**仮名文字**が作られ，**清少納言**による**枕草子**などの文学作品が生まれたのは，平安時代の中期の**国風文化**の時代である。㋕・㋖・㋗のどれも別の時代のことである。㋘が正しい。飛鳥時代には，**聖徳太子**によって，603年に**冠位十二階の制**が定められ，604年には**憲法十七条**が定められ，また607年には第一回の**遣隋使**が派遣された。

(4)　資料Ⅲ　人口密度は次の計算式で算出する。**人口密度**(人/km^2)＝**人口**(人)÷面積(km^2)したがって，国の面積を求めるには，人口を人口密度で割ればよい。資料Ⅲの表から計算すると，Ⓐ国は，238.6km^2，Ⓑ国は，7596.6km^2，Ⓒ国は，330.3km^2，Ⓓ国は，2202.6km^2となる。国の面積が大きい順では，マレーシアは3番目なので，Ⓒ国がマレーシアである。　資料Ⅳ　原油が65％強を占める国は，世界2位の産油国サウジアラビアである。金が41.6％を占める国は，世界第8位の金産出国であるガーナである。また，ガーナは，世界第2位のカカオ豆産出国である。オーストラリアは，輸出額の多い順に並べると，鉄鉱石・石炭・金であり，Ⓢ国がオーストラリアである。なお，オーストラリアの輸出先としては，日本が第1位である。残るⓅが，マレーシアである。そして，マレーシアの主要貿易相手国は，中国である。

(5)　1967年にインドネシア・シンガポール・タイ・フィリピン・マレーシアの5か国によって地域協力機構として設立されたのが，**東南アジア諸国連合＝ASEAN**である。その後5か国が加わり，現在の加盟国は10か国である。**国内総生産(GDP)**について，東南アジア諸国連合の加盟国で1番大きい国はインドネシアであるが，加盟10か国を合わせても，アメリカや**EU(ヨーロッパ連合)**に，はるかに及ばない。Ⓐが東南アジア諸国連合である。なお，国内総生産とは，国内で生産された製品・サービスの総額のことを表す。貿易額についてアメリカとEUを比較すると，アメリカの方が多い。国内総生産についてみると，1位がEUで，2位がアメリカである。したがって，Ⓑがアメリカ，ⒸがEUである。

2 (**歴史的分野―日本史時代別－古墳時代から平安時代・鎌倉時代から室町時代・安土桃山時代か**

ら江戸時代，―日本史テーマ別－文化史・宗教史・法律史・政治史，―世界史－政治史，地理的分野―日本地理－地形図の見方・農林水産業，公民的分野―基本的人権）

(1)　ⅰ群　㋐　**参勤交代**の制度を整えたのは，江戸幕府の**3代将軍徳川家光**である。家光は，それまで慣習的に行われていた参勤交代を，1635年の**武家諸法度**寛永令の中で明文化した。
㋑　九州の島津氏を降伏させたのは，**織田信長**の跡を継いだ**豊臣秀吉**である。　㋒　キリスト教の信仰を全面的に禁止したのは，江戸幕府の2代将軍**徳川秀忠**である。秀忠は，1612年に幕府領に，1613年に全国に**禁教令**を出した。なお，この当時将軍の座にあったのは秀忠であるが，幕府の実権は秀忠に将軍職を譲った徳川家康にあった。㋐・㋑・㋒のどれも別の人物が行ったことの説明であり，㋓が織田信長の行ったこととして正しい。織田信長は，**足利義昭**を伴って京都に入り，義昭を**室町幕府**の15代将軍とした。そして1573年に義昭を京都から追放した。これにより室町幕府は滅亡した。　ⅱ群　㋕　1688年に，イギリス議会がジェームズ2世を追放し，オランダからウィレム3世とメアリ2世を迎えて国王とし，翌年「**権利の章典**」を制定した。これが**名誉革命**である。　㋖　1775年に始まった，アメリカ植民地がイギリスから独立する戦いが，**独立戦争**である。1776年にアメリカ合衆国が**独立宣言**を発表した。　㋘　高麗の武将であった**李成桂**は，首都開城を占領していた中国の紅巾軍を破り，**倭寇**の侵入を撃退して実権を握り，1392年に**李氏朝鮮**の初代国王となった。㋕・㋖・㋘のどれも別の時代のことであり，㋗が，16世紀のできごととして正しい。1517年に，**ローマカトリック教会**による**免罪符**の発行に反対した**ルター**らの人々が，カトリック教会の腐敗を批判し，正そうとして始めたのが**宗教改革**である。

(2)　自由権　**自由権**とは，国家権力に束縛されることなく自由に生きる権利である。大きく分けて，**精神の自由・身体の自由・経済活動の自由**がある。問題の，自分の財産を所有する権利は，経済活動の自由である。　社会権　**社会権**とは，人間らしい最低限の生活を国に保障してもらう権利である。**生存権・教育を受ける権利・労働基本権**の3つに分けられる。生存権とは，人間らしい最低限度の生活を国に保障してもらう権利である。

(3)　A　**白河上皇**が**摂政・関白**の力を抑えて政治を行ったのは，11世紀後期から，12世紀前期にかけてであり，これを**院政**という。　B　**空海**が唐から帰国し，高野山に**金剛峯寺**を建立して**真言宗**を開いたのは，9世紀初頭である。空海は**弘法大師**と呼ばれる。　C　**藤原純友**が，武士団を率いて瀬戸内で反乱を起こしたのは，10世紀半ばのことである。同じ時期に，関東で反乱を起こしたのが**平将門**であり，両方の乱を合わせて，**承平天慶の乱**(じょうへいてんぎょうのらん)という。　D　**源義朝**が，平氏の軍勢に敗れたのは，12世紀半ばの**平治の乱**である。勝利を収めた**平清盛**は権力を握り，のちに**太政大臣**になった。したがって，年代の古い順に並べると，B→C→A→Dとなる。

(4)　ⅰ群　**地形図**は2万5千分の1の縮尺なので，**等高線**は**標高差**10mごとに引かれている。
㋐　Aの地域は，田「ıı」を含んでいるが，標高50m以下である。　㋒　Cの地域は，畑「∨」はあるが，茶畑「∴」はない。㋐・㋒いずれも誤りであり，㋑が正しい。Bの地域は標高50m以上であり，果樹園「ó」がある。　ⅱ群　地形図は2万5千分の1の縮尺なので，等高線は標高差10mごとに引かれている。P地点とQ地点は，等高線で3本の差しかなく，3つの選択肢の中で最も標高差が小さい。正解は㋕である。

(5)　農業産出額のうちで，最上位品目が占める割合が50％未満の県は，愛知県の他，長野県・静岡県・岐阜県である。愛知県はすでに塗られているので，残りの3県部分を黒く塗ればよい。日常から日本地図を見慣れ，正確に県の位置を示すことができないと解答できない問題である。

3　**（歴史的分野―日本史時代別－鎌倉時代から室町時代・安土桃山時代から江戸時代・明治時代か**

ら現代，―日本史テーマ別－外交史・政治史・経済史・文化史，―世界史－政治史，地理的分野―世界地理－産業，公民的分野―国民生活と社会保障・財政)

(1)　13世紀に，モンゴル民族が築き上げた大帝国は，**チンギス＝ハン**の孫の**フビライ**の時代に首都を大都に移し，国号を元と改め，東アジアの国々を服属させようとした。㋑　外国船打払令が出されたのは，江戸時代の1825年のことである。㋒　**後鳥羽上皇**が京都で反乱を起こし，幕府に敗れた**承久の乱**は，鎌倉時代の1221年のことである。㋓　**応仁の乱**以後，室町幕府の力がおとろえ，**戦国大名**が各地を支配するようになったのは，16世紀のことである。戦国大名の支配する領域を分国という。㋑・㋒・㋓のどれも別の時代のことであり，㋐が**元寇**後の説明として正しい。鎌倉幕府は，元寇をきっかけに窮乏を強めた**御家人**に対する救済策として，**永仁の徳政令**を1297年に発布した。徳政令とは，庶民等が御家人から買い取った土地は無償で取り戻せるという法令である。

(2)　㋐　**出島**が築かれ，オランダ人との交易が行われたのは，**長崎**である。㋓　**化政文化**の中心地として栄えたのは，**江戸**である。江戸前期の**元禄文化**が栄えたのが，**上方**の大阪・京都である。㋔　**日米修好通商条約**によって開かれたのは，神奈川・新潟・兵庫・長崎であり，大阪は開市されたが，港は開かれていない。㋐・㋓・㋔のどれも誤りであり，㋑・㋒・㋕が大阪の説明として正しい。㋑　大阪は**豊臣家**の領地であったが，豊臣家が滅ぼされたのち，幕府の支配する**幕領**となった。㋒　江戸時代に，諸大名が年貢米や特産物を売りさばくために設けた，倉庫と取引所を兼ねた**蔵屋敷**が置かれたのが大阪である。㋕　大阪城を拠点とする**豊臣秀頼**を，江戸幕府は**大阪冬の陣・夏の陣**の2度の戦いで滅ぼした。これによって戦の時代が終結したことを，「**元和偃武**」(げんなえんぶ)という。

(3)　㋐は，大正時代の説明である。**治安維持法**は，1925年に**普通選挙法**とほぼ同時に成立した。㋑は，昭和10年代の説明である。**国家総動員法**は，1938年に**日中戦争**の長期化による**総力戦**の遂行のために制定された。㋒は大正から昭和初期にかけての説明である。この時期には，**ラジオ放送**も始まり，**大衆文化**が成立した。㋐・㋑・㋒のどれも別の時代の説明であり，明治時代の説明として正しいのは㋓である。明治10年代には，**井上馨外務卿**のもとで，**条約改正**のために，**欧化政策**が進められた。**鹿鳴館**が建てられたのは，1883年である。

(4)　㋑が正しい。2000年以降に経済成長が著しいブラジル・ロシア・インド・中国・南アフリカ共和国の新興5か国を指して**BRICS**という。先進国が軒並み低成長に悩まされているなか，高い経済成長率で推移している。インドはBRICSの一国として，自動車保有台数も著しく伸ばしている。また，資料Ⅲに見られるように，日本は自動車保有台数は増えているものの，世界の保有台数に占める割合は減っている。資料Ⅲを読みとり，日本は，世界の中で，人口千人あたりの自動車保有台数が最も多いことを指摘すればよい。

(5)　道路・港湾・上下水道・公園・公営住宅・病院・学校など，国や**地方公共団体**が提供する，産業や生活の基盤となる公共施設のことを，**社会資本**という。**納税義務者**と**税負担者**とが同一人であることを想定している租税を**直接税**，納税者と税負担者とが別人であることを想定している租税を**間接税**という。**所得税・法人税・相続税**などは直接税であり，**消費税・酒税・関税**などは間接税である。

4 (公民的分野―国の政治の仕組み・経済一般，地理的分野―日本地理－気候・農林水産業・地形・工業，歴史的分野―日本史時代別－明治時代から現代，―日本史テーマ別－政治史)

(1)　ⅰ群　納税額等により選挙権が制限される**制限選挙**に対して，一定の年齢以上のすべての国民に選挙権が与えられるのが，**普通選挙**である。ⅱ群　㋒　**衆議院議員**の**被選挙権**を得られる年齢は，満25歳である。満18歳以上で得られるのは，**選挙権**である。　㋗　**日本国憲法**第46条に「**参議院議員**の任期は，六年とし，三年ごとに議員の**半数を改選**する。」との規定がある。また，参議院には衆議院のような**解散**がないため，選挙は必ず3年ごとに行なわれる。　㋘　**小選挙区比例代表並立制**は，衆議院議員の選挙で採用されている制度である。㋕・㋗・㋘のどれも誤りであり，㋖が正しい。衆議院議員の定数は465人で，うち289人が小選挙区選出議員，176人が比例代表選出議員である。

(2)　資料Ⅰのグラフでは，**供給量**が**需要量**を上まわっている。自由競争の行われている市場では，市場の原理により，財やサービスの供給量が需要量を上まわったときには，売れ残りが生じて**物価**が下がる。売れ残りは，Q2－Q1である。

(3)　A　企業の**株**を買って投資した人が，**株主**である。**株式会社**は株主から集めた出資金により，最大の**利益**が出るよう企業努力をする。　B　企業が株主に利益を分配することを**配当**といい，株主が保有する株数に比例して分配される。配当の金額は，**株主総会**の議決によって決定される。

(4)　ⅰ群　㋑　「**やませ**」とは，梅雨明け後に，**オホーツク海気団**より吹く，冷たく湿った北東風のことをいい，北海道・東北地方の太平洋側に吹き付け，冷害をもたらす。　㋒　**輪作**とは，いろいろな作物を順序を決めて替わるがわる栽培していく農法のことをいい，米だけを作り続けるのは輪作とはいわない。なお，一年のうちに麦などと米を作ることを**二毛作**といい，米を2回作ることを**二期作**という。　㋓　**黒潮**とは，東シナ海を北上して，九州と奄美大島の間のトカラ海峡から太平洋に入り，日本の南岸に沿って流れ，房総半島沖を東に流れる**暖流**のことをいう。黒潮は，**日本海流**ともいう。㋑・㋒・㋓のどれも誤りであり，㋐が正しい。東北地方では，冷害に強く品質の良い銘柄米の開発が進んでいる。宮城県で開発された「ひとめぼれ」はその一例である。　ⅱ群　㋕　鹿児島の**士族**が明治政府を下野した**西郷隆盛**に率いられて，**西南戦争**を起こしたのは，1877年である。この西南戦争で**士族の反乱**は終結した。　㋖　**第二次世界大戦**中の1942年にアメリカ軍による本土への**空襲**が始まり，都市部の子どもたちは**学童疎開**をした。なお，**広島・長崎**への**原爆投下**を含めると，一般市民で空襲の犠牲になった人は総計で50万人以上と言われている。　㋗　**朝鮮戦争**勃発直後の1950年に，**GHQ**の指令により設けられた機関が**警察予備隊**である。警察予備隊以後，日本は**再軍備**への道を歩み始めた。警察予備隊は，1952年に**保安隊**に改組され，1954年に**自衛隊**となった。㋕・㋖・㋗のどれも時代が異なり，㋘が1930年代の出来事である。1930年代には，陸軍は**統制派**と**皇道派**の対立が激しくなっていた。1936年2月26日に，皇道派の**青年将校**らが，約1400名の兵を率いて，大規模なクーデターを起こしたのが，**二・二六事件**である。この事件では，国会議事堂など日本の中枢部が4日間にわたり占拠され，**大蔵大臣高橋是清**，**内大臣斎藤実**らが殺害された。内大臣とは，天皇を常に輔弼(ほひつ)し，宮廷の文書事務などを所管した役職であり，内閣の一員ではない。反乱は4日後に鎮圧されたが，その後は，**軍部**の政治的発言力が強まっていった。

(5)　ⅰ群　製鉄所が臨海部に集中している理由は，原料の**鉄鉱石**や製鉄に使われる**石炭**などを輸入に頼っているため，船による工業原料の輸入に便利であるからである。　ⅱ群　**石油化学コンビナート**も，輸入の原油に依存しているため，臨海部につくられる。

＜国語解答＞

一　(1)　a　りいたり　　b　たぐい　　(2)　㋑　　(3)　㋓　　(4)　むかし
(5)　㊀　A　不仁の行　　B　民のため　　㊁　㋒

二　(1) ㋒　(2) ①　(3) ㋐・㋑・㋓　(4) ㊀ ㋓　㊁ 他人も～い商品
(5) げんきゅう　(6) Ⅰ ㋐　Ⅱ ㋗　(7) Ⅰ ㋓　Ⅱ ㋖
(8) Ⅰ ㋒　Ⅱ ㋕　(9) 収　(10) ㋑　(11) ㊀ ㋐　㊁ ㋒
㊂ Ⅰ ㋑　Ⅱ ㋘

＜国語解説＞

一 (古文―大意・要旨，内容吟味，文脈把握，脱文・脱語補充，仮名遣い)

【現代語訳】 中国の梁の帝が，狩猟にお出かけになった。白い雁がいて，田の中に下りていた。帝が自ら矢を弓の弦にかけ，この雁を射ろうとなさったとき，道行く人がいて，その事を知らず白い雁を追い立て申し上げた。帝はたいへん怒って，その者を捕らえて殺そうとなさったところ，公孫龍という家臣が，怒りを諌めて言うことに，「昔，衛の国の文公は，世の中がひどい日照りになって三年も経ちました。この事態を占わせてみると，(占い師は)一人殺して天に差し上げれば，雨が降るだろうと言いました。文公が言うことに，雨を求めるのは人民のためである。今この場合に人を殺したならば，不仁の行であって，かえって天の怒りを受けるだろう。こうなっては，私が死んで(この身を)天に差し上げよう，とおっしゃいました。その志は天の道理にかない，たちまち雨が降って，穀物が豊かに実り人民は栄えたのです。今，あなたがこの白い雁を大事に思って人を殺しなさったならば，それは本当に冷酷無情ではありませんか？」と申し上げたので，帝は大いに感銘を受けて，公孫龍を尊び重んじなさった。

(1) 現代仮名遣いでは，ワ行の「ゐ」を「い」，語中・語尾の「は・ひ・ふ・へ・ほ」を「わ・い・う・え・お」と書く。

(2) 傍線bの理由は，直前の「道行き人ありて，是を知らず白鴈を追ひたて侍り」である。さらに「是」の内容は「帝みづから弓に矢をはげ，これを射んとし給ふ」である。この二点をふまえて答える。

(3) 傍線c「重んじて」の目的語は「白鴈」である。白鴈を大事に考えているのは梁の帝だ。

(4) 傍線eは，**公孫龍の言葉**を締めくくっている。「公孫龍といふ臣下，いさめていはく」という前置きがあって，公孫龍の言葉が始まっていることを見抜こう。

(5) ㊀ [A]の前に「その一人を自分以外の人とした場合」という条件の前置きがある。これは本文の「今これ人を殺しなば」という条件節に該当する。したがって，その後の「不仁の行」が入る。[B]は，雨を求めるのは民のためであるから，**雨を降らせるために人を殺すことが民のためにはならないこと**を読み取って，四字を抜き出す。

㊁ 文公は，占い師に「一人殺して天にまつらば雨ふるべしと」という方法を示されたが，それは**人民のために行う方策として適切ではないと判断して**，民を殺すことはせず，命を捧げるならば自分の命を捧げようとした。これをふまえて選択肢を選ぶ。

二 (論説文―大意・要旨，内容吟味，文脈把握，接続語の問題，指示語の問題，脱文・脱語補充，漢字の読み書き，語句の意味，熟語，品詞・用法，その他)

(1) 傍線a「ここ」は，[1]段落の場面を指している。[1]は，**個々の技能に応じて生産したモノとモノとを，貨幣を介して間接的に交換するという私たちの日常場面**を示していることを読み取る。

(2) 「なぜならモノどうしの直接交換は難しいからだ」が，どのような内容の説明になっているかを考えると，〈1〉の前の「貨幣があいだに入ることが決定的に重要である」理由の説明だと分かる。

(3) 傍線bを文節に区切ると「もちろん／断ら／れる／だろう」となる。「もちろん」は**活用はしない品詞で，用言の動詞「断る」を修飾するから副詞**，「断ら」はラ行五段活用動詞「断る」の未然形，「れる」は**受身の助動詞**，「だろう」は**推量の助動詞**。

(4) ㊀ A には，貨幣の発生要因として適切なものを入れる。アダム・スミスの論にもあるように，「他人が各自の生産物を交換するのを断らないと思える商品」が貨幣になったのだ。交換を断られないのは，「いつか食べられる」米の例でも示されているように，**互いが求めるモノの価値の代用となるから**だ。これが貨幣の発生要因である。

㊁ 二十八字という指定字数がヒントになる。ある種の商品とは，米のように他人が交換を断らないと思える商品のことで，「交換媒介」だ。③段落の最後に「他人もきっと受け取るという期待から，交換を断られない商品」とあり，これが補える。

(5) だんだんに話を進め，結局そのことを話題にすること。

(6) 「確立」は，十分に準備・計画して，**めったなことではぐらつかない**制度や組織を作ること。「均質」は，そのもののどの部分を取ってみても，一様の質(成分)であること。むらが無い様子。

(7) 空欄の**前では，「貨幣商品起源説」は仮説にすぎない**ことを述べている。しかし，後の「物々交換のなかから，特定の商品が貨幣の役割を果たすようになったという報告は数多くある」という記述は，貨幣商品起源説を実証しうる例が多くあって，**信憑性がある説だということを示唆する内容**になっている。したがって**逆接**の接続詞「だが」が適切である。

(8) 傍線f「報告」は，「報じる」(知らせること)・「告げる」という**似た意味の語を組み合わせた**熟語だ。(カ)「添付」は，似た意味の語の組み合わせ，(キ)「脇道」は，上の語が下の語の修飾語になっている熟語，(ク)「日没」は，主語・述語の関係になっている熟語，(ケ)「緩急」は，対の意味の語の組み合わせとなっている。

(9) 傍線g「収容」は，人や物を受け入れて，面倒を見たり，管理をすること。

(10) ②段落で示した，ラーメンと歯医者の例を発展させ，③段落は，**交換を断られない商品すなわち交換媒介として貨幣が発生したことを説明**している。(ア)は①と②が「対照的な状況」とした点が，(ウ)は③と④が「異なる論点で」とした点が，(エ)は「一般論と自説を比較している」とする点が誤りである。

(11) ㊀ 貨幣の完成度の高さは，⑤段落で示されている三つの機能で図られている。「交換媒体」機能・「価値保存」機能・「価値基準」機能である。芽依さんは「交換手段としての働き」を挙げているので，残りは**「価値保存」を示す持続性と「価値基準」を示す指標的作用**となる。

㊁ Y は，5段落の「米や麦から耐久性の……価値をあらわせる貨幣へと完成度を高めていったのである」という記述をふまえて選択肢を選べばよい。

㊂ ポスター作成上のポイントは，相手に見やすい紙面を作ること。端から端まで使うことは，情報をたくさん載せることができるかもしれないが，見やすさは劣る。余白はあったほうがよい。また，表記する際に縦書きであれば，行をそろえ，行間も字間にも留意して書く。**文字の大きさは，均一**にするのが望ましい。

MEMO

大切なことはメモしておこうネ！

解答用紙集

○月×日 △曜日　天気（合格日和）

◆ご利用のみなさまへ
＊解答用紙の公表を行っていない学校につきましては、弊社の責任において、解答用紙を制作いたしました。
＊編集上の理由により一部縮小掲載した解答用紙がございます。
＊編集上の理由により一部実物と異なる形式の解答用紙がございます。

人間の最も偉大な力とは、その一番の弱点を克服したところから生まれてくるものである。——カール・ヒルティ——

東京学参株式会社

※ 152%に拡大していただくと，解答欄は実物大になります。

共通学力検査　数学答案用紙

問題番号		答の番号	答の欄	採点欄
1	(1)	【1】		【1】
	(2)	【2】		【2】
	(3)	【3】		【3】
	(4)	【4】		【4】
	(5)	【5】	$c=$	【5】
	(6)	【6】		【6】
	(7)	【7】	$x=$	【7】
	(8)	【8】	cm^2	【8】
	(9)	【9】	X　Y　Z	【9】
2	(1)	【10】		【10】
	(2)	【11】		【11】
3	(1)	【12】	$a=$	【12】
	(2)	【13】	$y=$	【13】
	(3)	【14】	C（　　　，　　　）	【14】
4	(1)	【15】		【15】
	(2)	【16】	BD＝　　cm　EG＝　　cm	【16】
5	(1)	【17】	cm	【17】
	(2)	【18】	cm^3	【18】
	(3)	【19】	cm	【19】
6	(1)	【20】	ア　イ　ウ　エ　オ　　回	【20】
	(2)	【21】	トーンホールA　　回　トーンホールD　　回	【21】
	(3)	【22】	$n=$	【22】

共通学力検査	受付番号		得点
数学			

※130%に拡大していただくと，解答欄は実物大になります。

共通学力検査　英語（筆記）答案用紙

問題番号			答の番号	答の欄	採点欄
1	(1)		【1】		【1】
	(2)	(a)	【2】		【2】
		(b)	【3】		【3】
2	(1)		【4】		【4】
	(2)		【5】	ア　イ　ウ　エ	【5】
	(3)		【6】	ア　イ　ウ　エ	【6】
	(4)		【7】	ア　イ　ウ　エ	【7】
3	(1)		【8】	①　⑥	【8】
	(2)		【9】	(　) → (　) → (　) → (　) → (　) → (　)	【9】
	(3)		【10】	A　B　C　D	【10】
	(4)		【11】	Ⅰ群　ア　イ　ウ　エ　Ⅱ群　カ　キ　ク　ケ	【11】
	(5)		【12】	ア　イ　ウ　エ	【12】
	(6)		【13】	ア　イ　ウ　エ	【13】
	(7)		【14】		【14】
	(8)	(a)	【15】		【15】
		(b)	【16】		【16】
	(9)		【17】	ア　イ　ウ　エ　オ	【17】
	(10)	(a)	【18】		【18】
		(b)	【19】		【19】

共通学力検査	受付番号		得点
英語（筆記）			

※ 130%に拡大していただくと，解答欄は実物大になります。

共通学力検査 英語（リスニング）答案用紙

問題番号		答の番号	答	の		欄	採点欄
4	(1)	【20】	ア	イ	ウ	エ	【20】
	(2)	【21】	ア	イ	ウ	エ	【21】
5	(1)	【22】	ア	イ	ウ	エ	【22】
	(2)	【23】	ア	イ	ウ	エ	【23】
6	(1)	【24】	ア	イ	ウ	エ	【24】
	(2)	【25】	ア	イ	ウ	エ	【25】

共通学力検査	受付番号						得点	
英語（リスニング）								

※ 164%に拡大していただくと，解答欄は実物大になります。

共通学力検査　国語答案用紙

問題番号		答の番号	答の欄	採点欄
一	(1)	【1】	ア　イ　ウ　エ	【1】
	(2)	【2】	I　ア　イ　ウ　II　カ　キ　ク　ケ　コ　サ	【2】
	(3)	【3】	ア　イ　ウ　エ	【3】
	(4)	【4】	c　つて　e	【4】
	(5)	【5】	I　ア　イ　ウ　エ　II　カ　キ　ク　ケ	【5】
	(6)	【6】	ア　イ　ウ　エ　オ	【6】
	(7) ㊀	【7】		【7】
	㊁	【8】	25　35	【8】
	㊂	【9】	〜	【9】
二	(1)	【10】	ア　イ　ウ　エ	【10】
	(2)	【11】	ア　イ　ウ　エ	【11】
	(3)	【12】	I　ア　イ　ウ　エ　II　カ　キ　ク　ケ	【12】
	(4)	【13】	I　ア　イ　ウ　エ　II　カ　キ　ク　ケ	【13】
	(5)	【14】	根	【14】
	(6)	【15】	ア　イ　ウ　エ	【15】
	(7) ㊀	【16】	ア　イ　ウ　エ	【16】
	㊁	【17】	10　15	【17】
	㊂	【18】	ア　イ　ウ　エ	【18】
三	(1)	【19】	ア　イ　ウ　エ	【19】
	(2)	【20】	ア　イ　ウ　エ	【20】
	(3)	【21】	ア　イ　ウ　エ	【21】
	(4) ㊀	【22】	ア　イ　ウ　エ	【22】
	㊁	【23】	B　3　C　3	【23】
	㊂	【24】	ア　イ　ウ　エ	【24】

共通学力検査	国語	受付番号	得点

※ 128%に拡大していただくと，解答欄は実物大になります。

検査３　数学答案用紙

問題番号		答の番号	答の欄	採点欄
1	(1)	【1】		【1】
	(2)	【2】		【2】
	(3)	【3】		【3】
	(4)	【4】		【4】
	(5)	【5】	$x=$	【5】
	(6)	【6】	$y=$	【6】
	(7)	【7】	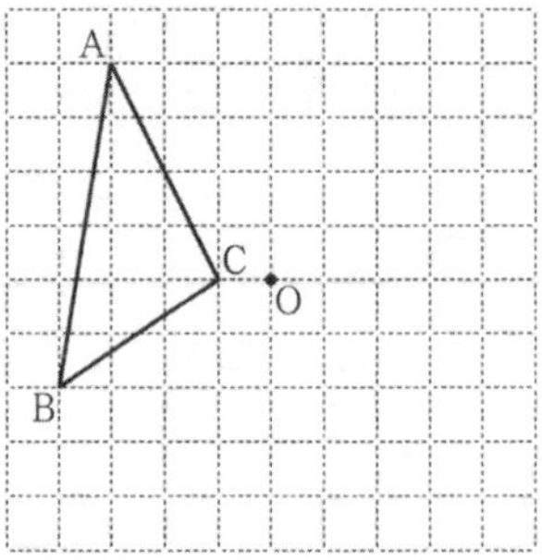	【7】
	(8)	【8】		【8】
2	(1)	【9】	人　｜　ア　イ　ウ　エ	【9】
	(2)	【10】	ア　イ　ウ　エ　オ	【10】
3	(1)	【11】	m　｜　$y=$	【11】
	(2)	【12】	m	【12】
4	(1)	【13】	半径　cm　｜　AE ＝　cm	【13】
	(2)	【14】	cm	【14】
5	(1)	【15】	cm^2	【15】
	(2)	【16】	cm	【16】
	(3)	【17】	cm^2	【17】
6	(1)	【18】	本	【18】
	(2)	【19】	本	【19】
	(3)	【20】	$n=$	【20】

検査	受付番号		得点
3			

※ 116％に拡大していただくと，解答欄は実物大になります。

検査5-1　英語（筆記）答案用紙

問題番号			答の番号	答の欄	採点欄
1	(1)		【1】	ア　イ　ウ　エ	【1】
	(2)		【2】	②　⑤	【2】
	(3)		【3】	ア　イ　ウ　エ	【3】
	(4)	(a)	【4】		【4】
		(b)	【5】	ア　イ　ウ　エ	【5】
	(5)		【6】	(　)→(　)→(　)→(　)→(　)→(　)	【6】
	(6)		【7】	ア　イ　ウ　エ	【7】
	(7)		【8】	ア　イ　ウ　エ	【8】
	(8)	(a)	【9】	ア　イ　ウ　エ	【9】
		(b)	【10】		【10】
2	(1)		【11】		【11】
	(2)		【12】	ア　イ　ウ　エ	【12】
	(3)		【13】	ア　イ　ウ　エ　オ	【13】
	(4)		【14】	ア　イ　ウ　エ	【14】

検査	受付番号		得点	
5－1				

※ 115%に拡大していただくと，解答欄は実物大になります。

検査 5−2 英語（リスニング）答案用紙

問題番号		答の番号	答の欄				採点欄	
3	（1）	【15】	ア	イ	ウ	エ	【15】	
	（2）	【16】	ア	イ	ウ	エ	【16】	
4	（1）	【17】	ア	イ	ウ	エ	【17】	
	（2）	【18】	ア	イ	ウ	エ	【18】	
5	（1）	【19】	ア	イ	ウ	エ	【19】	
	（2）	【20】	ア	イ	ウ	エ	【20】	

検査 5−2	受付番号		得点	

※ 128%に拡大していただくと，解答欄は実物大になります。

検査４　理科答案用紙

問題番号		答の番号	答の欄	採点欄
1	(1)	【1】	ア　イ　ウ　エ	【1】
	(2)	【2】	□□□□　／　ア　イ　ウ　エ　オ　カ	【2】
	(3)	【3】	ア　イ　ウ　エ	【3】
2	(1)	【4】	□□□□□□ 6	【4】
	(2)	【5】	g/cm³	【5】
3	(1)	【6】	A　ア　イ　ウ　エ　／　B　ア　イ　ウ　エ　／　カ　キ	【6】
	(2)	【7】	i群　ア　イ　／　ii群　カ　キ　ク	【7】
4	(1)	【8】	ア　イ　ウ　エ	【8】
	(2)	【9】	i群　ア　イ　／　ii群　カ　キ　ク	【9】
	(3)	【10】	ア　イ　ウ　／　□□□□□反応	【10】
5	(1)	【11】	ア　イ　ウ　エ	【11】
	(2)	【12】	ア　イ　ウ　エ　／　Hz	【12】
6	(1)	【13】	秒	【13】
	(2)	【14】	X　cm　／　Y　cm	【14】
	(3)	【15】	ア　イ　ウ　エ	【15】
7	(1)	【16】	ア　イ　ウ　エ	【16】
	(2)	【17】	A　B　C　D　／　ア　イ　ウ　エ	【17】
	(3)	【18】	北 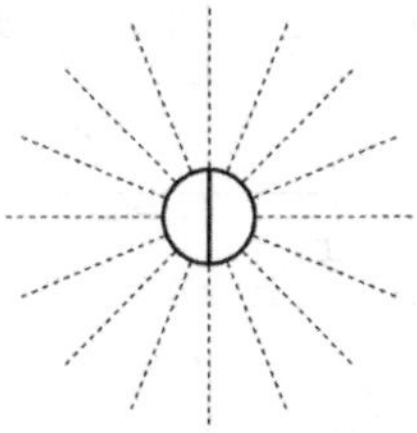	【18】
	(4)	【19】	□□□　／　ア　イ　ウ　エ	【19】
	(5)	【20】	P　Q　R	【20】

検査	受付番号	得点
4		

※ 13725％に拡大していただくと，解答欄は実物大になります。

検査２ 社会答案用紙

問題番号		答の番号	答の欄		採点欄
1	（1）	【1】	ア　イ　ウ　エ　オ　カ		【1】
	（2）	【2】	ア　イ　ウ　エ		【2】
	（3）	【3】	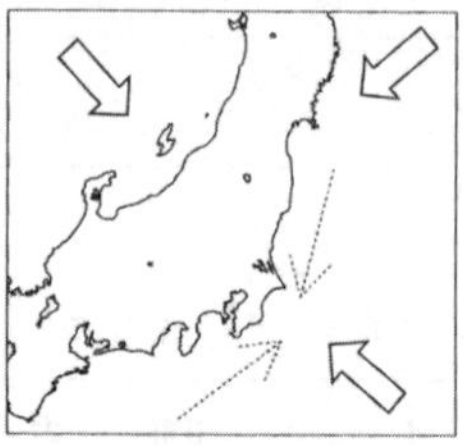		【3】
	（4）	【4】	（　）→（　）→（　）	カ　キ　ク　ケ	【4】
	（5）	【5】	i群　ア　イ　ウ　エ　オ	ii群　カ　キ　ク　ケ	【5】
2	（1）	【6】	ア　イ　ウ　エ　オ		【6】
	（2）	【7】	橋がかかっている地域　ア　イ　ウ	県境がある地域　ア　イ　ウ	【7】
	（3）	【8】	ア　イ　ウ　エ	権	【8】
	（4）	【9】	i群　ア　イ　ウ　エ	ii群　カ　キ　ク　ケ　コ	【9】
	（5）	【10】	ア　イ　ウ　エ　オ		【10】
3	（1）	【11】	ア　イ　ウ　エ　オ　カ		【11】
	（2）	【12】	i群　ア　イ　ウ　エ	ii群　カ　キ　ク　ケ	【12】
	（3）	【13】	（　）→（　）→（　）→（　）		【13】
	（4）	【14】	i群　ア　イ　ウ　エ	ii群　カ　キ　ク　ケ	【14】
	（5）	【15】		ア　イ　ウ　エ	【15】
4	（1）	【16】	ア　イ　ウ　エ	栽培	【16】
	（2）	【17】	（　）→（　）→（　）→（　）		【17】
	（3）	【18】	課税	ア　イ　ウ	【18】
	（4）	【19】	ア　イ　ウ　エ　オ		【19】
	（5）	【20】	ア　イ　ウ　エ		【20】

検査	受付番号		得点
2			

京都府公立高校(中期選抜)　2024年度

※ 132%に拡大していただくと，解答欄は実物大になります。

検査1　国語答案用紙

問題番号		答の番号	答の欄	採点欄
一	(1)	【1】	ア　イ　ウ　エ	【1】
	(2)	【2】	ア　イ　ウ　エ	【2】
	(3)	【3】	□□□□□□□　ア　イ　ウ　エ	【3】
	(4)㊀	【4】	ア　イ　ウ　エ	【4】
	(4)㊁	【5】	ア　イ　ウ　エ	【5】
	(4)㊂	【6】	□□□□□□□	【6】
二	(1)	【7】	ア　イ　ウ　エ	【7】
	(2)	【8】	ア　イ　ウ　エ	【8】
	(3)	【9】	Ⅰ　ア　イ　ウ　エ　Ⅱ　カ　キ　ク　ケ	【9】
	(4)	【10】	色	【10】
	(5)	【11】	1　2　3　4	【11】
	(6)	【12】	んだ	【12】
	(7)	【13】	ア　イ　ウ　エ	【13】
	(8)	【14】	Ⅰ　ア　イ　ウ　エ　Ⅱ　カ　キ　ク　ケ	【14】
	(9)	【15】	Ⅰ　ア　イ　ウ　エ　Ⅱ　カ　キ　ク　ケ	【15】
	(10)	【16】	ア　イ　ウ　エ	【16】
	(11)㊀	【17】	□□□　〜　□□□	【17】
	(11)㊁	【18】	ア　イ　ウ　エ	【18】
	(11)㊂	【19】	□□□　〜　□□□	【19】
	(11)㊃	【20】	Ⅰ　ア　イ　ウ　エ　オ　カ　Ⅱ　サ　シ　ス　セ	【20】

検査	1	受付番号		得点	

2024年度入試配点表（京都府・前期選抜）

数学	1	2	3	4	5	6	計
	各2点×9 ((7),(9)各完答)	各2点×2	(3)　3点 他　各2点×2	(1)　4点 (2)BD　1点 (2)EG　2点	(3)　3点 他　各2点×2	(1)　各1点×2 (2)　2点(完答) (3)　3点	50点

英語	1	2	3	4	5	6	計
	各2点×3	各2点×4	(1),(4) 各1点×4 他　各2点×10	各2点×2	各2点×2	各2点×2	50点

国語	一	二	三	計
	(4)　各1点×2　(7)㊁　3点 他　各2点×7 ((2)・(5)・(6)各完答)	(7)㊁　3点 他　各2点×8((3)・(4)各完答)	(1)　各1点×2 他　各2点×5	50点

2024年度入試配点表（京都府・中期選抜）

数学	1	2	3	4	5	6	計
	各2点×8 ((5)完答)	(1)　各1点×2 (2)　2点(完答)	(1)道のり　1点 (1)式,(2) 各2点×2	(1)　各1点×2 (2)　2点	(1)　1点 (2)　2点 (3)　3点	(1)　1点 他　各2点×2	40点

英語	1	2	3	4	5	計
	(2)　各1点×2 他　各2点×9	各2点×4	各2点×2	各2点×2	各2点×2	40点

理科	1	2	3	4	計
	(1)・(2)名称　各1点×2 他　各2点×2((1)完答)	各2点×2	各2点×2 ((1)・(2)各完答)	(3)　各1点×2 他　各2点×2 ((2)完答)	40点
	5	6	7		
	(1)　2点 (2)　各1点×2	(2)　各1点×2 他　各2点×2	(1)・(3)・(4)記号 各2点×3 他　各1点×4		

社会	1	2	3	4	計
	(1)・(3)　各2点×2 他　各1点×6	(1)・(5)　各2点×2 他　各1点×6	(1)・(3)　各2点×2 他　各1点×6	(2)・(4)・(5)　各2点×3 他　各1点×4	40点

国語	一	二	計
	(3)　各1点×2 他　各2点×5	(9)・(11)㊃　各1点×4 他　各2点×12 ((3),(8)各完答)	40点

※ 169％に拡大していただくと，解答欄は実物大になります。

共通学力検査　数学答案用紙

問題番号		答の番号	答の欄		採点欄
1	（1）	【1】			【1】
	（2）	【2】			【2】
	（3）	【3】			【3】
	（4）	【4】	$x=$　　　　， $y=$		【4】
	（5）	【5】	$a=$		【5】
	（6）	【6】			【6】
	（7）	【7】	$x=$		【7】
	（8）	【8】	$\angle x=$　　　　°		【8】
	（9）	【9】			【9】
2	（1）	【10】	$a=$　　　　， $b=$		【10】
	（2）	【11】	本		【11】
3	（1）	【12】	cm		【12】
	（2）	【13】	cm^3		【13】
	（3）	【14】	cm		【14】
4	（1）	【15】	$a=$	面積	【15】
	（2）	【16】			【16】
5	（1）	【17】			【17】
	（2）	【18】	cm		【18】
	（3）	【19】	cm		【19】
6	（1）	【20】	個		【20】
	（2）	【21】	個		【21】
	（3）	【22】			【22】

共通学力検査	受付番号		得点
数学			

※ 169％に拡大していただくと，解答欄は実物大になります。

共通学力検査　英語（筆記）答案用紙

問題番号			答の番号	答の欄	採点欄
1	(1)		【1】		【1】
	(2)	(a)	【2】		【2】
		(b)	【3】		【3】
2	(1)		【4】		【4】
	(2)		【5】	ア　イ　ウ　エ　オ	【5】
	(3)		【6】	ア　イ　ウ　エ	【6】
	(4)		【7】	ア　イ　ウ　エ	【7】
3	(1)		【8】	(　)→(　)→(　)→(　)→(　)→(　)	【8】
	(2)		【9】	②　／　⑥	【9】
	(3)		【10】	A　B　C　D	【10】
	(4)		【11】	(　)→(　)→(　)→(　)→(　)	【11】
	(5)		【12】	ア　イ　ウ　エ	【12】
	(6)		【13】	Ⅰ群　ア　イ　ウ　エ　／　Ⅱ群　カ　キ　ク　ケ	【13】
	(7)	(a)	【14】		【14】
		(b)	【15】		【15】
	(8)		【16】	ア　イ　ウ　エ　オ	【16】
	(9)	(a)	【17】	ア　イ　ウ　エ	【17】
		(b)	【18】		【18】
		(c)	【19】		【19】

共通学力検査	受付番号		得点	
英語（筆記）				

※ 169%に拡大していただくと，解答欄は実物大になります。

共通学力検査　英語（リスニング）答案用紙

問題番号		答の番号	答の欄				採点欄
4	（1）	【20】	ア	イ	ウ	エ	【20】
	（2）	【21】	ア	イ	ウ	エ	【21】
5	（1）	【22】	ア	イ	ウ	エ	【22】
	（2）	【23】	ア	イ	ウ	エ	【23】
6	（1）	【24】	ア	イ	ウ	エ	【24】
	（2）	【25】	ア	イ	ウ	エ	【25】

共通学力検査	受付番号		得点	
英語（リスニング）				

※ 169％に拡大していただくと，解答欄は実物大になります。

共通学力検査　国語答案用紙

問題番号			答の番号	答の欄		採点欄
一	(1)		【1】		【1】	
	(2)		【2】		【2】	
	(3)		【3】	Ⅰ　ア　イ　ウ　エ	Ⅱ　カ　キ　ク　ケ	【3】
	(4)		【4】	ア　イ　ウ　エ	【4】	
	(5)		【5】	ア　イ　ウ　エ	【5】	
	(6)		【6】	Ⅰ　ア　イ　ウ	Ⅱ　カ　キ　ク　ケ　コ　サ	【6】
	(7)		【7】	ア　イ　ウ　エ	【7】	
	(8)		【8】	ー	【8】	
	(9)	㊀	【9】	20　30	【9】	
		㊁	【10】	∫	【10】	
二	(1)		【11】	ア　イ　ウ　エ	【11】	
	(2)		【12】	ア　イ　ウ　エ	【12】	
	(3)		【13】	ア　イ　ウ　エ	【13】	
	(4)		【14】	ア　イ　ウ　エ　オ	【14】	
	(5)		【15】	れる	【15】	
	(6)		【16】	ア　イ　ウ　エ	【16】	
	(7)	㊀	【17】	ア　イ　ウ　エ	【17】	
		㊁	【18】	20　30	【18】	
		㊂	【19】	ア　イ　ウ　エ	【19】	
三	(1)		【20】	ア　イ　ウ　エ	【20】	
	(2)		【21】	ア　イ　ウ　エ	【21】	
	(3)		【22】	難	ア　イ　ウ　エ	【22】
	(4)	㊀	【23】	ア　イ　ウ　エ	【23】	
		㊁	【24】	B　3　5	C　5　8	【24】
		㊂	【25】	ア　イ　ウ　エ	【25】	

共通学力検査	国語	受付番号	得点

※ 137％に拡大していただくと，解答欄は実物大になります。

検査３　数学答案用紙

問題番号		答の番号	答　の　欄	採点欄
1	(1)	【1】		【1】
	(2)	【2】		【2】
	(3)	【3】		【3】
	(4)	【4】	$x=$　　　，　$y=$	【4】
	(5)	【5】		【5】
	(6)	【6】	個	【6】
	(7)	【7】	cm	【7】
	(8)	【8】	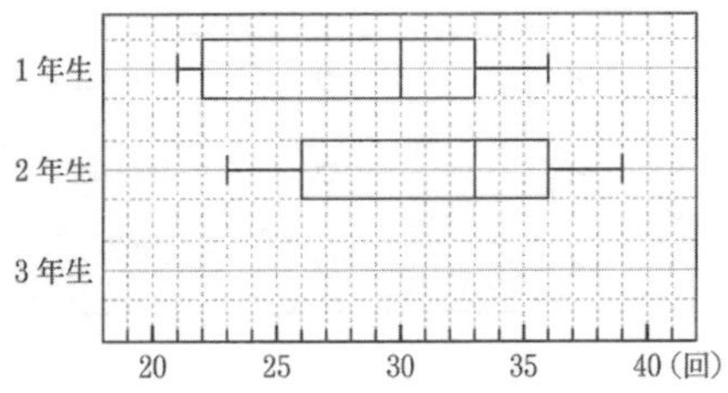	【8】
2	(1)	【9】	cm^3	【9】
	(2)	【10】	cm^2	【10】
3	(1)	【11】		【11】
	(2)	【12】	ア　イ　ウ　エ　オ　カ	【12】
4	(1)	【13】	$y=$　｜　ア　イ　ウ　エ	【13】
	(2)	【14】	$x=$	【14】
5	(1)	【15】	cm	【15】
	(2)	【16】	cm	【16】
	(3)	【17】	cm^2	【17】
6	(1)	【18】	枚	【18】
	(2)	【19】	枚	【19】
	(3)	【20】	$n=$	【20】

検査	受付番号		得点
3			

※ 137％に拡大していただくと，解答欄は実物大になります。

検査5－1 英語（筆記）答案用紙

問題番号			答の番号	答の欄	採点欄
1	(1)		【1】	ア　イ　ウ　エ	【1】
	(2)		【2】	②　　　⑤	【2】
	(3)	(a)	【3】		【3】
		(b)	【4】	ア　イ　ウ　エ	【4】
	(4)		【5】	ア　イ　ウ　エ	【5】
	(5)		【6】	(　)→(　)→(　)→(　)→(　)→(　)	【6】
	(6)		【7】	ア　イ　ウ　エ	【7】
	(7)		【8】	ア　イ　ウ　エ	【8】
	(8)	(a)	【9】	ア　イ　ウ　エ	【9】
		(b)	【10】		【10】
2	(1)		【11】		【11】
	(2)		【12】	ア　イ　ウ　エ	【12】
	(3)		【13】	ア　イ　ウ　エ　オ	【13】
	(4)		【14】	ア　イ　ウ　エ	【14】

検査	受付番号						得点
5－1							

※ 137%に拡大していただくと，解答欄は実物大になります。

検査5-2　英語（リスニング）答案用紙

問題番号		答の番号	答の欄				採点欄
3	(1)	【15】	ア	イ	ウ	エ	【15】
	(2)	【16】	ア	イ	ウ	エ	【16】
4	(1)	【17】	ア	イ	ウ	エ	【17】
	(2)	【18】	ア	イ	ウ	エ	【18】
5	(1)	【19】	ア	イ	ウ	エ	【19】
	(2)	【20】	ア	イ	ウ	エ	【20】

検査	受付番号		得点
5-2			

※ 137%に拡大していただくと，解答欄は実物大になります。

検査4　理科答案用紙

問題番号		答の番号	答の欄		採点欄
1	(1)	【1】	ア　イ　ウ　エ		【1】
	(2)	【2】	X　ア　イ　ウ　エ	Y　m/s	【2】
	(3)	【3】	ア　イ　ウ	神経	【3】
2	(1)	【4】	A　B　C　D		【4】
	(2)	【5】	i群　ア　イ　ウ	ii群　カ　キ　ク	【5】
3	(1)	【6】	ア　イ　ウ　エ		【6】
	(2)	【7】	凝灰岩　ア　イ　ウ	石灰岩　ア　イ　ウ	【7】
	(3)	【8】	ア　イ　ウ　エ		【8】
4	(1)	【9】	ア　イ　ウ　エ　オ　カ		【9】
	(2)	【10】	kJ	時間	【10】
	(3)	【11】	A　B　C　D　E　F		【11】
5	(1)	【12】	ア　イ　ウ　エ		【12】
	(2)	【13】	ア　イ　ウ　エ		【13】
6	(1)	【14】	g		【14】
	(2)	【15】	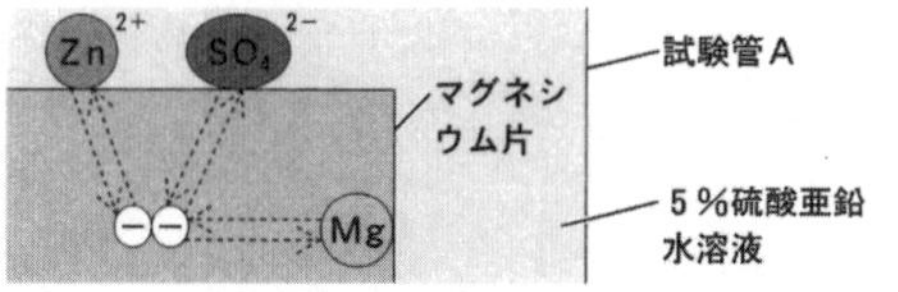		【15】
	(3)	【16】	ア　イ　ウ　エ		【16】
7	(1)	【17】	i群　ア　イ　ウ　エ	ii群　カ　キ　iii群　サ　シ	【17】
	(2)	【18】	i群　ア　イ　ウ　エ	ii群　カ　キ　ク　ケ	【18】
8	(1)	【19】	i群　ア　イ　ウ　エ	ii群　カ　キ　ク	【19】
	(2)	【20】	C　7	D	【20】

検査	受付番号		得点
4			

※ 137％に拡大していただくと，解答欄は実物大になります。

検査２　社会答案用紙

問題番号		答の番号	答の欄		採点欄
1	（1）	【1】	a　b　c　d	ア　イ　ウ　エ	【1】
	（2）	【2】	ア　イ　ウ　エ		【2】
	（3）	【3】	ア　イ　ウ　エ		【3】
	（4）	【4】	（　）→（　）→（　）→（　）		【4】
	（5）	【5】	ア　イ　ウ　エ　オ　カ		【5】
2	（1）	【6】	写真A	写真B　ア　イ　ウ　エ	【6】
	（2）	【7】	m	ア　イ　ウ　エ	【7】
	（3）	【8】			【8】
	（4）	【9】	ⅰ群　ア　イ　ウ	ⅱ群　カ　キ　ク	【9】
	（5）	【10】	ⅰ群　ア　イ　ウ　エ	ⅱ群　カ　キ　ク　ケ	【10】
3	（1）	【11】	（　）→（　）→（　）→（　）		【11】
	（2）	【12】	ア　イ　ウ　エ		【12】
	（3）	【13】	ア　イ　ウ　エ　オ		【13】
	（4）	【14】	ア　イ　ウ　エ　オ		【14】
	（5）	【15】	権	ア　イ　ウ　エ	【15】
4	（1）	【16】	ⅰ群　ア　イ　ⅱ群　カ　キ	ⅲ群　サ　シ　ⅳ群　タ　チ　ツ　テ	【16】
	（2）	【17】	の改革		【17】
	（3）	【18】	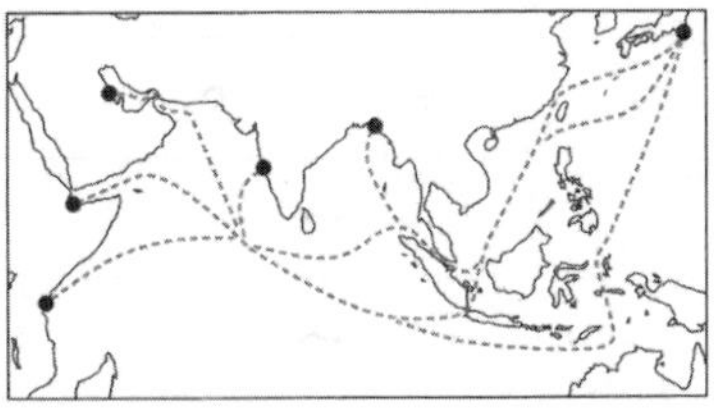		【18】
	（4）	【19】	ア　イ　ウ　エ		【19】
	（5）	【20】	ⅰ群　ア　イ　ウ　エ	ⅱ群　カ　キ　ク　ケ　コ　サ	【20】

検査	受付番号		得点
2			

※ 137％に拡大していただくと，解答欄は実物大になります。

検査１　国語答案用紙

問題番号		答の番号	答の欄	採点欄
一	(1)	【1】	□□□□　ア　イ　ウ　エ	【1】
	(2)	【2】	ア　イ　ウ　エ	【2】
	(3)	【3】	ア　イ　ウ　エ	【3】
	(4)	【4】	(　)→(　)→(　)→(　)	【4】
	(5) ㊀	【5】	□□□□□□□□□□	【5】
	(5) ㊁	【6】	ア　イ　ウ　エ	【6】
二	(1)	【7】	Ⅰ　ア　イ　ウ　エ　Ⅱ　カ　キ　ク　ケ	【7】
	(2)	【8】	Ⅰ　ア　イ　ウ　エ　Ⅱ　カ　キ　ク　ケ	【8】
	(3)	【9】		【9】
	(4)	【10】	ア　イ　ウ　エ	【10】
	(5)	【11】	1　2　3　4	【11】
	(6)	【12】	ア　イ　ウ　エ	【12】
	(7)	【13】	Ⅰ　ア　イ　ウ　エ　Ⅱ　カ　キ　ク　ケ	【13】
	(8)	【14】	性	【14】
	(9)	【15】	ア　イ　ウ　エ	【15】
	(10)	【16】	ア　イ　ウ　エ	【16】
	(11) ㊀	【17】	□□□ 〜 □□□	【17】
	(11) ㊁	【18】	□□□ 〜 □□□	【18】
	(11) ㊂	【19】	ア　イ　ウ　エ	【19】
	(11) ㊃	【20】	Ⅰ　ア　イ　Ⅱ　カ　キ　Ⅲ　サ　シ	【20】

検査 1	受付番号	得点

2023年度入試配点表（京都府・前期選抜）

数学	1	2	3	4	5	6	計
	各2点×9 ((4),(7)各完答)	各2点×2 ((1)完答)	(3)　3点 他　各2点×2	(1)aの値　1点 (1)面積　2点 (2)　3点	(2)　2点 他　各3点×2	(3)　3点 他　各2点×2	50点

英語	1	2	3	4	5	6	計
	各2点×3	各2点×4	(2),(6)　各1点×4 他　各2点×10 ((1),(4),(8)各完答)	各2点×2	各2点×2	各2点×2	50点

国語	一	二	三	計
	(2)・(3)　各1点×3 (9)㊀　3点 他　各2点×7((6)完答)	(5)　1点　(7)㊁　3点 他　各2点×7((4)完答)	(3)　各1点×2 他　各2点×5((4)㊁完答)	50点

2023年度入試配点表（京都府・中期選抜）

数学	1	2	3	4	5	6	計
	各2点×8 ((4)完答)	各2点×2	各2点×2 ((2)完答)	(1)　各1点×2 (2)　3点(完答)	各2点×3	(1)　1点 他　各2点×2	40点

英語	1	2	3	4	5	計
	(2)　各1点×2 他　各2点×9 ((5)完答)	各2点×4	各2点×2	各2点×2	各2点×2	40点

理科	1	2	3	4	計
	(2)Y　2点 他　各1点×4	各2点×2 ((1)・(2)各完答)	各2点×3 ((2)完答)	(1)・(2)熱量　各1点×2 他　各2点×2 ((3)完答)	40点
	5	6	7	8	
	各2点×2	各2点×3	各1点×4 ((1)ii群・iii群完答)	(2)C　2点 他　1点×2 ((1)完答)	

社会	1	2	3	4	計
	(1),(3),(4)宣言名 各1点×4 他　各2点×3((4)記号完答)	(4)　2点(完答) 他　各1点×8	(2),(5)　各1点×4 他　各2点×3 ((1),(3),(4)各完答)	(1)i群・ii群,(2),(4),(5)i群 各1点×4　他　各2点×3 ((1)iii群・iv群完答)	40点

国語	一	二	計
	(1)　各1点×2 他　各2点×5((4)完答)	(2)　各1点×2 他　各2点×13 ((1),(7),(11)㊃各完答)	40点

※ 156％に拡大していただくと，解答欄は実物大になります。

共通学力検査　数学答案用紙

問題番号		答の番号	答の欄	採点欄
1	(1)	【1】		【1】
	(2)	【2】		【2】
	(3)	【3】		【3】
	(4)	【4】	$x=$ 　　,　 $y=$	【4】
	(5)	【5】		【5】
	(6)	【6】		【6】
	(7)	【7】	$x=$	【7】
	(8)	【8】	cm^2	【8】
	(9)	【9】	(　　) → (　　) → (　　)	【9】
2	(1)	【10】		【10】
	(2)	【11】		【11】
3	(1)	【12】	$a=$	【12】
	(2)	【13】	$y=$	【13】
	(3)	【14】		【14】
4	(1)	【15】		【15】
	(2)	【16】	EC：CF＝　　：	【16】
5	(1)	【17】	cm	【17】
	(2)	【18】	cm^2	【18】
	(3)	【19】	cm^3	【19】
6	(1)	【20】	通り	【20】
	(2)	【21】	通り	【21】
	(3)	【22】	最小の値　　　　最大の値	【22】

共通学力検査	受付番号		得点	
数学				

※ 141％に拡大していただくと，解答欄は実物大になります。

共通学力検査　英語（筆記）答案用紙

問題番号			答の番号	答の欄	採点欄
1	(1)		【1】		【1】
	(2)	(a)	【2】		【2】
		(b)	【3】		【3】
2	(1)		【4】	ア　イ　ウ　エ	【4】
	(2)		【5】		【5】
	(3)		【6】	ア　イ　ウ　エ　オ	【6】
	(4)		【7】	ア　イ　ウ　エ	【7】
3	(1)		【8】	ア　イ　ウ　エ	【8】
	(2)		【9】	A　B　C　D	【9】
	(3)		【10】	②　⑥	【10】
	(4)		【11】	(　) → (　) → (　) → (　) → (　) → (　)	【11】
	(5)		【12】	ア　イ　ウ　エ	【12】
	(6)		【13】	Ⅰ群　ア　イ　ウ　エ　Ⅱ群　カ　キ　ク　ケ	【13】
	(7)	(a)	【14】		【14】
		(b)	【15】		【15】
	(8)		【16】	ア　イ　ウ　エ　オ	【16】
	(9)	(a)	【17】	ア　イ　ウ　エ	【17】
		(b)	【18】		【18】
		(c)	【19】		【19】

共通学力検査	受付番号		得点	
英語（筆記）				

※ 137%に拡大していただくと，解答欄は実物大になります。

共通学力検査　英語（リスニング）答案用紙

問題番号		答の番号	答	の		欄	採点欄
4	(1)	【20】	ア	イ	ウ	エ	【20】
	(2)	【21】	ア	イ	ウ	エ	【21】
5	(1)	【22】	ア	イ	ウ	エ	【22】
	(2)	【23】	ア	イ	ウ	エ	【23】
6	(1)	【24】	ア	イ	ウ	エ	【24】
	(2)	【25】	ア	イ	ウ	エ	【25】

共通学力検査	受付番号		得点	
英語（リスニング）				

※ 169％に拡大していただくと，解答欄は実物大になります。

共通学力検査　国語答案用紙

問題番号		答の番号	答の欄	採点欄
一	(1)	【1】	I　ア　イ　ウ　エ　II　カ　キ　ク　ケ	【1】
	(2)	【2】	ア　イ　ウ　エ	【2】
	(3)	【3】	ア　イ　ウ　エ	【3】
	(4)	【4】	e　　る　f　　って	【4】
	(5)	【5】	ア　イ　ウ　エ	【5】
	(6)	【6】	加	【6】
	(7)	【7】	ア　イ　ウ　エ	【7】
	(8)㊀	【8】		【8】
	(8)㊁	【9】	B　　10　13　によって大きくなり、そのことがものの見方を多様化して　C　　4　8	【9】
二	(1)	【10】	ア　イ　ウ　エ	【10】
	(2)	【11】	I　ア　イ　ウ　II　カ　キ　ク　ケ　コ　サ	【11】
	(3)	【12】	ア　イ　ウ　エ	【12】
	(4)	【13】	ア　イ　ウ　エ	【13】
	(5)	【14】	I　ア　イ　ウ　エ　II　カ　キ　ク　ケ	【14】
	(6)	【15】	ア　イ　ウ　エ	【15】
	(7)㊀	【16】	15　25	【16】
	(7)㊁	【17】	ア　イ　ウ　エ	【17】
	(7)㊂	【18】	ア　イ　ウ　エ	【18】
三	(1)	【19】	ア　イ　ウ　エ	【19】
	(2)	【20】	ア　イ　ウ　エ	【20】
	(3)	【21】	ア　イ　ウ　エ	【21】
	(4)	【22】		【22】
	(5)㊀	【23】	4　7	【23】
	(5)㊁	【24】	ア　イ　ウ　エ	【24】

共通学力検査	国語	受付番号		得点	

※ 137％に拡大していただくと，解答欄は実物大になります。

検査３　数学答案用紙

問題番号		答の番号	答の欄	採点欄
1	(1)	【1】		【1】
	(2)	【2】		【2】
	(3)	【3】		【3】
	(4)	【4】	$x =$	【4】
	(5)	【5】	$x =$ ，$y =$	【5】
	(6)	【6】	$a =$ ／ $b =$	【6】
	(7)	【7】	$\angle x =$ °	【7】
	(8)	【8】	およそ　個	【8】
2	(1)	【9】		【9】
	(2)	【10】		【10】
3	(1)	【11】	ア　イ　ウ　エ　オ	【11】
	(2)	【12】	cm^3	【12】
4	(1)	【13】	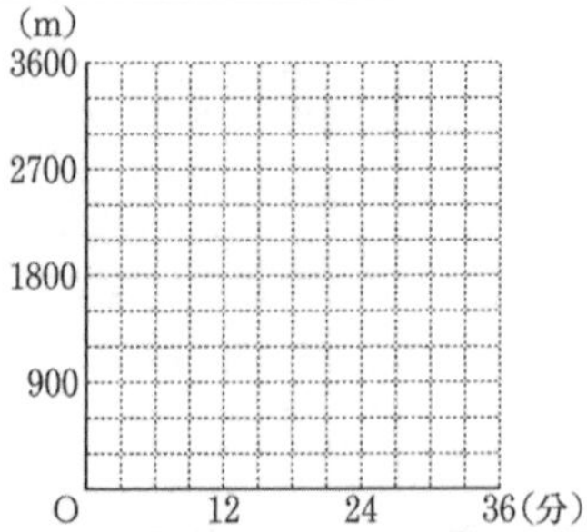	【13】
	(2)	【14】	午前9時　分　秒	【14】
	(3)	【15】	m	【15】
5	(1)	【16】	cm	【16】
	(2)	【17】	cm	【17】
	(3)	【18】	△ＣＦＤ：△ＡＢＣ＝　：	【18】
6	(1)	【19】	７段目の左端の正三角形の板に書かれている数 ／ ７段目の右端の正三角形の板に書かれている数	【19】
	(2)	【20】	$n =$	【20】

検査	受付番号		得点
３			

※ 130%に拡大していただくと，解答欄は実物大になります。

検査5−1　英語（筆記）答案用紙

問題番号			答の番号	答の欄		採点欄
1	（1）		【1】	①	⑥	【1】
	（2）		【2】	（　）→（　）→（　）→（　）→（　）→（　）		【2】
	（3）		【3】	ア　イ　ウ　エ		【3】
	（4）		【4】	ア　イ　ウ　エ		【4】
	（5）	（a）	【5】			【5】
		（b）	【6】	ア　イ　ウ　エ		【6】
	（6）		【7】	ア　イ　ウ　エ		【7】
	（7）		【8】	ア　イ　ウ　エ		【8】
	（8）	（a）	【9】	ア　イ　ウ　エ		【9】
		（b）	【10】			【10】
2	（1）		【11】	ア　イ　ウ　エ		【11】
	（2）		【12】	ア　イ　ウ　エ		【12】
	（3）		【13】	ア　イ　ウ　エ　オ		【13】
	（4）		【14】	ア　イ　ウ　エ		【14】

検査	受付番号		得点	
5−1				

※ 128%に拡大していただくと，解答欄は実物大になります。

検査5-2 英語（リスニング）答案用紙

問題番号		答の番号	答の欄				採点欄
3	(1)	【15】	ア	イ	ウ	エ	【15】
	(2)	【16】	ア	イ	ウ	エ	【16】
4	(1)	【17】	ア	イ	ウ	エ	【17】
	(2)	【18】	ア	イ	ウ	エ	【18】
5	(1)	【19】	ア	イ	ウ	エ	【19】
	(2)	【20】	ア	イ	ウ	エ	【20】

検査	受付番号		得点	
5-2				

※ 137%に拡大していただくと，解答欄は実物大になります。

検査４　理科答案用紙

問題番号		答の番号	答の欄	採点欄
1	(1)	【1】	ア　イ　ウ　エ	【1】
	(2)	【2】	i群　ア　イ　ウ　エ ／ ii群　カ　キ　ク　ケ	【2】
	(3)	【3】	［　　］［　　］ ／ ア　イ　ウ　エ	【3】
2	(1)	【4】	ア　イ　ウ　エ	【4】
	(2)	【5】	i群　ア　イ　ウ　エ ／ ii群　カ　キ　ク　ケ　コ	【5】
3	(1)	【6】	A　B　C　D　E　F　G	【6】
	(2)	【7】	ア　イ　ウ　エ　オ	【7】
	(3)	【8】	ア　イ　ウ　エ ／ X　Y　Z	【8】
4	(1)	【9】	i群　ア　イ　ウ ／ ii群　カ　キ	【9】
	(2)	【10】	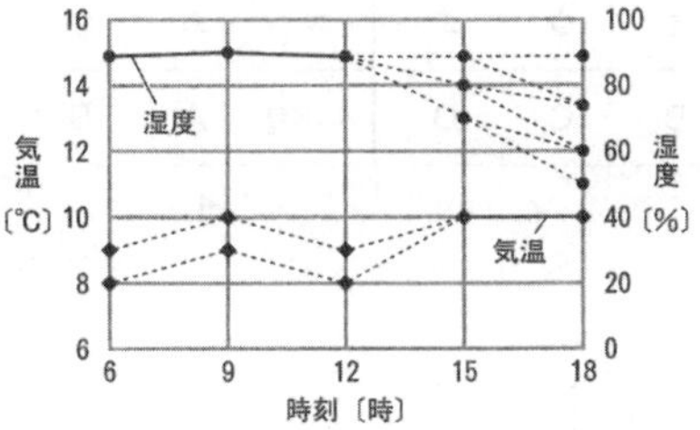	【10】
5	(1)	【11】	ア　イ　ウ　エ ／ A　カ　キ　ク ／ B　カ　キ　ク ／ C　カ　キ　ク	【11】
	(2)	【12】	ア　イ　ウ　エ	【12】
6	(1)	【13】	g	【13】
	(2)	【14】	ア　イ　ウ　エ	【14】
	(3)	【15】	ア　イ　ウ　エ　オ	【15】
7	(1)	【16】	A　ア　イ　ウ ／ B　ア　イ　ウ ／ cm	【16】
	(2)	【17】	ア　イ　ウ　エ　オ　カ	【17】
	(3)	【18】	［　］［　］［　］［　］［　］［　］［　］［　］ 5　8	【18】
8	(1)	【19】	N	【19】
	(2)	【20】	X　ア　イ　ウ ／ Y　ア　イ　ウ	【20】

検査	受付番号	得点
4		

※ 133%に拡大していただくと，解答欄は実物大になります。

検査２　社会答案用紙

問題番号		答の番号	答の欄		採点欄
1	(1)	【1】	ア　イ　ウ　エ	協定	【1】
	(2)	【2】	i群　ア　イ　ウ　エ	ii群　カ　キ　ク　ケ	【2】
	(3)	【3】	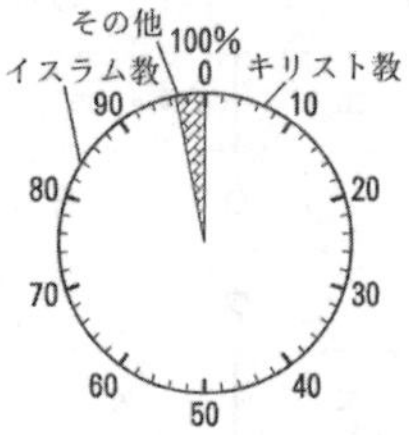		【3】
	(4)	【4】	ア　イ　ウ　エ　オ		【4】
	(5)	【5】	i群　ア　イ　ウ　エ	ii群　カ　キ　ク　ケ	【5】
2	(1)	【6】	成田国際空港　A　B　C　D	名古屋港　A　B　C　D	【6】
	(2)	【7】	ア　イ　ウ　エ		【7】
	(3)	【8】	9		【8】
	(4)	【9】	ア　イ　ウ　エ		【9】
	(5)	【10】		ア　イ　ウ　エ	【10】
3	(1)	【11】	i群　ア　イ　ウ　エ	ii群　カ　キ　ク　ケ	【11】
	(2)	【12】	ア　イ　ウ　エ		【12】
	(3)	【13】	(　　)→(　　)→(　　)→(　　)		【13】
	(4)	【14】	i群　ア　イ　ウ	ii群　カ　キ　ク	【14】
	(5)	【15】	i群　ア　イ　ウ	ii群　カ　キ　ク　ケ	【15】
4	(1)	【16】	A　B　C　D	ア　イ　ウ　エ	【16】
	(2)	【17】	i群　ア　イ　ウ　エ	ii群　カ　キ　ク　ケ	【17】
	(3)	【18】	ア　イ　ウ　エ　オ		【18】
	(4)	【19】	県	ア　イ　ウ　エ	【19】
	(5)	【20】	ア　イ　ウ　エ　オ		【20】

検査	受付番号		得点	
2				

※137％に拡大していただくと，解答欄は実物大になります。

検査1　国語答案用紙

問題番号		答の番号	答の欄	採点欄
一	(1)	【1】	ア　イ　ウ　エ	【1】
	(2)	【2】	ア　イ　ウ　エ	【2】
	(3)	【3】	ア　イ　ウ　エ	【3】
	(4)	【4】	□□□□□　ア　イ　ウ　エ	【4】
	(5)㊀	【5】	A □□□□　C □□□□	【5】
	(5)㊁	【6】	ア　イ　ウ　エ	【6】
二	(1)	【7】	ア　イ　ウ　エ	【7】
	(2)	【8】	Ⅰ　ア　イ　ウ　エ　Ⅱ　カ　キ　ク　ケ	【8】
	(3)	【9】	ア　イ　ウ　エ	【9】
	(4)	【10】	Ⅰ　ア　イ　ウ　エ　Ⅱ　カ　キ　ク　ケ	【10】
	(5)	【11】	論	【11】
	(6)	【12】	ア　イ　ウ　エ	【12】
	(7)	【13】	ア　イ　ウ　エ	【13】
	(8)	【14】	ア　イ　ウ　エ	【14】
	(9)	【15】	い	【15】
	(10)	【16】	ア　イ　ウ　エ	【16】
	(11)㊀	【17】	□□□　～　□□□	【17】
	(11)㊁	【18】	ア　イ　ウ　エ	【18】
	(11)㊂	【19】	□□□□□□□□	【19】
	(11)㊃	【20】	Ⅰ　ア　イ　ウ　エ　Ⅱ　カ　キ　ク　ケ	【20】

検査	1	受付番号		得点

2022年度入試配点表(京都府・前期選抜)

	1	2	3	4	5	6	計
数学	各2点×9 ((4),(7),(9) 各完答)	各2点×2	(3)　3点 他　各2点×2	(1)　4点 (2)　3点	(3)　3点 他　各2点×2	(3)　3点(完答) 他　各2点×2	50点

	1	2	3	4	5	6	計
英語	各2点×3	各2点×4	(3),(6) 各1点×4 他　各2点×10	各2点×2	各2点×2	各2点×2	50点

	一	二	三	計
国語	(1)・(4)　各1点×4 (8)㊁　3点 他　各2点×6	(7)㊀　3点 他　各2点×8((2),(5)各完答)	各2点×6	50点

2022年度入試配点表(京都府・中期選抜)

	1	2	3	4	5	6	計
数学	(6)　各1点×2 他　各2点×7 ((5)完答)	各2点×2	各2点×2	各2点×3	各2点×3	(1)　各1点×2 (2)　2点	40点

	1	2	3	4	5	計
英語	(1)　各1点×2 他　各2点×9	各2点×4 ((3)完答)	各2点×2	各2点×2	各2点×2	40点

	1	2	3	4	5	6	7	8	計
理科	(1)　2点 他 各1点×4	(2)ii群　2点 他　各1点×2	(3)　各1点×2 他　各2点×2 ((1)・(2) 各完答)	各2点×2 ((1)・(2) 各完答)	(1)㋗・㋕・㋖　2点 他　各1点×2 (1)㋗・㋕・㋖完答)	各2点×3 ((3)完答)	(1)記号・焦点距離 各1点×2 他 各2点×2 ((1)記号完答)	(1)　2点 (2)X・Y 各1点×2	40点

	1	2	3	4	計
社会	(3),(4)　各2点×2 他　各1点×6 ((4)完答)	(2),(3)　各2点×2 他　各1点×6	(4),(5)　各1点×4 他　各2点×3 ((1),(3),(4)㋒㋕各完答)	(5)　2点 他　各1点×8 ((3)㋑・㋒・㋔,(5)各完答)	40点

	一	二	計
国語	(4)　各1点×2 他　各2点×5 ((5)㊀完答)	(2),(11)㊃　各1点×4 他　各2点×12 ((4)完答)	40点

※ 156％に拡大していただくと，解答欄は実物大になります。

共通学力検査　数学答案用紙

問題番号		答の番号	答の欄		採点欄
1	(1)	【1】			【1】
	(2)	【2】			【2】
	(3)	【3】			【3】
	(4)	【4】	$y=$		【4】
	(5)	【5】	$x=$　　　，　$y=$		【5】
	(6)	【6】	本		【6】
	(7)	【7】	個		【7】
	(8)	【8】	$x=$		【8】
	(9)	【9】	ア　イ　ウ　エ　オ	$n=$	【9】
2	(1)	【10】			【10】
	(2)	【11】			【11】
3	(1)	【12】	$x=3$ のとき　$y=$	$x=5$ のとき　$y=$	【12】
	(2)	【13】	①　ア　イ　ウ　エ　オ	②　ア　イ　ウ　エ　オ	【13】
	(3)	【14】	$a=$		【14】
4	(1)	【15】			【15】
	(2)	【16】	四角形ＣＧＥＨ：平行四辺形ＡＢＣＤ＝　　：		【16】
5	(1)	【17】	半径　　cm	体積　　cm^3	【17】
	(2)	【18】	ＡＤ：ＥＦ＝　　：		【18】
	(3)	【19】	cm^3		【19】
6	(1)	【20】			【20】
	(2)	【21】	マスＡに入力した数	マスＢに入力した数	【21】
	(3)	【22】	$m=$		【22】

共通学力検査	受付番号		得点
数学			

※ 135％に拡大していただくと，解答欄は実物大になります。

共通学力検査　英語（筆記）答案用紙

問題番号			答の番号	答の欄	採点欄
1	（1）		【1】		【1】
	（2）	（a）	【2】		【2】
		（b）	【3】		【3】
2	（1）		【4】		【4】
	（2）		【5】	ア　イ　ウ　エ	【5】
	（3）		【6】	ア　イ　ウ　エ	【6】
	（4）		【7】	ア　イ　ウ　エ	【7】
3	（1）		【8】	ア　イ　ウ　エ	【8】
	（2）		【9】	A　B　C　D	【9】
	（3）		【10】	（　）→（　）→（　）→（　）→（　）→（　）	【10】
	（4）		【11】	③　／　④	【11】
	（5）		【12】	Ⅰ群　ア　イ　ウ　エ　／　Ⅱ群　カ　キ　ク　ケ	【12】
	（6）		【13】	ア　イ　ウ　エ	【13】
	（7）	（a）	【14】		【14】
		（b）	【15】		【15】
	（8）		【16】	ア　イ　ウ　エ　オ	【16】
	（9）	（a）	【17】	ア　イ　ウ　エ	【17】
		（b）	【18】		【18】
		（c）	【19】		【19】

共通学力検査	受付番号	得点
英語（筆記）		

共通学力検査　英語（リスニング）答案用紙

問題番号		答の番号	答の欄				採点欄
4	(1)	【20】	ア	イ	ウ	エ	【20】
	(2)	【21】	ア	イ	ウ	エ	【21】
5	(1)	【22】	ア	イ	ウ	エ	【22】
	(2)	【23】	ア	イ	ウ	エ	【23】
6	(1)	【24】	ア	イ	ウ	エ	【24】
	(2)	【25】	ア	イ	ウ	エ	【25】

共通学力検査	受付番号		得点	
英語（リスニング）				

※ 167％に拡大していただくと，解答欄は実物大になります。

共通学力検査　国語答案用紙

問題番号		答の番号	答の欄	採点欄
一	(1)	【1】	I　ア　イ　ウ　エ ／ II　カ　キ　ク　ケ	【1】
	(2)	【2】	b　ア　イ　ウ　エ ／ c　ア　イ　ウ　エ	【2】
	(3)	【3】	されて	【3】
	(4)	【4】	ア　イ　ウ　エ	【4】
	(5)	【5】	I　ア　イ　ウ　エ ／ II　カ　キ　ク　ケ	【5】
	(6)	【6】	ア　イ　ウ　エ	【6】
	(7)	【7】	ア　イ　ウ　エ	【7】
	(8) ㊀	【8】	～	【8】
	(8) ㊁	【9】	15　25	【9】
二	(1)	【10】	I　ア　イ　ウ　エ ／ II　カ　キ　ク　ケ	【10】
	(2)	【11】	ア　イ　ウ　エ	【11】
	(3)	【12】	I　ア　イ　ウ ／ II　カ　キ　ク　ケ　コ　サ	【12】
	(4)	【13】	ア　イ　ウ　エ	【13】
	(5)	【14】		【14】
	(6)	【15】	保	【15】
	(7)	【16】	ア　イ　ウ　エ	【16】
	(8) ㊀	【17】	ア　イ　ウ　エ	【17】
	(8) ㊁	【18】	15　25	【18】
	(8) ㊂	【19】	ア　イ　ウ　エ	【19】
三	(1)	【20】	ア　イ　ウ　エ	【20】
	(2)	【21】	ア　イ　ウ　エ	【21】
	(3)	【22】	ア　イ　ウ　エ	【22】
	(4)	【23】		【23】
	(5) ㊀	【24】	A　5　8 ／ B　3　5	【24】
	(5) ㊁	【25】	ア　イ　ウ　エ	【25】

共通学力検査	国語	受付番号	得点

※ 132％に拡大していただくと，解答欄は実物大になります。

検査３　数学答案用紙

問題番号		答の番号	答の欄	採点欄
1	（1）	【1】		【1】
	（2）	【2】		【2】
	（3）	【3】		【3】
	（4）	【4】		【4】
	（5）	【5】	$x=$	【5】
	（6）	【6】		【6】
	（7）	【7】	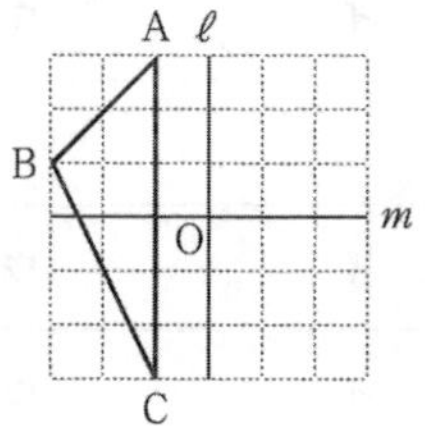	【7】
	（8）	【8】		【8】
2	（1）	【9】	℃	【9】
	（2）	【10】	日	【10】
3	（1）	【11】	cm^3	【11】
	（2）	【12】	cm^2	【12】
4	（1）	【13】	２点Ｂ，Ｃの間の距離 ／ 点Ａと直線ＢＣとの距離	【13】
	（2）	【14】	$y=$	【14】
5	（1）	【15】	°	【15】
	（2）	【16】	cm	【16】
	（3）	【17】	cm	【17】
6	（1）	【18】	枚	【18】
	（2）	【19】	枚	【19】
	（3）	【20】	番目の図形	【20】

検査	受付番号	得点
３		

※ 119%に拡大していただくと，解答欄は実物大になります。

検査5−1 英語（筆記）答案用紙

問題番号			答の番号	答の欄						採点欄
1	(1)		【1】	①			②			【1】
	(2)		【2】	( )→(	)→(	)→(	)→(	)→(	)→( )	【2】
	(3)		【3】	ア	イ		ウ	エ		【3】
	(4)	(a)	【4】	ア	イ		ウ	エ		【4】
		(b)	【5】							【5】
	(5)		【6】	ア	イ		ウ	エ		【6】
	(6)		【7】							【7】
	(7)		【8】	ア	イ		ウ	エ		【8】
	(8)	(a)	【9】	ア	イ		ウ	エ		【9】
		(b)	【10】	ア	イ		ウ	エ		【10】
2	(1)		【11】							【11】
	(2)		【12】	ア	イ		ウ	エ		【12】
	(3)		【13】	ア	イ		ウ	エ		【13】
	(4)		【14】	ア	イ		ウ	エ		【14】

検査	受付番号						得点	
5−1								

検査5-2 英語(リスニング)答案用紙

問題番号		答の番号	答の欄				採点欄
3	(1)	【15】	ア	イ	ウ	エ	【15】
	(2)	【16】	ア	イ	ウ	エ	【16】
4	(1)	【17】	ア	イ	ウ	エ	【17】
	(2)	【18】	ア	イ	ウ	エ	【18】
5	(1)	【19】	ア	イ	ウ	エ	【19】
	(2)	【20】	ア	イ	ウ	エ	【20】

検査	受付番号		得点	
5-2				

※ 133％に拡大していただくと，解答欄は実物大になります。

検査４　理科答案用紙

問題番号		答の番号	答の欄		採点欄
1	(1)	【1】	植物A　ア　イ　ウ　エ	植物B　ア　イ　ウ　エ	【1】
	(2)	【2】			【2】
	(3)	【3】	i群　ア　イ　ウ　エ　オ　カ	ii群（　）→（　）→（　）→（　）	【3】
2	(1)	【4】		ア　イ　ウ　エ	【4】
	(2)	【5】	A　B　C	ア　イ　ウ　エ　オ　カ	【5】
3	(1)	【6】	i群　ア　イ　ウ　エ	ii群　カ　キ　ク	【6】
	(2)	【7】	ア　イ　ウ　エ		【7】
4	(1)	【8】	A　ア　イ　ウ	B　カ　キ　ク　ケ　C　カ　キ　ク　ケ	【8】
	(2)	【9】	ア　イ　ウ　エ		【9】
	(3)	【10】	6		【10】
5	(1)	【11】	ア　イ　ウ　エ　オ		【11】
	(2)	【12】	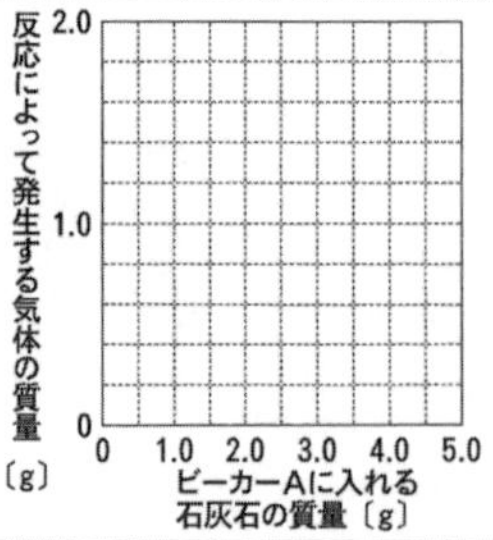		【12】
	(3)	【13】	ア　イ　ウ　エ		【13】
6	(1)	【14】	ア　イ　ウ　エ　オ　カ		【14】
	(2)	【15】	ア　イ　ウ　エ　オ　カ	％	【15】
7	(1)	【16】	ア　イ　ウ　エ		【16】
	(2)	【17】	ア　イ　ウ　エ		【17】
	(3)	【18】	N		【18】
8	(1)	【19】	の法則	g	【19】
	(2)	【20】	ア　イ　ウ　エ		【20】

検査	受付番号		得点
4			点

※ 128%に拡大していただくと，解答欄は実物大になります。

検査2　社会答案用紙

問題番号		答の番号	答の欄			採点欄
1	(1)	【1】	a　b　c　d	ア　イ　ウ		【1】
	(2)	【2】	□□□□□□□□□	A　B　C　D		【2】
	(3)	【3】	i群　ア　イ　ウ	ii群　カ　キ　ク	iii群　サ　シ　ス	【3】
	(4)	【4】	ア　イ　ウ　エ　オ			【4】
	(5)	【5】	ア　イ　ウ　エ	A　B　C		【5】
2	(1)	【6】	ア　イ　ウ　エ			【6】
	(2)	【7】	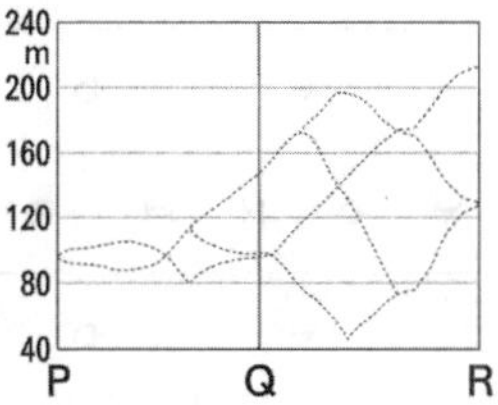			【7】
	(3)	【8】	□□	□□□		【8】
	(4)	【9】	i群　ア　イ　ウ　エ	ii群　カ　キ　ク　ケ		【9】
	(5)	【10】	i群　ア　イ　ウ　エ	ii群　カ　キ　ク　ケ		【10】
3	(1)	【11】	(　　)→(　　)→(　　)→(　　)			【11】
	(2)	【12】	i群　ア　イ　ウ　エ	ii群　カ　キ　ク　ケ		【12】
	(3)	【13】	ア　イ　ウ　エ　オ			【13】
	(4)	【14】	i群　ア　イ　ウ　エ	ii群　カ　キ　ク　ケ		【14】
	(5)	【15】	北海道　A　B　C　D　E	静岡県　A　B　C　D　E		【15】
4	(1)	【16】	□□□□□□□□□ 9			【16】
	(2)	【17】	i群　ア　イ　ウ	ii群　カ　キ	iii群　サ　シ	【17】
	(3)	【18】	i群　ア　イ　ウ　エ	ii群　カ　キ　ク　ケ		【18】
	(4)	【19】	ア　イ　ウ　エ			【19】
	(5)	【20】	A　B　C　D　E	ア　イ　ウ　エ		【20】

検査	受付番号		得点
2			

※ 135%に拡大していただくと，解答欄は実物大になります。

検査1　国語答案用紙

問題番号			答の番号	答の欄	採点欄
一	(1)		【1】	ア　イ　ウ　エ	【1】
	(2)		【2】	ア　イ　ウ　エ	【2】
	(3)		【3】	b　　c 御	【3】
	(4)		【4】	～	【4】
	(5)	㊀	【5】	A　　B	【5】
		㊁	【6】	ア　イ　ウ　エ	【6】
二	(1)		【7】	ア　イ　ウ　エ	【7】
	(2)		【8】	Ⅰ ア　イ　ウ　エ　Ⅱ カ　キ　ク　ケ	【8】
	(3)		【9】	ア　イ　ウ　エ	【9】
	(4)		【10】	Ⅰ ア　イ　ウ　エ　Ⅱ カ　キ　ク　ケ	【10】
	(5)		【11】	ア　イ　ウ　エ	【11】
	(6)		【12】	ア　イ　ウ　エ　オ	【12】
	(7)		【13】	演	【13】
	(8)		【14】	ア　イ　ウ　エ	【14】
	(9)		【15】	しく	【15】
	(10)	㊀	【16】		【16】
		㊁	【17】	～	【17】
		㊂	【18】	ア　イ　ウ　エ	【18】
		㊃	【19】	Ⅰ ア　イ　ウ　エ　Ⅱ カ　キ　ク　ケ	【19】
	(11)		【20】	ア　イ　ウ　エ	【20】

検査	1	受付番号		得点	

2021年度入試配点表（京都府・前期選抜）

	1	2	3	4	5	6	計
数学	各2点×9 ((5),(8),(9) 各完答)	各2点×2	(3)　3点 他　各1点×4	各3点×2	(1)半径　1点 (3)　3点 他　各2点×2	(3)　3点(完答) 他　各2点×2 ((2)完答)	50点

	1	2	3	4	5	6	計
英語	各2点×3	各2点×4	(4),(5)各1点×4 他　各2点×10 ((3),(8)各完答)	各2点×2	各2点×2	各2点×2	50点

	一	二	三	計
国語	(1),(3)　各1点×3 他　各2点×7 ((2),(5)各完答)	(5)　1点 (8)㊁　3点 他　各2点×8((1),(3)各完答)	(1)　各1点×2 (5)㊀　3点 他　各2点×4	50点

2021年度入試配点表（京都府・中期選抜）

	1	2	3	4	5	6	計
数学	各2点×8 ((5)完答)	各2点×2	各2点×2	(1)　2点　B,C 間の距離　1点 他　各2点×2	(1)　1点 (2)　2点 (3)　3点	(1)　1点 他　各2点×2	40点

	1	2	3	4	5	計
英語	(1)　各1点×2 他　各2点×9((2)完答)	各2点×4	各2点×2	各2点×2	各2点×2	40点

	1	2	3	4	5	6	7	8	計
理科	(3)ⅱ　2点 (完答) 他　各1点×4	各1点×4	(1) 各1点×2 (2)　2点	(1) 各1点×2 他 各2点×2 ((1)B･C完答)	各2点×3	(2)記号 2点 他　各1点×2	(1)　1点 他 各2点×2	(1)法則名 1点 他 各2点×2	40点

	1	2	3	4	計
社会	(4)　2点 他　各1点×8 ((3)ⅰ群･ⅱ群,(4)各完答)	(1),(2)　各2点×2 他　各1点×6 ((1)完答)	(1),(3)　各2点×2 他　各1点×6 ((1),(3)各完答)	(1),(4)　各2点×2 他　各1点×6 ((2)ⅱ群･ⅲ群,(4)各完答)	40点

	一	二	計
国語	(3)　各1点×2 他　各2点×5 ((5)㊀完答)	(4)　各1点×2 他　各2点×13 ((2),(6),(10)㊃各完答)	40点

※この解答用紙は154％に拡大していただきますと，実物大になります。

共通学力検査　数学答案用紙

問題番号		答の番号	答の欄	採点欄
1	(1)	【1】		【1】
	(2)	【2】		【2】
	(3)	【3】		【3】
	(4)	【4】	°	【4】
	(5)	【5】	$a =$　，　$b =$	【5】
	(6)	【6】		【6】
	(7)	【7】	$x =$	【7】
	(8)	【8】	ア　イ　ウ　エ　オ　カ	【8】
	(9)	【9】		【9】
2	(1)	【10】	ア　イ　ウ　エ　オ	【10】
	(2)	【11】	X　/　Y　/　Z	【11】
3	(1)	【12】		【12】
	(2)	【13】	cm	【13】
	(3)	【14】	AC＝　cm　/　面積　cm^2	【14】
4	(1)	【15】	$a =$　/　点Aの x 座標	【15】
	(2)	【16】	$y =$	【16】
	(3)	【17】	E（　，　）	【17】
5	(1)	【18】	cm	【18】
	(2)	【19】	面積　cm^2　/　距離　cm	【19】
	(3)	【20】	cm^3	【20】
6	(1)	【21】	ア　/　イ	【21】
	(2)	【22】	$a =$　/　$b =$	【22】
	(3)	【23】	個	【23】

共通学力検査	受付番号		得点	
数学				

※この解答用紙は139％に拡大していただきますと，実物大になります。

共通学力検査　英語（筆記）答案用紙

問題番号			答の番号	答の欄	採点欄
1	（1）		【1】		【1】
	（2）	（a）	【2】		【2】
		（b）	【3】		【3】
2	（1）		【4】	ア　イ　ウ　エ	【4】
	（2）		【5】		【5】
	（3）		【6】	ア　イ　ウ　エ	【6】
	（4）		【7】	ア　イ　ウ　エ	【7】
3	（1）		【8】	①　　②	【8】
	（2）		【9】	A　B　C　D	【9】
	（3）		【10】	ア　イ　ウ　エ	【10】
	（4）		【11】	（　）→（　）→（　）→（　）→（　）→（　）	【11】
	（5）		【12】	ア　イ　ウ　エ	【12】
	（6）	（a）	【13】		【13】
		（b）	【14】		【14】
	（7）		【15】	（　）→（　）→（　）→（　）	【15】
	（8）		【16】	ア　イ　ウ　エ　オ	【16】
	（9）	（a）	【17】	ア　イ　ウ　エ	【17】
		（b）	【18】		【18】
		（c）	【19】		【19】

共通学力検査	受付番号		得点	
英語（筆記）				

共通学力検査　英語（リスニング）答案用紙

問題番号		答の番号	答の欄				採点欄
4	（1）	【20】	ア	イ	ウ	エ	【20】
	（2）	【21】	ア	イ	ウ	エ	【21】
5	（1）	【22】	ア	イ	ウ	エ	【22】
	（2）	【23】	ア	イ	ウ	エ	【23】
6	（1）	【24】	ア	イ	ウ	エ	【24】
	（2）	【25】	ア	イ	ウ	エ	【25】

共通学力検査 英語（リスニング）	受付番号		得点	

※この解答用紙は 167％に拡大していただきますと，実物大になります。

共通学力検査　国語答案用紙

問題番号			答の番号	答の欄	採点欄
一	(1)		【1】	か	【1】
	(2)		【2】	ア　イ　ウ　エ	【2】
	(3)		【3】	ア　イ　ウ　エ　オ	【3】
	(4)		【4】	Ⅰ　ア　イ　ウ　エ　Ⅱ　カ　キ　ク　ケ	【4】
	(5)		【5】	ア　イ　ウ　エ	【5】
	(6)		【6】	Ⅰ　ア　イ　ウ　Ⅱ　カ　キ　ク　ケ　コ　サ	【6】
	(7)	㊀	【7】		【7】
		㊁	【8】	ア　イ　ウ　エ	【8】
		㊂	【9】	15　25	【9】
二	(1)		【10】	ア　イ　ウ　エ	【10】
	(2)		【11】	ば	【11】
	(3)		【12】	ア　イ　ウ　エ	【12】
	(4)		【13】	Ⅰ　ア　イ　ウ　エ　Ⅱ　カ　キ　ク　ケ	【13】
	(5)		【14】	ア　イ　ウ　エ	【14】
	(6)		【15】	景	【15】
	(7)		【16】	ア　イ　ウ　エ	【16】
	(8)	㊀	【17】	ア　イ　ウ　エ	【17】
		㊁	【18】	Y　13　15　していくるか、断片的事象を　Z　13　15	【18】
		㊂	【19】	ア　イ　ウ　エ	【19】
三	(1)		【20】	ア　イ　ウ　エ　オ	【20】
	(2)		【21】	ア　イ　ウ　エ	【21】
	(3)		【22】	ア　イ　ウ　エ	【22】
	(4)		【23】	ア　イ　ウ　エ	【23】
	(5)	㊀	【24】	A　4　B　2	【24】
		㊁	【25】	ア　イ　ウ　エ	【25】

共通学力検査	国語	受付番号		得点

※この解答用紙は130％に拡大していただきますと，実物大になります。

検査３　数学答案用紙

問題番号		答の番号	答の欄	採点欄
1	（1）	【1】		【1】
	（2）	【2】		【2】
	（3）	【3】		【3】
	（4）	【4】	$x=$　　，　$y=$	【4】
	（5）	【5】	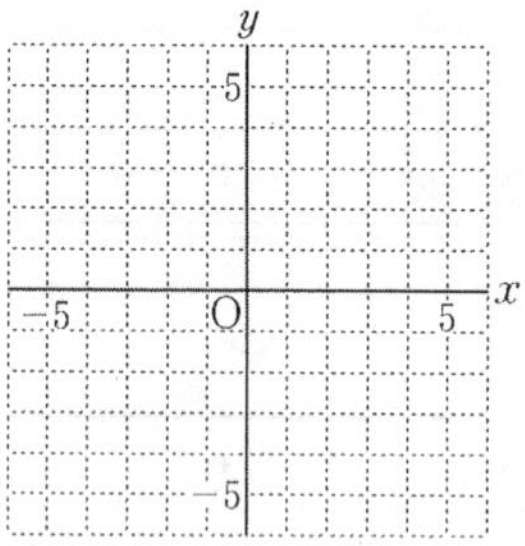	【5】
	（6）	【6】	個	【6】
	（7）	【7】	$\angle x=$　　°	【7】
	（8）	【8】	およそ　　個	【8】
2	（1）	【9】		【9】
	（2）	【10】		【10】
3	（1）	【11】	長さ　　m　／　時間　　秒	【11】
	（2）	【12】	m	【12】
4	（1）	【13】	秒	【13】
	（2）	【14】	面積　　cm^2　／　体積　　cm^3	【14】
	（3）	【15】	秒後	【15】
5	（1）	【16】	距離　　cm　／　ＡＤ＝　　cm	【16】
	（2）	【17】	ＡＧ：ＧＣ＝　　：	【17】
	（3）	【18】	cm^2	【18】
6	（1）	【19】	７番目の図形の面積　　cm^2　／　16番目の図形の面積　　cm^2	【19】
	（2）	【20】	$n=$	【20】

検査	受付番号	得点
３		

※この解答用紙は125％に拡大していただきますと，実物大になります。

検査５−１　英語（筆記）答案用紙

問題番号			答の番号	答の欄	採点欄
1	（1）		【1】	①　　　③	【1】
	（2）		【2】	（　　）→（　　）→（　　）→（　　）→（　　）	【2】
	（3）		【3】	ア　イ　ウ　エ	【3】
	（4）		【4】	ア　イ　ウ　エ	【4】
	（5）	（a）	【5】	ア　イ　ウ　エ	【5】
		（b）	【6】		【6】
	（6）		【7】	ア　イ　ウ　エ	【7】
	（7）		【8】	ア　イ　ウ　エ	【8】
	（8）	（a）	【9】	ア　イ　ウ　エ	【9】
		（b）	【10】		【10】
2	（1）		【11】		【11】
	（2）		【12】	ア　イ　ウ　エ	【12】
	（3）		【13】	ア　イ　ウ　エ	【13】
	（4）		【14】	ア　イ　ウ　エ	【14】

検査	受付番号		得点
5−1			

検査5-2　英語（リスニング）答案用紙

問題番号		答の番号	答	の	欄		採点欄
3	(1)	【15】	ア	イ	ウ	エ	【15】
	(2)	【16】	ア	イ	ウ	エ	【16】
4	(1)	【17】	ア	イ	ウ	エ	【17】
	(2)	【18】	ア	イ	ウ	エ	【18】
5	(1)	【19】	ア	イ	ウ	エ	【19】
	(2)	【20】	ア	イ	ウ	エ	【20】

検査	受付番号		得点	
5-2				

※この解答用紙は135%に拡大していただきますと，実物大になります。

検査４　理科答案用紙

問題番号		答の番号	答の欄	採点欄
1	(1)	【1】	ア　イ　ウ　エ	【1】
	(2)	【2】	吸収する器官 W X Y Z ／ 貯蔵する器官 W X Y Z ／ ア　イ　ウ　エ	【2】
2	(1)	【3】	ア　イ　ウ ／ □□□の法則	【3】
	(2)	【4】	ア　イ　ウ　エ　オ	【4】
	(3)	【5】	ア　イ　ウ　エ　オ	【5】
3	(1)	【6】	□□□□ ／ ア　イ　ウ　エ　オ　カ	【6】
	(2)	【7】	ア　イ　ウ　エ　オ	【7】
4	(1)	【8】	□□□□前線	【8】
	(2)	【9】	(　　)→(　　)→(　　)	【9】
	(3)	【10】	□□□□□□ 6	【10】
5	(1)	【11】	ア　イ　ウ　エ　オ	【11】
	(2)	【12】	g	【12】
	(3)	【13】	g	【13】
6	(1)	【14】	□□□□□□ ／ i群 ア　イ ／ ii群 カ　キ　ク　ケ	【14】
	(2)	【15】	ア　イ　ウ　エ	【15】
7	(1)	【16】	ア　イ　ウ　エ	【16】
	(2)	【17】	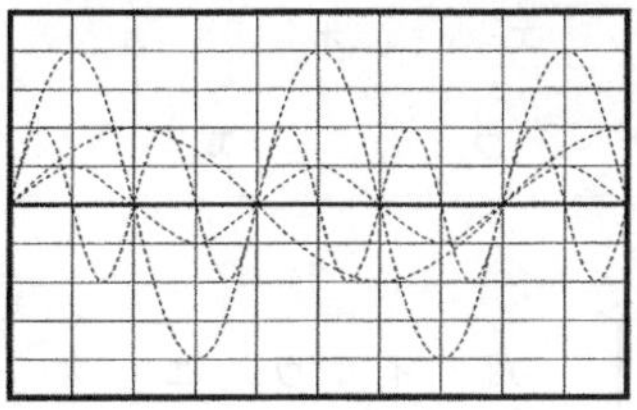 ／ ア　イ　ウ　エ	【17】
8	(1)	【18】	cm/s	【18】
	(2)	【19】	秒	【19】
	(3)	【20】	0.1秒から0.3秒までの間 ア　イ　ウ　エ ／ 0.6秒から0.8秒までの間 ア　イ　ウ　エ	【20】

検査	受付番号		得点
4			

※この解答用紙は133％に拡大していただきますと，実物大になります。

検査２ 社会答案用紙

問題番号		答の番号	答の欄		採点欄
1	（1）	【1】		ア　イ　ウ　エ	【1】
	（2）	【2】	A　B　C　D		【2】
	（3）	【3】	i群　ア　イ　ウ　エ	ii群　カ　キ　ク　ケ	【3】
	（4）	【4】	資料Ⅲ　A　B　C　D	資料Ⅳ　P　Q　R　S	【4】
	（5）	【5】		A　B　C	【5】
2	（1）	【6】	i群　ア　イ　ウ　エ	ii群　カ　キ　ク　ケ	【6】
	（2）	【7】	自由権　ア　イ　ウ　エ	社会権　ア　イ　ウ　エ	【7】
	（3）	【8】	（　　）→（　　）→（　　）→（　　）		【8】
	（4）	【9】	i群　ア　イ　ウ	ii群　カ　キ　ク	【9】
	（5）	【10】	**資料Ⅳ**中の愛知県を除く残りの県のうちから，愛知県と同様に，農業産出額に占める最上位品目の割合が50％未満である県を**すべて選び**，その県にあたる部分を**すべて黒く塗って**示せ。		【10】
3	（1）	【11】		ア　イ　ウ　エ	【11】
	（2）	【12】	ア　イ　ウ　エ　オ　カ		【12】
	（3）	【13】	ア　イ　ウ　エ		【13】
	（4）	【14】	ア　イ　ウ　エ	11	【14】
	（5）	【15】	社会	ア　イ　ウ　エ　オ	【15】
4	（1）	【16】	i群　ア　イ　ウ　エ	ii群　カ　キ　ク　ケ	【16】
	（2）	【17】	ア　イ　ウ　エ		【17】
	（3）	【18】	A　ア　イ　ウ　エ　オ	B　ア　イ　ウ　エ　オ	【18】
	（4）	【19】	i群　ア　イ　ウ　エ	ii群　カ　キ　ク　ケ	【19】
	（5）	【20】	i群　ア　イ　ウ　エ	ii群　カ　キ　ク	【20】

検査	受付番号	得点
2		点

※この解答用紙は133％に拡大していただきますと，実物大になります。

検査1　国語答案用紙

問題番号		答の番号	答の欄	採点欄
一	(1)	【1】	a 下 ［　　　　］　d ［　　　］	【1】
	(2)	【2】	ア　イ　ウ　エ	【2】
	(3)	【3】	ア　イ　ウ　エ	【3】
	(4)	【4】	［　　　］	【4】
	(5) ㊀	【5】	A ［　　　　］　B ［　　　　］	【5】
	(5) ㊁	【6】	ア　イ　ウ　エ	【6】
二	(1)	【7】	ア　イ　ウ　エ	【7】
	(2)	【8】	1　2　3　4	【8】
	(3)	【9】	ア　イ　ウ　エ　オ	【9】
	(4) ㊀	【10】	ア　イ　ウ　エ	【10】
	(4) ㊁	【11】	［　　　］～［　　　］	【11】
	(5)	【12】		【12】
	(6)	【13】	Ⅰ　ア　イ　ウ　エ　Ⅱ　カ　キ　ク　ケ	【13】
	(7)	【14】	Ⅰ　ア　イ　ウ　エ　Ⅱ　カ　キ　ク　ケ	【14】
	(8)	【15】	Ⅰ　ア　イ　ウ　エ　Ⅱ　カ　キ　ク　ケ	【15】
	(9)	【16】	容	【16】
	(10)	【17】	ア　イ　ウ　エ	【17】
	(11) ㊀	【18】	ア　イ　ウ　エ	【18】
	(11) ㊁	【19】	ア　イ　ウ　エ	【19】
	(11) ㊂	【20】	Ⅰ　ア　イ　ウ　エ　Ⅱ　カ　キ　ク　ケ	【20】

検査	1	受付番号		得点	

2020年度入試配点表（京都府・前期選抜）

数学	1	2	3	4	5	6	計
	各2点×9 ((5)・(7)・(8) 各完答)	(1)　2点(完答) 他　各1点×3	(1)　3点 (3)AC　1点 他　各2点×2	(1)点Aのx座標 1点 他　各2点×3	(2)面積　2点 (3)　3点 他　各1点×2	(1)　1点(完答) 他　各2点×2 ((2)完答)	50点

英語	1	2	3	4	5	6	計
	各2点×3	各2点×4	(1)・(5)各1点×4 他　各2点×10 ((4)・(7)・(8)各完答)	各2点×2	各2点×2	各2点×2	50点

国語	一	二	三	計
	(1)　1点 他　各2点×8 ((3)・(4)・(6)各完答)	(2)　1点 (8)㊁　4点 他　各2点×8((4)完答)	各2点×6((1)完答)	50点

2020年度入試配点表（京都府・中期選抜）

数学	1	2	3	4	5	6	計
	各2点×8 ((4)完答)	各2点×2	(1)　各1点×2 (2)　2点	(3)　2点 他　各1点×3	(1)　各1点×2 他　各2点×2	(1)　各1点×2 (2)　3点	40点

英語	1	2	3	4	5	計
	(1)　各1点×2 他　各2点×9 ((2)完答)	各2点×4	各2点×2	各2点×2	各2点×2	40点

理科	1	2	3	4	5	6	7	8	計
	各1点×4	(1) 各1点×2 他 各2点×2 ((3)完答)	(1)語句 1点 他 各2点×2	(1)　1点 他 各2点×2 ((2)完答)	(1)　1点 他 各2点×2 ((1)完答)	(1)語句 1点 他 各2点×2 ((1)i群・ii群 完答)	(2)記号 1点 他 各2点×2	(2)　2点 他 各1点×3	40点

社会	1	2	3	4	計
	各1点×10	(2)・(3)・(5)　各2点×3 他　各1点×4 ((2)・(3)・(5)各完答)	(2)・(3)　各2点×2 他　各1点×6 ((2)・(5)記号各完答)	(2)・(3)・(5)　各2点×3 他　各1点×4 ((3)・(5)各完答)	40点

国語	一	二	計
	(1)　各1点×2 他　各2点×5((5)㊀完答)	(6)・(11)㊂　各1点×4 他　各2点×12 ((3)・(7)・(8)各完答)	40点

東京学参の
高校別入試過去問題シリーズ

＊出版校は一部変更することがあります。一覧にない学校はお問い合わせください。

東京ラインナップ

あ　愛国高校(A59)
青山学院高等部(A16)★
桜美林高校(A37)
お茶の水女子大附属高校(A04)
か　開成高校(A05)★
共立女子第二高校(A40)★
慶應義塾女子高校(A13)
啓明学園高校(A68)★
国学院高校(A30)
国学院大久我山高校(A31)
国際基督教大高校(A06)
小平錦城高校(A61)★
駒澤大高校(A32)
さ　芝浦工業大附属高校(A35)
修徳高校(A52)
城北高校(A21)
専修大附属高校(A28)
創価高校(A66)★
た　拓殖大第一高校(A53)
立川女子高校(A41)
玉川学園高等部(A56)
中央大高校(A19)
中央大杉並高校(A18)★
中央大附属高校(A17)
筑波大附属高校(A01)
筑波大附属駒場高校(A02)
帝京大高校(A60)
東海大菅生高校(A42)
東京学芸大附属高校(A03)
東京農業大第一高校(A39)
桐朋高校(A15)
都立青山高校(A73)★
都立国立高校(A76)★
都立国際高校(A80)★
都立国分寺高校(A78)★
都立新宿高校(A77)★
都立墨田川高校(A81)★
都立立川高校(A75)★
都立戸山高校(A72)★
都立西高校(A71)★
都立八王子東高校(A74)★
都立日比谷高校(A70)★
な　日本大櫻丘高校(A25)
日本大第一高校(A50)
日本大第三高校(A48)
日本大第二高校(A27)
日本大鶴ヶ丘高校(A26)
日本大豊山高校(A23)
は　八王子学園八王子高校(A64)
法政大高校(A29)
ま　明治学院高校(A38)
明治学院東村山高校(A49)
明治大付属中野高校(A33)
明治大付属八王子高校(A67)
明治大付属明治高校(A34)★
明法高校(A63)
わ　早稲田実業学校高等部(A09)
早稲田大高等学院(A07)

神奈川ラインナップ

あ　麻布大附属高校(B04)
アレセイア湘南高校(B24)
か　慶應義塾高校(A11)
神奈川県公立高校特色検査(B00)
さ　相洋高校(B18)
た　立花学園高校(B23)
桐蔭学園高校(B01)
東海大付属相模高校(B03)★
桐光学園高校(B11)
な　日本大高校(B06)
日本大藤沢高校(B07)
は　平塚学園高校(B22)
藤沢翔陵高校(B08)
法政大国際高校(B17)
法政大第二高校(B02)★
や　山手学院高校(B09)
横須賀学院高校(B20)
横浜商科大高校(B05)
横浜市立横浜サイエンスフロンティア高校(B70)
横浜翠陵高校(B14)
横浜清風高校(B10)
横浜創英高校(B21)
横浜隼人高校(B16)
横浜富士見丘学園高校(B25)

千葉ラインナップ

あ　愛国学園大附属四街道高校(C26)
我孫子二階堂高校(C17)
市川高校(C01)★
か　敬愛学園高校(C15)
さ　芝浦工業大柏高校(C09)
渋谷教育学園幕張高校(C16)★
翔凜高校(C34)
昭和学院秀英高校(C23)
専修大松戸高校(C02)
た　千葉英和高校(C18)
千葉敬愛高校(C05)
千葉経済大附属高校(C27)
千葉日本大第一高校(C06)★
千葉明徳高校(C20)
千葉黎明高校(C24)
東海大付属浦安高校(C03)
東京学館高校(C14)
東京学館浦安高校(C31)
な　日本体育大柏高校(C30)
日本大習志野高校(C07)
は　日出学園高校(C08)
や　八千代松陰高校(C12)
ら　流通経済大付属柏高校(C19)★

埼玉ラインナップ

あ　浦和学院高校(D21)
大妻嵐山高校(D04)★
か　開智高校(D08)
開智未来高校(D13)★
春日部共栄高校(D07)
川越東高校(D12)
慶應義塾志木高校(A12)
さ　埼玉栄高校(D09)
栄東高校(D14)
狭山ヶ丘高校(D24)
昌平高校(D23)
西武学園文理高校(D10)
西武台高校(D06)
た　東京農業大第三高校(D18)
は　武南高校(D05)
本庄東高校(D20)
や　山村国際高校(D19)
ら　立教新座高校(A14)
わ　早稲田大本庄高等学院(A10)

北関東・甲信越ラインナップ

あ　愛国学園大附属龍ヶ崎高校(E07)
宇都宮短大附属高校(E24)
か　鹿島学園高校(E08)
霞ヶ浦高校(E03)
共愛学園高校(E31)
甲陵高校(E43)
国立高等専門学校(A00)
さ　作新学院高校
（トップ英進・英進部）(E21)
（情報科学・総合進学部）(E22)
常総学院高校(E04)
た　中越高校(R03)＊
土浦日本大高校(E01)
東洋大附属牛久高校(E02)
な　新潟青陵高校(R02)
新潟明訓高校(R04)
日本文理高校(R01)
は　白鷗大足利高校(E25)
ま　前橋育英高校(E32)
や　山梨学院高校(E41)

中京圏ラインナップ

あ　愛知高校(F02)
愛知啓成高校(F09)
愛知工業大名電高校(F06)
愛知みずほ大瑞穂高校(F25)
暁高校（3年制）（F50)
鶯谷高校(F60)
栄徳高校(F29)
桜花学園高校(F14)
岡崎城西高校(F34)
か　岐阜聖徳学園高校(F62)
岐阜東高校(F61)
享栄高校(F18)
さ　桜丘高校(F36)
至学館高校(F19)
椙山女学園高校(F10)
鈴鹿高校(F53)
星城高校(F27)★
誠信高校(F33)
清林館高校(F16)★
た　大成高校(F28)
大同大大同高校(F30)
高田高校(F51)
滝高校(F03)★
中京高校(F63)
中京大附属中京高校(F11)★
中部大春日丘高校(F26)★
中部大第一高校(F32)
津田学園高校(F54)
東海高校(F04)★
東海学園高校(F20)
東邦高校(F12)
同朋高校(F22)
豊田大谷高校(F35)
な　名古屋高校(F13)
名古屋大谷高校(F23)
名古屋経済大市邨高校(F08)
名古屋経済大高蔵高校(F05)
名古屋女子大高校(F24)
名古屋たちばな高校(F21)
日本福祉大付属高校(F17)
人間環境大附属岡崎高校(F37)
は　光ヶ丘女子高校(F38)
誉高校(F31)
ま　三重高校(F52)
名城大附属高校(F15)

宮城ラインナップ

さ　尚絅学院高校(G02)
聖ウルスラ学院英智高校(G01)★
聖和学園高校(G05)
仙台育英学園高校(G04)
仙台城南高校(G06)
仙台白百合学園高校(G12)
た　東北学院高校(G03)★
東北学院榴ヶ岡高校(G08)
東北高校(G11)
東北生活文化大高校(G10)
常盤木学園高校(G07)
は　古川学園高校(G13)
ま　宮城学院高校(G09)★

北海道ラインナップ

さ　札幌光星高校(H06)
札幌静修高校(H09)
札幌第一高校(H01)
札幌北斗高校(H04)
札幌龍谷学園高校(H08)
は　北海高校(H03)
北海学園札幌高校(H07)
北海道科学大高校(H05)
ら　立命館慶祥高校(H02)

★はリスニング音声データのダウンロード付き。

都道府県別 公立高校入試過去問 シリーズ

- 全国47都道府県別に出版
- 最近数年間の検査問題収録
- リスニングテスト音声対応

公立高校入試対策 問題集シリーズ

- 目標得点別・公立入試の数学（基礎編）
- 実戦問題演習・公立入試の数学（実力錬成編）
- 実戦問題演習・公立入試の英語（基礎編・実力錬成編）
- 形式別演習・公立入試の国語
- 実戦問題演習・公立入試の理科
- 実戦問題演習・公立入試の社会

高校入試特訓問題集 シリーズ

- 英語長文難関攻略33選（改訂版）
- 英語長文テーマ別難関攻略30選
- 英文法難関攻略20選
- 英語難関徹底攻略33選
- 古文完全攻略63選（改訂版）
- 国語融合問題完全攻略30選
- 国語長文難関徹底攻略30選
- 国語知識問題完全攻略13選
- 数学の図形と関数・グラフの融合問題完全攻略272選
- 数学難関徹底攻略700選
- 数学の難問80選
- 数学　思考力―規則性とデータの分析と活用―

〈ダウンロードコンテンツについて〉

本問題集のダウンロードコンテンツ、弊社ホームページで配信しております。現在ご利用いただけるのは「2025年度受験用」に対応したもので、**2025年3月末日**までダウンロード可能です。弊社ホームページにアクセスの上、ご利用ください。
※配信期間が終了いたしますと、ご利用いただけませんのでご了承ください。

京都府公立高校　2025年度

ISBN978-4-8141-3276-8

[発行所] 東京学参株式会社
〒153-0043　東京都目黒区東山2-6-4

書籍の内容についてのお問い合わせは右のQRコードから ⇒

※書籍の内容についてのお電話でのお問い合わせ、本書の内容を超えたご質問には対応できませんのでご了承ください。

2024年6月17日　初版